马礼逊回忆录（上）

全译本

Memoirs
of
the Life and Labours
of
Robert Morrison

[英] 艾莉莎·马礼逊 / 编
Compiled by Eliza Morrison
杨慧玲等 / 译

中原出版传媒集团
中原传媒股份公司

大象出版社
·郑州·

图书在版编目(CIP)数据

马礼逊回忆录 : 全2册 / (英) 艾莉莎 · 马礼逊编;
杨慧玲等译. — 郑州 : 大象出版社, 2019. 12 (2022. 5重印)
ISBN 978-7-5347-9560-2

Ⅰ. ①马… Ⅱ. ①艾… ②杨… Ⅲ. ①马礼逊
(Morrison, Robert 1782-1834)-回忆录 Ⅳ. ①B979. 956. 1

中国版本图书馆 CIP 数据核字(2017)第291435号

马礼逊回忆录(全2册)

MALIXUN HUIYILU

[英]艾莉莎·马礼逊 编

杨慧玲 等译

出 版 人 汪林中
责任编辑 耿晓谕
责任校对 毛 路 陶媛媛 张迎娟 张绍纳 李婧慧 牛志远 安德华
装帧设计 王莉娟

出版发行 大象出版社(郑州市郑东新区祥盛街27号 邮政编码450016)
发行科 0371-63863551 总编室 0371-65597936
网 址 www. daxiang. cn
印 刷 北京汇林印务有限公司
经 销 各地新华书店经销
开 本 720 mm×1020 mm 1/16
印 张 52. 25
字 数 741千字
版 次 2019年12月第1版 2022年5月第3次印刷
定 价 168. 00元

印厂地址 北京市大兴区黄村镇南六环磁各庄立交桥南200米(中轴路东侧)
邮政编码 102600 电话 010-61264834

译　者　序

※

杨慧玲

2019年，在大象出版社再版《马礼逊回忆录》之际，我作为主译，对十年前参与此书翻译的顾钧、梁跃天、张蓉斌、沙培培表示感谢，对台湾苏精教授参与校稿表示感谢。更要感谢北京外国语大学张西平教授，香港大学彭仁贤（Anthony Ferguson）馆长、尹耀全馆长，澳门基金会吴志良先生，因为有了他们的鼎力支持，才有了中国首部全译本的《马礼逊回忆录》面世。

翻译这本书源于自己研究马礼逊《汉英英汉词典》。因为需要，常常要从英文版的《马礼逊回忆录》中摘取段落翻译使用。2004年，初看到广西师范大学出版社顾长声的译本，非常欣喜，然而，使用中发现顾译是节本，因为省略了大量的原文，为了承接译文甚至有自己写作的部分。对于做学术的人来说，这样的译本令人失望。作为研究马礼逊的学人，我深知这本著作的重要性：它汇集了马礼逊的日记、书信、报告等，是研究马礼逊及19世纪初中国文化对外传播史、中西文化交流史的极为重要的文献。为了让国内研究者获得一个可靠的译本，我提出了完整翻译《马礼逊回忆录》的想法。在张西平教授的鼓励下，我们共同策划了《马礼逊文集》的出版计划，并得到了香港大学图书馆和澳门基金会的支持。翻译《马礼逊回忆录》就这样列上了日程。

虽然我们翻译的《马礼逊回忆录》在过去十年并不是卖得最好的译本——奇怪也不奇怪的是，学界仍然有人引用顾译本，但是我对我们译本的再版感到欣慰。我仅从两个方面来谈谈大象出版社《马礼逊回忆录》的翻译质量和学术水准。

第一,“信”,这是学术翻译的根本原则。作为学术翻译的《马礼逊回忆录》,我们不仅在翻译中力求准确理解原文,忠实地将原文翻译为中文,甚至在翻译过程中发现了一些原文的错误,以译注的形式呈现。我们的“信”,不仅仅是翻译过程中的“信”,而且是在翻译前都已尽量核对历史事实后达到的更高层次的“信”。马礼逊来华时正值鸦片战争前夕,中英之间政治、贸易冲突不断。他作为英方翻译参与了很多事件的处理,作为亲历者,在书中也有一些站在英方立场的叙述。例如《马礼逊回忆录》(下)第211页提到的“航海者号”案件,在查阅了相关的历史档案后,增加了译注“关于此事的奏折详见《清朝外交史料》道光朝第二册第38—39页,第41—44页,第三册第1—4页,亦可参阅马士《在华东印度公司贸易编年史》第三册第186—187页”。另一个例子是《马礼逊回忆录》(下)的附录四“伶仃案纪实”(第282—298页),这是从马礼逊视角展示的历史事件,我在译注中标注了中国第一历史档案馆编的《鸦片战争档案史料》中,中国地方官员提交的有关此案的奏折及其页码,供感兴趣的学者深入研究。马礼逊来华后为英国东印度公司广州商行工作,因此,英国东印度公司大班名、中国广州行商名、两广总督名、巡抚名及马礼逊担任阿美士德使团翻译陪同进京遇到的中国官员名等,在我们翻译的《马礼逊回忆录》中,都是查阅了相关清史档案或者英国东印度公司档案后确定的译名。这样,做历史研究和中西文化交流的学者,看我们的译本就能立即知道这件事情和中国历史人物的关系。即使是一个普通的译名如中译本《马礼逊回忆录》(上)的第126页,“此外有一个满族人亚定(A-tung)做饭和负担粗活”,为了翻译这个译名,一方面参考了马礼逊的《五车韵府》,查阅了这个注音下的所有同音汉字列表,另一方面参考了清史档案记录的一条关于马礼逊的“刻工梁亚发,雇请屈亚昂与其子熙前往澳门卷楼刊书几次”的记载,才确定可用译名“亚定”这两个字。可以说,我们的译本无一字无来历。

第二,“全”,这是国内首次完整地翻译出版《马礼逊回忆录》中文版。翻译过程中,无一句不译,就连翻译时遇到的硬坎都从不轻易放弃,而是尽可能地根据上下文揣摩其意,或设法追溯原文的来源。这样的做法使得译本在

“全”之外更进一层，中译本的《马礼逊回忆录》将原文的一些错误、未尽之言、言外之意，在翻译时根据最新研究成果，更正了原文的错误，以译注的形式补全了相关的背景知识，使得原文含糊不清的地方更容易理解。如我们翻译的中译本《马礼逊回忆录》(下)第93页，对于英文版中同一件事情的描述，前后两次提到用名不一致的情况，通过译注进行说明。对于原文省略的部分，例如中译本《马礼逊回忆录》(上)第189页，英文原文只是说“我一直努力给少数几个人口头灌输宗教的真理。(后面有11个中国人的名字)他们都是严肃认真地参加的，而且非常投入”。忠实的翻译，只到这个程度已经没有问题了，但是我们的译本增加了一个译注：“英文版略去了这些人名，补充如下：葛先生(Kŏ-sëen-sang)；蔡轩(Low-hëen)；亚才(A-Tso)；曾品(Tsang-pin)；亚英(A-ing)；黄金(Hwang-chin)；蔡运(AYun)；亚三(A-sam)；董永(Tung-yung)；蔡轲(Tsae-a-fo)；容三德(Yong-sam)。详参苏精《中国，开门!》，第209页。”(1：189)通过这样的译注，更正了英文原文的错误，补充了大量可靠的相关背景信息，译本的学术性得到了很大提升，而且能更好地服务于学术研究。《马礼逊回忆录》(上)共有193个脚注，其中原注只有21个，其余都是译者增加的脚注。《马礼逊回忆录》(下)也有187个脚注，也是同样的情况。

作为“信”和“全”的另一体现是，译文尽最大可能保留了原书的所有内容。比如，不论是在正文还是在后面的附录中，读者都可以读到马礼逊关于清政府和中国人的解读与描述，并且能够看出这些解读与描述的诸多谬误。那些观点只代表那个时代不同民族间的认知，本着忠实原著的原则，这些我们都保留了下来。

《马礼逊回忆录》的翻译，得到了多方的大力支持。台湾苏精教授在译本初稿完成后，两次来北京指导修订译本，他深厚的学术积淀，严谨的治学态度，加之逐字地审校译稿，使得译稿的水平有了很大提升。因为这一份份沉甸甸的不能辜负的信任和期待，我们负重前行，用六年的光阴无数次地精雕细琢这部译稿。虽然这个译本仍不完美，但它是学术良心之作，经得住时间的考验。

2019年再版之际，谨作此序为记。

(杨慧玲，北京外国语大学国际中国文化研究院研究员)

前　言

本回忆录主人公与教会及世界事务有着诸多联系,且长期以来占据着显赫的地位,但是他的回忆录却延迟了一段时间后才出版,编者感到有必要向公众致歉。因此,编者有必要声明,造成延误的主要原因是基本文献直到去年(1838)年中,才从中国运至英国(其中的诸多因素都是编者无法控制的)。这些手稿,尤其是信件的数量颇大。在出版前的准备阶段,要对它们进行审阅、分类,并从中选取有用的素材,需要投入相当多的时间并为此付出极大的努力。只有具有相似工作经历的人,才能体察到这种艰辛。此外,在编写回忆录的过程中,编者不断遭受着个人健康的烦扰,承受着家庭事务的压力,还有其他一些无法避免的干扰因素。这些因素都影响到本书的如期交付。

编者无意用上述原因来缓和读者对本回忆录可能产生的批评之词,无论批评多么尖锐,没有人比编者更清楚,这部回忆录是以与高贵卓越而又让人哀悼的主人公相称的方式编写的。事实上,如果本书的唯一目的是让它成为通俗读物,或是为了取悦某一特定的读者群体,编者就会雇用合适的人或机构来确保取得最大的成功。然而,本书的目的在于准确地刻画一个人物。虽然世人对此人已有所了解,可是这个人物辛苦劳作的具体场景却远在公众视线之外,而且情况及性质又都非常特殊。有鉴于此,尽管一个传记作者颇有行文的能力,却没有机会体察他的日常生活或与他进行密切接触,因此对他缺乏了解,从而不能对人物进行正确的分析评判,因此也就不具备胜任这一工作的能力。

人们很自然地寄希望于马礼逊博士的儿子和后继者马儒翰,希望他完成一部描述他父亲生平的传记。可是令人遗憾的是,马儒翰为他在政府部门承担的职责所迫,不得不回绝了这一计划。随后人们又寄希望于与马礼逊交往最深的友人,他最初很愿意接受这一任务,可是却发现他从事的工作与他所居住的城市及伦敦之间的距离构成了障碍——所有重要的文献都必须从伦敦送到曼彻斯特,就连他和现任编者之间必要的当面交流也不方便——最后这个计划也失败了。失望之余,同时为了不再耽误下去,编者不得不考虑友人之前提出的一个提议,由她本人来完成传记的叙述部分,而她也掌握着丰富的资料。编写回忆录要求编者必须牺牲个人的情感,于她极不容易。但是纪念一个如此值得敬重和爱戴的人物,牺牲个人的情感显得微不足道;而且假若如她期望的那样:这份菲薄的爱的献礼可以激发更多的人追随马礼逊博士的事业——一项他开创的利人并且令人荣耀的事业,所有的付出都将得到补偿。

在编写过程中,编者始终致力于实现首要目标:以简明的事实陈述来勾勒人物的社会、道德和思想方面的特点。事实本身足以证明一个人的睿智和虔诚,而无须文笔的润色或任何想象及杜撰,编者只需要把各类的叙述文字结合在一起,阐明它们之间的联系和依存关系。本书以忠实和简洁为原则,编者希望本书第二卷的附录能够弥补主体部分的不足,这一附录全面详尽地评述了马礼逊博士的文学成就。附录的作者是一位精通中国语言与文化的人,他因此担任了马六甲英华书院的校长,现在是伦敦大学学院的中文教授,所以他具备客观评价马礼逊博士成就的资格,而全欧洲这样的人也寥寥无几。无须更多解释,这部著作献给有评阅能力的读者,由他们做出公允的评价;同时也献给全体正直的普通读者。

编者必须感谢提供材料的差会和友人,他们所提供的信件和文献给予编者极大的帮助。要感谢的差会有英国圣经公会(British and Foreign Bible Society)①、伦敦传教会(London Missionary Society)②、英国福音小册公会(Religious Tract Society)③,同时还要感谢斯当东爵士(Sir George T. Staunton)、咸臣爵士(Sir J. B. Urmston)、克鲁尼牧师(Rev. J. Clunie)、益花臣先生(J. T. Elphinstone, Esq.)、汉基先生(William Alers Hankey, Esq.)等友人。

艾莉莎·马礼逊

1839年7月25日于斯托克钮因顿(Stoke Newington)

---

① 英国圣经公会(British and Foreign Bible Society,简称B. F. B. S.),又译为英国海外圣经公会、大英圣经会等,成立于1804年,是专为出版和捐赠《圣经》而设立的机构,也是翻译世界各地语言最多的一个圣经公会。——译注

② 伦敦传教会(London Missionary Society,简称伦敦会)成立于1795年。伦敦会的成员由来自各个新教教派的人组成,但在信仰上保持一致,都拥护福音派。伦敦会致力于向海外拓展,早在创建初期就把南太平洋诸岛、南部非洲、印度、中国等地区作为重点传教地区。——译注

③ 英国福音小册公会(Religious Tract Society),成立于1799年。——译注

目　录

第一阶段
从马礼逊出生到进入霍士顿神学院

（译者　杨慧玲）

1782—1803

第二阶段
进入霍士顿神学院至乘船前往中国

（译者　杨慧玲）

1803—1807

第三节　从被任命为东印度公司的译员到米怜牧师来澳门

1809—1810

第四节

1811—1814

第五节

1815—1819

第四阶段

从创立英华书院到重返英国

（译者　杨慧玲　张睿斌）

1819—1823

第六节

1819—1821

第七节

1822—1823

第五阶段

1824 年回英国至 1834 年去世

（译者　梁跃天　杨慧玲）

1824—1834

第八节

1824—1826

第九节

1826—1834

附录

第一阶段

从马礼逊出生到进入霍士顿神学院

（译者　杨慧玲）

1782—1803

马礼逊的身世—父母—教育—少年性格—转变—早期学习和信仰—少年时的随笔—日志摘抄—随感—健康—结婚的想法—学习初期—威尔森先生对他的影响—母子情深—母亲去世—对牧职的思考和盼望—申请霍士顿神学院—成为一名神学生—去伦敦

罗伯特·马礼逊（Robert Morrison），詹姆斯·马礼逊（James Morrison）和汉娜·尼科尔森（Hannah Nicholson）夫妇之子，1782 年 1 月 5 日出生在诺森伯兰郡（Northumberland）的莫珀斯镇（Morpeth）布勒古林（Buller's Green）。1785 年全家搬到纽卡斯尔（Newcastle-upon-Tyne），马礼逊在这里度过了自己人生的前半阶段。

父亲詹姆斯·马礼逊出生在丹弗姆林（Dumfermline）附近，母亲汉娜·尼科尔森出生在莫珀斯镇的温盖茨（Wingates）。1768 年，马礼逊的父母在诺森伯兰郡长霍斯利（Long Horsley）堂区结为连理，生育了 8 名子女，罗伯特·马礼逊是最小的孩子。詹姆斯·马礼逊年轻时迁到诺森伯兰郡以务农为生，后来他选择了制作撑靴器的行业，在作坊中雇用了几名工匠。他是一名虔诚的教徒，教导他的全家都敬畏上帝，维持着家庭信仰，指导孩子们严格遵守安息日的规定。

他从苏格兰迁居到英格兰时，带着一份荣誉证书，证明他是苏格兰长老会①(the Session of the Kirk)的成员。此外，他还曾在纽卡斯尔的苏格兰教堂担任了多年的长老(Elder)。

本回忆录的主人公罗伯特跟从詹姆斯·尼科尔森(James Nicholson)舅舅接受了他的启蒙教育。詹姆斯·尼科尔森在纽卡斯尔是一位受人尊敬的教师，在他的关怀下，年幼的罗伯特对学习表现出极大的兴趣，虽然他最初的进展非常缓慢。

从宗教角度审视，马礼逊的条件极为优越。不仅他的父母给予他有益的教导，他还在父母所属的高桥教会(High-bridge Chapel)接受了约翰·哈顿牧师(Rev.John Hutton)的教理训练。他本人谈及此事时常常带着浓厚的兴趣和感激之情。下面所引的事例显示出他具有超强的记忆力，这是他仍在世的一位亲属讲述的。

> 他13岁时，一天晚上竟然背诵了苏格兰教会《圣经》的诗第119篇。为了考验他，哈顿先生并没有让他直接背诵，而是选了不同的地方让他向前或向后背，他仍然能够一字不误地背下来。

他自幼就跟随父亲学习手艺，掌握了制作撑鞋器的要领。他表现出的勤奋令人称道。

他年轻时的行为并未能避免周围不良环境的影响，当神圣的真理之光照射到他的心灵之后，他曾为此感到深切的悲哀。尽管这样，由于他在家里中规中矩，因此，他的父亲很少斥责他。而他对母亲的温情值得所有人效仿。母亲去世后，他回忆起母亲时对她仍极为敬重。他的性格最突出的特点之一就是坦率真诚。他常说他从未撒过谎，只有一次例外，虽然没有被人揭穿，可是他的心不得安宁，直到他承认了错误为止。这种内在的正直秉性表明他的思想已经受到了道德原则的支配，这件事例激励着他的父母“以他们应该的方式教育孩子”。

---

① 苏格兰长老会是由诺克斯(Knox)创立，属于改革宗教会(Reformed Church)，以加尔文神学为根基的教会，继承了如上帝的主权、《圣经》为最高权威、万民皆祭司、复活的主基督是教会唯一的元首等信仰传统。——译注

在1797年年底或是1798年年初，罗伯特·马礼逊经历了重大的转变，这是被救世主称为“重生”、进入“天国”所必需的一个转变。没有什么特殊事件导致了这一转变。父母的教导已经在他心中积蓄了《圣经》真理的原则，定期参加公共礼拜，特别是哈顿先生主持的教理训练进一步启发了他的思想，从此他开始深刻地反省性格中的弱点和矛盾，最初他因自己的罪而深深忏悔，最终他因对基督耶稣的信仰寻求救恩和幸福。他在1802年写给霍士顿学院委员会的一封信中详细地描述了转变的过程，当时他向委员会递交了一份霍士顿神学院（Hoxton Academy）①牧职学生的申请信。信的内容如下：

我在幼年时就享受到了信主的父母的益处（我永远感激神的恩赐），我定期被带去听人宣讲福音。我的父亲小心地保持着家庭礼拜的传统，并且按照基督教的原则教育我。随着年龄的增长，我参加了约翰·哈顿牧师主持的公开教理训练，在他的教导下，我取得了长足的进步。通过上述方式（在神施恩的手的指引下），我滋养了自己的良知，启迪了心灵，没有像一些不思悔改的人那样走上放纵堕落的道路，尽管当时我也过着没有信仰、不信神、对世界也不抱任何希望的生活。我并不知晓自己内心的灾难，然而在良心的谴责下，我感到了懊悔，但我自欺欺人地以为：虽然我“行我所愿行的”（《传道书》12:9）②，但内心会归于平静。

约在五年前，强烈的罪恶感让我幡然醒悟，虽然我回想不起有什么特殊的事情让我这样；只有一段时间我变得很放纵而且亵渎神灵，多次与不良少年为伍（甚至人生这么早的阶段），受到他们的教唆，变得不可救药。回想起自己的所作所为让我感到非常不安，我开始关注自己的灵魂。我

---

① 霍士顿神学院是17、18世纪英国各地培养非国教会牧师的神学院之一，位于伦敦北郊，自1776年创立，到1791年定名为霍士顿神学院。1801年起学生修业年限从两年延长为三年，以提高毕业生的水准；课程包括圣经研究、神学、英文文法与作文、拉丁文、希腊文、希伯来文、逻辑学、修辞学、史地等。——苏精：《中国，开门！》，香港：基督教中国宗教文化研究社，2005年，第16页。——译注

② 对于《圣经》引文，本书均列明出处。“少年人哪，你在幼年时当快乐。在幼年的日子，使你的心欢畅，行你心所愿行的，看你眼所爱看的，却要知道，为这一切，神必审问你。”（传12:9）——译注

害怕永远堕落，死亡的恐惧超出了一切，我为此无数次泣求耶和华，求祂[①]宽恕我的罪，求祂赐我对救世主的信，求祂让我从精神上获得新生。罪[②]成了不堪承受之重负。就在那时我经历了人生的转变，我相信从此我转变了心意。我和从前那些浪荡朋友断绝了交往，投身到阅读、默想和祈祷中去。上帝因此喜悦，乐意将祂儿子耶稣启示在我心里，那时我体会到了“你幼年的恩爱，婚姻的爱情”（《耶利米书》2:2）[③]；虽然最初的冲动和热情已经不再，我相信自己对救世主的爱和对祂的了解与日俱增。不久我就加入了约翰·哈顿主持的教会，参加了祷告团契，上帝让我逐渐变得谦卑并且不断考验我。我虽然能体会到因信而来的愉悦和平静，也同样体验着潜在的罪带来的反作用——“因为情欲和圣灵相争，圣灵和情欲相争，这两个是彼此相敌，使我不能做所愿意做的”（《加拉太书》5:17）。我逐渐发现神的律法是如此崇高、如此至上、如此广博，神的应许是如此慷慨和丰富，更加感到自己在上帝眼中竟是那样污秽不堪、毫无价值。我犯下了罪，“然而我今日成了何等人，是蒙神的恩才成的”（《哥林多前书》15:10），我成为现在的我。

由衷地接受基督教信仰既可以全面综合地提升一个人属灵的品质，同时还可以提升并净化一个人的心灵。信仰之门将人引入到一片广阔、有待耕种的原野上，激发了人对知识的渴求，因此，只要一个人智力活跃，他就盼望取得全面的进步，就会积极地寻求进步的机会，而且通常都会如愿以偿。年轻的马礼逊就是这样的一个例子。自从他开始认真地思索《圣经》的伟大真理后，就开始广为涉猎各种知识，加之性格上的那些特点也很快得以展现，为他将来的大发展和成功奠定了基础。

---

① 回忆录中神的第三人称指代均用“祂”，以此区别于指人的“他”，《圣经》的引文也遵照此例。——译注

② 罪（sin）指违背上帝的旨意。圣奥古斯丁将罪定义为“任何违背律法的思想或言行”。在伦理方面，不道德才是罪，可是罪基本上是宗教词，意思与神有关，就是骄傲与不信。——赵中辉：《英汉神学名词辞典》，台北：基督教改革宗翻译社，1990 年，第 660 页。——译注

③ “你去向耶路撒冷人的耳中喊叫说，耶和华如此说：‘你幼年的恩爱，婚姻的爱情，你怎样在旷野，在未曾耕种之地跟随我，我都记得。’”（耶 2:2）——译注

1798年马礼逊加入了苏格兰长老会,他开始孜孜不倦地学习,因神的祝福,他学会了一种速记方法,他勤奋学习的习惯延续了终身。他学速记的目的是为了促进未来的事业,还为了在日记中记录发生的事件和自己的心路历程。从1799年1月起,他开始长期写日记。这些日记保存至今,里面有趣而简单地记录了他早年的习惯和对宗教的虔诚。例如他早上几点起床,睡了几个小时,发生在家庭里、邻居间和周围的事情,他每天从事的体力活、读的书、努力行的好事,他的缺点和他的目标,在神面前都如实地记录了下来。此后每年都有类似的记录,只有一年例外,这些日记一直记到1807年1月他离开英国。这一时期他读书主要读宗教类的书,尤其是《圣经》。每礼拜一的晚上都会参加上面提到的在他父亲的作坊举行的"祷告团契"聚会,他按时出席并参加各项侍奉。那时他和一位住在希尔兹(Shields)的年轻人之间的密切而愉快的友谊关系,让他们互相受益。为了共同的宗教信仰,他们几乎每天都见面,读书并交流思想,他们还一起去探望那些生病的穷人。通过这些途径,他的才能逐渐得以发展,思想天赋也得到了增强和提高。他早期关注过英语语法,1799年他还考察了基督教的证据①。在他提到的众多书刊中,有在爱丁堡发行的月刊《传教杂志》(*Missionary Magazine*),这是他特地向朋友借的,表明了他心里对传教事工的偏好,而这种刊物可能坚定了他传教的想法。他每天休息时间平均约7个小时,而体力劳动时间长达12至14个小时,其余的时间都用在读书、思考和参加基督教社团活动上。

1800年年初,为了拥有更多安静独处的时间,马礼逊搬进了父亲的作坊,他可以在那里学习到次日凌晨一两点钟。他在帕德丁(Pardon Dean)有一个小花园,他常去那里以学习、祷告和默想度过了大部分业余时间。即使在工作时,他面前也总放着《圣经》或别的书,在他的手忙着谋生时,他还可以增长知识或感受宗教带给他的神圣的启发。他的日记没有记录他是如何学习的——事实上,那时他几乎不知道怎么系统地学习,因此,他经常变换学习内容,并且

① 证据(evidence)分为外在证据(external evidence)与内在证据(internal evidence)。外在证据指从不同的经文、原稿、蒲纸、残片等找出真正的经文。内在证据指从《圣经》文本中收集资料。——《英汉神学名词辞典》,第285页。——译注

抱怨不清楚最需要学习什么。植物学、算术、天文学都曾引起过他的兴趣。可与他广博的兴趣相比，他能得到的书却很少，下面的书是他特别提到的：赫维（James Hervey）①的著作、拉马尼（William Romaine）的《书信集》（*Letters*②）、马歇尔（Walter Marshall）的《论成圣的福音奥秘》（*On Sanctification*）、默谢姆（Johann Lorenz Mosheim）的《教会史》（*Ecclesiastical History*）、亨利（Mathew Henry）的《经注》（*An Exposition of the Old and New Testament*）③。他从这些书刊中摘抄了一些内容。除此之外，他还提到了《福音杂志》（*Evangelical Magazine*）④以及上面登载的著名传教人物，以这种方式流露了他对传教事工的强烈偏好。他在后半生中经常说起这一时期渴求书籍却得不到的失落感，因此，只要他有能力，绝不会让自己或家人再有这样的遗憾。他同时也为传教士们普遍缺乏书籍的状况感到惋惜，认为人们低估了这些书籍的价值和它们给人带来的安慰。这一年他经常探望病人，为病人读《圣经》祈祷，每周还从自己微薄的收入中捐出一部分去救济他人。周六晚上他通常去找穷苦人，拜访他们并为他们解除烦忧。作为"孤苦穷人和病人救助会"（Friendless Poor and Sick Society）的一员，他的热情和柔情交织在一起，他帮助这些穷苦人，鲜明地表现出了一种精神——同样的精神促使他萌发了到千百万中国人中去传教的愿望，让他致力于中国人的救恩。这就是他虔诚坚毅的性格，即使在如此早的阶段，他就常在父亲家里主持家庭礼拜；还关心一名跟他父亲学艺徒工的精神状况，马礼逊一丝不苟地监督他，给他讲述基督教的教理，还带他一起祷告。他经常虔诚投入地参加公共礼拜，平时他或者去教导穷人的孩子，或者去抚慰病人和

---

① 赫维（1714—1758），英国安立甘会（Anglican Church）牧师，生前他的多部作品都很受欢迎。1797年英国出版了《赫维全集》，囊括了他的全部著作以及一部赫维回忆录。——译注

② 该书于1809年再版，书名为 *Letters from the Late Rev. William Romaine...to a Friend, on the Most Important Subjects, during a Correspondence of Twenty Years*。——译注

③ 马太·亨利（Mathew Henry, 1662—1714），英国长老会牧师及《圣经》注释家，因其所著之新旧约注释而著名，该书于1708年发行，曾多次再版。——《英汉神学名词辞典》，第329页。——译注

④ 《福音杂志》（*Evangelical Magazine*）创始于1793年7月，是一份方便购买、容易阅读的新教杂志，著名的新教传教士及差会创始人都曾在上面发表过极具影响的文章。《福音杂志》上经常登载有关伦敦会的消息，该刊的两位主编都曾参与了伦敦会的创建，并担任了伦敦会的理事。——译注

老人。他姐姐谈到他这一时期的作为，讲述了下面这个真实的故事：

他对自己的罪深感内疚，毫不遮掩，并盼望能够改过。我们的一个亲戚在这方面恰恰相反，这让他很难过。他给这个亲戚讲道理并多次规劝他，最后郑重地对他讲："谁能与吞灭一切的火同住？谁能与不断燃烧的火同住呢？"(《以赛亚书》33:14)这个亲戚是名水手，他后来告诉我，这些话总在他耳边回响，最后促使他信奉了耶稣。这就是为什么我深爱的、悲天悯人的弟弟到外面去行善，给身边的人带来幸福，他从年轻时起就一直这样。要是我们能像他一样，跟随当称颂的救世主的榜样，在主那里得到生命和永生该多好！

人物传记里凡是关于促进人物思想发展的内容都有价值。从马礼逊早期的记录中追溯他是如何在一个不利于培养高雅情操的环境里形成了影响他一生的性格特点和行为因素，了解影响他一生的特定环境，是件非常有意义的事。为了向读者展示他思想中的倾向，而非有意替他的想法辩护，我在此插入一段他少年时期的文章，这是1798年1月马礼逊对《自爱能否产生真正的信仰？》的思考。

凡由自爱产生的行为必定能激发个人的兴趣。神的圣言肯定了自爱或者因此而生的虔诚，并不一定会得到上帝的赞许。促使我们产生真正信仰的动力来自其他因素，而非出于自爱。作为基督徒，享受着和平荣耀的福音带来的光明，知晓了永恒唯一真神——祂差遣来的基督耶稣的启示，我们通过各种纽带响应祂的召唤，愉快地服从祂的神谕。真正的信仰并不源于错误的自爱，并不是我们的虔诚就配得上全能的神为我们受难的恩典，而是源于感恩，想到上帝为我们做的一切是因为对我们永恒的爱而萌发的感恩之心。故一位作家受到了启发而感慨："世人爱神是因为神爱世人！"这清楚地宣布了真正的信仰应该起源于对神无尽无私的爱的感恩之情，最能体现祂的大爱的就是伟大的、令人欢欣的救赎计划。

另一篇他少年时期的文章也保存着，名为《自然之美》，文章这样写道：

自然的美，或自然界事物的美，体现在其本质上。自然的作品或许更恰当地说是上帝的作品可以激起所有观察它、体会它的人愉悦的感觉，这种对美的感知被我们称为“品味”，它在全球、全人类之间都一样，不会因事件、思想及潮流而改变。翠绿的草坪、阴翳的树丛、斑斓的风景、无尽的海洋、闪烁的苍穹，每个有心人都会因此而喜悦、满足。虽然情感都相同，但不同的观察者体味的程度却很不相同。有人细细品味，因而对自然迷人的景致满心喜悦，脑海不会被贪婪、欲念或野心所侵蚀；感官变得灵敏，情感得到升华，感情变得热切。

你体会这静谧的景色吗？
先让心儿宁静，
清除怨恨，也无须争执，
抛开生活的一切烦恼；
自然万物都在静候
人类的爱。

这样的景致可以极有效地使人产生静谧的感觉，这是审美和升华所必需的前提。通过潜移默化，灵魂与自然达到了和谐，和谐的状态逐渐扩散。因为

谁能像自然那样微笑？
在心底里翻涌着强烈的情感时，
每一阵微风都那么平和，
每一片树林都唱着悦耳的旋律。①

如此镇定自若，我们才能善于从周围的事物中发现它们的价值。此时在我们眼中，牛的耐心被看作是非常满足；绵羊很天真；淘气小羊激起了心中的爱意和柔情；当我们看到劳作完的马卸下了重负，在平整的草坪上跳跃时，我们也为它的自由而喜悦；小马驹追逐嬉闹，也会让我们为之快乐，此时我们不是不知道它很快还要做苦役。鸟儿的欢唱令我们着迷，鸣虫的歌声让我们欣慰，游鱼的机敏使我们欢心，因为它们都很欢畅，我们被生机盎然的自然界的美好所打动，也为之欢欣雀跃。栽花人的品位

① 这是英国著名诗人申斯通（Shenstone，1714—1763）的一首长诗 *On a Tablet against a Root House* 中的一部分，马礼逊对第一句做了一些改动，此处按照马礼逊的文本翻译。——译注

不值一提,并非毫无道理。只有自然的作品经得起反复推敲,更理性的乐趣也许不能让人专注于它,也不能引起人这样的感觉。自然是如此精心地铺排开的花毯,就在我们的脚下,如此完美。它还给花园应时更换新衣,颜色样式各不相同,即使是树的叶子由荣转衰,也都令人赏心悦目:春天萌发的嫩绿,夏天呈现的深深浅浅的绿,秋天时的黄色和褐色,冬天时光秃秃的枝干,这些变化都会引发生动的联想。欣赏自然的美,上文已经列举了很多,但是还有比这更高尚的目的,它还可以升华人的情感,让人们爱慕祂——为我们创造了这美好、壮观、神圣的自然的造物主。在这个智慧、和谐、有序的公义世界中,怀疑主义和无神论与我们周围的世界几乎格格不入。人们会自然地从心底里涌出虔诚的情感,与生动的自然共鸣。人们在这种神圣的情感的启发下,会发现每个树林都有它们的尊严,人们加入了歌唱,众口一词地赞颂静默的万能的神。他们歌唱:

自然的杰作怎能和上帝的杰作相媲美
可以与他对话,了解他,一日更胜一日
这是上帝的构思,按照上帝的计划实施
他的灵魂也按上帝的塑造①。

在此增加一些从他最早的日志中摘选的内容,通过这些片段可以了解他的生活。

1799 年 1 月 2 日

直到 8 点才起床,晚了两个小时,决心明天不睡这么久。斯图瓦特先生(Mr.Stewart)上午 11 点去世了。下午 7 点停工。晚上参加祷告团契直到 10 点。睡了 8 个小时。读了《使徒行传》17 章。多希望自己读经更勤奋,信仰更热切,还有工作更勤勉!

2 月 3 日,礼拜日

7 点起床,上午都在读亨利的《经注》。步行到了弗斯(Forth)。听了一个非常精彩的布道,讲的是《约翰福音》第 7 章第 1—5 节。下午听的是

① 这是英国诗人阿肯塞德(Mark Akenside,1721—1770)的作品 *Pleasure of Imagination* 一诗中的片段。——译注

根据《罗马书》第5章第6—7节的内容做的一个布道。晚上，莱德勒先生(Mr.Laidler)做了一个精彩的布道。不要结束这么美好的一天！上帝啊，不要让我犯罪触犯你，不要任我放纵堕落，但愿你以神恩拯救我、怜恤我！

3月1日

6点半起床，漫不经心地过了一天。信仰不热切，心态也不像自己希望的那样平静。我给自己立了规矩：最好一次只做一件事。

8月1日

今天是父亲的生日。上帝啊，以基督耶稣之名赐福我们全家吧！

8月9日

6点起床。读了《哥林多后书》第3章第2节。晚上我带了一封信到温拉坦(Winlaten)，信里讲到了“达夫号”(Duff)被法国的武装分子扣押的事情。上帝啊，求你怜悯我们，我们倚靠你！

8月17日

读了《但以理书》第12章第3节。盼望在我主救主耶稣基督的恩典和知识上我有长进。愿上帝怜恤我，宽恕我的罪。今天我的大脑很灵活。读了两期《传教杂志》，让我获得了莫大的满足。上帝啊，让我在各种阅读中都能增长知识吧！

9月28日

晚上与M先生和C.H.一起崇拜并交谈。现在我还不知道将来要做什么。我唯一研究的就是《圣经》，我相信上帝通过基督耶稣赐予我们丰富的祝福。神似乎逐渐开启了我的思想。耶和华啊，我等候你、感激你。

10月21日

祷告团契中轮到我发言了。

11月7日

读了《欧文博士的一生》(*Life of Dr. Owen*)①。上帝怜悯我这个罪人

---

① 约翰·欧文(John Owen，1616—1683)，英国著名的牧师和神学家，是清教徒伟大的传教士之一，也是新教神学家，不从国教者，在伦敦任牧师职。他为那些脱离国教者争辩、谋取利益。著有《欧文全集》，其中著名的是《圣灵论》。——《英汉神学名词辞典》，第531页。——译注

吧。愿我得到更了解耶稣的恩典！

12月31日

晚上，我整理了一下过去一年写的东西，感到自己过去有时太懒惰了，感到非常羞愧。过去一年中，三个比我还年轻的和两位年长的人死时仍未信仰基督，这对我是郑重的警告。“主啊，让我知道自己的命数，这样我就可以全心求智慧了。”

这些节选对于了解他与生俱来的简朴和早期信仰有很大的价值。他内心深处的谦卑、坚韧的毅力、对信仰的忠诚，都立即凸现出来，这些也是他一生的性格特点。观察一个人青少年阶段对他人生的影响，了解仁慈的圣灵如何屡屡降临到每个人身上，从一开始就让他为神指定的事业做准备，真是件有趣的事情。

马礼逊先生1800年的记录虽然不完整，但是更加清晰地展现了他的性格特点。这里摘录的内容不是按照它的重要性，而是从不同侧面选择的。

1月16日

我的脑子胡思乱想。我的想法都是徒劳！“人的愚昧倾败他的道，他的心也抱怨耶和华”(箴言19:3)。这句话今天强烈地打动了我。愿圣灵让我觉察自己的罪，把上帝的话铭记于心！

2月5日

5点起。《那鸿书》第1章第7节：“耶和华本为善，在患难的日子为人的保障，并且认得那些信靠祂的人。”多宽慰人心的话语啊！夜晚我散步时，上帝的教导让我满心欢喜。太阳已经落山，月色皎洁，夜幕已降临，大海在远处低语！上帝是我的造物主，也是我的救世主。今晚我独自在家中向上帝祷告。睡了5个小时。

2月23日，礼拜日

6点半起。步行去了弗斯，弥漫着大雾。回家在作坊里祷告。蒙神赐福的孤独，我爱这孤独！我不是孤身一人，上帝与我同在。读了一部分拉马尼先生写给赫维先生的追思祷词。去了聚会厅，听了一个关于西门①的布道。晚饭后我把杰姆(Jem)带到楼上的作坊，和他一起祷告，然后考查他的教义教理知识。下午听了一个耶稣殉难的布道。和哥哥托马斯(Thomas)一起喝下午茶。C.H.和我一起唱诗、祷告，读《圣经》。《诗篇》48:14，"因为这神永永远远为我们的神，祂必作我们引路的，直到死时"。我总爱胡思乱想，"就是我愿意为善的时候，便有恶与我同在"(罗7:21)，这就是我的弱点。

3月11日

我广为涉猎——学习了植物学和其他方面的知识。我不知是否有用，最好还是继续研究我的《圣经》。

4月1日

6点起。祷告后开始工作。一天平淡无奇。晚上我拜访了H先生，他身体很虚弱。他跟我谈了上帝的大爱，为在耶稣里给人带来希望而喜悦。我与他一起祷告，然后回家。家庭礼拜结束后，我坐下来读天文学的书，可是忍不住打盹。做了祷告就休息了。睡了6个半小时。

4月4日

我拿到了《福音杂志》。除两名传教士乘船到加拿大传教之外没有特别的报道。

4月6日，礼拜日

5点半起。早上7点去了(非国教的)伯斯坦聚会厅(Postern Meeting House)的公共祷告室，那里的人都不认识我，但对我很友好，我们团结在同一个救世主身边，受同一种精神的支配。家庭礼拜结束后，我去了花园，顺便拜访了哈顿先生。多么幸福的人啊！去了教堂，哈顿先生讲圣徒保罗转变信仰的事迹。

晚上，C.H.和我拜访了道尔先生(Mr.Dewar)和亨德森先生(Mr.Henderson)。上帝啊，但愿我能看透世俗的空虚！

---

① 西门(Simon)，徒8:9—12中所讲的原本妄自尊大、行邪术的一个人，后来领众人信了腓利所传的福音和基督耶稣。——黎金磐编:《基督教专名英汉字典》，圣书公会，1953年，第221页。——译注

4月23日

5点半起。祷告结束后看书看到6点,辛勤地劳动了一天。中午做了祷告。工作时读《圣经》让我学到了很多。神啊,让我的心谨守祂的律法!

5月3日

5点起。晚饭后独自祈祷、读《圣经》。盼望着死后能够复活,就像"将我们这卑贱的身体改变形状,和祂自己荣耀的身体相似"(《腓利门书》3:21)。

6月12日

5点起。先去祷告,感谢神让我平安地度过了夜晚,求祂白天也守护我。又一天过去了,我离坟墓又近了一步,离末日审判近了,离永生也近了!晚上没有出去,在家里祷告后坐下来看书。家庭礼拜结束后,专心默想之后歇息了。

6月18日

5时起,祷告后至7点看书,然后去工作,忙到晚上8点。C.H.来访,我们一起唱诗、祷告、读了一篇讲章,然后一起散步到了花园。我们拜访了哈顿先生,就严肃的话题展开讨论。但愿上帝降临时我保持清醒!

7月10日

我白天想得太多,胡思乱想让我的大脑有些糊涂了。"愚妄人的思念乃是罪恶"(箴24:9)。我是一个怎样的罪人——一个罪大恶极的罪人,但我仍因上帝羔羊的血得希望。我停下工作,坐下来专心地读《圣经》,然后祷告,求上帝施恩的手的指引。

从当年7月到年底,他在日志上只留下了六段记录,这里节选了其中两段:

9月27日

离我上次的记录已经过去了30多天了,时间如流水,飞快地流逝了,我离永恒没有多远了。这段时间里发生了很多事情,其中有一篇是通格塔布岛(Tongataboo)的一些传教士被谋害的报道。耶和华是公义的,祂所做的事都好。

12月31日

我现在到了18世纪的最后一天,也是本年的最后一天,我离永恒前进了一步。我在过去的一年里又犯了多少罪啊！疏漏之罪、行为之罪、想当然之罪以及其他不为人知的罪。“谁能知道自己的错失呢？”（诗19：12）耶和华啊，我的上帝！我满怀希望，称颂你的圣名给了我盼望——有保障的盼望，甚至“以耶稣的血洗净我们一切的罪”（约1:17）。在此，我要感谢上帝在过去的一年里对我的慈恩。“神为世人所施的恩惠是何等大呢！”（诗31:19）上帝怜恤我，冠加了我诸多恩赐，祂每天都“加恩”于我，而不计算我的罪。注意：在过去的一年中，我认识的23个人离开了人世，包括M。他们当中P先生的死令我震惊，他很有威望，受人尊敬，生前拼命聚敛财富，他身强体壮，充满活力，很多人羡慕他所拥有的一切。可是现在他有什么？我可以就这个话题滔滔不绝地讲下去，它表明世人为这些事情奔忙一生是多么的愚蠢，为这些虚空的东西徒然烦恼。愿上帝赐福我和我的家人！阿门！

请允许编者暂停片刻，读者们需要注意的是：上述记录中表现出来的性格特点非常重要，性格特点的成熟，是成就他未来的要素。马礼逊先生深沉的爱体现在他利用一切机会促进他家庭的幸福，或者在他的祷告及感激的赞美中适当地表达出来。他深切地同情并且及时地帮助有需要的和苦恼的人，他不仅倾其所有，慷慨地捐赠救济品和救济金，更重要的是引导他们寻求安慰以及和平之源。他坚持祷告：早晨醒来，他祷告；一天再忙，他也要祷告；他给朋友和伙伴做祷告，为他们减免罪恶；晚上回到住处，也以祷告结束一天。没有语言能描述他投入的精神！同时，我们也不能忽略他教导杰姆的善举。此时，他完全不知圣灵这样一步步地让他做好了准备；他从未认真思考过从事牧职，更未曾想到从事这项需要忍耐和辛苦劳作的中国传教事业。

这两年的日记里经常提到头痛，他不时地受到病痛的严重折磨，一生都是如此。他母亲从他发烫的额头感觉得到头痛病的发作，心焦如焚地在旁观察。他还抱怨有时昏昏沉沉地发困，逼着他停下事情，提前一些睡觉，也阻止他和家人一起做晚上的祷告。无论这些病症的起因是什么，它们都显示他的身体并不强壮，这对于一个终身坐着劳作的人来说，并不是有利条件。

日记还记录了在1799年年底，他曾向住在纽卡斯尔的一位年轻女士求婚。他对她的感情显然很热烈，所以如此早就提出了结婚，也许想法并不成熟，但是他一直持有这个想法，直到他知道自己要做一名传教士才放弃了。他的年轻的女友起初有些犹豫，后来婉言拒绝了；当她后来同意陪他去传教时，马礼逊先生已被指派去中国传教，在当时的情况下带着一位妻子去中国似乎还有些轻率，至少在初始阶段如此。对于马礼逊先生年轻时的这段感情，无论别人认为他很慎重还是草率，他自己似乎有充分的理由。在他看来，这是一件很严肃、令人心焦的事情。他在日记中是这样谈到这个话题的：

> 哦，上帝！请看在耶稣的分上，指引给我正确的道路的方向。我早盼望了解主的旨意，并认为这是头等要事。哦！我永远记得虽然我身在异国，但我的心却向着主的殿堂。但愿这于我不是罪过！

1801 年在他的一生中值得纪念，他开始固定地学习一些课程。下面的段落记录了这件事，这是他日志中的记载，而他的日记则中断了，直到 1803 年重又开始。

6 月 19 日，礼拜五

> 今天我开始跟莱德勒先生学习拉丁文。我付了十先令六便士的初级学费，以后每个季度还要付一金币。我不知道结果会怎样，只有上帝知道。我的愿望是，如果上帝怜恤我的生命，只要祂给我机会，我愿为基督的福音效力。耶和华我神！你是我全部的希望，是我唯一的希望。借着耶稣基督我们救主怜悯我这个罪人吧；如果合乎你的心意，赐福我吧！阿门！

这段话很清楚地表明此时他开始慎重地考虑将来担任牧职，他随后又称他的目光转向了传教事业。他不知道怎样进入传教事业，也不知道能否实现这一目标，但他的心意已定，他学习拉丁文就是朝这个方向迈出的第一步。他从自己的收入中攒钱交学费，因此，他不能停止工作。于是，他仍然早上 6 点开始工作，一直持续到晚上 6 点，甚至经常是更晚的时间。早上 9 点至 10 点是他跟莱德勒先生学习拉丁文的时间，他还从睡觉时间中挤时间复习拉丁文课程。他每天吃饭也都尽量给学习创造机会。可以想象，他的拉丁文水平配得上他的热情和毅力，因此，一年半以后，他进入了霍士顿神学院。他不仅初步掌握了拉丁文，还学习了基础希腊文和希伯来文。他热爱学习，没有困难能阻碍他,对灵魂的爱是他最大的动力。他早就一心向往能够帮助那些罪人得救,早年的考验让他做好了为上帝召唤他的事业献身的准备。

威尔森先生(Mr.Alexander Wilson)在一封信中写了下面的事情。威尔森先生是他在桑德兰(Sunderland)结识的朋友,马礼逊那时在桑德兰打理父亲的另外一项生意。这是他的第一批宗教朋友对他的评价。

> 我们四五个年轻人一起谈论过去的基督徒所讲的那些神迹,马礼逊先生默默地听我们讲。因为他一言不发,我们请他给我们谈谈他对这个问题的看法。他回答说:"即便有很多事情我不了解,但是有一件事我知道:我是一个罪人,基督耶稣是最合适的救世主。"从我们中最年轻的人口里讲出这样的话,强烈地打动了我们。

马礼逊是母亲最喜爱的孩子,她有一次在谈话中得知马礼逊的志向后,似乎有些吃惊,她本想反对。据猜测,她持反对态度并不是因为她不赞同马礼逊的志向,因为他常说母亲非常虔诚,她的理解力也超过常人,而是因为母亲自己的脆弱以及与儿子离别让她难以承受。出于对母亲的孝顺,马礼逊答应在她有生之年不离开她。她从他的虔诚和爱中得到了安慰,抚慰着她直到生命的结束。神仁慈、智慧地安排好了这件事,没有让她失望,也没有阻碍他追求自己的目标,指引他走向为主的事工。

母亲最后一次患病及去世发生在 1802 年。马礼逊时刻守候在母亲的病榻旁,尽全力安慰她。他知道她的需要,给她喂药,与她共同祈祷,为她祷告,接受她最后的祝福,听到她最后一声叹息,看她闭上眼睛离开人世。

唯有继续。莱德勒牧师觉察到了他的学生马礼逊的性格,鼓励他任牧职的想法。马礼逊这时下定了决心,在异教徒中间侍奉上帝于他仍是可望而不可即的,因此,他满足于将这一目标融入所有当前有用的事情中去。他在人生的关键时期写成的文章,现在呈现给读者——这篇文章处处体现着他最突出的特点——虔诚、永不消减的动力,对牧师性质和生涯规划的焦虑和盼望,以及对担任牧职的重要性的深刻认识。

一个牧职倾慕者的沉思

> 我的心"若羡慕得监督的职分"(《提摩太前书》3:1),是否要做一名

牧师？深切地思考，你是否为了做如此重要的工有所准备，要响应它的召唤并为之献身。我是真正的基督徒吗？抑或是一个“魔鬼”——一个让上帝与人失和、心里装着撒旦和罪恶的人？我是否受了基督所行的脱去肉体情欲的割礼，让堕落的我重获新生？是否“旧事已成为过去，都变成新的了”（林后5:17）？我是否“以神的灵敬拜”（腓3:3），无论读经、默想、祷告、交谈，无一不受圣灵的影响？我是否确知基督对我的意义？我是否为祂以自身所显现的、祂所显现的对象，以及祂为我所做的一切而欢喜？是否在读经或演讲时“不靠着肉体的”（腓3:3）？是否圣灵已让我消除了自我、在精神上谦卑，让我在自己眼里看到“我本来比众圣徒中最小的还小”（《以弗所书》3:8）？是否祂“以祂大能的手”指引我“将认识我主基督耶稣奉为至宝”（腓3:8），我为认识我主基督耶稣“丢弃万事，看作粪土，为要得着基督，并且得以在祂里面，不是有自己因律法而得的义，乃是有信基督的义”（腓3:8—9）？是否我渴望“认识基督，晓得祂复活的大能，并且晓得和祂一同受苦”（腓3:10）、“向着标杆直跑，要得神在基督耶稣里从上面召我来得的奖赏”（腓3:14）？基督赐予了我哪些天赋？又有哪些传他人的才能？“神国的奥秘”（《路加福音》8:10）究竟是什么？有哪些方法可以让我“拿出自己所有新旧东西”（《马太福音》15:23）教导别人？需要哪些本领才能把“神深奥的事”让最愚钝的人也能看透？如何迅速参透？如何喜好研究，就像一个人投身做最重要的事情那样？登上讲坛的人需要哪些特殊的素质，让我“在神面前把自己荐与各人的良心”（林后4:2）？“不是用智慧委婉的语言，乃是用圣灵和大能的明证以及神的大能”（林前2:4）？需要积蓄哪些《圣经》文本的体验和启示的教理，我才能进入到这极大的职分中来？如：什么是上帝律法的真谛？哪些是祂的警告？有哪些关于罪、撒旦和救恩的教义？我的心是否曾受痛苦和烦恼的煎熬？是否知道上帝宣告和应许的恩典？是否体验或看到上帝事事皆好？什么样无尽的“爱”的“慈绳”（《何西阿书》11:4）打动并牵引着我的心？我发现了哪些天国的圣谕并以此为宝，让它成为我心中的喜乐？什么样的考验和真理让我宣布，“因为我信，所以才讲这一切”（林后

4:13)? 关于永生之道,我看到、听到、亲自体会到哪些让我说“神指示我告诉你们的”(徒 17:23)? 如果我不是受基督的差遣,而是自己侍奉信徒,或给他们演讲,很容易给我带来这样的指控:“就是贼,就是强盗”(约 10:1),一个背叛耶稣的人,一个灵魂的杀手。如果不是上帝指导我进入这一职分,在我做的工里我以什么为目标、支持和安慰呢? 在工结束时又如何被祂接受呢? 待到我的良心要在神的审判宝座前回答,我将要自取“大祭司的尊荣”还是“唯要蒙神所召,像亚伦一样”(《希伯来书》5:4)? 我是否受基督的差遣,是不得已传福音的? 是否主让我顺从祂的命定,没有用常规途径把我推向了牧职? 祂是否活在我的灵魂中,让我接受了圣灵? 祂是否让我怀有深切地怜悯众人的灵魂,清醒地认识到自己的罪过,热切盼望按主的心意塑造并变得圣洁以为祂所用? 随着我对神的知识以及为圣灵献身的想法逐渐增强,我是否因心中燃烧着对耶稣的爱,而甘愿甚至欢喜地忍受人类的贫穷、轻视和仇恨,甚至为了让人归信耶稣,牺牲自己的救恩?《圣经》中哪些段落指引我并鼓励我从事这项事工? 耶稣以何种形式授予我这一使命? 是否要让盲人“张开双眼”(《约翰福音》10:21),让罪人从黑暗走向光明,从撒旦转向上帝,给他们洗净罪恶的希望,并让被赦免了罪恶的人相互传继或让他们到人们中去? “因为这百姓油蒙了心,耳朵发沉,眼睛闭着”(赛 6:10),他们会随着他们的偶像毁灭。耶稣和我有着怎样的约定? 祂怎样协助我的事业? 我是否都已接受了? 我从事传道会有怎样的结果? 祂洞悉我的内心,掌握着我的方向,我敢祈求祂吗? 祂会很快裁决,因为我不为自己谋名利,也不窥探他人的金银财宝,只是关心他们,因为他们没有人寻求神恩。我是否不是为了自己的荣耀,而是为了荣耀派遣我的主? 我是否已经认真思考过我面前的事情,还是盲目地接受了这一艰巨使命? 我是否考虑过传道的性质,成为耶稣的使者? 搜寻正走向地狱边沿毁灭的灵魂,让他们“与神和好”(林后 5:20),成为传达上帝奥秘和伟大恩典的使者。在我心灵接受考验时,需要我保持忠诚。在我的事业中,我以谦卑和眼泪服侍上帝,“在祂儿子的福音上用心灵所侍奉的神”(罗 1:9)——毫无保留地将上帝的话语、启示、谴责、鼓励传给世人，向上帝忏悔并忠于我主基督耶稣，不畏惧别人的指责、迫害、饥饿、缺衣，“我却不以性命为念，也不看为宝贵，只要行完我的路程”（徒 20:24），“我为我主的名，不但被人捆绑，就是死在耶路撒冷也是愿意的”（徒 21:13）；情愿与耶稣一同被毁灭，也不与君主作威作福。因此，我充满恐惧、战兢地劳作，“我曾定了主意”要传扬我主，荣耀我主，“不知道别的，只知道耶稣基督被钉十字架”（林前 2:1），“不是用智慧委婉的语言”去取悦人，“乃是用圣灵和大能的明证”（林前 2:4），“我们所领受的，并不是世上的灵，乃是从神来的灵，叫我们能知道神开恩赐给我们的事，并且我们讲说这些事，不是用人的智慧所指教的言语，乃是用圣灵所指教的言语，将属灵的话解释属灵的事”（林前 2:12—13）；做属灵的人，传基督的智慧，处处彰显救世主的存在，耶稣是救世主，祂让人得救，祂也让人死亡。“乃是由于诚实、由于神，在神面前凭着基督讲道”（林后 2:17）；“乃将那些暗昧可耻的事弃绝了，不行诡诈，不谬讲神的道理，只将真理表明出来”（林后 4:2）。不是我布道，而是我主基督耶稣在布道，我是祂教会的仆人，“身上常常带着耶稣的死，使耶稣的生也显明在我们身上”（林后 4:10）；“我们既知道主是可畏的，所以劝人。但我们在主里是显明的，盼望在你们的良心里也是显明的”（林后 5:11）。怀着对基督的爱，我必须采取一切办法把罪人带往生命之路，“我为你们起的愤恨，原是神的愤恨，因为我曾把你们许配一个丈夫，要把你们如同贞洁的童女献给基督”（林后 11:2），在生产的艰难中疼痛呼叫直到基督出生。“务要谨慎，尽你从主所受的职分”（《歌罗西书》4:17）。我必须“以宣读、劝勉、教导为念”（提前 4:13），这样“我又能救自己，又能救听你的人”（提前 4:16）；“按照正意分解真理的道”（提后 2:15）、“按时分粮给他们”（路 12:42）；如实地“劝诫各人、教导各人，要把各人在基督里完完全全地引到神面前”（西 1:28）；祈求每个人在“神的旨意上得以完全”（西 4:12）；“不凭着血气争战”，“争战的兵器”本不是属血气的，而是“在神面前大有能力，可以攻破坚固的营垒”（林后 10:4）；“将各样的计谋”以及心意都“顺服基督”（林后 10:5），“留心看祂们为人的结局”（来 13:7）并“从我听到的那纯正话语的规模，要用在基督耶稣里的信心和爱心，常常守着”（提后1:13）。我必须“出到营外，就了祂去，忍受祂所受的凌辱”（《希伯来书》13:13），神“立我作全群的监督”，“牧养神的教会，就是祂用自己血所买来的”（徒20:28）。“用真话并不是谎言”（提前2:7）宣讲教义；“务要牧养在你们中间神的群羊，按着神旨意照管他们，不是出于勉强，乃是出于甘心；也不是因为贪财，乃是出于乐意；也不是辖制所托付你们的，乃是做群羊的榜样”（彼前5:2—3）——做“关乎虔敬的事”（《彼得后书》1:3），成为神圣、公正、无可指责的楷模——“总要在言语、行为、爱心、信心、清洁上，都做信徒的榜样”（提前4:12）；“逃避少年的私欲”（提后2:22），追求公义和平；弃绝“愚拙无学问的辩论”（提后2:23），“不可竞争，只要温温和和地待众人”（提后2:24），“用温柔劝诫那抵挡的人”（提后2:25），脱离争端和世俗纷争，它们是最危险的圈套，“追求公义、信德、仁爱、和平”（提后2:22），“要为真道打那美好的仗，持定永生”（提前6:12），“务要传道，无论得时不得时，总要专心，并用百般的忍耐，各样的教训，责备人，警戒人，劝勉人”（提后4:2），在爱中坚守福音的真理，将“听见我所教训的，也要交托那忠心能教导别人的人”（提后2:2）。试验伪装的教导者，“犯罪的人，当在众人面前责备他”（提前5:20），“让偶然被过犯所胜，你们属灵的人当用温柔的心把他挽回过来”（加6:1），“彼此体恤”（彼前3:8），对自己却应“连那被情欲玷污的衣服也当应厌恶”（《犹大书》1:23）。

这篇颇具《圣经》特点的文章表现出他的思想受到的熏陶。像提摩太（Timothy）一样，他从幼年起就熟悉《圣经》，虽然很多人也自幼学习《圣经》，但他常有感于自己年轻时曾广泛地接受了《圣经》和教义的指导，对此非常感激。

同一时期，我们还可以从下面的文章中了解他的思想状况：

感谢耶稣赐福！长久以来我都在寻求让灵魂永存，从前有时满足于“肉体的私欲”（弗2:3），有时又“随着心中喜好的”（弗2:3）去行。年幼无知的时候，我曾与酗酒者、赌咒者、渎神者、不守安息日的人为伴；但是我的心谴责我，我从未停止过挣扎。于是我读书了解我的神，除了神一切都是空的！我醒悟了："凡劳苦担重担的人，可以到我这里来，我就使你们得安息。"（太 11:28）不幸而困苦不堪的我！追求幸福，却背负着沉重的罪的我，到你那里寻求自新、寻求解脱重负。

耶稣，我主，你拥有
永恒的上帝所喜悦的
啊！让我的灵魂安宁吧
赦免我的罪，把我从那不堪重负的道路上解救出来！

1802年9月25日，礼拜六，他这样写道：

今天，我给某某写信了，想了解霍士顿神学院的事情。对于即将结束的今天，我该说些什么？愿上帝宽恕我的罪过，"在你挑选珠宝的那一天，让我闪耀光芒吧——就在耶稣审判众人秘密的那一天"（罗 2:16），"你要专心仰赖耶和华，不可倚靠自己的聪明"（箴 3:5），"在你一切所行的事上，都要认定祂，祂必指引你的路"（箴 3:6），"这是第一要紧的……你要尽心、尽性、尽意、尽力爱主你的神"（可 12:30）。

11月24日，他申请到霍士顿神学院（现更名为海博利学院①）学习。霍士顿神学院是由福音派非国教派（Evangelical Dissenters）创立的著名学院之一，其目标是给那些预备担任圣职的人提供拓展教育。在上面引述的段落中，仁慈的上帝以祂的圣灵指引他认识了神，他因此继续写道：

1802年11月24日

一封信的长度不足以让我详述自己的原则，但是如果从我早期在苏格兰教会接受的包含在《威斯敏斯特信仰宣言》②中的教导，从我所了解的来看，我已经完全和它们结合成了一体，这足以证明我这个人，也因此

---

① 1830年霍士顿神学院搬到了海博利，与当地的一所学院合并成为了海博利学院（Highbury College）。——译注

② 《威斯敏斯特信仰宣言》（*Westminster Confession of Faith*）是有关基督教信仰之主要教理的简明陈述，是1643—1649年威斯敏斯特议会产生的统一的基督教教理标准，议定了含有三十三章的公认信条、要理问答、教会行政方式和礼拜规则。——《英汉神学名词辞典》，第732—733页。——译注

可以知道我对洗礼仪式的态度。

促使我成为一名牧师的动机如下：我热切地盼望自己成为有用的人，（在神施恩的手的指引下）把罪人从黑暗带向光明，从撒旦的控制下解救到上帝的怀抱——盼望得到属灵的恩赐，成为造就教会的工具，为此我寻求多得些启迪教会的恩赐。我敬慕先知讲道，先知对人讲的是造就、安慰、劝勉人。我一定会遵守这些教导，它们不仅说出了我的心意，而且包含着对我现在的事业的有效的保障。说这些话的人是从使徒那里出来到哥林多教会的信徒，劝诫他们说："切慕属灵的恩赐"（林前 14:12）、"切慕作先知讲道"（林前 14:39）。

然而，我情愿走天父指引给我的道路。祂知道什么是最好，祂拣选并使用祂找到的工具。祂的意愿实现了。

马礼逊

纽卡斯尔格罗特市场（Groat Market①，Newcastle）

无须说，马礼逊的申请立即被委员会接受了。委员会指示他到伦敦去，他于 1803 年 1 月 6 日抵达伦敦。他在给父亲的信中讲述了路上的情况。

1803 年 1 月 7 日

亲爱的父亲：

上帝保佑，我安全地抵达了，时间大约在昨天下午两点……在南希尔兹（South Shields）的伯罗迪先生（Mr. Brodie）的推荐下，我幸运地遇到了一条好船，一个好船长。当因晕船躺在高级房间休息时，我惊喜地听到有一些人在船舱里唱赞美诗；只要天气允许，每天晚上我们都一起做祷告和读《圣经》。航程中有些路段非常艰险：一天晚上，他们让船自己漂流；还有一天夜里，船颠簸得厉害，甚至把船头的斜桁都颠掉了，那次形势非常危急，因为船桅也岌岌可危了。我提这些是要感谢神，是祂让我们安全通过的。我恳求祂实现祂的诺言，"当你从水路经过时，我在你身边"（赛 43:2）。感谢神，祂的话应验了！

① 苏精教授查对了原手稿，此处地名误将"Groat Market"记为"Great Market"。——译注

第二阶段

进入霍士顿神学院至乘船前往中国

（译者　杨慧玲）

1803—1807

-1803-

进入霍士顿神学院—日记节选—亲人促请他回家—与神学院学友的交往—弗莱彻先生的评价—克鲁尼博士的评价—波德博士的评价—佩恩博士的评价—加入沃博士主持的教会—第一次布道—日记摘选—信件摘选—偏好传教事工

1803年1月7日，礼拜五，马礼逊先生到达霍士顿神学院，在两位导师辛普森博士（Rev.Dr.Simpson）和阿特金森牧师（Rev.W.Atkinson）的指导下，立即开始了常规课程的学习。他从1月10日起重新记起了日记①：

天父啊！我为自己对属灵的事冷漠而懊悔。我已进入这一事业，即计划向可怜的堕落的罪人宣讲基督，我很高兴神给我这样的授意，我盼望抛开一切，从现在起将我的时间和精力都投入到这被人称颂的事工中来。我祈求我可以察觉自己的缺陷，清楚地知道神与我同在的重要，铭记圣灵

① 前文提到在1801年6月时，他萌发了担任牧师的愿望后，对人生有了新的规划，开始学习拉丁文等课程。日记自此中断，直到1803年重又开始。——译注

的教导。虽然神已在祂的话语中向我们显现，我仍祈祷神赋予我洞悉自己内心误人误己的想法，让我能够更好地感知神指示事务的重要性。但愿我的心为圣言而战兢，愿神让我完全担起责任——让我知道并用心感受救世主耶稣的大恩大爱——如此强烈，感人至深。神我的救主！我是否要去冒险？是否要给我这一荣耀，让我以自己的口舌讲述“基督那测不透的丰富”（弗 3:8），让我在一定程度上明白并感受那生动强烈的大恩大爱？啊！但愿我能向那些可怜的罪人同类展现神乐意显现给我的。但愿我内心燃起对灵魂的热情。让我“为选民凡事忍耐，叫他们也可以得着那在基督耶稣里的救恩和永远的荣耀”（提后 2:10）。主啊！我谦卑地祈求，如果神要怜恤我、保全我，请让我认真阅读并深刻思考你的圣言——主啊！我情愿追随你。愿主与我同在，我谦卑地侍奉你。阿门！

他记录这些情感是为了自己日后浏览，以便加深他思想中对即将进入的极重要的事工的印象。这段话因此也更具价值，它显示了马礼逊先生愿为基督教牧职献身的真实想法和情感。《圣经》的真理深刻地影响着他的思想，他的精神真诚而谦卑，他的眼睛只盼望救世主的荣耀，他全心的盼望也都在主身上。

当马礼逊先生离家就学时，他的父亲年老体弱，而且以前纽卡斯尔的生意大都靠马礼逊先生打理，因此，他在告别父亲时内心十分痛苦，还相当地犹豫。他刚刚在霍士顿神学院安顿下来，他对主的忠诚就受到了新的考验：他父亲来了一封情深意切的信，要他回家重操旧业。然而，他的心意已定，他在决心冒险之前就已充分考虑到了为之付出的代价。他给父亲回了一封信，充满了对父亲的体贴孝顺和真挚的情感。

1803 年 2 月 5 日

敬爱的父亲、哥哥、姐姐：

我收到了你们上月 19 日的来信。信中说父亲的腿越来越糟，让我很担心，可我又能做什么呢？我倚靠上帝，也是父亲的上帝。“祂所做的事都好”（可 7:37），因此，祂会为那些爱祂的人做好的安排。我的父亲，我的哥哥、姐姐，我把你们和自己都托付给祂，相信祂会照看我们。难道我们的时日不够短暂吗？我现在盼望，假如上帝应允，让祂在你们朝圣的旅途中让你们留心去做众人以为美的事。我相信祂会成全的。愿神保佑你们得到丰富的救恩和神的真理。您建议我回家。衷心感谢您的美意，愿神保佑好人。但我不想这样做，我的手已经扶到了犁上，我是不会回头的。我的选择让我主喜悦，因此，祂让我在众人面前蒙恩。

他的亲属对他离家的不满情绪没有立即消散，他在下面这封信中委婉地提到此事。这封信极具代表性，是他真实的感受——既是儿子又是基督徒的感受，虽然信中详细描述的都是一些微不足道的小事，但不能因此忽略它的价值。他父亲及大多数亲属最后都承认这是上帝的安排。

伦敦，1803 年 4 月 23 日

亲爱的父亲：

我盼望您的来信，盼望了解您的近况。回想起当时我尚不清楚自己的未来就离开你们的那天，我的父亲、哥哥和姐姐流了多少泪，真是一段伤心而又甜蜜的回忆，至今回想起您的屋子，我的眼睛都会湿润。您的慈爱和恩情刻印在我心上，我希望我终身都能保持这样的记忆，并感谢上帝让我在您眼前蒙恩。

我盼哥哥的信已经很久了，希望他能告诉我关于您的情况。看来有理由猜测您生我的气了，认为我冷漠无情，置您与我的安宁健康于不顾，我受到了很大的震动。请您务必写信告诉我您的健康状况，今年您准备如何收购木材？您是否找到了合适的帮手？我希望我的父亲一切都好，还有哥哥托马斯全家、姐姐汉娜（Hannah）和她的儿子詹姆斯（James）——希望詹姆斯变得勤奋，如果上帝让他完全知晓灵魂的宝贵和他对上帝不知感恩的行为，他会悔过并投向上帝的。请让我知道罗伯特（Robert）是否在您身边。

虽然我的离去让您的处境有些艰难，可您就像我的灵魂一样珍贵。您的安康和朋友们的幸福，无论是现在还是以后，只要我们活在这个世界上，都是我心中最惦记的。上帝要我继续为您祷告。我希望在同一个神面前，我的父亲和哥哥也不要忘记为我祷告。我的朋友们，我希望上帝让万事都互相效力。我相信是神差我到这里来的，神将照看我。虽然我的罪很重，我的弱点很多，但是神我的救主将会赦免我的罪，给我丰富的恩典。

我的身体相当健康，人们对我也很友善，我最大的不安来自我对当称颂的耶稣的冷淡——祂为可怜的罪人而死，我相信也是为我而死。我游离上帝的心和我的弱点沉重地压迫着我，让我难过了一整天。

马礼逊先生一进入霍士顿神学院就交了很多朋友，有哈克尼(Hackney)的波德(Burder)、曼彻斯特(Manchester)的克鲁尼、斯特普尼(Stepney)的弗莱彻(Fletcher)、埃克塞特(Exeter)的佩恩(Payne)，其中，波德先生和克鲁尼先生是他最亲密的朋友。马礼逊先生和他的朋友们终身保持着友谊。在霍士顿神学院，他以一贯的热情投入地研习神学院的各种宗教和古典文献等课程，与此同时，这种明确地把对迷失的灵魂的爱看得高于一切的动机，让他产生了任牧职的远大目标。下面是四个至今仍在世的朋友对他学生时代性格的证词。

在一篇纪念马礼逊博士的追思祷词中，尊敬的弗莱彻牧师讲：(*Sermon*，p. 24)

马礼逊进入霍士顿神学院的当年，我也有幸高兴地进入了同一所学院，每天和他一起学习古典课程。我之所以提这段时期，是因为马礼逊在这段时期内他的一些最突出的性格品质得到了发展，这不是通过他日常的交往谈话，而是通过私人学友圈展现出来的。他有严肃认真的态度，谦逊奉献、不向人炫耀的虔诚，这足以证明他确实被神感动。他对传教事业表现出了极大的热情，不是被语言所动，而是被传教事业的宗旨所打动。对于那些旨在激起公众兴趣的活动和聚会，他似乎不感兴趣，而对单独冷静地思考问题更感兴趣。我清楚地记得：在一次谈话中，他提到自己想要成为传教士的责任感时，是以一种非常强烈而又坚定的语气来说的。他早期的智力发展并没有过人之处，唯一值得称道的就是他持之以恒，他在后来的生活和工作中始终如一，在神恩的保佑下，他孜孜不倦地坚持了下来。

在克鲁尼博士的演讲集中，有一篇标题为《中国之声》(*A Voice from China*，

pp.9-12)的文章，里面这样谈及他从前的学友：

1803年1月我刚进入霍士顿神学院，就发现马礼逊先生已经先我数日到了。因为我们都准时和朋友们参加上帝的优秀仆人沃牧师（后来成了博士）主持的侍奉，我们很快就彼此熟识了，结果是我们牢固的友谊持续了近32年之久。在此期间，我们相互交流我们的幸福和悲伤，互致我们的祝福和同情，互相爱护、互相信任，必要时也互相批评、指出错误。他那时的性格就表现出了日后让他堪称典范的优秀特征：热切的信仰、不懈的努力、献身的精神。他本性严肃、爱思考，因此，他脑海中经常充满焦虑而又悲观的想法，在看待自己和才能方面尤其如此，所以别人偶尔觉得他是一个沉闷忧郁的人。但是最了解他的人完全相信，他的焦虑主要源自他认识到了自己准备中的事工的重要性，对他不具备忠实履行牧职的能力的担心，对他未来事工的责任感，为此，他必须竭尽全力，充分利用一切有利条件。所以，他成了最模范的学生，总是努力做到优秀，即使对他不擅长的课程也都如此。但他的成功所依赖的基础，不是靠他的努力和勤奋，而是靠神的恩典。很少有人做到像路德常说的那样，"只要会祷告，就会读经"，而他就是一个最恰如其分的例子，祷告是让他的灵魂喜悦的要素。因此，他不仅自己身体力行、常常祷告，还鼓励他在神学院的学友以及他认识的人也这样做。他认识的一些人（说出他们的名字会让他们蒙羞）非但体会不到马礼逊先生在这方面的价值，反而尖刻地说他们私下里并不想要马礼逊先生来访，虽然他不常去，而且是越来越少，可他在拜访结束时总要做一个祷告。很少有神学生毕业之后的行为比马礼逊的更无可指责，他以自身的价值和忠贞的虔诚赢得了众人的尊敬，赢得了与他结谊的友人的爱慕。虽然没有人想到马礼逊会被上帝如此快速地召去承担一项极为艰苦而重要的使命，也没有想到他会因这一使命赢得基督教会中各阶层人士的敬仰；然而，如果反思马礼逊先生在霍士顿神学院的勤奋和虔诚，就会清楚地认识到这已蕴含了成就未来事工的元素。其他人确实有更高的天赋，有更丰富的想象力，演讲也更具感染力，举止也更为高雅，但我相信我可以说没有人比他更全面地拥有这三项最伟大的元素——对宗教事业有最炽热的信仰、不懈的努力、献身的精神。

他的一位受人尊敬的朋友波德博士也做出了相似的评价，在此引用下面的段落作为示例：

他极为勤奋地学习，以一种热诚、奉献的精神赢得了他的资助人和友人的信任和支持。马礼逊先生和笔者从那时起（在霍士顿神学院）建立的友谊，经过了终身从未间断的通信的巩固，我谦卑地盼望通过神的恩典，我们的友谊在“永生的世界”得以延续。

这里还可以增加一些证据，下面是佩恩博士写给克鲁尼博士信中的段落：

我很遗憾地说自己一点都帮不上马礼逊遗孀的忙。我和优秀的朋友马礼逊先生的通信早已遗失，我的记忆只能想起一件不太重要的事情。他入学的时候对拉丁文有些基础，但是对希腊文几乎一无所知。他希望能赶上比他水平高得多的我们，就拿出了刻苦努力的精神，这是他早就凸现的优点，也是让他在后半生实现了目标、取得如此辉煌成就的优点。通过夜以继日地学习，他很快就超过了我们。当时思想以及现在回想，在霍士顿神学院期间能有这样一个同伴真是极大的荣幸。

他在预备的学习阶段几乎没有发生意外，因此，本书对这一阶段的记叙也较少。

2月10日，马礼逊先生写道：

我拜会了沃牧师，提出要成为他的教会的一员。我倚靠神，祈求祂的赐福。他劝勉我祷告，让我以庄严的圣餐礼重续与神的约。

23日，他又写道：

今天我参加了沃牧师主持的三场侍奉，被他的教会接纳为成员。今天禁食了一天。上帝啊，求你拯救我的灵魂并因你名的荣耀赐予我丰富的恩典。让我在基督里靠近圣桌。

在霍士顿神学院期间，每逢安息日马礼逊先生都如期参加沃牧师主持的圣事，除非他自己要主持圣事。他平时也经常参加沃牧师教会的集体侍奉。他喜欢做的探访生病穷人的机会也越来越多，他确实随时准备尽自己所能行善。

马礼逊先生在圣路加济贫院(St.Luke's Workhouse①)举行了首场布道,后来他提到这次布道时说:“当我第一次站在圣路加济贫院内,给这些穷人讲述耶稣时,我意识到了自己被赋予的重大责任,流下了神圣喜悦的泪水。第一次布道的讲坛自此留在了他们的教堂里。”从此往后,他经常在伦敦附近的村庄为伦敦巡回布道会(London Itinerant Society)讲道,有时也被派到城镇和乡村给固定的会众布道。

下面从他日记摘选的部分显示了他的宗教热诚及当时的情感:

2月22日

5点起。整个上午都在晨祷,反复地读我的证道讲章。我曾思考最后的审判——在那庄严的日子里,我要在“审判众人的神”(来12:23)面前按自己的所行接受审判,那是我愿意侍奉、是我拥之为主的神。如果今天早晨祂召我去祂面前接受审判,我该怎样表现自己?应该高兴还是悲伤?这个问题令我战栗。我承认我有很多罪,日日都有违犯。我的心空虚、邪恶,不能专意为主。我宣布自己信上帝,可是我的所作所为配不上这样的主人。我内心对耶稣的兴趣不及应当具有的,关于《圣经》和荣耀的知识也很少。对“祂劳苦的功效”(赛53:11)的感激还不够,对祂的信也很弱,对祂的爱也很冷淡。神啊!增加我的知识,增强我的信仰,激发我的感恩之心,让我的灵魂更热切地追随祂,更投入地为祂效力吧。让我在默想成为祂名下的恩典和荣耀时得到更多的安慰吧!

3月18日

我去参观沃克先生(Mr.Walker)的太阳系的天文仪,非常令人满意。我信靠的神多么伟大啊!多么伟大的拯救啊!我的灵魂,在基督里安歇,因祂是我唯一和全部的盼望。救世主是以祂的大能创造了世界并维持世间万物的神。难道祂不能“保全我所交付祂的,直到那日”(提后1:12)?

4月4日

今天晚上我参加了传教祷告会(Missionary Prayer Meeting),心里很快

① 这是一家以工代赈的济贫院。——译注

慰。主啊，愿你与所有奉你的名到远方传播福音的人同在！请你眷顾我并保佑我。为了你的名，请教导我天国的奥秘！

4月14日

审判的日子临近了，而赋予我的任务却毫无进展！愿我能坚守目标，靠近耶稣！

4月24日

但愿我的性格和言谈与我所说的相称，配得上召唤我的神圣事工！作为光荣而又艰苦的教牧事工的候选人，如果你乐意给我如此高的荣耀、让我成为一名牧师，但愿我有能力胜任！我会永远关注它，铭记它的重大责任。但愿我勤恳努力地广开途径，寻求你的赐福。但是，如果不是奉你的命，求神阻止我。愿你拥有我、祝福我并怜恤我。愿上帝的爱永远温暖我心，圣灵永远支配我的舌头，增强我的信心，给我明确的目标和决心，这样我才能克服惧怕人的罪，勇敢地张口讲明上帝的奥秘。但愿我"最能讲解《圣经》"（徒 18:24）。"求你开我的眼睛，使我看出你律法中的奇妙"（诗 119:18）。愿《圣经》留在我心中，就像种子播撒到沃土。愿我今日已结识了你和你的儿子基督耶稣，投奔你与回去都与你交好。求主与我同在吧。我祈求的一切都是以主的名、为了主、在主里的。

9月26日

"祂的智慧无法测度"（诗 147:5）。神的智慧是无限的。没有什么不被神体察的。无尽的天国中，神无所不鉴察。"眼睛扫遍整个地球"，洞悉地下世界最秘密的通道。神的眼睛看得到我的道路，和我跋涉人生时通向地下世界的歧路。神的眼睛紧随我并关注我的方向。"我若升到天上，你在那里；我若在阴间下榻，你也在那里。我若展开清晨的翅膀，飞到海极居住，就是在那里，你的手必引导我，你的右手也必扶持我。"（诗 139:8）但是难道黑暗不会遮蔽我的亮光？不会，只要我说"黑暗必定遮蔽我，我周围的亮光必成为黑夜，黑暗也不能遮蔽我使你不见，黑夜却如白昼发亮。黑暗和光明，在你看都是一样"（诗 139:11—12）。

多么庄严的思想啊！当我在罪中游荡时，圣洁公正的神跟随着我。

当“我按照这个邪恶的世界的轨迹前进时”(弗2:2)——当我走上一条双亲禁止我走的道路,和堕落的伙伴在城镇里四处游荡,祂看到了吗?当我在主日犯罪时,祂看到了吗?祂看到了我寻求有罪的欢愉吗?神的耳朵都听到了我可憎恶的行为吗?是的!是的!我的灵魂啊,比这些都宝贵。上帝听到了我的污言秽语。“我舌头上的话,你没有一句不知道的”(诗139:4),“祂是知道的”(书22:22),“祂从远处知道我的意念”。当我向父亲撒谎时,祂在那里。当我辜负了祂的名,满口谎言时;当我与醉汉一起胡言乱语时;当我在主日闲谈虚度光阴时,祂都知道。祂知道我亵渎神的想法和不纯的动机。为此,我的良心谴责我,“神比我们的心大,一切没有不知道的”(约3:20)。神都知道了,我该说什么呢?当我流离时,祂在我身边。啊!永远称颂祂的名,当祂看到我站在无底深渊的边沿时,伸出祂的臂膀将我从那燃烧的火坑中救出,不让我坠入万劫不复的深渊。哈来路亚。哈来路亚。所有的祝福、所有的赞美、所有的荣耀都归我主耶和华,无所不知的神。愿神同样关注我剩余的人生旅途,带我平安地到达梦想的家——天上的父的家。阿门,阿门!

马礼逊先生强烈地感受到他对上帝强烈的爱。无论与他所爱亲属的分离,还是环境的变换,丝毫未减弱他心中对上帝的爱。从他与友人维持了终身的通信中可以体现出他对上帝的爱,同时还有他随时准备尽自己所能帮助友人的热情,有时甚至超出了友情。在给朋友的信中,只要是能够影响他朋友福祉的事情,他都会不吝笔墨地详述发生在他身边哪怕最细微的事情。他也从未忘记督促友人留意《圣经》的真理,提醒他们熟读《圣经》的益处。这里选登其中的部分通信应该是合适的。

7月14日

自从我来到伦敦就没有直接给你写信,请允许我给你写一封短信。在你写给我的所有来信中,你总是抱怨有烦恼和忧虑,部分原因是生意忙,没有能力去做完订单,可能还有其他一些原因。如果我留在你身边,那我们都明白你信中提出的那些问题更容易解决;假设我留在纽卡斯尔,出现的各种状况可能同样让你焦虑不安。我希望你不要因为过去的事情

责备我……①

我真诚地盼望他们热切地关注自己的灵魂，在当称颂的耶稣那里寻求益处。生命如朝露，转瞬即逝，如果生命的露珠即将消失，而灵魂还没有交给耶稣，那是何等悲惨的境地啊！仅仅口头宣称信仰我主基督耶稣是不行的，必须要深刻反省自己所犯的罪，还要在心里充满对上帝的爱。我估计他们仍旧不祷告，如果这样就违反基督精神。道理虽然明白，但我出于爱才说的。如果是我错了，那将是我最大的安慰，我会因此特别感谢神。转告姐姐斯科特(Scott)，我爱她并同情她的遭遇。我不能在金钱方面帮她，但是我会为她祈祷，衷心期盼这些严峻的考验能帮她摆脱罪过，成为互相效力、让她受益的好事。告诉我的侄子J.M.，我希望他做事勤勉努力，成为有用的人。他应该时常温习自己的知识，礼拜日应该读《圣经》、参加祷告。代我问候年迈的父亲：我从不怀疑他和你为我祈祷，愿上帝恩赐他平静祥和的晚年。愿他在晚年结出硕果，在属灵的事务上依然旺盛。至于计划结婚的事情，我没有疑虑了，愿上帝看在耶稣的名上指引他。

9月12日

我亲爱的朋友，可能我今世永远见不到你们了，你们中的任何一个都见不到。当我请求你们为我、为你们祷告时，不要以为我改变了心意。上帝让我为父亲、哥哥、姐姐和他们的孩子多做祷告，这样上帝才可能接受我们全家，如果我们死了，以我们短暂的一生来看这也很快，我们可能走向荣耀，永远与上帝和祂的羔羊耶稣生活在一起。我特别盼望某人也这样做，读《圣经》，守安息日，学着祷告。恐怕她从未独自祷告过，不知道没有耶稣就会沉沦迷失。请务必让她看信或转告她。

昨天我有幸和教会的弟兄姐妹J和E坐在圣餐桌前，缅怀耶稣及上帝的爱。但愿这是我们所盼望的那日的预演，那一日我们和亚伯拉罕(Abraham)、以撒(Isaac)、约伯(Jacob)在天国。

---

① 本回忆录中的“……”表示原编者挑选材料时，在此处省略了部分内容。——译注

9月17日

回忆起在家时您给我的宠爱和宽容，永远温暖着我的心，让我的心充满对您的爱和敬意。现在我离开您了，我常请求您为我祈祷，愿上帝永远不要从我身上收回圣灵，让我对上帝的爱和信与日俱增。

上帝以耶稣的血使我们亲近祂，让我们远离这个世界的罪恶和邪恶，把我们从通向地狱的道路上救离。过几年，我们就能在天国相聚，我相信我们盼望的天国离我们很近了，那些我们爱的人已在天国了。

12月12日

上个礼拜一晚上，我有幸见到了三个霍屯督人(Hottentots)①，他们自己说过去曾像野兽一样生活，但是传教士科舍尔先生(Mr. Kicherer)让他们归信了耶稣。科舍尔先生和霍屯督人上周从荷兰(Holland)来到这里，这些土著②正在归国的路上。他们以自己的语言回答了我们的问题，如此虔诚，即使是我们中的基督徒恐怕也达不到。这恐怕也是英国从未有过的奇观。如果你还订阅那份杂志，你会在下一期读到关于这件事的详细报道。感谢上帝，祂让仆人的劳动有回报并实现祂的诺言。

下面写给姐姐的信是一个极佳的例子，表明他急切地要提升他的亲属的精神福祉，让他们行走在上帝铺设的平安道路上。

1803年12月8日

我收到了，或者说我哥哥J收到了你以父母亲和哥哥姐姐的名义寄来的信。我愉快地得知你们身体健康，你写信的方式让我格外满意。我很高兴听你谈到重续圣灵的工的必要性，表达了想要这样做的愿望。愿仁慈的上帝让你完全认识自己的罪！汉娜，至多若干年后，我们都会死，就像妈妈、哥哥和姐姐那样。正如你的来信所说，除非我们一心归主，否则我们就会失散。耶稣说过，祂在世和当前的教导都在《圣经》上，“人若

---

① 霍屯督(Hottentot)当时在欧洲被认为是南非的一个原始部落。巴罗(John Barrow)在他的《中国游记》(*Travels in China*, London, 1804)中为了证明中国人的语言和思维具有原始部族特征，把中国人与霍屯督人相比较，试图证明两者的相似之处。——译注

② 马礼逊遗孀在此误写为“the Indians”(印第安人)。——译注

不重生，就不见神的国”（约3:3）。在另一个世界只有两个地方——天堂和地狱，因此，一个人如果不进天堂就进地狱。我说这些话是催促你把自己交给耶稣，祂为像你我这样的罪人而死。祈求神看在耶稣的分上改变你的心。虽然有人会笑话这些事情，世界上没有比这更重要的了。姐姐，你的灵魂比千万个世界还重要。愿姐姐A、M、S也多思考灵魂的问题。我真希望能有时间给姐姐S写信，如果再耽搁一会儿，这封信恐怕也没时间寄了。

进入霍士顿神学院后，马礼逊对传教事业的喜好逐渐增强，9月他又一次向纽卡斯尔的父亲和朋友谈起此事，他的父亲终于犹豫着同意了。这种选择并不是出于一时冲动，而是在冷静、周密地思考过异教徒的状况及对救世主深沉的责任感之后做出的决定。下面的资料虽然没标明日期，但显然属于这个阶段，它表明了马礼逊先生渴望知道神的旨意并盼望着按神的旨意行事。

上帝啊，请你让圣灵指引我，不要因我的罪而舍弃我！基督耶稣，我愿舍身侍奉你。我的问题是，我该去哪里为你效力？我从《圣经》中领会到，“这天国的福音要传遍天下，对万民作见证”（太24:14）是你所悦纳的，因此，你命令你的仆人“往普天下去”（可16:15）“传福音给万民听”（可16:15），让他们也得到你的恩泽。我在考虑你的仆人劳作的“普天下”和“工场”。上帝啊，我的主，我察觉迄今仍有大部分“工场”没有传教士劳作，或者最多有一两名传教士，而世界上的另一个角落挤满了数千名传教士。上帝啊，我的愿望是到最需要劳作者的地方。也许一个地方比另一个地方更难开垦。我哪一个都不够格。我不看好自己，但是靠着你给我的力量，“凡事都能做”（腓4:13）。上帝啊！救我脱离不耐烦，救我脱离刚愎自用，救我脱离其他动机而只顾念为你效劳，为让众人的灵魂得救恩而努力。我认为这是我的责任，也是我内心的盼望。不要让我太激进，也不要让我退却。请让我有能力计算做工的代价，下定决心并持之以恒地去行动。请让我信服自己的灵魂能够得拯救。

-1804-

⁜

申请加入伦敦传教会—给父亲的信—到高士坡—致霍士顿神学院委员会的信—信件摘选—被指派去中国—中国传教事业的缘起—与克鲁尼先生的通信—给父亲的信

马礼逊先生把珍藏已久的想法首先告诉了让他受益良多的神学院导师和司库,他们建议马礼逊先生慎重考虑并祷告。他们还告诉他海外传教的困难极大,以他的资质可能在国内侍奉更能发挥他的才能。还有其他一些机会诱使他留在英国,马礼逊先生有机会到一所苏格兰大学继续深造;但是,他考虑的时间越长,就越坚信海外传教是自己的责任。1804 年年初,他决定向伦敦会提出申请。伦敦会的周年布道给他留下了深刻的印象。5 月 27 日,他向伦敦会的审查委员会主席沃牧师提交了入会申请。主持 1804 年伦敦会周年布道的是布里斯托尔(Bristol)的索普牧师(Rev. W. Thorpe),他讲的是《列王纪上》18:19 以利亚(Elijah)与巴力(Baal)的先知较量的故事;还有来自罗姆塞(Romsey)的本尼特牧师(Rev. J. Bennett)根据《以赛亚书》52:13—15"耶和华受苦的仆人"所做的布道;爱丁堡(Edinburgh)的迪克森博士(Rev. Dr. Dickson)在《路加福音》2:10—11 基础上所做的布道;已故的斯考特牧师(Rev. T. Scott)根据《马太福音》9:37—38"庄稼多,做工的人少"所做的布道。下面是马礼逊先生给沃牧师的那封信,这是一篇极具价值的文献,在此可以被视为传教申请书的典范。

霍士顿,1804 年 5 月 27 日

尊敬的先生:

我谦卑地恳请您把我的申请书交给委员会的先生们,我对传教事工兴趣的缘起以及发展都已告诉了您和其他伦敦会理事,盼望委员会的先生们在圣灵的指引下,能够更好地做出关于我的决定;我同样反感"没被派遣就匆匆奔赴",或者拒绝担任上帝派往异教的使者。大约七年前,警醒到自己的罪并害怕天谴的到来，我将自己的灵魂安放在耶稣里，寻求永恒的救恩。我要说大约两年后（我现在记不得具体时间了），我的内心充满了为耶稣效力、以任何方式让即便最卑贱的人的灵魂也得救恩的热切盼望。从那时起，我开始设计日后当一名传教士。我甚至都不能称之为设计，只是一个愿望——一个热切的盼望。我沉醉于这个愿望，尽管我看不到任何实现的可能。我当时住在伦敦300多英里之外的地方，身处偏僻的环境，没有人鼓励我或支持我。我考虑了很长一段时间，海外传教的迫切性盘踞在我脑海，我向上帝祈祷，祈求祂让我做祂眼中喜乐的事情，只要合祂的心意，那我的愿望就实现了。我意识到如果不学习将一事无成，因此，我把父亲给我的钱的一部分存了起来，支付拉丁文的学费。那段时间，我每天早上6点前、晚上七八点后学习拉丁文。这样持续了一年零两个月后，我的母亲去世了，因此，阻拦我离家的理由不复存在，但我的亲友纷纷劝我留下——我父亲伤心哭泣并为我祷告，不愿我离开他，但是害怕因此违背上帝的旨意，最终同意了。我尽量从各个方面考虑，寻求上帝的指引，最后下定决心凭借上帝的力量投身到祂的事业中去。我找到霍士顿神学院并成为该院的学生，在那里学习了一年半的时间。

现在我最大的愿望就是当一名传教士，这是我每次祷告的内容。我向朋友们宣布了我的计划。在我进入霍士顿神学院时心中就有这个愿望，如果当时有人问我这个问题，我可能早就承认了。我不打算隐瞒，但我考虑自己还不够格，相信有必要深造。我不知道有哪些传教学校。我一直珍视做一名传教士的愿望，但认为那时做决定的时机和条件还不成熟，因此，进入霍士顿神学院奠定基础。

自从我来到这里，我时常在考虑同样的事情——我希望这是上帝的旨意。尊敬的先生们，我陈述这些不是试图为自己游说，只是道出了事实，相信您和委员会的其他先生们能够辨别我所说的一切。我在霍士顿神学院有时为此祷告，和最亲密的友人谈论这事，给乡村的朋友们写信也经常说起。我对学习和其他事情的热情分散了精神上对属灵事务的关注，但当我重新考虑过之后，又恢复了对这项特别事工的热情。以前我从未对某件事有这么持久的兴趣。最近我重新考虑过，就像即将死去那样郑重，我感到如果我不去传教，我的心就会谴责我。我害怕自己退缩就是犯罪。我不认为传教只是好的和值得赞许的，而是把它当作自己的责任。我知道耶稣的旨意是要让“天国的福音”“传遍天下”（太 24:14），“从每个国家、每种语言、每个种族中召集”（结 38:12）“耶和华的赎民”（诗 107:2），回想起耶稣的命令就是“往普天下去，传福音给万民听”（可 16:15），作为神圣传教事业候选人，我视之为自己的使命，预备去最匮乏劳作者的地方。

我在乡村的亲属、友人以及伦敦的资助人都劝阻我，告诉我海外传道如何困难重重，并许诺我如果留下会有优待。我都考虑过了，祈求上帝指引我，让我能够计算做工的代价，这样就不会成为一个愚蠢的工匠①。虽然我非常怀疑自己，但是对上帝的爱的力量让我下定了决心。尊敬的先生们，倚靠主对我的爱，我现在下定决心，如果上帝愿意我“舍弃一切追随祂”，“甘心乐意为选民的灵魂凡事忍耐，叫他们也可以得着那在基督耶稣里的救恩和永远的荣耀”②。

在我做出决定的同时，我感到有必要告诉霍士顿神学院我的赞助人，我将永远铭记他们对我的恩情。我已经告诉了神学院，现在请求您和委员会的先生们审查我的申请，愿圣灵指引你们做出判断。

主内谦逊的仆人

罗伯特·马礼逊

他在落笔写那封使徒式的申请之前，事先把自己的意向告诉了父亲，信中对父亲的爱意和对神的敬意罕有人及。信的内容如下：

---

① “凡不背着自己的十字架跟从我的，也不能做我的门徒。你们哪一个要盖一座楼，不先坐下算计花费，能盖成不能呢？恐怕安了地基，不能成功，看见的人都笑话他，说：‘这个人开了工，却不能完工。’”（路 14:27—29）——译注

② 这是混合了《圣经》中的两个句子而成的：“我也甘心乐意为你们的灵魂费财费力。难道我越发爱你们，就越发少得你们的爱吗？”（林后 12:15）“所以我为选民凡事忍耐，叫他们也可以得着那在基督耶稣里的救恩和永远的荣耀。”（提后 2:10）——译注

亲爱的父亲：

我觉得我有责任让您首先知道，我正在考虑加入伦敦传教会。您该回想得起我在家时就有这个计划，也跟您谈起过。自从我告别了您和哥哥姐姐后，我时常反复考虑这个问题。如果这也是上帝的旨意，我现在要把计划付诸行动了。您也许会说，既然我主意已定，没必要征求您的意见；可是如果您——我的父亲或其他亲友能够给我一个说服我不走这一步、让我一生都不会后悔的理由，我也会断绝这个念头。

父亲，我是这样考虑的：《先知书》告诉我主耶稣的计划是让福音遍及各地。因此，我听到祂对仆人们说，“这天国的福音要传遍天下，对万民做见证，然后末期才到来”（可 16:15）。我知道上帝的赎民是从每个国家、每种语言、每个种族中召集的。从这一点考虑，我觉得我有责任离开这个国家，这里有充足的劳作者，我应该去劳作者稀少的国家。我不是只考虑兴趣，也想过自己会为疏忽而牺牲我的生命痛哭时，我该不该放弃传教。为此，我请示了上帝，或许我可以按照祂所喜悦的去做！我盼着您尽快给我回信，只要我不改变主意，我可能很快就要付诸行动了。我向传教学院的导师博固先生（Davis Bogue）①、伯德先生（Mr.Burder）、沃牧师和其他的委员申明了我的意向，也和一直很关心我的现在的导师威尔森先生（Mr.Wilson）谈了。除我自己的脆弱难测的心之外，没什么可怕的。我怕会让我想要为之效力的传教事工蒙羞，事实上，很可能如此，除非上帝帮我。父亲，我希望您能同意我所说的，既然我已经献身做了上帝的仆人，就应该热心地去做任何事情，哪怕是最危险的，我会小心谨慎的，但是最重要的是不做神懒惰的仆人——本来会在末日审判时受到耶稣的欢迎，却因懒惰而遭到遗弃。

5 月 28 日礼拜一早上，他出现在委员会面前接受询问。按照惯例，他还

---

① 博固博士，《福音杂志》的主编、高士坡神学院的院长，受英国浸礼会卡瑞到印度传教的启发，1794 年 9 月在《福音杂志》上刊发了一篇文章号召新教教徒到海外传播福音，同时提出成立一个传教会。在他的倡导和推动下，伦敦会随之成立了，他是伦敦会的重要创始人和理事会成员，他主持的神学院成为伦敦会培养海外传教士的摇篮。——译注

需要进行另一轮面试,但是委员会对他非常满意,取消了另一轮面试,他的申请当晚就被理事会受理通过了,他被送到高士坡(Gosport)传教学院深造,由受人尊敬的博固博士担任他的导师。同一个礼拜的礼拜三他动身去了高士坡,“博固博士和学友们热情地欢迎我,开启了我的人生的新的阶段”。在这一刻回顾往事,当他最初萌发传教的想法时,几乎不敢奢望这一愿望能够得以实现,当他发现自己所走的每一步路都是神奇的上帝的安排,那种惊诧难以描述。的确“耶和华的筹算永远立定(诗 33:11),祂按自己的心意行事”。

临近离开霍士顿神学院时,在一次庄重的集体祷告会上,“由他的学友真诚地祈祷上帝赐予他特殊的恩典”。离开伦敦前,马礼逊先生给委员会写了下面这封信,感谢神学院以往对他的照顾。

尊敬的先生们:

经过深思熟虑并向上帝热切地祷告后,我决定只要传教会的理事们认为我合格,我要到异教徒中去为我主耶稣效力。决定后我立即通知了司库和我的导师,他们建议我反复考虑并祈祷,不要仓促行事;同时建议我留在国内,因为国内也需要牧师。我又推迟了几天,考虑他们的提议,最终决定献身传教事业是我义不容辞的责任。我先告诉威尔森先生和我的导师们,然后向伦敦会审查委员会提交了申请。上周一,我接受委员会的面试,晚上委员会就给理事会出具了一份报告,理事会愉快地接受我做了一名传教士。我相信我主基督耶稣会接受我做祂的仆人,在危急时刻会救助我的。

我向你们证实,是迫切的责任感促使我做出这个决定的。我希望我在霍士顿神学院的收获日后将发挥更大的作用,那些善良的资助人在我身上的心血没有白费。在此,我要特别感谢霍士顿神学院、委员会、司库和导师对我的关爱和照顾。愿上帝之子、教会之首基督耶稣百倍地回报你们,让你们促进人类得救恩的计划得以实现,并成为永恒的目标。

马礼逊

5 月 29 日同一天,他这样告诉纽卡斯尔的父亲和亲友们他被接受为传教士的事实。

上帝从一开始就已经知道了结局，祂决定着适合的时机和我们的命运。祂甚至屈尊来关心我们卑琐的事情，因此，祂的手牵引我们，祂的仁慈和大恩也跟随着我们。我们坚信上帝会引领我们一生，直到死亡。“从摇篮到坟墓，何其短暂”，生命只是弹指一挥间。与我们永恒的灵魂相比，微不足道、不值挂虑，因此，永恒才值得我们追求。只要时间继续，我们最关心的是避免因我们的罪坠入地狱，确保我们的利益在基督耶稣里——是祂让我们与上帝立了新约，这样到死的时候，天国金色的大门就会敞开迎接我们。我们进入后再不会离开，在上帝的宝座前和祂的羔羊基督耶稣相会，并永远以那里为家。这就是《圣经》展示给我们的前景，只要我们信奉耶稣。愿我对祂的信更强烈！

我相信你们也做好了服从上帝旨意的准备，这也是我要告诉你们的消息。你们知道很早以前我就愿意不惜一切代价侍奉基督耶稣（愿祂也乐意我做祂的仆人），盼望成为一名传教士。虽然最初并没有实现愿望的可能，但是经过上帝之手的引导，我走上了一条自己不知道也是未曾预料到的道路。亲爱的朋友，我认为我所做的一切都是我的责任（如果上帝认可，这是一种幸福）。我担心如果自己不这样做就是犯罪。昨天伦敦会的委员会对我进行了面试，并一反常规地在第一次问询会后就接受了我的申请。今天晚上6点或明天早晨，我就要去高士坡博固先生的学院了。威尔森先生和我的朋友们都同意并且支持我，我希望你们也愿意让我献身上帝的事业。

他的愿望终于实现了，他以自己一贯的热情和勤奋进入了新的环境。下面这封6月9日他给克鲁尼先生的信中，最能描述他当时的处境和他在这关键时期的想法。

亲爱的克鲁尼：

我想我哥哥已经告诉你，在离开后的当晚我安全地到达了高士坡。在上帝的恩赐、我的亲友和基督徒友人的祈祷下，我现在情况良好，沉浸在上帝向我显现的、对神圣荣耀的憧憬之中。

我亲爱的弟兄，我们一起去莱塞海德（Leatherhead）时的谈话令我终生难忘。我们生命中最重要的事情就是传讲上帝期许恩典的福音,让我们把它贮存心中。无论你和我能否一起劳作,我相信我们都有幸寻求相同的结局,寻求以人的救恩荣耀圣父、圣子、圣灵之名的机会。希望这成为我们一生的追求,我们因此终生被神悦纳,在死亡审判那天,我们通过永生与祂相见而拥有极大的幸福。

7月31日他又一次给克鲁尼这样写道:

我在高士坡的情况良好,接触的人对我都特别友善。上帝让我在祂眼中蒙恩,保佑我身体健康。我心情舒畅,享受上帝对我的喜悦。此前的我,总是和"邪恶、疑惑、恐惧"斗争,我希望只要我活在这个世界上,现在的心态能保持下去。耶稣受难是我们的希望和盼望,"祂不会让我的灵魂蒙受羞辱,也不会让我失去希望"(诗35:4)。愿我传教劳作将更多可怜的灵魂归于耶稣。我年轻的弟兄啊,愿拯救灵魂、得到神的荣耀成为我们劳作的全部。愿我们常常望着祂的标杆。让我们现在就行动。希望百年后我们能在天国相聚。如果有朝一日我们也在绞架上受刑,那样的荣耀经过一百万年都不会被人遗忘。

我完全不知道自己未来的派遣地。现在伦敦会正在酝酿派人去中国传教。博固先生对此相当热衷。我以前想过到非洲内陆的廷巴克图(Timbuctoo)①传教,现在由上帝决定。我希望上帝会让我的传教工作有所收获,奖赏我永生的灵魂。

7月29日他给姐姐汉娜写信:

亲爱的姐姐:

尽管我恳求你给我写信,却没有收到一封信,这让我非常难过。……我希望你能告诉我家里的情况以及你当前的想法。请允许我给你一些建议,我祈祷如果这些建议正确,上帝让你接受它们。很可能再过15年或20年,我们的灵魂会在终极世界见面——天国或地狱。在上封信中,我恳请你慎重考虑这事。我再次请求你务必要常思考这个问题,要想你所

① 这是旅行家帕克(Mungo Park)的想法,他本想在廷巴克图建立一个英国聚居地,却遭遇了不幸。——原注

犯的罪，比如说对上帝的话充耳不闻，或只听不做，不祷告，不守安息日，有骄傲或仇恨的想法和其他类似的罪，你祷告时可以向圣灵承认自己的罪。再想想基督耶稣所显示的为了拯救罪人，祂屈就自己以肉身受难而死的恩情，在此祈祷圣灵能够将基督的事情向你显现。如果你还没有这样做，一定要接受我的建议。假设我们死后，灵魂在世界的审判者耶稣基督的旁边团聚，该多么高兴啊；反之，如果一个在天国，一个在地狱，该多悲惨啊。考虑一下吧，如果不看重我主耶稣，或不相信不遵从祂的教导，那多么邪恶。照我的建议做吧，上帝会给你理解力并让你追求属灵的真理。不要忽略《圣经》。我告诉你可能会有年轻朋友登门拜访你。最重要的是要坚定（至关重要），不要容忍任何不爱主、不信主的行为。如果你决心站在上帝的一边，要杜绝不爱主、不信主的行为，它可能会让你一生寝食难安，灵魂受到拷问。或许此前你曾经历过这样的事。我希望你把所有的情况都告诉我。我们已经失去了慈祥的母亲，没法再让她指引我们了。自从我来到这里，收到过一封伦敦的哥哥姐姐写来的信，说他们很好，让我给你写信时代他们问候你全家。我在高士坡的情况还好。我必须非常努力，但是要感谢上帝赐给我健康让我坚持了下来。现在有五名传教士和弗雷先生（Mr.Frey）住在一起，弗雷先生是信基督教的犹太人，现在准备向伦敦或其他地方的犹太人宣讲福音。我的两名室友洛夫莱斯先生（Mr.Loveless）和唐纳德先生（Mr.M'Donald）以及爱丁堡的泰勒博士（Dr.Taylor）准备出发到印度西部①的苏拉特（Surat）传教。猜想我可能被派到中国，但现在还不能确定，我原本想去非洲的廷巴克图的。我希望上帝把我派往一个能对众多灵魂最有用的地方。我过去让你为我祈祷，除非你现在会为自己祈祷，否则我可指望不上。我希望你能为自己祷告。

为期八个礼拜的假期开始了。我的导师博固先生去了苏格兰。我现在忙着写自己的讲章，他不在的时候偶尔主持布道，因此不能去看你了。

---

① 苏拉特在印度西部，而原编者误为“East India”（印度东部）。——译注

没有指定传教地点之前我不会离开这里。如果要前往传教地，走前我一定去看你。

9月8日，他从温彻斯特（Winchester）给哥哥写了下面的信，信中流露着同样深厚的手足情谊和虔诚的信仰。

给你寄出这样一张纸片让我脸红，可这是我现在最方便找到的，希望你收到它的时候，想到的是我寄给你和你全家的祝福。

如果真是上帝决定着我们人生的方向，那现在也是上帝的旨意让我在离家乡400英里之外的地方，而我曾经以为我会在家乡度过一生。如果这也是上帝对我的好的安排——让现在的我和以前与你们一起时的我如此不同，那么，上帝的安排多么神奇啊！在我们从摇篮到坟墓短暂的人生旅途中会发生多少变化啊！祈祷上帝施恩的手同样帮助我们、指引我们，虽然我们今生很可能离散，但愿（神恩赐我们）死后我们能够相聚，同我们已故的母亲、兄弟姐妹和你的孩子一起相聚。我希望你能像你在C的信中答应的，尽快给我回信。我必须说，我认为朋友和亲人的沉默非常不友善，它让我相当不安。我多盼望你和父亲能更频繁地给我写信！我目前住在别人家里，他们待我很好，都是基督教会的信友。我还结识了安德森先生（Mr. Anderson），他是一位医生，如果传教会派我去非洲，我们将结伴而行。委员会希望能有人和他同去，但不是我，他们要派我到其他地方。沃牧师在给安德森先生的信中说，计划派我去马六甲海峡（Malacca Straits）的槟榔屿①。现在一切都不确定。

就在写完这些信后不久，马礼逊先生被指派去中国传教。他在中国的具体驻地是在中国境内还是在相邻的岛屿上，一时还不能确定。怀着将来把《圣经》翻译成汉语的愿望，马礼逊先生立即将精力转到学习汉语上来。他认为自己被派往中国是上帝回应了他的祷告，因为他曾祈祷上帝让他到最困难、最艰苦的地方去传教，哪怕这些困难看似无法克服。他真诚地接受了这项指派，自此直到他生命的最后一刻，他只有一个坚定的目标，那就是让中国人信

① 槟榔屿（Penang）又名威尔士王子岛（Prince of Wales's Island）。——译注

仰耶稣。从此以后,他所想、所说、所做都直接或间接地指向这个目标,为了实现这个目标,他个人所有的天赋都被调动起来了。

这项任务的重要性只有一个原因:中国的人口至少占到世界人口的1/3。基督教虽然早期曾取得过小小的胜利,但从未在中国人中扎根。罗马天主教传教士在无法想象的困难境地和残酷的迫害中坚守在那里,也只是在中国有限地引介了天主教而已。新教以前从未考虑过在这个广袤的地区传福音,因此,对中国事务几乎没有什么决议或指令。然而,中国是救世主指定的地方之一,先知们曾预言,"看哪!有人从远方来。看哪!有些人从北方从西方来,还有些从秦国①来"(赛 49:12)。因此,可以这样说,如果教会没有告诉马礼逊先生"到中国去",天国就不会这么喜悦。当那天来临的时候,千百万现在还"崇拜偶像"的人,将会认识创造他们的上帝,拜倒在以自己的血换取他们救恩的主的脚下。马礼逊先生不仅播撒了种子,而且还收获了最初的果实,进入了他的安息之所。

这一时期的欧洲对中国的事情仍一无所知,而英国比欧陆国家知道得更少,因为欧洲赴华的罗马天主教士写的关于中国的书激发了他们的一些兴趣。在英国,很多人怀疑是否能够学到较好的程度,能用汉语准确、强有力地表达神启的真理。当时只有一个英国人算得上通晓汉语,那就是乔治·托马斯·斯当东爵士,而他当时也不住在英国本土。在仁慈的上帝的眷顾下,唤醒英国公众关注中国精神状况的功劳都应归于非国教派莫斯理博士②(Rev. W. Moseley of Hanley, L. L. D.)写的一部轰动一时的《译印中文圣经之重要性与可行

① 秦国(Sinim)是《以赛亚书》49:12 所指远方人民的名称,相传即为中国人,因此,译称秦国。——《基督教专名英汉字典》,第 221 页。——译注

② 威廉·莫斯理(William Moseley),英国北安普顿郡著名的公理派牧师。1798 年建议译印中文《圣经》,引起了英国传教界的瞩目。——译注

性研究》①。他的这部小书得到了英格兰教会以及其他各界要人的赞同和响应②。这部书的作者在出版该书后不久搬到了伦敦附近,他成功地让人们对他书中的呼吁保持着新鲜的记忆,在没有结出果实之前,上帝仁慈地不让它的影响消亡。

英国圣经公会在创立之初,就把中国当作目标之一,也已经知道有一份中文《圣经·新约》的手稿③收藏在大英博物馆(British Museum),有将其出版的想法,但是经过进一步的调查后,打消了这个念头。

在伦敦会理事中,把中国列入目标的主要有司库哈德卡斯特先生(Joseph Hardcastle,Esq.)和瑞纳先生(Joseph Reyner,Esq.),瑞纳先生后来做了英国福音小册会的司库。在这两位先生的提议下,理事会一致同意向中国派遣传教士。他们的既定目标就是掌握汉语,翻译《圣经》。口头布道不在近期计划内。如果这也能被称为计划,那他们的计划就是派传教士到中国去,如果能获准居留,就悄悄地学习并掌握汉语,然后再进一步翻译《圣经》。接下来做什么还不能预测。

> 伦敦传教会的愿望与终极目标包含了普通传教团体的所有事宜;但是,伦敦传教会的理事会所拥有的信息是如此之少,他们前进道路上的困难是如此之多,在当时,除了提议将《圣经》译成中文,他们无法提出更多

---

① 续上注,"由于赞成与反对者都有,莫斯理由搜集资料撰写一本小册《译印中文圣经之重要性与可行性研究》(*A Memoir on the Importance and Practicability of Translating and Printing the Holy Scriptures in the Chinese Languages*,1800),大部分篇幅是关于耶稣会士在华传教的历史以及他们的印刷经验,但是这小册内容最引起注意的部分,是莫斯理透露在大英博物院藏有一部新约的中文抄本,为天主教来华传教士翻译后,抄成于18世纪;莫氏并讨论印刷这部抄本的各种可行方法"。——苏精:《中国,开门!》,香港:基督教中国宗教文化研究所,2005年,第8页。——译注

② 参米怜《新教在华传教前十年回顾》,第44页。——原注

③ 这份手稿包括《福音书合参》《使徒行传》《保罗书信》和《希伯来书》第一章。1737年东印度公司的鹤特臣(John Hodgston)在广州发现了这部手稿,把它复制后呈献给了皇家学会的史路连(Hans Sloane,1660—1753),并由后者赠送给了大英博物馆,几乎被后人遗忘。在1945年,研究者才认定这部手稿(至少部分)是巴黎外方传教会的白日昇(Jean Basset,约1662—1707)所翻译的,又称巴设译本。——尤思德:《和合本与中文圣经翻译》,香港:国际圣经协会,2002年,第13—20页。——译注

更好的建议。的确,在那个时期,若试图在中国传播福音,极有可能完全断送了任何在中国本土学习汉语和将《圣经》译为中文的机会,而后者正是他们的首要目标。有理由相信,正是由于上帝明智的指示,他们没有将口头传教作为他们近期的目标,从而避免了他们仁慈事业的夭折。将上帝的话语译为另一种语言对他们来说无比重要。他们认为从中看到(如果上帝以成功褒奖他们的努力)归信中国基督教的所有必需事业的基础;而且他们隐约希望,当归信中国的事业完成之时,上帝将会以某种方式为他们未来的事业打开另一扇大门。①

伦敦会最初计划向中国派遣三至四位传教士,他们实际上还指派了哈廷顿(Haddington)已故约翰·布朗牧师(Rev. John Brown)的儿子布朗先生(Mr. Brown)与马礼逊先生结伴前往,但是布朗先生拒绝了这项任务,随后退出了伦敦传教会。理事会还计划让范德坎普博士(Rev. Dr. Vanderkemp)离开非洲到中国负责教务,与其他传教士们分享他的经验,可是这个计划也失败了。其他的计划也同样落空了。然而,上帝的智慧在这件事情上体现得尤为明显,因为在初期阶段,即使只有两个人在中国居留几乎都不可能;事实上,后来发生的一系列非同寻常的事件确保了马礼逊先生留在中国。伦敦会原计划向槟榔屿派遣传教士,但是理事会因故改变了计划,最终马礼逊先生独自被派往中国,去了广州,没有派遣第二名传教士的原因是没有合适的人选。

马礼逊先生渴望能与他的朋友克鲁尼做伴成为同工,屡屡给他写信,热情地敦促他同去传教。克鲁尼先生并非没有兴趣,但是为他必须履行的家庭责任所牵绊。这些通信展现了马礼逊先生在人生关键时期的感受和想法,信件内容摘抄如下:

1804年10月

我真希望能说服你与我结伴前往。算一算中国3.5亿灵魂吧!他们没有认识基督耶稣我们救主的机会。慎重考虑你对耶稣的责任吧!为此在上帝面前祷告,尽快让我知道结果。

---

① 米怜《新教在华传教前十年回顾》,第52页。——原注。本回忆录凡摘引《新教在华传教前十年回顾》的内容均引自中国海外汉学研究中心翻译组译本,译名与本书保持一致。——译注

11月18日他这样写道：

这项使命非常艰巨，我的弟兄，我严肃地建议你考虑好要付出的代价。许多中国人都是举止文雅、知识广博之士，他们不亚于我们，甚至更胜一筹。尽管上帝曾一次次地改变了其他人的心，如果不以某种方式改变在华天主教传教士的话，他们将是我们的对手，可能比我们强得多：经验丰富、受人尊敬、博学多才。不算学习语言的困难，这些困难和其他一些对我来说太大了。如果我们一起去，我的弟兄，我们相当于宣告了死亡，不能再靠自己，只能倚靠永生的上帝了。这项事业的益处、基督耶稣的大能及对神应许的与我们同在的信心支持并鼓励着我们。拿撒勒人耶稣所说的都好。要牢记，把我们从地狱中拯救出来的耶稣，现在为我们说情，祂会给我们胜任祂的使命的能力。如果我们到死都这么虔诚，祂会奖赏我们永生之冠，即使不能与使徒保罗相比，也会让我们和祂忠诚的传教士艾略特（John Elliot）①、布雷纳德（David Brainerd）②同在天国。如果不考虑这些，只要想到那些异教徒的悲惨状况就足以让我们采取行动。让欧文先生（Mr.Owen）临终前的话在你我耳边回响——“尽全力为基督”。这话是说给站在床边的一个朋友的，他即将离去赴任。欧文先生是高士坡神学院的一名可亲的年轻人，可是很早就受到了说“你的心中有这个立意就是好的”（王上8：18）这话的神的召唤。他死在马礼逊先生的怀中。

在1805年3月24日的一封信中，他这样写道：

我祈求上帝在我的灵魂中每日赐予我丰富的灵，让我重生。我的弟兄，对一个牧师或传教士来说，圣灵所赐予的天赋是最为重要的素质。但

---

① 艾略特（John Elliot），最早在北美洲向印第安人传播基督教的清教徒，他还翻译了最早的印第安语《圣经》。艾略特的事工得到了英国下议院和牛津大学以及剑桥大学的资助，他利用这些款项买地筑城，建有一座努拿拓民城（Noongtomen）和一座南特城（Nantick）。但是后来由于一位反基督教的印第安人酋长联合几个部落反对并攻击白人移民，政府派遣军队围剿印第安人并毁了这些城。艾略特因此受到了严重的打击，此后不久就病逝了。——译注

② 布雷纳德（David Brainerd，1718—1747），继艾略特之后又一名向印第安人传教的著名传教士，在他短暂的人生中成功地使成群的印第安人归向基督。——译注

愿我们都能得到许多圣灵的恩赐！让我们记住对救世主的责任，是祂把我们从最底层的地狱中救出，只要侍奉很短的时间，就会在天国给我们荣耀的奖赏。被这种盼望所激励，让我们心甘情愿为我主基督耶稣。“亲爱的弟兄啊，我愿你凡事兴盛，身体健康，正如你的灵魂兴盛一样”（约1：2）。祈祷上帝让我做一个好人，一个好传教士。

5月30日

我亲爱的弟兄，要格外留意你的灵魂的状况。我没有说本该说的“多做祷告”，只是让你发自内心地做属灵的祷告，倚靠对基督耶稣的信。再补充一句，我指的是据此多自我审视，因为我们——那些经常参加宗教活动的人常常——我发觉在我们做事、祈祷、告诫、阅读时，只把它当作想当然的事情，而没有进入灵魂深处，不够严肃认真。虽然我不是你的老师，但是因为我爱你，请允许我说，你要学着庄重、谦卑、仁慈。想想看，我们都曾答应做基督耶稣前往神的子民和罪人的信使，让我们以此为重、认真对待吧。你和我都还年轻，知道的也极少，让我们谦卑，多考虑别人而不是自己。我们都是基督的追随者，因此，祝所有的人都好，为了启迪他们甚至还要取悦他们。

他1804年12月25日写给父亲的信体现着同样的虔诚和谨慎：

我相信您会继续为我祷告，在荣耀宝座前为我祈祷是最美好的思念。我很遗憾，在我给您写这封信的时候没有收到您的信，所以我没有特别要答复您的。我记得您嘱咐我，什么时候要离开英国告诉您。可这个问题不是我所能回答的。我没有得到关于此的任何消息，事实上，连理事会都没法回答，因为他们没有征集到愿意去中国传教的人。我觉得有必要也很高兴让您最早得到消息。亲爱的父亲，我也许最多只能做一名传教学生。你肯定听说了欧文先生突然去世的事情了吧，他是我的学友。在经受了不超过两个小时的病痛后，他死在我怀中。这对我是一个大警钟，让我随时做好死亡的准备。

我很高兴收到了H姐姐写给我的短信，她告诉我她是一个可怜的罪人。我祈祷她能做一个罪人当做的事情——“好叫我们这逃往避难所、持定福音书的希望在她前面的人大得勉励”①。我希望日后能见到她，见到我的父亲、母亲和其他哥哥姐姐。如果她是真心的，我希望看到她走上主基督耶稣指引给罪人的道路，爱基督耶稣我们的救主。

父亲，请您为我祈祷让我成为一名虔诚奉献的传教士吧，让我有以最诚挚的灵魂侍奉祂的恩典。请代为问候哥哥T、姐姐A，我希望当再次见到他们的时候，他们都是“一同承受生命之恩的”（彼前3:7），对于他们的孩子，要“照着主的教训和警诫养育他们”（弗6:4）。几天前，我收到了哥哥詹姆斯的信，信中说他和姐姐E全家都好。欧文先生死后，我们又来了两名新传教士，其中一个是苏格兰人，如果不出意外，他和几家人很快就要动身去俄国了，俄国政府支持他们在伏尔加河（Wolga）②建一个聚居点。我的身体很健康，但是没有精神。不管我到哪里，他们都以为我身体不好。在我离开家之后，我要感谢神对我的护佑；将来还要离开您和全家，全靠上帝施恩的手为我指引道路并护佑我。上帝拥有无穷的智慧，拥有无尽的能力。让我们记住我们是不朽的。地上承载着劳作和苦难，而天国则是安歇和享乐的地方。告诉C我爱他，我希望他收到我的新年礼物后给我来信。

-1805—1806-

※

信件和日记摘选—在伦敦学习—日记和信件摘选

1805年，马礼逊偶尔写日记，这里插入的一两则日记表明他多么密切地关注着自己的内心状况，多么热切地为他伟大的事工做准备。

2月23日

又一个礼拜即将结束之际，我要记下上帝对我的恩赐，感谢祂让我得

---

① 《圣经》原为“借这两件不更改的事，神绝不能说谎，好叫我们这逃往避难所、持定摆在我们前头指望的人可以大得勉励”（来6:18）。——译注

② 伏尔加河现在的英文拼写为“Volga”。——译注

以太平、赐我恩典。祂赐我健康，让我学习时有些活力。祂让我感受到宽恕的仁慈。因为自己罪孽深重，我厌恶自己在尘土和炉灰中的生活，因此逃向神，祂以基督和平流血换来了对我的宽恕。

我希望自己永远铭记，就像烙印一样深刻：如果不学习、不反省自己，大脑就不会充实。回首过去的一个礼拜，我几乎说不出做了什么，却能容易地说出哪些没有做。

1.我留意考察了教会的管理。据我的研究来看，教会这个词从来都指一个团体而非若干个团体。我还没有全面考察圣公会的主张，这都怪我自己懒惰，没有追根溯源。

2.这个礼拜我对苏格兰国教会分裂的历史产生了兴趣。在我看来，这段历史充满傲慢与自私，当时厄尔斯金(Erskine)①和三位志同道合的牧师都忽略了他们先前抱怨过的委屈不平，变成了另一番说辞。

3.我还花费精力研究了“礼仪之争”②。

4.我注意了两个术语的区别：救赎的约(the covenant of redemption③)和恩典的约(the covenant of grace)(但是对这一点还不是很清楚)。救赎是上帝的仁慈和智慧(博固先生关于这个话题的课堂讲座非常精彩)。我祈祷自己能够亲身经历它，也很乐意研究它们。我还研究了得救的确

---

① 厄尔斯金(Ebenezer Erskine，1680—1754)，苏格兰琴洛斯郡波特莫克牧师，因为他和几位牧师反对国会通过的“平信徒委任权”(lay-patronage)而主张人民有权利选择牧师，因此，在1733年被免职。他和其他三位牧师建立了一个“联合会”(Associate Synod)，在1736年宣布他们脱离长老会，1740年正式脱离了国家教会，有许多热心教徒也随之脱离出来，引起了苏格兰国家教会长老会的第一次分裂。——译注

② “礼仪之争”是指天主教向中国传播时围绕一系列问题的争论。这些问题包括对孔子和祖先的崇拜、对天的祭祀、关于天主的名称与内涵等。就派别来说实际是耶稣会与方济各会之间的争论，争论的焦点是17世纪处理利玛窦等人来中国传教时采取了一些宽容并且适应中国人祭祖祭孔的风俗习惯的做法，在解释教义中也采纳了一些中国思想中的观念。狭义的“礼仪之争”至1775年教皇解散了耶稣会为止，而广义的“礼仪之争”是在1939年罗马教皇解除了1645年对中国礼仪的禁令后结束。——译注

③ 救赎(redemption)乃是基督替神所拣选的人满足神一切的要求，借此为选民立下了稳固的救恩基础。——《英汉神学名词辞典》，第595页。——译注

知(Assurance)①、三位一体(Trinity)和基督神学(Divinity of Christ)。神学为我打开了一片更广阔的天地,熟悉它是我的分内之事。

5.某人对中国的叙述引起了我的注意。书里似乎都是让人不感兴趣的事。从他们的旅途以及穿越中国的旅行中发生的细小的事情中,什么也得不到。

我还没做的事情:1.全球地理,我还没有理清各个国家和它们的状况;2.没有学习历史;3.没学习医学;4.没学自然哲学;5.没学语言;6.没学数学;7.没学布道学。我感谢上帝让我已经做了一些,愿祂继续赐福我未做的事情。阿门。

1805年5月,他陪同高士坡的导师和几名传教弟兄去伦敦,参加一年一度的伦敦会周年庆典活动和当季其他传教差会举行的同样性质和目标的庆典活动。他在伦敦期间给哥哥写了一封信,主要说他已经决定献身他的传教事业,下面是从中摘选的部分,又一个显示他全心奉献的证据。

我十分遗憾地从你的上封信中看到,你们仍然难以接受我即将离开英国到国外传教的事。我不知道该说什么。该说的都说过了,我还能说什么呢?我祈祷你想想我们对基督耶稣的责任,不管多么困难,我侍奉祂30年或40年不算多。我知道你没有考虑这一点。我相信你是出于对我好才希望我留下,但是千万不要因此阻止我。走的时间还不确定。今天早上我和伦敦会的理事们在一起,得知(如果上帝怜恤我)我可能留在伦敦或是去爱丁堡学习医学,所以我写信告诉你。学医要到下个学期即从10月开始,因此,我最早离开英国也是明年了。亲爱的哥哥,我希望你能逐渐接受这个事实。我要做的工是好的,我唯一的遗憾是不能做得更多。

在信的末尾,他给父亲写了几句话:

我目前情况良好,仍期待前往中国。伦敦会还没有找到与我结伴的

① 得救的确知(Assurance),根据《威斯敏斯特公认信条》(十八章),"真信徒对于自己得救的确信可能有种种不同的动摇、减少或间断;但他们并非完全缺乏神在他们心中所赐的生命之种与信仰的生命,爱基督和爱弟兄的心,由于圣灵的工作,此确信在适当的时候可以恢复"。——《英汉神学名词辞典》,第50—51页。——译注

传教士，这是另一个决定离开时间的因素。认识到自己的错误和罪劳作，唯有仰望耶稣，倚靠祂、盼望侍奉祂。您虔诚的儿子致上。

另：今年的传教庆典非常振奋人心，极具启发性，昨天晚上在温泉地教堂（Spa-fields chaple）举行了圣餐仪式后成功闭幕了。

返回高士坡后，他在日志中写道：

5 月 25 日。昨天晚上，参加完传教庆典后我从伦敦回来。总体来说，我精神愉快，可以说我更加清楚自己的无知，还知道自己在神学方面的小长进，此外就是我必须更勤奋。我祈祷上帝给我更多的恩典，给我力量去从事祂召唤我的事工。

马礼逊继续在高士坡学习，为了学习可能对他在中国传教有帮助的医学和天文学知识，还为了尽可能利用伦敦的一切资源学习汉语，1805 年 8 月他去了伦敦。他在伦敦听了现已故布莱尔博士（Dr.Blair）的医学课，并在他的指导下在圣巴斯洛米（St.Bartholomew）的流动医院见习。他还被引荐给格林威治（Greenwich）的现已故的哈顿博士（Dr.Hutton），带着极大的热情学习天文学。这段时间他住在主教门街（Bishopsgate Street）的史密斯先生家。带上观测所需的计算天文的工具，他习惯步行到天文台（他后来住在格林威治）。他总能专心致志地读书。这种抽象思维能力，无论是读书还是思考，都让他表现出众，但也是让他后来说自己内心对主"不够热情"的原因。除了这些学习内容，他还忙着跟容三德（Yong-Sam-Tak）——一名略受过教育的中国人学习汉语，也是后面的日志和信件中多次提到的人。这个年轻的中国人是莫斯理博士介绍给他的，马礼逊先生从容三德那里获得了关于汉语的初步知识，发现了他骄傲、好支配人的性格，也是他的国家人民普遍的特点。为了实现他的伟大目标，马礼逊不得不忍耐顺从。一次，马礼逊先生把教师给他写字的纸记住后就扔到火里烧掉了，可这一举动让容三德非常愤怒，连续三天他都拒绝给他的学生上课。马礼逊先生为了避免再次冒犯他，就在一个锡盘上写字，这样写完后就可以擦掉。在马礼逊先生掌握了写汉字的方法，有了一些汉字基础后，他开始抄写大英博物馆收藏的中文《圣经》手稿，包括《四福音书》《使徒行传》《保罗书信》，没有抄《希伯来书》；他还抄了一部手稿的《拉汉词典》（*M.S.Latin and Chinese Dictionary*),这是皇家学会借给他的。他不知疲倦地抄了几个月,抄完了这些书。他继续学习这些知识直到1807年1月他离开英国,学习之余,他还找机会经常布道,花费相当多的精力做慈善。对于他这一预备时期的学习,米怜博士说:

> 他所学的汉语,后来证明用处微乎其微①。汉拉词典和《四史攸编耶稣基利斯督福音之汇编》更有用。这些原本是在华天主教传教士的著作。然而,什么人、什么时间编写的这些书还不能确定;可是上帝保留它们一定有用处,这些作者的功劳有一天也会被人们承认。

前面说过马礼逊住在史密斯先生家。史密斯夫人是一位可敬的基督徒,对传教士非常和善。她被马礼逊坚毅的性格吸引并与之结下了深厚的友谊,后来成了与马礼逊经常通信、彼此信任的友人之一。她如今还在世,根据她的回忆,我收集到了下面这些特殊的事情,涉及马礼逊先生的习惯和事工。

他充分利用时间这一点很不寻常。他每天起得很早,而且他的时间不是用在学习上,就是用在和他所能找到的人分享自己的知识上。她家的一名女佣在他的教导下,对基督的福音有了相当的了解,此后不久她就死了,临死前她为自己有永生的盼望而欢喜。在苦读之余,他不是与人社交寻找消遣,而是步行好几英里去拜访穷人和病人,教孩子们诵读他给的《圣经》篇章和唱诗。编者也是最近才从他教导过的一个人那里听说,她所了解的宗教知识都是马礼逊博士教的;虽然这是很久以前的事了,她却依然记得马礼逊的教导,而且每次唱他教的赞美诗时都感到很欣慰。

马礼逊先生习惯中午一个人做祷告,只要环境许可,他总是出声祷告,有时碰巧会被别人听到。史密斯夫人发现了他的习惯,有时会跪在他的书房外面听,她说马礼逊先生对祷告的热情源自他渴望与天国沟通,这是他非同寻常

---

① 马礼逊跟随容三德学习汉语期间识记并掌握了一定的汉字,因此,他来到中国后在短短的两年间,汉语水平突飞猛进;他自己后来介绍汉语学习的经验时也提到在当时的环境下,外国人学习汉语的捷径还是多认、多记汉字,因为汉字在全帝国甚至周边国家都被广泛地使用,而口语受到方言的影响,即使中国人之间交流有时也不得不依靠汉字沟通。所以马礼逊在英国跟随容三德学习汉语并非像米怜所说没有用处。——译注

的虔诚的体现。他终生都保持着独自祷告的习惯，与他交往的朋友，也是后来与他维系着友谊的朋友们也都注意到这一点并引起了他们的重视，在他们的脑海中对宗教的真实性和重要性留下了深刻的印象。

从他的日记和信件中摘选的下述部分可以当作他自己的传记，这些内容按照日期穿插在一起。

8月13日

亲爱的父亲，我未来的工异常艰苦，我寄望于神的力量。就拿我现在接触的那个中国人来说，他是个很糟糕的人。他固执，嫉妒心强，而且反对谈论上帝的事情①。他说，“我的国家没有讲上帝事情的习惯”。我很想知道哈顿先生教会的情况和小镇的总体情况。我觉得那里缺乏我们这里习以为常的东西，我的意思是这里的年轻人在主日会到乡村去，教导孩子并向穷困的村民布道。告诉哥哥托马斯，姐姐安（Ann）、汉娜，以及他们的孩子们，我爱他们。我现在还没有找到同伴，但我想可能会有三到四个人去中国传教。代我向我的继母问好，我希望上帝保佑她并赐福她。

8月25日

您似乎很关心某人的情况。我估计以他的性格，应该还是那样。我相信他兢兢业业地经营生意。我只要有时间就去看他，启发他思考灵魂得救恩的问题，可是我很难过地说，我的努力到现在没有任何效果。一两天前我问他，自我上次来伦敦之后，他是否去过教堂，他说听了我的布道之后再也没去过，没有什么原因。事实上，他对所有这些重要的事情都不关心。我希望你替他祷告，让上帝垂爱于他，尽管他并不寻求上帝的爱。我的侄子詹姆斯每天早晨来找我，可是我没时间指导帮助他。我的日程完全排满了，部分精力用在学习汉语上，还要学习医学，有时间就去布道。我很遗憾地从哥哥的上封信中得知，你过去几个礼拜身体不舒服。我希望上帝除去你的病痛，并让你谦卑地顺从上帝的旨意。

---

① 容三德后来被他的彬彬有礼、不卑不亢的学生所打动，不仅和他一起读《圣经》，还和他一起参加家庭祷告——虽然在第一次礼拜之后，他曾对此冷嘲热讽。后来他通过马礼逊的关系，在一个行商那里谋求了一个好差事。——原注

10 月 25 日，他在日记中这样写道：

我记得自己在 8 月 4 日离开了高士坡。自从来到伦敦，我极其忙碌，从一个地方赶到另一个地方学习医学和汉语。上帝怜悯我，赐我健康和力量让我继续在好的事工中前进。10 月 8 日，容三德搬来与我同住，教我汉语，我每天都有一点进步。我希望再过几天从苏格兰来的布朗先生能帮助我。我祈求上帝让他来是件好事。我非常担心对他的期望过高而影响对上帝的信。自从来到伦敦，我为自己没有完全倚靠神的力量而难过，全要靠祂的赐福才能让我的工有所收获。神啊，宽恕我吧，仁慈地赐给我没能得到的一切。

10 月 26 日

因为不信，本该因信坚定的他们却脱离了神——不要那么自以为是，而是要恐惧战兢。

11 月 5 日

容三德今晚问我耶稣是男还是女，他说在自己的国家见过一个女性的神像。我不知道他说的是哪个神。他说他常听人说上帝没有脾气，不会发怒——上帝也不降灾祸于人——即使有暴雨或旱灾，那也不是上帝所为。他还说祷告时不烧香很愚蠢、人心本善之类的。他好像很喜欢把上帝比作世界的最高主宰。我有意谈上帝创造人类万物，人却不爱祂多么不知感恩。愿上帝让他敞开心扉接受耶稣的真理！

11 月 28 日

布朗先生今天到了。我特意空出一天。我希望上帝保佑我们两个，让我们互相勉励。我祈求祂给我恩典和智慧，让我友善热情地对待主里的弟兄。愿主与我们同在，为我们显现，否则就不要派我们去。愿圣灵极谨慎地降临在我们身上。既然布朗弟兄来了，我学习的方向就完全变了。我放弃医学，专攻数学和天文学。

12 月 9 日

诗 1:2“唯喜爱耶和华的律法”。看到容三德读孔子的书多么勤奋，而我读上帝的书——《圣经》却那么少，真令我惭愧。

12月31日，他在致S夫人的信中写道：

我非常感激你对我如此友善，不仅对我，就连对那个我想帮助的小孩也那么好。如果你同意，我想让我的姐姐拜访你。我很爱她，如果你们能互相认识将令我非常高兴。我希望你能在属灵的事情上帮助她。灵魂多么宝贵！愿上帝让我们正确地衡量它的价值。今天晚上是又一年的结束，我认真地思考了永恒，当我审察尚未发觉的状况时，我确实被触动了。我盼望身体消亡、审判的那日，盼望前面的永生——听听受责难者的呻吟和受褒奖者的歌声，无须说我有多么恐惧地把希望都寄托在耶稣里。基督耶稣！基督耶稣！祂是先行者，已经先去为我们预备住处了，因为祂在那里，我们也同样盼望和祂一起。

1806年1月3日，他给哥哥写信：

亲爱的哥哥，我希望你继续在前往锡安山的窄路上前行。M姐姐对于在我主基督耶稣里洗刷她的罪极感兴趣。当我们回首年轻时所犯的过错，有很多让人羞耻厌恶、令我们脸红的事情，我们在灰尘中卑微地祈求，“神啊，不要记住我所作的恶”。流逝的岁月让我们思念永恒——永恒越来越近了。谁知道，谁又能够衡量永恒的力量和意义呢？谁又曾衡量过两个极端“永刑”和“永生”①？同向耶稣，我们就平安了，这样我们就能够进入上帝的国，永远与祂同住。代我问侄女H好。我很高兴地答应她，如果上帝怜恤我们，我去纽卡斯尔的时候看她在知识和行为上取得的进步。我想她会唱很多赞美诗，问很多问题，会背《圣经》的篇章。她的表兄詹姆斯每天早上都来见我，并向M夫人请教问题。

3月6日，他给父亲写信：

我坐下来给您写信是要告诉您上帝非常眷顾我，我相信这一定是您和亲友们为我祷告的功劳。继续为我祈祷上帝赐给我丰富的才能，让我胜任传教的事工。代我求祂结束现在这个邪恶的世界，渴望能最大限度

---

① “这些人要往永刑里去，那些义人要往永生里去。”(太25:46)——译注

地投身到基督的事业中去。

同一天,他给姐姐的信中写道:

亲爱的H,请让我再次提醒你,就像提醒我自己精神和灵魂的事情无比重要一样。想想若不是我主基督耶稣以祂的死帮助我们、拯救我们,我们本该多么悲惨!祂的爱多么伟大!现在也是,祂活着是为了替所有的追随者与神和解,祂还会再来,把我们收归于祂。汉娜,就像死亡临近那样思考,盼望永生吧。想想,难道天国不能给你幸福吗?你会因上帝的子民、上帝而喜悦吗?会赞美祂并祝福祂吗?你为耶稣基督而喜悦吗?因为你从《圣经》中知道,像这些行为也是天国里的行为。你喜欢这些吗?如果你不喜欢,那个天国就不是你的天国。代我问候你的表兄妹和我的姐姐安。你的表兄詹姆斯有没有保持对简明教理问答的兴趣?如果你一遍遍地读并用心体会,可以获得许多信息。你知道有一件事比其他事都需要,那就是信我主耶稣!在信的同时爱祂和服从祂。

3月9日,他给哥哥写信:

今天晚上我给一些黑人朋友布道。我们中虔诚的教友把他们组织起来,形成一个小团体。最认真的那个黑人朋友的妻子上礼拜死了,因此,我在布道中提到死亡,“所以,你们也要预备,因为你们想不到的时候,人子就来了”(太24:44)。还有一个黑人士兵也参加了,他负责敲钹,我们都希望他是个真正的虔诚的人。你可以看到,无论来自哪个种族、说哪种语言,上帝都会聚集他们。在场的还有弟兄J和艾伦(Allen Aken)。我很遗憾地说,艾伦至今忽视神的律例。背道是多么可怕啊!上帝要我们坚定。愿我们谨守誓言,不要动摇。请允许我给姐姐安写几句话。

我替你着急,你真该知道自己多么需要救主耶稣,多么需要信祂带来的喜乐。你是否认真考虑过你作为一名罪人的不幸境地?你本为可怒之子,当归地狱的。知道自己是这样,有没有逃往耶稣那里的避难所?如果你简单、诚实而又肯定地回答,我将会非常高兴。愿你热诚地向上帝祷告,祈求祂的圣灵教你救恩的道、让你受益。代我问候侄女H,我很高兴看到她写得那么好,我希望她成为一个非常谦卑的人。请代我告诉她,她很有能力，但是千万不要骄傲，她所有的都是上帝赐给她的，因此，她应该感谢上帝——上帝给了她父亲、母亲和老师，所有的人都格外照顾她。祝你们平安，我亲爱的哥哥、姐姐。愿你们能够成为永生恩典之子，你们的祷告不会落空。

在他3月16日的日记中，我们找到了下面的记录：

我总是做许多超出自己能力的事，感到相当力不从心。我每天都下决心，每天又都不能执行。我在想应该克服自己的骄傲、野心或其他名义的欲望，觉得这很重要；但是想到这让我感到非常不安，影响到我本该拥有的对上帝的感恩之情。我一次又一次地下决心要记日记，可是一件件事情的干扰让我没能做到。我看到以前写的日记很有用，如果我能坚持，如果上帝怜恤我的生命，日记对我能有一些作用。我极盼望记录下自己，为的是让自己对主的约保持新鲜的记忆。我现在学习自然哲学和天文学，但颇为犹豫，因为这妨碍了我对神的伟大事工的关注。作为"神的人"，我本该多读《圣经》、默想，多做祷告。我后悔做了现在的事情，更渴望投入地研习《圣经》和为异教徒学习汉语。我的生命本不足惜，如果上帝怜恤，盼望今生能用在有益的事业上。神啊，指引我吧，让我做最能荣耀神的事情，为宝贵的灵魂的益处而效力。我盼望日夜劳作，不认为自己是替神管理祂的子民。我极担心过于投入地学习会妨害我已开始的善工。

3月29日

这一礼拜的多数时间都用在学汉语和数学上。

4月1日

晚上花了三个小时和两位浸礼会传教士交谈，罗宾逊（Roberson）和查特（Chater）将要去印度传教。威克斯船长（Captain Wickes）、某先生、其他人也在。祷告中缩短了我与上帝的距离，让我感到非常欣慰。为此我感激上帝给我接近祂的机会，为天国的前景而喜乐。神啊，求你使我的祝福丰满。

4月10日

今晚布朗先生把一张纸递给我，称已于10天前写信告诉伯德先生他不能陪我去中国传教。我非常遗憾,事情竟会这样。我祈祷自己不会因此产生不良情绪,而是把自己的道路交给神决定。但愿我避免做任何令神不快的事,顺从、谦卑地走自我离家后神引导我的道路。我祈祷哥哥在灵魂和肉体上得到丰富的赐福,或许赐福他成为主基督耶稣的一名仆人。

5月29日,他写给S先生的信摘抄如下:

愿基督耶稣接受我做祂的仆人,愿祂的子民善待我如同待祂,得到祂的认可和奖赏。我接到了一位纽卡斯尔(我父亲住的地方)牧师的邀请,在8月的第一个主日代表“孤苦病人和穷人救助会”做季度布道。一位在伦敦听过布道的先生给伦敦会写了一封赞扬信。我被仁慈的神、我的救主的慈恩所感动,当我觉得自己那么卑微无用时,祂让我在别人眼里蒙福并展示给我。我不是故作谦虚。在上帝面前,我只是最卑微、最不足称道的一个。救恩是多么丰富的恩赐和爱啊!当称颂的耶稣!尘世间——这个尘世,我在尘世完全信祂。“神啊,开恩可怜我这个罪人!”(路18:13)我每天都在为自己悲哀,我懒惰地服侍这么好的主,祂的工如此伟大,我每天都为自己感到难过。“我消灭了,我消灭了,我有祸了!”(赛24:16)

他接受了邀请前往纽卡斯尔,下面是写给同一位友人的信:

7月28日我离开你家的当晚,登上了前往纽卡斯尔的船,礼拜六一早就到了。我亲爱的家人都还好。很多熟人都已辞世,此前我一直都不知道。恐怕很多人都没有做好面对最后审判的准备:其中两个人毁了自己!当我们意识到大多数人所处的悲惨境地时,我们该多么感激神我的救主给我们的超常的爱!就像你常说的:“为什么给我这样的恩待!”

主日。我下午和晚上都在布道。我盼望上帝务必帮我。我没有时间害怕。我不知自己身在何处,尽管我的亲友们聚集在我周围。他们因喜悦而流泪,怕我讲得不流畅而担心。他们都格外和善可亲。要离开父亲和亲人让我颤抖,怀着可能最后一面的念头让他们格外伤感。我计划8

月第二个主日结束后就离开。苏格兰的霍尔丹先生(Mr. Robert Haldane)①在这里介绍他的传道人。我去过一些村庄,把大多数讲章送给了他们。他们很乐意接受。我祈求上帝保佑他们。礼拜六,霍尔丹先生的传道人巴兰丁先生(Mr.Ballantine)和我计划去一个铁器制造厂布道。他要在露天场地公开布道,我不知道自己是否有足够的勇气。明天晚上,如果可能,我将要给住在河边被称为“平底船民”的人布道;下礼拜日有三场布道;晚上为穷苦病人救助团布道。

8月24日,他在日记中接着写道:

7月15日我离开了格林威治,探访了纽卡斯尔的亲友,去过爱丁堡和格拉斯哥(Glasgow)后,8月16日回来了。感谢上帝给我的爱和眷顾。我和亲友们住了两周,做了13场布道。自从我回来后,时常萎靡不振。《尼希米记》第4章说得多么明白,神拣选了“世上卑贱的”(林前1:28)人做祂的工,那些建筑上帝的圣殿或者耶路撒冷的城墙的人,都是坚信上帝的。神啊,让我“专心做工”(尼4:6)。当敌人攻击我们的时候,向神祷告与昼夜防备都是必要的。第9节②。

10月12日

今天,我在贝克先生(Mr.Beck)家布道。容三德和S夫人也在。我讲解了《但以理书》第5章和《腓利门书》。到现在还为在主面前有这么多罪过感到痛惜。多遗憾啊!常常是“罪孽胜了我”(诗65:3)。愿我能像但以理那样,把神当作自己的律法,把自己完全交给祂,毫无保留地侍奉祂。

10月23日,他写信告诉父亲关于派遣地的安排。

我上个礼拜二见了理事,委员会已经同意我搭乘第一艘前往马德拉

① 霍尔丹(Robert Haldane)生于一个显赫的苏格兰家庭,虔诚的母亲对他产生了重要的影响。年轻时曾追随舅舅——英国海军著名的邓肯将军(Admiral Duncan of the British Navy)在海军供职,在英法战争中赢得巨大荣誉,1783年英法缔结了和平条约后离职回乡。他的宗教信念和追求变得明晰,决心将他的生命与财产都投入到宗教事业中去。他建立了一个组织,资助传教士到各地传教,为他们提供经费及所需物品。——译注

② “然而我们祷告我们的神,又因他们的缘故,就派人看守,日夜防备。”(尼4:9)——译注

斯(Madras)的船,从那里去马六甲,把行李留在马六甲,然后去广州看是否能留下。如果行,我再让人从马六甲把我的书送来;如果不行,我就回马六甲就地安顿下来,那里有数千名中国人,我可以在那里学汉语,同时,只要我学会马来语,还可以给马来人宣讲福音。这就是目前的状况。很可能容三德和我一起走。离开的时间还不确定,因为这取决于一个月后的一次机会,否则就要再等三四个月的时间。亲爱的父亲,我祈祷我们能够总是关注《圣经》中上帝的话,关注祂讲的罪、救世主、天国和地狱。《圣经》的真理多么严肃重要啊!我感谢在施恩宝座上慈爱的父向我们提出的请求。我和哥哥姐姐们都是您祈祷的成果。亲爱的父亲,我相信您也认为有一个儿子侍奉基督是更高的荣誉,胜过任何世俗的荣誉或酬劳。愿耶稣接受我做祂的仆人,最终赐我永生的冠冕,祂让您愉快地献出自己的儿子。代我问候母亲和姐姐汉娜。我希望姐姐安的病能够痊愈,盼望她现已恢复健康。我身体还好,愿意跟随上帝的羔羊到祂去的任何地方。代我问候哥哥T和库斯伯特先生(Mr.Cuthbert)。我盼望尽快收到他的回信。我很高兴哥哥痛快地顺应了天意。请您给我写信。

12月23日,他这样给哥哥托马斯写信:

上次给你写信时,我原希望此时已经踏上了前往中国的旅程。我们的朋友原本希望如此,但是因为哈德卡斯特先生和考伊先生(Mr.Cowie)身体不适,必须要推迟,目前,本会在欧陆的教务全都压在考伊先生身上,他没有精力旁顾。你要知道,不经过英国东印度公司(The East India Company)的特别批准,我们传教士就不许搭乘任何英国驶往印度的船只。英国浸礼会传教士(Baptist missionaries)曾向东印度公司请求乘公司的船去印度,遭到了拒绝,现在他们到了加尔各答(Calcutta)附近的塞兰坡(Serampore)。伦敦会在印度的传教士是搭乘国外中立国的船到达那里的。伦敦会从未向东印度公司提过这样的请求,但是现在准备为我试试。如果能获准,我很可能在3月初起程;如果不行,本季我不会离开英国的;与现在的生活相比,未来的一切都是那么不确定。无论怎样,只要有出发的消息,我都会尽早告诉你。我现在从格林威治搬到了伦敦,埋头学习汉语，同时还研究神学和《圣经》。我亲爱的哥哥，无须掩饰，就像你看到的那样，我步入了一项伟大的事工；在继续前进时，我感受到了它的压力。你很关心我，很好，那就再多一些关心，或许能把你带向施救恩的主那里。祂定要归化异教徒。我不敢假冒祂的名，仅是以祂谦卑的仆人前去证实神的恩典的福音，我深信对所有的信主的人来说，福音是上帝的智慧和大能。至于父亲和你的来信都谈到我独自前往，坦率讲我也觉得不太好，这使得任务更加艰巨了；但是说真话，我并不是为此担心。我忧虑的是到天国去的困难，只为上帝，不为自己的困难。我担心给其他人布道，或许自己却被神丢弃。一名传教士首先当是神的人。

马礼逊1806年的日记结束时这样写道：

12月31日

承蒙神施恩的手的眷顾，我来到了又一年的最后一天。翻阅了这一年来的日记，有多少事值得人心存感激，又有多少事让人羞愧啊！曾与我一同学习的布朗先生，现在已经离开了。在一整年中，我为不敬神的罪恶的心而悲哀，直到今天我依然如此。我本盼望现在已经踏上奔赴中国的旅程。这项事工看似越加艰难了。今天早晨读了《诗篇》103章寻求安慰，“耶和华在天上立定宝座，祂的权柄统管万有”（诗103:19）。今天，我又一次向我主耶和华祈祷。“耶和华作王”（诗99:1）。

这些材料留了下来，也理应如此，因为它呈现了写日记和信件的人的性格及宗教虔诚。无论和谁交往，马礼逊都是同样无私、虔诚的人，而他养成的行为习惯以及勤奋刻苦、持之以恒的特点，无疑会令很多人感到惊讶。

从纽卡斯尔探亲访友回来后，他刚到伦敦就开始忙着为离开做准备。这段时间，“英国和英国的影响所及的地区如印度等地，都存在着反对传教士的强大偏见”。传教士想要获准在英国的统辖地居住是不可能的，因此，必须通过间接途径把传教士带到这些地区，可这样仍存在另一个问题——他们到达后能否获准留在当地。马礼逊先生和他的两名学友高登和李牧师两夫妇一同乘“邮递号”（Remittance）去纽约，至于他直接去广州还是取道印度转赴广州要视时机决定。他在1807年开始的日志中记录了这项安排。

-1807-

⁂

为前往中国做安排—按立为牧师—告别理事会—理事会的《工作指示》《基督徒告诫书》—道别信—前往格雷夫森德—乘船奔赴中国

1月2日

今天决定我搭乘最早离开的船,很可能在本月18日出发,经由美国转赴广州。伦敦会同意下礼拜四按立我为牧师。这是我一生中最重要的时刻。主啊,“你若不亲自和我同去,就不要把我们从这里领上去”(出33:15)。愿全能的神赐福我,愿祂的使者为我引路。我不是那么消沉。今晚我回想我所盼望的应许。“不要惧怕,因为我与你同在”(创26:24)出现在脑海,还有“你这虫雅各,不要害怕”(赛41:14)。我希望能够总是倚靠而且只倚靠神的力量,除了祂没有别人能让我踏定祂的道路。

1807年1月8日礼拜四晚,马礼逊先生的按立仪式在斯瓦罗街(Swallow Street)的苏格兰人教堂(Scots Church)举行,同时还举行了高登先生和李先生的按立仪式。“汤森牧师(Rev.T.Townsend)主持始礼祷告,朗读《圣经》并给予告诫,然后是伯德牧师向每一位传教士提问,他们郑重表示要向异教徒传讲神伟大的真理;接着,他们把手按在《圣经》上,由沃牧师代他们庄严穆地向上帝祈祷。尼克尔博士(Dr.Nicol)根据《使徒行传》20:17—27对传教士们做出了严肃热情的劝勉,由巴克牧师(Rev.C.Buck)做了终礼祷告。”很多当天在场的人都充满感激地回忆起这一值得纪念的场合,他们不是被那些聚集在祂面前的神之子的演讲和祷告所吸引,而是被一位24岁虔诚的年轻人那单纯热情的请求所感动,他要献出自己的一生为外邦人开启信仰之门。他的日记为这一重要场合补充了下述记录:

难忘的一天!我今天晚上被庄严地按立为神在异教徒中传福音的执

事。沃牧师致按立祷文，尼克尔先生给我劝勉，这些都有记录①。愿今晚的事得到天国的认可，我盼望是圣灵让我独自去异教徒中做传福音的工。愿今晚的指示永远铭刻在我心中！李弟兄和高登与我一起被赋予了同样重要而愉快的工。我现在要穿戴好战衣。但愿我能"舍弃自己，背负起祂的十字架"（路9:23）去追随耶稣、上帝的羔羊！

1月26日，马礼逊先生向伦敦会理事道别。受人尊敬的沃牧师、他诚挚的朋友向他致以感人肺腑的道别辞，克莱顿牧师（Rev.J.Clayton）为他向上帝祈祷。

在马礼逊先生动身之前，伦敦传教会给他一份《工作指示》和一份《基督徒告诫书》。这些都是由沃牧师执笔、经过正式签署的文件。米怜博士说：前者直接表达了理事们对于他们所进行的中国传教事业和任命人选的观点；而后者展现了这些可敬的牧师和耶稣基督的热忱门徒的虔诚渴望，期盼他们派出的人选能在心中深远地保持着对于自己职务的神圣重要性。这两份文件内容如下：

工作指示

致罗伯特·马礼逊先生　　　　1807年1月20日　伦敦

亲爱的朋友：

你一直致力于勤奋学习汉语，并取得了重大进步，你所属的仁慈的伦敦传教会的理事们对此非常满意。他们很高兴地看到你专心、勤勉学习所取得的巨大成绩；他们相信，当你前往中国时，你在国内接受的教导将会帮助你取得更大进步。鉴于无法确定你未来的居留地点，我们若以任何具体的指示约束你的行动，将是极其不明智的。我们必须允准你依照自己的审慎充分自由行事。正如我们所知，无论上帝将你安置在何处，能对周围的人有所帮助，将会十分令人高兴；我们希望，在向他们传递珍贵的知识时，你将有机会展示你的数学才能，传授各样数学知识；你也可以讲授英文，这对许多与长住或偶尔到访中华帝国的英国人有所来往的中

① 这些记录没能找到。——原注

国人必定大有价值。

我们盼望在你完成掌握汉语的大目标之前,不会出现反对你住在广州的任何举动;达成目标之后,你要尽快将这项成就转变成对于全世界有益的事,也许你有此荣幸编纂一部较以前更为全面、正确的汉语词典,或更为荣幸地将《圣经》翻译成世界上 1/3 民众所讲的中文。如果有必要离开广州的话,你可以自行决定下一个居住地点。如果你想前往威尔士亲王岛,那里有我们的朋友;如果你前往马德拉斯、加尔各答或苏拉特,你将置身于朋友中间,他们会热情欢迎你,并用最恰当的方式协助你开展工作;或者你想去一个完全陌生的地方,我们希望这封表明你与伦敦会关系的信件,将使得那些关注你处境的仁慈之人有所建议并提供你以本会司库之名所兑的款项。

我们希望,你在这一充满善意、审慎而无比正确的行动中一切顺利。我们充分信任你的行为足以代表本会——本会的特质和声望很大程度上取决于派出的传教士和他们的表现。我们无限眷恋地将你交付给上帝,祈求祂眷顾你,保佑你,并指引你前行的方向。

你忠诚的朋友

司库:约瑟·哈德卡斯特

书记:乔治·伯德

基督徒告诫书

致罗伯特·马礼逊先生　　　　1807 年 1 月 26 日　伦敦

亲爱的弟兄:

分别之前,我们希望以父亲般的爱心给你一些严肃的忠告,因为这些发自我们内心的告诫,与你自身的荣誉和使命的成功息息相关。因为爱你,并与你开创的事业利害攸关,我们要用坦率简明的话语告诫你。

要关注你自己内心的精神世界。此后,你将成为一名和平使者,不远万里走到异邦人中间去。如果一名使者对自己所代表的君主不忠诚,或对他肩负的使命漠不关心,那是何等自相矛盾!圣·保罗曾说:“一切都是出于神,祂借着基督使我们与他和好,又将劝人与祂和好。”(林后 5:8)

你必须注意，我们必先自己与上帝和好，然后才能达成使众人与上帝和好的使命。我们多么需要当心保罗的这番话！“恐怕我传福音给别人，自己反被弃绝了。”（林前9:27）这是令人惊心的真理。“当那日必有许多人对我说，主啊，主啊，我们不是奉你的名传道吗？”（太7:22）上帝明确地告诉他们：“我从来不认识你们，你们这些作恶的人，离开我去吧。”（太7:23）因此，要珍惜你心中对上帝的热爱，正是借着上帝你才能赢得众人的尊重和信任；并不断提升中国人的灵魂。

要祈求上帝在你心中培养出一名牧师所必需的才干，并在上帝眷顾下成功完成你的事业。耶稣基督，我们伟大圣明的主，已经为人们接受了恩赐。每天清晨，你要走向上帝的宝座，祈求上帝赐予你福音玄妙的知识；赐予你博学之士的语言，得以在他消沉时与他交谈；祈求上帝在给予那些反对接受真理的人机会忏悔时，也赐给你谦恭的精神去教化他们；赐予你忠贞的心灵，让你全力宣扬上帝的教诲；赐予你满腔热情，关心那些在无知中徘徊，被罪恶拖累，甘于沉沦，并暴露于万能的上帝愤怒和厌恶之中的灵魂；赐予你诚挚的灵魂，免于曲解上帝的话语或破坏真理；赐予你对尊敬的救主及其为世人牺牲的精神的挚爱；无论你处于耐心、病痛、贫乏、痛苦、荣誉、耻辱的状态，无论境遇好坏，你将证明自己是上帝之下的一名教士——蒙这些恩赐，你将安心地享受内心的平和与良心的安宁，并能在众人眼中获得尊重，又能在上帝面前获得荣耀。

要在上帝的赐福下，鼓励自己。我们自身是不完美的，但在上帝眼中我们是完满的。上帝是我们力量的源泉。我们的富足来自上帝。上帝将以耶稣的荣耀给予你所需的一切。把你所有的重担交付于上帝，祂将帮助你。在有生之年，你的力量永不枯竭。依靠主的承诺，祂将给予你力量和勇气。

代表伦敦会理事会签署

司库：约瑟·哈德卡斯特

书记：乔治·伯德

克鲁尼博士写道：

临近马礼逊先生离开祖国的时候，我当时在格拉斯哥大学，因此，他给我写了一封热情洋溢的道别信，时间是1807年1月，“我亲爱的弟兄，必须与你道别的时刻来了，也许这也是最后一次。上礼拜四晚，我被庄严地按立为主基督耶稣在异教徒中传福音的执事。仪式在斯瓦罗街举行，汤森牧师主持了始礼祷告，诵读《圣经》；伯德牧师提问；沃牧师做了按立祷告；尼克尔先生给我们告诫，巴克先生做了终礼祷告。这是个极为庄严肃穆、令人难忘的时刻。高登先生和李先生与我一起被按立为牧师。本月24日我们搭乘劳尔船长（Captain Law）的‘邮递号’前往纽约，从那里他们乘船去印度，很可能是去马德拉斯；而我独自一人乘船去中国广州。如果获得准许，我打算留在广州；如果不行，我可能回到马六甲。我亲爱的弟兄，这是我目前的处境和未来。至于能否成功，我既不乐观，也不沮丧，我盼望——我相信，我可以从上帝的话里得到安慰，‘我就常与你们同在，直到世界的末了’（太28:20）。有这样的话，我还有什么可惧怕的？如果基督与我同在，谁又能阻挡我？我的弟兄，请你偶尔热诚地为我祈祷，祈祷主人与我一同离开让我不会感到太难。保重，我亲爱的年轻弟兄，愿上帝赐你和平！代我问候亲爱的胡伯尔弟兄（brother Hooper）”。

1月25日，礼拜日，马礼逊给一个姐姐写了下面的信：

我在给哥哥托马斯的信中答应给你写信，现在我兑现了。

我亲爱的汉娜，这是我临行前的最后一夜了，很可能是我最后一次跟亲戚、朋友、祖国道别。我再也没有了母亲的照顾，也没有姐姐、妻子和弟兄在近旁帮我、提醒我或安慰我，但是我在基督耶稣从不落空的话里得到了希望——我为祂而去，在我的余生和永生的世界我会得到加倍的奖赏。我本想请你们为我祈祷，但出于对你们深切的关怀，请允许我先问你们，有没有为你们自己严肃虔诚地祷告过？我亲爱的汉娜，我不能不让你知道我的想法就走，不能不衷心而又热诚地警告你，让你逃离将来毁灭的厄运。我最最亲爱的汉娜姐姐，一定要现在就为你的灵魂考虑，就像天堂、地狱、受难的救主在你眼前一样。请代我问候你的丈夫，告诉他我说的这些。一同弯腰屈身，用真诚的泪水呼唤祂，为了耶稣求祂的怜悯。我希望明天或最迟礼拜三早晨去格雷夫森德(Gravesend)，从那里乘船去纽约。我现在身体很好，精神也不消沉，虽然要离开你们感到难过，但我祈祷并希望(愿上帝恩赐)我们在不久的将来会被带向永远的荣耀。可是，亲爱的汉娜，我对你仍有疑虑，怕你仍然不信主。原谅我，一定要原谅我，我不是强迫你，而是爱惜你宝贵的灵魂才这样说。来到耶稣这里，来到耶稣这里，除非你来到这里，否则没有其他值得做的事情。别了，我亲爱的爸爸、妈妈、哥哥、姐姐。昨天晚上我在威尔街(Well Street)的教堂和大家惜别，除了哥哥J和姐姐E、姐姐A，更多的是我的朋友。他们今晚来史密斯夫人家跟我道别。我们举行了几场祷告会，将彼此托付给神，求神的怜悯和照顾。今天下午伦敦会的理事们为我们送行，向我们致临别讲话。亲爱的汉娜姐姐，愿民6:24的祝福“愿耶和华赐福给你，保护你”属于你。代我告诉侄子詹姆斯和其他孩子，我爱他们。

次日(1月26日)，他给敬爱的父亲写了下面的道别信。全文摘抄如下：

伦敦，1807年1月26日，礼拜一

我亲爱的、年迈的父亲：

昨晚我严肃热情地跟哥哥、姐姐、莫里逊(Morrison)和斯考特道别。那可真是煎熬的一幕！我祈祷宗教侍奉和主的训诫能够变成事实，让我们终生受益。我哥哥——(我提这件事是为了让您感到欣慰)好像有些缓和了，与家人和睦些了——我真希望他在属灵的事上也有进步！

亲爱的父亲，您最近的来信给了我莫大的安慰。我希望基督耶稣接受我做祂的仆人，您也因祂让我做祂的工而欢喜。我相信您不会停止为我祷告。您应该为我侍奉耶稣而欣慰，即使我像祂一样离开也不要太难过。“学生不能高过先生，仆人不能高过主人。学生和先生一样也就罢了。”(太10:24)我的哥哥詹姆斯给了我极大的安慰。他不是一个善于言辞的人。他写了一封信，把它交在我手上，他在信中表达了对我深沉的爱和关切，还代我感谢神让我们这么长时间都联结在一起。请允许我告诉您我即将出发的情况。我有一些给纽约的基督教友人的引荐信，他们会帮我在广州的美国商馆找间住所。伦敦会已经付了船资,给了我相当于150镑的西班牙银元,让我留着到中国后再用。我自己还有20镑应付现在的支出。他们还给广州、马六甲、槟榔屿的人开了汇票,让他们给我共计200镑。他们指示我见机行事,只要环境许可,我尽量在各个方面都能自给自足。所以您看,不需要担心,能想到的预防措施都已做了。如果我能平安到达美国,我会记得给您写信,同时我也盼望能经常得到家里的消息。代我问候哥哥T和姐姐A。如果我有空,我会给他写信的。别了,亲爱的父亲。

爱您的、恭敬的儿子

罗伯特·马礼逊

28日,马礼逊先生前往格雷夫森德等候"邮递号"的到来,31日上船。他自己的日志是事实的最佳记录,同时日志还展露了他踏上旅程时的感受和情感:

格雷夫森德,1807年1月28日,礼拜三

这是我人生最重要的一天。今天早晨我痛苦万分地告别了我亲爱的朋友,现在等候去纽约的那条船到来,再从纽约到广州。我孤身一人,独自前往。希望我不孤独,因神施恩的手会帮助我,祂的使者会为我引路。我离开朋友和家人为的是什么目标?我最初的目标是,现在仍是以可怜的罪人得救恩活在主的荣耀中。忠心信主吧。相信祂伟大宝贵的应许吧。我把我年迈的父亲和我的哥哥姐姐们都托付给主。愿神与你们同在,赐福你们并让你们拥有福祉。让我在我的上帝那里得勉励。

29日晨,礼拜四

就像比撒列(Bezaleel)一样①(出31:2—3),我蒙召加入了这项事工,并"以神的灵充满我,使我有智慧、聪明、知识,能做各样的工"(出35:31),让我胜任祂赋予我的工。4点,我刚读完了某夫人的信,她要我上船后再看信,但我没有这样做。神啊!我的神,我只倚靠你——这真好。不

① 比撒列,犹太人建造会幕的能工巧匠。由于圣灵充满了他,他能够做各种各样的工。——译注

要离开我，不要拒绝赐福于我。我相信至今都是神的引领。请听我亲爱的朋友为我做的祷告。让我只一心做我担负的伟大的工。赐给我丰富的神的灵。神啊，提醒我还有一场战斗在即，一场竞赛要跑，一项工要做，在我挨到死的时候还有一个汇报要讲。

30日，礼拜五

昨晚我在肯特先生(Mr.Kent)家给大约150人布道，讲述的是《约翰福音》14章1—3节[①]“耶稣是道路、真理与生命”。神的话语或许“在我朝圣的殿堂”(诗119:54)激励着我的灵魂。如果我没有体会到信或者对神的求索和渴望所带来的快乐与和平，从今天起，我将完全倚靠我的神的力量。——那条船还没有到，今天早晨浓雾弥漫。

31日，礼拜六，12点

船刚到，我们就要登船了。S夫人送行。主啊，我再次祈求“祂和我们同去”。4点。——我们现在起航了。朋友们已离开了我们。耶和华啊，求你使我们亨通。这一日是真正最重要的。我祈祷圣灵给我特别的帮助。大约8点，我们在诺尔港(the Nore)落锚。

---

① “不要心中烦忧”。这是马礼逊博士在临去世前酝酿的最后一场布道的主题，他为朝圣殿堂的前景而欢欣。——原注

第三阶段

从登上开往中国的船到建立英华书院

（译者　杨慧玲）

1807—1819

第一节　途经美国到中国的旅程

-1807 年 1 月 31 日至 1807 年 9 月 8 日-

离开伦敦到格雷夫森德—临别布道—给哥哥的信—登船以及到纽约航程概述—日志和信件节选—海峡上的暴风雨—离别英国海岸—大西洋的飓风—援救遇难商船的船员—抵达纽约—在美国时的日志—结识格雷厄姆夫人—从纽约起程—与传教士同伴告别—西格玛的回忆—给哥哥托马斯的信—到广州的旅途—被法国战船追赶—穿越赤道—上帝相助—到达广州—致哈德卡斯特先生的信—致雷纳先生的信—给父亲的信

在此情况下，马礼逊怀着崇高的责任感，完全仰靠着上帝的旨意和圣灵，作为第一位到中国去的新教传教士起程赴任。为他的祷告送达到了上帝那里，他最后的劳动成果恐怕超出了人们的最高期望，尽管也有人可能对上帝指派给他的劳作性质感到失望。

1807 年 1 月 28 日礼拜三，他离开伦敦，和前往印度的高登夫妇（Mr. and Mrs. Gordon）和李先生夫妇（Mr. and Mrs. Lee）结伴到格雷夫森德，高登夫妇和李先生夫妇也被迫取道美国前往目的地——这个虔诚的团队如今仅有李太太健在。很多私人朋友和一名伦敦会理事陪同着这个特别的团队。他们在格雷夫森德逗留期间,应友人史密斯夫人的请求,马礼逊做了一个布道,讲述的是《约翰福音》第14章第1—3节的内容①——这是史密斯夫人曾听他在其他场合宣讲过的段落,也是他在人间最后一次布道的主题,虽然他未能向众人宣讲。他在格雷夫森德停留时,他坚定的信念以及对神圣救赎的信心在下面写给同道弟兄的信中表述得非常明确:

> 我的身体和精神都很好,仰靠上帝给了我精神支柱。我的工作的确很艰苦,但是信仰会让它变得容易。我希望这成为上帝的工作,没有事情能难倒祂。如果是上帝激励比撒列在世间制造了会幕的幔子,我相信上帝会给予建造祂的精神殿堂的我和其他弟兄更多的帮助。我亲爱的弟兄,我盼望通过上帝的恩典,你们能有坚守天堂之路的能力,你将先于你的家人敬畏上帝,并建议他们跟随你的做法。我们还有一场战争要打,一场竞赛要比。为了赢取胜利,我们需要有勇气和勤奋。
>
> 别了,我最爱的弟兄!不要害怕,坚强些,全心信主。最庄严、最重要的事情摆在我们面前。死亡、末日审判、永生以及与它们相关联的事情愈临近,在某种程度上也显得愈加重要了。近来我常听人讲,我们将在上帝的宝座前相逢,可是我们对这么重要的事情考虑得太少了。
>
> 海潮变了方向,"邮递号"还没有到。一阵微风给我带来了希望,也许船今天就到。此刻我再一次建议你和弟兄们以及我的亲友们,把自己交给上帝。别了——珍重!

马礼逊1月31日登船。离开格雷夫森德后,为了等候顺风,船在道斯港(Downs)又滞留了几天。2月17日礼拜二夜里,突然兴起一阵飓风,对航运造成了大范围的破坏,以致相当多的船靠岸停泊,还有一些船沉没了。他们的朋友们曾经极为担心他们的安全,然而上帝保全了他们。在飓风来袭时,停泊在道斯港湾的一支大船队仅剩下他们乘坐的"邮递号"能够继续航行。这一定

① "你们心里不要忧愁,你们信神,也当信我。在我父的家里有许多住处;若是没有,我就早已告诉你们了。我去原是为你们预备地方去。我若去为你们预备了地方,就必再来接你们到我那里去;我在那里,叫你们也在那里。"(约14:1—3)——译注

是神力所致。祂让大风大浪不要伤害到祂的仆人,虽然他们都饱受晕船的折磨,也未能免于性命之忧,可是他们连一根头发都没有伤到。上帝就像祂在亚得里亚海对待保罗一样,赐予了与他们同船的人性命。直到2月26日,他们最终离开了祖国的海岸。此后虽然他们约在3月11日到达了纽芬兰港口(Banks of Newfoundland),可是强逆风让他们直到4月20日才抵达纽约,共在海上航行了109天。危险的旅途是对这群传教士信仰的严峻考验,好在上帝仁慈地帮助他们,让他们对自己的职分保持着真正的精神,并赢得了同船船员的尊敬。他们利用一切机会在旅途中做有意义的事情,和人们单独或集体交谈;只要天气晴好,还在礼拜日给大家布道。当时他们在船上做这些事并不容易,不像现在很多船主和船长会很乐意搭载传教士,并主动邀请他们主持礼拜。然而这些事做得成功与否,仍主要取决于传教士一贯的虔诚和审慎。

马礼逊先生在旅途中记录的日志,仅有一部分被保留至今。他还给很多朋友写了信,连续叙述了发生的事情,这些通信留下的也只是很少的一部分。编者在此把它们全部集合起来,也许保留日志的形式是区分日志和紧随其后的信件的必要措施,当然风格不会有任何改变。总体来看,虽然他的想法有时会变,但他对上帝的信仰坚如磐石,坚守自己的伟大目标从不动摇。承蒙神恩眷顾,他在旅途中得以完全担负起自己对集体礼拜的职责,同时还能在私下教益他人方面展示他的热诚。有念于此,编者决定与以往这种情况下节约篇幅的做法相反,在此将更为详细地引用这些材料。人们曾听传教会的弟兄们抱怨,说去世的传教弟兄的个人传记中有太多关于如何主动传教的事情,而完全摈弃了有关他们的情感状况的记录、他们在刚进入传教事业以及身在其中的种种感受的描述,尤其是在刚步入传教事业时人们普遍感到这是传教生涯中最艰难的阶段。

1月1日,在泰晤士河上

我完全不知说什么好。究竟是试图安慰你,还是自己发发牢骚,我都不知说什么。环视四周,然后我探问自己的内心。可是一想到就要离开我亲爱的家人、朋友和自己的祖国,投身异常艰苦的事业,没有什么能支撑我的思想。我只能在《圣经》中寻找并仰靠上帝。昨夜我痛哭了一场,更加强烈地体会到了自己事业的伟大。当我走进房间时突然有了一股冲动，脱口说道，万军之耶和华，愿你成为我力量的源泉，与我同在！上帝啊，我的救世主，请与我同往！

2月2日

今天早晨我们又一次家庭祷告。李牧师读了《圣经》，我做了祷告。我的思维相当贫乏。礼拜六晚上，当我在甲板上散步的时候，做了和上帝的沟通。今天早上我和船长谈了给船上的人布道的事，他应允说只要天气许可，我们有时间，他很乐意。感谢神助！我在缆舱中找了一个可以做私密祷告的地方。耶和华啊，赐给我祷告的灵感吧！

2月4日

我们的船长是一位相当有教养的人，从前面讲述的事来看，我觉得他特别恩待我们。但我不能审判①。希望我们的存在真正对他有益。想到今后的事业，我的内心已经比较平静了。我希望上帝能使美国人允许我和他们住在广州。我越来越感到从事这么伟大的事业，我个人力量的渺小，因此继续祈祷我能更加谦卑。

2月5日，道斯港

刚才我和一位美国黑人朋友（一位乘船的同伴）在甲板上散步，努力让他在思想上认识到上帝耶稣作为救世主的重要性和合理性！愿上帝保佑这一微弱的努力。船长还同意我们召集大家做集体礼拜，他自己每次都参加。若身体健康，我们打算下礼拜日举行圣餐礼。亲爱的父亲，想到伟大事工的前景我心里比较平静。我不后悔献身传教事工，因此我希望您能完全接受神圣的上帝引领我离开您。我亲爱的父亲，上帝引导我走上了一条我不知道的道路，与我几年前的想法及计划相距甚远。我曾计划并祈祷能够侍奉祂，即使我当初祈祷过，可当时看起来没有可能实现，所以我沿着另一种计划行动。如果在伟大的审判日我的事工有任何良效，这都当归于荣耀的上帝。我很放心离开哥哥詹姆斯，我相信他正行进

---

① “因为审判教外的人与我何干？教内的人岂不是你们审判的吗？至于外人，有神审判他们。你们应当把那恶人从你们中间赶出去。”（林前5:12—13）——译注

在一条通往永生的狭窄的道路上。

亲爱的父亲,我走了,前途生死难卜。唯有上帝知道我是否能渡过正在经历着的这一漫长而又危险的航程,无论是生是死,我相信祂都知道我属于祂,这足以告慰我心。我相信,我亲爱的父亲,一直引导您的上帝也会让您经受住种种考验。愿您年轻时信奉的神伴随您直到生命结束。愿祂赐给您丰富的神圣的慰藉。

2月7日

今天风很大,结果我们都晕船了。我为不能学习而感到难过,但是中午祷告之后,我更能接受上帝善意的安排了。即使没有做什么,现在受苦受难也是在服侍祂。你说起要代我向亲爱的主基督耶稣祷告激励着我。基督在我们面前摆放了多少宝藏啊,而我们仍未发现。我强烈地感到自己将来隔绝孤单的环境。我感觉被遗弃了——其实这是我的弱点——我的愚蠢而已。

2月8日,主日

今天风更猛烈了。我们都吐了,然而为了仁慈的上帝,我们做了团体祷告,还向船员们布道。我们自己举行圣餐礼,我主持了仪式,下一次由高登主持。我相信上帝与我们同在,祂为我们而死证明了祂对我们的爱。我刚和二副谈了话,他说他信主,但我怀疑他的信没有结果。船上的人用心倾听圣言。我们在这里是上帝的囚徒。我离亲爱的朋友们如此近,但是却完全与他们隔离,这让我心里很不舒服。

2月9日

今天我的心和主在一起。我珍视信仰的盼望,希望我的事业得到神助,在永生的世界中得到神圣光荣的奖赏。上礼拜六,有个人的船在我们船附近翻了,他溺水而亡。令人惊奇的是这类命运从未影响到我们。

2月10日

我在永生的信仰盼望中抛开了所有的烦忧。我不以地球上的任何地方为家,只仰望天国,耶稣已前去预备房间了,我希望也有我的。今天中午我的心接近了神的宝座。这时我感到,自己在神圣生活方面取得的点滴积累的进步。我对上帝——当称颂的救世主基督耶稣了解得多么少啊！与他们所应得的相比，我对他们用心太少。向前看，向前，继续向前。我们不要自以为“自己已经得着了，我只有一件事，就是忘记背后，努力面前的”（腓3:13）。——只要上帝赋予我能力、给我机会，在我听到可怜的罪人的话之后，我每天都努力跟人们谈永生的道。我相信这是我生活的要务。通常晚上我看到值夜班的人都和他们谈话。

2月14日

昨晚我去水手舱演讲，呼吁人们关注他们的灵魂。他们用心听，而且都愿意我今后继续讲。我相信上帝将会赐我按着正意分解真理的道的恩典。今天中午我讲的是《诗篇》119篇57—64节“深爱耶和华的律法”。如果我们能得到耶和华的“福分”，我们该是多么幸福的啊！一心求得祂的恩。效仿极虔诚的《诗篇》作者，他们深夜起身向神致以谢意。今天下午我病得厉害，对未来孤独的事业有一种预感，又一次感到身体和血液的变质。——原谅它吧。我忘了自己以天国为家，每个小时都让我离它更近。

2月15日，礼拜日

今早我们被激起的继续航行的希望很快就破灭了，于是我们连做了晨祷和集体礼拜。高登先生布道，他讲的是《使徒行传》第4章12节“你的救赎不能靠着别的名得来”，大家听得很认真。大约下午1点的时候，我去给我们的人讲一课《诗篇》，结果船上的人以为我给他们演讲，都聚来听讲。我随即停止讲课，给他们讲永生的道。我希望我们的努力不会一无所获，这些是旅途中最鼓舞人心的事情。但是也有另一面——有些时候很明显有人蔑视、反对我们。无论我们在哪里，无论是家庭祷告还是布道，我们船上的大副从不参加。下午4点，李牧师就以谦卑的恩典的演讲把我们都镇住了。

2月17日，道斯港

昨天晚上我和高登弟兄在甲板上愉快地散步，谈论履行我们高尚的事业赋予我们的责任的最佳方式，谈得很投机。昨天，全身心投入召唤我的特殊事业的重要性给我留下了深刻的印象。我满怀希望——更加希望上帝怜恤我,保佑祂保佑我从事的伟大事业,在我们现在的环境里,我对禁欲主义有了不同的理解;但是我对神将令事情圆满感到满意,因此希望一两天后或一两个礼拜后我们能踏上航程。

2月19日,11点离开了彻尔伯格(Cherbourg)外海

上帝保全了我们!昨天早晨我本想让领航员代我将这封信带到岸上寄走,可是突如其来的大风让他无法离开我们的船。黎明前铁锚断裂成了两半,我们船的后桅的帆和前桅的大帆都撕裂了,我们的船只有光秃秃的桅杆,飞快地沿海峡漂流而下。海上掀起了像山一样高的巨浪,夹杂着雪的大气变得如此厚重,以至于就在我们旁边的船从船头都看不到船尾。就在危难关头,警报又拉响了,装硫酸液体的瓶子爆炸引起了大火。领航员和一个船员爬上了船帆的绳索,想从上方跳入大海,结果却把他们送上了死亡之路——他们宁愿这样死也不愿被烧死。幸运的是,其他人有足够的勇气抓住瓶子把它们推进了大海。在这场危机中我所想的只是把自己的负担完全交给上帝。人的本性说"祂的仁慈到哪里去了",但是恩典教我说"多么伟大的罪人啊"。发生所有事情的时候祂都在,所有这些事情都是祂给我们的。祂行事公正,但我们却作了孽。

2月20日,11点

今早我为众弟兄姐妹读了《诗篇》107篇并讲述了保罗船毁的故事,试图让他们和自己更尊重神的话语,而不去考虑神的安排,因为我们无法预知等待我们的是爱还是恨。事情看似对我们很不利,实际上可能是在帮助我们。我亲爱的——坚信神。耶和华统领万有。耶稣永生。"祂必杀我,我虽无指望,然而我仍信祂"(伯13:15)。怀特岛(Isle of Wight)近在眼前,但我们却不能靠岸。

2月24日,英国海峡

今天风平浪静,可是几天前还有一场飓风。一个极端紧随另一个极端,这是我们人生旅途中经常发生的事。逆境猛烈袭来之后有时会紧随一个平静、繁荣的状态。这是令人感激的。可是事情常常相反,先是风平浪静，然后就是如同摧毁船一般的飓风大浪。这种极端在我们的宗教体验中经常存在，而且很常见！上帝知晓神的愤怒的毁灭性力量，此后紧随的是绝对安全的平静期。可是，受称颂的主在其他时候更高兴看到我们也同样恐惧，并因此对我主基督耶稣的信仰获得了冷静严肃的心态——这种冷静即便是能摧毁一切的暴风雨也不能干扰。愿你也能有这种冷静！

2月26日，礼拜四

早上5点，我们离开了怀特岛。正在我眼前消失的土地，或许我今生再也不会踏上了(只有上帝知道)。愿天国永远保佑它！“英格兰啊，纵你有千错万错，我依然爱你。”我爱生我的这片土地——直到此刻它还在滋养着我——埋葬着我先辈的土地——受上帝恩耀的土地，即将离开它让它显得格外宝贵，那里居住着无数的圣人。愿烛台——光荣的福音永不离开你们。当看到远处的丘陵渐渐隐没于云端，从视线中消失的时候，泪水无声地顺着我的脸颊而下，这有什么羞于承认的呢？我再也无法分清，母爱的慈祥，故乡的小屋，亲爱的朋友们和基督徒团体，这些带给我快乐的事我再也看不到、享受不到了，这个想法一时涌上心头，在我的心里投下了一片短暂的阴影。

2月27日

昨晚我们看到的怀特岛，很可能是我们最后能看到的英国海岸。我向这片土地道了别，或许这是永别。这片土地是我所珍爱的——这是埋葬着我先辈的土地，这里还安息着我的母亲。对此我无法尽述，可以说她就是我的母亲。我的母亲临终前曾充满慈爱与焦虑地询问我将来的去向。生活在同一片土地上的还有我的父亲、我的哥哥和姐姐。这片土地上有我的朋友们！上帝保佑那个家乡！但是有一个比我离开的“更美的家乡”①。我相信它的存在，并希望能在那里有一个产业。我去东方不是为个人谋取财富，我已拥有了宝库。我相信万能的神让我与耶稣一起继承祂的宝库，几年后祂将让我拥有一个富饶之地。

3月1日

我们船长今天收下了一篇我们敬爱的导师的文章（博固博士写的《新约的启示》）。他读了一部分后，对文章的风格和论述大加赞赏。

3月3日

船上的两个丹麦人能读德语。今天我把德语的《圣经》送到了他们手中。

3月4日

我现在比最初能多读一会儿书了，现在正从琼斯（Jones）和理查森（Richardson）的语法书入手学习基础波斯语和阿拉伯语。我觉得对我来说，自己肩负的责任太重了。如果不是对上帝有希望，我可能早已被它压垮了。我的心有时会腐化我、诱惑我不要像承诺的那样牺牲自己。可是反思之后，我立即感到羞愧和难过。我在上帝面前坦承那是我的弱点，我的罪。愿颂赞归于我主基督耶稣！愿颂赞归于我主基督耶稣！但愿对我或其他任何一名传教士来说，都不会像人们所说我们对你的爱逊于世人对钱财和名声的爱。

3月6日

今天晚上我在水手舱给他们讲了播种的比喻。有个人显然开始关心自己灵魂的救赎。我祈祷他能最终信奉上帝。

3月9日

我相信耶稣已经去为祂的追随者预备住所了，虽然我可能连他们中最末的一个都不及，但我希望自己也是其中的一员。我要成为耶稣的仆

---

① “这些人都是存着信心死的，并没有得着所应许的，却从远处望见，且欢喜迎接，承认自己在世上是旅客，是寄居的。说这样话的人是表明自己要找一个家乡。他们若想念所离开的家乡，还有可以回去的机会。他们却羡慕一个更美的家乡，就是在天上的。所以神被称为他们的神，并不以为耻，因为祂已经给他们预备了一座城。”（来 11:12—16）——译注

人，愿祂同意接收我。我肯定不会为祂和福音做出任何牺牲而后悔。“看哪，仆人的眼睛怎样望主人的手”，所以我会望我们的神直到祂怜悯我。对于我亲爱的父亲，我完全理解他的儿子的离去给他造成的痛苦，虽然我不值得他这样，但我毕竟从某种程度上是他晚年的安慰，如果他的儿子至死都保持信仰，做父亲的将会为他得到永生而称颂神。我愿牺牲了儿子约瑟的雅各①，或许在20年后反而因此受益，如果能这样，我亲爱的父亲将会得到千倍的补偿。愿他活着收到在遥远的国家的儿子给他带来的好消息。

3月10日

昨天我能够相当投入地学习。晚上我探望了一个从外平台上摔下来的人，跟他谈了罪之恶以及救世主的重要。晚上，我还在甲板上和其他人议论同样的话题。

3月11日

现在船上的劳动如此艰巨，而且天气也非常潮湿，和人们交流的机会变得很少。晚上我去了水手舱和三个人聊天，跟他们谈这种不信奉上帝、亵渎神灵的生活的愚蠢和危险。每次做完这样的事情之后，我都渴望深入了解上帝的奥秘，并觉得自己没能向其他人解释这些奥秘的事情，在神面前这让我感到尤其卑微。晚上我和高登夫妇一起探讨了传教工作中的困难和责任，收获很大。有时我觉得神学、语言（尤其是汉语）还有数学对我来说太勉为其难了，甚至盼望将精力只放在神学研究上。我自问，难道上帝不会开启让神圣的福音进入中国大地的大门？难道我不该倚靠祂的帮助？采取手段是必要的，通过勤奋努力拥有一定的能力可以让自己做得更好。

3月13日，礼拜五

最近风平浪静。日落时，太阳从重重云端的间隙里泼洒下大片的阳

---

① 雅各（Jacob）是《圣经》中的一个重要人物，在希伯来语中雅各是“抓脚跟”的人。雅各被上帝赐名以色列，他的12个儿子后来又成为以色列的12个支派，他和亚伯拉罕被视为犹太人的始祖。——译注

光，直泻入海面。几只鲸鱼在阳光照耀的海上嬉戏，顶部喷洒出高高的水柱，展示了一幅崭新的画面。

今天早晨当我考虑在异教徒中传播福音时，我不禁感到有一些遗憾，为什么那些被赋予了才能的人却只有极少数人献身于海外传教呢？我本想说出我的遗憾（虽然错都在他们身上），但是李牧师今晚的布道让我思索是否这是因为神想要把所有的荣耀都归于祂的大名之下。祂要建造耶和华的殿，并担负尊容（《撒迦利亚书》6:12—15）。

3月15日

昨天我非常消沉，因此我祈祷神的原谅。如果活着不是靠福音的慰藉，并贬低了上帝借耶稣传达给每个信徒的圣言，这是有罪的。

3月19日

今天清晨，刮来了一股强烈的西风，强风持续了一整天。船的一个大颠簸把我从船舱这头甩到了那头，左太阳穴重重地撞到了一个绑窗帘的夹子上。左太阳穴因此肿了一个大包；但是除此之外幸运的是，我没受重伤。

3月21日

强风已经连续刮了70个小时了。我不无担心会发生危险。但是当时我特别镇静地把自己交给上帝，没有谁比祂更能让我保持冷静了。

3月29日，主日

昨天从西北方向来了一阵超强风，船在大风中向东南方漂移。我站在甲板上，全身都湿透了，笨拙地和水手们一起收回最后一块帆布片、抽船上的水。想起那句话——“强烈的大风应验了上帝的话”（诗148:8），我也就接受了困境，并且以此鼓励自己。今天水手们修补一张船帆，而且传教弟兄和姐妹们身体很不舒服，所以我们没有举行任何宗教仪式。

3月30日

大风仍然在继续。我的身体不能够学习。此刻我们离目的地更远了，比18天前还远。我们经常祷告旅途平安，可祂似乎对我们的祷告充耳不闻。我在上帝面前是卑微的，仍然相信祂这样做是在帮助我们。上个主日是我们在船上度过的第9个安息日、第57天。我们船上的长官被长期的强逆风搅得心烦意乱，大风现在还在刮着。他们有时会用非常难听的话咒骂上帝，这让我们很难过。水手们也已经被繁重的体力活累得筋疲力尽，不愿再听我们布道。我们努力控制情绪，试图证明上帝所做的一切都是正确的。祂所做的事都好，是我们曾犯了罪。我希望在需要的时候，祂会为我们现身。

3月31日

今天傍晚天气好转多了。现在为了谨慎起见我们定量供应淡水。新鲜食物开始不够供应。我们的身体全都更加不适，但是耶和华所做的事都好。我们希望"所有事情"，哪怕是现在都为我们"互相效力"。

4月6日

登上船时我没想到在第10个安息日即将结束的时候，会从这个地方给你寄信。但是上帝乐意这样做，祂所做的事都好，在过去的25天里祂阻止我们迈出向天国的那一步。我们的目的地只是宏大的神圣旨意中极其微小的一部分。祂，也只有祂只需一眼就能洞悉一切，为每一部分都做出合理的安排。从礼拜六晚上和昨天的事情中，我们认为我们很清楚地知道了滞留的一个原因。礼拜六晚上，当看到有一条船的桅顶上挂出了求救信号，我们的船在附近，立即向它驶去。靠近那条船后发现那条船漏水了。船上的人已经连续抽了11天的水了，而它已经偏离航道200多英尺了。只要它扬帆行驶，船里立即就有7英尺深的积水。简单地讲，他们什么希望也没有，只能是沉入海底了。在这种情况下，你可以想象他们从桅杆顶部看见我们后的心情，而且我们还是几个小时后才发现他们，在这期间他们又是多么沮丧忧心。礼拜六黄昏前我们和他们搭上了话，夜幕逐渐降临，海浪汹涌，当时我们还不能够解救他们。我们答应不离开他们，因此挂起灯好让他们保持在我们周围，他们和我们都在焦急地盼着天明。昨天我们几乎都在忙着把人和船上的给养从沉船上搬到我们船上来，在离开时他们点燃了沉船。夜晚到了，我们没有看到它沉没。礼拜六整夜，我们船上的人特别担心，有段时间出现了沉默；可那时依旧是逆风，我们又开始抱怨起来。“但愿人因耶和华的慈爱和祂向人所行的奇事都称赞祂!”那条船是从纽约驶向荷兰阿姆斯特丹(Amesterdam)的商船,船上运的是糖和咖啡,行驶了15天。

同上。——原以为死亡还很遥远而死亡的时刻已经到来了的忧惧给他们留下了多么深刻、殊异的印象啊!我今天强烈地感觉到了。上礼拜六出现过一次虚惊,现在说起只是一个笑话,但当时却让人怀疑立即就要死了。风狂啸着,水手已经拿着斧头准备一旦出现状况就砍断桅杆。一个黑人靠近我并含糊地说了几句,我以为是说“船沉了”,我假装没有听到。他又说了一遍,我还以为他说的是“船沉了”。我再次问他说什么,他却回答说“没事”,并且摇摇头。这更证实了我的猜测:他认为船正在下沉。有一两分钟我很担心船正在迅速沉入海底。想到就要去见上帝了,我感觉非常庄重、神圣,此前我还计划如何能最恰当地告诉在下面担忧的弟兄、姐妹们实情。然而在我找到了船长,他问我“水抽干了吗?”一句我根本不熟悉的句子时,我才立即醒悟黑人说的是“抽水”,意思是水泵在抽水,不是因连日的恶劣天气以及遇到的不幸的事而让我担心的“船沉了”。

假如因为与永恒天国的假想距离减轻了天国对思想的影响,真是遗憾啊。天国的存在,是绝对确定的;但是天国很遥远,却并非如此。我们今天救到船尾的那些人的思想是怎样交织着绝望与希望啊——当他们从桅杆顶上第一次观察到了我们,随后过了很长时间发现我们没有看到他们(当我们从我们船甲板上看到他们时,他们的船桅只有一半露在水面上),复又绝望;当看到我们的船驶近了,重又点燃了希望,在确定我们会伴随他们后又振作了精神。虽然我们的停滞是船上的人对上帝言语不敬造成的,但是我坚信我们滞留是为了拯救这些人的性命。我前面提到的沉船的船长曾多次嘲笑我们祷告无用,特别是得知船出了状况后,他带着得意的神情问我祷告对这些人有什么用处,我回答他:“难道上帝帮不了忙吗?如果祂能,难道不该去求祂吗?我侍奉的上帝有能力决定是拯救还是毁灭。”他说:“哼!祷告并不比发誓有用。”这个人的船沉没了,他的人死了5个，此刻他又看到我们的船也有沉船的危险时说了这些话。

4月16日，西经68°

亲爱的父亲，在登船76天后我还没有到达纽约。主宰着发怒的大海的上帝，用怒吼的风应验祂所说的话，让我和我亲爱的同伴在茫茫大海中拖延至今。我们从某种程度上看到了延迟的原因，这就像约瑟夫在埃及受难是为了拯救生命。本月5号主日，我们从沉船上救了11个人，他们正处在葬身鱼腹的强烈的恐惧中。我们没有多余的给养，他们把给养给了我们，然后放火把船烧了。我们的船随后离开了，任它燃烧沉没。这条船的损失高达9万比塞塔。此前我们船上的人本来对自己的情况很不满，抱怨声很多，从某种程度上这件事让我们噤声了。遇难的不是我们已经是一种怜悯了。我们在海上曾遭遇了极强的暴风雨，自从上次停泊在纽芬兰港后足有30天寸步未移。

4月19日

我的心此刻满是欢喜。我相信它预示的不是凶兆，我心存战兢而快乐。我们现在离纽约港只有几里远了。昨天下午起来的一场浓雾阻止了我们趁顺风前往港口。就在几分钟前，当我们打算离开海岸时，只能看到几条船那么远。我刚读完关于义人祈祷是大有功效的《雅各书》的最后一节①，为上帝将要把我们带向安全之地而喜悦时，一条船出现在我们后面。我们和船上的人说话，但是听不清楚，好像说“去中国”。我一下紧张起来，唯恐自己太迟，怕在一两天内就要匆匆离开。我渴望地看着它，真希望自己已经在那条船上了。然而就像我说过的，一切都在上帝的掌握中。——大雾应我们的祷告此刻散去了，那条船靠近了，停在岸边为进港做准备，因此弄清了它是从中国来的船，是进港而不是出海的船，所以我相信我们将有足够的时间找一条舒服的船。以便以谢②！

---

① “我的弟兄们，你们中间若有失迷真道的，有人使他回转。这人该知道叫一个罪人从迷路上转回，便是救一个灵魂不死，并且遮盖许多的罪。”（雅5:19—20）——译注

② “以便以谢（Eben-Ezer）”是《圣经》中撒上4:1中提到的由撒母耳所立的一块石头，纪念上帝对以色列人击败非利士人的援助。——《基督教专名英汉字典》，第58页。——译注

上帝是讲信义的。——这次曲折延误了的甚至称得上痛苦的、磨难重重的旅途，终于在4月20日结束了。马礼逊先生和他的传教同工健康、安全地抵达了。各种经历为这次航行增添了色彩。这几乎是上帝的一条定律：伟大的事业在刚开端总是遇到巨大的困难，优秀的人的热情总要经受严峻的考验。然而，神的大恩是为重大的场合预留的，救世主的仆人总是发现神恩和仆人们的信心及所需程度相匹配。当那么多条船都毁于风暴，而我们的船保留了下来，而且它在海上延迟到让落难的商船船员平安了，这些都是上帝听到我们的祷告后准备着奖赏祂的仆人的信心的鼓舞人心的证据！①

马礼逊先生一到纽约，立即想方设法联系到广州去的船，并且寻求美国人能够给他提供的给广州的引荐。他此时和美国牧师以及基督徒的接触，让他极为振奋，而且可以被视为联系后来发生的一系列事情的纽带，这些事情让美国的基督教界加入了中国的福音化进程。美国的基督教界早已意识到传教的重要性，从未忽略中国以及东方的千百万人，期待着那里能像其他地方一样，"来帮助耶和华攻击勇士"。

马礼逊先生的日志对他在美国的短暂停留做了最佳的叙述。

4月20日，礼拜一，大约下午1点

今天我们在纽约前面的北河（North River）落锚。劳尔船长（Captain Law）把我们带到都市旅馆。梅森博士（Dr. Mason）帮我们在他的教友家里找了住所。我们被分别安置在三户人家。离开船之前，我们收到了从欧洲寄来的信，信中称在我们穿过海峡之后，航运业惨遭重创。

4月22日

我们把行李交给贝修恩先生（Mr. Bethune），由他寄送国外，以免等我们走的时候成为累赘。我们收到了朋友们的信，信中说在收到我们的信之前，他们仍沉浸在我们离去的伤悲中。我们要称颂上帝让我们活着，还感谢祂让我们的信安全送达，告诉友人我们的状况。

---

① 参米怜的《新教在华传教前十年回顾》。——原注

4月23日

采纳了梅森博士和贝修恩先生的建议,我今天计划到费城(Philadelphia)去,为了让他们在广州的领事馆保护我,需要尽量引起最高政府的兴趣。

4月24、25日

我们在赶赴费城的路上。高登夫妇陪同我。我们乘坐的是一种很笨重的马车,与英国的四轮马车并无大的不同。道路的情况极度糟糕。在一段路上马车坏了。我们礼拜六晚上在七八点之间到了费城。数学教授兼造币厂厂长帕特森先生(Mr. Patterson)接待高登夫妇,格雷博士(Dr. Grey)接待我,我在次日(26日,主日)为格雷博士布道。高登先生在早晨为斯汤顿博士(Dr.Staughton)、下午为海博士(Dr. Hay)布道。

4月27日

帕特森先生和米勒先生(Mr. Miller)给华盛顿去信,请求他们为我给驻广州领事加林顿(Mr. Carrington)写引荐信。由伦敦会罗伯茨先生(Mr. Roberts)引荐我结识的罗斯顿先生(Mr. Ralston)以最大的热诚接待了我。罗斯顿先生表示他会尽他最大的能力随时为我们效力,美国长老会传教委员会(Missionary Committee of the General Assembly)主席格林博士(Dr. Green)也有同样的表示。罗斯顿先生在他的教会里把我们介绍给了很多基督徒友人和尊敬的威克斯船长。罗斯顿先生不放过任何一个机会替我和同伴探询合适的船。只有一条去印度的船,船长是琼斯先生(Mr. Jones),琼斯船长担心英国政府方面制造麻烦,断然拒绝搭载任何乘客。有一艘船"多罗西号"(Dorothea)去广州,船主要每人至少1000元的船费。昨天,比斯夫人(Mrs. Biss)上了岸,她是一个带着四个失去了父亲的孩子的寡妇。比斯先生(Mr. Biss)在离开塞兰坡传教弟兄后一个月就去世了。

4月28日

中午我们离开了费城,急着赶回纽约,想要落实去目的地的船。由于我们在纽约时没听说有到印度去的船,因此最担心的是找不到一条可以乘坐的船。

4月29日

在连夜赶了90英里的路之后，今早7点回到了纽约。我一到立即等着见沃尔科特先生(Mr.Wolcott)，梅森博士以前带我找他联系过乘船到广州的事。沃尔科特先生告诉我他已经和船长谈过了，我现在就可以乘船了。

4月30日

见到了布莱克曼船长(Captain Blakeman)，他不但同意，而且盼望我和他一起出航，只需支付我的用品费用。下月10日"三叉戟号"(the Trident)起航。

5月1日

我们今晚在S先生家举行了祷告会，这是我和梅森博士的学生同住的地方。他们共有12个人，有了人文教育的基础后再学习四年神学。

5月2日

准备主日崇拜，为罗杰斯博士和米伦博士(Drs.Rogers and Millan)还有霍尔丹组织里的米利先生(Mr. M' Lae)举行。"玛格德琳号"(Magdalen)的康马斯船长(Captain Commas)提出送我的弟兄姐妹们到印度去要3000元！"玛格德琳号"送一批货到马德拉，下个月20日起程。

5月3日，主日

忙着做昨天日记提到的主日活动。这是对我极大的考验。当称颂的耶稣啊！当称颂的耶稣！我逃向你以神之手留下的伤处并向你寻求庇护。

5月4日

布莱克本先生(Mr. Blackburn)，在美国印第安切诺基部落(the Cherokee Indians)传教的牧师今天恩顾我们一行。他的传教目标主要是针对印第安儿童，他给80个孩子提供衣食和教育。总会(The General Assembly)只给他一点钱，就称他是他们会的传教士；事实上他基本上自主管理，以个人的名义募捐。他对几个印第安孩子抱有希望，偶尔给印第安孩子布道，布道时请人现场给这几个孩子做口译。他所属的白人教会在田纳西州的玛丽维尔（Maryville in Tennessee）。印第安人的学校在60公里外。他把学校交给另外两名牧师照管。

5月5日

美部会传教委员会（Committee of the Missionary Society）的罗杰斯博士、利文斯东博士（Dr. Livingstone）、米耐特博士（Dr. M'Kight）、米尔德勒博士（Dr. Milldollars）和米勒博士（Dr. Millar）今天下午接待我们，正式向我们伦敦会的传教士致以他们的敬意。在询问了我们差会的发展情况后，罗杰斯博士做了祷告，利文斯东博士引用了《约翰福音》第10章的内容鼓励我们："好牧羊人领着祂的羊，祂的羊都听祂的声音。"①

5月6日

今天，我收到了费城罗斯顿先生的一封信，转给我了一份给美国驻广州领事加林顿先生的推荐信。造币厂厂长帕特森先生收到了美国政府的回信，称像我这种情况的英国公民的事情相当复杂。

5月9日

我的行李今天送到了"三叉戟号"上，有一只行李箱出了问题，我们明天不能起程了。

5月10日

为米利先生布道，还为荷兰改革教会（Dutch Reformed Church）布道。两场的人都不多。我的弟兄们在州立监狱和贝修恩先生居住的格林威治（Greenwich）布道。州立监狱有400余名犯人，他们都认真地听布道，其中有些人严肃地参加侍奉。

5月11日

我又一次被召唤去执行艰难的任务——与我的同工道别。我惧怕战兢地继续前进；满怀诚挚的关切祈祷我主基督耶稣保佑并祝福他们。弟兄们，我们的困难极大，而我们的力量极小。为我们继续祷告吧，让我们

---

① 《圣经》的原句为："既放出自己的羊来，就在前头走，羊也跟着祂，因为认得祂的声音。"（约10：4）——译注

的灵魂昌盛、不行强暴人的路,让上帝的工在我们手中成功。“愿祂的荣耀充满全地。阿门! 阿门!”(诗 72:19)

费城的罗斯顿先生的信答复了我向美国政府提出的请求之后,他这样写道:“耶和华所赐的福,使人富足,并不加上忧虑,愿祂的赐福常伴着你和我们亲爱的弟兄、姐妹。盼望你到达广州后能给我写信,只要你或他们需要的任何帮助在我所能及的范围,在神的施恩的手的帮助下,我都乐意效劳,请相信这是我所喜悦的并以此为荣。愿神祝福你和你肩负的伟大的工,谨此致上!”

我去费城的开销没有报给伦敦会。即使让我乘船的先生收取费用或者愿意接受一些东西,梅森博士都替我解决了。贝修恩先生已经付了关税,还将支付我去中国的必需品费用。今晚就要起航了,他们的账单还没有准备好,我不能在上面签字了。

5 月 12 日,上午 10 点

我刚收到了费城罗斯顿先生转交给我的美国国务卿麦迪逊先生(Mr. Maddison)写给驻广州领事加林顿先生的信,要加林顿在符合美国利益的情况下尽其所能帮助我。12 点,我要上船继续写了。

观察上帝是怎样为祂的仆人们开辟道路,让有能力的人协助实现祂的王国的目标,真让人愉快;回顾过去 30 年间政府总体上对传教态度的转变也同样令人欣慰。马礼逊先生在纽约和费城停留的几天让他难以忘怀——充满真情与感激的愉悦,自此他和许多美国友人建立了圣洁的友谊,直到他去世。在众多基督友人中,他结识了一位杰出的女性——格雷厄姆夫人(Mrs. Graham)。梅森博士在《格雷厄姆夫人传》中写道:

1807 年她见到了马礼逊,当时他正要前往中国,她对马礼逊有很高的评价。她发现他有稳健的才能、坚贞的宗教信念和永不消退的热情等性格特点,这些尤其让她赞赏。

1807 年 5 月 12 日,马礼逊先生乘坐布莱克曼船长的“三叉戟号”从纽约出发前往广州[1]。最让他感到痛苦的是此后的孤寂。从前他还能享受弟兄姐妹们的友谊,现在他必须独自起程。无论怎样,他的上帝与他同在,就连这也是上帝的智慧和恩典的体现。马礼逊先生和他的英国传教同工就要离别了,彼此都感到很痛苦。这一小群人中唯一活着的人告诉编者,他们与马礼逊先生道别时所承受的痛苦不亚于他们和最爱的亲人道别。他们都喜欢马礼逊先生谦和的性格,他非同寻常的坚毅和谨慎赢得了他们的信任,也让他们像对待父亲那样尊敬他、信赖他。

《纽约观察家报》(*New York Observer*)上最近登载了一篇题为《缅怀马礼逊博士》(*Reminiscences of Dr. Morrison*)的文章,署名为西格玛(Sigma)。这位作者就是马礼逊先生在纽约期间借宿的主人。这位美国朋友在某些细节上弄错了,文章中还有一些话语也令人生疑。下面的节选比较有意思,显示了他在这一阶段的总体性格以及他初到美国给人们留下的深刻的印象。

> 1807 年马礼逊博士在他奔赴中国的途中,到访了美国。他不能乘任何一条东印度公司的船直接到中国,因此不得已从美国绕道而行。他到时带着博固博士和伦敦会理事会写给本市尊敬的梅森先生的引荐信,梅森先生不久前去世了。陪同他一起来美国的还有两名携带妻子、被派往印度斯坦的高登先生和李先生。我永远不会忘记那个晚上梅森博士带着他们一行来到我家的情景。当时看到一个背负十字的传教士就是一件稀罕事了,一个传教团队就更罕见了。马礼逊的表情因思想受到了神的恩典而与众不同,气质天然坚毅,还略显高傲。他的彬彬有礼超出了和蔼可亲,严肃认真并且考虑周到,非常虔诚。我们的谈话很严肃,但是令人愉快。出生在大西洋两岸原本互不相识的人,我们被一根共同的纽带联系到了一起;当基督徒敞开了内心的思想宝库,相互沟通之后,这根"神秘的纽带"的神圣性质得以很快显现。结束的时候,当我们一起跪下祷告,双颊的泪水见证了我们对肉眼看不到的上帝的挚爱之情,以及对所有爱上帝的人——哪怕是因为海洋和高山的阻隔而互不相识、丝毫不为时间

---

① 在此编者把从纽约到广州乘坐的"三叉戟号"的船长布莱克曼(Captain Blakeman)误以为是"Captain Remittance"。而"Remittance"(邮递号)是马礼逊从英国到美国时乘坐的船的名称。——译注

和距离而改变。一两天后,马礼逊博士突然有些不适。我在他床前坐下,他握着我的手,以与不明病症截然不同的语气说话——他的语言表明他的思想很放松,对任何事情都有所准备——他完全信任神的旨意和安排。在勉励我加倍投入基督耶稣的光荣事业后,他说了这句话结束了谈话,这也是我后来发现他经常挂在嘴边的一句话:“亲爱的弟兄,向上看,向前看。”

由于得到通知的时间太晚,马礼逊博士第一天晚上住在我们的房间。他的床前放着一个摇篮,里面睡着我的小孩。第二天早晨她醒来,像往常一样转过身和妈妈说话,在本来是父母的地方却看见了一个陌生人,她立刻坐起身来,满脸警觉地盯着他的脸看,她问道:“先生,您向上帝祷告吗?”“是的,亲爱的,”马礼逊先生回答说,“每一天都祷告。上帝是我最好的朋友。”小姑娘立刻放心了,满意地躺下,头枕着枕头很快地睡了。从此她非常喜欢他。

马礼逊博士把他的书拿出来晾晒的时候,他给我看了两卷手抄的书,上面是他的笔迹。当我问他怎么学会写那种字时,他提到是容三德教他的以及指导他学习的情况。“他说这个中国人教他的英国学生写字时所采用的方法和中国儿童学写字的方法相同——在一页汉字上覆上一页他们的白纸,从白纸上可以清楚地看到下面汉字的每一个笔画,用一把小毛刷或是在管子里装着硬毛制成的笔(用中指顶着,拇指和无名指握着)与纸呈垂直状,反复小心地描写字的每一个线条,直到熟悉、会写为止。下过这番苦功夫后,马礼逊博士极有耐心地坐下来抄写耶稣会士的《福音书合参》,把每一个符号都抄了下来,预备自己将来用。他后来到了中国后在学习汉语时表现出的惊人才能与此有很大的关系。在他对孤独的工作感到满足的时候,在知晓要通过他的双手完成祂眼中的计划,这个人给祂留下了多么深刻的印象啊。”难道不该相信天使的眼睛有时也会仰望并更加爱慕神?是祂如此智慧地、好意地训练这个人,让他将向东方数百万人打开永生之门。

马礼逊从不矫饰。曾有一些恶意批评说他太高傲,最终会一无所得;

可是一个基督徒更情愿相信他太过于虔诚而不可能骄傲。没什么比他的风格更朴素、简单、不拘形式的了。他的传教士同工把他当作父亲一样崇敬他,到他的房间做祷告,所有行动都听从他的建议。他作为基督徒表现出的脆弱的一面比其他人都少,他已成熟,而他的同伴还是嫩芽。他意志坚定,正直而且颇能自己决断事务,他们需要他的帮助,聚在他的护荫下寻求安全。他给了我托德先生(Mr. Todd)给他做的塑像,与他非常像。谈到塑像,让我想起了一个能显示这个虔诚的人的坚贞信仰的事实。当他来美国的时候,他的费用当然由派遣他的英国伦敦会支付,伦敦会曾答应承担让他到中国沿岸的费用,可是到了美国后就停止付费了。

最后一句话完全违背了事实。伦敦会愿意继续支持马礼逊,他获准从司库那里支取他所需要的一切必需费用。然而,他深深忧虑的是如何不将费用加在基督教会众身上——这种忧虑感伴随着他的一生,因此许多年他都靠着上帝安排给他的经济来源最大限度地满足自己的需要。毫无疑问,这是引起上述误会的原因。正是出于这种忧虑,必须一提的另一件事就是他有意利用一尊铜制雕像。这位美国朋友在文章中继续写道:

伦敦会不能确保他接下来的需要,因此在他眼中所需的费用成了一个问题,于是他愉快地接受了一份礼物——一个很大、精心制作的铜像,这尊铜像或许能成为他在异国费用的来源之一。这个想法是受一些艺术家在美国取得成功而来的启发,铜像正好又特别流行。虔诚、坚定的信仰者,不顾前途渺茫,“还不知往哪里去”(来 11:8),就像亚伯拉罕一样离开了他的家人和国家。他确实“因着信”,而且只信神。结果他因信得到的奖赏不比亚伯拉罕少。在他到达中国后的短时间内,他在中国语言方面取得了如此斐然的成就,因此被东印度公司任命为翻译官方文件的译员,年薪 500 镑。

他与我们告别前往目的地的情景我只简要地叙述一下。在他起航的那个清晨,他的传教同工聚集在他的房间里,气氛极为肃穆——这次是他们在人世中最后一次见面了。可怜的高登完全不能控制自己的情绪。马礼逊很镇静,面容严肃,他批评了他的弟兄太过于伤感,坚定冷静地举行了临别祷告。然后我们在登船前一起到了船主的账房。我不会忘记以船主潜藏的商人本性、他在说话或举止上表现出的抑制着的嘲讽,他甚至可怜这个误入歧途的热情青年,虽然他也由衷地佩服马礼逊的忘我的献身精神、大无畏的勇气和他的事业进取心。办理登船手续时,船主从办公桌后转过身来,带着嘲讽的微笑对马礼逊说(马礼逊的脸上带着复杂的表情):“马礼逊先生,你真的相信你能给中华帝国的偶像崇拜者留下一些印象?”“我不能,先生,但我相信上帝能。”马礼逊比平时更严肃地回答。我们很快离开了这个只向钱看的人,下到了码头,马礼逊踏上了那条送他到港外停泊点的小船,这是我们最后一次和未来的中国圣徒道别。他什么也没说,动也不动,他镇静的身影和严肃的神情静默得像一尊雕像;显然他的脑海里思考了很多,多得难以言述;他的思想与上帝在一起,似乎忘记了身边的一切。

领航员回来的时候,带给我一封马礼逊写的感谢信;在他到达广州之后,给我写了好几封信。如果允许我摘选其中的一部分,我很乐意把它拿出来和大家共勉,慰藉并启发那些用实际行动展示信仰、以信仰征服世界的人。

下面摘录的是马礼逊在旅途中和到达广州后的部分通信,插在这里可以和上面的内容衔接起来。下面的信根据日期分别列出。

“三叉戟号”上,离开了纽约沙滩港(Sandy Hook)。

1807年5月13日

我亲爱的S:

感谢你和你的夫人以主之名给予我的深情厚谊。我相信上帝会加倍地回报你的,虽然我可能是(如果能算得上是)祂最差的一个仆人。我希望得到耶和华的赐福,祂的赐福使人满足,并不加上忧虑。我祈祷祂能怜恤你的生命,让你内心充满希望。……为祂效力非常光荣,但也异常艰苦。使基督因你们的信,住在你们心里,成了有荣耀的盼望。

7月21日,海上

希望你能原谅这封不连贯的信……我不会不尊重上帝之手无微不至

地运作的，尤其是当我在经历了咆哮奔腾的大海、倾泻而至的暴雨、最恶劣的天气后还能活着，更不该有任何怨言。坐着由几根钉子钉起的木板并把它叫作船，就这样安全地漂流了 2.2 万英里，这足以激起我最诚挚的感激之情。可是，这和安全地渡过充满波折的人生海洋，到达永生的港口相比，又多么微不足道啊！

9月23日，广州

我们中间隔着半个地球。在中国东海岸的最边沿地区，即使是受过良好教育的中国人，每天都上演着最粗鄙的偶像崇拜。我到这里只有两个礼拜，除每家每户一日两次的烧香之外，我还亲眼看到了为期四天的特殊的祭祀活动，以及月亮崇拜。这些外在的仪式与普通人的世俗生活并行不悖。在几个最大的节日里（不包括春节），商人们可以“大发利市”，而劳作者继续工作。……我能否获准居留至今不明。……我本想告诉你很多身边的小事，可是没有时间都写给你，也怕你没有时间去读它。再见。

下面的内容摘自他写给哥哥托马斯的短信，这是他离开纽约前最后一夜写的，信中表明了他对上帝的坚定的信念，还有美国人友好热情的态度和虔诚给他留下的深刻印象。

我没什么特别的事要告诉你，都写进给父亲的信中了，在我即将离开之际，我不能不给你写上几行。哥哥，我们之间现在隔着一个辽阔的海洋。当我几年前离开家到你那里的时候，也和他们相隔甚远，现在我们也分开了。只要我们的心追随上帝，这不算什么。现在——现在是最要紧的。哥哥，我发现这里的人和海上的人心灵受到了腐蚀，就像我从前在父亲家游手好闲时那样。这座城市里有很多生机勃勃的宗教组织。许多人在宣讲真理。

今天我把行李放到了船上。船原定明天起程，但现在推迟到了下礼拜一。我请求美国政府给驻广州领事出具介绍信一事，我相信可能不行了。但是，我有几封给驻广州领事的私人信件，还有给那里其他人士的引荐信。虽然我希望它们能起作用，我成功与否丝毫不依靠这些信。如果上帝向着我，想要让我为中国人做任何事，没什么能阻拦我。这里的基督教友人对我们非常友善。我们在荷兰归正教教堂并为其他几个人布道。这里的人习惯和你们差不多。我愉快地发现看在主的分上，有很多人愿意让我们传教士进入自己的家庭，在施恩宝座前热情地为我们祷告。亲爱的哥哥，我有时担心会从你那里听到我们家人去世的消息。或许在我写信的时候，病魔正吞噬他们的生命。请代我向我们的家人和关心我的朋友致以最热诚的问候。从今往后我将非常孤单，有时担心生病，还会有些沮丧。然而，这并不是我最关心的问题，让我整日沮丧的是我的心离开上帝的令人悲哀的倾向。自从我们登上了美国陆地后，我去过费城，那个城市比纽约好得多。被人介绍认识的费城友人对我们给予了全面的照顾。我相信上帝的工作在这些地方进展得很好，违背宗教的行为不像几年前那么普遍了。亲爱的托马斯，我希望上帝成为你的依靠和庇护。信上帝，这样你就能有所成就；信上帝的先知，你就会昌盛。祝你平安。

从纽约到广州的旅行日志好像遗失了，这一遗憾可以用下面摘选的信件来弥补。这些信件可能就是他日志的翻版，或者就是日志的内容。有时信件之间有些重复，为了保持信件内容的连贯和不丢失重要内容，重复是不可避免的。这些信件尽量按日期的顺序排列。

5月22日，途中，在“三叉戟号”上

本月12日，我告别了我亲爱的弟兄和姐妹。这比以前的任何事更令人痛苦。愿仁慈的上帝与他们同在，保佑他们平安到达目的地，怜恤他们、赐福他们并接受他们的侍奉。美国的基督徒对我们为主的事业非常支持，令我们欢欣鼓舞。我感到自己多么不配啊！现在我还这么认为，我和圣徒相比差得太远了。“因此我厌恶自己，在尘土和炉灰中懊悔。”（伯42:6）

5月24日

我很盼望能给你、我年迈的父亲和其他亲戚朋友们写一封长长的信，而不是只有薄薄的一张纸。如果上帝怜恤我的生命和健康，只要我有机会就会给他们写上几句，虽然信既不完整也不连贯。

我现在纽约给你写信，希望你能收到。本月 12 日，和同工伤心道别后，我登上了这条开往中国的船。我情绪很低落，好在上帝怜悯我。他抚慰我受挫的精神。啊，我亲爱的哥哥。"神啊，有何神像你，赦免罪孽，饶恕你产业之余民的罪过，不永远怀怒，喜爱施恩?"见《哈巴谷书》①。

13 号我们离开了纽约沙滩港。几个小时后陆地从我们眼前消失了，可能今后 4 个月再也见不到一块陆地了。我现在有美国国务卿麦迪逊先生写给美国驻广州领事的信，我满心盼望着能在广州居住前行。

5月30日

昨天我们越过了温带地区，进入了热带。虽然我的身体在这里，可是我对主基督耶稣的爱却常常在寒带。虽然我正在赤道火辣辣的太阳下给你写信，可这里的热空气并不是我想象的那种令人不舒服的热。我出来再也不用打领结，也不用穿袜子，穿着特地为热带气候准备的薄衫、马甲和长裤。坐在甲板上搭的凉棚里(在甲板上，甚至不需要到下面的船舱去)很凉快，四面窗户大开，空气形成对流，通风很好。当我在甲板上散步，太阳让我感到不舒服；像我这样长时间地坐着学习汉语、希伯来文和希腊文，对我的身体造成了一些损害。不过自从我离开伦敦至今，身体都还健康，我已经很感激了。前往美国近 3 个月的航程中，只有 20 天在岸上，待我乘这条船再次起航后，至少有一个礼拜晕船晕得很厉害，和从前一样。现在我已经克服了。

同一天。——上个礼拜日，我给船上的人做了两场布道。他们年轻无知。开始时他们还微笑着，可是我们开始后，他们变得严肃了。我把纽约的贝修恩先生写的宗教小册发给他们，贝修恩先生是一名真正的"地球之杰"。他是格雷厄姆夫人的女婿，格雷厄姆夫人是一位非常活跃、虔诚出众的老年寡居教徒，她属于梅森博士主持的教会。她给我写了一封长长的、很有启发并温暖人心的信，在我离开纽约的时候放在我手中。她还给了我一本欧文的《第 130 首诗》(*On the 130th Psalm*)。看到这么虔

---

① 马礼逊记错了这句话的出处，应该为《弥迦书》7:18。——译注

诚、热情的人,我为自己感到羞愧。

5 月 31 日，礼拜日

今天我在甲板上做了两个布道,他们总体上听得很认真。我在绞盘顶部铺上一件旧衣服,把它当书桌放书。船长和其他船上的长官都很好,也很配合。这里炎热的天气让我浑身乏力,上帝对我这个罪人很仁慈了。

我现在比以前更强烈地感受到了这句话的力量,“万军之耶和华啊,你的居所何等可爱”(诗 84:1)。要是能和你一起高唱赞美我们的救世主耶稣的诗篇,我该多么高兴啊。虽然我不能永远把琴挂在柳树上①,虽然我不能让水手们和我一起唱赞美诗,但是地上和我心相通的人和我一起咏唱,和环绕在上帝荣耀宝座旁的人一起高唱。今天我两次都根据《马太福音》第 7 章 21 节布道——凡称呼我“主啊,主啊”的人,不能都进天国;唯独遵行我天父旨意的人,才能进去。对基督耶稣的信,对祂的子民的爱,谨记祂的教诲,遵从祂的圣谕,这都是一个真正的基督徒应该做的,这也是我布道的主导思想。他们带着敬意听讲,“信道是从听道来的”(罗 10:17)。B 船长全神贯注地听,今天认真地读了《圣经》。我希望上帝为了他的名祝福他。整个礼拜,在上帝的保佑下,我投入地学习汉语,就像我在格林威治和伦敦时那样。

凡称呼我“主啊,主啊”的人,不能都进天国;唯独遵行我天父旨意的人,才能进去。——这是《马太福音》第 7 章的教导,是我今天两次向水手布道的话题。这是对所有人都有效的主题。我亲爱的哥哥,这也是给自己布道。每次当我察觉到耶稣的权威,我都会向耶稣说“主啊,主啊”,可是我的心并没有完全向着祂。我今天特意讲这段,是为了引起我们的人的注意,那些称自己为基督徒的人却不珍惜救赎的机会,既不听从主的教导,也不爱主、敬主,不服从主的旨意,指出这样的基督徒是多么的荒谬。同时提醒他们如果仍然不信仰上帝,继续他们的罪(我最盼望的与

① “我们曾在巴比伦的河边坐下,一追想锡安就哭了。我们把琴挂在那里的柳树上,因为在那里,掳掠我们的要我们唱歌,抢夺我们的要我们作乐,说:‘给我们唱一首锡安歌吧!’”(诗 137:1—3)——译注

此相反），那他们就等于对异教徒说无论我们到哪里传教，他们都不是基督徒，因为耶稣之名会被那些在异教徒中说一套做一套的人所玷污。亲爱的托马斯哥哥，我们必须要仰仗耶稣的力量，没有祂我们一无所成。你难道没有感到自己需要耶稣？难道没有把自己的负担交给祂？我相信你已经这样做了。再见了，我亲爱的哥哥，我怀疑自己能否到达永恒的彼岸。我在精神上与你在一起，因此即使我没有同伴可以交谈，我还有你。回首往事，让我想起了我们亲爱的哥哥和疼爱我们的母亲，我还记得你的小孩去世时的情景——可是，这些都远离我了。上帝为人所指引的道路多么神秘莫测啊。用不了多久，我们也将死去，或许在这封信还未寄到你住的地方（如果是这样），你或我将会穿越地球相见。耶和华是活神，愿我的磐石被人称颂（诗18:46），“情愿离世与基督同在，因为这是好得无比的”（腓1:23）。

上礼拜一和礼拜二有一条船追赶我们，礼拜三赶上我们后向我们发信号弹让我们停船。我们很不情愿停下来，因为虽然我们属于中立国的船只，战船的武力往往被滥用，对海上的商船尤其如此。我们继续行驶了两个小时，风停了，后面的船追上了我们。我们在他们放信号后继续行驶的行为惹恼了他们，因此他们降下主桅帆，收起了顶帆和主帆。追的船挂着英国国旗，但是从船的外观来看，我们相当肯定它不是英国船。当两船并排行驶了，船长用英语命令我们停下来：“停船，拿出你们的证件和许可证——帮帮忙——注意。”我们船长用大喇叭回答“好的”。水手们立即放下船后面的小船，布莱克曼船长乘船过去。那艘战船（有29磅的装备，我们不知道它的名字和船长的名字）降下英国旗，升起了法国旗。“波拿巴特号”（Buonaparte）和“达夫号”（Duff）①的悲惨命运立即跃入我

① “1796年8月10日，伦敦会成立后还不满一年，首批30名传教士搭乘该会耗资4800镑购置的船只‘达夫号’出航前往大溪地，第二批也是30人于1798年12月20日搭乘同一条船前往同一地点。……在第一批传教士中，到1800年时已发现不能胜任或品德不佳者竟达20人之多，另有3人在大溪地遇害。更不幸的是第二批传教士的船被与英军作战的法国船俘掠，脱险后在南大西洋又为葡萄牙舰队所捕获，‘达夫号’遭到没收，被洗劫一空的传教士费尽周折才辗转回到伦敦，有23人解除了与伦敦会的合约。”——苏精：《中国，开门！》，第7页。——译注

的脑海中,我开始有些担心他们会抢劫我或者虐待我,像对待敌人那样。我祈求上帝保佑我。结果,他们没有一个人上我们的船,很快放了我们的船长,撇下我们扬长而去。礼拜四又看到了一艘船,战船向那条船驶去,我们不知道结果如何。但我们当时平安无事。现在又有一条船进入了视线。

温度计显示 88 华氏度①。不要为我担心。“到如今耶和华都帮我们”(撒上 7:12),虽然我对神有罪。称颂祂的名吧,我的哥哥。“我的心哪,你要称颂耶和华。”(诗 103:1)

6月14日,主日

这首《圣人盼望着受苦受难》(*How welcome to the saints when pressed*)(Newton 45②,B.2)今天早晨引起了我的注意。我唱了这首诗,直到第 6 节,“这对我们——我亲爱的朋友们大有裨益”,我想到了我亲爱的……于是将词换成了“你们”。我不得不忍受水手们随意讲话,各种噪声及吵闹声,虽然这在六天的劳动日里很平常;但我并不因此就认为自己白费力气。我们的水手从表面看已经很重视主日了,可能比普通人都强。他们今天听了两场关于我主基督耶稣的生平和事迹的布道。愿主赐福我们今天参加活动的人,让福音在全地宣讲。愿主以特殊的方式优待所有独自传教的人。主的承诺“主与我同在”安慰着我,“那应许我们的是信实的”(来 10:23)。祂的计划是与我们同在这个世界上,等我们完成了此生的工,祂就会带我们到天国去。

6月17日

本月 10 号我们穿越了赤道。我们的水手举行了“水鸭子礼”。你一定见过或听过吧,不过我在这里捎带说一下。赤道男神纳普修(Neptune)和赤道女神阿菲特里特(Amphitrite)在前甲板亮相了,纳普修有长长的胡子和尾巴,一只手拿着三叉戟,另一只手拿着扩音喇叭;阿菲特里特穿着

① 88 华氏度即相当于 31.1 摄氏度。——译注

② 牛顿(John Newton,1725—1807),英国著名宣教士及赞美诗著者。幼年时充任水手,从事贩卖黑奴的活动。于 1755 年悔改,成为热心的基督徒及布道者。所著之赞美诗有若干已被译成各种文字。——《英汉神学名词辞典》,第 515 页。——译注

一件粗糙的皮毛衣服，两个人的服装极为滑稽。那些曾经穿越过赤道的水手陪伴着男神和女神，他们自己也要把长裤和衣袖都挽起来，露出胳膊和腿，以最粗野的方式在胳膊和腿上涂抹颜料。纳普修向船打招呼，掌舵盘的人回应。接着是女神阿菲特里特和她的随从们走到后甲板，男神带着怨气大声说："我知道有些从未来过这儿的我的孩儿们在你船上，帮个忙，把他们带出来让我瞧瞧。"一个被蒙上了眼睛的人立即被两个人带出来，他们各持一根大棒放在蒙眼人的肩上，把他拖到男神面前，让他坐在装了半桶水的桶上。男神说："好的，我的孩子，我很高兴见到你从这儿过，你现在必须向赤道致敬。"然后把大喇叭放到他的嘴边。蒙眼人高喊："赤道，你好！"另一个水手立即粗暴地把一些盐水从大喇叭里灌进他嘴里。男神接着说："来呀，理发师，给我的孩子刮胡子。"理发师提着一把大的颜料刷上场了，用黑色的颜料涂满蒙眼人的脸和脖子。女神给了他一杯甜酒，实际是一杯盐水。然后用一个锈迹斑斑的旧铁圈在他脸上蹭，刮走他脸上的黑涂料，刮胡刀在他嘴唇间蹭来蹭去。纳普修接着说："现在，你必须向我发誓：第一，如果你有白面包绝不吃黑面包，除非你更喜欢吃黑面包。""好的。"蒙眼人的嘴里被插进一根黑乎乎的短棍，这被他们称为"吻圣经"。"如果你能喝酒或啤酒，绝不喝水；除非水抽空了，否则不要离开水泵；你必须像以往一样努力工作。"蒙眼人必须回答每一句话，每当他张开嘴，他们就往他嘴里插一次涂黑的棍子。这时他身上不知被浇了六桶还是八桶水，身下的水桶被拿走了，他一下子跌倒在甲板上，几乎被呛死，这一切都在他水手同伴响亮的笑声中进行。几乎有一半我们船上的水手都被这样整过。幸亏船长阻止了他们，我才得以幸免。

6月21日，主日

我现在联系不到耶和华的子民——基督徒了。我不能和他们一同前往圣殿了；尽管我迁移到了异教徒中，我发现耶和华要作"他们的圣所"（结 11:16）。我们在道斯港获救确实是一个"极大的救恩"（诗 18:50）。亲爱的朋友们，我还没有相应地报答上帝的仁慈。如果你们现在称我为"传教士"，我就会告诉你：一个传教士（如果其他人也像我这样）经受着多么痛苦的挣扎——为了不让自己的心堕落、抗拒撒旦的诱惑,和你们一样。当你们为我祈祷时,请为所有向往施恩宝座中最不值得怜恤的一个祈祷吧。

6月30日

上帝保佑,我又能够投入大量精力学习了,我觉得这样的时候太少了。有时身体不舒服,我只能卧床休息。

7月1日

你那里正是夏日艳阳高照,而我这里就像冬夜难熬。日短、潮湿还终日刮风,晚上则风雨交加。此刻刚刚起风,我们在被水手们称作"恶海"的地方。这里的风呼啸而过,波涛汹涌,海浪翻腾着,吐着白沫,似乎很愤怒地击打着我们的船,船颠簸得很厉害,如果不是久经海浪的人一定无法承受。让风咆哮吧,让海愤怒吧,"高高在上的耶和华比海还要强大,无论海浪多高多大,都比不上祂的力量"(诗93:4)。

7月12日,主日

"到如今耶和华都帮助我们"(撒上7:12),这应当称颂耶和华神圣的名。过去的每一天都是祂像父亲般照顾我的证据。我在海洋和陆地上都观察得到。可能那些在"大水"中做生意的人比其他人更能强烈地认识到神的眷顾。我现在快到非洲的好望角(Cape of Good Hope)了,这个季节经常刮强风。过去几天每天都刮大风,波涛汹涌,尽管一整天浪比船还高,但是天气晴朗,所以我们并不紧张。晚上10点,当船长和船医刚下完一局棋的时候,一股有顶帆那么高的浪打到了船右舷甲板上,强风迫使船舷向一侧倾斜,船的横梁几乎都触到大海。水冲开了凉房的门,把我从坐着的椅子上冲倒。舵手非常惊恐,冲向操作间去控制船舵,以为绑舵盘的绳子断了。舱里的缆绳和压舱物从一侧滚到了另一侧。可是过了一会儿,在大风的间隙他们把船身正过来了。除被水冲走了船中部的几块木板、冲坏了船尾的小船之外,没有遭受更大的损失。这类事情只是属于轻微的"忽然来的惊恐"(箴3:25),表明了上帝对那些不知悔悟的人的不快而已。“耶和华是你所倚靠的”，在恶人遭毁灭时守护祂的人不陷入罗网①。

7月19日

在刚过去的两周，我们有两次都极其危险：第一次是大海变得非常险恶，第二次是大风给船造成了严重的伤害，断了两根桅杆和好几根绳子。今天的风浪仍未平静，因此我没有机会向大家布道。有4个人坐在船尾的小船上，彼此取笑看谁敢去抓海鸟，我跟他们讲了我主基督耶稣的事情。耶稣基督！耶稣基督！我该说什么？如果说祂很重要，说祂是“万军之首”，那等于没说。我亲爱的朋友，要不是我们的救世主耶稣，我们现在和将来的希望在哪里呢？

7月28日

从早到晚我都在学习，还有更多的有待完成。我以学中文为乐趣，为此在上帝的指示下，我特意从伦敦抄来的中文《圣经》和词典派上了大用。这样说并不是否定可怜的容三德(Sam)的帮助，是他让我对中文有了初步的理解。虽然他很鄙夷我，非常孤傲，可是我在心里很亲近他。今天，《以赛亚书》41章的内容给了我极大的安慰。当神对“虫”或像我这样罪恶的人说“不要害怕”②，并给了我相信祂所说的帮助我的信心，我怎能不感到欣慰呢？

8月1日

南纬35°，东经92°。——你从我所在的经纬度上可以看出我现在离纽荷兰(New Holland)③的西海岸不远了。如果你看地图，不要奇怪我们现在如此靠南，这都是因为强风的缘故。南纬40°的地方，我们经过了好望角。离开一两天后，我们就遇到了强烈的西风。南纬40°附近的东南风

① 这是将《圣经》中两句合并而成的。“忽然来的惊恐，不要害怕，恶人早毁灭，也不要恐惧，因为耶和华是你所倚靠的，祂必保守你的脚不陷入罗网。”(箴3:25—26)——译注

② “你这虫雅各和你们以色列人，不要害怕！耶和华说：我必帮助你。你的救赎主就是以色列的圣者。”(赛41:14)——译注

③ “New Holland”是17世纪中叶荷兰东印度公司对澳大利亚的旧称。——译注

非常强劲,完全阻碍了我们朝东方行驶。这是我离开纽约后的第80天了。

8月2日,主日

你怎么看待我们的耶和华向那些自以为是的"聪明通达人"隐藏这些神圣的事,而向"婴儿显出来"(路10:21)——向穷人和无知的人显现呢?我今天"被圣灵感动",当我读《路加福音》中我主基督耶稣的话语时非常欢喜;当我想起耶稣的仁慈和大能时,十分欣慰。看《路加福音》第9章讲的,那些曾经富甲一方的人,后来变得特别穷,就连狐狸和小鸟都比他强。狐狸有洞,鸟有巢,而人"却没有枕头的地方"(太8:20)。上帝的力量无法比拟,天上和地上的全是祂的。"凡靠祂进到神面前的人,祂都能拯救到底"(来7:25)——保护祂的仆人——"必制服祂的仇敌"(林前17:10),"凡投靠祂的,必不致定罪"(诗34:22),"祂本是地极和海上远处的人所倚靠的"(诗65:5),"你从水上经过,我必与你同在"(赛43:2),祂的话语那么真切、那么仁慈。我在海上这么长时间,吃着腌制的食品,我感到身体受到了一些损害。几天前我发了一场高烧,让我疼了好几天。现在好些了。今天又开始头痛。

8月29日,中国海(Chinese Sea)

你可以猜到我现在靠近被派遣的目的地了。我们本来希望今天能到澳门岛,可是没有风船无法前进,计划没能实现。本月13号我们到达爪哇岛(Island of Java),同一天进入了巽他海峡(Strait of Sunda)。14号我登上陆地,去了马来人村庄——安吉尔(Anjier),当地的村民赤身裸体。有些地方的马来人还在野蛮人的状态,另一些在欧洲人的治理下比较文明了。安吉尔村的村民受荷兰人统治。如果耶和华让我进入中国,我相信我在高士坡的弟兄将来会在合适的时候被派到马来。这里气候非常炎热,虽然穿得很薄,我还是觉得气闷,身体更加虚弱,不允许我像在英国那样刻苦学习。我希望自己能尽快适应这里的气候。

无论在这里,还是世界的其他地方,传教要劳作的领域多么广阔啊!在"耶和华的知识充满全地"(《哈该书》2:14)之前有多少工要做啊!不过,只要耶和华一声令下,一个民族将会立即获得重生。

1807年9月8日，广州，美国商馆，礼拜一上午

神施恩的手终于把我送到了赴任劳作的地方。昨天晚上大约8点，我到了广州①。来往繁忙的船的各种喧嚣声，以及穿梭其间的几百艘民船，还有数千中国人互相喊叫招呼对方，喧闹到达了极点。这是自从我离开英国后过得最差的一个礼拜日了。大约8点，当我从他们的小船旁经过时，看到他们用数千根像火柴似的被点燃的小棍②祭奠他们虚构的神灵。我对自己说："这些无知、精明、仪表堂堂的中国人哪，我该怎么教导他们呢？"可是，我又想到了英国的弟兄们，非洲霍屯督的弟兄们，还有很多不知名的弟兄姐妹，他们又是如何工作的呢？

就这样，耶和华仁慈地保护着祂的仆人的生命，指引他平安地到了劳作之地——他在那里以永不消退的热情辛勤地劳作至生命的最后，现在编者有义务追溯他劳作的轨迹，虽然这是令编者悲哀的一项任务。下面是他写给尊敬的哈德卡斯特先生——伦敦会的司库和其他朋友的信，详细地讲述了他初到广州时的情况。

1807年9月7日，广州，美国商馆

尊敬的先生：

通过神施恩的手的帮助以及在您的祝福和祈祷的陪伴下，我在长途跋涉后终于到达了中国。"三叉戟号"离开美国海岸后，经过了113天的航行在澳门海路(Macao Roads)上落锚。我们在印度洋遇到了猛烈的飓风，但"耶和华在高处大有能力，胜过大水的响声，胜过海中的巨浪"(诗93:4)，祂让我们平安渡过了印度洋。我在一篇日记里详细记录了这段经过，日记将会寄给伯德先生。上个礼拜五晚上我们登上了澳门岛，意外地发现乔治·托马斯·斯当东爵士和查默斯先生(Mr. Chalmers)在澳门。

---

① 马礼逊于1807年1月31日搭乘"邮递号"离开伦敦外港起航，横渡大西洋后在4月20日抵达纽约。5月12日转乘"三叉戟号"离开纽约，绕道非洲的好望角后横渡印度洋，穿过苏门答腊与爪哇两岛之间的巽他海峡进入中国海，最后在1807年9月4日下午4时到达了澳门外海，而他抵达广州的日期应为9月6日。此处记载有误。——详见《中国，开门!》，第27页。——译注

② 即烧香。——译注

次日早晨我拜会了查默斯先生，呈交给他考伊先生(Mr. Cowie)的引荐信。查默斯先生说他衷心祝我成功，“但是，”他又说，“欧洲人根本不知道在中国居住有多困难，也不知道找一位中国教师的难处。”他给我讲了一些人尽皆知的事情，例如中国人被禁止教授外国人汉语，如有违犯会被处死。但是，他最后答应跟东印度公司英国商馆的大班剌佛先生(Mr. Roberts)及斯当东爵士谈谈我的事情。然后我又求见了斯当东爵士，把约瑟夫·班克斯爵士(Sir Joseph Banks)的信呈交给他。斯当东先生同样谈到了上述困难，提醒我东印度公司只允许商人在贸易期内留在中国，但是他会尽自己所能帮助我。澳门的天主教神父和主教心胸狭隘，因此住在澳门格外困难。

今天上午我拜会了美国商馆大班加林顿先生(Mr. Carrington)，他提出让我住在他的商馆里，我同意了；米尔诺先生(Mr. Milnor)，也是通过美国友人的引荐信结识的一位先生，他认为我住在他家更为隐蔽，加林顿先生是美国驻中国领事，家里经常人来人往。因此目前我住在米尔诺先生和布尔先生的商馆中，他们是“三叉戟号”的货监(Supercargoes①)。根据我所了解的信息，我不但要深居简出，而且还要节约开支。我不可能住在如宫殿般豪华的英国人宅邸中。

我希望英国东印度公司的人不要为我在中国居留设置任何障碍。我有些担心美国人和英国人之间的妒忌，他们绝不友善。我要在广州等候查默斯先生和斯当东爵士的到来，其间约有一个月的时间，我准备在房间里用自己带来的手抄本汉拉词典和中文《圣经》学习汉语。现在看来，一年200镑只够勉强支付这里的生活费用，没有多余的钱聘请中国教师。从槟榔屿来的莱克先生(Mr. Lake)在澳门，他想乘坐英国东印度公司的船返回英国，可是现在东印度公司的船只到了一条。

信我主基督耶稣的

三个礼拜后，他给瑞纳先生(Mr. Reyner)写信。信里只谈了费用开支，表

① 根据马礼逊《汉英英汉词典》，在马礼逊时代，“大班”指的是“Chief”，即东印度公司特选委员会主席，而“Supercargoes”为“班上”，即此处所说的货监，是受大班管理的商人。——译注

明马礼逊先生似乎对如何节省伦敦会的经费非常焦虑。

1807年9月30日，广州

亲爱的先生：

在这种炎热的气候里我非常疲倦，精神有些低落，现在坐下来给您写信。您可以从别人那里了解我到达广州的情况，请允许我在这页纸上写一些费用的事。等我安置好行李，整理完书和用具后，我开始回想伦敦会派我来这里的费用，又联想到我在广州居住将需要一大笔开支，让我相当发愁。我知道"地属耶和华，世界和其中所充满的"（诗24:1）都是，金银也都是祂的，可我还是担心我能否"传福音的时候，叫人不花钱得福音"（林前9:18）。

通过美国的罗斯顿先生和沃尔科特先生（Mr. Walcott）的引荐，米尔诺先生好意安排我住在他家里，无论从哪个方面衡量我也认为这样最好。我可以在他的商馆居住，分担一部分房租，膳食自理；也可以住在他的寓所里与他一起吃饭。一个房间250元，一个房间和膳食费650元；两个房间350元，两个房间和膳食费750元。加林顿先生说这个费用不多也不少，不贵也不便宜。一个房间不够住，在同一个房间里睡觉和吃饭在任何气候下都不妥，在这里更不妥。像现在这样，中国人会随时闯进来和我聊天，我不能把中文书和纸摆在桌子上，当然就影响到我达成自己最重要的目标——掌握汉语。我不能自理膳食。我现在雇了一个男仆做杂务，但是他不认为打水是他的分内之事，因此我必须另雇一个苦力；无论男仆还是苦力都不做饭。如果我自理膳食，就要雇三个人。我不会这样做的。我还忘了说，专门负责供应物品的买办（comprador），在为我代理事务之前，都要收取一笔进门费。考虑到上述这些费用，如果我留在广州，最好是与某个商人合住，和他们住在一起比我单独住更方便。这件事我已经在脑海里考虑过上千遍了，我倾向于和米尔诺先生合住。

现在除了这笔750元的食宿费，我还要付给仆人100元工钱，洗衣费70元（我们每天得换一身衣服，有人在夏季一天换两身），这样总计920元。

这里面我还没有计算买蜡烛的费用，这里的蜡烛卖得很贵；我的房间空无一物，还需要添置家具以及一些应付不时之需的费用；过河也需要给船夫半元，因为上岸后我要他陪我在对面岛上走一段路。这些都是目前面临的问题。米尔诺先生不让我现在付超过三个月的租金，以便将来我希望换另一种生活方式，这样比较好。我希望主能够让那些有能力的人，尽他们所能帮我，准许我在广州居留。到如今耶和华都为我驱散恐惧。祂已为我行大能。我亲爱的弟兄，替我感谢祂吧，我主基督耶稣是我们的信心和盼望。

马礼逊

后记——如果冬天我在这里生火，就像这里的欧洲人那样，我自己会支付这笔费用的。当公司商船离开黄埔时，如果我必须去澳门，那样费用会更高。只要可能，我将省下这两笔费用。请原谅我仓促间写就的信，不准确的地方也请见谅。我急于将时间都用在学习汉语上。

马礼逊先生在旅途中给父亲写过几页信，这些信构成了一种日志。

9月13日，主日，广州

上帝怜恤我，让我经过漫长的旅途后到达了指定的工场。上个礼拜日我在各种船只的吵闹声中度过了极不愉快的一天。今天是我7个月以来第一次能够远离喧嚣、安安静静地享受接近上帝的日子，这也是我在异教徒的土地上度过的第一个礼拜日。中国人没有礼拜日。他们在礼拜日和平时一样为世俗事情而劳作；那些被称为基督徒的人到了这里也没有了礼拜日。我知道您一定为我担心了，亲爱的父亲，我内心很平静，相信神。在我没到这里之前，我的确很担心异教徒会怎么对待我，现在我的顾虑消失了。从前在您身边的时候，以您为榜样，我被教导着每天早、中、晚向神祷告。直到现在，每当我遇到困难、感到困惑时，仍然可以在上帝那里恢复平静，得到安慰。我不愿吹嘘自己的未来，也不愿自寻烦恼。每天早晨我都祈求上帝在中午以前赐福于我，保佑我；到了中午我又求祂到晚上，当我进入梦乡的时候，我也会把灵魂交到上帝的手上。如果将来我停止了祷告，那我就不值得上帝怜悯，也失去了向上帝祷告时经历的和平和喜悦。我现在的处境比较舒适，在最初的几天，气候的变换让我感觉有些不适应,现在好多了。我能否居留在这儿还不清楚。我盼望在我主基督耶稣的天国与您团聚,我亲爱的父亲!

您忠诚的儿子

罗伯特·马礼逊

第二节 从他到达广州到结婚及被雇为东印度公司译员

-1807年9月7日至1809年2月21日-

※

-1807-

住在美国商馆—致哈德卡斯特先生的信—致沃牧师的信—致威尔森先生的信—给亲戚的信—伦敦会的报告—给哥哥的信—给S夫人的信—致哈德卡斯特先生的信—致施拉布索尔先生的信—从美国商馆搬出—适应中国习俗以及对此的看法—尝试在英国人中举行礼拜—租住法国商馆

马礼逊先生在广州的第一个住处是在美国货监米尔诺先生和布尔先生(Messrs.Milnor and Bull)的商馆内,那里是旧法国商馆(Old French Factory)。米尔诺先生和布尔先生是通过纽约的友人介绍给他的,他们热情地接待了马礼逊,立即提出让他住在他们商馆,马礼逊考虑之后,满怀感激地接受了他们的好意,接受的原因已经写在给瑞纳先生的信里了。因为他不敢让人知道他是英国人,所以他以美国人的身份居留在广州。

乔治·斯当东爵士的善意增强了马礼逊先生的信心,为他们维系终生的亲密友谊奠定了基础。后来的事情让他们走得更近了,本回忆录从此会经常引用他们之间的频繁通信。马礼逊先生在下面的便条中告知乔治·斯当东爵士他已到达广州,显示出他步入这一艰难使命时的谨慎,这也是令斯当东爵士非常钦佩的一点。

尊敬的斯当东爵士,马礼逊特此告知他当前暂居广州的旧法国商馆内。如果您能有何良法让我获准悄悄地居留，务请告诉我，这是对我最大的帮助。我在广州恭候您的到来，待您驾临后再决定聘请中国教师等事宜。

米尔诺先生和布尔先生寓所，旧法国商馆

斯当东爵士一到广州就把马礼逊引荐给东印度公司英国商馆特选委员会主席剌佛先生，还帮他物色了一位来自北京天主教会的云官明（Abel Yun）做他的中文老师。马礼逊先生把掌握汉语当作首要目标，他勤奋地学习语言。至于他是怎样开始的、对中国的总印象以及他的宗教情感等细节可以从他自己的信中获悉。这在给伦敦会司库哈德卡斯特先生的信中描述得最为详细，因此尽管日期靠后，仍被编者放在了最前面。

1807 年 11 月 4 日，广州

最亲爱的先生：

我给您寄出了一些东西，将从美国转到英国，其中有：

1.大约 40 页的日志，记载了我从纽约乘“三叉戟号”到广州的旅程，还包括我刚到中国时写的日志。

2. 75 封给英国的先生及我的亲友的信。

3.三个装着几件奇物的包裹。第一个包裹里是中国人的偶像观音（Kwanyin），她的宝座、祭台和供品，马来人用的三件兵器，一对木屐等；第二个包裹里装的是这个被蒙蔽了的民族绘制的偶像的画像，让这个民族获得救恩也是你心中极为关切的；第三个包裹里是一部中国历史，如果理事会同意，这是送给皇家学会（Royal Society）的礼物。伦敦没有这部书，至少我去过的公共图书馆都没有。班克斯先生想要的汉字已寄出。

我在此简要地叙述一下日志的内容，是这样的：

离开美国近 90 天的时候，我们到了爪哇；113 天后在澳门海道（Macao Road）上落锚。在印度洋上航行时，有三四十天我们经历了极危险的飓风。有两次船员们都以为危在旦夕了。但是上帝保佑我们平安无事。穿越巽他海峡时，我上岸到了一个被称为安吉尔的马来人村庄。穆罕默德的阿訇已经先于基督的传教士（多令人羞耻啊！）到了那里。我在安吉尔把一封信放在给纽约贝修恩先生的包裹中寄出,信里还夹着一封考伊先生的信。当“三叉戟号”在澳门停留24小时、等候领航员期间,我拜访了查默斯先生和斯当东爵士。他们都说我在广州居留非常困难,主要有三个难题:第一,中国人;第二,葡萄牙天主教士;第三,东印度公司。我顾虑重重地去了广州,没法让自己安静耐心地等待结果。我刚到广州,小商贩们就围上来打听我是谁、哪国人、做什么买卖等。虽然被诸多事情困扰,有时我仍然愉快地将我个人和我的使命交给上帝照管。那些存着不信的恶心①的人啊!这为他们带来了多少不必要的烦忧啊!

我的行李顺利地通过了检查,原来我很担心它会引起怀疑,事先采取了预防措施,把所有中文书籍和有汉字的纸都拿了出来,而没有被中国官员发现。我在米尔诺先生和布尔先生的商馆内住,通过美国友人沃尔科特先生和罗斯顿先生的引荐信我结识了他们。这里的美国领事加林顿先生及其他美国商人礼貌友好地接待了我。自从我离开你之后,上帝让我接触的人对我都很友善。房租和食宿费用非常高昂,这么高的费用让我寝食难安。我现在租了两间不带家具的房子,房租250元。如果包食宿要再加400元。我解释过我目前住两间房的原因。除了这笔大开支,我还得雇一个男仆,每个月8元,他替我做些杂事,例如买蜡烛、买点家用品、替我弄一些中文书等;我还需要一笔雇一位中国教师的费用。给欧洲人买生活必需品的中国人不放过每个占便宜的机会。替我从城里买书的人收买我的男仆,串通了骗我,他竟然骗了我30元。

关于我在广州的居留问题,在别人看来几乎是不可能的,我在此讲一下情况。我在英国商馆的人从澳门到广州前的六个礼拜到了这里。在此期间,我给乔治·斯当东爵士和查默斯先生写信。斯当东爵士跟剌佛先生谈了我的事,还当即给我写了一封极亲切的信,告诉我作为一名英国人,由于我的目的与贸易无关,因此想要留在广州非常困难,但是剌佛先生愿意在他职权范围内帮我。斯当东爵士一到广州就把我介绍给剌佛先

---

① “弟兄们,你们要谨慎,免得你们中间或有人存着不信的恶心,把永生的神离弃了。”(来3:12)——译注

生，刺佛先生友善地接待了我，很礼貌地邀请我和商馆的人一起用餐。我仍然作为美国人居留在广州。我必须极为谨慎不让这些事情泄露。

现在只剩中国人和澳门的葡萄牙人阻挠我留在广州。我相信上帝会为我在中国人中提供一席之地。我悄悄住下来的机会还是有的。斯当东爵士告诉我说澳门的罗马天主教神父认为我来这里是为了和他们作对，他们像欧洲的天主教势力一样古板；斯当东爵士仍建议我夏季到澳门去休养，可是这样会增加我的费用。

关于汉语，自从我住下后每天都有长进，我跟男仆学了一点当地方言，现在能够和他进行简单的会话了。只是他从乡下来，教给我的发音非常粗俗。广州有教养的人说他们听不懂乡下人和苦力（即劳力）说什么，但我觉得他们装腔作势。现在我遇到了一个大难题。大多数中国人既不懂官话，也不懂高雅的文体。中国穷人的数目极大，这些穷人必须有人向他们宣讲福音、为他们写书。

乔治·斯当东爵士提出把云官明①介绍给我做中文教师，他是从北京来的天主教徒。云官明现在替传教士做事，对广州城和邻近地区的天主教徒有些了解，而据李先生（Le Sëen sǎng）②讲，有大约3000名天主教徒。北京的耶稣会士让云官明苦学拉丁文，他甚至没有时间学写自己母语的文字，因此他只能教我讲官话，也是他出生地的通用语。

---

① "云官明为山西人，孤儿，自幼由天主教传教士带到北京抚养长大，官话口语和拉丁文都非常流利，但中文写作则不熟练。有一次教难发生后，天主教士将他送到广州，住在十三行珠江对岸的河南岛上，他和外国人来往密切，除了替北京天主教士采办物品，又担任一些英人的官话教师，同时抄写中文与拉丁文字典出售给外人。马礼逊和他初见时，两人都说拉丁语，后来也常以此交谈。"——苏精：《马礼逊与中文印刷出版》，台北：学生书局，2000年，第66页。——译注

② "李老先生年已70岁，是位天主教徒，9岁时被带到葡萄牙的耶稣会神学院，12年后学校解散才回到中国并且还俗成家，一度成为行商，却因官府威逼而告失败，以致潦倒。李老先生不仅对马礼逊说到天主教在华（特别是广东一带）的许多情形，也谈论不少儒家思想与基督教的异同，他还懂得英文，马礼逊因而尊称他为'Doctor Lee'。"——苏精：《马礼逊与中文印刷出版》，第64页。——译注

李先生的儿子[1],我相信他会帮我学广州话和写汉字。他也是一名公开的基督徒。李先生在葡萄牙的耶稣会大学学习了12年,他原本想当神父,但回到中国之后,他结婚并很快做了一名保商。中国官员欺压他,他的生意败落了,现在是个70岁穷困潦倒的老人。

中国人的宗教仪式非常荒谬和繁复。他们这条街供奉一个鬼神,另一条街就供奉另一个鬼神,总是烛火通明,还在偶像前奏乐、唱戏,摆放水果、酒、糕点、禽类和烤猪等,同时点燃蜡烛、香、纸和爆竹。我曾见他们向满月跪拜,给它祭酒并且敬献水果。其中的细节不能一一详举。

我正在翻译从英国带来的拉汉词典,把《康熙字典》上的汉字补充进去。我的手抄本,同全欧洲的手抄本一样,所收的汉字都可以在一部满人编的字典中查到,那部字典有十四卷,现在已经不用了。我上面提到的新字典——《康熙字典》有三十二卷,包含了所有的汉字。

我给沃先生写信,申明了再派一个人加入中华传教事业的原因。我觉得这个人最好是以医生的身份来中国,完全隐瞒他的真实身份,他作为随船医生很容易从美国乘船来中国。如果我被迫离开中国,我会告诉米尔诺先生。我希望给我的信都寄给美国商馆的领事加林顿先生或者斯当东爵士。他们中的任何一位都会知道我的情况。派来的人如果需要他们的帮助,也可以带引荐信来,但是他带来的信越少,他的身份就越隐蔽。我希望无论派谁来,最好都去槟榔屿和马六甲(Malacca)开拓事业。莱克牧师(Rev. Lake)从槟榔屿来,目前在澳门,很快要来广州。如果方便见他,我想向他了解更多的情况。但是我认为除非我们遇到了从这些地方来的人,向他们直接打听,否则就不能大量依赖别人提供的信息。

我到广州后给在马德拉斯、维沙卡帕特南(Vizagapatam)、塞兰坡(Serampore)和杰克逊港(Port Jackson)的朋友都写了信。在给杰克逊港的沃

---

① “担任马礼逊教师的却是李老先生的长子李察庭(Lee Tsak-Ting),主要负责教导文字、写作和广东方言。……虽然马礼逊对李察庭很满意,但两人的教学关系应当维持不长,因为从1808年年初以后,李家父子不知何故从马礼逊的日记和信件中消失不见。”——苏精:《马礼逊与中文印刷出版》,第65页。——译注

纳先生(Mr. Warner)的信中,我附上了一封写给大溪地(Otaheite)传教士的信。本月底我还有一次给马德拉斯的洛夫莱斯先生寄信的机会。与亚洲各个地区及海岛上的传教士们保持频繁的通信将会加速上帝福音的传播。我忘了说我是在1807年5月12日离开的纽约,9月4日到达澳门。我的弟兄姐妹们预计在5月20日离开纽约,乘坐卡梅伦船长(Captain Cameron)的“玛格德琳号”(Magdalen)前往马德拉斯。

这些仓促间涂抹的信重复了我同时寄出的日志和信件的内容。我在海上航行时以及我到达中国之后,常在夜间给我亲爱的朋友们写信。假如带信的船发生了不幸,他们没能收到这些日志,他们必须原谅我不再复述其中的内容,至少目前如此。如果这封信比那些日志更早送到英国,我请求你帮我一个忙,把我的情况告诉我父亲,纽卡斯尔庞特格鲁特市场的詹姆斯·马礼逊先生,告诉他我安全抵达,一切都好,我给父亲、哥哥和姐姐们寄出了厚厚的长信。

我注意到中国的基督徒因为拒绝向异教的偶像行礼而显露了身份。李先生告诉我,此处的基督徒和在葡萄牙一样,礼拜日也像平时一样照常做生意。广东省有三位中国籍天主教神父,他们在全省巡回,接受教徒的忏悔。

保重,亲爱的先生,不要忘记那些仍不认识我主基督耶稣的千百万中国人的可悲境地。伦敦会能否探问有没有从俄罗斯进入中国边境的可能?有一些中国商人从这个省去了俄罗斯,而且也有俄罗斯商人来到了中国。现在不是无所事事的时候。我相信无须多久,上帝将会向所有的国家展示祂的力量。我们把事情交给主,承担前往世界各地宣讲福音的责任。我们进入了一项危险但是却不容置疑的事业——不容置疑的意思是无须顾虑我们做的是对是错。我们不必因为在这些无知、被欺蒙、有罪的中国人中间传讲福音的真理而谴责自己。耶稣的传教士只会因他们没有完全侍奉上帝而自责。髑髅地啊①!髑髅地!每当回想主在十字架上

① 这是《路加福音》23:33所载耶稣受难的地方。——译注

流淌的宝血，我就会为自己对主的爱如此冷淡而震惊，对上帝的权柄授予的职分如此懈怠而惊诧，但是我要说，耶稣的爱更强烈地印在了我心上。是的，天父啊！差遣爱子是你对我们的爱！我的救世主啊！舍弃自己是你对我们的爱！圣灵啊！你在我罪恶的灵魂里面做工，让我接受主耶稣的救恩，祂们一起征服了我，约束着我，让我不再为自己而是为主而活。

亲爱的先生，请原谅我此刻离题倾诉自己的想法。但这是每个基督徒都有的同感。上帝啊！当我低头看到地狱，抬头看到施恩宝座时；当我想到罪的烦恼和疏离，与得到宽恕后的平静相比，我在得救恩中对你的责任，毫不夸张地讲，似乎永无穷尽。那些不知道福音的人却无缘得到这些赐福。继续关心他们吧——为他们祷告——甘心乐意地为他们服务，英国的基督徒弟兄们啊！那些将要毁灭，被你们拯救了的中国人会站出来为你们祈福的。亲爱的弟兄，对理事们说，让他们告诉那些资助传教士的基督徒，我虽然微弱，但满心欢喜地在我们当称颂的主里迎接这些虔诚仆人的到来。

罗伯特·马礼逊

后记：如果要给我寄东西，首先给我寄一些长信，还有《中间派评论》（*Eclectic Review*）、各类传教刊物，都是最受欢迎的。如果你们同意，给我以支票形式多汇一些钱来。英国的格子手绢很受中国人欢迎，你能否给我寄几条？

容三德上个月末回到了广州，他给哈德卡斯特先生、瑞纳先生以及其他人写信。他已在一家商行那里做职员。他仍像从前那样高傲。他对我很礼貌也很尊敬，但我看不出他对我怀有任何真诚热烈的情谊。

11月7日

曼宁先生（Mr. Manning）昨天向一位高级官员请求到北京钦天监供

职①。

11 月 15 日

我原计划把我的信今天寄出，但是船比原计划停留的时间更长。

我要插上一句，我得到了中国天主教徒的帮助。他们比我遇到的异教徒更乐意谈论他们知道的事情。容三德还是那么礼貌客气，有时带来他写的商务信函给我看以订正错误，但他似乎不情愿和我讲汉语，一句汉语都不说。我没有正式提出让他说汉语。

现在有两个中国人在帮我，我希望将来能继续帮我。一位是李先生，他的汉语知识深厚，写得一手漂亮字，获得了作为文士的某种功名，他不像有些生意人那么怕我。另一位是云官明，由斯当东爵士介绍我认识的。云官明是北京天主教传教士在广州的代理人，他的家乡山西普遍讲官话。他(现在约 30 多岁)的大半生是与北京的天主教传教士一起度过的，天主教传教士教他拉丁文，他能流利地说。他今天来了，还有另一名基督徒陪同他。因为今天是主日，我不能跟他学汉语。我的桌子上放着标准拉丁文本的《圣经》②。他看到了这本书，我们谈起了《圣经》的内容。我把书翻到了《出埃及记》中的第四条诫命③，还给他看了《以赛亚书》第 58 章

① “曼宁于 1806 年来到中国。曼宁到达中国 3 个月后，委员会给董事会写信汇报说：‘曼宁的性格是可尊敬和有声誉的，这是持平之论，为此，我们完全相信他的谨慎与明智，不会采取试图使公司陷于不便或困难的任何步骤。但是我们认为他的成功希望极微，我们从他所具有的知识和性情来看，结果会对公务裨益不大。’在 1807 年 11 月 6 日，当按察使到商馆办理公务时，曼宁趁机递上了一份呈给总督的禀帖，提出愿意担任中国皇帝的天文学者和物理学者。几天后，接到了回复说：‘他对皇上提供的服务不能接受，而且甚至没有将其转达陛下，因为北京仍有足够的欧洲天文学者。……海关监督还指令行商查明曼宁要乘哪一艘船离埠返回欧洲，但谕令上并没有特别要求他离开这个国家。’”——马士著，中国海关史研究中心组译：《东印度公司对华贸易编年史》，广州：中山大学出版社，1991 年，第 68 页。——译注

② 标准拉丁文本《圣经》即“Vulgate Bible”。这是由杰罗姆(Jerome)在 382 年到 405 年间从希伯来文和亚拉姆语(Aramaic)翻译而来的拉丁文《圣经》，这版《圣经》被人称为“Version Vulgate”，意思是“通俗的译本”，它结合了多个通用的译本后成为罗马天主教规定的第一本标准《圣经》，并影响了几个世纪。——译注

③ “不可为自己做偶像，也不可做天上、地上和地底下水中各物的形象。”(出 20:4)——译注

最后一节“尊重安息日”的部分。云官明读了以后,给他的中国朋友解释,假如我听得正确的话,云官明说到自己以前对安息日的理解有误。当那个人说耶稣在安息日给人治病违犯了诫命,他胸有成竹地引用了神对安息日的解释。在我说到耶稣的话“你们若爱我,就必遵守我的命令”(约 14:15),云官明用拉丁文说“坏的基督徒很多,好的很少”。当我们说起福音书顺从、和平的精神,他引用了一句拉丁语:“爱敌人,为憎恨你们的人谋福,为追随你们的人祈祷。”

他用拉丁文告诉我:“天主教徒的《圣经》全部用满文写成,其中有一部分被译成了中文,北京的天主教徒就用这些本子,而广州的教徒没有。”他自己既没有拉丁文《圣经》,也没有中文的。他有安东尼古斯(Antonicus)的神学著作。广州的天主教徒显然既没有教导者,也没有《圣经》。我向伯德先生谈过其他一些特殊情况。

你盼望取得成效的中国传教事业,亲爱的先生,目前仍是一个愿望。我担心我们在印度的弟兄受了亚美尼亚人拉萨尔①的影响,我有充分的证据表明他的中文知识非常肤浅,对《圣经》也知之甚少,这让人担心。我在日记里提到过对一个自称是拉萨尔老师的人的印象。他的老师是一个夸夸其谈、无知虚伪的人。

如果上帝怜恤我,公司商船起航时我必须离开广州而又不能去澳门居住的话②,我打算把大部分行李留在当地,到槟榔屿去几个月,等英国商船来了再回广州。再次祝愿你一切都好!愿我主基督耶稣的恩典归于你,阿门!

上面提到他写给沃牧师的信的内容如下:

---

① 拉萨尔(Johannes Lassar,1781—约 1835),亚美尼亚后裔,在澳门出生成长。他本来是商人,到加尔各答从事茶叶贸易时失利,后被威廉堡学院(College of Fort William)院长布坎南看中,1804 年被聘为该学院的中文教授。从 1806 年开始教授马士曼中文,1807—1808 年到塞兰坡与其共同翻译中文《圣经》。——译注

② 每年夏秋之交,西方商船乘印度洋的西南季风来到广州贸易;在年底至次年春天,乘东北季风返航,由此形成一个贸易季。——译注

1807年9月27日，广州

亲爱的主内弟兄：

感谢神施恩的手对我的帮助，我终于到达了劳作的工场。自我抵达东方大陆的最东端，三个礼拜日过去了。自我在途中上次给你写信以后，我的身体时有异常，但无须烦扰：虽然我的心很乱，但是并不绝望。我不能和大家一起守安息日，也没有庄严肃穆的聚会。安息日到来的时候，就连从世界上隐退并休息一天在旅途中也做不到，直到抵达这个异教国家后，我才能远离忙碌的欧洲人和中国人，独自安静地在自己房间祷告。《圣经》于我胜过千万的金银。当良知被蒙蔽时，我从中发现为了祂爱的人，耶稣的鲜血汩汩流淌；当沮丧气馁时，我从耶稣那里得到的丰富酬报应许胜过那些心情沉重的人的杯中酒。

在这些圆滑、嫉妒、好奇的中国人中，我该穿什么、说什么、做什么是我目前大量思索的事情。假如我没有在给理事们的正式汇报中写入，我能否给你们提一件事请你们考虑？这与向广州增派传教士有关。我认为目前增派一两名传教士的时机尚不成熟。目前这里仅有一个人亦是上帝实施其目标的一种恰当方式。那个人的居留面临着来自英国人和中国人的双重压力。然而，上帝改变了英国人的心意，虽然英国人以为是他们施予的一种恩惠。

对于这个仍在最粗鄙的偶像崇拜中的庞大帝国，我请你们考虑我认为合适的建议。能否考虑为中国传教团培养两三名后备人员？——其中一个人以医学为主要目标，另一个人学天文学，第三个人会制作钟表，特别是船上用的钟表。医生是广州的中国人最不生疑的角色，船上都有随船医生——这里的商馆都需要医生。研究天文学的人可以校准钟表，而钟表匠可以修理钟表。

我把这些事情都加在一个以传扬主荣耀的福音的人身上，看似我的想法偏离了正确的轨道。我们在这里就像在一条小路上艰难跋涉。如果离开了对神的信，这样做有危险。可是保罗为了生存一边传福音一边制作帐篷，如果制作钟表可以赢得上千异教徒的心，担负着耶稣之名的保罗也会这样做的。可我要再次提议，如果向这里派人，让一个人去槟榔屿，另一个去马六甲，主要是顾及那里有很多中国人居住，还有马来人。

我现在还没有得到任何有关中华帝国西部的信息。假如欧洲人能够从西部边境进入中国，那就需要物色一个愿意侍奉神的合适人选。

10月9日马礼逊先生在写给威尔森先生的信中增加了另一些发生在中国的事情。

尊敬的先生：

承蒙上帝眷顾，在离开纽约后的第113天，即上月6日，我安全地来到了这里。我们在印度洋遇到了非常险恶的暴风天气，曾经两度出生入死。在第90天到了爪哇。穿越巽他海峡时，我上岸到了一个马来人聚居的小村庄，村庄的名字叫作安吉尔①，离巴达维亚有3天的路程。几近赤身裸体的当地人在荷兰人的统治下，穆罕默德的阿訇控制了他们的思想。我从清真寺的窗户向里看，看到有一个人盘腿而坐，以悲哀的声调进行灵修。清真寺外面有一池水，那些人下到水池中洗净双足才能入内，但是他们从未听说过耶稣以池中的水治愈进入水池病人的奇事。

广州盛行最粗鄙的偶像崇拜。神灵多得数不清，仪式累赘而频繁。他们还有一些公众仪式，到处装点得金灿灿的，奏乐而且烛火通明。有些仪式还唱戏，就在广州城外的街道（其实就是小巷，它们的宽度不比阿特里地②的过道宽）上搭台公演。我至今仍未看出他们做的与宗教有什么联系，可是中国人告诉我，他们是为了取悦“菩萨”——他们的某个神。这个仪式通常持续3天3夜，生意照旧进行。在不同的时间他们会在不同的街道举行。因此这一精明、仪表堂堂的民族以他们的智慧并不认识神。但是他们会知道的，因为遍地将要被祂的荣耀充满。阿门！

自从我离开祖国，身体还算健康。我经常会感到略微的不适。这里的气温经常徘徊在90华氏度、92华氏度、94华氏度，有时甚至达到96华

---

① 与前面的记载有出入。虽然讲的是同一件事，但前面提到村庄名叫“Anjier”，在此为“Augier”。——译注

② 阿特里地（Artillery Place）是伦敦城东南的一条窄街。——译注

氏度①,让人感到很不舒服。

我居留这里的生活费会很高,以中国人的方式来看能否居留也极不确定。如果上帝怜恤我,希望在不远的将来我能达到用汉语写作的程度。

我感激地回想起你以前看在主的名上给予我的弟兄般的关切,亲爱的先生,我是你在基督耶稣里的弟兄。

我还满怀感激地怀念着威尔森夫人、我最敬爱的导师辛普森先生和阿特金森先生。虽然在上帝的安排下,我被派往离霍士顿神学院很遥远的地方,但是马礼逊在心中永远珍藏着对它的记忆。

由于环境的原因,我无须解释为何自己总是这样匆忙地写信。

下面的部分是从他给亲属的信中节选的片段,从中可以读到他对亲人同样炙热的爱,对他们同样圣洁的敦促,关注着他们的灵魂得救。

1807年9月8日,广州

亲爱的姐姐:

现在,我们之间相隔很远了。上帝的手一直引领我至今,在祂的照顾下我才活到现在。你知道我已抵达中国陆地。身处各种深不可测的危险之中,福音给人的希望支撑着我;在完全陌生的土地上,身边环绕着陌生人,只有福音的盼望带给我寄托。

今天我到广州的城外走了走,那里的房屋、街道、商铺都和城里的一样。中国人跟在我后面骂我,聚集的人把我进入的商铺的门都堵住了,就像在英国纽卡斯尔街上有一个土耳其人或其他外国人经过时,孩子们好奇地围观一样。这里的劳作者穿得很少,不戴帽子,也不穿衬衫、马甲或者罩衫,没有鞋子或袜子。

……

9月20日

现在另一个安息日就要结束了。到信奉上帝的人们中去听救赎的福

---

① 90华氏度即32.2摄氏度,92华氏度即33.3摄氏度,94华氏度即34.4摄氏度,96华氏度即35.5摄氏度。——译注

音，参加集体祷告，唱赞美诗，这样的机会已经不再属于我。汉娜姐姐，请允许我从这么遥远的地方向你建议要慎重考虑你的救恩，这是最重要的事；对你来说，你付出的越多，得到的也越多。我们亲爱的父亲曾教我们真理的道。汉娜，想想你过去的罪，为它们忏悔，求我主基督耶稣赦免你的罪和惩罚。

我身边的中国人对上帝和耶稣毫不了解。每家、每个店铺、每条船（数千名穷人住在比小舟还窄得多的船上）早上和晚上都烧香（一种像火柴似的小棒），以此敬供他们的偶像。他们有很多虚构的神灵。被中国人称为清官的人如果死了，有时人们假想他变成了神灵。一天晚上我看见中国人敬拜月亮，向月亮鞠躬并且摆设祭品，紧接着他又开始敬拜魔鬼或者恶鬼。汉娜，只有通过《圣经》这本宝典，我们才比他们强，可是人们往往忽略这部宝典。那些异教徒都能一丝不苟地敬拜他们的偶像，那些拥有《圣经》、知晓永生真神的人却不崇拜上帝又算是怎样的人呢？我亲爱的汉娜，我从遥远的国度衷心祝你一切都好！爱我主基督耶稣，我谦卑地希望以祂完满的恩德让我们在天国重聚。

9月27日他给哥哥写了下面的信：

这是我登上异教徒国土后过的第三个礼拜日。我现在的时间是中午，你还没有养成在安息日过神圣、公开的集体宗教生活的习惯。孤独是我的处境。这里或许也有一个爱我主基督耶稣的人，但我一个都不认识。尽管我的处境很孤独，亲爱的汤姆，《圣经》和它显示的宝贵的救世主让我快乐。我在本质上和行为上都是一个罪人，背负罪的重压向地狱下沉；然而基督耶稣有能力救我，赦免我的罪，使我的脚立在磐石上，最后让我升入天国的圣山。这是我快乐的源泉，当我在中国每天目睹没有信仰的人为了世俗的利益不惜牺牲一切，看到身边的偶像崇拜者向人之手制作的泥胎木塑跪拜时，是我痛苦的源头。我说它是我快乐的源泉是因为在他们中间，我知道差遣我的基督耶稣是永活的真神，但是看到其他人的状况又让我痛苦。

我一整天都待在房间里，房间在两位美国货监米尔诺先生和布尔先生的商馆里。午饭前和午饭后，我唱了一首赞美诗，就像在集体礼拜时那样，祈祷之后唱赞美诗。不同的是，我没有聆听别人的布道，也没有讲道，而是读《圣经》。如果不做点不同的事，我的大脑很容易疲倦。虽然现在的天气比一两个月前凉爽得多，仍然比英国夏天最热的时候还热得多。为我做工的中国男仆现在给我端上了一些稀饭、糖水和茶饮用。家里直到晚上6点才吃晚饭。水手们礼拜日不想工作，都来广州买东西、卖东西或者喝酒作乐。水手们和中国的小商贩在露天场地上弄出了极嘈杂的声音。

……

11月1日

亲爱的哥哥，距离上次给你写信过去一个月了，这段时间我身体还好。现在我考虑最多的是我该怎样尽一个传教士的责任和义务。虽然安息日我有些孤独，但它是感恩的休息日。这里的人都是偶像崇拜者，如果我有时间给你讲讲他们的无数的崇拜仪式，你可能会觉得非常可笑，也会对此好奇；但只要严肃地思考，你就会替他们感到深深的惋惜。他们的偶像数量极多，他们叫作"菩萨"。每个人，甚至最穷的人，每天早晚都会记得给菩萨烧一炷香——一种香木做成的细棒。香烛、奏乐以及唱戏都进入了他们的宗教仪式。当他们念"菩萨"，就是请菩萨来享受音乐或表演，在祭台上敬献水果、蒸肉，特殊节日还有禽类和烤猪。上个月，他们日夜不停地给火神烧香，祈求火神不要伤害他们。我住的商馆对面有一个"河南"岛，岛上有一座宏伟的庙宇①，里面有很多佛像，有的足有20英尺高，寺里有140名和尚。和尚完全剃除头发，只在寺院居住，严守清规戒律，不吃荤腥。和尚不教导人们，但是在一些场合下举行约定的仪式。有一天晚上，我看见60位和尚晚祷时向佛像祷告，他们给佛下跪行礼，反复念"阿弥陀佛"，然后上香等。这些中国人多么需要耶稣的传教士啊！

我迄今没有找到固定的人指导我学习汉语。有一个中国人骗了我32元，被我识破后，他接着又骗了我22元。我该怎么办？我可以对他大

① 指海幢寺。——译注

发雷霆，可是无济于事，我只能忍耐。

这些信将会送到"三叉戟号"上，它几天后起程回纽约，信件再从纽约转往英国。亲爱的哥哥，祝你一切顺利！愿和平的上帝与你同在！

10月18日，他给父亲写信：

我又重读起我在霍士顿神学院时您写给我深情的信。从前的生活和情景浮现在我脑海中，与我目前放逐的、孤独的处境构成了鲜明的对比，简直让我无法承受。亲爱的父亲，这不是语言上的抱怨，这是人性中最纯真的情感，是我不愿失去的亲情——耶稣哭了①！可我不能多提这样的话题，会伤害父亲的感情和我的。亲爱的父亲，抑制住要落下的泪水。促使我们分离的是对救世主的感激，是对人的灵魂的爱——将会让我们经受住考验，并愉快地接受考验。只需很短的时间，该发生的都会发生，不会迟误的。

我现在和美国人住在一起，因为中国法律禁止外国人住在中国人中，所以我不可能与中国人同住。广州的生活费用极高。上个月我都在学习汉语，到中国人的店铺与他们交谈，在我的住处接待中国人，努力增进对中国人的理解，记录我给伯德先生的日志。我非常焦虑，有太多让人难以承受的事情。我最盼望能留下来完成我伟大的目标，可是居留此地是一件非常困难、极不确定的事情，因此我忧心忡忡。我不知道怎么穿衣、怎么说话、怎么做才不让他们对我的意图起疑。我留在这里不像其他人做贸易，所以引起了他们的好奇。他们看到我来广州这么久，不想挣他们说的"大钱"，曾一度以为我是个富人，或是某个有钱人的公子。

伦敦会理事会1809年的报告中这样记录了他们的传教士到达了目的地，这段时期他的工作和前景：

我们的弟兄马礼逊于1807年9月安全到达了中华帝国的一个角落。收到的日志和信件日期到1808年2月底就结束了，可我们每天都盼望着

---

① "有一个患病的人叫拉撒路，他的姐姐就是用香膏抹主，又用头发擦祂的脚的马利亚。后来拉撒路死了，马利亚见到耶稣就哭泣。耶稣看见她哭，并看见与她同来的犹太人也哭，就心里悲叹，又甚忧愁，便说：'你们把他安放在哪里？'他们回答说：'请主来看。'耶稣哭了。"（约11:33—35）——译注

收到他到1808年年底的后续通信。这位传教士具有的顽强的毅力、坚强的性格，他的勤勉以及坚贞的信仰令理事会极为满意，我们相信这预示着他能够圆满完成肩负的伟大使命。

有一名中国天主教徒协助他学习汉语，他还得到了在华从事贸易的美国人和欧洲人的帮助。根据他对这门几乎无人通晓的语言的了解，克服困难、学会汉语并非不可能。

关于汉语学习以及别人对他的帮助，马礼逊先生这样写道：

我再次冒昧建议，为了协助《圣经》的翻译，应该让那些对《圣经》有相当造诣的人到这里来。年轻人显然最适合学说一门外语，可以到各处宣讲福音；可是就提到的这件至关重要的工作，衷心盼望的是有些受过人文教育，有一二十年研究《圣经》原本的人来这里做神的助手。在各地由不同的人承担这件事工也有好处，只要本着对基督耶稣的爱和对人的灵魂的关注这一宗旨，他们把各自不同的翻译汇集起来，经过全面比较，形成一个尽可能完美的翻译。

在他传教事业的初始阶段，马礼逊先生就将谦恭克己、坚韧不拔的精神与极度的谨言慎行相结合。这足以让他免于受到各方敌对势力对他的攻击和妒忌。他不断从中吸取经验，达到他追求的目标。下面的信继续讲述了接近年底时发生的事情，当时他离开了美国商馆，开始自供食宿。

他在11月29日写给哥哥托马斯的一封信中，这样谈到自己的学习和境况：

亲爱的哥哥，我现在完全投入到汉语学习中。主要辅导我的是一位天主教徒，他与北京的天主教传教士们有联系。你知道耶稣会士和其他的天主教神职人员在中国已有三四百年之久了。亲爱的托马斯，自从我离开英国，通过与我打交道的各种人经历了各种文明及在世界上被称为礼貌的东西。自从我来到广州，这里的美国人很尊敬我。通过美国国务卿的引荐信我结识了美国驻华领事。我曾住在一位美国先生的商馆里。中国官府禁止外国人与中国人同住。凭借班克斯爵士的引荐信，我认识了乔治·斯当东爵士，他对我格外关照。亲爱的哥哥，我说这些是为了让你和年迈的父亲对某人的事放心。虽然我离开了你们到了远方，确实离你们很远，神的力量无处不在，祂洞悉所有人的心。祂自己当“陌生人的盾”，向我展现祂这安慰人的道，我今晚学到很晚。愿上帝的爱和平安伴随着你。

12月6日，他给友人S夫人写信：

我刚看完你给我的《拉马尼先生书信集》，让我颇感欣慰，同时也给了我有益的教诲。他的信都在讲耶稣以及祂无可比拟的爱。耶稣啊！让我的声音高扬，像喇叭响亮地告诉中国人与他们有关的好信息。我整个礼拜如此刻苦地学习汉语，以至很少思考真理的道。从早到晚地学习让我无暇思考神的道，因此学习结束后千倍的愧疚感压在我心上。就在给你写信之际，我同时还在想是否我应该让几名中国人——在礼拜日聚集两至三名中国人，给他们讲耶稣。这是个难题——在我掌握汉语、具备翻译《圣经》的水平之前，是否应避免暴露我的传教士身份，还是两件事同时进行？“毫无疑问，两件事同时做”，对这些可怜的灵魂的同情让我这样想。但是又想到，“如果因为传教而被驱逐，因此失去了在中国散发《圣经》、造福万民的机会，该怎么办”。是否这场辩论的结论就是“哪怕只给一个人传讲福音，也要继续，把其余的事情交给上帝”？

亲爱的朋友，我经常用这种方式在自己大脑中解决问题。上帝是我的谋士，我倚靠祂。我相信你常常为我祈祷，继续在祂的施恩宝座前热切地祈求祂。我太需要祂的恩典了。祈求我能终身生活在信中。我知道耶稣能够并且祂时刻准备着恩赐祂的子民需要的每件东西。是呀！我的辩论到此结束。耶稣把祂自己都舍了，还有什么舍不得的？“倚靠耶和华的人，永远信靠祂，救我脱离了一切的恐惧。”①我的灵魂啊！

这些摘选显露他极为忧心，怕他的好意被当成恶意；他多么明智地完全倚靠神恩的惠赐啊。他知晓祷告的重要性，以真正的基督徒的谦卑，恳请爱救世主的人祷告。下面两封信本着同样的精神，包含了必要的公务细节。第一封

---

① 这是《圣经》中的两个句子合并而成的。“倚靠耶和华的人，好像锡安山，永不动摇”（诗125:1），“我曾求耶和华，祂就应允我，救我脱离了一切的恐惧”（诗34:4）。——译注

信是给哈德卡斯特先生的。

1807年12月11日，广州

亲爱的先生：

11月22日，我把40页日志和75封信交由纽约的贝修恩先生转寄。这些东西交给了布莱克曼船长的“三叉戟号”，也是我来广州时乘坐的船。其中有一封信是给哈德卡斯特先生的。可是我在给瑞纳先生的信里详细列出了我在广州的费用表。花费之大让我常常为此而忧虑。我不得不红着脸说，同时也是事实所迫，此类费用问题困扰着我，在我想要靠近施恩宝座时它干扰我的思绪。

我在前面的信中曾说过，两间空房子一年需要350元。我过去3个月以及这个月的食宿标准是一年400元。我雇的一个男仆一年约需100元。我给房子添置了几件用品，只有很少的几件简陋的东西。在这方面我都非常节俭。我路上的那件外套一直穿到现在。

对于有助于我完成使命的东西，我用钱比较大方，例如设法购买中文书，如果上帝让我活着，我或许能够有助于把《圣经》翻译成汉语。现在仍不知道我能在广州居留多久，我买了少量的中文书和纸笔。中文书买不到的，都是偷偷摸摸弄来的，拉萨尔的老师趁机欺骗我，从我这里成功地骗走了28元或30元。我现在弄到了有关中国语言、宗教、哲学、医药、律法、历史等方面的书，数量在四五百册之间。说到四五百册书实际没有你们认为的那么多，因为中国的书每册平均不到200页，有的是12开，有的则是大8开本。我送给帮我学汉语的人一些小礼物。

云官明，我在日志中特别提到的传教士代理，上个月每天都陪同我学习。我问过介绍我们认识的斯当东爵士，付多少钱是较为合理的费用。斯当东爵士说每月大约10元。昨天我付给他10元，以尽可能得体的方式给他。他谢过了我，但是说了一些话让我感觉他并不满意。今天学习结束的时候，他把一张纸交给我，上面用拉丁文写着“勉为其难”，大意说如果我给他每月30元，他继续来；否则，我得另寻高明了。我说我考虑一下，明天给他答复。虽然考虑到自己从那么远的地方来学汉语，付出辛苦，花费钱财，为了区区几元钱就失去学习语言的机会，不够聪明，也不划算，但是他要的钱数远远超出了他教授语言的能力。此外，现在我可以花较少的钱学写汉字和广州话，因此我不打算向他妥协。

我希望我亲爱的前辈们和弟兄们不要认为我在买书之类的事情上太过大方。虽然在吃、住以及满足身体的需要方面，我应当而且必须尽可能地节约，但是如果不知道每项费用的用途或重要性，影响到语言的学习就不合适了。我希望自己能算出一个确切的年费数额，可是做不到。

虽然在米尔诺先生家里包食宿对我很便利，恐怕目前也不得不如此，因为住在这里没有引起别人的注意，可我不打算长期住在他家里。如果上帝怜恤我，我打算住到本月底，住满这个季度就搬出去自理食宿。我希望这样可以省100元或150元。我试过住一个单间，只一天就感到极不方便，让我明白这样不行。我现在还没有取钱，估计用不了多久就要取钱了。

亲爱的先生，这些琐事与我劳作的属灵性质没什么关系，但是在这里却很重要。如果我能寄给你们一份与此不同的叙述，我自己也会感到很愉快。我极为盼望上帝给当前的伟大目标提供需要的一切，“所有的金银珠宝都是祂的”。我现在算不出一个让你们给我开信用支票的数额。我把费用列出后，由伦敦会决定吧。我观察了一下，在广州比尔·麦尼克行(Beale and Magniac)①取钱比较方便。

愿耶和华保佑你们全家。

同一条船还带去了他12月20日写给施拉布索尔先生(W. Shrubsole Esq.)的信，在中国传教事业这么早的起步阶段，他就劝说美国教会派人来广州与他共同拓展。信中提到他做的一份《中英词汇对照》(*Chinese Vocabulary*)，这是他到中国学习汉语以来的第一个成果，准备寄回英国。

---

① 一些英印散商为了与东印度公司进行商业竞争，以领事名义在广州开设行号，收取佣金及运费。英国比尔(Thomas Beale)在1799—1808年被普鲁士国王任命为领事，麦尼克(Charles Magniac)于1808—1824年担任普鲁士领事，霍令沃思·麦尼克(Hollingworth Magniac)于1825—1840年担任领事。1803年，比尔与麦尼克联合将一家旧行更名为比尔·麦尼克行，1819年比尔·麦尼克行改组为麦尼克行(Magniac & Co.)，后期的麦尼克行以鸦片贸易为主。——译注

亲爱的先生：

在我由美国转寄欧洲的信中，我提到如果美国教会的朋友知道有适合到中国传教的人选，而且那个人愿意到中国传教，或许伦敦会默许此事。我接下来要谈的观点与上面的并不矛盾，只是我现在考虑应该派一位英国传教士来，像我来时那样从美国悄悄进入中国。如果上帝怜恤我的生命，假如我能获准居留，他就可以加入我的行列而不引起别人过多的关注。然而，对中国传教事业我无能为力。我希望在这项令人向往的事工中，将来的外在环境不再施加难以承受的重压。或许，如果美国人加入中国传教事业，继续从事贸易，英国人可能会下令驱逐在华的英国传教士。这些是我当前思考的，但是主会为我们预备。

我希望通过乔治·斯当东爵士帮我把我起草的一份《中英词汇对照》送到英国。我盼望它对那些准备来中国的人有所帮助。如果我必须离开广州，如果上帝同意，我计划去槟榔屿。根据莱克先生提供的信息，我更倾向于去槟榔屿而不是马六甲。更进一步说，虽然我不是绝对不能留在广州，假使我掌握了汉语，这里也没有机会让人们知道神的恩典的福音，我现在认为去槟榔屿更合适，向那里的中国人宣讲基督那测不透的丰富。槟榔屿的中国人散居各处，每个地方二三十家组成一个小社会。现在无论是我或是伦敦会指派的其他人，去那里并且在马来人中居住都会很顺利。我相信槟榔屿政府长官不认为阻止传教是政府的义务。莱克先生说，迄今岛上没有做任何教导马来人或中国人宗教的事情。

12 月 29 日

亲爱的先生，有关我在广州居留的事情比起我上次写信时更困难了。天主教会提高了警惕，他们在北京的影响力似乎有些复苏。一位天主教神父得到了居留广州的许可，作为内地天主教传教士的“特派员”（procureur）。据说拿破仑（Buonaparte）计划多派一些传教士，可是“耶和华作王”（诗 97:1）。这里没有人会替我的事业辩护，但我不会失去信心，上帝会为我而现身。我有时被人称作“美国传教士”，我觉得让一些美国朋友感到不自在。他们略有一些担心，这样的身份可能从某种程度上会牵连他们。保重,亲爱的先生。仁爱和平的神必常与你们同在。祂的名必会在异教徒中振兴。

请代我问候你的家人。

在福音盼望中的

罗伯特·马礼逊

上述通信表明,临近1807年年底,马礼逊先生觉得他住在美国商馆有些尴尬,他的美国朋友担心这可能带来政治影响。尽管如此,他住在美国朋友那里,美国朋友为他提供了两个小间,广州人称其为地下室,类似于欧洲住房的储藏室。他在那里学习、吃饭、睡觉,采用中国人的生活习惯,甚至穿衣也模仿中国人,为了他伟大的目标,他几乎不与人交往。他如此勤奋,加上饮食极为节俭,这样过了几个月,严重损害了他的健康,甚至危及到他的生命。看到这些副作用后,他意识到他的错误,下面的段落可以被视为表达他对自身行为的反省,这是从米怜博士的《新教在华传教前十年回顾》(*Retrospect of the First Ten Years of the Chinese Mission*)第64页摘录的,米怜博士的《新教在华传教前十年回顾》是以马礼逊先生本人提供的手稿为主写成的。这些感慨对那些遇到类似情况的人或许有借鉴作用,因此占用了很长的篇幅插到这里。

起初他认为学习当地人的生活方式会大大有助于自己的事业,抱着这样的想法,他给自己添置了中国人的衣服和餐具,但是他很快意识到,这一想法是错误的。让自己从外表上显得那么与众不同,就等于向中国人宣告他与广州的其他外国人是不一样的,也等于宣称他怀有异于商业的目的,而在当时商业是得到中国各级政府批准的外国人唯一能够合法从事的活动。而且,由于宗教的意义并不在于一个人服装的样式和颜色,他不仅不再穿当地人的服装,而且认为并无必要总是穿一袭黑色服装:和其他欧洲人的热带装束类似,他也穿白色夹克,戴草帽。

在其政府反对传教的国家里,传教士们最好放弃自己所有与众不同的此类外在特质(无论这些特质在其他国家有多么适合),让对上帝的虔敬和对众人的仁慈彰显出传教士的与众不同即可。

如上所述,起初,他以中国人的方式进餐,并和他的中文老师一同用餐。他的生活极其节俭。一个用陶土制成的灯给他提供光明；一卷对开本的亨利的《经注》立在灯的旁边，防止风把灯吹灭。但是，他并没有觉得与一个中国人共同用餐增长了他的汉语知识；匆匆一餐饭的时间几乎没有什么好处。出于同样的原因，他削短指甲，剪掉头发，换掉中式服装，都有助于让他的用餐方式不要显得那么特立独行。起初，他犹如中国人那样地任由指甲生长；他留起了辫子(一束发辫)，并且娴熟地使用筷子。他在商行四处行走，穿着僧袍和厚底中式靴子。他的意愿是美好的，但是如他经常所说的那样，他很快就发现自己判断失误。

这一部分的叙述展现了适合于每一位传教士的精神，即“适应任何事”。适合万物的愿望，对所有的人都是无害且光荣的；“为上帝的选民凡事忍耐”(提后2:10)，对于那些投身于传播基督教的人是不可或缺的必要条件。在教会的不同时期，有一些牧师和传教士具有此种崇高精神；他们所处的外部环境使得严格的自我克制成为必要。夜以继日地工作；睡在谷仓里、田野中、泥土上；与贫困的农民同吃同住；经受炙人热浪和刺骨寒冷的考验；拜访住在肮脏的小棚屋里的贫困异教徒，并与他们交谈，这些都是每一位传教士期待经历的事情。如果他工作的环境不需要此类自我克制的考验，最好仍随时准备着在职责需要时就经得起磨炼。忽视个人生活的方便和舒适谈不上是一种美德，但是在职责需要而且对他人也有益时，能表现出合理的自我克制，即是一种放诸四海皆准的高度美德，这对在异教徒之中宣讲福音的传教士尤为重要。但是，当一位传教士可以单纯而舒适地生活而不妨碍自己的事业时，却又自寻苦难或摒弃个人的舒适，就不明智了；他伟大的善工并不会因为此种拘泥细节而更加成功。

-1808—1809-

人们对他的关注—与中国人举行礼拜—困窘和患病—去澳门—日志摘选—致沃博士的信—给亲友的信—回到广州，再次前往澳门—英国人企图占领澳门—日志摘选—给S夫人的信—致伦敦会的信—学习汉语—

用汉语祷告—在澳门深居简出—米怜博士叙及马礼逊的处境—马礼逊先生的婚姻—被雇为东印度公司广州商馆译员—日记节选—给父亲的信

他一贯致力于提高所有他能影响到的人的精神福祉，马礼逊先生尝试在广州的住所举行公共礼拜。1808年1月的第一个礼拜日，他写便条邀请了三四名熟识的美国朋友参加在他住处举行的礼拜仪式。他说：

> 他们以前没有机会听福音让我为他们感到悲哀，我以为他们应该欢迎以前得不到的机会。然而，某先生接到了我的第一张便条就劝阻我不要继续发给别人，他认为这样做不合适。他独自与我礼拜，我读完《圣经》后我们一起祷告。

米怜博士说：

> 经过一段时间，马礼逊先生对广州的状况有了更好的了解，他租用了一栋夷馆(factory)的一进，尽管小，却有更多的房间和便利，比起他以前居住的地下室，更有益于他的事业和健康。在气候温暖的国家，宽敞的空间和良好的通风对于健康必不可少；传教士们应努力争取到这点。广州的房租的确很高，但这是无法避免的。

这是帕里先生(Mr. Parry)提供给他的法国商馆，马礼逊自1808年2月1日搬入，在那里一直住到6月初，为了恢复健康离开广州去到澳门。

几位在华英国人对马礼逊先生的特殊境地相当关注，他的性格令人钦佩，他的目标引人注目。其中特别要提及的是东印度公司英国商馆大班剌佛先生，他是乔治·斯当东爵士出于友情为他们介绍认识的。米怜博士就此对剌佛先生作了下述评价：

> 而剌佛先生在他的有生之年，一直热心支持马礼逊所属的伦敦传教会的文化和慈善事业。剌佛先生在临终时刻告诉马礼逊："只要时机成熟，我相信你的《圣经》中文译本一定会为中国人所接受。我们(商馆人员)能够这样回答中国人：我们认为这就是最好的书籍。马礼逊先生正好有此能力并愿意将此书翻译成中文，让你们能读明白；接不接受完全在于你们，我们坚信马礼逊先生已经完成一项伟大工作。"

鲍尔先生(Mr. Ball)在东印度公司另一个部门任职,他也注意到了马礼逊,还特意从澳门寄给他一部西班牙文的中文语法。马礼逊很感激尊敬的益花臣先生(Mr. Elphinstone)赠送的一部汉拉词典,其价值高达50镑;还要感谢皮尔逊医生(Dr. Pearson),皮尔逊医生经常给他和他的家人看病,在长达25年的时间里总能提供最及时有效的医疗服务。只有死亡才能终止马礼逊与这些先生的友谊。

> 值得注意的是,许多和马礼逊意见不同或不完全同意其观点的人也对他礼貌有加。他也意识到,自己的特质和工作目标只是他人茶余饭后的话题,而非严肃以对的主题。但是他愿意体谅年轻人,对他们来说,无论向异教徒传教的传教士,还是任何宗派的牧师——不论是英国国教派或非国教派,只要显现出虔敬和美德,就常是年轻人开玩笑的主题。

几乎从马礼逊先生到达广州时起,他就努力引导他的中国助手和仆人重视安息日。他在安息日停止了往日的学习,只专心地祈祷、敬拜上帝,为他们树立安息日的榜样。只要他的中国助手和仆人那天与他在一起,马礼逊先生就让他们读从伦敦抄来的《四史攸编耶稣基利斯督福音之汇编》,用他所掌握的汉语引用并讲解它的内容。他还让他们与他一起唱赞诗和祷告。这样的做法一直持续到他生命临近结束,他日益增长的语言知识使得他主持的安息日与英国教堂的礼拜极为相似,很适合他身边的人。在他的处境下,安息日礼拜带来的诸多困难已算平常,然而,他的做法不是一无所获。

马礼逊先生为无法避免的高昂生活费所困扰,前面已有提及,与此同时他紧张地学习,缺乏新鲜的空气和活动,再加上广州气候的影响,致使他的身体非常虚弱,连自己的房间都走不过去。就在这个时候,皮尔逊医生第一次为他看病,建议他搬到澳门去休养一段时间。皮尔逊医生和前面提到的几位先生替马礼逊在澳门找了一个住处,于是1808年6月1日,他心事重重地去了澳门。他对待费用问题极其谨慎,没有一个朋友不同意这一点。那些在他之后的传教士,都应以他为榜样,在传教事工中长此以往地保持着勤勉和谦卑。马礼逊的日志和信件都体现着他的神圣的慰藉,以及为了基督的心甘情愿。这些将在后面继续提到。他在广州居留的难题让他经常为此担忧,但是神的旨意让他留了下来，阻止他本已决心前往槟榔屿或其他地方，待到他正式与东印度公司建立了关系，确保在广州居留，事情的变化没有比他自己的描述更详细的了。

1808年1月1日他这样写道：

在遥远的异国，上帝不计我的失败和过错而给我无尽的仁慈，让我深感卑微地进入了新的一年。进入新年之际，凭借救世主的力量，我计划全力以赴地实现我的伟大目标，直到祂赐福我掌握了汉语为止。这项事工极为艰巨，需要耐心和辛苦。对于后者我从不吝惜，只是担心过于投入会损害我的健康，因此不能持久。如果我们在精神上热诚地侍奉上帝，勤勉地工作；不依赖人的力量劳作；志在超越，不为自己，而以我主基督耶稣的事业为重，那他就会得到荣耀，很可能被赦免罪、从地狱中解救出来，我们该多么幸福啊。

下面是从他日志中节选的片段：

1808年1月7日

中国人为了证明自己言而有信，会在一些特殊场合斩断一只家禽的脖子，场面很庄重，暗含着如果他说的不是真的，他将会落得像那只家禽一样的下场。当中国地方官员向民众取证的时候，他们没有像我们那样的按《圣经》立誓的做法。他们质疑彼此的诚实，个人才会向神灵求助。他们不仅只用这一种方法，还有许多其他做法，例如当众把一个陶罐摔成碎片，起誓说如果他们说谎，就会像陶罐一样粉身碎骨；或者吹灭一支蜡烛，起誓如有违犯会像蜡烛似的熄灭。有时他们去寺庙，在偶像面前立下诅咒。这样的事情，啊！在我们国家也很常见。事实上，与欧洲经常发生的亵渎神灵和辱没《圣经》的事情相比，这些异教徒的过错不及欧洲人的千分之一。中国人无论好意还是恶意，开玩笑还是认真的，他们不会像基督教国家中的那些听过却不接受福音的人，诅咒天父让他们现在和将来受苦受难。

现在我孤身一人，没有一个我能称之为朋友的人，有时我感到很难过。协助我的中国人唯利是图。然而，上帝与我同在，祂是比亲兄弟更忠实的朋友，给了我希望和安慰。曾频繁探访我的中国天主教徒云官明一度不来了，停了几个月后重又经常来访，对我的学习有所教益。我向他解释福音书中记载的通过对耶稣的信，人得以完全、自由地得救恩，赦免了人的罪和罚，我希望这对他有所启发。

1月10日

我告诉一个早餐时间来访的中国人今天是主日，谈话自然地转向这个话题。他说他有好几个住在广州城里和乡下的朋友都敬拜天主。我为自己不能畅所欲言感到悲哀。如果我汉语说得比较好，我就能像保罗那样做，“友善地接待到我租来的寓所的人，给他们讲述神国的道”①；或许我还可以教导几个中国孩子。截至现在，我在神的帮助下已经尝试用汉语传讲耶稣。教导中国孩子的方式我曾尝试过，失败了，现在重新开始。过去的几个月一直跟随我的那名男仆还留在我身边，我希望他能坚持。我本想在今年年初实现教导孩子的计划，但现在让我彻底失望了。全力以赴地学习汉语没有给我留下任何空闲时间，我认为掌握汉语、有助于《圣经》的中译是我当前最大的责任。为了实现这一目标，我不仅尽了最大的努力，而且为此付出了全部的时间和精力。我在今天的日记中写出我曾有过的困惑，我不知道该怎样向中国人表达最高的存在，是采用天主教士的“天主”还是用异教徒懂得的表示超然无形的神灵的词，他们这样的词很多。现在这个问题不再困扰我。我两种称呼都用，但更倾向于用他们自己的说法“我神”（Vir-Shin）②，他们就能明白。如果我用其他的名称，他们以为我带来了另一个神——我的国家的神。这种观念与所有异教徒的神灵观相符，我尽量不用这样的词。我不是给他们带来了另一个神，而是要让他们信服他们对“神”的认识是错误的；世界上没有众多的神灵，只有唯一真神，在所有国家都一样。我甚至还让他们保留“天”这

---

① “保罗在自己所租的房子里住了足足两年。凡来见他的人，他全都接待，放胆传讲神国的道，将主耶稣基督的事教导人，并没有人禁止。”（徒 28:30—31）——译注

② “Vir”的注音在马礼逊的《汉英英汉词典》中未收，马礼逊翻译的《圣经》中大量用到“我”和“你”，因此音译为“我”。——译注

个词，但是像我们在自己的语言中那样赋予它正确的含义。那些对基督教有些了解的人，已经失去了异教徒对“天”的观念，用这个字指称统领荣耀之国的神。相比之下，给异教徒灌输一个正确的观念比创造一个新词更重要。依我看，天主教传教士曾对此大做文章，迫使中国人接受“天主”（顺便说一下，这个称名很贴切）这个称名，但是他们同时也带来了无数的礼拜对象，还有圣人和殉难者，和中国人过去信仰的“菩萨”（生前被人们爱戴的人死后变的）如出一辙。有一天我读译成中文的天主教祈祷手册，很遗憾地发现他们如此劳神，在献给圣母、圣人、炼狱中的灵魂的祷文中用了大量不符合《圣经》的术语。

1月13日

我在祷告时感到特别欣慰，尤其是细细品味诗第48篇“神在其宫中自显为避难所”（诗48:3）。多么宽慰人心的真理！耶和华是闻名地极的避难所。耶和华的伟大与仁慈、纯洁与恩典现在给我的感觉比以前更强烈。我祷告说，此神是我今生的神，至死不渝。祂于我甚至胜过我的父亲、母亲、兄弟、姐妹和朋友。神的光显在基督耶稣的面上，多么超群，多么令人爱戴，多么慷慨仁慈啊！无论我在失意还是病痛中，身受监禁还是面对死亡，我坚信上帝会给我幸福。耶和华，这是何等显明的啊！这是你所显现的啊！我心存战兢而快乐。

1月14日

今天晚上，我到一户中国人家吃了一顿地道的中式晚餐。这样做的原因在前面提到过，我来华后一直在适应，确实，自从我自己开伙后都吃中餐。我因为学习汉语过于劳累而感到不适。坐在桌前，以从前未曾习惯的姿势握笔写字，所以现在身体的一侧感到酸痛。18日我非常不舒服，不得不辞了云官明的课。主日那天，我又一次利用汉字向我的仆人和助手宣扬耶稣和祂的复活。19日我又可以学习了，但是需要不断地休息，常停下来到院子里散步。有时，在本该宣讲福音的主日却几乎静默无声，这令我感到沮丧，转念又想到我正在学习一个被人数庞大的民族使用的汉语，盼望看到《圣经》被译成这种语言——使数千万中国人能够自己阅读拯救的奇迹。

1月27日

我今天外出到了北帝菩萨庙,庙里挤满了一大群朝拜者,空气里弥漫的都是敬献的香火的味道。他们用小篮子带来禽肉、猪肉、蔬菜、鱼供奉菩萨,敬拜结束后又把东西带走。他们还带来蜡烛、香及金银纸,这些在庙里都烧掉,同时把一些白酒泼洒在祭台前或者地上。一个贫穷的妇人带来猪肉和青豆敬献菩萨——她没带鸡肉,也没有鱼肉。当朝拜者把燃烧着的纸扔在金属祭台上,庙里的和尚就敲一下大鼓,击一下钟,似乎想引起供奉的这位菩萨的注意,但轮到这位穷妇人时就略过了。好几个朝拜者双膝跪下时嘴里念念有词;其他站着的人拿起一个弯曲的木板占卜,纵长约有牛角那么长,把它一次又一次地扔,直到木板以他们期望的姿势落下,或者认为比较吉祥才行。他们在祭拜活动中并不交流,那些不朝拜的人一点也不尊重他们。一个人在祈祷,另一个人有说有笑,另一个人清理东西。所有崇拜偶像的地方似乎都有他们喜爱的神灵,而且还在特定的时间供奉他们。因此许多寺庙相当冷清,而北帝菩萨庙却人声鼎沸,香烟缭绕,喧闹不堪,几乎掀翻了北帝菩萨庙。

28日晨,大约两点,中国人就开始燃放烟花爆竹了,欢迎新年的到来。中国人在除夕夜换上新衣,等待新年的到来。我早上大约两三点起床,在郊外散步,到处都看到一群群带着各种祭品到庙里去敬献菩萨的人。

我极为盼望一些精通《圣经》原文的人,来这里协同把《圣经》译成中文。想到在不远的将来,有人怀着对耶稣的爱和不懈地推动祂在世上的王国的热情,结合众人的作品,在此基础上修订出一本尽可能完美、可以散布到全世界的中文《圣经》,虽然这只是盼望却足以让我心情愉快。我虽然想宣讲上帝,但为我不尽如人意的汉语水平感到遗憾,特别是当我想到我主基督耶稣为了拯救罪人而牺牲了自己,更是如此。

2月1日

今天我接受了帕里先生提供给我的法国商馆的一个空着的住所。

4月1日

现在我迫于高昂的费用,几乎没有吃饱过。早上吃一点茶和面包,晚上吃一点牛肉、少许米饭,喝点茶。我很快改变了自己的生活方式,改吃中国人的饭,我觉得他们的饮食对我来说比任何英式饮食更有营养。

4月2日

一个在马来人中做了几年生意的人告诉我,马来人仍然表现出相当程度的欺诈、残酷和复仇心。如果一个欧洲人伤害了他们,他们就会向遇到的下一个白人报仇。这个船长从来没见过他们有《圣经·新约》。他们犯了罪以后找借口,说这一切都是上帝的安排。船长们见过的最邪恶的人当中,他们肯定是不幸的一群,但是对他们又无能为力,这也是天意。

4月4日,主日

今天我和仆人们一起读《圣经》。晚上我成功地劝说其中的一个与我做祷告,我也尽量用他的语言祷告。当我向他谈起异教寺院里的偶像和祭品时,他以澳门的葡萄牙人为例回答,他们也供奉偶像并且呈献祭品。上帝向他的先民许诺了富饶肥美的迦南之地,但是先民想要得到它必须为此奋斗。想要拥有异教徒也是如此,这是许给了我主基督耶稣的,祂的子民必须以祂给予的精神武器为之而战。

4月6日

法国天主教士里舍内(M. Richinez)又一次被官府通告离开广州。

4月9日

今天我们听说占领哥本哈根(Copenhagen)的消息,还有其他同时发生的事情。我关切地追寻有关祖国的报道。愿以色列的神永保祖国平安!

4月11日

我头痛难忍,迫使我停止学习,只能卧床休息。益花臣先生从澳门寄给我他的手抄汉语词典,并衷心祝愿我实现我的目标,他认为这将使每一个和中国有联系的人受益。

4月13日

一个略有些能力的画工发官(Fá-qua)陪着我,一口气读了75页的

《圣经·新约》抄本。他告别的时候说这本书是“教人向善的好话”。

4月16日

今天,容三德(Low-sam)、倪官(Une-qua)、发官和我在一起。发官近来忙着画一幅圣母玛利亚的画像。虽然在基督教的名下做事,但他们拥有的基督教知识程度达不到他们的迷信程度,多令人难过啊。

4月17日,主日

除了读《圣经》,借着解释安息日、律法、应许、告诫、复活等词,我向他们灌输了与此有关的重要真理——上帝的律法都包含在《十诫》中:永生的应许,死亡的威胁,人违背上帝律法的罪,死亡和各种灾难降临,赦免罪的应许,复活,在基督耶稣里得永生。愿上帝赐福给这些脆弱的生灵!愿圣灵降临!开启他们的心胸接受真理!

4月21日

我发现广州的穆斯林很多。一个中国人告诉我,穆斯林不但对猪肉反感,甚至连猪的画或这种形象都很憎恶。他还观察到穆斯林朝西方膜拜,把被异教徒玷污的器皿打碎,他们的经书是以一种中国人不认识的语言书写的。

4月22日

澳门的鲍尔先生送给了我一本以西班牙文写的中文语法。我非常感谢这些关心我、帮助我的人。我祈祷神的赐福伴随着我的努力和事工。

4月23日

我收到皮尔逊医生的一封信,祝愿我的事工能够取得成功。几天前在临近的街上发生了一场火灾。中国人认为这是恶鬼作怪,为了安慰鬼怪,他们在公共场地竖立起一根长杆,用灯笼装点起来。和尚、道士一连几个早晨都来这里奏乐作法,向它鞠躬行礼。这里还特意演了一场戏,希望以此取悦恶鬼。

4月24日

与我的两位中国助手①学习“希望”这个词，我们造了两个例句：一个是“我希望你一切都好”；另一个是“对来世的希望”。当我把第一个句子翻译成英语，他们都极有兴趣地学，可我发现他们对第二个句子比较反感。我问他们为什么把现世的事情看得如此重要，而对将来永恒的世界如此轻视。为了表示对我的尊重，他们没有回答我的问题，带着嘲笑的表情要我教他们问到的句子的英语。

蔡轩（Low-hëen）给我描述孔夫子庙，以及人们对他的崇敬和祭拜的仪式，引发了我们的长谈，我指出把给一个人的祭拜仪式等同于给上帝的不当之处。孔夫子，他的拉丁文名为 Confucius，是一个智慧、善良的人。蔡轩坚持说要不是孔子，中国人恐怕还是野蛮人，因此不拜孔子是最大的不敬。我们承认孔子理应受到人们的尊重和敬仰，然而是万能的主创造了世界，塑造了孔子，给予孔子智慧。他至多算得上上帝的仆人，因此他不应当享有等同于上帝的荣耀或祭拜，这是无可辩驳的。蔡轩很难找出理由反驳我。他随即拿孔子和耶稣相比，称他们给孔圣人的荣耀与我给救世主的一样。问题又来了，即使孔子像他说的那样，可是与耶稣的性质和言行截然不同，相差甚远。基督是“以肉身显现的神”，孔夫子是一个好人，但只是人而已。孔子只关心中国人，而耶稣扩展到全世界的人。蔡轩打断我的话，问我耶稣派谁来过广州。

4月25日

我今天询问了以中国典籍开本的大小印刷一部书的价钱，但是我没有进一步询问并估测印刷《圣经·新约》的费用。据称一套雕版可以印刷3万或4万册书。在欧洲商馆的对面——河南岛上发现了茶树，可是茶树不比矮小的醋栗丛高。黄埔和广州中间有一座古代的塔，欧洲人叫它“半程塔”②，这个塔高约200英尺，塔身的厚度为五六英尺，侧面有一

---

① 蔡轩和桂有霓（Kwei Une），详参苏精：《中国，开门！》，第203页；《马礼逊与中文印刷出版》，第69页。——译注

② 此塔的真名为赤岗塔。——译注

条链子从塔顶垂下。塔里有很多佛像壁龛,底层的壁龛里也有一些佛像。从远处看中国塔的结构,很像伦敦桥旁边的纪念塔。我进去的几所寺庙挂满了求神降雨的纸片,这是当前人们最需要的。中国人有很多方法预测命运,当他们在寺庙里占卜命运的时候,用一筒标记了数字的竹签预测。他们跪下用双手捧着竹筒,摇动它直到掉出一支竹签,寺庙里有一张纸上记着竹签上的数字代表的命运,无论是切中求签人心意的吉祥签还是其他厄运签,都被认作是天意。

5月1日，主日

我的两名中国助手安息日的大多数时间都溜走,不和我在一起。但是,他们有时候也和我在一起,读抄本《圣经》。我今天尝试着给他们讲解上帝耶稣的喜乐。愿上帝赐福我微弱的努力!

5月3日

我今天有机会给一个中国天主教徒详谈获得救恩的途径。他认为信仰上帝与遵守律法没什么不同,虽然他以基督徒自居,但是对福音的计划一无所知。与我交谈过的欧洲人坦承,他们认为我在中国传教的终极目标绝无成功的可能。然而,对上帝来说没有太难的事情。

5月6日

此时,一名法国天主教士被再三勒令离境后,就要离开广州了,而我平安无事地留在这里。

5月7日

今天中国人根据习俗,开始在商馆前面唱大戏。整个活动将会持续三到四个礼拜,带有浓厚的宗教色彩。我不知道他们感谢逝去的灵魂最初是怎样产生的。仰慕理性的人真应该到此看看未经神启的理性结出的果实。那些仰慕理性的人说:“迷信活动只存在于粗人和不听从理性之声的人之间,哲学家鄙夷迷信。”可是在中国,异教徒中十分之九都是粗人或平民,那些鄙夷迷信的哲学家几乎不存在,也就是说,他们是世界上目中无神的人,在经过神启的理性的人眼中,这就像粗人的迷信一样缺乏理性。

5月8日

今天我的男仆问我“耶稣救我”或“我救自己”是否得体。他对于主日读经没有表现出丝毫的不情愿。

5月9日

天主教教士里舍内临去澳门前拜访了我,问我要不要他带信。他告诉我交趾支那(Cochin-China)有8名天主教传教士,交趾支那和东京(Tonkin)各有一位主教。他还说在华天主教士很少教导中国人,主要由中国人自己去做。从他那里我得知:几年前,有一个天主教士把《圣经》译成了中文,可是拥有中文《圣经》的人极少。他说没有印刷《圣经》的原因,一方面是中国人不愿意读,另一方面是中国教徒害怕别人发现他们有《圣经》。我很怀疑他的话的真实性。两位皇子在最近的一次迫害中被逼宣布弃教。我本想把谈话引向属灵的话题,可是没能长谈。当我说到重生的重要性以及圣灵在其中的作用时,他赞同这一真理。

中国当今的嘉庆帝在位已有13年,据里舍内神父讲——我猜测他可能从北京的天主教士那里得到的消息——嘉庆帝性格温和,才智平庸,有良政的愿望,但是拒绝接受任何一位大臣的引导,并且酗酒无度。

5月13日

我给梅森博士写了一封信,寄交一艘去美国的船。中国官员拒绝给这条船发离港执照,除非它把里舍内神父带离中国国境。

5月14日

我今天很不舒服,不得不上床休息。这种时候让我更加感激近来良好的健康状况。愿我拥有更多的智慧和恩典!我极盼望有一个中国信徒来协助我做神的事工,最终在我们主耶稣的日子里成为我喜乐的冠冕。我的天父,我的天父,愿你听到我的祈祷。

5月15日,主日

我像往常一样,与我的中国仆人一起读《圣经》。他们不愿意接受新的东西。他们承认我们的神的教导都是正确的,但是说他们也有类似的东西,说那个同样也好。我极盼望并祈祷,不用多久上帝将让我为祂收获这些灵魂。祂能让枯骨变成一个伟大的君主,祂能在石头中赐给亚伯拉罕子嗣。我的两名助手与我一起唱一段赞美诗。这是我们从英文翻译的,唱的调子是《100首古赞神诗》(*Old Hundredth Psalm*)中的"太阳照到的地方就是上帝统治的地方"。但愿神统治人心!

5月16日

感谢上帝,祂至今让我平安地住在广州。有时我的思想有些消沉。做刚强的人,我的灵魂!不要惧怕,只凭信。

5月18日

教我官话的人给我写信,说他的月薪必须有13元,否则他就不再来了。虽然我付不起,考虑之后还是给了。有他协助很好,而且好的助手是很不容易找的。愿神为我显现并帮助我!神的旨意传给我并要由我来实现。此时,我强烈地盼望见到一些爱我主基督耶稣的人。我察觉范德坎普博士在他的传教地有一段时间与我在中国相仿,一无所获。蔡轩和桂有霓①近来经常和我一起唱赞美诗。我衷心盼望上帝让他们乐于接受上帝的真理。

5月22日,主日

我的祷告是专为那些与我在一起的人而说的,我希望上帝唤醒他们对宝贵、不朽的灵魂的救恩的关切。如果有一名中国信徒能与我携手,共同走过前往锡安山的旅途,我该多么信心百倍啊!取悦鬼的戏剧表演让我们一整天都很恼怒。

5月23日

我今天收到了皮尔逊医生的信,信中说剌佛先生赞同我编一部汉语词典的设想,愿意在费用方面帮助我,认为东印度公司也不会反对。皮尔逊医生催促我去澳门,希望澳门葡萄牙政府或天主教会不要干涉我的计划。

---

① 据苏精教授研究,桂有霓教了马礼逊6个月官话。桂有霓能说能写,经人介绍自1808年3月开始教授马礼逊,马礼逊对他十分满意。但是桂有霓不能与其他人融洽相处,1808年9月与蔡轲争执时,甚至带回两名官府差役示威。后来马礼逊接受了容三德的建议同时解雇了这两人。——《马礼逊与中文印刷出版》,第68—69页。——译注

马礼逊先生写信联系好去澳门的事情，待他的住所等事情都安排就绪后，他在25日的信中说他已决定到澳门去，还说：“唯独倚靠上帝！但愿我能指望上帝的指头所造的尊贵的人。”27日，他把行李运上了前往澳门的船，此后数日都在焦虑不安中度过。等待船起航期间，他在日志中写道：

5月29日，主日

我今天什么事也做不了。无论事情是好是坏，愿我顺从上帝的旨意。今天是中国农历的四月五日，中国人在这一天娱乐并举行各种祭神仪式。要让他们远离那些泥塑木胎的偶像，转而信奉永生的真神，需要多大的转变啊，这个转变还有待实施。耶和华啊！显示你的大能，待你想要工作时，没人能阻拦你。保罗劝说大法官转变归主是多么热诚啊！我以每个与我交谈的人的灵魂方面的益处为目标。

5月30日

我现在状态好些了，又可以专心学习汉语了。

5月31日

只要身体许可，我明天就离开广州前去澳门。

无论是从公众还是私人的角度来看，下面写给沃博士的信读起来都饶有趣味。信的起始日期是1808年1月5日。

感谢神对我的眷顾，我可以在遥远的国度进入新的一年。自从我离开你月盈月缺也有12次了。神引领我适应了环境和气候的变化，同时一如既往地帮助我，给我安慰和支持。祝福主，永远称颂祂的名！

云官明继续教我口语，他的教名叫亚伯(Abel)。有时候他有点严肃，但总体上他是一个幽默有趣的人。我没想到一个中国天主教会培养出来的，同时也是传教士的直接联络人会教我汉语，可见在上帝眼里没有困难的事。澳门的天主教神父对我来澳门相当警觉。我担心他们很可能会利用他们的影响力反对我，和我谈过话的几位先生也有同样的担忧。我的希望在上帝那里，当祂要做的时候，谁都不能阻挡。祂为我们打开了一扇大门，超出了我们所有的想象。两年前政府下令驱逐出境的天主教士里舍内神父，现在又被中国皇帝任命为北京天主教士的“特派员”留在广州。几天前在公司商馆吃饭时,经过朋友介绍我结识了他。他是一个开朗健谈的法国人。他和查默斯先生一家同住瑞典商馆。

马来人,我不得不遗憾地说,通常都较为凶狠,那些到马来人当中去的传教士往往要冒生命的危险①。

坦诚地说,我非常失望——在我离开祖国3个月后起航的船上竟没有给我带来一封弟兄或牧师的信。我知道国内的牧师们有多忙,也知道经商的基督徒弟兄们也同样忙,但给异教土地上的传教士经常写信并非不重要。我不是指专门的公务信件,而是说那些坚定并鼓舞人心、提醒或教导传教士的来信。伦敦会作为一个机构,经常给海外传教士写信,我认为没什么不妥,但是难道不能请那些在城市或乡村的理事们给他们看过信或者听过的海外传教士写信?这些信可以先交给委员会过目,然后再寄到海外。

我相信我所说的只是一个已经被普遍认可的事实:国内的基督徒弟兄和海外传教士之间的频繁通信,通过神的赐福,会让双方都从中受益。

亲爱的先生,请代我问候你在威尔街(Well Street)教会的会众。在我主基督耶稣的福音中问候所有关心中国传教事业的弟兄。

这里要插入两封给乔治·斯当东爵士的信:

1808年2月16日,广州

尊敬的爵士:

在你离开广州后的几天里,我感到很不舒服,不能继续学习,云官明当然也就不来了。我现在好多了,能够学习汉语了,可是目前却没有任何人帮我,也见不到以前的老师。确实如此,所有的中国人过年的时候都忙着走亲访友。我利用您给我创造的机会到商馆图书室看书并参加商馆礼拜,这两样虽然性质不同,但都是我乐于做的,尤其是在广州。你上次见我的时候,我住在紧挨着商馆的一间不怎么好的小房子里,在我之前住着法国天主教士里舍内先生和他的同伴,现在我已经从那里搬出来了。您

① Morrison和Lynam的悲惨遭遇就是一个让人痛心的典型事例。——原注

建议我夏季去澳门,恐怕我不会采纳您的建议。那样做又会引起天主教神父的注意和疑虑,而我留在广州,过着深居简出的生活,可以让他们逐渐遗忘我。

请原谅我通篇只讲自己的事情,请允许我在信的末尾,在我主基督耶稣里为您祈福,向您致以最诚挚的敬意。

您谦卑的仆人

罗伯特·马礼逊

我亲爱的爵士:

我记得您曾向我提起《使徒行传》中的一些章节与希腊文本看似不能准确对照。能否请您标出您发现的不符之处,在您闲暇时把您的发现告诉我。请接受我送给您的一份基督教的简述,这是我两三个月前以教理问答的形式编写的小册,这本小册模仿了查理一世(Charles the First)时期威斯敏斯特议会(Assembly of Divines)①的文章。

读它不会花费您太多时间,以您对汉语的了解,您提出的任何批评意见都是对我的帮助。

您诚恳的

罗伯特·马礼逊

接下来是他的日志:

3月3日

容三德②为我做了很多事情,他很希望我继续留在广州。如果我稍有不慎,就可能被迫离开,这是我最大的难题。为了解除我的难题,他请

---

① 1643年查理一世(Charles Ⅰ,1625—1649)当政期间,国会决定改革教会,宣布废除主教制后,在威斯敏斯特大教堂召开了"神学家及牧师组成的威斯敏斯特议会"(Westminster Assembly of Divines)草拟教会的治理方法、敬拜和教义。经过3年的讨论,议会于1646年12月初拟了《威斯敏斯特信仰宣言》(*Westminster Confession of Faith*),根据《圣经》证明其论点的正确。《威斯敏斯特信仰宣言》于1647年4月修订完成,成为宗教改革以来加尔文主义最重要的信条。——译注

② Yong-Sam-Tak是按照广州音拼写的,也是他在英国时使用的名字;但是根据官话,他的名字应该写作Yung-san-tih;Low Hëen,Low Sam也是广州音拼写,官话音应写作Laou Hëen(老轩)和Laou San(老三)。——原注

求他的雇主、东裕行的行商谢梧官替我从中周旋,用这里的辞令说,他会确保我顺利地度过今年夏季。在容三德的恳求下,谢梧官答应了。我认为这是上帝仁慈的安排,因此放弃了搬往槟榔屿的计划。我不愿意中断我的汉语学习,担心如果不珍惜上帝赐给我的机会而转求其他,会做错事。

亲爱的牧师,你最关心的也最想了解的是我在这个贫瘠的地方如何滋养自己的灵魂。公正客观、实事求是而又不无智慧地谈论这个话题总是很困难。仁慈的上帝帮助祂的仆人简要地用以下三点来总结:

1.在我看来,我并没有进步。我活得越长,似乎越空虚。我"正在忘记祂的恩惠"①,忘记了从上帝那里得到的恩典和眷顾,这是我最大的罪名之一。我的心多么无情无义啊!自从我离开你,受到过神的暗示,得到过神无数的赐福,可是我并没有相应地回报上帝。我的全部心思,或许可以说把我的全部热情,都用在追求神为我设定目标的前一部分了——做本会在异教徒中的信使,掌握汉语。这看似在为我的过错寻找借口,请求别人的原谅,我确实没有对该做的事情投入全部的热情。如果我向你列举我看到的自己的缺点(那么洞悉人心的神看到的有多少啊),那将举不胜举。你也因此不必为我没有取得进步而吃惊。

2.基督耶稣仍是我的最爱。祂是我得救恩的希望,让祂欢心、把其他人引向祂是我的盼望。当称颂的耶稣!当称颂的耶稣!耶稣啊,在祂的血里洗净我的罪,让我变得正义;在祂的伤里护佑我,让我为祂做工,将我带向祂的荣耀。

3.我亲爱的牧师,我再补充说一句,作为一个软弱、无助、罪恶的生灵,我倚靠基督。我知道你祈祷我能终生如此,即使到了我离开了今生的时候,也会进入永恒的世界。

他在1808年上半年写给亲友的几封信保存至今,以下是这些书信的节选:

---

① 马礼逊借用的原句是"我的心哪,你要称颂耶和华,不可忘记祂的一切恩惠"(诗103:2)。——译注

1808年2月14日

我知道您关心流浪远方的儿子,我不放过每个机会告诉您我的情况。在上次1807年12月底给您寄信之后的几天,我因为学习操劳过度,身体有些不适。我因此放松了学习,现在身体又能支撑了。我的心全都扑在我的传教责任上,首要目标是掌握汉语,我从早到晚地学它。假如我住的地方有活动空间,这样做就不致损害我的健康;但是生活在这里的欧洲人处处受到限制,不亚于把一个人囚禁在码头、荒山和几条相邻的街道上。对于一个能够活动身体的人来说,这样或许可以对付,可是对于终日坐着读书写字的人来说,他需要一个更远的散步地方,有时还要到野外走走。我现在身体尚可,能够继续学习。我相信上帝会赐我健康,怜恤我的生命,让我实现编纂一部英汉词典的计划,或许从某种程度上这部词典有助于翻译《圣经》。前两个礼拜我非常担忧,担心夏季中期我会被驱逐出广州。事实上,我已下定决心离开广州到槟榔屿,从这里乘船有三个礼拜的航程。然而,上帝让一个颇有影响的中国人转告我,说我不会被赶离此地,促使我放弃了我的计划,重又回到我的书本中。我唯恐自己犯下不信上帝的罪。凡是信祂的人终会得到赐福。希望我的父亲、母亲、兄弟姐妹、我爱的每个人都得到这份祝福。我现在不再担心了,如果上帝怜恤我,我希望今年继续留在这里。保重。上帝与您同在。

3月6日

我同时给父亲、卡斯伯特(Cuthbert)和布朗小姐(Miss Brown)寄信。从上述的任何一封信中,您都可以得知我现在还好,经历了一些困难,得到了无数恩赐。我们从中国听说了英国发生的这场灾难以及法国的节节胜利。这里的每个英国人都关心祖国的命运。我希望您的情况比我们猜想的要好。作为基督耶稣的信徒,我们有世人不重视的慰藉之源,我们有一种保护自己、抵挡敌人和魔鬼的联盟的武器。坚定的信念、无害的英雄主义也是基督教倡导的精神啊!听《圣经》中一个孤独的人的宣言:我无所恐惧,哪怕面对敌人攻击我的军队。

4月3日

您可能会高兴地得知,您流浪远方的儿子至今身体健康,在神的眷顾下还在坚持奋斗。您为儿子和儿子肩负的伟大使命的祷告上达到了上帝那里。我相信上帝回应了您和成千上万的基督徒的祷告,因此让我至今都还顺利。当前我学习汉语的机会非常好,我尽了最大的努力学习它。在我没有掌握汉语之前,我不能做传教使命中任何属灵的事工。我给家里的中国人讲我们亲爱的主基督耶稣,可是因为词汇贫乏,我不能畅所欲言。耐心是必需的,在传教事工中极为需要的,土地仍然荒芜。我到处播撒一把种子。这不亚于在覆盖着茂盛森林的土地上开垦耕地,根深蒂固的各种偏见有待消除,连根拔起,很多毒草必须烧毁,为播种提供空间。我知道只有耶和华的力量才能完成。祈求耶和华是我唯一的依靠！让那些相信凡人的人受到诅咒,他们只有凡人的力量！这种语言多么强烈！我曾过于信赖凡人的力量。从我写上封信到现在,我的处境没有发生任何变化。我现在住一个很大的房子。在我住处有人教我汉语,我前面说过,每天早上、中午、晚上都在刻苦学习汉语。在没有掌握汉语之前,属灵的事工暂时放在一旁,这是我的遗憾。您知道我的主要目标是翻译《圣经》,这需要我持续不懈地学习汉语。

他离开广州前给他的朋友 S 先生一家写信:

我乘"玛格丽特号"(Margaret)在前往澳门的途中。自上次去信后我专心学习汉语。上帝一直慷慨相助,还让居住在中国的欧洲人也对我十分友善,这在很大程度上改善了我的孤独境地。我现在已经能让人听懂我的日常汉语了,最近和几个人用汉语谈论了耶稣基督的作为。我在广州高昂的开销时时困扰着我,有时还担心会被中国人驱逐出境,这些事情影响了我的心情,令我很沮丧。我不相信上帝耶稣的力量,所以才会如此,这都是我的罪过。我计划编写一部汉语词典,有望得到东印度公司的帮助。只有精通汉语之后,我才能尝试翻译《圣经》。为了《圣经》的翻译,也为了给我生前或者死后的后继者清除障碍,我担负了编纂汉语词典的工作。

他在澳门期间给父亲写了下面这封信,日期是 1808 年 8 月 4 日:

我现在住的澳门距广州 80—100 英里,是由葡萄牙管辖的一个小岛。

我来澳门是受英国商馆大班剌佛先生的邀请休养身体的。剌佛先生和另一位先生善意地帮助我实现目标之一——编一部汉语词典,随着我汉语知识的增长,我每天都在编写词典。他们两位对我的帮助包括提供广州和澳门的住所,这笔费用可高达150镑。澳门的欧洲人房租非常高,在华英人是最富的,颇有影响。澳门属于天主教的管辖范围,若不是英国人的周旋,我不可能被准许住在这里。所有人对欧洲的事情都感兴趣。澳门和广州虽然与欧洲相距甚远,但是这两地的中国人对欧洲的事情特别有兴趣,但是仅此而已。这些中国人大都是商人,或者为他们劳作的人,因此法国人和西班牙人对他们没能施加任何影响。这里和交趾支那的沿海有很多中国海盗,他们长期以来劫掠人们,有时还能击败官府的船队,他们对抓到的官员极其残酷无情,把他们统统处死。

我希望很快有给你们去信的机会。代我问候继母、哥哥、姐姐和所有人。祝你们安康！主基督耶稣与我们同在,终将把我们带往天父的家里团聚。阿门！阿门！

永远爱您的

马礼逊先生在澳门住了3个月,由以前在广州的中国助手陪同,继续努力学习汉语。他的身体状况有了很大的改善,8月底返回广州。然而,不久后发生的一起政治冲突致使全部英国人必须撤离广州,因此马礼逊也在11月初仓促离去。在一条船上暂住了一段时间后,他回到澳门以前的住所。马礼逊先生谨慎地避免提到政治事务,下面摘选的片段解释了这一原因,不能不说没有价值。它摘自龙斯泰先生(Sir Andrew Lunjstedt)①的《早期澳门史》(*A Historical Sketch of the Portuguese Settlement in China*)一书。

导致目前艰难局面的原因之一就是,英国驻印政府不清楚澳门虽然

---

① 龙斯泰(1759—1835),瑞典人,1797年为瑞典东印度公司工作,1820年以瑞典驻中国第一任领事继续在中国从事贸易。1815年,他移居澳门专门从事历史研究。1832年和1834年他出版了葡萄牙在中国居留地澳门的著作,著作引用了包括英文、法文、荷兰文、拉丁文、葡萄牙文、西班牙文等多种语言的文献资料,同时还有中国官方文书以及私人手稿。该书于1997年由吴义雄等译成汉语,章文钦校注,东方出版社出版。——译注

被葡萄牙人占据，但仍听命于中国皇帝的指令。当英国驻印政府听说法国酝酿夺取澳门，英国驻印度总督明托勋爵(Lord Minto)派出了一支强大的船队和一支武装军队，由海军司令度路利(Rear-Admiral Drury)指挥前往澳门挫败法国人占领澳门的企图。军队到达后，海军司令用武力占领了澳门。起草了一份合约并于1808年9月21日由葡萄牙和英国双方代表签订了条约。当天下午，英国远征军的第一分队秘密登陆。我们不愿像东印度公司特选委员那样为了达到他们的目的(劝说上将的参谋)虚构各种远征的细节。只需补充一点：中国政府12月4日下达给海军司令和东印度公司大班的政令中写道："你们应该知道，葡萄牙居住的土地属于大清帝国，你们怎么能想象法国人胆敢骚扰这里？如果他们侵扰澳门，我们勇敢善战的官兵会出击并且击败他们，把他们从中国驱逐出去。这是众所皆知的事实，你们为什么要把军队带到澳门？快些悔改，立即撤军，然后我们才能恢复正常的贸易往来。假如你们的军队在澳门停留，你们的货船将被封舱、停止贸易。"他们做出了最合理的选择。通过澳门总督和官员的周旋，于12月11日达成了协议：英国人在8—10天内撤离，军队在几天后登船。22日，海军司令度路利乘"罗素号"(Russel)返回印度之前，给澳门总督花利亚(Bernado Alexio de Lemose Farie)写了一封信，对他的帮助表示感谢。

当时，居住在广州的英国人沦落到了惊恐无助的境地，他们的中国仆人被勒令离开，一切生活供应都停止了，他们只能住在英国的船上避难，直到敌对措施结束。这就是在华外侨以前到现在都存在的忧患，无论英国和中国之间发生何种事情，中国人更倾向于采取消极对抗来增加胜算。编者和其他人都有过若干这样的经历，无论两国在政治上或是商业中产生何种摩擦，在华英国人都会陷入无依无靠的境地，经历严重的不便。

马礼逊第二次到访澳门致使发生了与他个人生活根本利益相关、与他最重要的传教性质密切相关的事情。那就是他结婚了，并被东印度公司正式雇为中文译员和秘书。从6月到年底他的信件和日志提供了更详细的信息。

6月2日，"玛格丽特号"船上

昨天早晨大约9点我离开广州，在瓢泼大雨中去第二关闸乘船；船的颠簸让我剧烈呕吐。我从没有经历过这么难熬的头疼。今天我稍好些，还没有完全恢复。我途中就不舒服(年底时他又加上了一句“现在看来当时的选择完全正确”)，然而我去是因为盼望能进一步推动实现我的目标。愿上帝让万事都互相效力！

6月4日

昨天我到了，被旅途搞得疲惫不堪，人也病了。我发现给我的房子里住着一位老妇人，她是加尔各答那位中文教授的母亲。我住她的房子，她是怕她的旧房子坍塌才搬走的。

6月13日

澳门中国人祭拜偶像的方式和葡萄牙人非常相似。B先生今天多半天的时间与我一起学汉语。我感谢上帝赐我健康，给我创造了学习汉语的良好机会。愿我的思想永远属灵，集中精力从事我投身的伟大事业。愿基督的爱让我更加坚强。

6月16日

皮尔逊医生给我一些增加心脏力量的药物，我经常感到心衰。

6月19日，主日

我的助手陪了我一阵，我们读《圣经》。其中有一名助手告诉我，他去过一个庙，据说求那个鬼神非常灵验。

6月21日

最近开始传言说印度那边将派出一支远征军攻打澳门，激起了这里的葡萄牙人的恐慌。

6月22日

我的孤独处境让我今天的情绪有些低落。为什么我会萎靡不振呢？我要信靠上帝，到如今祂都帮我。

6月25日

我住的房子有一间屋顶轰然坍塌了，幸好没有伤到人。

6月26日，主日

今天没有一个助手来，只有一群孩子和我在一起。其中有一个没有父亲的孩子,是蔡轩的弟弟。他身体还好,我希望多照看他。我极为盼望在我的属灵事务方面有所收获。我对上帝心存感激,感激他让我在实现第一部分的目标上至今还算成功。

6月27日

我把《汉拉词典》抄完了,一共1100页。我必须重申,“到如今耶和华都帮助我们”(撒上7:12)。一些船到了,但没有给我的信。

7月1日

我谢过了上帝对我的眷顾,愉快地去做自己的事情。

7月3日,主日

我的中国仆人一整天陪着我,和我一起读《圣经》,这让我很欣慰。我已能够磕磕巴巴地给他们讲福音的真理了,然而至今没看到有任何效果。在我心中激荡着的真理,例如“神的羔羊,除去世人罪孽的”(约1:29),讲给他们却只换来他们的微笑。虽然我已有准备,我还是为此痛心。

7月5日[①]

我收到了一位弟兄托马斯的信,日期为1808年4月21日。我很遗憾地得知他已经完全离开了当一名医生的目标。他说他向加尔各答的弟兄们强烈地建议派年轻的M先生到广州学习汉语。这样做是否合适我持怀疑态度。虽然我一再给塞兰坡去信,却从未收到过一封回信。或许信件都遗失了,也有可能是那里的弟兄出于谨慎而保持沉默。

7月7日

晚上,我的中国助手和我畅谈宗教。他们认为外国人和中国人在宗教关怀方面很相似。我承认两者有一些共同之处,特别是在人对他人的责任方面尤为相像;但是我们对上帝的责任,以及上帝接纳罪人的方式与他们截然不同。我说他们以点蜡烛、烧香、敬献猪羊取悦神灵,而耶稣献出自己洗刷众人的罪。他们不屑地说那些献祭最多的都是恶人,好人则不必要——孔夫子没有这样的教导。如果一个人有良知,他不需要每日

① 原文为“June 5”(6月5日),根据上下文推测此处应该是7月5日。——译注

敬神拜佛,许多人尽管天天敬香却未必是好人。有些敬拜的人未必都是好人,这是对的,可是好人也不应就此忽略敬拜上帝。至于把那些不敬拜上帝的人当作有良知的人则毫无道理,就像说一个既不爱自己的父母也不听从父母教导的人是好儿子一样荒谬。他们无以对答,反问我是否中国人在我眼里都是坏人。我回答说世界上所有的人都冒犯了上帝,就像一个人对其他人有责任一样,我们所有人都欠上帝的恩情,必须履行对上帝的责任和义务才能让我们成为一个好人。他们问我为什么中国人没有我信守的那些教义,为什么上帝没有向他们显现。我反问他们为什么中国人比起周围的蛮荒国家更加文明,比它们更加富饶。他们回答不出,可是他们认为耶稣和孔子相似——一个为了欧洲,另一个为了中国。我提出他们之间最显著的区别:耶稣为了把人们从罪中拯救出来,如此广泛地教导罪人被上帝蒙悦的方式,而孔子从来不提上帝,也没有教导人敬上帝。我察觉因为批评了他们不情愿了解正确的道路,谈话到此为止。

7月9日

时间飞逝,一周接着一周过去了,虽然忙忙碌碌,可是没做什么。我感谢上帝保佑我身体健康。我越来越感到有必要效忠上帝,而且只对祂如此。我全心为上帝,祂是我唯一的安慰。了解我的追求的中国人,和我谈话时都问我是否读过"四书",因为上面记录的是儒家的思想。这是我必须熟读"四书"的重要原因。

7月10日,主日

祈祷上帝与我同在并赐我福佑,尤其是在属灵方面帮助我。当我们今天读到"叫一切信祂的,不致灭亡,反得永生"(约3:16),我身边的一个中国人不知道什么是"永生"。他提出了这个疑问,给了我详细讲解它的好机会。

7月13日

澳门有很多黑奴,有一个可怜的黑人逃进了我的屋子,追他的中国人紧跟着就到了。由于他不会说我们听得懂的语言,就用动作和表情表示,甚至超出了最流畅的语言。他扑倒在地,抱住我的脚,寻求我的保护。我对自己说，一个可怜的罪人在上帝面前就应该是这样，上帝一定会保护那些伏倒祂脚下的人。

7月15日

我和中国助手谈到中国人鄙视外国人以及他们反感谈论外国人。我的两名助手承认他们不愿意费时费力去了解毫无用处的外国的人和事。天朝帝国无所不有、无所不知，就连中国最有学问的人尚未读完中国的典籍，因此他们为什么要去关注奇异的外国事物？至于宗教和道德方面，"四书"中蕴藏的智慧远未被人完全理解，在没有读懂"四书"之前，做其他的都是愚蠢无用的。

7月17日，主日

早上我请一个助手与我一起读《圣经》，但他没有答复就外出了，在外逗留了四五个小时。在这种情况下我没有斥责他，而是必须忍耐。他要是知道《圣经》是一个取之不尽、用之不竭的宝库就好了！然而，他们下午都回来了，读了一会儿基督教的教义。晚上，最得力的那个助手出去喝酒，兴致盎然地回来。我当即就告退。我的仆人和别人吵架甚至还打斗，这让我特别伤心。他们和绝大多数中国人一样，知道的比做到的多。

7月18日

昨晚打架的两个人似乎想要恢复工作，看来无须采取任何严厉的措施。

7月21日

我今天从孟加拉的报纸上读到一则消息，说菲利克斯·卡瑞先生（Mr. Felix Carey）到缅甸开创传教事工。他在一封信中称给400人种了牛痘。

9月2日

从黄埔没费任何周折取回我的中文书后，我的助手和我今天开始学习。我还收到了一个中国天主教徒的礼物——解释十诫的三册小书。他的小弟——一个很机灵的男孩卖给我一本《默想集》。

9月3日

晚上我和助手谈灵魂，灵魂直到躯体死亡才从中脱离出来，而他们以为灵魂是进入到另一种状态的灵——根据这个人生前在世上行善或是行恶,灵就相应地依附在好人或动物身上。

9月4日,主日

像平时那样读《圣经》。我的助手承认上帝的教导是正确的,但是对上帝的教导没有兴趣。但愿圣灵开启他们的心扉,让他们接受真理!

9月5日

我的仆人们谈论中国人烧金银纸的事情。他们说烧纸代表衣服,金银纸代表钱,当把它们投入火焰时,周围的鬼魂就收到了。我问他们是否认为鬼魂需要衣服,或者为这样的祭品而喜悦。他们说不知道。他们嘲笑这种做法,但是说这是盛行的习俗,因此人人都这样做,甚至连官员、皇帝本人也遵从这个习俗,所以他们也不能免俗。中国人所说的这个理由不充分,但是促使他们做的责任不在他们,是由巫师带来的这种做法。孔子没有这样的教导,和尚教人们这样做的,谈到和尚,他们开始滔滔不绝地数落和尚的懒惰、无知及无用。

9月11日,主日

上帝关于世界末日、恶人的悲惨境地以及义人福乐的教导。祝愿神赐福他们读经!我带到中国的中文《圣经》译本太有价值了,让我可以朗读它就等于宣讲福音。

9月13日

我感冒了,不能像平时那么勤奋地学习。我心无旁骛地学习汉语影响到我在属灵方面的进展。但愿我能得到圣灵的格外恩顾!

9月14日

我的中国助手对孔子的敬仰难以言表。他们和我一起读"四书"时,被它深深吸引。《大学》只有205个字,而孔子的学生曾子①收集了他的言论,加上自己的评论变成了1546个字,他们对这些极为推崇,就像神启似的。他们说"四书"里说的没有一丝一毫的错误。此外,那些助词在其

---

① 根据马礼逊的《五车韵府》第872页的词条确定"Tsǔng-tsze"的译名。——译注

他书中只是虚词，可在“四书”里却意味深长，在这位哲人的演绎下，他们说“四书”如此深奥，需要极高的智慧才能领悟，要完全显现它的意义需要一段长文才能解释。

文人在他们的科举考试中，有一道解释摘自“四书”中的一个词或一个句子的题目。他们要胜出在于附和“四书”的主导思想以及使用优雅的文风。乡试考他们根据指定题目作诗的能力，作诗时末尾音节要押韵，而且每一行还必须符合某种平仄规律。会试考他们中国语文的综合知识。

9月22日

中国人有一个习惯，如果他们注意到上天给他们的一些恩赐，就会印书并把书放到附近的寺院赠人，包含某种祷文的2200本小册免费赠人。出资刻印者在小册上写自己的名字。

9月24日

我今天不能专心学习。我太盼望收到亲爱的朋友们的信了。何时我能收到他们的一封信？我比以往任何时候都更渴望有基督徒同伴。但愿我能通过我主基督耶稣与众圣徒为伍！

9月29日

我为盛行的罪孽感到极大的痛苦。上帝加恩于我，在至圣中让我完全，让我得以与祂在天国同享永生。但愿上帝帮助我的事工！

9月30日

我收拾自己用的东西，开始准备有机会就往澳门搬家，我不会因为去澳门阻碍我在华传教的首要目标。有迹象表明M先生最近返回了广州。

10月2日，主日

我的助手认为我（从英国带来的）的福音书和《使徒行传》的中译本是中国人写的，他认为这本书的风格比外国人所能达到的要好。——今天给一些黑人发了宗教小册，我发现他们能读懂。给海外的英国人写信，让传教士们给他们带去，难道这样做没有用吗？

蔡轩强烈地反对佛教和道教，认为它们都是错的，只有儒家是正确的。我努力使他明白无论佛道还是儒家都不完美。佛、道两派对道德不够重视，儒家忽略了宗教，只有耶稣把道德和宗教完美地结合在一起。

10月3日

晚上教我官话的人当着我的面问蔡轩我信奉的宗教的类别。蔡轩对此的回答是"和佛教相仿的一支宗教"。

10月4日

今天是中国人的重要节日之一，纪念秋分前后最圆的月亮。数千人向月亮鞠躬并且向它敬献水果、禽类和酒等东西。当一个中国人死去，他的尸体要迁至他的故乡埋葬，在他的尸体前插一面白色的旗子，把他逝去的魂带到埋葬的地方。

10月6日

我的时间过得如此飞快！我不停地努力，可是好像没有进步。祈求神助我。我的神，我的神，永远帮助我、保佑我！最近几天澳门事件的传言弄得人心惶惶①。7日所有的贸易都终止了，各种麻烦的限制法令也开始强制执行。我觉得作为隔绝的个人，还比较舒服，就像与某个机构有联系似的，恐怕这样更好，因为独自一人不易引起别人的怀疑。

10月14日

所有的中国仆人都从欧洲人家里撤离了，还禁止卖给外国人生活必需品。容三德与我在一起，并想方设法地帮我。通过行商们的请愿，法令的严厉程度有了一些松动。我完全顺从上帝的旨意。我现在彻底放弃了进入帝国内陆的希望，至多就是留在帝国划定的地区，在这里学习汉语并且印刷书籍。

10月17日

在蒙塔古船长(Captain Montague)的"沃利号"(Warley)上。昨天是主日，忙着从广州往这条船上搬东西，过得很不舒心。仓促间我被迫搬家

① 英国海军少将度路利率领从马德拉斯来的军队300人于1808年9月11日到达澳门海面，9月21日在澳门登陆。中国人和葡萄牙人都极力反对他们停留。中国方面从10月停止了贸易，12月停止给各船及军队的供应，外国居民面临着饥饿的危险。后来英国被迫撤回军队，12月26日开始贸易。参见中国海关史研究中心组译、马士著《东印度公司对华贸易编年史》。——译注

带来了极大的混乱和忧虑。容三德和我在一起，帮了我的大忙。他把我所有的中文书都转移到一个安全的地方，替我保存留下房间的钥匙。内斯比特船长(Captain Nesbit)让我搭船到黄埔，蒙塔古船长很客气地在船上给我安排地方。我在船上一直住到28号，才坐上了一条澳门的船继续前行。30日晚，我到达澳门。几天后，蔡轩冒着危险来到澳门与我同住，虽然他颇为害怕那些不愿意有中国人与外国人在一起的同胞。

11月6日，澳门，礼拜日

蔡轩留下来和我做祷告，他用中文。我感到中文手抄本《圣经·新约》不在的遗憾。由于焦虑，我身体不舒服也有些日子了。

11月8日

容三德转给我两封欧洲的来信，我特别感激他。我现在读的是天主教的中文祷文，它充实了我宗教方面的词汇，但我很遗憾地发现在献给圣母和圣徒的祷文中掺杂了所有他们天主教体系中偶像崇拜的东西。

11月9日

一个年轻人登门拜访，说他父亲莫顿医生(Dr. Morton)有一封洛夫莱斯牧师写给我的信。晚上我邀请莫顿夫人和家人来我的住处，和我一起做集体祷告。这个年轻人威廉看来很重视他的灵魂能否得到救赎。如果他确实如此，我真希望把他留在中国协助我做神的事工。威廉从此每天来访，与我一起学拉丁文。

11月13日，礼拜日

莫顿先生全家一整天都和我在一起。我取回了中文书，又可以跟我的助手继续学习了。

11月21日

晚上我和蔡轩讨论祷告。当他辩论失利时，他问我是否认为所有的中国人进了地狱。我回答说纯洁无辜的人不会进地狱。莫顿先生赞同他的儿子留下来，希望他被塑造成一名优秀的传教士。

下面的信是1808年10月2日写给他的友人S夫人的，虽然它和前面的内容有重复之处，可信里面有更多他的日志中没有记载的事情，因此请允许编者放在此处。

> 昨天我收到了你热情的来信。在我至少写了两百多封信后，这是我收到的第二封信。感谢神让你和我亲爱的家人在活人之地，那些未能进入的人，我相信已经踏上善道了。让我们假设我们的身子同在，跪下并感谢我主基督耶稣救世主，感谢祂使我们和他人在深重的罪中紧贴耶稣。感谢耶稣，愿我们能坚持到最后，真心信主直至死去。主啊！救我们！否则我们就丧命了！

上面说到没有来信，尤其是没有来自印度的信，他继续写道：

> 你可能会猜想我这么孤独，一定觉得这种生活极度无聊。若不是我常常忙自己的事情，我肯定会有强烈的感觉。时间非但没有被我抓住，似乎反倒比以前更快地从我身边溜走。无论是早上、中午还是晚上，我都在学习汉语，除非我的汉语臻于完善，否则我的生命就虚度了。愿上帝赐我恒心和毅力，让我保持清醒的头脑劳作，实现祂全部的心愿！请容我占用一点时间，我想告诉你自我来到中国后的生活方式。所有最想做的事都不可能实现，比如说与中国人同住，随时与他们为伴，听他们说话，穿他们的服装，简要地说，就是除了宗教和道德方面，其他各方面都模仿中国人；“务要使人快乐，使他得益处”①，“向什么样的人，我就做什么样的人”（林前 9:22），通过神的恩典我们总能救一些人。这种做法目前行不通。
>
> 我刚到中国的时候和两位美国人住在一起，有一段时间挺好，但是在那里我不能学习汉语，也不能做与我传教士身份相关的事情，于是，我尽快搬进了两间小房子，雇了 3 名中国人。我以中国人的方式只吃一点饭。房子的状况很差，别人引荐我结识的友人看到我住在这里很不好意思。我本想教导的中国仆人不守规矩，让我很难过，我管不住他们。其中有一个仆人，一天晚上把我衣服的后背撕破了，继续恶劣地对待我，于是我逃到一个美国人那里求助。这次我告诉了容三德，他对我极好，尽全力帮我（我这辈子都可以这样说）。他替我物色仆人并负责管教他们，并把以前

---

① “我们个人务要叫邻居喜悦，使他得益处，建立德行。”（罗 15:2）——译注

的仆人全都遣散。在中国,人们习惯雇用有担保人的仆人,外国人更需要如此,因为中国官府不会替外国人讨公道。三德每天都来看我,希望像亲兄弟一样关照我所有的事。可怜的人啊,我希望他和我成为真正的主内弟兄,让主成为我们友谊最恒久的纽带。三德还为我找到了对我学习很有帮助的人,事实上,这个人现在就像是我的同伴,替我采购物品、买书等。几天前,三德给我找来了一位教官话的学塾先生。我的前一位教师和三德担保的人经常吵架,为此三德把他们都解雇了。上面提到的 3 个人中的任何一位,无论是从教学的能力还是从性格上说都比容三德好——他脾气暴躁,同时还自视颇高,只想当发号施令者而不是为人服务者。他把上面提到的两个人打发后,我家里的人少了,虽然学习进展缓慢,可是更舒心。蔡轩是我的同伴和教师,还有他的弟弟蔡运(A-yun),我希望将来能教导他。此外有一个满族人亚定(A-tung)①做饭和负担粗活。现在又增加了一位葛先生(Kŏ-sëen-sang),他晚上来教我官话。我想让葛先生陪我一起去澳门,但是有些担心费用问题。今年夏季我在澳门住了 3 个月,如果上帝许可,我计划住在澳门而非广州。澳门的房租不是太贵,可以更自由地外出锻炼身体,同时还可以自由地接待中国人和学习汉语。我去的时候租了一套年租金 350 元的房子,打算近期搬到澳门入住。我通常给一个人布道,有时有两三个人。我带来的手抄本《圣经》给我创造了在主日朗读并解释的机会。

马礼逊年底给伦敦会写信回顾了他的事工,下面是摘选的伦敦会 1810 年报告:

在本年(1808 年)临近结束之际,我感谢上帝对远在万里之外的我的恩赐和眷顾,感谢祂保佑我的身体基本健康,祂的脸光使人有生命(箴 16:15),让我学有所成。我没能教一个罪人从迷路上回转,让他们抛弃偶像去侍奉永生的真神,但我要感谢神让我在汉语学习上获得了相当的成功。我相信精通汉语的时间已经不再像想象的那么遥远。在计划编写的

① 据马礼逊《五车韵府》,"A"对应汉字为"亚",另见清史档案记录马礼逊相识"刻工梁亚发,雇请屈亚昂与其子熙前往澳门卷楼刊书几次"的记载。在马礼逊时代,有时亦为"阿"字。——译注

中文语法、汉英词典、《圣经》及基督教文章中,我看到了利于在帝国边陲开展的广泛劳作,如果这些能够实现,上帝就会让官员向主敞开心门。

你们信中指示我出版中文语法、汉英词典或者部分《圣经》的数量范围,我希望你下次写信务必告诉我,在考虑这些出版物的流通范围时,应该包括日本和交趾支那。我盼望着这些精心编纂的书籍和用伦敦会的钱购买的中文书籍对将来传教士能有很大的帮助。

中文语法书已经预备好印刷了,词典每天也都更充实。手稿《新约》中译本的一部分已经预备好了。然而,我推迟了这些书的印刷,想等到我的汉语更精深一些,不至于仓促行事,译本不会太蹩脚。我第一年的全部费用,包括食物、房租、购书、聘请教师、雇仆人以及从广州到澳门来回搬家的费用,超过 500 镑。潜在更高额的费用妨碍了我采取进一步的措施将这些书付印。事实上,在我尚未接到关于费用问题的指示之前,我什么也不能做。我前面提到,目前我不打算进入帝国内陆,事实上除非有相当的自由,否则不如不去。我计划编写的书以及帮助其他传教士学习汉语这些事情,可能在澳门或者在槟榔屿要比在中国完成得更出色。此外,通过神的赐福,甚至比住在北京收获得更多。中国人憎恶外国人。可是如果我们向上仰望耶和华救世主,我们不会因此灰心,而是要继续向前。对上帝来说没有难事:祂说话岂不照着行呢?这不可能的。地的四极都要想念耶和华,列国的万族都要在祂面前敬拜!愿你平安!希望你在我主基督耶稣里得以永生。

在此必须提到米怜先生的《新教在华传教前十年回顾》一书,可以让我们对马礼逊在这一时期的情况有一个全面的认识:

马礼逊先生在上述的寓所里一直居住到 1808 年 7 月。在那时,他接到罗伯茨先生关心他的身体健康而邀请他前往澳门的信。因此,他动身去了澳门,在那里停留了一两个月①,又返回了广州,并在那里居住到年底(1808 年)。当时从孟加拉来的一批英军在澳门驻防,与当地政府发生

① 从 1808 年 6 月 3 日至 8 月 31 日。——译注

了误会。因此,马礼逊(同所有的英国人)被迫离开广州返回澳门,他仍住在以前的寓所里。他上次提前离开澳门是由于这所房子部分塌陷,但是因为这场令人不快的政治风波,他不得不又一次住在这个塌陷的寓所里。

在这段时间里,他坚持不懈地学习语言,包括官话和广东方言。但是他得到的帮助远远不够,以致事倍功半。蒙上帝的祝福,他感到内心充满热情,使他坚持不懈。他具有坚韧不拔的精神而不是勇于超前,具有严谨的判断力而不是生动的想象力或创造性的幻想。因此,用他自己的话说:"他沉重地挣扎前行。"他是那么渴望掌握汉语,甚至连私下的祈祷都使用不通顺的汉语。他对于这段时间的居处目前仍记忆犹新,而且总是带着一种特别的感情,因为那有如他在中国的童年时期;那个居处的确很差,但除非房东因为马礼逊"把他的房子变成了教堂"而不悦,马礼逊很可能就不会搬离。房东随之提高了1/3的房租,马礼逊先生不得不寻找其他的栖身之所。

在这期间,他极不情愿让澳门人注意到自己,所以他从不外出。在这点上他有些谨慎过头,但为了安全考虑,这样的错误似乎是可以原谅的。但因此,他的健康每况愈下,以至于后来他几乎无法轻松地在房间里四处走动。在一个月光如水的夜晚,他由两个中国助手陪伴,第一次走到澳门的乡间田野上。

此时,他所处的敏感的环境,需要最严密的小心谨慎。的确,自从在华传教工作开始之际,就一直需要保持警惕,任何片刻或一日的懈怠都有可能对传教事业带来致命打击。除了熟知内情的人,没有人能理解时刻保持清醒和审慎是多么必要。至今上帝一直让他的心保持同样的倾向,我们也高兴地期望如此的警惕是在华传教事业得以继续发展的必要条件,除非有一天政治上发生有利于福音传播的变革,或者神圣的真理玄秘而悄然地远播四方、深植人心,以至没有任何专制政权的敌对行动和迫害能将福音从中国清除。马克瑞博士(Dr. MacCrie)在其《诺克斯的一生》(*The Life of John Knox*)书中,对这位苏格兰的改革家有许多精彩的观察,其中之一为"适于一个时代和地区的天才并不适于另一个时代和地区;

在扶持具备特定才能的人从事为人类造福的工作时，上帝所展现的智慧值得我们特别关注”①。我希望此处引述这段话并不是毫不切题。上帝赋予祂的一些仆人积极的热情，使他们非常活跃，工作也显得十分忙碌，引人注目和议论；如果善加运用，这是一项很珍贵的才能。但是这只能适用于特定的地区和时代。一旦上帝将中国开放给祂的仆人工作时，这样的一项才能将有重要无比的价值；但是处于在华传教事业的开创阶段，这是非常不宜的：极有可能招致从这个国家被驱逐出去。

不甘被征服的耐心，永不枯竭的勤奋，永不间歇的警惕，随时保持不惹人注目的习惯，这些都是最适于第一位来华新教传教士的才能。如果考虑到困难不仅来自中国人，还来自其他方面，那么以上所提特殊才能的必要性就更为明显了。所有在广州的外国人处境都很危险。在与中国人的商业交往中，他们经常不得不屈服于一种不友好的待遇，这让在其国内享受公民自由的外国人感到极其屈辱并有失体面。他们必须与一个极为嫉视外邦人的民族打交道，这个民族拥有一种高超的技巧，在与外国商人交往时，会把所有的错误或类似于错误的事情都为我所用，占得好处。这种状况毫无疑问需要我们保持高度审慎。但是关于世俗智慧的这类小心翼翼的计算，通常出现在小心过度的人幻想之中，想象之中的成千上百的邪恶永远都不存在。的确在中国表现出自己从事传播福音会招致一些危险，但我们建议这些人思考的是：作为一名基督徒，他们是否应该为了福音而承担危险。很容易设想到这些事情若同时发生，将对于我们论及之福音传播事业造成多大阻力，尤其是在那些对所有宗教都相当怀疑的地方，有时情形就是如此。在这些地方，只赞同与支持文学和哲学的观点，如果有人试图带领人们理性地思考并虔敬上帝，尊崇救世主，在生活各方面都凭良心行事，那就会受到旁人明显的怀疑，他的所有言行都会被密切地加以关注，唯恐他的行为会给商业和政府招致最危险的后果，因此，他自身需要加倍谨慎和警醒。当我们回想在印度、英国和其他国家这种情

① 参见《诺克斯的一生》第二卷，第257页。——原注

形曾经多么的普遍,那么在中华传教事业开创之初,在广州的外国商业界也存在着一定程度的同样态度就不足为奇了。也许,缺乏对于在华传教事业的详细了解是造成如此情形的原因,而不是出于对基督教固有的敌意。然而,公众情绪已经发生令人高兴的变化,在印度各地的传教士都已感受到此种有利的影响,而且有理由相信,在并不遥远的将来,商业将会遍及全球,“吸取海里的丰富,并沙中所藏的珍宝”(申33:19),不但便于提供广泛传播神圣的知识,并经由他们“将列邦召到山上,在那里献公义的祭”(申33:19)。商业肯定会因而大受尊重,而且还会大享其利。如果我们由过去判断未来,这样的情景必然不是一种异想天开的期待。

马礼逊在澳门开始了1809年新的一年,在重重困难中继续他那艰苦无私的事工。他孤寂的状况在莫顿先生及其家人的短期居留期间得到了极大的缓解。他们基督徒之间的谈话鼓舞了他的精神,激发了他对汉语学习的新的热情。马礼逊发觉莫顿先生的长女莫顿小姐温柔可亲,他们很快进入了热恋,最后结为连理。似乎是上帝的安排让莫顿小姐从马礼逊先生那里获得了关于救恩的神圣真理。这个阶段他想留在澳门的阻力极大,他已经决心到槟榔屿去,希望在那里继续学习汉语,完成他使命中的前期目标。他做好了必要的准备,离开的时间也定了。可是上帝却另有计划,以及时并且出乎意料的方式为他居留中国铺设了道路,他被正式任命为东印度公司的广州商馆的中文译员。这个任命在他举行婚礼的当天授予了他,年薪500镑。只需这一件事就足以证明他的汉语水平,还有他在极其艰难的环境下的谨慎和始终如一的行为。显然他承担责任的道路如此显明,因此他根本不需要犹豫,当即感激地接受了任命。万事的最高统领上帝就这样考验祂的仆人是否忠诚,为他铺平了前面的道路。这一事件成为马礼逊人生的重大转机,希望它从此决定了数百万人的精神利益。1809年2月20日那一天,他的人生经历了两起重大的转变,令他终生难忘。

下面是从马礼逊日记中摘选的从新年第一天开始的记录,让我们从中了解这一转折时期他的思想状况:

1月1日,主日,澳门

我在新年伊始回顾过去,感谢上帝在过去一年赐我的福佑。作为一名基督徒,我感谢祂让我至今仍以微弱的力量继续为所应许的努力。经常我为自己冒犯圣灵、伤害了自己的良知而难过,不得不再次到洗涤罪人和不洁之人的源泉那里悔过。作为一个传教士,我感谢上帝至今仍让我平静地住在这里,赐予我有助于学习语言的机会。但愿上帝继续保佑我,通过祂格外的恩典,让我完成提升我的任务(奉献自己)。但愿今年能有一些可怜的异教徒归于我主。赐予我恩典和力量让我投身到当前的事工中来。但愿我的身体能保持健康,能勤奋地学习,更好地利用宝贵的时间。

2日,礼拜一

今晚我——这件事总是刺痛着我的心。我祈祷将恩赐和力量都投入到上帝的事业中去。主啊,将我救离当前的危险和愚蠢吧。我原本盼望到达的美国船会带来给我的信,可是没有我的任何信。

3日,礼拜二

今天晚上我又像从前那样抱怨。我什么时候才能有智慧?昨天听人说中国人下了一道命令,禁止中国人去葡萄牙人的教堂。

5日,礼拜四

今天有人来修房子,耽搁了我的工作。

6日,礼拜五

如果上帝怜恤,我希望到槟榔屿的中国人中居住,模仿他们的生活方式,与他们完全融为一体。但愿上帝让我的内心充满希望。——今天中国人拘捕了葡萄牙籍的神父,也就是我以前反复提及的那个神父,用锁链把他带到了广州,不知道结果会怎样。

7日,礼拜六

我今天很高兴地得知中国人将里舍内神父交还给了葡萄牙人。今晚我见到了一个来自西北边境的人,他说那里住着约有60名欧洲人。中国人还像以前那样不友好,前段时间流行的瘟疫夺走了近乎半数人的性命,现在过去了。我计划明天和威廉及他的母亲参加主日晚餐,但愿上帝临格我们。

8日，主日

今天我们遵照上帝的诫命缅怀耶稣之死。M小姐也坦承了她对耶稣的信仰，表达了对祂的爱，遵守祂所有的规定，顺从祂的安排。蔡轩和我一起读了他的悔改认罪书。我借机给他解释了圣餐的性质。今天早晨，一座葡萄牙人教堂被大火烧毁。

10日，礼拜二

今天我收到一封信，说钱明天能到，B先生给我的汇票在他那里兑现。我与莫顿先生一家共度夜晚，但是没有学习让我感到不安，我多盼望掌握汉语啊。

11日，礼拜三

今天像往常一样学习，没发生特别的事。上帝依然仁慈地怜恤我、祝福我。我愿为祂而活！

12日，礼拜四

学习汉语。晚上和莫顿先生全家在一起。没有像应该的那样刻苦学习。我和蔡轩进行了长谈。他说他不会像某先生的仆人以前做的那样，比如说找他来时是做老师，走的时候是仆人。我认为他对现状不满才这样说，然而他矢口否认。他认为当前是特别困难的时期。为了报复最近军队到澳门的事情，中国官府就更爱给外国人制造麻烦了。

14日，礼拜六

蔡轩今天又一次警惕起来，把我的书收起来。这里的中国官员经常给外国人找麻烦，他们事先不予任何通知就进入家中查看。

20日，礼拜五

我今天在上帝面前倾诉了盘桓在我脑海中的一切。我盼望向我主上帝奉献自己。但愿祂仁慈地指引我，帮助我做对祂对我都有益的事情。为了你的名，仁慈的父，怜悯我吧。今天我收到了一封来自广州的信，巴林先生(Mr. Baring)接受了哈德卡斯特先生给我开的汇票。

26日，礼拜四

我今天学的比前几天加起来还多。希望我能够做在上帝眼中喜悦的事。感谢上帝在婚姻事宜上给我的指引和帮助。

27日，礼拜五

希望上帝指引我,祝福我,恩赐我。我的汉语没有大的进展,令我很难过。上帝啊,帮帮我!

29日，主日

和莫顿小姐及其全家举行圣餐礼。影响到汉语学习让我极为难过。愿上帝帮助我、赐福我。三德让人把我的家具运来了,还说等到下次有船来澳门时把书带给我。低于300元葛先生是不会来澳门的。

31日，礼拜二

今天我不舒服。我很为将来担忧。愿神完全指引我!我相信祂会让事情朝有利于教会的方向发展的,也会因耶稣而让我的事都好。

2月1日，礼拜三

今天更加勤奋地学了一天。何去何从仍是我最关心的事情。赐我智慧和恩典吧!上帝,帮助我吧,把你的祝福和恩典赐给我选择的伴侣吧!免除我的罪恶。

3日，礼拜五

三德给我写信说葛先生要300元的薪金,我给他的待遇是包食宿,另付150元。我不知道该怎么处理这件事。

6日，礼拜一

B先生给我寄来了一些报纸,上面登载了在英国关于印度传教活动引发的争论。我能否在中国居留,我不知道结果会怎样。

12日，礼拜日

我的工作受到了极大的阻碍。我祈求上帝的帮助和赐福。我的父,指引我吧——我的父,指引我。我不该经常旁顾,让我的灵魂悲哀,也令神失望!听莫顿先生畅谈他对在华传教事业的看法。

15日，礼拜三

我现在下定决心近期到槟榔屿去。无论我身在何方,但愿上帝都会指引我。

16日，礼拜四

忙着准备去槟榔屿。愿上帝帮助我。主啊，帮帮我！

17日，礼拜五

我和里舍内神父用中文谈了很久，他告诉我的关于北京和其他省份的天主教情况与云官明所说的相同。

18日，礼拜六

已经答应下礼拜一举行婚礼。但愿我对于即将迈出的重要的一步做好了准备！但愿不会因此而影响我情愿为之付出生命的传教事业。

20日，礼拜一

正确地认识到今天将要发生的重要变化。

大约两点，我与莫顿小姐喜结良缘。

23日他给父亲写了下面的信，告诉他这些变化：

1809年2月23日，澳门

我敬爱的父亲：

我让带上封信的同一条船带去这封信。在上封给您以及哥哥托马斯的信中，我简要地叙述了发生在您浪迹远方的儿子身边的事情。总之，我要“歌唱慈爱”（诗101:1）。自从我离开您之后，亲爱的父亲，“恩惠慈爱”（诗23:6）一直伴随着我。我以前没有跟您谈过关于我传教的事情。在上面说到的信中我谈了谈传教的情况。最近发生了一件事关我的重大事情，但是以我的处境不允许我事先征求您的意见，现在写信告诉您。

本月20日，我和莫顿小姐结婚了，她是爱尔兰莫顿医生的女儿。和我所爱的人共同生活的前景令我欣喜异常，而她也热恋着我，您从前担心我极为孤独，从某种程度上这种孤独将会减轻。我的内心仍然激荡着传教的召唤，我相信有我亲爱的玛丽，我的传教事业不仅不会因此受影响，反而会得到更多帮助。我的妻弟威廉继续跟我学习汉语，盼望进入传教事工。上述情况我也及时通知了伦敦会，还写信告诉了哥哥詹姆斯。我的岳父、岳母和他们的三个子女正在前往英国的途中，很可能在伦敦会见我的哥哥。

我上封信提到，我本想这个月去槟榔屿，但又一次取消了，因为我担任了东印度公司在广州的商馆中文译员①，他们说给我500镑的年薪，但我并不在意。

我亲爱的玛丽在此和我一起向您和母亲问好，与我共同问候亲爱的姐姐汉娜、哥哥托马斯、他们的伴侣和孩子们。玛丽非常盼望听到你们安康的消息，请你们在祷告中为你们亲爱的儿子罗伯特祈祷吧。永远为我祷告，我亲爱的父亲。啊！我在自己微弱的祈愿中常常忘记您。成为一名杰出的传教士仍是我的最高目标。上帝赐福您。我想只能等到上帝带我们回天国时我们才能重逢了。愿您平安！亲爱的父亲！再道珍重！

永远爱您的儿子

罗伯特·马礼逊

---

① “由于罗德里戈神父（Padre Rodrigo）要离开澳门，和曼宁打算乘回程的‘羚羊号’再次前往交趾支那，将使我们依靠中国人从事翻译等工作，而他们的忠实性是可疑的，同时，我们对他们的工作是不能经常管理的，委员会深入考虑，由曾经介绍给我们的马礼逊接任。这位先生是两年前（1807年9月7日）乘美国船（从纽约来的‘三叉戟号’）到来的，就我们所知是担任宗教任务，而且早已具有一些汉文知识，由于极大的专心与勤勉，我们相信他现在对汉语文法与词汇已有相当的进步。”——《东印度公司对华贸易编年史》第三卷，第68页。——译注

第三节　从被任命为东印度公司的译员到米怜牧师来澳门①

-1809—1810-

⁜

-1809-

马礼逊先生的特殊处境—对承担世俗责任的评论—米怜《新教在华传教前十年回顾》选登—理事会致马礼逊先生的信—伦敦会 1810 年的报告—马礼逊先生给理事会的信件摘选—日志摘选—写给岳母的信—给一位纽约友人的信—致施拉布索尔先生的信—私人信件摘选—米怜《新教在华传教前十年回顾》摘选

截至 1809 年,马礼逊已经制作了一份汉语词汇表,他的《通用汉言之法》与汉英词典的编写也取得了很大的进展。此外,他投入了相当精力的《圣经·新约》的翻译也有了很大的进步。他成功地收集到了很多中文著作,他在中文教师的帮助下对这些书的很大一部分已经很熟悉。随着他所能理解的汉字的增加,他的中文知识水平也相应地迅速提高。他很快就发现能让中国人受益的唯一方式就是印刷出版,而唯一确保他居留在如此重要地点的保障就是他与在华英人的友好关系。正是这些考虑促使他下定决心,承担起他的责任。但是,他将服从派遣他来华的伦敦会的意见和指示。1808 年中英摩擦期间,在他从广州写给沃博士的一封信中,他谈到了自己的特殊处境,他这样写道:

旨在保护澳门的英国远征军最近到了澳门,极大地激怒了中国人,导致中英之间的贸易停顿,中国人和英国人之间的一切友好往来也被终止了。据说澳门将要发生战事,大约 10 天前广州处在极度戒备状态,几乎

① 感谢沙培培修订了本节。——译注

所有的英国人都撤离了广州。我发觉有离开的必要,几乎是以最仓促的方式离开的。“沃利号”的蒙塔古船长客气地将我接到他在黄埔的船上。我不想再细叙当时自己的艰难处境。容三德忠诚地站在我这边,支持并帮助我。自从我来到中国以后,上帝让他对我充满友爱之心。我有时也给他钱,他现在替我保管所有的书,包括外文和中文书。如果我考虑在澳门悄悄住下来,他以后会设法替我把书送到澳门。除了三德,没有中国人敢接近我,他这样做有时候冒着很大的风险。

中国人喜欢刨根问底,而且非常健谈。凡是和外国人有接触的中国人基本上都知道我,每天议论我。有些外国朋友为我好,告诉了我有关我的议论,我的罪过就是渴望学习他们的语言。几天前有人说,如果我不做贸易,来这里简直愚蠢至极,最好是到别处去。

为中英双方谈判担任翻译的葡萄牙神父,引起了中国人非同寻常的愤恨,以致现在有消息说他甚至有生命危险。

这个精明世故的民族真的是难以理解!如果一个外国人学习他们的语言或者拥有他们的书籍,竟然就是犯罪;如果中国人有外国人的书,就罪加一等。英国远征军的到来使广州和澳门方面对外国人的限制增强了10倍。

我很担心失去我的藏书,那是我花费了很大的代价和力气得来的。无论怎样,我都倚靠诸事都好的上帝耶和华,祂是我谦卑地信靠并侍奉的主人。

12月9日,澳门。10月底我来到这里时,随身只带了衣物和几本研究《圣经》用的希腊文和希伯来文书,除非我能够取回我的那些中文字典。根据海关规定,我到达后必须拜见澳门总督和大法官,幸运的是我居留至今没有遭到拒绝。我的房东和他的雇员给我找麻烦,我不得不为租用他的房子预付了一年的房租,他才罢休。英军远征澳门的风波迄今仍没有平息。中国人的反抗达到了一个高潮。如果英军不撤退,我们面临着随时开战的威胁。明天我们的供给就停止了,所有的中国仆人都停止为外国人服务。我认为英国人可能会输掉这场争斗,带着失落和耻辱离开此地。三德今早离开了我，他大约8到10天前回到广州，想帮我把外文书和家具运到澳门来，但是发现根本不可能。

马礼逊先生发现他既不能给中国人传教，也不能通过正常的途径接近中国人，看到在中华帝国居留下来的唯一办法就是接受东印度公司的任职；同时他还意识到中国人是个重视读书的民族，某些异教徒的偏见可能就是由出版印刷造成的，虽然他担任译员可能在某种程度上会阻止他全身心地从事传教事务，但是却能让他更准确、更广泛地学习汉语。此外，他渴望替伦敦会减轻经济负担，因此马礼逊先生接受了英国商馆的中文秘书和译员一职。他是在充分取得了伦敦会理事会的支持后才作出了决定。此后多年，他谈到这一职位时都认为它阻碍了自己属灵的职位，有时候他希望能够彻底摆脱它，可是他认为这个职位为他提供了除此之外别无可能的学习汉语的便利，此外，还为他在中国居留提供了保障，而在其他任何情况下，他恐怕早已离开了中国。因此可以公正地说，他翻译《圣经》的速度即使没有加快，至少也因他走了这一步而从中大受其益，他编纂汉英词典和其他语言著作亦是另一收获，通过这些著作为所有的不论是出于传教目的还是其他原因学习汉语的后人铺平了道路，这也是额外的收获。

马礼逊先生出于上述原因开始积极履行他的各项新职责，继续致力于他作为传教士的更高尚的追求。他时断时续的头痛病因为操劳过度而加剧，还引发了几场极其危险的疾病。他深爱的妻子的健康状况也急剧恶化，而这种感情上的折磨是最痛苦的。他的妻弟威廉也被迫终止了学习，辗转去了气候温和的地方。即使身处这一系列的考验之中，马礼逊先生在圣灵的扶持下依然能够宣布，“我们原是祂的工作，在基督耶稣里造成的，为要叫我们行善，就是神所预备叫我们行的”（弗2:10）。

米怜先生对马礼逊先生的人生选择以及接受东印度公司的任命做出了明智的观察：

全心全意地致力于开创在华传教事业，因此马礼逊先生在离开英国之前，主动地婉拒了一名女子结婚的请求；他明智地做出判断：在自己对将要度过一生的地方及其民众有相当的了解之前，就让一个家庭遭受海上航行和居无定所的艰辛是不够审慎的。

由于他的汉语知识仍不完备，这一工作的职责起初十分沉重。他觉得忠于雇主是自己的职责，但他既对自己的汉语知识没有信心，也无法信任他的中国助手。他至今难以忘怀刚接下这项新工作时经历的艰辛。但他对其中一点感到很满意，即他所有的职责至少都间接地与他的首要工作目标大量的汉语练习相联系。

在马礼逊每年于广州商馆工作的大约半年时间中，马礼逊夫人几乎是一人独居在澳门的家中，恐怕就是因此诱发了她的身体不适，直到目前还没有完全根除。如果没有健康，其余尘世间的好处还有什么价值？健康的重要性仅次于宗教信仰，即使是上帝所赐无价的才干也要让位于它。基督徒会祈祷，噢，上帝，除了健康，您的圣灵可以剥夺我在尘世间的一切好处。尽管如此，马礼逊相信，无所不及又个别关照的上帝，既掌管伟大的事务，同时也不会忽视任何细微之处；他因此感到安慰，了解所有事情的发生必然有其合理的原因或是天意，或二者兼而有之；他很满意宇宙的伟大统治者的安排——“因上帝并不甘心使人受苦、使人忧愁”（哀 3:33）——我们经常感受到的痛苦是有益的：我们个人的救赎和我们投身的事业，经常借由个人和家庭的受苦来成就其重要的目的。

下面伦敦会理事会的来信表明他们深切地同情马礼逊先生的处境，理事会愿意尽他们所能为他减轻负担。在伦敦会 1810 年的年度报告中，他们特别摘录了马礼逊先生详细描述工作进展的公务信函。

伦敦，1809 年 1 月 9 日

亲爱的主内弟兄：

虽然你被安排在离伦敦会理事们数千里之外的地方，我们对你仍保持着最真挚的敬意和真诚的主内弟兄之情。你 1807 年 5 月离开纽约到 9 月抵达澳门和广州的日志，以及到 1808 年 1 月初的日志，和你在 9 月、11 月和 12 月写给哈德卡斯特先生、伯德先生以及其他朋友的信件，我们都适时收到了。这些详尽的通信不仅让伦敦会的理事了解到事情真相，还让我们知道你的思想状况和感想，这让理事会感到非常满意和愉快，他们特别感谢“你所属，所侍奉的”上帝在你从纽约到广州的漫长旅途中怜恤你。你积极地公开布道或私下指导帮助水手们悔改他们的罪孽，都是非常值得称赞的。这样播种的种子，我们相信将会萌发出新芽并结出累累的果实。我们与你一同喜悦，感谢上帝让你的劳动能够有如此丰厚的收获。

你给朋友们的众多信件都按照他们的地址小心地寄出了，他们不应该怪你忘了他们。我们相信他们一定会在上帝面前的施恩宝座替你祈祷，他们热切的请求会给你带来丰硕的成果。

澳门和广州都接受了你，我们认为情况对你极为有利，感谢上帝为你扶起一些颇有能力、在关键时刻能帮助你的朋友，比如乔治·斯当东爵士等人。我们赞赏你处事谨慎，在一个不喜欢外国人的国家更应当如此。

你讲述的身边异教徒的各种迷信仪式很受欢迎。它们对我们思想的冲击(可能不如对你那么强烈)就像你看到时一样。的确，世界上很多人依然生活在沉重的黑暗中，我们从他们身上深刻地体会到了《圣经》中所宣称的“世人凭自己的智慧不认识神”(林前1:21)。天哪！如此古老、有创造力、彬彬有礼的民族竟然还停留在偶像崇拜阶段！这些可怜的中国人所吹嘘的理智几千年来又产生了什么结果！同时这激起了我们沉睡的热情，让我们意识到我们应该追求通过合法的手段，让他们认识上帝——一个值得他们崇拜和信赖的存在。如果有机会，我们盼望你能给我们提供更多的关于当地人宗教信仰方面的信息。

我们都清楚你掌握汉语所面临着的巨大困难，尤其是学好汉语又是翻译《圣经》这一重要任务所必需的。我们对你表现出的极大的毅力和勤奋的精神非常满意，这都是上帝因为对那数百万我们同类的怜悯而恩赐你的禀赋。我们祈祷你能不懈地朝既定的目标努力，但是希望你一定要注意身体，以免过度劳累而损害健康，妨碍你继续从事艰苦的事业。但愿你记住“欲速则不达”，每天要舍得花几个小时休息或者锻炼。做这些事情不会浪费时间，相反还会给你带来活力，你不只可以长时间地学习，还可以做得更多。同时，你可以根据工作的需要自行决定购买书籍，我们理事会很高兴地将此交由你来判断并决定，理事会还恳请你不要太节约，要顾及健康的需要。你写信前刚搬入的住所的费用、中文教师的薪金、仆人的开支等，比我们以往为任何一个传教点支付的费用都高得多，但是我们认为你的目标意义重大，而且我们相信你足够谨慎，经济上也很节约，完全信任你。你看来觉察到了并为巨额的开支所困扰，但我们不希望它影响到你认为是完成目标所必需的花费。理事会将会给你寄去信用证，我们也正打算寄给你一笔现金。

翻译并出版一部高质量的中文新约（以及旧约）《圣经》，我们依然认为这是世界上最令人期待的事情之一。

我们认为应当让富勒先生（Mr. Fuller）知道你的疑虑，你似乎有证据对拉萨尔先生翻译《圣经》的资格以及自称为拉萨尔老师的人提出质疑。富勒先生得知后很不高兴，他觉得你更应该将你的怀疑转告给塞兰坡的弟兄们而不是告诉我们。只要这件事的最终结果是好的，我们就不后悔。不过，我们希望你能够尽可能就你们双方的利益同他们进行坦诚的沟通。我们伦敦会和浸礼会在这件事上都不争名利，两个译本可能比一个好。两个中的任何一个在开始时都不太可能是完美的，只有通过比较和借鉴以及将来的神启，也许会出现一个比你们第一次更好的译本。如果你能找到中国已经存在的任何译本，比如你的一位中文老师向你提过的一本也很好。毫无疑问，你会得到我们力所能及的帮助，我们诚挚地盼望并且向上帝祈祷，祂向门徒施令让他们在世界每一处传播福音，祂也会因此协助你并让你的劳作兴旺昌盛。

谢谢你寄来的古董和那些小偶像，贝修恩先生给我们送到了伦敦来，我们在一起相处得很短暂却很愉快。我们感谢他对传教士的支持，也很高兴他能平安、顺利地抵达纽约。

可能你已经从印度方面得知我们的弟兄高登和李在即将去印度时，收到了塞兰坡的一些信件，信中讲到了查特先生在上岸时遇到的困难，当地还出现了反教运动，他们担心传教活动可能会被全面禁止，因此没能前往印度。我们有证据认为这些阻力被夸大了：浸礼会的传教士在加尔各答而非塞兰坡登陆，这违反常规，因此遇到了反抗；一份反对穆斯林的宗教印刷品把他们的真主描述为“暴君”，政府接到了对这件事的抗议；这些事件都是在维洛尔(Vellore)会议之后接连发生的，而维洛尔酝酿着一场反对传教的运动，反基督教方占据了上风。我们相信这场风暴已经过去了，因此克兰(George Cran)①和德让格(Augustus Des Granges)②对高登和李没能前往感到很遗憾。他们本该已经到达该地了，可是由于英国和美国之间的政治分歧，美国的船只对英国实行禁运，而且至今仍未取消，所以未能去印度。

我们印度方面的报道总体上是鼓舞人心的，你可以从我们的报告和杂志上了解详情。

非洲的工作还在继续，我们在圭亚那德拉拉(Demerara)和多巴哥(Tobago)取得了初步的成效，西印度群岛也显露出令人振奋的前景。瓦斯先生(Mr. Vos)的热切激怒了那个荷兰天主教士，他因此被迫离开锡兰，现在印度的尼迦巴坦(Negapatam)传教。林格道比先生(Mr. Ringeltaube)在提尼谷(Tinivelly)。泰勒医生(Dr. Taylor)接受了东印度公司的职位，在孟加拉为公司的军队担任军医，可他仍希望能实现传福音的目标。他去过波斯湾、巴索拉(Bussora)等地。我们等着你提供传教新闻并且刊出它们，如果这次没有，下次一定要寄来。

亲爱的弟兄，我们再次在上帝面前推举你并称颂神恩，愿你能够完成伟大的使命：神说“你们往普天下去”(可 16:15)，神又补充说“看哪！我就常与你们同在”(太 28:20)，多么恰如其分啊！毫无疑问，你一定是基于这样的信念才支撑起磨损的热情，激励消沉的心。但愿祂永远成为你的慰藉，激励着你采取行动。“我必不撇下你，也不丢弃你”(书 1:5)，祂对约书亚说，对你也同样说。继续前进吧，亲爱的弟兄，满怀希望，不要害怕。你为之效力的主人拥有大能，统治着宇宙。祂一定会以无穷的智慧和统领一切的权力保佑你，以祂的方式奖赏你，让你像约书亚一样繁盛成

① 原文此处误将“Cran”写为“Crau”。——译注

② 克兰和德让格都是伦敦会第一批前往印度维萨卡帕特南(Visakhapatnam)的传教士。——译注

功，让你看到最好的结果，我们对此应该感到满足。

亲爱的弟兄，我们永远是你忠诚、挚爱的朋友。

（谨奉理事会1809年1月9日会议之名）

司库：哈德卡斯特

书记：伯德

伦敦会理事会1810年的报告中这样写道：

我们的传教士马礼逊先生提供的各方面的情况，让我们一次比一次更满意。在能干的中国教师的帮助下，加之马礼逊先生不懈的努力，他已经攻克了主要的困难——语言障碍，看来他完全掌握汉语的时间不像当初预期的那么遥远。

事实证明，他抄写并带到中国的那份大英博物馆收藏的中文《四史攸编耶稣基利斯督福音之汇编》对他的帮助极大。随着他对汉语的了解日渐深入，同时听取了中国助手的意见，他发觉这个译本极有价值，而从它流畅优美的文风来看，必定是由中国人翻译的。

在《圣经》的参考资料方面，马礼逊先生还得到了一些意想不到的帮助，尤其是一名中国天主教信徒送给他一份三卷本的中文《十诫阐要》（*Exposition of the Decalogue*）。我们还应看到并感激容三德给予马礼逊先生持之以恒的关怀。容三德原来在伦敦时曾做过他的汉语教师，当他面对只有中国人才能帮忙解决的难题时，容三德总是挺身而出。这印证了容三德良善的人品，也显示出马礼逊先生的正直和仁爱给容三德留下了美好的印象。

近期英国与中国的政治冲突影响到他的汉语学习，使他受到了限制，他和其他欧洲人及美国人往复在广州和澳门之间搬家，在最近的几封信发出的时候，他还留在澳门。

他的天赋以及在学习汉语上一丝不苟的精神已经为他开拓了广阔的前景，希望将来他能得到支持，降低这项重要传教工作所需的高昂但却无法避免的费用，也可以因此获得在当地长期居留的权利。在神的引领下，他在澳门邂逅了受人尊敬的、虔诚的英国人莫顿先生一家，他们给他带来了洛夫莱斯先生的信。此后不久，他和莫顿小姐结为夫妻。莫顿小姐的弟弟威廉是一位很有意思的年轻人，最初他是通过与锡兰(Ceylon)传教的里德先生(Mr. Read)交谈才开始关注传教事业的。他随后在马德拉斯得到了洛夫莱斯先生的指导，并阅读了阿雷恩①和杜德瑞基②的书。他很快就被马礼逊先生所吸引，非常渴望将自己完全奉献给神，盼望学习汉语以便将来从事传教活动。我们希望这个年轻人有朝一日能成为马礼逊先生的得力助手，在马礼逊先生的推荐下，我们将是否接受威廉·莫顿先生进入伦敦会侍奉的权利授予马礼逊先生，由他观察随着莫顿先生年龄和经验的增长，他能否显示出恒心、虔敬和能力。

下面的摘录从一个有趣的角度描述了我们的弟兄马礼逊先生工作的近况和取得的进展，以及他在物质条件匮乏、与基督教社会风俗习惯大相径庭的环境下，支撑他、激励他的毫不消减的虔敬之心。

这是1809年12月4日他从广州写给理事会的信件摘录：

亲爱的牧师和弟兄们：

本季到达的直航船只带了你们给我的公函，信上标注的日期为1809年1月9日。你们应该乐于相信，这样的一种交流是我长久以来所盼望的，我为这封鼓舞人心的信感谢上帝，也感谢你们。我时常盼望能够向你们，也向我们的主耶稣基督证明自己是一名优秀的传教人。我祈祷主作为教会之首，也能够如你们一样，以恩慈接受我取得的微不足道的进步。我们都要感谢上帝，是祂让我们知晓了祂的救赎计划，并且激发我们产生将福音传播到世界的热情，这就是恩典。我还要感谢祂让我为耶稣效力，无论是在何种工作中——祝福我主！我在祂面前多么卑微，我的侍奉又

① 阿雷恩(Joseph Alleine，1634—1668)，著名的清教徒的传道者与作家，因为反抗英国国教于1662年同其他2000余名教牧人员一道被革职驱逐出教会。他最著名的著作为1672年出版的《警告未悔改者》(*Alarm to the Unconverted*)。——译注

② 杜德瑞基(Philip Doddridge，1702—1751)，英国非国教牧师、教育家、著名作家与诗歌作者。1733年他与艾萨克·瓦茨(Isaac Watts)成立了一所以培训非国教传道人著名的学院，1729年这所学院迁至北安普敦。他最著名的神学作品是《宗教在灵魂中的兴起与进步》(*The Rise and Progress of Religion in the Soul*)，还有六卷本《家庭圣经释要》非常流行，并有许多赞美诗传世。——译注

是多么渺小！还有什么耶稣没有为我们做的呢？

我停顿了片刻，考虑应该在这个问题上再说些什么。以你们的聪敏，一定能发现比我的话更适宜的答案。我尊敬并且爱戴所有的好传教士，但是想到自己也是一名传教士，他们所得到的赞美和盛名使我痛苦——这让我感觉很压抑而不是备受鼓舞。我知道，弟兄们，你们并不是把荣耀归给受造之物，而是归给主的恩典，是恩典让我们成为信实的人。为我这个可怜软弱的弟兄祈祷吧，因为得救的恩典让我期盼为之奉献一生，求神使用我，而我今生最大的愿望就是在开启异教族心智的工作中度过此生。

我非常感谢理事们在信中表达出的对我的健康状况的关心，让我不要在工作所必需的花费上太过于节约，也不要过于刻苦地学习汉语。我赞同你们温和的劝诫，自己也希望能够这样去做。我发现自己的身体比离开英国时差了很多，已经生过两场大病了。我亲爱的玛丽和我对现状非常满意，但是却为在这里生活所需的巨额的开支感到难过。

紧接着，马礼逊把话题转向了研习中国文学的事情，他继续写道：

虽然我在英国时就开始学汉语，亲手抄写了一本汉拉词典，自从离开英国后也一直在学，这两年间无论早、中、晚，我都在努力地学习，现在我能给广东总督写出语意清晰的中文信函，也和几个政府的高级官员当面交谈过，可是我在中国文学方面的知识既有许多不正确的地方，又肤浅片面。我补充一句，虽然我翻译了大量的公文信函，也翻译了两本中国蒙童读物，此外还翻译了孔夫子著作的前两部《大学》《中庸》以及第三部《论语》的一部分，但是我仍认为我对中国文学的了解很不完善。你提到的那些汉语书籍我早就有了，我还有很多其他关于汉语的书籍，除了中国人的经典和天文地理方面的书，还有法律、历史、宗教、解剖、医学等各类书籍总计已达 1229 卷，此外还有一些小册子。

除了《四史攸编耶稣基利斯督福音之汇编》，我还有中文的《使徒行传》《罗马书》《哥林多前书》《哥林多后书》《加拉太书》《以弗所书》《腓立比书》《歌罗西书》《帖撒罗尼迦前书》《帖撒罗尼迦后书》《提摩太前书》《提摩太后书》《提多书》《腓利门书》。这些译文总体上忠实并且通顺,这是勤奋的人们的劳作果实,我相信这些译者是信主的人。这些翻译对我帮助极大,我每个安息日都给几个中国人读它们。

至于学习汉语的困难程度,我的看法如下:一个中国儿童开始学说母语的时间与英国儿童相同;可是在同样的年纪,一个中国儿童学写母语的程度比不上英国或法国的儿童,不像英国或法国儿童学写字那么容易。因此一个英国人想要学会说、读、写汉语就更困难了,汉语比我所知道的任何语言都难学,因为它的形式和性质完全不同于其他语言。

欧洲语言之间,包括拉丁语在内,如果和英语相比,它们之间的差别并不比同一种语言内部在不同省份的方言之间的差别大。掌握了英语语法并略通拉丁语语法的英国儿童,如果到法国、意大利、西班牙或者葡萄牙去,就会发现这些文字都相似,功能也差不多,结合的方法也一样,从发音就可以知道字母的组合,而且总有很多单词只是与他已经学会的英语或拉丁语单词稍微不同而已。可是如果这个英国儿童去了中国,他会发现这个国家的语言并不是字母文字,文字不标示发音,与英语没有相似之处,学习的方法也完全不同,没有一个字与他以前认识的字相似,即使他知道了汉字和句子的发音,也与写出来的同一个意思的汉字不同。我的看法如果正确的话,汉语似乎比任何欧洲语言都难学。

我已经向你们汇报了我目前已接受广州商馆的中文译员和秘书的任命。这件事我完全尊重你们的决定,无论你们赞同还是反对,就像广州商馆的公司雇员的聘用和任命都由董事会决定一样。

我已经陈述了我接受聘用的理由,简要地说就是为我居留当地提供保障;同时,这一职务有助于提高我的汉语水平,我的意思是这一切都是为了达到这个目标;第三个原因是它提供的薪水可以减轻英国教会传播福音的经济负担。上述原因足以证明担任这一职务的必要性,我肯定你们也持同样的想法。此外,当东印度公司董事会发现传教士们乐意为公司的利益服务,可能他们会消除对传教士的反感与偏见。

当前这种状况既有我在此所说的优点,也存在它的缺陷。在我短暂的一生中有多数时间所做的事情与我的首要目标没有直接关系,但我在翻译官方的文书的同时,可以编纂词典。我希望这部词典能成为以后到来的传教士们必不可少的工具。

自从我去年到达广东以后,我的个人品行在异教徒看来还不错(我信任的几个异教徒告诉我的)。他们觉得我是一个非常温和善良的人。我现在还不知道我担任了译员后他们对我的看法是否改变了。

我祈祷自己能够有足够的才智,对所有的人都保持温顺得体的举止。让所有的人都喜欢你是根本不可能的,我只盼望他们说起我时不要说我的坏话。

今年夏季,一伙中国海盗在距离广州40英里的地方野蛮地进行劫掠,有时离广州只有一二十英里,他们非常猖獗。他们登陆劫掠,如果村民拒绝交出他们要求的钱数,海盗们就杀死村民。这个夏天发生了几起这样的事件,数千人被杀死。有一次城里总督官邸里都听得到他们的枪声。秋天的时候他们登陆抢收农民的稻谷。这群海盗共有700多艘船,他们的大首领被人称作张保①;还有一支海盗的首领是一个女人。海盗们都是自由散兵,只要他们一看到抢劫的机会,就发起进攻。今年他们还强占了一艘小型美国船和一条葡萄牙双桅帆船,还有一艘英国东印度公司的"伊利侯爵号"(Ely),连同船上的一名船长、八名船员都落入了他们手中。政府的军队和船只因为实力落后,与他们交火屡战屡败。

最近广州府提出要英国人协助他们打击海盗。英国人愿意打击海盗,但是必须由两广总督亲自提出这个要求他们才采取行动,然而遭到了两广总督的拒绝,因此双方的会谈陷入了僵局。

葡萄牙人派出了五六条船对抗海盗,可是没有效果。他们把海盗包围在一个小港湾中,中国政府的军队也加入了这场战斗,可海盗们还是逃

① 1809年11月23日,由澳门判事官、理事官与中国官员签订了一份协议,共同打击海盗。据《平定中国海盗之回忆》(*Memoia Sobre a destrui Çaõ dos Piratos da China*,1824)记载,郭婆太(Kivo-Potae)在1810年1月率领船队向两广总督投降,最后张保(Chang Paou)也投降了官府。两广总督于1810年4月12日来到香山宣布了皇帝赦免海盗的诏书。——参龙斯泰著,吴义雄等译:《早期澳门史》,东方出版社,1997。——译注

脱了。目前比较平静。这群海盗不一定是暴乱起义的民众,也不像反抗政府的武装。他们只是一群凶残的匪徒,如果不阻止他们,他们将会对这里的贸易以及相关各项事务造成很大的危害。

邻近广东东部的福建省的叛乱只针对中国政府和军队,并不像这里的海盗杀害民众。这群现在战无不胜的海盗已经存在20余年了,刚开始时他们被轻视了,可最近却成为一股危险的力量。去年他们开到了交趾支那,协助其中的一个王子与另一个争夺权位。现在从广州到澳门的航线非常危险,一共有两条航线,叫做"内航线"的那条,今年夏天不止一次被海盗完全封锁了。澳门岛最西边的香山县经常遭到他们的抢劫。海盗们心狠手辣,因此所有政府军抓的海盗都被问斩,有时候还用钉子把他们的手钉在一起,而不是用枷锁锁住双手。海盗们因此也把他们抓到的官兵处死,特别是把抓到的官员碎尸万段。

人类的历史多么耻辱、多么令人痛心啊!这个世界上充斥着怎样的罪恶啊!人类自己的悲哀又有多少啊!这句话从来没有这么强烈地在我的脑海回旋:"不法的事增多!"(太24:12),尽管有人说:"善的美德是与生俱来的,即使最恶劣的人身上都有美德。"天啊!天啊!上帝保佑!您以自己无尽的怜悯改造这个罪恶的世界。

我在上封信中提到的威廉·莫顿跟我学习科学常识和汉语的事,他父亲莫顿先生也完全赞同。我帮助他是希望有朝一日他能够成为一名传教士,为基督耶稣效力。他跟我学习了一段时间后,我感觉由于学习太艰苦他身体很不舒服。在神的恩典下,虽然他身体不是特别健康,但是恢复得相当好。病后他决心离开中国,因此中国的传教事业又剩下我一个人了。我祈祷上帝让一些谦卑耐心的同工选择这一事业,源源不断地到这里来,直到这里的事工完满为止。

我在想你们为什么还没有向槟榔屿派遣传教士,你们一定要考虑这个建议。就像老话所说,让它成为进入中国的"跳板",同时还可以向马来人传教。在我看来,此处非常适宜建立传教点,因为所有往来印度各地的船只都路过它,因此它可以成为连接其他传教点的枢纽地。这个计划并非异想天开,这个地方很适合召开三年一次的传教大会。关于那本在我离开英国时克拉克博士(Dr. Clarke)就已经拥有的马来语《圣经》,据说精通马来语、闻名印度的萧先生(Mr. Shaw)曾经提到过这本由荷兰人翻译的马来语《圣经》,表示:"它太糟糕了,用了很多不当的词,很多段落显得很荒谬可笑。"

如果准备出版,我希望英国圣经公会要格外留意修订这本《圣经》。我并非是说你们会对此疏忽,可是由于这是全新的翻译尝试,应该由很多人来共同完成,每人负责一部分,并且要保证经过众人的努力使它变得更好。我个人认为,如果忽略这一步骤,翻译成其他外国语言的《圣经》译本不但不会帮助人们了解《圣经》,反而会给阅读的人带来无数的困难,甚至引起他们的反感,而如果我们采取措施就可以避免这样的结果。

我还有一事想请示,就像我们有时派荷兰和德国籍的传教士到海外传教一样,派遣美国籍的传教士是否可行?对上帝的信仰让每一个国家、每一个民族的人们都团结起来。能否让美国传教士还有目前在交趾支那的泽西①(Jersey)岛法裔学生来广州传教?他们不会像英国人那样遭到中国人强烈的民族和政治上的排斥。

上面已经提到,今年葛先生带着我通读了孔夫子的著作。葛先生非常乐意教我读孔子的书,而且他指导我的水平也相当高。我除了提供他的食宿外,另付给他250元一年。我同时还用蔡轩,以前跟你也提过的,他为我誊抄《福音书》和《使徒行传》。他按照汉语书籍的版式重新抄写并且整理书稿,很多手稿中省略的部分在抄写时都补充完整了,这一工作蒙图斯博士(Dr. Montucci)认为是件虽然费时费力但是极有价值的事情。可是对一个中国人来说,没有比这更容易的事了。上面的两个人我都想继续留着。我和他们一起读书的时候,经常谈论主耶稣,谈论通过耶稣我们得以拯救以及理解永生真神上帝的存在,可是他们对最后一个问题的认识非常模糊不清。我所见过的中国人对唯一的全智、全能、完美的上

① 泽西是英属的一个海岛,位于诺曼底半岛外海20公里处的海面,多数人为法国人后裔,而且以法语为母语。——译注

帝,一个创造世界、统治世界的主完全没有概念。他们由很多神灵主宰,他们敬拜这些偶像并献上祭品。

根据孔子和他的学生的谈话,我觉得他们对我们所说的“世界的灵魂”也有体会——蕴含在所有事物中的、与生俱来的、神圣不可分离的一种能量。“天”这个词的意思非常模糊,无法确切地表达它的含义,因为即使是中国人对它的定义都各不相同。我们认为赎罪至少在小的过错上是不必要的,他们则不指望大的罪过能得到赦免。

为我的健康以及在主恩中灵命的成长,继续为我向上帝呼求吧!我一直盼望能够有更多机会做工作中属灵的部分,但我更渴望基督的教会能恒久受益,因此要到生命终止的那一天。我知道被囚禁在黑暗的地牢中的上帝的仆人们,他们的劳作照亮了后继的时代,同样我被一个期盼所鼓舞,期盼着在重重限制下我所做的工,对在数百万中国人中传播神圣真理有所帮助。我对自己没什么可索求的。我所有的盼望都来自耶和华我的上帝——圣父、圣子、圣灵,愿祂仁慈地看顾祂仆人的劳作,保佑他们在一个罪恶、悲惨的世界上传播知识、圣洁与喜乐。

我为自己如此枯燥琐碎的叙述表示歉意:事实上我要告诉你那些无知、罪恶的异教徒渴望了解他们如何得以拯救。可是不要想当然。环顾身边的异教徒,我想引用先知的关于枯骨复苏的预言,“在平原的骸骨甚多”,却“极其干枯”(结 37:2)。可我仍然盼望着上帝“使气息进入这些枯骨里面”(结 37:5),他们就活了。我本着这一希望继续向前努力。

马礼逊先生的日志和信件因此更加详细地记录着他的情感和工作、他的痛苦和慰藉:

2月22日

我一整天都很忧郁。但愿上帝赐我恩典并且怜惜我!莫顿先生几天后就要离开了,我亲爱的玛丽身体很不好。主啊,请以你的名施恩给我们!

2月23日

我写了一天的信,给D先生,给父亲,还有哈德卡斯特先生。

2月24日

今天我又开始学习了，可是似乎没有多少进步。我很关心威廉的事情，没有办法专心致志地看书。上帝啊，帮帮我。

2月25日

我今天收到了蔡轩和三德的信各一封。三德信中说如果付给中文教师年薪300元，他就来澳门指导我，可是三德没有钱支付费用。某先生要我再慎重考虑他的提议。我不知道结果会怎样，我将自己交给上帝，祂会看顾保护我的。

2月27日

我今天给B先生写信要他支付给葛先生100元。今天非常勤奋，但愿上帝因祂的名施恩于我！我遇到的困难越来越多了，但愿在重重困难中得到主的扶助！

3月2日

今晚艰难地与莫顿先生和夫人道别。但愿从此以后，永恒的上帝将会看顾保护我们！主啊，帮助我！主啊，帮助我！

3月3日

今天都在学习，基本满意。但愿能得到更多的恩典，让我能够沿着当行的善道走向永生！主啊，帮助我！主啊，帮助我！

3月5日

今天三德和葛先生一起来澳门，三德本想偷运一些物品，但被海关的官员发现并扣留了。我真为他难过，不知道该怎样解救他。上帝啊，凡是在你眼中看来公正的事情，就帮助我去做吧！

3月6日

三德仍然被关押着，某先生替我出面，表示三德偷运的是他的东西，可是事情仍然没能了结。提到这件事情我就很难过。今天又开始跟葛先生学习了，他颇有教授的能力。除了指导我，他也将教威廉。晚上我一个人独自向上帝祷告。

3月7日

三德还在牢狱中，他的事情让我不胜烦恼。我的新老师尽他所能在学习上帮助我，但是不太情愿教玛丽和威廉。我今天忽然想起了“永生”，认真地思考了相关的问题。愿上帝帮助我们并且保佑我们。

3月9日

今晚和玛丽认真地谈了谈。但愿上帝施恩于她，并且让我坚定，让我能够以恰当的方式帮助她。上帝啊，与我们同在，让我们成为耶稣的好使者吧。

3月10日

三德今天付了700元的罚金后获释了。他像是很羞愧，但表面上尽量装作若无其事。据说广东总督外出了，所以代理总督事务的官员要到澳门来视察，因此，我又不得不将中文书都藏起来了。最后会怎样结束，我也不知道。但愿上帝保佑我，赐我恩典与力量。

3月11日

由于代理总督要来视察，所以我今天忙着把所有的书籍都打包并且藏起来了。我的新教师非常尽心尽力，他在前厅同我们一直坐到9点半，一个字一个字地给玛丽读，让她分辨、跟读。我们祷告时他也陪着我们。

3月12日，主日

今天过得很愉快，和老师读了一会儿书，他依然很用心地教导我们。我读了天主教《十诫阐要》的一部分，玛丽过得也很轻松愉快。但愿上帝能保佑我们每一天的劳作都有收获！

3月13日

今天正常学习。我的中国教师为了躲避代理总督的检查，提出明天暂时离开。中国仆人们也要离开。

3月14日

今天教师、助手和仆人全都走了，我们也暂时停止了学习汉语。杰克逊港(Port Jackson)①开来的一条船今天到了，带来了葡萄牙、西班牙和英国缔结和平条约的消息。但愿世界上再也不会发生战争！主啊，怜悯赐

---

① 杰克逊港为1788年英国在澳大利亚天然良港建立的英属殖民地名，后来在杰克逊港的基础上逐渐形成了悉尼。——译注

福我们,并让我们这个家庭成为旁人的祝福对象。晚上有一位葡萄牙人来访。

3月15日

我今天收到了P先生的信,信上他希望我对某先生表示敬意。后半天我头痛得厉害,没能认真学习。

3月16日

今天好好地学了一天。玛丽今天也很勤奋。但愿主的恩典能让我们肩负起被委以的重任!上帝,帮助我,因基督的名,帮助我!

3月17日

今天过得很愉快。晚上中文教师留下来参加了我们的祷告。

3月18日

今天像以往一样学习,而且很勤奋。没发生什么特别的事情。我们都很愉快地学习,威廉学习汉语特别努力。我建议只要条件许可,我们就举行圣餐礼。但愿上帝与我们同在并且保佑我们!

3月19日,主日

今天都在读《圣经》和其他宗教书籍。中午的时候,我们举行了一个圣餐礼。我的心情还好。愿上帝因耶稣的名保佑我们所做的努力。

3月20日

我继续学习。早上生气了,一天都不开心。上帝助我!天父啊,帮助我做您所喜悦的事!我的父,我的父,怜恤我吧,怜恤我吧!

下面从他的私人通信中摘录的内容在很大程度上弥补了日志内容上的不足,虽然这些内容看起来有些不连贯:

澳门,1809年6月15日

每当我提起祖国,我多希望自己能回到祖国的怀抱。可是脑海里马上就闪现出“地和其中所充满的都属耶和华”(诗24:1)这句话。当我们在做上帝指派给我们的工作时,无论身在何处,都如同回到家乡。

他给岳母写了一封信,内容如下:

亲爱的岳母:

你问我怎样能在宗教生活方面取得进步。出于谦恭和对您的尊重，我不能故作严肃地给您提建议。我记得圣徒保罗谈过相关的话题，我这里只是重复他的内容。他忘记了过去，只是一心向前，直到他死的那一天。他所想的是他将要面对的事情，或者是他还未完成的事情，并为完成这些工作付出了全部的精力。我们在与敌人的灵魂争战上获取全胜之前就停止努力，灵命上便会有许多失落。直到我们的生命结束，撒旦才会彻底地败在我们脚下，所以在我们获得永生前都要同撒旦坚持斗争。因此我们重视劳作。若不灰心，到时候就要收成①。而制胜的秘诀就在于完全信靠我主耶稣基督的恩典。就像昨天从树上砍下的枝子——它已经枯干——毫无疑问，也不会结果子②。所以，如果基督徒与基督脱离，就会一事无成，没有什么可以讨天父的欢心。假如我们想让自己的宗教生活更完善，我们必须“恐惧战兢，作成我们得救的工夫”(腓 2:12)，永远不要忘记求神的喜悦，“因为你们立志行事，都是神在你们心里运行，为要成就祂的美意”(腓 2:13)，千万不要那属血气的力量，只相信基督耶稣，唯有耶稣，唯有耶稣！

我祈祷我们都能将这一点铭记在心，如同宝石般闪亮，也像磐石一样坚固。就此搁笔。愿你通过认识耶稣而得到祂的恩典、怜悯与平安。

给纽约友人的一封信

澳门，1809 年 10 月 11 日

威克斯船长给我带来了您 1809 年 4 月 19 日的信。您在信中提到您和全家都很平安顺利，这要感谢施恩的主我们的神，祂温柔地看顾祂的子民，祂的怜恤如溪水长流。假如我在您府上借住的短短几天里，为您做了一些什么的话，请将赞美归给神。那时我的心情并不畅快，尤其是当人们

---

① “我们行善，不可丧志，若不灰心，到了时候就要收成。”(加 6:9)——译注

② “我是真葡萄树，我父是栽培的人。凡属我不结果子的枝子，祂就剪去；凡结果子的，祂就修理干净，使枝子结果子更多。现在你们因我讲给你们的道，已经干净了。你们要常在我里面，我也常在你们里面。枝子若不常在葡萄树上，自己就不能结果子；你们若不常在我里面，也是这样。”(约 15:1—4)——译注

觉得自己成事不足，败事有余的时候，上帝却经常大大地使用祂的子民。

你希望有朝一日能帮助你哥哥得到永生而免于死亡，我同你一起分享着这一希望带来的快乐。请告诉你哥哥，我为他衷心赞美上帝。哦！一定要认识并且爱耶稣！进入永生神的大家庭！怎样的心灵才能得享荣耀与幸福？是否在耶稣的恩典中得救？这是稳固根基，万古磐石。我将盼望放在这根基上，祈求罪得赦免，并除去罪的工价，这工价就是沉沦地狱。也正是借此，在我朝圣的道路上它给予我安慰和支持，并且在死亡降临的时刻给我勇气，让我坦然归主。……我对汉语的学习从未间断。我在家里有一位长期执教的私塾教师，他已经带着我阅读了一些中文典籍。我现在读中国先哲孔子最著名的"四书"，已经读到了第三本的中部。这些书有许多精华，但也存在一些错误。总的来说，这些错误是非常严重的。孔子看起来好像是一个很能干并且正直的人，一生基本上都不肯接受当时流行的迷信，可是他并没有提出弥补这一不足的宗教信仰。他能够在人与人之间的责任关系中进行判断推理。他的学生说孔子是这样阐述的：神超出他的判断范围，提及这个问题就是对神的不敬，因此总是婉言拒绝讨论这个话题。如今，他的学生受其影响反感释、道两支宗教；可是他们也感到孔子学说的不足，因此他们借用了佛、道两教的仪式来弥补他的不足。他们也讲从神而来的帮助，因此一年中有一些场合要向神献祭和祈祷。澳门每家每户的门上都写着"天降福寿"或者"五福临门"。

……

后记：从上面的内容可以得知，铜像并没有被用于预期的用途，不过它偶尔也像平时那样使用。还有我所说的教授英语的事情也被人们误会了，除了几个中国商人，没有人愿意学英语，而商人们也仅限于学习一些商品货物的名称就感到很满足了。

给同一位纽约友人的信

10月21日，于"坎伯兰号"（Cumberland）上去广州的途中

我上一周收到了您交给"三叉戟号"的信，这就是几周前"太平洋号"来信所说的那封信。我很真诚地告诉您，您频繁、友好的书信带给我极大的安慰。……有好心人给我写信，但是他们的态度让我很伤心。他们说，"你一定给我们写长信，告诉我发生在你身边的每一件事；只是我们事务繁忙，或者船马上就要离开了，请原谅我们没有带给你什么新闻"，好像他们都认为传教士是一群无所事事的人，所以才花费时间给他们写长信；而他们还有很多世俗的事务，或者还有一堆朋友要应酬，而这才是最要紧的，所以我应该对他们三言两语的道歉感到满足。……严重的头痛折磨着我，可是上帝在困境与失望中总是给我安慰。

随附的另一封信大致叙述了马礼逊在当时取得的进步：

1809 年 12 月 9 日，广州

尊敬的先生：

我很荣幸地收到了您于 1809 年 1 月 17 日从英格兰银行（Bank of England）寄出的信，您的信鼓舞人心、热情洋溢，基督宗教最打动人的，就是信徒之间亲如兄弟般的关爱和良善的祝愿，每一个感受到这种力量的人，都会为之振奋。在耶稣的宗教中，对自己弟兄的灵命与生活境况漠不关心，是不能被人接受的事情。我很高兴您读过我信中提及的诸多琐碎事务，能够体会到我给您写信的目的。

理事会给我的公函也寄到了，与您的预想完全一致，他们鼓励我并且表达了对我美好的祝愿。很多主内弟兄写信给我，他们在信中都好心地指出上帝才是真正能支持我并且派遣我的主人。您给我的信正是一份我所盼望的礼物，亲爱的弟兄，您强调的是对的，那就是要仰仗全能上帝的安排。不是依靠人的能力或者权柄，而是靠圣灵和上帝，我所有的计划才能得以实现，我因此才充满希望。我虽然卑微，主却不轻看我。我在信心上时常软弱，尚需在灵命上成长刚强。我绝不认为您在信中企图恭维我，我相信您太了解人的本性因此不会说奉承话。我知道您的本意。如果是上帝让我们具备了从事祂的事业的资格，承认这一点并不代表骄傲。贬低我们自己并不是真正的谦虚，世人的舆论总是有一定的道理的。宗教有自己的隐语，其中不乏世俗的、哲学化的术语。可是我相信上帝会引导我们说出当说的话。您摘引的诗篇充满关爱之情，也给了疾病缠身的我的爱妻玛丽很多安慰。我在此感谢您。《圣经》常读常新,它是我取之不尽的情感宝库。

自从上次去信后我一直做着同一件事:让我的汉语变得无懈可击或者接近完美,这是我的目标,迄今仍未达到。然而毫不吹嘘地讲,我始终都很勤奋;此外,不是夸耀自己,在语言方面上帝确实给了我相当的天赋,也丰厚地赐予了我健康。只要上帝继续给我这些恩赐,我就会不断前进。只是不能从事属灵的工作让我很痛心。但愿我有足够的热情帮助异教徒归主!目前我还没能让任何一个人因着爱而接受这信仰。我盼望着为耶稣领回迷羊。

同您的信一起寄出的还有给理事会的信,信里也是不厌其烦地描述了我为实现目标所作的努力。今年我不会继续写日志了,每天做的事情都差不多,像一个学生那样学习,没什么趣闻逸事,也没有太激动人心的东西。因此一封信就足以达到目的,而不再需要日志了。

中国政府反对我学习汉语,他们不知道我学习的目的是什么。因为我是商馆的中文译员,所以一些中国高官都认识我,这是我的公职带来的坏处之一。我主要居住在澳门,葡萄牙人没有骚扰我,他们消极地与我作对,他们禁止天主教信徒帮助我。本季来了两位虔诚的船长,美国的威克斯船长和国王派来的"圣阿兰号"(St. Allan)的奥斯丁船长(Captain Austen)。我在"圣阿兰号"船上与奥斯丁船长共进晚餐,可是没有太多的机会和奥斯丁船长或威克斯船长深谈。祝您安康,愿恩典与您同在。

马礼逊在学习上取得很大进步,他同时还必须承受家庭的磨难,担负遇到的各种困难和阻力。他的信仰带给他希望和安慰,下面的这封信倾吐了他的情感:

广州,1809 年 12 月 5 日

几天前收到了你的来信,从信中我很高兴得知你仍沿着正确的道路前进,坚持"仰望耶稣",这对我们来说是最重要的事情了。只要我们的心跟随着上帝,一切都会好的。得知你的事情很顺利,我很愉快。我特别感谢某先生在来信中对我流露的真挚情谊。我毫不怀疑即使你受到些困扰，对你也是有好处的。我坚信我们天国的父以祂的智慧和大德给了我这样说的信心。

你在信中特意转告了我一些关于教会和传教的事情，让我喜忧参半。正如你所说：我们应该多加学习，而最重要的就是谦卑顺服的功课。骄傲自满给人们带来了多大的伤害啊！上帝啊，让我们学习耶稣谦卑顺服的精神吧！成为耶稣最谦卑恭顺的门徒。我与你一起真诚地祝愿我的亲人们精神安康，还有我可怜的玛丽，愿上帝保佑她！我也给高士坡的学友们写信了，他们还没有任何回复。

自从上次给你去信至今，我一直都在努力实现我的目标，无论是作为职分还是个人喜好，它都是我生命中的大事。我的爱妻玛丽与我一起学习汉语，这一直是蒙神喜悦的，可是几个月前，她因为病痛的折磨而不得不停了下来。她此前曾经在希望中满心喜乐，对学习也很有耐心。可是现在上帝已经降下了管教的杖。她完全“行在黑暗中，没有亮光”（赛 50：10）。上帝啊，奉耶稣之名求您听听我为她做的热切的祷告吧！我知道你能体会我们的心情，一切都为我们。玛丽的妈妈、姐妹、朋友都与她相隔千里，我相信主的荣光会照亮她，让她得到平安。我担任的职务让我不得不在去年 10 月底离开澳门，中间曾回到澳门，但只停留了短短的三天。

我今年一整年都跟一位固定教师学习汉语。每个安息日我都像当初那样读我所有的中文《圣经》部分。可是我的努力似乎没有取得任何效果。从我来到广州，我对一个人素来友善，想吸收他加入我们，可他竟然抢了某先生 121 元。这里的异教徒普遍缺乏真理，而且更缺乏诚信。这个人非但没有逃跑，还毫不脸红地坦白是他拿走了钱。

我的妻弟威廉回爱尔兰了，我原本希望他能在此协助我传教的。几天前他刚离开，从美国取道回国。我们现在很孤单。假如玛丽身体健康，生活就会容易。我的心啊，应当忍耐！

你知道我正在编写一本词典和语法书，这个夏天我取得了一些进展，尽管不像我所希望的那样多。我希望能尽量充分地利用我的固定教师，他的薪金很高，真希望明年不需要再雇用他了。作为一名译员事务繁多，让我更加头疼。中国官员和政府极不情愿听那些我被迫传达给他们的话。实事求是地说,我的职务目前尚未阻碍我学习汉语,传教工作则很难进行。我的中国助手时常过于警觉,拒绝在这些公文往来中帮我。

三德很好,既友善又正直。迄今,在这片贫瘠的沿海地区还没有一个异教徒摆脱他们的错误。天哪!他们多么贫乏啊!珍惜你的安息日和圣餐礼吧!愿你永远记得你流浪远方的朋友,罗伯特和玛丽夫妇。

我耐心地等待着,盼望着通过上帝的祝福,自己有生之年的劳作能有用处。希望你读到"并愿所有爱我们主耶稣基督的人都得恩惠"(弗6:24)时会满怀爱意记起我。

后记:澳门的葡萄牙天主教士没有强烈地反对我,他们只是禁止中国天主教徒帮助我学汉语。以前在广州教我汉语的人,虽然葡萄牙天主教会并不知道他,当我在澳门时也不敢登门来访了。玛丽会说葡萄牙语,可是也只能和一户邻居交谈。我们盼望着在异教徒中能有一些人加入我们,与我们组成团契,我们还希望上帝和圣子耶稣能与我们一起。

我们不能像其他英国人那样享乐,或者过多地涉足他们的交际圈,彼此之间维持着一种客气而疏远的气氛。我们自己住在一座孤零零的房子里。玛丽渴望能有一个基督徒的交际圈,并在教堂中参加主日崇拜。你们多么有幸啊,应当为此感恩。虽然我们失去了许多你们所拥有的,可是也得到了很多。我希望玛丽的身体恢复健康,心灵得到安宁,这样我们就可以一起做工,让更多中国人看到救主的国度。

中国政府官员给我们带来了很多麻烦。我们只能偷偷地学习,经常把书藏起来以对付检查。我的中国助手由于害怕,一次又一次地离开我。最近几天,我们很难得到生活必需品。我们的仆人到市场上买东西时被抓走了。我们不得不连家里的女佣人也打发走了。在中国,替外国人购买食物的人必须出示一种凭证,并且要回答一切关于所服务的外国人家庭境况的盘问。中国人不许外国人学习他们的语言,这导致了我们的困难。

米怜先生的评述说明了马礼逊夫妇所面临的困难:

当马礼逊先生接受东印度公司任命的消息传到英国，有谣传说他已经放弃了最初离开家乡和祖国而为之奋斗的事业。但是，正因为纯属误会，这个传言很快就不攻自破了。他已开始进行不朽的事业，并认为新的职务能在相当程度上有助于他的首要目标，即在中国传播福音。

在这段时间，他与一名中国天主教徒有些交往。这名教徒有时被天主教神父劝阻不要去拜访那位“持异端邪说的传教士”。这名教徒极力为自己辩解说他并没有看到这位传教士什么邪恶的方面，仅有的一点与众不同是谨守安息日。可怜的人！似乎他心中并无多少虔敬，为了加深他的印象，马礼逊时常向他讲解虔心奉教的必要性和基督徒美德的实践；但是马礼逊从来没有在关于天主教的任何话题上困扰过他。这名中国天主教徒生活贫困，已经结婚成家，却不十分谨慎。看在他信仰救主的缘故，马礼逊有时会提供一些援助帮助他渡过难关。

目前在华的基督新教传教士，并不认为使另一基督宗教(即天主教)的信徒归信新教是自己的分内之事。如果基督教真理和美德的内在力量促使另一个宗派的信徒加入新教，这样的归信只有在该信徒的生活展现出完全合乎基督教会的高尚原则而无争议时才令人珍视。但是在华的新教传教士从来没有也决定将来不会使用任何方式将其他基督宗教的信徒吸引过来。当出现将转移基督徒的注意力到耶稣基督的爱、到实践虔敬的重要性、到永恒的伟大真实性的机会时，新教传教士会掌握这样的机会，但是，他们向来从事的是教化异教徒，而不是使另一宗派的基督徒归信。

如前所述，在华传教工作的首要目标并不是口头宣讲，但这是一个令人向往——尽管明显有点遥远——的目标。在伦敦传教会的《工作指示》中，并没有任何字句暗示说不要尽快开展口头宣讲的工作，但这确是他们诚挚期望的。因此马礼逊很早就努力将其中文老师们的心灵导向宗教。在安息日，他会取出自己携带来华的《四史攸编耶稣基利斯督福音之汇编》和他们一起阅读。但是由于当时他的汉语知识极不完备，他还无法把基督宗教的全貌展现给异教徒。想以恰当的方式向异教徒宣讲，必须对他们的语言、观念和风俗习惯有相当多的了解。对先驱者而言,他必须一切自己从头做起,也会深深感到缺乏前例可循是多么大的困难。许多关心传教事业并对此充满期待的朋友们,恐怕没有能充分地考虑到此点。拥有内容清晰完整的《圣经》,是我们寻求异教国家归信的工具,在此以前,我们无法期待会取得可观的成就。在一项传教事业建立若干年后,那些后继而来的传教士不必再面临同样的不利条件,他们可以享受前人的劳动成果。

在安息日和其他场合偶尔举行的宗教仪式,一直持续到现在,尽管曾出现各种各样的中断。1 名、2 名、3 名、5 名、10 名或 12 名中国人间或参加训诫和崇拜上帝的仪式,但是在一个把聆听外国人教导视为反对政府罪名的国家,不可能期待出现人数众多的聚会。在离开英国时,这位年轻的传教士脑海中出现的生动欢愉的图景是:全神贯注聆听的人群围坐在自己周围——成千上万充满敬仰的异教徒专心致志地听他的教导,并对永恒的美好生活欣喜若狂。这样的图景在目前的中国无法实现。马礼逊先生与自己的同事能做的就是在隐秘的房间里,大门紧锁,内心惶恐、战战兢兢地对一两个人宣讲。圣徒保罗当年无法公开宣讲,只能私下进行。毫无疑问这样的状况令人沮丧,但在此情况之下,这样做是一位传教士的职责。比起向聚集的基督徒们宣讲,他向几个异教徒宣讲时一般会感到更大的满足,因为尽管后者的工作比前者更为困难和需要更多的自我牺牲,但对于自己首要的工作目标,他的贡献更为直接。在异教徒中所做的微小事情也许最终会产生重要的结果。教给他们一个关于上帝、救世主或人类的终极命运的正确观念,可能会产生千百个正确的观念。神圣的真理会自行无限地增长放大。尽管犹如种在山顶上的几颗谷粒,起初呼啸的山风常常吹走表层稀薄的土壤,但是,蒙着上帝的眷顾,露珠凝结其上,这些谷粒结出的果实摇曳犹如黎巴嫩壮观的森林。这将会传播到异教徒人口众多的城市里,其归信者犹如土壤中的小草一样破土而出,并繁茂生长!

-1810-

马礼逊夫人病情开始恶化—给友人的信中谈到他的中文学习—马礼逊先生面临的危险—第一个孩子夭折—孩子的葬礼—马礼逊先生的传教工作进展—他的中文译作—《通用汉言之法》的印刷—乔治·斯当东爵士致马礼逊先生的信—私人信件摘选—理事会的公务信件—马礼逊先生的回信—1811 年理事会的报告

马礼逊先生与东印度公司的关系保障了他在中国的居留,也使他摆脱了经济上的困窘,可以更高效地投入到艰苦的学习中去。可是,他的心却悲喜无常,多愁善感,玛丽的病情开始恶化,他的柔情都倾注到了妻子身上。由于一年中几乎有六个月他都必须在广州处理东印度公司的事务,因此更加剧了他的焦虑。他在给克鲁尼牧师的信中写道:

上帝教导我们只倚靠祂,在我们勤奋进取准备服侍祂的时候,祂经常有意离开我们一段时间,好让我们重新回味全心倚靠主的感觉。自从我给你写了上一封信之后,我经历了很痛苦的阶段,不是为我,而是为我亲爱的妻子玛丽。一种凶险的疾病侵蚀着她的身体和意志,感谢上帝,她现在感觉好一些了。我希望她能恢复健康,心理上也能重新平静下来。身在异国他乡,这种痛苦是双倍的——既没有善意的亲人在身边帮助我们,也没有基督徒朋友鼓励我们。我知道灵魂的平安可以承受一切失落,或者经得起身体上的伤害,然而又有几个人能受得了精神的创伤?我现在每天做的事情与年初给您写信时一样,记得当时我还在广州。我在那里住到 3 月,与中国政府官员讨论如何处理一起所谓外国人谋杀中国人的案件。我在公开审理时盘问了目击证人,赢得了很大的声誉,所有的人都很惊诧,因为经过了两年我已经能写中文,还能用官话和当地方言与人交谈。因此,英国商馆的三位职员下定决心学习汉语,我夏天一直在辅导他们。除了他们三个人,还有一位在华居住了 20 年的先生也加入了他们的行列。他们每天跟我学两个小时,我的第五个学生是一个荷兰青年,他整天都跟着我学习。整个夏季我为公司做了大量的翻译,经常与中国官员会晤,可我很遗憾地说,他们彼此并不友善。中国官员非常傲慢专横,他们总是大喊大叫,有时候三四个人同时讲话,声音大得像训斥人似的。我的中国教师葛先生还在我身边,此外还有我的助手蔡轩,我雇他帮我印1000份中文的《耶稣救世使徒行传真本》,他知道别人多收了我25镑或者30镑,却没有帮我。今天晚上他向我坦承了这件事,承认自己的错误,可是我再也不能像从前那样信任他,这令我非常难过。我们非常渴望能有可以完全信赖的朋友,可是与中国人交往却不可能。他们不少人缺乏诚实,彼此不信任。我祈祷上帝能尽快从这些异教徒中拣选出忠实可靠的信徒,与我一起传播神圣的真理。我需要谦卑、持守的同工;我还感到身兼数职让我缺乏时间。我对自己的信心不如以前足了。你可能会感到奇怪,可这是真的,自从我离开英国以后,忘记了很多学过的东西。

你最诚挚的朋友

罗伯特·马礼逊

马礼逊先生的公务和传教事务是在严峻的家庭磨难中进行的,他离开家在广州期间,只要有机会,便会偷偷地搭乘一条中国船,穿越90英里的路程赶回澳门探望妻子,既顾不得恶劣的天气,还要冒着被中国官员扣押的危险——因为外国人必须经过许可才能在广州和澳门两地往返——而这种程序既费钱又费时。他的身体疲惫不堪,再加上精神的煎熬,他经历了一场最痛苦的头疼病。但是即使在最私密的通信中,他也从未发过任何牢骚,没有任何抱怨。在他的脑海中根深蒂固的观念就是:只要是上帝的安排,他都会默默地接受。而福音带给他很大的安慰,是他“一切环境中幸福的源泉”。

米怜博士说:

马礼逊夫人的病痛经过李文斯东(Livingstone)医生的诊断,被认为是无法治愈的。李文斯东医生在这场病痛及其他类似场合,都对马礼逊夫妇以及伦敦会的后继传教士们,展现了作为专业医师的最大关注和作为父执辈的同情与友善。在上帝的恩典下,马礼逊夫人的生命得以保住,但是她头胎所生的男婴却在降生的当天夭折了。

同一天马礼逊在给父亲的信中写道:“可是,J在这个世界上只做了短暂的停留,上午10点就死了,而他悲恸欲绝的母亲也将随他而去。如果事情只能是这样,也许这样更好。我相信上帝将会通过耶稣的恩德,在永恒的天国接待他们母子俩。亲爱的父亲,我悲痛万分。我为可怜的玛丽所受的折磨而伤心。”后来马礼逊消除了对玛丽的担心,几天后,他高兴地在信中加上了一句话:“她现在正逐渐康复。”

中国没有专门围起来的公墓,小山坡的山麓通常是人们埋葬亲人的地方。当时英国人还没有自己的墓地,所以马礼逊先生只能自己找地方埋葬婴儿的尸骨。最终他在澳门最北面的一个山顶上埋葬了婴儿。起初中国人还反对他这么做,后来也就同意了。

本书在前面已经说过,马礼逊先生为米怜先生提供了早期在华传教的事实和资料。因此米怜先生在《新教在华传教前十年回顾》一书中认为马礼逊先生也可以被称作该书的作者:

> 1810年,马礼逊先生已经熟练掌握汉语,认为如果将他携带来华的《使徒行传》中译本,经过修订和校对后将会十分有用。于是,他做了一些必要的修订,并尝试(当时仍大有疑问)印刷出版《圣经》的可行性。这一尝试成功了,他确信能够相当容易地完成这件工作,因此感到备受鼓舞,他认为已经取得一项重要进展,而且证实伦敦传教会的传教士在中国印刷出版《圣经》是可行的,他感到似乎可以死而无憾了。
>
> 他极力催促伦敦会增派一名传教士与他共同工作。印刷《使徒行传》的费用高得惊人,一册的费用超过半个银元,等于后来印刷整部《圣约·新约》的价钱。但这被认为是一部禁书,承印的印工都冒着一定的风险。这种风险加上贪欲使他们抓住一切机会对外国人强行加价,中国政府排外的本质给其民众进行欺骗活动提供了便利条件。他们似乎认为所有的外国人都是敌人,而实际上也相当程度地如同对待敌人一样对待外国人。在此种状况下,不能期待印刷《圣经》的价格会与中国人自己出版的中文书籍相类似。

1811年9月,伦敦会公布了马礼逊先生取得的成果。虽然日期较迟,但是所讲述的却是这一阶段的事情,因此我们引用了伦敦会的公告:

刚刚到岸的船给伦敦会带来了愉快的消息,马礼逊先生已经印刷了1000册中文《耶稣救世使徒行传真本》,给伦敦会理事们带来了三册。印刷费用大约在400到500元之间,约合100镑。而同一批木刻版还可以再印刷10万册,如有损坏,只需偶尔补做即可。对热爱《圣经》的人来说,这是最激动人心的消息,因为人数如此庞大的民族从此能够阅读中文的《圣经》。马礼逊还给三位恰在这时从琉球群岛(the Islands of Lekyo)到中国进贡的使臣送了这份礼物。这些岛屿上的口语属于汉语方言的一支,读书人则使用汉语的书面文字。我们不知疲倦的传教士马礼逊先生还从加尔各答得知:那里也正准备出版《使徒书信》和《四福音书》,已经开始翻译《创世记》和《诗篇》。中国人非常需要《创世记》来纠正他们有关万物起源的错误观念。马礼逊先生还寄回了一些中国文化典籍,有孔夫子的书、佛教的历史以及中国文坛上被奉若神灵的文人传记,伦敦会考虑在英国出版这些书,以满足英语读者对这一遥远、封闭的帝国的好奇心。虽然中国离欧洲很远,但欧洲的动乱和困境使得中国的行商数减少了许多。葡萄牙人反复重申他们的要求,三年前他们以巴西摄政王(Prince of Brazil)的名义派了一个使团,请求让一个主教和神父住在北京,结果遭到了拒绝。他们的请求与天主教会的目标一致,目的在于推动罗马天主教的势力,却很遗憾地被人曲解为他们的摄政王要向中国进贡,结果使者得到了很多奖赏。事实上葡萄牙摄政王选派了一些天文学家,本想派驻北京以表达他的敬意。

马礼逊先生还提出要印刷一些宗教小册子,但他认为宗教小册子应该与《圣经》同时出版或者稍后亦可,而不应提前,因为阅读宗教小册子的人需要查看《圣经》寻找引文或者引证。在禁止《圣经》和布道的天主教国家,人们为了传播神圣的真理,将《圣经》秘密地传发给个人,马礼逊先生的提议与他们的做法相似。

本着上述观点,马礼逊写了一本名为《神道论赎救世总说真本》(*Divine*

Doctrine Concerning the Redemption of the World）的宗教小册，讲述世界的救赎之道。他是在给哥哥的信中提到这件事的：

你肯定最想知道我做了哪些有关传教事务的事情。我今年的主要工作就是翻译《圣路加氏传福音书》，现在正在印刷。我刻印了1000册自己用中文写的《神道论赎救世总说真本》，还编写了一本中文的教义问答《问答浅注耶稣教法》（*Catechism*），打算本季度给伦敦会寄去一册。主日，我向和我住在一起的中国助手们布道。他们严肃认真地听我传福音，我感觉他们或多或少地受了我讲述的真理的影响，可是至今我还没能为他们归信上帝而欢喜。最近中国皇帝又下了禁教令，禁止在中华帝国传播基督教，而且有四位罗马天主教徒被赶出了北京。整个夏季，我同去年一样教公司职员汉语，在夏末时进行了一些编写词典的工作，就是我一直说的那部。公司的大班还想把我编写的中文语法书送给印度总督明托公爵。亲爱的哥哥，请时常为我祈祷，祈祷上帝嘱咐我所做的工，还有让我心爱的玛丽恢复健康。

东印度公司特选委员会把马礼逊先生的《通用汉言之法》献给了孟加拉政府，希望这部书能够出版。可是出于某种不为人知的原因，这部语法书的手稿被搁置了近三年，直到1815年才在塞兰坡出版，费用由东印度公司支付。有人客观地评论道：

经过持之以恒的学习，马礼逊先生不仅在汉语文学方面成为了最优秀的学者之一，而且还被提拔到了一个很重要的官方职位上，以他精深的语言能力和对中国风俗的了解，为英国的政治和经济利益服务，以他饱满的、不屈不挠的精神为基督教的事业奋斗，一直到他生命的终结。

这段时间，马礼逊先生失去了乔治·斯当东爵士的有效扶助，斯当东爵士因为健康的原因被迫返回英国了。下述这封信表明斯当东爵士很关注他的文学进展，并乐意帮他解决各种问题，以此来推动马礼逊先生实现自己的目标：

1811年7月5日

尊敬的先生：

谢谢你给我借阅《通用汉言之法》，现在奉还。我高兴地恭贺你，因为你的书无论是在设计还是编写，对学习汉语的人来说都将是最有价值的资源。从此学习汉语的人再也无须在傅尔蒙(Fourmont)①、巴耶尔(Bayer)②以及其他人的冗长艰深的著作中跋涉了，毕竟这些书错误百出，而且有很大的缺陷。因此我希望你的书能尽快出版，假如不是立即出版，你提出的加一个附录的设想当然会让你的书更加完善。学习一门这么独特而又复杂的语言，汉语的学习者不可能得到很多帮助。我注意到你书中的一些例子，好像是摘选自中国典籍、政令以及一些中文信件，我觉得这个设计很出色，就这个情况而言，可能在书页的空白处进行详细说明会更好。至于其余的例子和引文，你可以援引中国文人的句子，我猜测这将更加权威。你身边就有这样的权威人士，我觉得自己无须给予任何批评性的建议，可是我又不能无视你的请求，因此我仅提出了两三点以供参考。

你忠诚的

乔治·托马斯·斯当东

下述通信比较轻松有趣，它们在很大程度上满足了日志的需要：每日如何学习一门异教徒语言，讨论公务，甚至家常对话都有，这些并不能为连贯成一体的回忆录提供足够的材料，可是人们也不能指望一个每天工作 14 至 16 个小时的脑力劳动者，心甘情愿地坐下来，用“疲倦得握不住笔的手”详细记录每天的事情。

12 月 19 日，他在澳门给一个朋友写信：

你在来信中特意告诉我一些亲戚和教会的事情，真是太感谢你了。我们在孤独的异乡，总是关注着祖国，为那里欢喜地为主忙碌做工的弟兄

---

① 傅尔蒙(Etienne Fourmont，1683—1745)，曾任巴黎皇家学院阿拉伯语教授、法兰西科学院成员、路易十四的顾问，著有 *Meditationes Sinicae* 和 *Linguae Sinarum Mandarinicae Hieroglyphicae grammatica duplex*，*Lutetiae Parisiorum*。——译注

② 巴耶尔(Theophilus Siegfried Bayer，1694—1738)，日尔曼学者，精通汉语，于 1718 年出版了拉丁文小册子《中国古代日食》(*De Eclipsi Sinica*)，在附录里专门对汉语作了介绍；1730 年，巴耶尔在俄国圣彼得堡出版了两卷本的拉丁文汉学巨著《中国大观》(*Museum Sinicum*)。——译注

姊妹而感到欣喜。我们不会嫉妒你们，而是与你们同享喜乐。我们盼望听到你们幸福的团体的好消息。在我表达心底的祝愿时，我并不抱怨上帝对我的安排。相反，我感谢祂，是祂召唤我来到我现在劳作的土地。我唯一的遗憾就是我不能，或者说我没能更好地侍奉祂。我还有其他的过错，我不认为自己有什么值得骄傲。啊！我是祂无功的仆人。

我猜想自从你隐退回I地，与你在B大街公务缠身的时候相比，现在一定有充裕的时间读书，毫无疑问，某先生也一定觉得生活更舒适了些。我听说他现在仍然不舒服，感到很遗憾。我妻子的身体也一直不大好，但愿在众多的烦忧中上帝能赐给我们一些快乐。我以前几乎不知道痛苦是什么滋味。我自己的身体很健康，只在10月和11月发过高烧，在广州有几天卧床不起。虽然自己身体健康，可我经常为妻子的病伤心流泪。我怎么能期盼完全没有痛苦呢？我的罪甚多，为什么不能承受一些痛苦？耶稣没有让我们为自己的罪负全责，我们多么幸福呀。

富有的英国商人和其他外国人奢侈的生活带来的结果是，中国人无论是卖给外国人东西还是提供何种服务，都不以中国人之间的价格计算。我们在这里花钱远比你们要费。

目前我身边的异教徒还没有人归信我主耶稣基督，令我感到非常遗憾。我印了1000册《耶稣救世使徒行传真本》。我选择印刷《耶稣救世使徒行传真本》是因为原本希望从孟加拉得到《四福音书》的，可是至今也没有收到。卡瑞博士今年2月给我写了一封信。最近我们收到了仰光的普里查德(Pritchard)和布雷恩(Brain)的来信，他们刚刚开始学习当地语言。我11月在广州的时候，一位美国船长告诉我因为战争的缘故，大溪地的传教士全都撤离了当地，国王波麻黑(Pomare)和传教士们一起离开了。海沃德先生(Mr. Hayward)决定留在附近的小岛上，船长对他的评价极高，认为他非常虔诚。沃纳先生(Mr. Warner)在他船上航行了两三个月，然后下船去了孟加拉。

我本季度收到的信不如以前多。我希望你不要因为我和玛丽给你的回信简短而不愿意给我们写信了。替我向所有关心我、关心中国传教事务的人们转达我的问候。我祈祷你能按照基督徒的方式生活，并且安享基督信仰带来的丰厚喜乐。

下面是伦敦会的公函，按照惯例以理事会的名义签署：

伦敦，1810年2月24日

亲爱的弟兄：

你于1808年1月8日至1809年4月12日之间写来的几封信都已收到，我们很高兴让即将起航去中国的船只带去我们的回信。我们相信你已经收到了由“格伦维尔号”(Grenville)带去的日期为1809年1月9日的信，或者是“阿尔比恩号”(Albion)带去的副本。

你在1808年过得颇不太平，中英之间的政治争端给你带来了很多烦忧以及种种不便，一定也扰乱了你正常的学习，我们对此都非常关注。我们相信国家之间的敌对情绪和阴霾已经消散了，取而代之的将会是和平、信任和安全，而且它们将长久延续。

你的来信还提到当你被迫离开广州时，容三德和蔡轩无私地帮助你，保障了你的个人生命和重要财物的安全，我们非常感激他们为你做的一切。在此恳请你向他们转达我们诚挚的敬意及热切的祈祷，愿他们生活幸福，并得永生。

你最近的一封信中说你和夫人都好，这让我们非常欣慰，至少你在小家庭里能享受到一些幸福和温馨。即使你现在只能在家中举行一些宗教活动，我们也已经感到很满足了；同时这是上帝所喜悦的，祂因此祝福你，让你能够启迪你的译者和助手，照亮他们被黑暗蒙蔽的灵魂，激励他们将偶像抛给田鼠和蝙蝠①，让他们归信我主基督耶稣神圣而信实的福音。

你信中提到威廉·莫顿先生，我们考虑既然他的虔诚让你满意，而且他的信仰、性格以及行为都值得称许，大有前途，并坚定认真地表达了献身于启蒙归化异教徒这项事工的愿望，那么，我们不反对由你作为他的保护人接受他成为伦敦会的一员，教导他与你一起实现伦敦会委派给你的

① “到那日，人必将为拜而造的金偶像、银偶像，抛给田鼠和蝙蝠。”(赛2:20)——译注

伟大目标。但是我们认为他现在处于接受考验阶段,因此我们希望,你代表我们同他立的约定只是预备性质的,至于今后终止还是继续这一约定,要取决于他的性格和能力的进展情况,也要根据传教的具体环境来决定。代我们作为主内弟兄祝贺他表现出的虔诚和热情,我们向他保证,只要他愿意并且能够帮助你从事重大的使命,我们很乐意接受他并且为他提供资助。我们真诚地祈祷他能成为对上帝有用的人。

听说你依然把全部的时间和精力都用于学习汉语、编写《通用汉言之法》和汉英词典,并为翻译《圣经·新约》做积极的准备,我们都非常感动(这也是你闻名的性格所致)。这些尝试将为你带来荣誉,学习这一难学的语言的欧洲人和传教士们将在你奠定的基础上受益,他们会学得相对容易些,这些著作将会让中华帝国及其附属国更多人更长久地受益。我们高度赞赏你处理这些事情的方式及先后顺序:先编写《通用汉言之法》和汉英词典,让你的汉语水平更加完备,为日后传教打好基础。更重要的是,这将使你具备将《圣经》忠实准确地翻译成中文的能力。

你的汉语语法书和汉英词典得到了东印度公司驻广州和澳门人士的赞助和支持,这合情合理。我们很高兴地得知大班剌佛先生表示一旦你完成这些书,可以由东印度公司承担其出版费用。你最近的一封信中也提到你相信他们会兑现这一承诺,任命你为中文译员的提议也提交到了东印度公司的董事会等待批复,这些都是好消息。我们认为通过这些事情,你的地位会更显要,你能够长期在澳门和广州居住,而且对你的汉语学习也更有利,你还得到了出版上述两种书籍的资助,减免了本应由伦敦会承担的一大笔巨额费用。因此我们希望你能快速而稳妥地实施这些计划,信赖你已经建立或可能建立的一切官方联系,或者可能资助你的人,神的眷顾和恩典引导并带领你来到中国,而他们都将帮助你实现这些伟大、光荣的目标。

我们赞同你的观点,认为当前进入中国内地的可能性很小,我们觉得你将帝国的沿海地区作为居住地是非常明智的选择,可以学习汉语,编写《通用汉言之法》和词典,并且还能继续翻译《圣经》。如果你被迫离开澳门和广州，那槟榔屿就是最佳的居住地，可以让你继续提高你的汉语水平。但是至于你那些书的最佳印刷地点，我们也缺乏准确、可靠的信息，因此不能给你可供参考的建议，只是盼望你对各个方面都考虑成熟后再将它们印刷出版。

你1808年7月3日的信中提到了一件在我们看来非常重要的事情，信中说，当我们回复你的信的时候，你可能已经做好了出版部分中文《圣经·新约》或者其他中文基督教小册的准备；你希望能得到我们的正式许可，并且能获得一部分费用以实施该出版计划。对于这个问题，尽管我们认为把《圣经》翻译成中文并且出版它是最重要的事情，而且热切地盼望着能够将中文《圣经》全部或者部分出版，然而鉴于《圣经》的特殊性质，也为了让你准备得更充分，你能够更忠实、更准确地翻译《圣经》，我们仍倾向于先出版一些短篇的中文福音小册，通过它们的发行流通来听取并且征集各方的意见和批评，帮助你提高自己翻译《圣经·新约》的能力。此外，我们提议，一些讲述唯一至善的上帝、灵魂不朽、人性堕落以及原罪、神启的真实性和重要性等方面的福音小册，应当先于《圣经》出版。我们认为这类出版物的范围不会太广，现在就可以给你授权，由你来执行。我们希望与你有交往的欧洲人见到这些印刷品后能够慷慨资助你。

亲爱的弟兄，仅看一眼这些来信我们就能感到你在1808年所遭受的非常苦难和经受的折磨，但是上帝带你走出了这一低谷，我们为此而欢呼。从你身上我们看到上帝无穷的智慧和大能以及祂的慷慨仁慈，祂让你以性格和能力赢得更多的尊重，并且给予你机会得到各方的资助。我们不希望传教士在政治方面赢得一些荣誉并建立一些显然可以获利的联系，这不该是传教士所追求和享受的，假如他们影响到传教士应当履行的在精神方面感化、教导当地异教徒的使命，那就更不应该了。可是鉴于你所处的境况十分特殊，这使得一定程度上的政治庇护和支持成为你建立并开展、维持传教工作所必需。我们要感谢上帝，感激祂为你安排的一切，感谢祂交给你如此神圣的使命，我们祈祷你传教的道路从此宽广并且光明，直到你完成使命的那一天。

我们代表你向你的中国助手致以慰问和鼓励，但是你似乎已经用自己的方式替我们答谢了他们，这本是我们想做的。你手持的是《圣经》，也是你使命的根基以及慰藉、力量和希望的来源。你正在靠近上帝永生的荣耀，我们将会在那里与你团聚，我们会一起为你的安全和幸福而祈祷，祈祷你的事业能昌盛繁荣并且取得成功。相信我们，亲爱的弟兄，我们的祷告是热情恒切的，我们相信上帝因祂的慈爱、怜悯和信实赐下圣子基督耶稣做中保，彰显了祂的大爱。

理事会谨此向你、马礼逊夫人和年轻的威廉·莫顿弟兄献上最诚挚的敬意，同时也替我们问候你的中国助手和翻译。此外我们还恳请你在一切合适的场合向剌佛先生表达我们的敬意和感谢，感谢所有支持你、帮助你的传教事业的人。（代表伦敦会董事会签名）

司库：哈德卡斯特

书记：伯德

马礼逊先生在1811年1月7日从澳门给伦敦会写了一封回信：

我在这片敌视外国人的土地上又一次给你们写信。我几个礼拜前收到了你们鼓舞人心的来信：我欣喜地得知你们对我的劳作很满意，这都是上帝保佑。去年我的爱妻身体时好时坏，我以上帝的名义祈祷让我们渡过这一场灾难，替我们向上帝祈求吧。我还是盼望你们派人来协助我，或者派到槟榔屿、爪哇等地组成一个辅助传教站（Auxiliary Mission）。

你们赞同我编一部中文语法书和词典，为学习汉语的人铺平道路，感谢你们的支持和鼓励。但愿上帝能赐给我健康，给我完成它们的机会，希望它们有益于向千百万中国人散播福音。你们不赞同传教士追求荣誉或利益关系，尤其是当它影响到传教士的目标，影响到向居住地的异教徒宣传上帝时，你们的想法与我一样，我太高兴了。能够做一名宣传耶稣的传教士是我最大的荣耀，忠诚地为祂服务是我最坚定的信念和毕生的追求。追名逐利不是我的目标，甚至我都无须做这样肤浅的声明；我做的一切都是为了传教事业，我会很高兴用现在的职位换取一份在英格兰或者苏格兰的年薪50镑的工作。在贫瘠的异教土地上，我总是伤感而又愉快地回想起英国的基督的沃土,那是用生命之水灌溉着的生机盎然的原野,可是这里,啊!相比之下,就像毫无生气的沙漠!尽管希望非常渺茫,我们还是盼望着有一天这片贫瘠的异教土地能变成溪流遍地、玫瑰怒放的基督的沃土。

9月我交给中国印刷工一份《耶稣救世使徒行传真本》,它是根据希腊文修订过的译本。我看过他的印刷的样张后,订购了1000册。这批木刻版片将归我所有,如果是用优质木料制成的版片,可以印刷15000册而无须修补,此后版片做一些修补仍可继续用一段时间,可是用过多少次之后版片报废我还不清楚。印刷1000册的费用需要521元。无须隐瞒的事实是:这个价格高于刻印中国书的价格,因为我是外国人,所以包括了一定数额的风险金。

我给司库寄去了3份。我想你们会很乐意看到这些印刷精美的《圣经》样书。这批书印刷完毕的那一天正好是我29岁生日,让我特别高兴的一个巧合。几天前我拜访了从琉球群岛来中国进贡的船,我可以通过书写汉字和三位使臣交流,但是听不懂他们的口语。岛上的人口数量还不能确定,从他们的谈话中我猜测大约有几万人,他们那里的妇女从事纺织,现在的国王大约25岁。我问他们是否允许外国人到当地进行贸易,大使写下了他的回答:"我们的地方太小,产品很少,我们不做贸易。"他们也读孔子的书,与中国人的鬼神观念一样。他们把中国的神称为"拉米"(Rami)。中国人不发"R"这个音,但是他们的语言中这个音非常多。我很想看看他们的书籍,可是他们没有带。我准备送给他们几份《耶稣救世使徒行传真本》。发现有这么多人都能读懂中文,真是鼓舞人心啊!而传播《圣经》最好的办法就是把《圣经》送到每个人的手上。

我今年完成了《圣路加氏传福音书》的翻译,现在已经交付印刷了。我希望能及时地印出来,由船队带一份回英国。

我已经印了1000份宗教小册,还有一份《问答浅注耶稣教法》正在印刷中。我把《圣路加氏传福音书》的章节附在原文的一侧。主日的时候,我用广东土话向我的中国仆人和助手布道及祷告。但愿圣灵能丰厚地祝福我卑微的劳作！我必须承认我非常感谢救主我神让我做这么多事情，能够出版耶稣的生平以及《耶稣救世使徒行传真本》，在宗教小册子以及《问答浅注耶稣教法》书中我阐释了基督教的真理，这都让我感到喜乐；等我死的时候，上帝会兴起一些中国人继承我的事业，重新出版这些书，向千百万的同胞宣讲与神和好以及在基督里的救赎，并引导众人获得永生。四年前这里什么也没有，我一点也没有料到仅仅四年就取得了如此的成效。即使这份辛苦再增加百万倍，我也绝不后悔。盼望着世界各国都归在上帝和基督的名下，这一天快些来到吧！圣父、圣子、圣灵，永远荣耀。阿门！

伦敦会在 1811 年的报告中是这样评论中国传教事务的：

从马礼逊先生的日记中得知，他在广州，间或在澳门，以令人钦佩的毅力刻苦学习最困难的语言之一——汉语，并且相当成功。他付出了巨大的心血编写而成的汉语语法和词典，可以为今后派往中国的传教士们提供最有效的帮助，或者让追求其他目标的英国同胞从中受益，促使他们学习汉语。马礼逊先生出色的汉语写作能力以及与中国人的口头交际能力，使他因此而担任了一份重要的公职，此事合乎情理，还可以支持费用不菲的传教活动，所以我们对此感到高兴。

如果我们考虑到马礼逊先生是第一个派到这一广阔国家的新教传教士，他要翻译《圣经》，把关于永生和救赎的圣言译成 3 亿中国人的语言这一使命时，我们只能为他祈祷：祈愿上帝能延长他宝贵的生命，让他完成《圣经》的翻译、印刷，并且让《圣经》在帝国的各地流传。

鉴于马礼逊先生迫切渴望着能有人与他一起从事这一艰苦的任务，理事会正在积极寻觅合适的人选，盼望能找到一个有天分、立志奉献的人与他一起做伟大的工——无论此举花费多少金钱，只要能减轻马礼逊先生的重担，稳固中国的传教事业，我们都在所不惜。

第四节　1811—1814①

※

-1811-

《新教在华传教前十年回顾》节选—出版《神道论赎救世总说真本》—马礼逊父亲去世—致斯当东爵士的信—回信—伦敦会来信告诉他增派了米怜牧师—《新教在华传教前十年回顾》节选—中国禁止传播基督教的政令—致施拉布索尔先生的信—马礼逊日记摘选—马礼逊给伦敦会司库和书记的信—米怜起程前往中国—日志节选—伦敦会理事会1814年报告—报告中提及马礼逊先生取得的进展—马礼逊1814年和1815年的日志—古代经典的风格—嘉庆帝反对基督教的谕旨—致施拉布索尔先生的信—日记摘选—信件摘选

有关马礼逊在1811年到1814年的工作，米怜在他的《新教在华传教前十年回顾》中这样评价：

> 在进行口头讲道时，马礼逊先生深深感到极需简洁系统地（向中国民众）介绍基督教教义和教会组织。这促使他于1812年编纂并出版了《问答浅注耶稣教法》，内容大体是苏格兰国教会《教义问答》的简要版本。为了适应一个异教民族的状况，全书补充了一些介绍性的问题和其他材料。书后还附有两篇简短的祈祷文、诗篇和赞美诗。他发现这部基督教真理的概要对于教导他雇用的中国年轻人帮助极大，有的年轻人将其内容熟记在心。后来在马六甲的学校使用这本小册子也很有帮助。我们希望，数以千计收到此书的各地中国人，通过阅读能够理解耶稣基督永恒生命的真义。

今年（1812年）马礼逊先生得到了父亲去世的消息，他对此感慨：

① 感谢沙培培修订了本节。——译注

死亡最近频繁地袭击我的家庭：我的两个哥哥、几个小孩，最后是我年迈的父亲，一个接一个地进了坟墓。从中只能得到一条教训：仍然活着的人也要有所准备，因为我们在那一刻往往预料不到死亡的降临。

同一年，马礼逊远在异域的家庭因为一个女婴的出生①充满了喜乐，马礼逊夫人的身体也一度好转。

由于斯当东爵士离开了中国，马礼逊先生的公务更加繁重，他的薪酬也因此提高到一年1000镑，此外还享有英国商馆的其他待遇，包括聘请中国教师的补助、商馆用餐等诸多待遇。当时东印度公司特选委员会的成员有益花臣先生、乔治·托马斯·斯当东爵士、剌佛先生等人，他们在给东印度公司董事会的请示任命马礼逊为中文秘书的信中，特别强调了马礼逊先生的重要性②。关于他们的请示，马礼逊先生在给伦敦会的信中提到"公司董事会基本同意了"。不仅英国东印度公司的董事会对马礼逊先生的传教使命不以为然，即使他们是在华贸易代表，尽管敬重马礼逊先生的人品，欣赏他的才能，并都与他终生保持着真挚的友谊，也认为马礼逊先生将基督教引入中国至多是一个虚幻的梦想罢了，而另一些人甚至认为他这样做会影响到公司的商业利益。这方面的担心后来被证明是毫无根据的，因为马礼逊先生实施他的传教计划时极为谨慎机密——在信中任何时候都避免提及他所置身的政治或商业谈判。因此在公开出版的记录中，很少提及他任职所做的贡献。在刚加入商馆的早期阶段，

---

① 丽贝卡(Mary Rebecca)出生日期有两个不同的记录，米怜记为"1812年6月19日出生，同年7月29日受洗"(*Retrospect of the First Ten Years of the Protestant Mission*, 87)，而马士记为"1812年6月29日礼拜一出生于中国澳门，同年7月19日由牧师父亲洗礼命名"。(中国海关史研究中心组译：《东印度公司对华贸易编年史》，174)但马礼逊亲笔记为1812年6月29日(LMS/China/General/Personal, box 2, *Copy of the Domestic Memoir of the Revd. Robert Morrison, D. D., & of His First Family, penned by himself in 1824.*)。——译注

② "由于斯当东爵士的离开，我们失去了他在汉文方面的极有效的帮助，在近来经常与中国官吏来往中，体验到能够直接交往有很大的便利，而不再受到中国通事的阻挠，他们在各种情况下都无法将我们的感情表达得完善与正确，同时，由于我们可望维持从当前看来存在着的中国官吏与我们之间的善意谅解，因此引起我们提出将汉文秘书一职授予马礼逊，而他的才能，在各方面都可以完全保证胜任这个职位的工作。"——马士著，中国海关史研究中心组译：《东印度公司对华贸易编年史》，161页。——译注

他就为如此繁重的世俗事务奔波劳碌，他在一封信中对朋友谈道：

我寄给你的中国文学作品短篇选译不是为了出版，这些是我学习汉语时做的翻译练习，寄给你只是博你一笑而已。过去两季我做了大量的公函翻译，使我无暇再做其他的翻译练习。

他在给美国朋友的信中写道：

我的公务极大地干扰了我的学习和研究。我的传教使命需要我为之付出所有的时间，除此之外的事务都有违我的心愿。

马礼逊先生自离开英国后与友人的通信虽然极为广泛，但现在他通信的性质显然发生了变化，尤其是在他的语言著述引起了欧陆汉学家的瞩目之后，同时也因为他早年在中国结交的朋友离开了中国的缘故。虽然下面这封信与宗教没有太多关系，但它能让我们了解到过去发生的事情，以及直到马礼逊先生去世时仍存在于英国当局与中国地方政府之间持续着的政治争端，这些事情如此重要，因而不该忽略。此外，从他们相互的通信中还可以客观而全面地评估一个人的品性。

马礼逊先生写给斯当东爵士的信如下：

广州，1812 年 2 月 12 日

我敬爱的爵士：

我在信后附上的是两广总督①的一封信。这是一件非同寻常的文告，因此值得一看，你可以从蒋攸铦原信中看到，他力效节俭，严厉禁止为迎接他上任而举办的一切奢靡活动。他这种到任方式让我们不知所措，无法说是好是坏。公行（Co-Hong）的欧籍债权人最近提出了一个请求，依我看他是否公正无私即将受到考验。我们刚接待过粤海关部。他提到了你，说他记得你曾出使北京，还问我是否也曾同往，当我回答没去过时，他像其他中国人那样随即问我怎么学会说汉语的。如果我有机会去北京几日，以后再有官员质疑我，我也是一名真正的中国文人，可以令中国官员满意。我猜想北京的氛围对学习汉语特别有利。我们侥幸摆脱了几天

① 嘉庆十七年（1812 年）至嘉庆二十二年（1817 年）蒋攸铦任两广总督。——译注

前的一桩杀人案。黄埔的一个中国人被一名外国船长官开枪击中，伤了胳膊。我相信肇事者的船长在事情解决前付了一些钱，并且船队总指挥发布了一道命令，从此禁止在黄埔开枪。

在你离开后，米托氏船长（Captain M'Intosh）之死让这里的每一个人感到了恐惧。米托氏船长生前的辉煌、崇高的精神、对未来的希望以及死亡发生的时间，都令人深思。我们每一个人都应该随时准备面对死亡，这一点多么重要啊！

敬爱的爵士，我盼望你安全、快速地到达我们国家的海岸，愿神的力量保佑你免除魔鬼的侵扰。

你最忠诚的

罗伯特·马礼逊

乔治·斯当东爵士给马礼逊先生回复：

戴文郡街（Devonshire Street），1813年3月26日

亲爱的先生：

感谢你写于2月12日、2月27日和4月4日的亲切友善、丰富有趣的来信，以及随信寄来的你翻译的《圣路加氏传福音书》一册，的确它显示出你在翻译中文《圣经》这项伟大的工作方面所取得的令人欣喜的进步。事实上，你是结合了从事这一事业所需的各种素质的唯一人选，无论塞兰坡的那位先生在其他方面具有多少才能，他在那个地方翻译中文《圣经》（特别是翻译成汉语），对此我不抱太大希望。我很难想象一个不住在中国、不能随时接触中国人的外国人如何能确信自己掌握了汉语的精髓以及惯用语。就让我们仅以法语为例，这是我们英国人普遍知晓并且学习的一门语言，极少有英国人能以法语准确无误地写一封极普通的信，更少有人敢出版自己用法文写作的书。如果不事先把书交给一个法国人校订的话，恐怕没有一个人敢这样做。

我非常愉快地拜读了你的《中国杂文集》（*Horoe Sinicoe*）①，并把它介

① 这本书收录了马礼逊翻译的《三字经》《大学》及其他杂文共计70页的内容，1812年在伦敦出版。——译注

绍给我的学者朋友。巴罗先生(John Barrow)①看到你的书特别高兴,盼望着你能向公众展示一些更重要、题材更广泛的著作。

我认为如果你能详细地描述中国的各种宗教和迷信活动,尤其是它们和印度教派的关系,这样的书会很受欢迎,尤其是如果你从文学和语言方面做一个评述作为书的序言,将会增加这本书的价值。我自己一直在考虑出版另一部书,但是不会大于中型 8 开本。这是我译自中文的康熙帝 1712 年派使团途经西伯利亚出访居住在里海河岸的土尔扈特族的文献记载②,所以你看,无论你研究中文文献的哪一部分,我们彼此不会妨碍对方。目前在欧洲大陆,他们也想就中国文献做一些研究,蒙图斯博士和克拉普罗斯先生(Mr. Klaproth)都曾给我写信,我还收到了克拉普罗斯先生从柏林寄来的他的一些小册,还有从巴黎寄来的类似的信件,但是他们中没有一个人敢翻译中文的著作。你可能还记得夸克斯(St. Croix),他最近出版了他的中国游记以及我的书《大清律例》的法文版。这些书我都寄给图书馆了。英国最近没有中文新作出版。但是一个名叫休格斯(Hughes)的印刷工发明了一种刻印汉字字模的方法,售价每个字 8 先令,正在寻找买主。随信我附上了一份他字模的样本。

据你所述以及你寄给我的新任两广总督发布的文告,我很遗憾地发现他不会以令人敬佩的前任松筠大人③为榜样。但是,只要我们的贸易能够顺利、平静地进行,我们可以与他很好地礼尚往来。

---

① 巴罗曾随马戛尔尼勋爵到访中国,虽然他本人并不长于学习汉语,但他始终积极推动英国社会和公众对中国语言和事务的兴趣。——译注

② *Narrative of the Chinese Embassy to the Khan of the Tourgouth Tartars, in the years 1712, 13, 14, and 15 by the Chinese Ambassador, and published by the Emperor's Authority, at Peking*,译自图理琛的《异域录》,收入的是图理琛 1712 年至 1715 年出使土尔扈特的文书,斯当东从中文本译出,1821 年在英国伦敦出版。——译注

③ 松筠于嘉庆十六年(1811 年)任两广总督,授协办大学士,十八年(1813 年)授东阁大学士。因为他曾从北京护送马戛尔尼勋爵的陆路行程,与英人素善,在华英人积极同他拉关系。马士《东印度公司贸易编年史》164 页记载:"当把斯当东爵士的名字告诉他时,他表示非常惊讶并非常欢喜,他很愉快地记起当英国使团在中国时期与他父亲的事情。"——译注

我现在还不确定是否乘下个季度的船去中国与你一同工作，这必须取决于我的健康状况和其他情况。无论我在哪里，我真的很高兴听说你健康平安。请代我向马礼逊夫人致以最诚挚的敬意。

你真诚的

乔治·托马斯·斯当东

下面伦敦会给马礼逊先生的信中带来了一则让他振奋的消息：伦敦会终于选定了一个合适的人选来中国协助他传教，这个人就是米怜牧师，米怜牧师和他的妻子于1812年9月起程，1813年7月4日到达了澳门。

伦敦，1812年3月25日

亲爱的主内弟兄：

直航中国的船即将起程，我们很高兴又能和置身于遥远的另一个半球上的你通信了，在施恩宝座前我们未曾忽略你。去年我们在毫无准备的情况下得知有一艘英国军船“格兰朵号”（Owen Glendower）即将在9月起航前往马德拉斯，立即给你写信，还将信复制了一份寄给沃纳先生，由他交给洛夫莱斯转交给你。我们收到了你的日志以及你翻译的中国文学作品，还有最受欢迎的礼物——三册你在广州出版的中文《耶稣救世使徒行传真本》。我们多希望收到的数量更多一些啊，因为我们还想送给国内的朋友，理事会因此希望你下次出版中文《圣经》时，至少给理事会送回两打。你惠赠的三册《耶稣救世使徒行传真本》中的一册送给了英国圣经公会，他们为出版中文《圣经》慷慨捐赠了500镑；另一册拆开后分发给了英格兰、苏格兰、威尔士、爱尔兰等地支持伦敦会的朋友们，当他们拿到在华传教士的第一份劳动果实时，无不表示感激，毫无疑问，会有数千人为在华传教士祷告。这本用中文木版印刷的《耶稣救世使徒行传真本》不仅仅是东方奇物引起了人们的关注，在每一个传教会朋友的眼中，它让他们亲眼见证了《圣经》被译成人口庞大的民族的语言。我们还特别高兴地得知在印刷技术方面也有了改进，铸版印刷（stereotype）不仅局限在欧洲大陆，但你用木刻版只需偶尔修补损坏的汉字就可以印刷10万份。我们现在可以肯定在中国出版《圣经》的价格极为低廉，希望你能继续传教事工中最重要的一个分支,盼望你能成功地找到有效流通中文《圣经》的办法。

在汉英词典的编写方面,我们希望你也已取得了进展,这是一项造福他人的工作,不仅对将来的传教士帮助很大,也是所有想学汉语的人的一个心愿,我们都相信你列举的理由,他们学习汉语的困难可能比有些人想象的要多。

你在上次日志中曾询问我们能否让美国传教士加入到中国传教事业中来,我们要告诉你,在收到你的日志之前,美国马萨诸塞州的安多佛神学院(College of Andover)的几名学生已经表明了要到东方传教的决心。让我们特别感动的是其中有一位贾德森先生(Mr. Adoniram Judson),代表他们三名弟兄和美部会(American Board of Commissioners for Foreign Missions)来到了英国,与我们取得了联系。他回到美国后我们听说他们陪同我们的传教士梅牧师(Mr. May)乘同一条船到了印度,而斯普拉特先生(Mr. George Spratt)则因身体欠佳留在了美国,没有继续前往目的地。至于年轻的美国弟兄想要加入我们在亚洲的哪一处传教站,他们尚未告诉我们。考虑到你曾多次热切地提出派一名传教士同伴协助你,因此理事会指派米怜先生担任这一重要任务,米怜先生是由博固先生极力推荐的,博固先生认为米怜最适合承担此项任务。米怜先生即将离开高士坡,我们希望他和他的未婚妻能尽快有机会乘船前往中国广州。我们只能祈祷为了让你完成你开创的光荣的任务,为了让你把花费了巨大的心血、克服了无数苦难学到的语言知识传授给米怜先生,神延续你宝贵的生命,让你更多地发挥作用。读了你在沃纳先生抵达广州时写给他的真挚感人的信,我们极为欣喜。沃纳先生曾在大溪地担任传教医生,我们以前计划派他到马来传教,后来接受了你的建议改派他到槟榔屿,由美国传教士弟兄在马来传教;紧接着传来了仰光(Rangoon)的布雷恩先生(Mr. Jonathan Couch Brain)去世的消息,理事会决定让沃纳先生与普里切特先生(Mr. Edward Pritchett)一起在缅甸传教,缓解普里切特先生单枪匹马地传教的状况。理事会为此给沃纳先生写信,指示他尽其所能、想方设法地了解当地情况,让当地人接纳他,并让他写信将结果交给卡耐基公司(Carnegie & Co.)的先生们。但是后来理事会得知普里切特先生已经到了加尔各答,正要前往我们印度维沙(Vizagapatam)的传教站,取代已亡故的布雷恩先生的位置,离开缅甸的另一个重要原因是缅甸正在和暹罗打仗,形势混乱,因此不可能在那个国家传教。普里切特先生本来的目的地是阿瓦(Ava)①,他改赴异地也与他得知我们亲爱的弟兄德让格亡故以及高登先生②病重的消息有关。我们考虑到浸礼会的弟兄正在仰光学习缅甸语,盼望着把《圣经》翻译成当地的语言,因此对普里切特先生离开缅甸并不感到特别遗憾。但我们希望他在离开前把他的目的地告诉你和其他的弟兄,以便你们能及时地阻止沃纳先生到仰光去。当沃纳先生陷于困境向你求助时,你慷慨地资助他200元,我们理事会赞赏你的做法,特别是你阐明了你这样做的理由之后。我们因此希望他在承受了这么多苦难与考验之后,能够成为我们传教事业的得力助手。

乔治·斯当东爵士回到中国了,我们盼望此时你已经从先前与中国官员的政治谈判和中国商人的贸易磋商中解脱出来了。你担心自己参与其中会带来一些恶果,尤其害怕影响中国异教徒心中对你这个传教士的看法。这也是我们格外反对的情况,虽然我们也盼望你能够利用自己的才能为公司的利益服务,同时你也得到公司先生们的庇护。你协助他们是为了帮你学习汉语,我们希望你能继续从中受益。我们还没有听说董事会是否正式批准了特选委员会对你的任命。……

我们同你一样,对威廉·莫顿先生离开你感到失望,但是我们希望莫顿先生的才能和气质会让你感到满意。我们深切地同情马礼逊夫人孱弱的病体给你带来的痛苦和折磨,我们盼望她早日恢复健康、振作精神,你的痛苦也早日消除。我们唯有祈祷你们的生命得到恩恤,让你们互相安慰、互相祝福。很多人都热切地向上帝祈祷,要祂延长你宝贵的生命,使你得以完成你有幸承担的伟大使命。当你在教会之首派遣你去遥远、充

① 阿瓦是缅甸地名。——译注

② "John Gordon"或"James William Gordon"都在印度南部,此处是哪位高登先生待定。——译注

满敌对情绪的异国他乡经受考验之际，但愿你能够欣慰地知道：你充当了挖掘将生命之水浇灌到百万人中去的沟渠的工具，当上帝的知识在全中国流淌，就像水充满海洋一样，那该多么愉快啊！

刚收到的开普敦的信带来了一条沉痛的消息：在南非开普敦传教的范德坎普博士患病一礼拜后，于12月15日去世了，时年64岁。这是我们伦敦会的一大损失，也是整个南非地区的损失，此前他的知识和经验指导着南非的教务，我们曾期盼着这里能结出丰硕的果实。他才把新到的五名传教士派遣到各地去，仍在思考如何开展在马达加斯加的传教活动。然而上帝却欢喜奖赏他的行动，为了让他休息，阻止他继续劳作就把他带到了自己身边。南太平洋方面还没有得到停战的消息，也不知大溪地的战争是否结束了，但是从澳大利亚的新南威尔士（New South Wales）传来消息说好几名传教士已经准备着一有机会就返回新南威尔士。他们同时还教导殖民地的儿童。我们最近派了两名传教士到北美的英属殖民地，还派了一名去马耳他（Malta），预备日后到希腊群岛（Greek Islands）开教。你将尤其高兴地得知，美国安多佛神学院还有12名传教士希望仿效他们的弟兄，到东方传教，为大丰收而耕耘；然而，东方的人数多么巨大，这么少的传教士与几百万人相比是多么微不足道啊！可我们还是要为他们欢呼，感谢他们，并且祈祷上帝继续派遣成百上千的传教士到东方去，这样收获世界的速度可以加快。亲爱的弟兄，我们永远是你最诚挚的朋友。

司库：哈德卡斯特

书记：伯德

伦敦会1812年的报告这样记录着马礼逊先生的劳作以及在华传教的前景：

马礼逊先生，我们在中国不知疲倦的传教士，今年给我们寄回了三册精美的中文《耶稣救世使徒行传真本》，这是他在广州刻印出版的，看到此书后很多人感到欢欣鼓舞。当理事会将其中一册赠送给英国圣经公会后，这个最有用的机构的委员会欣然投票决定资助马礼逊先生500镑用于促进《圣经》在中国的翻译和印刷出版。根据需要，用同一批刻版（雕版印刷的一块木版正好是一页)最多可以印刷10万份,如果有些损坏了,只需修补个别损坏的木版即可。他现在开始翻译《创世记》了,因为考虑到《圣经》讲述了世界的起源以及人类的始祖所犯的原罪,这些主题都是异教国家必须了解的内容。尤其在中国这样的国家,人们赋予天和地神性,好像它们能永恒似的。马礼逊先生编写的《通用汉言之法》已经基本完成了,再有几个礼拜就能将它整理好,理事会盼望这部中文语法能和汉英词典一同成为有用的公共工具书。他还给英国寄回了他翻译的一些中国文学的篇章,这些都是从孔子语录、佛教史以及中国其他被敬若神的人的书中选译的。虽然这些仅仅是蒙童读物,理事会仍印制了一批供人阅览,盼望着今后会出现其他更有价值的译作。马礼逊先生告诉我们葡萄牙以巴西摄政王的名义请求派遣使团出访北京觐见中国皇帝,此外还以最屈辱的方式请求让一名天主教的主教和神父进驻北京。

马礼逊夫人长期身患重疾,已经绝望了,这让马礼逊先生经受着沉重的家庭磨难,可是在他写上述的信时,他又燃起了对她康复的希望。

理事会希望,不用太久就能满足这位孤独劳作者最热切的愿望,将值得称许的高士坡神学院学生——米怜先生派往中国,让他协助马礼逊先生完成最艰苦但又最光荣的任务。

不久前离开大溪地的沃纳先生,安全到达了广州附近的澳门,那里是马礼逊先生的住地之一。他留在澳门与马礼逊先生共度了一季之后,按照计划近期准备乘船到槟榔屿去,槟榔屿又名威尔士王子岛,他预备在那里行医,同时为其他传教士的到来作准备。槟榔屿坐落在人口密集的马来群岛的中部,从这里可以将中文和马来文的《圣经》广泛地散布到经常与它来往的周边国家去。

理事会重申他们的愿望,希望伦敦会所有的牧师和成员都向教会之首祈祷,祈求基督新教在中国的微薄的努力,即以中国人的语言在300万人中传播神圣真理,在神的大能的庇佑下取得不凡的功效。当祂仁慈而又坚定地发出号令说“你们往普天下去,传福音给万民听”,此时祂已经看到了人类大家庭中人数最多的这一支。

本年度英国圣经公会在加尔各答成立了一个“圣经促进会”(Auxiliary Bible Society),亨利·马丁[①](Henry Martyn)牧师在成立仪式上主持布道。马礼逊先生也收到了一份讲章,他向在华英人筹集了285元的善费,连同一封信一起寄给了加尔各答“圣经促进会”的司库约瑟夫·亚历山大先生(Joseph Dupre Alexander)。

广州,1811年11月20日

尊敬的先生:

为了宣传英国圣经公会的宗旨和目标,亨利·马丁牧师1811年1月1日在加尔各答的布道讲章已经收悉,向在华的英国人也征集了一份善款。现在,我很高兴地寄去一张善款支票以及一份募捐者名单。衷心祝愿神恩保佑你们实现让印度知晓救世主基督耶稣救恩的计划。

你们最谦卑的仆人

罗伯特·马礼逊

这个时期,马礼逊先生继续进行《圣经·新约》的翻译,同时编写他的汉英词典,还用汉语或者英语口头宣教。每个礼拜日,当他为世俗工作勤奋地劳作时,另一个重要的问题让他思索了好久:翻译中文《圣经》时应该采用何种风格最为恰当?他将深思熟虑后的结果写信告诉了米怜牧师,米怜先生在他的《新教在华传教前十年回顾》一书中收录了他的来信,相信所有关心这个重要问题的人对这封信都会有兴趣。

正如在其他大多数国家的情况一样,中文书籍中也有三种文体风格:文言、白话和折中体。“四书”和“五经”中的文体非常简洁,而且极为经典。大多数轻松的小说则是以十分口语的体裁撰写的。《三国演义》,一部在中国深受欢迎的作品,其文体风格折中于二者之间。起初,马礼逊先生倾向于采用折中体,但后来看到一本《圣谕》,使用全然口语的体式,每个月两次在各省的公共场所向百姓宣读,以训诫相关人士并指点他们的政治责任,马礼逊先生决心仿效这本《圣谕》。

---

① 亨利·马丁(1781—1812),印地文和波斯文《圣经·新约》的译者,还监督了阿拉伯文《圣经》的翻译。——译注

第一，因为广大民众更易理解。

第二，在人群中宣读的时候，它清晰易懂，而这是经典文言体无法达到的。折中体在公众场合宣读时也很清楚，但不如白话体容易理解。

第三，在口头讲道时，白话体可以逐字引述而不用加上任何引申解释。

但是，在重新考虑这件事后，他决定采用折中体，因为这种文体从各方面看都最适合一本旨在广泛流通的书。一方面，这种文体保有古代经书严谨和尊贵气质的一些成分，而没有过于凝练使其难于理解。另一方面，它对于阅读水平尚可的读者都清晰易懂，而不会陷入口语粗俗的泥沼。这种文体既没有超越目不识丁之人的理解水平，又不会让具有良好教育之人感到鄙俗。每当中国人进行严肃的谈话时，都假装瞧不起口语化的小说作品，但同时，他们又不得不承认古代经书的风格没有普遍适用性。他们对《三国》的体例喜爱若狂。就文体风格而论，这本书应该被认为是中国的《旁观者》(*Spectator*)杂志。约翰逊博士(Dr. Samuel Johnson)说："那些想要写出完美英语著作的作家，应该不分日夜地潜心学习《旁观者》主编爱迪生(Joseph Addison)的文章。"同样的评价也适用于《三国》。学习中文的人，无论是在口语或书写中，若想轻松通达地表述清楚自己的意思，都应该仔细研读和模仿《三国》。将经书的注疏与《三国》结合在一起的文体，更适合中文的《圣经》和一般神学理论著作。这些注疏中所涉及的通常是一些严肃的主题，需要全神贯注地反复研读，因此其文体风格可能也适合于基督教神圣事务的尊贵性，而以《三国》为范本所塑造出来的风格会使语言的表达更为平实流畅。

很可能有一些人到目前为止，还认为《圣经》的中文译本应该模仿经书的文体风格，例如"四书"和"五经"，尤其是被视为经书之首的《孟子》，被认为是《圣经》的译者最应该仿效的一部经书。但是，尽管持有此观点的人值得尊重，本书作者却另有想法。在一篇公开出版的评论或辩解中，引用中国哲学家的大名听起来是很响亮，也会对那些无法更深入研究此一课题的人产生影响。

只要我们就这些中国经书考虑到什么是可能，什么是事实，即可以了解这些书并不是那么理所当然应该被模仿的。因为中国的经书，如果真的收录了那些古圣先贤金玉良言的作品，则其风格已超过2000年之久，再考虑到所有的语言都会经历的变化和波动，则20个世纪前盛行的文体是否还可能适应现代的社会？历史上曾有过这样的事例吗？如果有人反对说："尽管其他国家的语言和文体都已经改变，但中国还没有。"所有的中国读书人在理解他们的古书时出现的种种困难，是对此种反对意见最好的回答，尤其是当我们考虑到这困难不仅仅源自对风俗的指称，或久已过时的用法，或处于世界另一端的我们几乎一无所知的复杂关系而已，也源自汉语自身的风格和结构。如果我们再一次关注到事实，我们就会发现，若未加任何注疏，中国的经书不那么易于理解。没有人会只读经书的白文，除非是儿童为了学习其读音而在学校老师的解释之下朗读经文，或是以前已经借着注疏读过此部经书的人才会只读白文，而且，即使有注疏和老师的帮助，在读了数年经书的人中仍有1/5不能理解其意。如果又有人反对说，困难不是因为其文体，而是因为其主题的缘故，可是，除了《易经》和《中庸》涉及深奥的星象和形而上学的主题外，其他经书的主题并无难懂之处，有时理解上的困难源自古代字词用法的典故，其定义并未随历史清楚地流传下来。

经书中极受推崇的"四书"，内容大部分是格言和警句，这就需要一种特殊的文体风格，但此种文体并不适用于历史性的叙事，也不适用于以5句、10句或20句话构成的段落来阐述连串思想的主题。

至于《孟子》，其文风大体雄浑阳刚、生动活泼，但有时带有几分轻率不定，其书中也出现了其他经书无法避免的困境，尽管这些困难不总是相同的。

的确，中国在近现代并没有出现引人注目的作家。但是身处12世纪的朱子和他同时代的人都是著名的作家，600年前盛行的语言风格比起2000多年前流行的不是更适合现代用法吗？朱子注解了大部分的"经书"，他自己也承认，由于年代久远和原文极为凝练，他经常对文本的真正含义感到茫然。因此，本书作者毫不犹豫地给出自己明确的观点。这些通称为经书的体例，无论是《圣经》翻译还是神学著作都不适合模仿，也不适宜任何想要在社会各阶层中广泛推广阅读使用的书。即使中国的知识分子都能理解甚至赞赏模仿经书风格而成的中文《圣经》译本，大多数的普通民众也只能够理解其中很少的部分内容。这将会带给讲道者和评注家大量艰辛的工作，但如果译者模仿更为现代的著作，就有可能从根本上防止这一现象的发生。

本年（1812年），中国嘉庆皇帝晓谕天下禁止基督教，引起了在华欧人的惊恐。马礼逊先生在给伦敦会理事会的信中表达了他对此事的看法，随信还附上了英译的谕旨。这里仅摘录其中的一部分：

广州，1812年4月2日

一个月前起程的本季最后一批船队带去了我的信和一本我翻译的《圣路加氏传福音书》，一本《神道论赎救世总说真本》，希望能平安送到你们手上。我此次附上了一份我翻译的中国禁教令的谕旨，你们从中可以了解出版中文的基督教书籍和小册都是斩首的罪。然而，我必须继续我的使命，信靠上帝。中国官府颁布的法令只要不违背上帝的旨意，我们都会严格认真地遵从。我将避免引起中国官府的注意。我虽然知道自己的弱点，非但没有悲观失望，反倒对于自己最盼望的目标将要实现心存感激。尽管困难重重，从目前《圣经》的翻译和出版显示，无须太久我就可以掌握汉语。我非常感激神让我从事这一伟大的任务，就算我很快死了，在我生命的最后一刻我仍然会感到荣幸。

爪哇向你们敞开了一片广阔的天地，那里居住着数千名中国人。我相信上帝会让你们向那里派遣一些传教士的。

我近来思考，现在要向你们一提的是那些只和教会弟兄和睦相处而不和其他宗教界以外的人接触的传教士，他们应该清楚地意识到那些自以为是的哲学家和世界各地的人对传教士及传教事业的鄙视。我还觉得有必要让他们完全了解，那个只接受政策引导的民族反对传教团和传教士的目标。我们在海外的传教士经常受到各方的攻击，如果对此没有准备,攻击的负面影响要大得多。

禁止基督教的中文谕旨内容如下:

著嗣后各地西洋人传教照西洋人传教治罪专条办理事上谕

嘉庆十六年五月二十九日

内阁奉上谕:刑部议复御史甘家斌奏请严定西洋人传教治罪专条一折。西洋人素奉天主,其本国之人自行传习原可置之不闻,至若诳惑内地民人,甚至私立神甫等项名号,蔓延各省,实属大干法纪。而内地民人安心被其诱惑,递相传授,迷罔不解,岂不荒悖。试思其教不敬神明、不孝祖先,显叛正道。内地民人听从传习,受其诡立名号,此与悖逆何异?若不严定科条大加惩创,何以杜邪术而正人心?嗣后西洋人有私自刊刻经卷、倡立讲会、蛊惑多人及旗民人等向西洋人转为传习,并私设名号,煽惑及众,确有实据,为首者竟当定为绞决;其传教煽惑而人数不多,亦无名号者,着定为绞候;其仅止听从入教不知悛改者,发往黑龙江给索伦达呼尔为奴,旗人销去旗档。至西洋人现在京师居住者,不过令其在钦天监推步天文,无他技艺足供差使,其不谙天文者,何容任其闲住滋事,着该管大臣等即行查明,除在钦天监有推步天文差使者仍令供职外,其余西洋人俱着发交两广总督,俟有该国船只到粤,附便遣令归国,其在京当差之西洋人,仍当严加约束,禁绝旗民往来,以杜流弊。至直省地方更无西洋人应当差役,岂得容其潜住,传习邪教!着各该督抚等实力严查,如有在境逗留者,立即查拿,分别办理,以净根株。余照该部所议行。钦此。①

伦敦会理事会刊登了这封信和谕旨的译文,并发表评论说:

我们高兴地得知在中国传教的弟兄没有因为这一谕旨而失去信心,他决心依靠主的力量继续他的使命,理事们愉快地将他托付给万能的神,相信神设定的恩顾中国的时间正在临近。即使这个禁止出版《圣经》、影响面广泛的禁令将被立即执行,反而是广泛宣告了《圣经》的出版,因此激起中国千百万人阅读《圣经》的好奇心,可能接着就会发布另一个支持

---

① 此处使用的是郭慧选编的《嘉庆十六年严禁西洋人传教史料》的原文,译者根据内容对标点作了修订。——译注

基督教的政令。我们愉快地获悉,就在这位译者继续从事他重要的使命时,英军征服了爪哇,为向居住在爪哇的几千名中国人传播《圣经》开启了大门。这些中国人可能就是上帝有意安排的,或许就是为了这个目的才让他们处于英国人的控制之下。

下述通信是写给伦敦会一位德高望重的友人的,从这些信中可以看到传教事业的推动者与海外传教士保持的友好联系给传教士带来的积极影响,坚定了处于内受家庭困扰、外受政府敌视的不利环境中为实现目标而奋斗的传教士的信心。

广州，1812 年 12 月 18 日

亲爱的先生:

你 1 月 8 日的来信于今年 10 月送到了我手中,它带来了你身体健康、继续为主的事业努力的好消息。我同时还收到了理事会鼓舞人心的来信。善良的人们对我的赞扬坚定并鼓舞了我的信心。我希望神赐福并成就祂的仆人为祂所做的一切。我这里除世俗的人之外别无其他,我亲见了太多违背宗教精神的事例,这让我常常渴望回到你们幸福国度的基督教团体中去。我们在这里孤独地坚守,我们的信念及使异教徒归信基督的目标有时让我们成为别人取笑或者被禁止的对象。加尔各答、马德拉斯甚至伯特尼湾①(Botany Bay)的传教士的情况都比我们在中国的好得多。我们这里也有一些优秀的人,可是没有一个相信或者愿意帮我们实现我们的宗教目标。

上一季我给英国寄回了一本我翻译的《圣路加氏传福音书》和一本我出版的小册。我接到消息说广州城里(我不能进去)的一个人读了福音小册之后行为有了很大的改变。他从前是一名天主教徒,过着罪恶的生活。

本季度我主要在印刷中文的《使徒书信》(*Epistles*)。《希伯来书》和《约翰福音》都还没有完成。我希望在 1813 年我能完成《圣经·新约》的

---

① 伯特尼湾位于澳大利亚东南海岸悉尼附近,这里是 1770 年库克船长(Captain James Cook)最早登陆并占领的地方,当时将其称为新南威尔士。——译注

翻译。我相信这个计划对我来说不难实现。

我已拜读了马士曼先生的著作,他寄了一份给我。他后悔过早出版了他的书。他认为掌握汉语非常容易,对此乔治·斯当东爵士以及其他在广州学过汉语的人,包括我都持与他相左的意见。此外,我们关于汉语的语音方面的见解也不同,巴罗先生曾在《书评季刊》(*Quarterly Review*)上错误地称其为一种"字母符号"。让你理解这些问题的价值有些困难。在英国几乎无人懂得这门语言,因此他们也不能在这个问题上作出正确的判断。我的观点是,欧洲现在流传的由天主教传教士对中国语言的报道都是正确的。我建议你不要被现在另一种反对意见所蒙蔽。我在《书评季刊》第十期(我记得是)上曾发表过一篇评论文章,指出了马士曼先生书中的错误。东印度公司特选委员会要我把这篇文章和一本翻译的书寄回去呈交给董事会。汉语是否难学并不那么重要。马士曼先生对此小题大做了,并且嘲笑学界将汉语视为"猛兽";而事实上,他已经学了四年的汉语,却仅取得了一点突破。当他在写那本书时,那些在他看来很新鲜、令人迷惑不解的问题其实在懂得汉语的人眼中并不新奇,在过去200年间已有一些英国人和数百名欧洲人知晓了。亲爱的先生,我不可能在这封简短的信中把所有的事实都告诉你,让你自己作出判断,你只需知道虽然汉语很难学,但是掌握这门语言也不像人们所说的那么艰难。没有一门语言无须花费力气就可以学得好的。感谢上帝指派我来到现在劳作的地方,在这里我做的每一件事情都让我更加熟悉汉语。

我很高兴地告诉你,我夫人的身体有了很大的好转。她现在非常投入地为人母,照顾着我们的5个月大的小女婴。我亲爱的小宝贝身体很健康。我离开家已经10个礼拜了,但是我们每天都能愉快地收到对方的信。商馆人员在广州,我估计还要多住两个月。请容我夫人和我向你及全家致以最诚挚的问候……

我在中文语法书后增加了一册《中英对话集》(*Dialogues in Chinese and English*)。特选委员会向公司董事会推荐了我的汉英词典。他们希望公司能送一台印刷机和两名印刷工到这里出版词典。汉英词典将印成

4开本的三册。只要我们的计划进行得顺利，这部著作将为我们带来荣誉。我祈祷它能促进福音的传播。

收到你的来信总能带给我莫大的喜悦。我盼着神恩怜恤你的生命，你的忠告是教会和异教徒的福佑。亲爱的先生，我永远是你诚挚的、忠于主基督耶稣的

罗伯特·马礼逊

从马礼逊先生日记中摘选的部分可以看出他是如何利用一切机会诲人不倦地教导他的异教徒家仆和他能接触到的人，宣讲“让他们醒悟并且得救”的知识的。

1812年1月

我亲爱的玛丽又开始像从前那样不安地抱怨病体了，恐怕会持续下去。我的主啊，我恳求你看在基督耶稣的恩德上保佑她吧！从你居住天国的圣所向下俯视吧，我寻求你，求你宽恕我们的罪过！让我对主的事工坚贞不渝。但愿所做的一切都会促进异教徒的归化。但愿我不会失去对福音的盼望，也不会因目前担负的工作而分心。

2月16日

回到澳门，与家仆谈论《诗篇》39:4“耶和华啊！求你叫我晓得我身之终”。

4月26日

我们23号搬离住了三年的住所，来到了现在的住所。我恳求神的祝福。我的主啊，愿我夫人和我全心做你喜悦的事。让我们谦卑、耐心、满心欢喜地侍奉你，不要让我们转向虚空。帮助我成为一名优秀的传教士吧。我渴望全身心地侍奉你。我把传扬你的荣耀当作至上的事业。不要让我中撒旦的诡计。上帝啊！我的上帝！怜悯我吧，宽恕我的罪吧。让我全心全意地侍奉你。让我们都做好死亡的准备。我的上帝！我的上帝！怜悯地听我的祈求吧！阿门！阿门！

5月31日

我的工作进展不大，我非常难过。我为自己缺乏全身心投入的精神

而悲哀。上帝啊,帮帮我,我谦卑地寻求你。求你赐给我看到异教徒踏上改邪归正道路的喜悦,帮助我在开始的事业上继续前进。

6月28日

蔡轩告诉我说他的一个朋友想要几本我出版的书,这样就可以了解外国人宗教的教义。

7月21日

今天给他们解释了《使徒信条》(*Apostles' Creed*)和《圣经》中的段落:"我怎么能对上帝行这样的恶呢?""父亲怎样怜恤他的儿女,耶和华也怎样怜恤敬畏祂的人。""他们的偶像,是金的是银的,是人手所造,有眼不能看……""神是公义的审判者,又是天天向恶人发怒的神。"

8月2日

讲解了《诗篇》1:1"弃恶从善必蒙福"。翻译并且讲解了好几段其他的《圣经》内容。

10月1日

昨天到了广州。上个主日,我忍受着剧烈头痛,离开了身体欠佳的妻子玛丽。她脆弱的意志让我更加苦恼。上帝啊,救救她,看在耶稣的分儿上怜悯她吧。

10月8日

我非常高兴地得知广州城里的一个捕快,偶然从亲戚的桌上拿走了我出版的小册,因为小册的作用从此悔过自新了。他此前是一个非常坏的人,给他小册的人觉得他简直不可救药,本不愿给他书的。他曾是一名天主教徒。据说每个人都见证了他的转变。但愿他能完全归信基督!

三天前给一个生意人一本福音书。他感激地收下书,说要让全家都读。

目前广州所有的大街小巷都在轮流举行纪念"火王"的仪式。这样做的目的是想要避免破坏极大的火灾的侵袭。

10月11日,主日

宣讲浪子回头的寓言。我的家仆和助手像往常一样专注。晚上亚才

(A-Tso)①读了一部分《神道论赎救世总说真本》,并且以令人满意的方式做了解释。他误将人原本具有的“义”当作出生时获得的义。亚轲(A-Fo)也朗读了一部分,试图用自己的语言表达他的感受,可是却误会了范围。他提出参加今后的主日崇拜和平时的崇拜。晚上我听他们背诵《问答浅注耶稣教法》,读了一章《圣路加氏传福音书》。像往常一样,做完祷告后解散。男童们②好像感到了偶像崇拜的荒谬,葛先生似乎还以此为耻。真理似乎已经从某种程度上启发了他。此前我曾经问他,他所认识的中国人中有哪个不信神的,他没有直接回答我的问题,而是说:“人怎么能知道何时神创造的天地万物呢?”葛先生现年45岁,他的祖父担任过一定的官职。他性情温和,平易近人,心地善良,一生都以教书为业。蔡轩大约30岁,脾气和顺,但是有些虚伪。他写得一手漂亮的汉字,对出版中文书帮助很大。葛先生帮我润色修改译文。他们都心安理得地做着这些事情。

10月12日

集体祷告、读完《圣经》之后,亚轲说他希望我教他祷告。我回答说我非常乐意随时教他。愿上帝让他的心寻求以基督耶稣的宝血获得的救恩。

10月16日

把《圣路加氏传福音书》《耶稣救世使徒行传真本》《神道论赎救世总说真本》和《问答浅注耶稣教法》送给了一所中国道观的道士,他感激地收下了这些书。一群中国人拥进道观看外国人,不便我多谈这些书。亚轲参加祷告、读福音书时明显地流露出渴望学习的态度。容三德是一个很自负的人,他鄙夷别人,很难容忍别人。

看到男童们愉快地学习给了我极大的乐趣。但愿上帝通过圣灵光照我们。和一个生意人谈做好死亡准备的重要性。

---

① 参苏精《中国,开门!》208页的华人名单,其中注明亚才是葛先生的儿子,抄书并且教授男童。——译注

② 马礼逊在广州的住所办了一所非正式的学校,教这些十几岁的孤儿识字和诵读《圣经》。——译注

10月18日，主日

今天只有四个人参加礼拜。亚三读了《圣路加氏传福音书》的二十二章，我对此作了简单的解释，最后以祷告结束。亚运和亚三复述了浪子的寓言故事。晚上读了《问答浅注耶稣教法》，我给他们讲了书中的内容，最后以祷告结束。他们专心致志地听着，表现得很好学，但愿上帝开启他们的心灵。亚轲在别人走后留下来，我给他讲解上帝的属性和祷告的意义。但愿上帝通过耶稣将他的灵灌注我们！

10月19日

亚轲继续以令人喜悦的方式探问。盼望上帝开启他的心扉。他今晚又来参加祷告，学习祈祷。给他讲解了附录在《问答浅注耶稣教法》末尾的晚祷词的内容之后，我跪下来和他一起祷告，他也立即跪了下来。我可怜的爱妻玛丽偶尔很痛苦。愿上帝怜悯她，看在耶稣的分儿上保佑她和小宝宝。

10月22日

把《耶稣救世使徒行传真本》和其他书送给了一个来自帝国北方山西省的人。

10月25日

给我的小团体讲解了耶稣的大爱以及配得上祂的爱德的责任。给我在澳门的家仆写信，督促他读《圣经》信上帝。和亚轲一起读《圣经》，听男童们复述《圣路加氏传福音书》十五章和《问答浅注耶稣教法》的内容。亚轲读完后，恳请我与他一起祷告。但愿他能意识到他多么需要耶稣的教导。

10月30日

亚轲买来几尊偶像给我看。他希望我不要让中国人知道是他给我的，因为害怕引起别人对他的憎恶。中国人不愿意出售他们的偶像，否则会遭人侮辱。他说："就我而言，我相信耶稣，赞同你所说的崇拜那些木头、泥塑、陶瓷的偶像都是假崇拜。"我产生过给他施洗的想法，可是又担心他的知识尚浅，信仰不够坚定。

10月31日

亚轲今天又请我与他一起祷告。在祷告前，我告诉他罪的邪恶以及人们悔改、仰靠上帝的必要性。

11月1日，主日

亚轲晚上不能来参加祷告。他捎来一个便条，请求我替他向救世主祷告，并说他次日将会登门道谢。

11月8日

晚上，亚轲和我谈到了施洗入教的事情。他问我能否秘密受洗而不让他哥哥知道。我努力劝导他明确受洗的动机，如果他秘密受洗是出于谨慎，因为官府明令禁止中国人入教，这样可以；可是如果他是耻于承认他是耶稣的门徒，那就不可以。亚轲在家庭祷告之后留下来接受《问答浅注耶稣教法》的教导。亚运和亚三背诵祷文，温习《问答浅注耶稣教法》中的几个问题和《圣路加氏传福音书》二十六章“耶稣复活”的部分内容，这些是他们上礼拜学习的内容。但愿上帝保佑我微薄的劳动，我真盼望能有善于言辞、更适合传教的人来做这件事。

11月15日，主日

像往常一样礼拜。男童们温习穷人拉撒路死后进天堂和富人的譬喻。晚上给亚轲讲解《问答浅注耶稣教法》。

11月22日

给他们讲述死后复生以及末日审判。读完《圣路加氏传福音书》二十四章。男童们背诵了一篇祷文。葛先生说他已经相信崇拜偶像是错误的，但是认为人们敬天有一定的道理。他说耶稣教导人爱人、孝亲很好，关于未来与永恒的幸福和敬畏也很容易理解。他说福音书的大部分比较容易理解，可是有一些段落他看不出重点。

11月24日

一位天主教徒来拜访我并索要我印刷的《圣路加氏传福音书》和其他的书。我给了他好几本，并劝他祈祷时感谢上帝。这些书籍虽然静默无声，可是威力无穷。上帝啊，看在耶稣的分儿上，赐福于我们吧。

11 月 25 日

拜访了曾经接受了赠书的那位道士。他说这些书写得很好,他把书送到了一个名叫“罗浮”(Lo-fow 音译)的祛病胜地。他问我,耶稣是什么人?是不是菩萨?是否像中国的神?我告诉他耶稣是上帝,是世界的救世主。

11 月 29 日

讲述《圣经》的真谛——爱上帝、爱人,还讲了《圣路加氏传福音书》二十章末尾谴责虚伪的罪。男童们复述了《圣路加氏传福音书》十七章的内容,包括上帝教导人们要宽恕敌人,要把利人不求回报当做最高的追求。我告诉容三德,他不尊重《圣经》让我感到非常遗憾。我觉得他在英国的朋友如果知道他这样,也会感到遗憾。他说他并不是完全不信,只是他的心思都被世俗事务所占据、所困扰,所以没有时间。他说他考虑过翻译《圣经》全文。他认为如此重要的书应该以古文的风格翻译,吸引人的注意,并且促使人们去阅读它。他曾计划翻译一部我们的英语词典。可怜的三德对自己的语言很欠缺,对我们的语言英语更欠缺。可惜他的能力与他的设计毫不相称。

12 月 6 日

宣讲了天国以及重生是进入天国的必要条件。我感到礼拜很愉快顺利。男童们复述了救世主治愈麻风病人的故事。有部分《耶稣救世使徒行传真本》《神道论赎救世总说真本》和《问答浅注耶稣教法》送到了广州城里的书商那里。他说他认为中国的天主教徒会很高兴看到这些书。

12 月 12 日

云官明,一位中国天主教徒,他告诉我澳门的主教发布了一条针对我的命令,禁止天主教徒和我交谈或者给我中文书籍。主教跟云官明谈到他见我的事情。云回答他说:“马礼逊从未宣称他的宗教信仰是正确的而我们的是错误的;我从他身上唯一观察到的特点是他严格遵守安息日的教导。”云官明带给我一部被他称为新约的中文书,其实那只是人们编写的关于新约的书而已,书名叫作《上帝及教义的历史》(*The History of*

Our Lord's Life and Doctrines)。他还告诉我北京的一位神父把旧约译成了中文,该译文从未出版过。他说会设法替我弄到一本。

12月13日

教授男童们《问答浅注耶稣教法》,听他们背诵《圣路加氏传福音书》的片段和《诗篇》第100首。给他们讲解耶稣的神人二性,还有父与子、主人与仆人之间的相对关系。晚上和一位从北京国子监毕业的中国文人一起读《神道论赎救世总说真本》。他盼望得到一本,要用它教导自己的侄子。这个人目前和我在一起,教授我北京的发音。他有一个广东省仆人,他们两个人的发音区别很大,有时他们彼此都听不懂对方的方言。主人不得不找了一个既懂官话又懂广州方言的人替他传达意思。这两种方言我掌握得都不够好。我的宗教活动都是用本省方言主持的。

12月18日

葛先生回家给儿子主持婚礼,走了好几天,今天回来了。晚上他又要回家,因此他请求我提早举行家庭祷告,这样他还能赶上参加,他好几天没有做祷告,内心感到有些不安。我感谢神让他出现了醒悟的征兆。上帝啊,愿基督耶稣助他归信基督!

12月20日

本月19日,一位年寿最高、最受人敬重的中国行商辞世了。他是一位善良的老人,总是试图做得更好。据说他生病时经常把好多种药摆在面前,然后在神像前跪下叩头,祈求神像指点他服用哪种药。根据当地的风俗,他的尸体被修饰一番,摆放在大厅的一张床上。他的妻子和儿女、儿媳等人跪在他的灵床前,终日哭泣。友人和熟识的人都来吊唁,在床角行礼。他们的风俗一般是停尸两三天,然后把尸体装进棺材准备埋葬。有钱人会等到三七或者七七下葬,因为人们相信鬼魂每隔七天就会回转一次。

我把带来的最后一些小册送给了即将起锚船队的水手。有时有人向我要《圣经》,可我一本赠书也没有了。

下面呈现给读者的是马礼逊写给伦敦会理事会的信件摘选,信件开端的介绍部分文字优美、言之有理，让人印象深刻。信中他向委员会描述了中国人迷信的事实，供他们借鉴并且思考如何向异教徒宣传基督教的福音。马礼逊没有详细地叙述细节，而是向他们传递了在这一广阔帝国境内传播基督教的综合计划，哪怕这些只是福音带来的一束光芒。他的观察力非常敏锐，而且具有超常的洞悉力：他仅需匆匆一瞥就可以发现几千个人细致观察也发现不了的东西。

这封信写于1812年12月22日，他从广州写给伦敦会司库和书记，信的内容如下：

> 你们1812年3月20日鼓舞人心的来信于9月21日送到了我的手中，激励着我有时低落的精神。你们友善的基督弟兄间的通信带给我的快乐和益处难以用语言描述。我相信其他的海外传教士与我一样，都从你们的来信中体会到了快乐并且受益颇多。你们在幸福的土地上，那里有一个基督徒所盼望拥有的一切便利，丰富的宗教教导、有益的教诲以及诸多慰藉。我们的情况截然不同。你们做得很好，经常给我写信。如今你们环顾四周，会因身边聚集的成千上万名赞美上帝的人而喜悦，并且能够听到基督的伟大救赎；可是这里却是没有牧羊人引领的数百万迷途羔羊，没有人照料他们弟兄的灵魂，极少有人关心自己的灵魂，徘徊在无知的阴影下。对于来世他们既恐惧又盼望，他们的恐惧都是虚幻的，他们的盼望是建立在遵从某些仪式，或者几千、几万遍地诵念一些祷词的基础上的。他们与偶像结合，一根棍子、一块石头、一个泥塑雕像或者一幅图像都会让他们想到代表着神的旨意，因此他们跪倒并且祭拜它。穷人、病人、困苦人，奄奄一息的、倒霉的、幸运的各种人都敬重他们自己塑造的偶像。多么需要向他们指出一条"更正确的道路"啊！尽管这项任务不被他们接受。你们被光照的国度也曾经同样置于黑暗，是"当赞颂的神的光荣的福音"驱散了黑暗，为你们带来了光明。虽然你们当中也有人对光明视若无睹，可是千千万万的人为它欢呼雀跃。
>
> 《耶稣救世使徒行传真本》虽然只是《圣经》的一小部分，但意义重大，它证明用中文印刷出版《圣经》是可行的计划。我非常高兴你们接受

我初步的尝试,这鼓励着我继续努力。我将这一切都归功于万能的上帝,是他让我首先尝试,我相信今后会有人为之付出更大的努力。

上个季度我给你们寄去了翻译的《圣路加氏传福音书》以及几本我出版的《神道论赎救世总说真本》。现在正在印刷的书籍以《使徒书信》为主,修订的第二版《耶稣救世使徒行传真本》增加了章节编号。我希望它们能及时出版,赶上寄给你们。上封信中提到的《问答浅注耶稣教法》已经印好了,我给博固先生寄去了一本。我准备让即将出发的船再多带几本回去。

我收到了英国圣经公会助理书记的信,告诉我他们的机构赞助我500镑用来印刷出版中文《圣经》。我已经给塔恩先生(Mr. Tarn)写了回信。我非常高兴能够充当英国基督教组织向中国人行善的媒介。此外,我代表异教徒衷心地感谢我为之服务的伦敦会。将来中国人会亲自以他们的语言向那些给他们带来耶稣的福音的人们致谢。

我散发中文《圣经》的唯一途径就是把它送给书商,我相信他们把这些书低价出售了。有一个书商告诉我说他把书赠送了。夏季我往福建省送了好几百本《圣经》,我自己付的运费。

论及他在上封信中提到的让美国人来华传教的事情,他说:

以前我说起所有的外国人都被驱逐出了广州,我担心我没有说清楚。美国人与其他外国人本来没有什么不同,可是他们都滞留在广州而没有引起太多的注意。当英国军队来澳门时他们留在广州(只有几天他们大多数人躲在美国船上),不是因为他们比其他国家的人享有更多的特权,而是他们往往被忽略了。他们从来没有战船来到中国,在中国也没有一兵一卒,因此没什么可怀疑的。然而你们希望美国传教士来到中国后能进入内地传教是毫无根据的。我认为除了天主教传教士外的其他人都不可能到内地传教,因为他们有中国内地天主教徒的接应。我估计进入内地的外国传教士不会被判处死刑。我觉得他们会拦截外国传教士,把他关押起来并且送回到广州,然后勒令他离境。如果一个中国人被发现藏匿外国传教士,那他的性命就会有危险。你们可能会说,一个美国传教士究竟有哪些好处？一名美国传教士不牵扯到欧洲人，因此美国传教士不会因他的国家而引起异教徒的怀疑和妒忌。

你们可能从我上一季的信中获悉了乔治·斯当东爵士离开了中国，因此我在公司的事务比以前更繁重了。公司董事会勉强同意我担任这个职务，但是他们是否会最终批准我接替乔治·斯当东爵士任中文秘书尚不知晓。我现在诸事缠身，忙个不停。

他这样说起他的中国助手：

蔡轩和葛先生至今仍和我在一起。葛先生已经知道并且承认偶像崇拜的荒谬。他愉快地替我改正译文中用错的成语，帮助我检查写好准备刻印的样章，还参加我们的家庭祷告。然而，他并不承认自己的罪，也看不到救赎的必要性，这不是我所盼望看到的。

他在信中再次提到美国传教士的问题，他写道：

三年前当我建议纽约的梅森博士（Dr. Mason）向亚洲派遣美国传教士时，他曾回复我说这个想法简直是异想天开。我不理解他为什么这样想。我希望我们两国将会保持友好，事实也将证明这个想法并不是异想天开。基督教的精神就是世界的宗教，它超越国家的偏见，而且人们对它了解得越多，理解、信仰并且热爱它的人就会越多，它就能更好地将各个国家、各个民族的人像弟兄般地团结在一起。

关于马礼逊夫人的健康状况，他的观察结果如下：

我夫人的身体虽然好多了，但离恢复健康还差得远。原本脆弱的身体经不起精神的困扰，因此不能让她如愿尽快地康复。但是，一切都在上帝正确的掌控下。善是上帝的本意。我们服侍祂。祂在我们痛苦的杯中混杂了怜悯和同情。我夫人愉快地期盼着与虔诚的米怜夫人为伴。我相信他们不会被拒绝居留此地。

谈到传教士的死，马礼逊这样写道：

传教士的死亡给差会造成了巨大的损失。直到生命结束也不停止工作就是我们的写照。到了我们以为可以停下来休息的时候，传教士同伴却又死了，因此又需要重新开始培养其他人。我希望你们不会失去信心。

责任是我们的，结果是由全智的上帝决定的。我们不能太热衷于立即取得成功。我们播下种子，也许不待它结果我们都已死了。然而，上帝的话从不徒然返回。

他接下来谈到了汉英词典：

汉英词典的进展没有预想那么快。因为我目前手里的事情太多了，所以不可能投入太多的时间。特选委员会本季度已经正式向董事会推荐我的词典，申请送一台印刷机及两名印刷工到中国出版词典——中文部分将由中国印刷工来做。

我经常和你提起的《通用汉言之法》和编写的一册《中英语言对话》(*Dialogues and Detached Sentences in the Chinese Language*)已经呈交特选委员会了。

下面是马礼逊首次提到他认为非常重要并且花费了极大心血才实现的愿望——在马六甲建立一所学院：

我真希望我们在马六甲有一所培养传教士的学院，专为恒河域外所有国家培养欧洲籍和当地传教士。那里还需要有强大的推动机——印刷所。我认为，通过当地传教士的努力以及《圣经》的作用，福音将会取得最终的胜利。推动实现这些目标，在神的庇护下，需要欧洲的基督徒提供资源，为了我们的亚洲传教事业，我们需要一个中心，需要有组织地展开合作，需要一个印刷所，需要一个传教士委员会(即使我们不能当面讨论，我们仍然能够在短期内互相通信，比给伦敦写信请示节省时间)。这样一个传教士委员会在异教国家从事传教事务，比起那些远在英国、从未离开过书房或办公桌的先生们能做出更好的判断。他们了解传教士的心思，每一桩事务的最终决策权仍由理事会掌握。

马礼逊一贯无私的性格在下面这件事中有所体现，他接下来讲道：

公司现任大班益花臣先生最近提议让我兼任驻华的英国商馆牧师，带薪金。他说他这样做的目的是帮我解决经济上的困难，因为他知道住在澳门费用极高。他希望我只按部就班地主持教堂礼拜，不要讲道。我回复他说我愿意主持主日崇拜，但是谢绝了他提供的薪金。我不能因为它能增加收入就接受它，而且从形式上来看它没有给我在主日宣讲耶稣福音的机会。协商因此失败了。

这一年他被迫搬出在澳门居住已久的房子，此时“两名葡萄牙先生替他在澳门总督面前美言”，他因此获准在澳门另找一个住处。谈到房子问题时他说：

我找到了一处更凉爽、更漂亮的住所，但是房租也更高。这套房子紧连着一个小套，连同我的套房的另一个房间可以留着接待米怜先生。也许等他来了之后我不被准许替他另找住处，所以我想他住在我家里至少更容易些。

中国人禁止更多的欧洲人到澳门居住，这已经成了定例（虽然在过去100年里没有执行）。澳门的葡萄牙人也接到葡萄牙当局的命令，只接受欧洲商行的人租住。澳门是在中国人和葡萄牙人的双重管理之下。中国人是主人，向葡萄牙总督和立法会发号施令。因为中国法律禁止外国人在澳门登陆，因此下面的小官员向每一个进入当地的人收钱。

中国人又一次表明了他们持反对态度：

夏季，管辖澳门的中国地方官公布了一条禁止中国人接受基督教的政令，但是我没有听说此令发布后导致了宗教迫害事件。

谈到他的直接传教活动，他说：

我一直努力给少数几个人口头灌输宗教的真理。（后面有11个中国人的名字）①他们都是严肃认真地参加的，而且非常投入。我在澳门的每一个礼拜日都为这些人主持礼拜。我以祷告开始，然后读一部分《圣经》，其中有一些已经译成了中文，还有一些是我特意为他们翻译的；然后我给他们解释并且加强他们的印象，最后以祷告、赞美诗或者唱诗结束。整个夏季我讲完了《问答浅注耶稣教法》，蔡运和亚三能够背诵。亚才教导他们。我希望能找到二三十名孤儿或者穷苦孩子，由亚才教他们

---

① 英文版略去了这些人名，补充如下：葛先生（Kŏ-sëen-sang）、蔡轩（Low-hëen）、亚才（A-Tso）、曾品（Tsang-pin）、亚英（A-ing）、黄金（Hwang-chin）、蔡运（A Yun）、亚三（A-sam）、董永（Tung-yung）、蔡轲（Tsae-a-ko）、容三德（Yong-sam）。详参苏精：《中国，开门！》，209页。——译注

基础的汉语知识，同时带领他们读《圣经》。

从上述描述你们可以了解到我是如何传教的。但愿上帝能宽恕过失、赐福正确的。

信奉主基督耶稣的马礼逊

-1813-

日志摘选

根据伦敦会1813年的报告，编者选抄了下面的记录：

理事会接下来谈谈中国的传教事务，一个如此广阔、人口众多、如此崇拜偶像的帝国，不能不引起基督徒们极大关注。我们杰出的弟兄马礼逊先生已经踏上了这个幅员辽阔的国家，数年孤独地从事最具挑战性的工作——把《圣经》翻译成超过3亿的亚当后代所使用的语言。马礼逊先生的汉语水平恐怕欧洲罕有人能及，他完成了一部汉语语法专著，呈交给了孟加拉总督敏托勋爵；他还出版了他翻译的《圣路加氏传福音书》，因为伦敦会理事会非常感激英国圣经公会曾慷慨地资助马礼逊翻译并出版中文《圣经》，因此他们将收到的一本《圣路加氏传福音书》转赠给了圣经公会委员会，为他们收藏的《圣经》出版物中再增添一本有趣的书。

马礼逊经常抱怨他独自做这么重大的工作，并且担心假如他离世，会长期耽误，理事会因此派遣米怜先生从好望角前往中国，希望米怜先生成为他的得力同工。他们还在马礼逊的强烈推荐下，决定在人口密集的爪哇岛开创传教事业，据马礼逊讲那里有3000万居民，其中有20万中国人，可以向他们自由地赠发《圣经》。我们不该忘记我们优秀的弟兄积极地向驻广州的欧洲人募捐，他们捐给加尔各答的“圣经促进会”的285元已经由他转交给了司库。

1814年年初，马礼逊把一部分日志寄给伦敦会的理事，它是从1813年2月到1814年1月将近一年的日志。

上帝仁慈地保佑着我，让我能够健康地在异教土地上给你写信：感谢神！“凡投靠祂的，必不致定罪。”

我记得上次的日志大约是在1813年2月中旬时结束的。上次日志最后记到赠送两名中国天主教徒大约100本《圣路加氏传福音书》《神道论赎救世总说真本》和《问答浅注耶稣教法》。最近有人告诉我这些书拿给澳门的主教及其他神父看了，他们下令把这些书当作异端邪说烧毁了。此前他们曾向中国天主教徒宣布如果与我交往即是犯罪。我提这件事不是为了声讨他们，而是为了表明他们的想法，这对我来说并不可笑，而是令人深感遗憾。堕落的人性是多么微弱啊！

2月28日

我回到了澳门，很高兴地发现家人还好。

3月2日

收到了马士曼先生的信。他寄来浸礼会弟兄为了互相启发而出版的通信。他要我代买更多的纸和笔，等等。

3月7日，主日

给一个穷苦人讲我用中文写的《神道论赎救世总说真本》，给他解释三位一体的教义以及偶像崇拜之罪。给我的家仆讲解不听从天国命令的罪过以及不坚持信仰的罪过。晚上我为他们主持了祷告。

3月10日

法国在华传教代理人某人拜访我。他谈到了天主教和新教，认为教会有权利裁决争端，并且要每一个基督徒都听从教会的决定。他反对散发《圣经》这件事。但是如果和人们得不到任何书相比，他也赞同人们有书会更好些。

3月15日，主日

参加礼拜的只有亚轲、蔡轩、亚盼（A-Pan）和蔡运。礼拜刚开始的时候他们不专心并且嬉笑。我表达了自己的遗憾，对他们的言行可能造成的不良影响表示遗憾。给他们读《圣路加氏传福音书》二十章，还讲解葡萄园的譬喻，强调上帝派来了先知和圣贤甚至送来我们的主耶稣的大德。是耶稣让我们知晓了上帝的意愿，他还替人赎罪。假如对他的话置之不理将是多大的罪恶啊！从同一章里我还谈到假意做很长的祷告的罪，如同耶稣诞生前古代的那些犹太法学家所为。

4月11日

宋先生告诉我他的表弟，一位18岁的年轻人，仰慕地读了《神道论赎救世总说真本》。我从未见过这位年轻人。宋先生还告诉我他很快就要到北京去，他到了北京会和我保持联系。他说他打算从福建走，到福建后给我写信。可是后来我发现他根本就没有离开广州。1811年12月的《京报》上登载了一则消息：北方某省有19位中国天主教徒为了避免迫害而公开弃教。他们把书都上缴了。严先生（Yen Sëen-Sǔng）给了我一张纸，上面记着当年（即嘉庆十八年）天主教的斋戒，纸上还写着："不守复活节、圣灵降灵节、圣诞节以及主显节的人有罪。其他的节日则由信徒自己决定是否遵守。"据说这是一条新规定。我家里雇用了一个中国天主教徒，可是发现他经济方面很不稳定。他求我给他七元钱以维持生活。我给他钱的时候，还给他写了一封中文信，建议他悔改自新。这个主日参加礼拜的只有蔡轩、亚轲、亚盼、亚三、亚金。礼拜结束后我找来亚炎（A-Yen）教导他。亚三教男童亚忠（A-Chung）读《神道论赎救世总说真本》。葛先生还没有从广州回来。

4月18日

宣讲了《圣路加氏传福音书》22:23："他们彼此对问，是哪一个要做这事？"今天有6人到场，平时最多有9个人。

礼拜五晚上我去了天主教堂。主持仪式的神父把一块白布铺在讲坛上，上面画着一个人像代表耶稣。神父用手指着让信徒看耶稣身上被矛刺穿的部位，教堂的一角有一个真人大小的塑像，放在坟墓里，它代表耶稣的身体。人们一个个地排队上前吻它的脚。

那个法国传教士送给我三本书：一本写于1783年，作者原是美国长老会牧师，后在罗马改信了天主教；第二本是《天主教徒的是与非》（*The Papist Represented and Misrepresented*）；第三本是《穷苦人教理问答手册》（*The Poor Man's Catechism*）。

5月2日

以《希伯来书》9:27"按着定命,人人都有一死,死后且有审判"布道。礼拜结束后,像往常一样,听男童们背诵《圣路加氏传福音书》和《神道论赎救世总说真本》。我最近把一间比较隐蔽的屋子整理出来当作礼拜堂和教室。这间房子派上了用场。但愿神看在耶稣的名上赐福我们。

5月9日

葛先生回来了,参加了礼拜。我曾说参加礼拜的人从没超过9个人,我弄错了,今天早晨有10个人礼拜。这些话语可以表达有信仰的人的幸福:"你们这小群,不要惧怕,因为你们的父乐意把国赐给你们。"男童背诵了他们这个礼拜记诵的部分。主啊!但愿我所做的是你喜欢的,让我一如既往地为你效力。

5月16日

一连几天都头痛。仍旧像往常一样给他们布道,听男童们背诵并给他们讲解。男童们每天还跟着老师学习读写汉字。但愿上帝能开启他们的心灵,让他们接受真理。当地地方官正式来访。经常有机会见到他。他想谋求升迁。

5月23日

葛先生乐此不疲地协助教授男童。我忧心的是他们对真理力量的感知,似乎没有一个人达到我盼望的归信上帝的程度。主啊,显示你神圣的大能吧!我谦卑地寻求你。愿圣灵有效地改变他们的内心。我夫人和我参加了圣餐礼。

5月28日

葛先生今天对使徒约翰讲述的耶稣受难的故事产生了兴趣。

收到印刷工送来的20本《使徒书信》。神啊,让圣灵临格、使我能够宣讲真理吧!打开异教徒的心扉让他们接受福音带来的喜讯吧!

6月6日,主日

根据《腓立比书》第2章"以基督的心为心"给他们布道,详细地讲述耶稣所受的羞辱。葛先生和往常一样帮忙教授男童。晚上有一个人从广州赶来告诉他妻子病危的消息,他和他的儿子立即赶往广州。他请求我替他的妻子向上帝祷告。他说或许她的妻子时候未到,还说生死由天,每一个人的寿命都有定数。

6月13日

给他们讲《腓立比书》第3章。又特别讲述了耶稣的全知全能;劝说他们除相信神恩带来的盼望之外,不应有其他盼望。与北京邻近的省份山东发生了严重的饥荒,据传那里的人吃人肉。黄河溢出了河岸。广东西边与广西的交界处突然从地下冒出了一股大水。中国人无法理性地解释这件奇事,就认为这是掌管雨水的龙王在地底下摆尾巴,结果引起广州附近的河流泛滥成灾,淹没了很多房子。重灾区的稻谷被毁,很多人丧生。嘉庆帝因此将灾区当年的赋税减免了一半。

7月3日

从上次日记至今,我没日没夜地翻译《圣经·新约》的其他部分,同时履行我的世俗责任。因此在这段时间里我无法继续充实我的日记,如果详细记录我每天的劳作和研习时遇到的困难也没什么意思。

7月4日,主日

大约3点钟,正当我和夫人准备在圣餐桌前纪念耶稣的受难和死亡时,米怜先生让人给我送来了一张便条,告诉我他已经到岸了。我们当然感到很兴奋。当时那种喜悦、盼望以及忧虑的心情很难描述。我盼了七年(六年)的同工终于踏上了这片土地——这片远离岛国故乡的异国,这令我欣喜异常。我的玛丽也一直盼望并且祈祷着能有一名虔诚的同伴加入我们排解孤独,并且能与我们一起祷告,她对米怜夫人的到来喜出望外。可是他们会受到怎样的对待——他们能否获准居留——还是他们会被赶走,都同样无法预料。我们特别害怕出现最不情愿的那个结果。

我立即赶往小旅馆,离我们的住所步行仅10分钟。一路上我在心里为他祷告,替他祈求神的保佑和指引。在我们彼此相认后,我雇了一顶轿子把米怜夫人送回家,米怜弟兄和我按照惯例一起去拜见澳门法官及总督。他们礼貌地接待了我们,没有立即反对米怜的到来。

第二天我拜访了某先生，告诉他米怜已经到了澳门，请他允许米怜留在当地。他犹豫了片刻说法律不允许别人到这里——这里英国人的目标都是很纯粹的商业目的——中国人不允许在此传教，等等。他最后答应不采取主动措施，只把米怜先生当作一个学习中文的人。我在日记里写下了这样的祷告词："上帝保佑，目前大门已经敞开了。只要上帝的仆人身体健康，他很快就会掌握异教的语言，并且成为耶稣忠诚的传教士。"

米怜夫妇到达的当天，他们来澳门的消息就在英国人和葡萄牙人中传遍了。他们普遍显示出一种敌意。我相信天主教教会给总督写信了，立法会也召集会议并且规定"米怜先生不得居留"。

7月7日

米怜必须前往广州，在那里等我去。冬季我能抽出一点时间教他汉语。他最终只能去爪哇或者马六甲。但愿上帝指引他到最能荣耀主和让人们受益的地方去。

7月9日

今天一早总督就派人口头通知我去他的府邸见他。他此前拜访过我们，对我们很客气，我们还坐下谈了一个小时的光景；可是今天上午他非常冷淡。落座之后，他说："住在你家里的牧师是否有意居留此地？"我回答说："尊敬的阁下，如果您同意，就这样吧。"他说："这绝对不可能，他必须在8天内离开。"我单膝跪地，恳求他不要坚持他的决定，求他宽限几日。总督说他曾下令禁止他人居留澳门，所以立法会和澳门主教要求执行这一条令，因此他必须这样做。让我们居留澳门违背了他们的宗教。他说："你在澳门出版中文书籍，有人请求我对你采取行动，可是出于情谊，我没有就你的事情给公司委员会写信。"他终于说他会将8日的期限延长至18日。当我发现已无法改变他的决定就离开了。

我想过给他写一封求情信。我同时还给澳门主教也写了一封信，可是没有结果。总督的话无可辩驳："我们的政府命令我只接受与欧洲商馆有关的欧洲人进入此地；东印度公司也要求我们禁止其他英国人到此；立法会也这样说；主教让我赶他走；特选委员会主席剌佛先生说他不是公司的人。”我们能说什么？

刺佛先生再也不说要是他有权力，他会很高兴让米怜先生留下来做我的助手。以我采取的中国传教方式，应该让他很容易对待。即使是中国官府问他，他也可以毫无愧色地回答说：“这是《圣经》，马礼逊先生在业余时间翻译的书；我们相信《圣经》包含着很多卓越的真理，因此如果有人选择接受它或者买书阅读，我们会感到很高兴。”可是我们指望刺佛先生帮忙的希望破灭了。

我向刺佛先生提出了书面请求，请他准许我提名米怜先生任我的临时助手——等候东印度公司董事会正式答复说他们是否要出版我的汉英词典。如果他们不出版词典，米怜先生将离职，到那时他应该掌握了一些汉语了。我再次恳求他向葡萄牙人说情，让米怜先生在澳门住两个季度，让他学一些汉语。上述请求他一个也不准许。假如米怜先生许诺本季结束离开澳门，他可以向总督求情让他留到本季末。我们盼望事情会朝有利于我们的方向发展，所以不愿答应他。我们因此拒绝了他的建议，有些冒犯他。

7月11日，主日

解释了《罗马书》第3章；教导刺佛先生家的马来女孩；夫人也帮她解读了一些《圣经》篇章和一篇英文教义。为米怜夫妇和我夫人主持圣餐礼，愿上帝临格每一个圣餐礼。

7月19日

与米怜一起等候总督及法官批准米怜前往广州。总督很不客气，无论作何解释都没用。当天总督派了一个中尉到我住所传令住在我家的米怜牧师坐一条停泊在澳门海道的船。我们还拜访了大班。

7月20日

米怜乘坐一艘中国的快船动身去广州。如果不事先给广州方面写信要船，就不可能合法地乘船前往广州，而这样要花费500元。通常的做法是给从事外国贸易的中国行商写信，再由他们向中国政府申请，中国政府向他们颁发准许外国人贸易的许可证。米怜偷偷地进入黄埔，然后登上停泊在那里的船继续前往广州。

7月21日

当我为一位到访的中国官员担任口译时，有机会见到了某先生。他认为米怜在本季的船只离开之后仍滞留当地的可能性不大。根据和他几次打交道的经验来看，我发觉他认为我的传教责任应该放在其次，事实上我为公司服务和我的传教士身份之间互不相容。如果逼得太紧，两者势必要分离。我现在留在这里也不能把传教使命当作目标。我曾考虑也许最终我会离开到马六甲或者爪哇去。主啊，求您指点我的方向吧！我建议米怜去那里，准备常驻当地。

7月25日，主日

与家仆一起做礼拜，解释了《罗马书》第5章“因信称义的福”，听他们背诵《神道论赎救世总说真本》。我夫人教导剌佛先生家的小女孩。为我夫人和米怜夫人主持礼拜。收到了米怜先生的来信，从信上看他上礼拜四偷偷地到达了广州。我没料到这里的英国人竟然会这样不友好地对待我（从米怜先生的事情体现出来的）。我从来没有期望得太多，即使我的要求很低，可还是令人失望。

《京报》上登载了一条皇帝的敕谕，让佛、道两派在山上、河边摆设祭台，进香求雨。几位皇子受命前去敬拜献祭。

一位佛教和尚在北京被捕入狱，他一时兴起竟胆敢张贴告示请求皇帝修缮全国毁坏的寺院。他因胆大妄为并且行为不合程序而受到了指控。

8月1日

早上参加了荷兰商馆一位先生的葬礼。他生前是一名天主教徒，所以葬在教堂里。这里的习惯是将尸体的面部露在外面，双手交握抱于胸前，手里持十字架。给家仆讲解了《罗马书》第4章“亚伯拉罕信心的榜样”，详细地讲述从罪中脱离出来转向上帝的变化以及这一转变是幸福的关键。听说米怜先生身体欠佳。

8月15日

7日我随同大班离开了澳门，前往广州，向代总督道别，他即将回京。

10 日到了广州。米怜弟兄身体健康，正忙于学习汉语，可是住在一间又热又不舒服的房间。我建议他去找一家商馆住下，自己打理日常生活。虽然费用不菲，可是提供的额外便利可以让他继续学习汉语，从事他的使命，这笔钱值得花。礼拜三我的头疼病复发了，病得很厉害。礼拜四好些了，动身回澳门。我在广州期间竟没有一个英国人问起米怜先生的情况。我相信我的弟兄将会在各个方面取得所能预期的进步。气候非常炎热，然而他仍勤奋地学习。

8 月 22 日，主日

宣讲了世俗的想法与属灵的思想。过于渴望成功而感到沮丧。上帝啊，怜悯我吧，我谦卑地伏倒在你脚下。让中国人归于你吧。上个礼拜两个人打架，几天后其中一个死了。中国官员为了掩护打人的那一方，断定死者系中毒而亡。这类报复事情经常发生。

9 月 30 日

今天到了广州，愉快地看到米怜先生身体健康，用心地学习语言以便向异教徒宣讲福音。从头开始学习一门语言，这是对耐心的极大考验。我离开了澳门的家人，把她们交给上帝来照管（但愿祂能将和宁与平安带给她们），就像我看护这一小群一样，含泪督促他们信奉上帝耶稣，让他们的灵魂获得救恩。有四个家仆陪着我。就在即将离开澳门前，完成了《圣经·新约》的翻译。

在广州，几天前当一大群人聚在一起看大戏时（中国的街道上经常可以看到这样的情景），一堵高墙砸落在围观者中，造成了很大的伤亡。一个人说，要是事情发生得早一点或者晚一点，这里就不会有这么多人，也就不会造成这么大的伤亡了。可是这是上帝的旨意，每个人的生死都有定数。为了证实他的说法，他还说："有一个穷孩子每天从早五更就坐在这里直到晚上。他想离开一小会儿，就让一个熟识的人替他看凳子。他刚走墙就塌了，他认识的人被压死了，而他却幸免于难。这就是上天的安排。"

10 月 15 日

上个季度我曾经赠阅《圣经》（我用中文出版的几部分）的人今天来

找我,他的一个朋友想读《圣经》,所以他请我再送几本。

米怜先生几天前去了澳门。他到的当天晚上,米怜夫人突然病了,一两天后她平安地生了一个女儿。

我现在只想专心编词典,直到完成它为止。编词典需要耗费大量的精力。啊!我的心冷了,我的思想很贫乏。神啊,帮帮我吧。天国的父,“不要让圣灵远离我”。当称颂的救世主啊,不要让我的心或生命偏离你。

10月17日,主日

根据《加拉太书》2:16布道,“没有一个人因律法称义”,而是因信基督称义。

11月2日

上一个主日,米怜弟兄又回到了广州。今天收到了英格兰寄来的几本书。这里的官府造成的各种烦扰让我感到压抑。我内心盼望离开这里,到一个让人住得更安心的地方去,一个能让人自由交流、传播“上帝的喜讯”的地方。我有一种强烈的感觉,爪哇可能比这里更适合我们传教。上帝啊,指引我们吧,让我们完全信赖你。

11月7日

公司本季与中国官府进行了一场艰难的谈判,委员会下令停止与中国的贸易,双方已经僵持了近两个月了。这件事与本日志的目的无关,故略去。

主日讲了《歌罗西书》2:1—3的内容。葛先生严肃地朗读。亚三,一个小伙子,表现出有些轻浮想笑。最近有一两个人经常缺席。惊奇地看到一个外国人——“番鬼”——坐着用他们的语言,或许是蹩脚的汉语给他们讲述新鲜陌生的话题,起初显得非常奇怪,因此男童们表现得有些轻浮;他们只是一知半解,所以不知敬畏。如果一个异教徒最初笑话一名传教士,传教士不必惊讶:只有经过长期交往说出这些宗教术语的同时才能激起异教徒的崇敬之情,这在广州每天都可以得到印证。中国人以为“Jos-bizen(生意)”是英语,这个词并不能引起他们的敬意,他们一提到这个词就发笑，而这个词对英国人来说并没有意义，所以他们说到“Jos Business”也觉得好笑。假如这个表达被标准英语或汉语使用，他们双方都会觉得这个词更庄重了。没有英国人听到“虔诚并敬拜神”这样的话会发笑，中国人听到有人讲“拜神之道理”也不觉得可笑。然而，那些良心沦丧的人，无论是在英格兰还是在中国，都会嘲笑用最动人的言辞说出的最严肃的真理。

米怜先生给很少几名欧洲人讲道。愿上帝怜悯我们，让我们有幸看到人们得救恩。如果人们愿意参加，在广州的欧洲人可以组成一个大的欧洲人聚会。这里又增添了一名传教士，很适合给来到这里的欧洲人布道。我很高兴自己的弟兄能够向欧洲人传教，尽管我觉得自己专意向异教徒传教也是正确的。

过去三个月，中国人的注意力都集中在帝国北部的一场动乱。前面提到山东省发生了饥荒，因此引起动乱。皇帝的兄弟早想篡夺皇位，于是在皇帝从鞑靼的伊春（Ichol）回宫前一两天，召集了一群谋逆者袭击皇宫。他们攻进皇宫驻扎了两日一夜后，又被赶出来。山东、河南、北直隶的部分地区先后落入叛军手中。叛军进攻皇宫失利之后，势力逐渐衰弱。全国的军队都调集来对付他们，甚至连鞑靼的军队也赶来了。叛军最后在陕西边境占领了一片山区，据说方圆约100公里的范围。皇帝内心很痛苦，发布了一系列的文告。他责备自己，说自己德行有失；此外，他还谴责官员失职，贪婪成性而且腐败成风。他处死了大约20名太监，其中有些人谋划毒死他或以其他方式要他的命。人们认为他确实受上天宠爱，因为有这么多阴谋诡计陷害他都没能得逞。其中一个反叛者宣称自己是天主教的，他后来又改称天理教（Tëen-le religion）。天主的意思是“天上的主”，而天理可以被译为“天国睿智的理性”。结果广东总督认为很可能是天主教传教士引发了这场叛乱，因此下令秘密监视澳门葡萄牙人的行动。我从他派出探听消息的中国官员那里得知了此事。我相信他的猜疑纯属无稽之谈。假装调查真相的中国人，预计近期将要采取行动。

11月23日

刺佛先生，商馆前大班在澳门去世了。他正直、友善而且仁慈，备受人们敬重。他的去世真令人惋惜。

11月31日

昨天夜里头痛欲裂。今天晚上好了。感谢上帝，祂怜恤我的生命。我憎恶自己作为祂劳而无功的仆人，在尘土和炉灰中懊悔。①

12月12日，主日

今天有9个人参加礼拜。米怜弟兄让他的两个仆人也来参加。葛先生读了一章《圣经》。我这里有三个孩子每天学习《问答浅注耶稣教法》。宣讲了基督徒与世俗、撒旦以及肉体进行的斗争。愿上帝赐福于我，让我微薄的劳作有所收获！

我还感谢上帝让我在本年完成了《圣经·新约》的翻译，已经基本印刷就绪了。但愿这部书能造福人们。上帝啊，这是您神圣的话语，希望您不会让它落空。

感谢上帝守护我的家庭，为了她们让我多活了几年。但愿她们在地上服侍您，死后能到天堂！

感谢上帝让一个助手来到我身边，我相信他受上帝的恩赐，因此能完全胜任这项工作。但愿上帝怜恤他、祝福他！但愿异教徒能亲自感谢上帝的赐福。

在即将过去的一年里很多人都离开了人世，我被保留至今，这是上帝的仁慈的体现。上帝啊，请继续宽容我、恩赐我吧。

让我感到悲哀的是至今我仍未看到异教徒改邪归正。我担心自己没能有效地宣讲神的旨意。神啊，原谅我，帮助我如实地宣讲耶稣的福音。阿门！阿门！

---

① 原文将12月12日的日志放在11月31日前，译者在此根据上下文内容进行了调整。——译注

–1814–

给米怜的信—米怜的传教之旅—散发《圣经·新约》—蔡轲受洗—开始印刷汉英词典—马六甲传教—英华书院—伦敦会的公函—致廷茅斯爵士的信，随信赠送了一份中文《圣经·新约》—致圣经公会的信—致益花臣先生的信—致威尔森先生的信—中国的叛乱——位中国官员来访—日志摘选—刘师爷的观点——位满族官员来访—儿子出生—《通用汉言之法》出版—亚轲表明了他的宗教信仰并要求洗礼—日志摘选—马礼逊夫人离开中国

1814年1月1日

但愿今年我能高兴地看到可怜的罪人改变他们的错误。我的上帝！我的上帝！显露您的力量，用您神圣的大能解救他们吧。

1月2日

有人告诉我总督府里经常谈论我，有人褒扬，有人贬斥。他们普遍不喜欢我学会了他们的语言和文化。本季度行商屡屡在官府里说起我，还说所有的英方文件都是我写的。官府曾用严厉的措辞指责帮我起草文件的人居心不良。总督下令抓捕他们。我迫于形势只能让葛先生和他儿子回家。

米怜弟兄和我不久前决定，他到爪哇、马六甲、槟榔屿等地巡回传教，向这些地区的中国人聚居地散发《圣经·新约》，并努力找一个地方作为中国传教事业的总部或者一个分支。这是他此行的两个主要目的，此外他还要核实能否在爪哇印刷中文书籍。为了这次旅行，我们印制了2000份《圣经·新约》，10000份《神道论赎救世总说真本》，5000份《问答浅注耶稣教法》。《问答浅注耶稣教法》其实算是一部宗教小册，包含基督教的概要。印刷这些书的费用不菲。巡游旅行的费用也很昂贵，但此行意义重大，而且也确实是不可避免的一次旅行，因此我们认为有必要进行。谁能说这不是神的旨意呢？让我们首先向英国政府保护下的中国人传教，其中一些中国人将会成为中国、交趾支那和日本传道人。虽然我们被禁止在首先选定的地方传教，但我们不会丧失信心。

1月10日

我们正在寻找可搭乘的船只。《圣经·新约》每天都在印刷。我们最担心有人告发，阻止我们实现计划，还牵涉到我们雇用的中国印刷工的生命安全。剌佛先生在临终前替米怜先生给爪哇的总督莱佛士先生写了一封引荐信。

10日夜

亲爱的牧师和弟兄们，我匆忙地给你们写信讲述去年发生的事情。我盼望去年所做的事情能够激励在英国的你们和上帝的子民的心。虽然伟大的使命尚未完成，可我们仍应心存感激。不要藐视今天的小事。在山巅播撒下的一把种子，有一天会"像黎巴嫩的树林"①结出丰硕的果实，在中国有一天会取得丰硕、光荣的收获。"认识耶和华荣耀的知识，要充满各地"这是从上帝口里讲出来的话。足矣！这就是最充分的证据！耶稣啊！让这一天快点到来吧！阿门！阿门！

1月11日

葛先生和他的儿子被迫逃离了我的住处，为了慎重起见，他们也没敢回家。他们信赖的一个人告诉他们，官府想要抓捕他们。官府认为他们父子在过去的三年里和我住在一起，聚攒了大约三四万元钱。这个愚蠢的报告足以引起官员的警觉，他们很高兴又可以从人们身上榨一笔。事情搞成这样让人很烦恼。葛先生说他很抱歉离开我，还要放下他每天做的事情。他在考虑怎么回报我，现在决心把我教他的知识传授别人，以此作为报答我的最佳方式。

上面提到，米怜先生被葡萄牙政府勒令离开澳门去了广州，马礼逊也去了那里，在近四个月的时间里为他学习汉语提供必要的帮助，他们还共同探讨实现传教目标的最佳方式。马礼逊先生的方案在前面的日记里简单地提到了，在下面给米怜的信中，可以看到他此刻思考的是建立一个稳固的传教中心的重要性。

---

① "黎巴嫩是《圣经》王上7:2中所说的叙利亚的山脉，在推罗(Tyre)东北附近蜿蜒。这个地方盛产香柏，用来建筑所罗门的圣殿。"——黎金磐编：《基督教专名英汉字典》，131页。——译注

1815年7月15日

我亲爱的弟兄：

我们受神恩待的国家和我们所爱教会指派我们的目标，就是将中国人以及所有说汉语的人转化到耶稣的信仰中来。这些人散布在极为广袤的地域上，我们不应错误地以为传教地区包括恒河域外所有的地方。

在神的保佑下，要实现我们的目标，最好是能在中国的心脏部位找到一个自由、稳固的居留地，但目前这根本不切实际。

其次是在广州或者澳门的城外找到居住地。只要我们能自由地进行传教活动也行；可事实上我们只能囿于一个小房间，被禁止与中国人自由交往，从最初印象来看，这里并不适合做传教总部。我希望我们的使命将是长久的，我们现在以耶稣之名奠定了基础，后代将在此基础上建造一所荣耀的属灵殿堂，把它献给主耶和华。

既然他们拒绝让我们住在这里，我的弟兄，我们有必要到别处实现我们恒河域外传教使命。我们需要一个能见面并且可以交流的总部，从那里向周围派遣传教士，也是生病或者年迈传教士休养的所在。

如果神恩准许，我们想要建立一所教育中国本地和欧洲年轻人的学校，也是接受并且培训欧洲年轻传教士的学校。我的弟兄，是你寻找并建立了一个极重要的地方，在这里将凝聚我们所有的力量，从那里再向四周发散。我们将在那里建一所汉语学院，拥有一个恒河域外传教印刷所。从那里我们的传教士将走遍每一个国家，向人们全面宣讲耶稣的福音。

目前神还没有为我们打开澳门或广州的大门。或许现在可以通过敞开的大门自由进入马六甲和爪哇。仅仅为了保障我能住在中国，我与世俗职务的尴尬的联系阻碍着我。如果我们只是为了履行对耶稣和祂的救恩的责任，我们无须远离自己的国家。我曾经对你说过，现在重申，我极盼望能自由地宣讲耶稣富饶的宝藏，传授基督教的教义和真理，为此我甚至想放弃我目前的所在地，到一个限制较少的地方去。

这样的结果，我的弟兄，你不要对离开这里感到遗憾，到了别处你能享有更大的自由。我们的救世主会指引我们道路的。

罗伯特·马礼逊

由于米怜先生无法在广州再居留下去而不引起中国地方政府的注意，因此比较谨慎的做法是让他到马来群岛(the Malay Archipelago)的中国人聚居地去实现下列目标：1.散发《圣经·新约》和福音小册。2.寻找一处安静平安的地点，作为在华传教使命的中心；意义重大的传教使命不可能在政府的迫害下有很大发展，而在那里则可以不受任何干扰。3.统计中国人的数量，这个记录可以指导将来的传教活动，据此设计出将福音传遍马来群岛最有效的传教策略。4.调查爪哇和槟榔屿的设施和条件，看能否出版马礼逊先生的《中英语言对话》，该书是专为帮助其他传教弟兄掌握汉语而编写的。米怜先生感到“被迫早早地离开了马礼逊先生的教导令他十分痛苦，无论是在汉语语言方面还是在私谊以及教务指导方面，他都要感激马礼逊对他的帮助。但是，他要把妻儿托付给马礼逊夫妇照料，却很放心”。米怜先生还说，“事实证明，我最忠诚的朋友给我的建议和判断非常有用，当他在群岛期间，我时常借鉴并参考他的建议”。

米怜先生在爪哇受到了自由开明的总督(即后来封爵的)莱佛士爵士(Sir.T.Stamford Raffles)①的盛情接待。在米怜返回中国的途中，米怜在马六甲停留了些时日，这里注定成为他将来劳作的地方。

法考尔上校(Colonel Farquhar)热烈地欢迎他的到来，这位热心的上校在他任上尽全力帮助一切促进并提高马六甲居民的道德和宗教兴趣的活动。1814年9月，米怜先生平安地回到了广州，圆满地实现了这次旅行的目标。

在米怜先生旅行期间②，马礼逊先生出版了《古代如氏亚国历代略传》，简

---

① 莱佛士(1781—1826)在印度总督、英国驻印军队总司令弗朗西斯·黑斯廷斯勋爵支持下于1819年1月，在新加坡登陆并升起东印度公司的旗帜，英国官方事后对莱佛士占领新加坡的事情予以承认。新加坡在他的自由贸易观念影响下迅速成长，成为亚洲第一个自由贸易港，因而莱佛士被新加坡人尊称为“国父”。——译注

② 米怜旅行的时间是从1814年2月至当年9月。马礼逊出版《古代如氏亚国历代略传》的时间是1814年3月。——译注

要地勾勒了旧约的历史。在历史的细节描述中,他写到了创世记、大洪水、以色列的后代来到埃及并离开埃及、上帝与人立约以及其他发生在救世主诞生前的重大事件。同月,他还出版了礼拜用的赞美诗小册《养心神诗》①。这一册书的主体内容是马礼逊先生根据苏格兰教会的诗篇,收入了英国最通用的赞美诗翻译而来,在翻译中或多或少地得到了中国人葛先生和他儿子的帮助。

由于有相当数量的《圣经·新约》已经在马来群岛及中国边境地区流传开来,所以当务之急是再版《圣经》。初版《圣经·新约》以大字 8 开本印刷,可是费用问题促使马礼逊先生决定采用 12 开本。保留两套刻版的想法也不应忽略,以防其中一套被毁或者不全而做准备。事实上,马礼逊先生时常考虑从广州搬到槟榔屿或者马六甲去,这两处的任何一处都会给他更多的自由,为他实现目标提供更优越的条件。假如这样,他计划将其中一套刻版留给一位广州的书商,这样可以为将来大规模地散播《圣经》奠定基础。

除了上述原因,在各省间易于携带传播是马礼逊考虑的另一个因素。即便不完全同于口袋本的大小,较小的版本在任何情况下都更便利。因此马礼逊先生决定再版时采用小型本,为此雇用了一名印刷工并耗资 500 西班牙元刻制木版,每册费用合计约半元。这些并不是出版的全部费用,鉴于中国政府专断的态度以及人们的善变,他们把陌生人完全置于他们的股掌之上。

这些措施都是为了确保基督宗教的传播而采取的积极行动,虽然它的发展受到了中国政府的间接遏制,却有一个中国人站出来放弃偶像崇拜,宣布了对耶稣的信仰,他就是蔡轲(Tsae A-Ko),他入教的事情在马礼逊先生 1814 年的日记中有记载。

为了将本回忆录的各个部分准确地连接起来,编者不能忽略一件重大事件。自从马礼逊先生来到中国,他就投身编写一部汉英词典。如果词典仅以手稿的形式存在,就不能被广范使用,而且抄写词典的费用之高,迫使他放弃了这个想法。以前天主教传教士编写的汉拉词典不及马礼逊的词典规模的 1/6,而抄写一部汉拉词典的费用花了他 200 西班牙元。马礼逊先生为了探索

① 《养心神诗》1818 年出版,共 27 页。——译注

印刷汉英词典的方法投入了相当的费用，印刷他的词典的费用远非个人或者资金不充裕的差会所能承受。东印度公司经过考虑最终承担了汉英词典的印刷，并且决定慷慨地资助它的出版，这一著名的公司为此更加卓越出色。

能够胜任监督印刷技术的印刷工汤姆斯先生（Mr.P.P.Thoms）随即被派往中国，他带了印刷机、活字和其他所需材料。马礼逊先生在给一位友人的信中谈到了东印度公司的这一决定：

> 我现在要全力编写我常提到的那部汉英词典了。尊敬的东印度公司董事会已经慷慨地承担出版所需的费用，并且送来一台印刷机。我祈求上帝能赐我健康，让我在有生之年完成它。

汤姆斯先生在中国期间，多次令人满意地为在华传教站完成了各项印刷任务，印制由在华的基督新教传教士们编写的各种福音小册和书籍。

临近1814年年底，东印度公司广州商馆的一位佩里爵士（W.Parry Esq.）临终前赠予马礼逊先生1000西班牙元。这笔钱是为了推动基督宗教的传播，因此其中一部分用于印刷12开本的《圣经·新约》。

马礼逊先生在当年（1814年）译成《创世记》，在1815年年初修订出版。现在是米怜先生离开中国的时机了，按照先前的决定，也是马礼逊赞同的决定，他们要在马六甲建立一个传教分支，而非在爪哇或者槟榔屿。米怜夫妇于4月17日登船，一个月后平安地到达了马六甲。米怜先生谈到这件事时说：

> 自从我们初次踏上中国的土地，就感受到了非同寻常的基督兄弟的爱与关怀，一直与他们生活在一起，现在离开他们实在令人痛苦，但是肩负的传教使命呼唤着我，不容迟疑。

下面是促使马礼逊选定在马六甲建立传教基地的原因：它离中国很近，与中国人居住的诸群岛保持着密切的交往；它可以直达交趾支那（Cochin-China）、暹罗（Siam）、槟榔屿（Penang），与印度（India）和广州都有来往，前往这些地区的船只经常来到马六甲。马六甲的气候宜人，可以让那些因健康原因被迫离开的传教士来此休养身体；这里很宁静，政府当局支持传教事业，马礼逊考虑让马六甲成为各国传教机构的中心传教站，成为一所栽培汉语、马来语和其他恒河域外地区的语言人才的学院所在地。在马礼逊先生致力提高中国人的道德的设计中，他没有忽略传教士们的现实问题，他的慈善计划包括一个为年老传教士、遗孀和孤儿提供的栖身之所，还有教育传教士子女的学校，因为他盼望传教士子女在海外接受教育，具备传承他们父辈事工的资格。

选定目的地后，米怜先生和马礼逊先生以决议书的形式陈述他们的观点，呈交给伦敦会的理事们。下面是包含在米怜先生《新教在华传教前十年回顾》中的决议内容，特呈现给读者：

1.中国的现状使得印刷出版和在华传教其他几项工作困难重重，甚至连传教士的居留都无法确保。因此，我们渴望找到一个邻近中国并处于欧洲新教国家统治下的地点建立中华传道团的总部，以期更为合理地长期开展卓有成效的工作，并准备一旦上帝为我们打开一扇大门时，能够进入中国发挥更大的作用。我们认为马六甲适合于此目的——于是决议由米怜先生起程去马六甲建立布道站。

2.在抵达马六甲之后，米怜先生应试图通过获赠或购买，获得一块地皮作为布道站的财产，并在此处建造开展工作所需的建筑物。

3.尽早建立一所免费的中文义学，并希望它能为后期建立神学院铺路；这所神学院以教育虔敬的中国人在中国和邻近国家担任基督教牧师为目标。

4.在马六甲出版一种旨在传播普通知识和基督教知识的中文杂志，以月刊或其他适当的期刊形式出版。

5.这一布道站的工作主要面向中国人，但并不仅仅如此。一旦获取充足的设备和工具，即可建立马来和其他国家的布道站。这一点更为重要，因为伦敦传教会很可能在不远的将来派传教士前往马来等地。

6.这一布道站的创立既然包含中国、马来或印度以东地区相关的多重目的，其名称应体现广泛的包容性，以容纳后续建立的所有布道站。因而选定采用“恒河域外传道团”（The Ultra-Ganges Missions）这一名称，这并非暗示在印度以东地区不存在其他差会的传道团，而是指伦敦传教会向这些地区派出的传教士都将在这一名称的传道团之下工作。使用这一名称，与其说是宣示我们是这地区唯一的占有者，不如说是指称我们的工作场所的范围。

7.一旦具备合适的人选和工具,应尽快尝试印刷中文、马来文和英文书籍——中文版《圣经》的余留部分,其他中文和马来文基督教出版物,以及讲解东方国家语言、风俗、观点或有助于传教工作的英文书籍都应印刷出版。

8.非常期望出版一种英文期刊,旨在增进伦敦传教会在印度不同地区传道团之间的联系与合作,并增进普遍友爱和基督徒美德的善行。希望能在马六甲迅速着手开展此项工作,并恳请福音的同工们协助我们。

9.为了教导异教徒,应举行固定的与随时性的中文宗教仪式;一旦布道站的条件许可,就应设法建立一处供基督徒做礼拜的场所。

10.由于马礼逊先生致力于编纂汉英词典和其他工作,无法分心继续翻译,中华传道会的第二名成员(米怜先生)将翻译旧约的部分章节——他们共同齐心协力完成整部《圣经》的翻译工作。

这10条包括当时所做决议的要点,由于上帝的恩典,其中部分目标已经完成,大多数则在马六甲布道站成立三年内开始着手实施。必须要说明的是这些决议在形成后已充分告知伦敦传教会的理事会,他们有权批准或取消任何一条或全部决议。——这些决议旨在指引中华传道团的成员,使他们能充分利用理事会赋予他们自由行事的权力,将相关事务办得尽善尽美。上述10条目标将会时刻受到关注,马六甲布道站的所有活动都要以达成这些目标为出发点。毫无疑问,具有固定和明确的目标非常重要,如果不这样,意志就会犹豫不决,原本可用于全心全意工作的时间,常常就会消磨在一些看似同样重要的不同目标之间。

对于在推进他伟大的目标中遭遇了重重阻力的基督新教在华事业的奠基人来说,这样的来信对他产生了积极的影响。

致马礼逊牧师的信

伦敦,1813年1月8日

亲爱的主内弟兄:

无论我们做什么、想什么,我们最关心的就是它是否会让你幸福,因此我们不放过每一个与你交流的机会,出于这样的想法,我们把这封信交给伦敦会一名理事的儿子——芬恩先生(Mr.Fenn),也借此机会把他介绍给你,尽管此前我们已经让直航中国的英国船带去了我们的信,还有一封信委托米怜先生——你的同工转给你。我们热情地向你推荐米怜先生,相信如果他能够获准与你住在一起或者离你不远,他可以在你的帮助下学习汉语。你们远离了基督教世界,远离了欣欣向荣的宗教活动,你们基督弟兄间的交往会令你们互相受益、互相安慰。由于米怜夫妇将在开普敦等候乘船,可能会迟一些到达,我们借这封信感谢你寄给我们由你翻译的中文《圣路加氏传福音书》《使徒行传》和《神道论赎救世总说真本》,亲眼看到这些中文书籍让我们喜出望外,并激起了遍布全英国数千名弟兄为你进行的感恩祷告,我们希望并且祈祷你在地球的另一端能得到上帝丰富的赐福,愿神延长你宝贵的生命,让你的身体和思想都充满活力,让你完成《圣经·新约》的翻译之后继续翻译旧约,直到将神的启示全部译成人口最庞大的中华帝国的语言——中文,并且在中国印刷出版。如此艰巨的工作将成为你的荣耀和光荣的奖赏,当千百万后人称颂神让我们去中国传教时,收获的是你播种结出的果实,我们在今世和永恒的世界与你共同分享这一荣耀。我们盼望收到的不只三本《圣路加氏传福音书》,我们还需要好几十本送给公共图书馆,我们在苏格兰以及英格兰的弟兄们,他们盼望着目睹来自中国传教大树的一片树叶。我们考虑再刻印一些《神道论赎救世总说真本》,送给伦敦的中国水手。英国圣经公会已经决定将第二笔500镑的费用赠给你在中国印刷《圣经》,并希望你尽快完成剩余部分《圣经》的翻译和印刷,他们将继续慷慨地资助这项伟大的工作。

我们还收到了一份中国皇帝发布的反对印刷及传播《圣经》的敕谕的译文,在此一并感谢你。读了这份敕谕,我们感觉有些人昏了头了,竟然如此直接反对天国的耶和华,让我们愉快的是它没能影响你继续进行耶和华的工作,信任耶和华万能的臂膀会扶持你并保护你。在这个关头有一个令人愉快的巧合,最近英军占领了爪哇,那里几千名中国人现在在英国人的控制之中,将来可以在他们中间安全地发放中文《圣经》。我们预计槟榔屿和其他地方也会像这里一样。神的力量战无不胜,从福音的历史上就可以知道,再看看欧洲、南美洲等国家的现状,就可以知道影响神圣的真理传播的障碍终将被清除,我们完全可以相信伟大教会之首上帝的智慧。尽管一条禁教令专横地与统领全地的神为敌,祂仍可以像以前那样容易地扶持一位东方的成吉思汗(铁木真),虽然这有如对西方国家的诅咒,但也借着他扫除了福音在欧洲传播的障碍。即使最近在莫斯科遭遇了最为严重的挫折,我们仍收到了向罗马、那不勒斯(Naples)、米兰派遣三位新教牧师的请求。

值得一提的还有,柏林的上一位国王腓特烈二世①(有人称他为大帝),与法国的伏尔泰(Voltaire)、达兰贝尔②和其他反教鼓吹者互相呼应,得意地以为他们战胜了基督教。可就在同一所城市柏林,成立了一个圣经公会,而且由他的后任即现在的腓特烈担任公会领袖。我们同样记得,近年来谈论印度东部传教事业的一个不同寻常的现象,就是在英属印度大城加尔各答成立了一个圣经公会。亲爱的兄弟,谁又敢断言,在不久的将来,广州、北京是否也会成立我们的圣经差会,甚至中国皇帝也会成为我们的拥护者呢?我们在地球的这边盼望着,加尔各答已经开始了这一进程。我们会继续祈祷上帝的真理之光能尽快扫除笼罩着中国的阴霾,尽管目前中国还在实施严禁基督教的政令。祝你顺利,亲爱的兄弟。祝愿上帝保佑你和你的同伴,赐予你们健康,为你们照亮道路,让你们平安!

衷心为你们祝福的
哈德卡斯特
伯德
特雷西(Samuel Walter Tracy)

---

① 腓特烈二世(Frederick Ⅱ,1712—1786),普鲁士国王。——译注

② 达兰贝尔(Jean le Rond D' Alembert,1717—1783),法国数学家、物理学家,与狄德罗共同编纂《百科全书》。——译注

在伦敦会1814年的报告中,伦敦会的理事们特别提到了马礼逊先生在上一年取得的进展。

在地球上最重要的一个传教站不知疲倦地耕耘着的马礼逊先生给我们寄来了信件,告诉我们他已经将《圣经·新约》翻译成汉语;在他给我们写信时,最后一部分也已经交给印刷工,他希望下一批到达的船只能给我们带来中文的《圣经·新约》。我们已经收到了中文的《使徒书信》,其余部分很快就会寄来。理事们对上帝充满感激,是祂让马礼逊先生完成《圣经·新约》的翻译,为基督教事业作出贡献。他不顾中国的禁教令在中国传播中文《圣经》,并且找到了通往帝国其他省份的途径。马礼逊先生还出版并且散发一些他用中文写的宣传基督教教义的书和阐释其原则的宗教小册子。

马礼逊先生被禁止公开传教,也不能进入中国内地,但他给家仆和其他几个人讲解《圣经》,与他们一起祷告。有些人似乎因神的话语得益,放弃了他们的偶像,表达接受洗礼成为基督徒的愿望。其中有一个人给伦敦会的司库和书记写信,高度评价马礼逊先生的行为,盼望从我们这里得到更全面的对基督教信仰的叙述。

我们极为高兴地告诉大家,马礼逊先生编纂的汉英词典受人瞩目,东印度公司为此派遣了一名适合的印刷工出版他的词典,承担三卷本的印刷出版费用。我们真诚地盼望并祈祷他能延年益寿、长此以往地服务于主,后人将会记住是他将永生之源泉从英国带给他们。

我们刚收到了米怜先生的一封信,告诉我们他携夫人于1813年7月到达了澳门,受到了马礼逊先生的热情接待,马礼逊先生盼望着有人与他一起为神工作,十分欢喜。但是,因为天主教教士从中作梗,葡萄牙总督命令米怜在十日内离开澳门岛。米怜先生不得不屈从于这一严厉的命令,因此他去了广州,在称职的中国教师的指导下苦学汉语。由于中国禁止外国妇女住在广州,因此他和夫人必须分开,米怜夫人继续与马礼逊夫妇住在澳门。马礼逊先生在贸易季去广州与米怜先生相聚,有连续五个月的时间,在此期间米怜得到了这位经验丰富的同工的无私帮助。但是贸易季快要结束了，米怜弟兄不知该如何是好：如果他不被准许住在澳门，米怜先生就去爪哇或者马六甲，可能马礼逊先生与他一同前往。这种根深蒂固的偏见迫使他不得不离开中国到别处去，伦敦会对此感到很痛惜。

1814 年年初，马礼逊给英国圣经公会的主席廷茅斯勋爵（Lord Teignmouth）写信，感谢他们捐赠的 500 镑资助他在中国出版和散发《圣经》，随信还寄了一本他翻译的中文《圣经・新约》。

澳门，1814 年 1 月 28 日

致英国圣经公会主席、副主席、委员及全体成员

尊敬的先生们：

请允许我今天从遥远的中国向贵公会呈上一份中文的《圣经・新约》，它是在中国广州翻译和出版的。

我满怀敬意及感激之情把这本书献给你们，是你们慷慨解囊让我实现了自己的目标。祝愿你们的圣经公会长存，直至世界上每一个民族都能拥有自己语言的《圣经》！

尊敬你们的、最顺从谦卑的仆人

罗伯特・马礼逊

马礼逊先生给圣经公会的助理书记约瑟夫・塔恩先生的信叙述得更为详尽，这里插入从这封信中摘录的片段：

广州，1814 年 1 月 11 日

我收到了你们写于 1812 年 9 月 14 日和 1813 年 1 月 1 日的信。英国圣经公会资助在中国翻译、出版及散布中文《圣经》的第二笔 500 镑的赠款也已收到，我非常感谢并敬重圣经公会的慷慨和仁慈。

我谨此告知伦敦会，我这里《圣经・新约》的中译已经完成，现在我时刻期盼着完成它的出版。

我的同工米怜牧师的到来带来了一种可行、保险的流通《圣经》的方式，而我此前不能这样做。他即将到爪哇、马六甲、槟榔屿去，前往中国人聚居地散发中文的《圣经・新约》。缺乏一个对此项工作感兴趣的人，散

发《圣经》只能缓慢地进行，这些地区的中国人据说有二三十万人。

此外，我们希望在这些地区设立一所《圣经》印刷所，因而在那些地区不用像我们在广州出版《圣经》这样怕受到官府干涉而担忧。只要中国官府不理解我们事工的清白与仁慈，我们就不能不担忧。

现在印刷的约有2000册《圣经·新约》，总费用约在3818西班牙银元（随信附上款项记录），散播《圣经》的费用没有计算在内。

请允许我提醒你们，我呈现给世人的这个译本并不是一个完美的译本。有一些句子比较晦涩，也有一些句子需要做进一步的润色，我觉得这是普遍存在于外国人译文中的问题，而这些问题在《圣经》的翻译中更为明显，因为翻译《圣经》时不允许译者阐释。所有认识我的人都相信我翻译的动机是真诚的，我尽了最大的努力。现在我只需祈求神的赐福。

福音书、《使徒书信》、《启示录》全都是我翻译的。《圣经·新约》中间的部分借鉴了藏于大英博物馆（British Museum）无名氏的译文，我对那些必须修改的地方进行了修改和补充。我很愉快地将我从匿名前辈的劳动成果中借鉴的部分记录下来。

中国人是一个温顺、理性的民族。他们往往会感激地接受别人的建议、教导和书籍，极少有人表现出粗暴的态度。

同年（1814年）4月17日，马儒翰出生，他在5月1日接受洗礼。

马礼逊先生在得知东印度公司董事会准备解雇他之后，给特选委员会主席益花臣先生写了下面这封信，表现了即便在他即将辞去公职之际，他一贯的热情也不会受到影响。解雇他一事起于东印度公司的担心，他们误以为马礼逊先生散播基督教书籍引起了中国政府的注意。

致益花臣先生

广州，1814年3月15日

尊敬的先生：

遵照您的指示，我把自己对于如何确保英国商馆接连不断有说写汉语的翻译的考虑呈交给您。

由于东印度公司董事会不认为他们在广州商馆的雇员必须学习当地

语言，我担心仅由董事会或特选委员会提出建议，会收效甚微，不能够培养出充分掌握汉语、满足公司要求的继任译员。虽然无须付出太大的努力亦可掌握一些简单的汉语，可是要流畅地表达、随意地书写却需要付出相当多的时间与不间断的努力。

我觉得最大的困难首先来源于汉语言本身，其次就是缺乏能用学生熟知的语言教授汉语的好教师，第三个困难源自中国人妒忌的性格。你们都知道，当地官府严厉禁止中国人教授外国人汉语，中国人可能是出于畏惧，也可能是他们自身的偏见，极少与外国人交流。在这样的环境下完全掌握汉语，不仅要有强烈的学习动机，还需要对该语言怀有好奇心、兴趣或是为了信仰，即使这样，学习汉语仍然是一件苦差事。

我最近萌发了一个想法——或许培养公司需要的、能胜任的继任译员的最有效的办法就是单独设立一个汉语部。该部先设置两名雇员，让他们脱离公务，这样他们学不好汉语就没有借口了，因此只能以学好汉语为荣。两人中水平较高的可以担任译员助手，先熟悉公函的格式，学习如何给中国政府写公函，在译员生病及告缺时担任替补译员。

中国教师做这项工作由于有性命之忧，他们甚至不敢出入英国商馆，害怕被官府的捕快抓去。因此学习者须得在自己的寓所里为中国教师提供食宿，提供一份配得上他们冒风险的薪金。如果做不到这些，我估计不可能找到好的中国教师。

据说一个中国士绅家里聘用教师的年金在200元至400元，此外还提供他食宿。商馆取其平均数大约需要支付一位教师300元的年金，但也不能保证请到一位学识渊博或者聪慧的中国人来教授外国人汉语。

我提出上述计划并不是要吓退那些正在学习汉语的人，只是要采取一切可能的措施确保商馆有雇员学好汉语，达到相当的水平。

尊敬的先生，上述建议是我衷心地考虑东印度公司的利益而提出的，仅此呈交给你们斟酌。

罗伯特·马礼逊

下面插入的是马礼逊先生写给威尔森先生的信，里面包含了一些有意思的事情。

广州，1814年2月12日

我亲爱的先生：

米怜先生转交了你写于1813年7月4日的信。您幸福的家庭以及在霍士顿取得的成功带给我极大的喜悦。祝愿您的家庭和你在霍士顿神学院的努力都能更加兴旺。

我已告诉伦敦会的理事送一本《圣经·新约》的中译本给霍士顿神学院，这是我本季寄回去的。我在霍士顿受益匪浅，因此盼望学院的校长及学生们接受我以此表达的敬意和问候。我从伦敦会的报道中得知是您赞同派遣我去中国传教，还把我当作自己的孩子一般。衷心祝愿霍士顿神学院维持到福音传遍世界的那一天。如果您继续向异教地区派遣传教士，我毫不怀疑神将会更加赐福于您。您曾经建议我留在英国做一名牧师而不是海外传教士，没有采纳您的建议我并不后悔。我取得的成果微不足道，但是我相信上帝会让我翻译的《圣经·新约》和出版的另两本宗教小册造福很多人。我盼望宣讲耶稣的福音，但愿祂在恰当的时候为我打开一扇卓有成效的大门。从另一方面来说，极少有人能在出版方面和传教方面都兼长。无论一个人多么有天赋，他的能力总是有限的：我花了很长时间才学会流利地说写一种方言而已，要学会其他的方言需要更多时间；然而，当上帝想要做成一件事情时，即使是最无用的举措也会成为最强有力的行动。

我的同工和虔诚尽职的同伴米怜先生本月12日离开了广州。他前往爪哇、马六甲、槟榔屿等地进行传教旅行。他给这些地区的中国人带去1500份《圣经·新约》，10000或13000份宗教小册。此次旅行费用高昂。米怜夫人和我夫人住在澳门。她们的女婴身体很虚弱。

我夫人与我一起诚挚地问候威尔森夫人及您全家。我们的女儿丽贝卡已经一岁半了，承蒙上帝的恩典，她身体很健康，在我离开她们来广州的五六个月中，她给她母亲带来了很多乐趣。

我尊敬的中国助手葛先生也受到了神的真理的影响，由于担心被官府捉拿治罪，被迫离开了我的住所，甚至自己的家也不敢回。

中国爆发了一场非常严重的叛乱，至今仍未平息。它发生在北方省份，看来当今皇帝的权力岌岌可危。愿上帝的公义降临地球，世人变得公正。山东省的饥荒到了公然卖人肉、吃人肉的地步。

诚恳地问候辛普森博士（Dr.Simpson）、胡伯尔先生（Mr.Hooper）和全体学员。他们生活在敬主爱主的基督徒中多么幸福啊！我要写的很多，可是没有时间，原谅我简短的信。

信我主基督耶稣的

罗伯特·马礼逊

下面的日志主要概述了1814年发生的重大事件，包含了许多珍贵、有趣的信息。马礼逊把它寄给伦敦会的书记伯德牧师。

1814年1月1日

感谢神恩垂怜，我又一次从这里给你写信。过去的一年中国传教的事情不多。我的得力同工米怜先生会给你寄去他到爪哇的详情，此行是为了广泛散播《圣经》。让我们祈祷上帝赐福于它。我的事情与前几年一样，没有变化。

在1814年开始之际，我祈祷上帝保佑在华传教的事务和我的家人。

1月2日

8名异教徒与我一起祷告，听我布道。布道的主题是圣徒保罗给爱菲索斯（Ephesus）的长老们讲述的一席话。他的心地多么热情、多么仁慈啊！他的请求多么真诚、多么尖锐啊！我祈祷这些异教徒对他们多么需要耶稣的救赎留有印象，好让我向他们宣讲上帝的勉励。

今天被大班叫去给到访的中国官员做翻译。这位官员说总督大人怀疑基督徒与北方的叛乱有染，他准备秘密调查澳门的葡萄牙人。

皇帝下令向天、地、他的祖先、四季神灵献祭，祈求他能成功平乱。

1月9日

讲了保罗在亚基帕王（Agrippa）前的讲话。

2月24日

官方公告了选定春祭的日期。祭拜的对象有关帝——被神化的一名武士、孔子、谷神、河流山川之神、南海土地神、海神、风神、火神、天后娘娘、农神等。

2月28日，主日

给五个人讲解《希伯来书》第12章，强调要依靠耶稣才能和平神圣，即使是受到折磨或者压迫时也要顺从耶稣的安排。我对这个主题非常感兴趣。葛先生和他的儿子把《诗篇》第149篇整理成诗体。

帝国的叛乱引起了人心浮动。一个人向皇帝上书严禁小说类的娱乐读物。中国人称这种书为“小说”，意思是“不足称道的言谈”。小说里经常有反抗政府压迫之类的故事，因此认为它有害。小说还常有破坏道德的趋向，严格正派的父母有时完全禁止子女阅览小说。

另外一个人上书皇帝，提出镇压佛、道两派。小说被禁了，但是佛、道两教依旧。

3月9日

官府下令调查谁是天主教徒。澳门有九名天主教徒为此被抓。这时传来了战胜叛军的消息。军队的统帅得到了封赏。

3月12日

澳门的中国官员公布禁止中国人接受外国人宗教的谕令。上帝啊，让我终身忠诚地侍奉你吧！怜悯我吧，我的上帝啊！实现你的话吧！让人子的心地接受你的真理吧！

3月17日

一位中国士绅说想学习我们的祷告。我给他讲解凭对耶稣的信得救恩、信仰的必要性和神圣性，答应以后给他一些基督教方面的书籍。

3月19日

派人找一位书商询问散播《圣经·新约》的事情。他几乎向帝国所有的省份发售书籍，甚至远到交趾支那和海南等地。他认为散发《圣经·新约》的困难极大，因为20年前广州有人替英国人给官府写中文请愿书被砍头了，坦白说他很害怕。其他一些与外国人有牵连的中国人的遭遇也让他难以忘记。

送给一位行商一本《圣经·新约》、一本《神道论赎救世总说真本》和《问答浅注耶稣教法》。愿上帝赐福他！

3月21日

昨天和某人进行了一次长谈，他说澳门神学院的一位中国天主教徒正筹备到朝鲜传教。很多人在那里送了命，可是这个人愿意牺牲自己，把自己献给上帝。

有一些跟某人一起的天主教徒开始考虑如果他们被官府抓捕怎么办。有人提议否认他们是基督徒，然后再忏悔。

3月27日

今天上午根据《彼得后书》第三章讲述现在世界的结束①。我发觉我的教导显然不会有结果。他们不是没有一点反应，可是我并未看到他们像我一样从思想上重视罪。我从他们收敛的脾气和举止看到了一些效果。葛亚才似乎理解了福音书的教义，真心地接受并爱戴真理。我把散文体的赞美诗给他和他父亲，他欢喜地将其整理成诗体。

上个礼拜，我出版了一部包含旧约历史的宗教小册——《古代如氏亚国历代略传》。

本地很有威望的一位老乡绅刘师爷(Lew-sze-yay)邀请我给他讲解基督教的情操与实践。我简要给他讲述了基督教的大意。他说基督教的体系高尚，他会叫家人少烧香，更注意约束自己的言行。他还告诉我他花三天时间读了我送给他的《圣经·新约》，他觉得《圣经》是一部改革人心的书。他想要的是一种修养，不让心因为野心、愤怒、欲望或其他的激情所动，他应该内心平静地、默默地接受上天的安排：当上天不满愤怒时，顺从地接受；当天像开放的花朵或闪耀的太阳一样微笑称许时，感到高兴。他虽然曾经富有，受人尊敬，但是现在落魄了。

---

① “但主的日子要像贼来到一样，那日，天必大有响声废去，有形质的都要被烈火销化，地和其上的物都要烧尽了。这一切既然都要如此销化，你们为人该当怎样圣洁、怎样虔敬，切切仰望神的日子的到来。在那日，天被火烧就销化了，有形质的都要被烈火熔化。但我们照他的应许，盼望新天新地，有义居在其中。”(彼后3:10—13)——译注

中国人自愿出资刊印一些善书。只要有几个人捐资,书商就刻版,或者把印书的模板做好,然后印出少量的书,上面写着哪里摆放这些书;德高望重的人都被请求刊印一些这类的书,作为长者的教诲赠送给世人。书里加上出资印书人的名单。有人想要印制50本或100本,就把钱送到印刷局,印刷局为他印制。他的名字也会加入捐资人的名单。另一天,我收到了一个人从佛、道各派那里拿到的30本道德论集,他送了我5本。他们认为,凡是识字的人都应该教导妇女和年轻人什么是正确的。

听说英国立法当局规定正式派遣的传教士到印度传教是合法的(其实这本来就是正确的事),极为振奋!

4月2日

今天大早从广州回到了澳门。感谢上帝,我的家人都很健康。3日和家仆一起开始礼拜,像以往一样。给他们讲《马太福音》第一章耶稣和以马内利(Emmanuel)名字的含义。然后为我夫人与米怜夫人主持礼拜。

4月9日,主日

给13个人宣讲《马太福音》第3章,着重讲了悔改的心带来果实,斧子已经放在树根上了①。主持圣餐礼。检查孩子们的学习。广州官府有抓云官明的企图,他从广州逃到了澳门。

4月11日

接待了来访的澳门地方官员。他证实了叛首是一名天主教徒。他和其他同僚有意放过天主教徒的原因在于,如果他们向上级禀明他们的辖区内有这样的人,会把他们牵连到让皇帝不愉快的事情中去。

4月13日

接待一位满族老绅士,他是附近的地方官。我们谈了满族语言的特

---

① "你们要结出果子来,与悔改的心相称。不要自己心里说:'有亚伯拉罕为我们的祖宗。'我告诉你们:神能从这些石头中给亚伯拉罕兴起子孙来。现在斧子已经放在树根上,凡不结好果子的树,就砍下来丢在火里。"(太3:8—10)——译注

点，鞑靼是与北京北部接壤的地区①。他随后送来了茶叶、熏肉等礼物。中国讲究礼尚往来。听他说，俄罗斯人派了10个人在北京学习汉语，每10年重新换一批②。图伯特③人在北京也有学府，他们在那里学习汉语。

4月17日，主日

我夫人产下了一个男婴。感谢神恩眷顾，她们母子平安健康。

4月19日

北京送来一份急件，要求在澳门及邻近地区秘密搜查加入基督教、天地会和三合会的人。云官明不得不藏在澳门的一所教堂里。他在广州的住所被官府搜查，他家里有两人被带走盘查。老年人和乡绅被官府召集起来，要他们揭发基督徒。

4月24日，主日

讲解《马太福音》第5章"山上宝训"。

5月1日

给异教徒解释"天上地下的权柄都赐给我了"（太28:18）。给六名英国人布道，给我的儿子马儒翰举行洗礼。愿神的圣灵保佑他。

5月12日

接到报道，礼拜一即9日有一艘英国军船"脱里斯号"（Doris）派船沿江而上追捕一艘美国船。这件事使我们与中国政府进行了一个为期很长、极为艰难的交涉。有两三名英国人被杀。

5月28日

全部时间都用于翻译关于"脱里斯号"事件的中英往来公函。满族地方官员来访，谈到满族人和汉族人的性格差异时，他认为满族人比汉族

---

① 根据《中国丛报》1844年11月号的中国地名录，鞑靼（Tartars or Tatars）在清中期又称达达尔或塔塔尔。虽然清统治者禁用此称呼，但是普通民众仍然把所有的蒙古族和满族部落统称为鞑靼。——译注

② 1727年中俄签订了"划界条约"（又叫《恰克图条约》）。这项条约规定了恰克图（Kiakhata）附近两国边界的划分、边境贸易的进行、公文往来及使节的派遣、依照领事裁判权的精神来处理罪犯的引渡等。——译注

③ 清中期西藏的译名。——译注

人更直接、更真诚。他对这个只重视金钱的世界感到很遗憾,说他自己用很多不同的原则修身。谈到宇宙的系统时,他将天和地比喻成一颗鸡蛋:地代表蛋黄,而天就像蛋白。他问我英国人在澳门有没有像葡萄牙人那样的教堂,我们是否像葡萄牙人一样守安息日,我们有没有修女等问题。他送了我两本他捐资印刷的书,一本是关于产科的书,另一本是人们为他寿辰撰写的歌功颂德的诗集。他性情温和,但是酗酒成性。

5月29日

接到报道称孟加拉政府已经决定用英国纸出版500份我的汉语语法。印刷该书需要花费6000卢比,纸张费800到1200卢比。

6月17日

开始印刷《养心神诗》30首①。由我把它们从英文翻译成中文,然后由葛先生和他的儿子帮我整理成诗体。印刷工准备开印12开本的《圣经·新约》。

两广总督悬赏1000元捉拿中国天主教徒云官明。他最终被迫逃往马尼拉(Manilla)。他的一个朋友至今仍被关押在牢中。

讲解了《罗马书》第1章的部分内容,曲调模仿《欧尼赞美诗》第30首"穷人、弱者和卑贱者"②。男童们像往常一样背诵《神道论赎救世总说真本》和《问答浅注耶稣教法》。晚上他们学了一首赞美诗的部分。但愿我能做更有效地传播福音的事情。我的脑海中有各种各样的计划,可是这里的环境却不允许我去实现它们。

去年9月,北京的一所葡萄牙人的房舍被烧毁了。一名法国传教士贺清泰(Poiroth)③丧生。现在北京只有一个法国人,他的名字叫南弥

---

① 原文误写为3首,《养心神诗》共由30首赞美诗组成。——译注

② 这是一部诗人库柏(William Cowper,1731—1800)和牛顿(John Newton,1725—1807)创作的赞美诗集,名为《欧尼赞美诗》(*Olney Hymns*),三卷本,在伦敦于1779年出版。——译注

③ 贺清泰(1735—1814),法国耶稣会士,1770年入华,通天文、数学、绘画、满语和汉语,在宫廷效力,是鸦片战争前最后一位在华耶稣会士。1807年根据拉丁本完成了《圣经》的翻译,除《雅歌》和几部先知书外将《圣经》译成了汉语官话。——译注

德①。

蔡轲盼望受洗。他写的证道书如下：

“耶稣替世人赎罪是天佑福音。语言与思想都不足以表述耶稣的大恩大德。我现在信仰耶稣，依靠祂的恩德解脱罪。我有罪，也有很多缺点，如果不信耶稣，永生都将生活在不幸里。现在我们听说了通过耶稣能获救恩，我们应该全心全意地倚靠祂的功德。如果不这样就不是一个善良的人。我绝不倚靠自己的良善。当我反思自己、自我审察时，我发现从幼年至现在，我没有力量，没有德行，也没有学识。在我过去 27 年的生命中，我没有做任何事情报答上帝赐给我生命的恩德，也从未回报过父母、亲戚和朋友们对我的恩情。我不该后悔吗？我怎能依靠自己的善行得救？我完全听从天父的教导，倚靠天父为我解脱罪恶。我还祈求上帝让圣灵降临在我身上。”

蔡轲是第二个妾所生的孩子，他父亲的妻子没有生育就亡故了。蔡轲 16 岁时父亲离世。他 21 岁来我家为仆，听我宣讲耶稣之道，但他说那时他不太懂我的意思。那是我来中国的第一年。三年后当我的汉语说得好了，也能写了，他渐渐明白了。他哥哥让他帮忙监管《圣经・新约》的印刷，他说他开始了解耶稣的恩德，知道耶稣能救各个时代、各个民族的人，从此他听从了耶稣的教导并且信奉耶稣。

他的脾气不好，经常和哥哥及其他仆人吵架，为此我觉得最好是辞退他。然而，他却坚持参加礼拜，只要他在方圆几里内，主日都会赶来参加。他早晚都殷切祷告，诵读《问答浅注耶稣教法》中的“十诫”。他说从十诫和朋友的教导中看到自己许多大的过错：他的品性被扭曲，做了许多不公正的事情，没有担负起对朋友、哥哥和其他人的责任。当然，他的宗教知识非常有限，想法或许也是模模糊糊的，但是我希望他对耶稣的信仰是真诚的。我借用腓立比对太监说的话来指引我自己，“你若一心相信，就可以受洗”（徒 8:37）。盼望在审判的那天，他能免于地狱之火灼烤，愿神以

① 南弥德（Louis-Francois-Marie Lamiot，1767—1831），法国遣使会士。1797 年入华，主要任北京教区神父，后期在澳门活动。——译注

祂永生的救恩被人荣耀！

他写得一手好字。他的父亲曾有些资产，可是当船从巴达维亚(Batavia)返程行至南洋遭遇海难，他父亲的资产化为乌有。蔡轲在学塾时表现不好，不如他哥哥蔡轩进步快，蔡轩一直留在我身边。蔡轩性情温和，人也正派，可是我觉得他心里反对福音。蔡轲经常参加主日礼拜，可是他性格中存在不诚实与不接受真理的缺陷。

7月16日

在远离人们的视线之外，海边一座孤立山脚下的一股泉水旁，我以圣父、圣子、圣灵的名义为蔡轲施洗，他的人品及证道书在前面已经说过。但愿上帝以耶稣的宝血洗净他所有的罪恶，以圣灵的力量净化他的心。但愿他成为大丰收的第一颗果实，是百万个即将信仰耶稣免于毁灭中的一个。

葛先生写信谈到他自己的情况，与我上季给哈德卡斯特先生信中所说的情况相似，信是由他儿子代笔的。

9月12日

米怜先生又回到了我们身边，他刚结束了一次劳累而有用的旅行。愿神赐福他的劳作。一些葡萄牙人家庭表示想要我们的《圣经·新约》，可是我在英国的朋友们没有给我寄我索要的《圣经》。我曾送过他们一些宗教小册，结果澳门的神父提出了抗议。

9月13日

中国官府下令逮捕所有为外国人做事的中国人。中国官府禁止中国人为外国人做事，但是睁一只眼、闭一只眼。当他们想要激怒外国人并让外国人感到痛苦时，就实施这条法令。

9月28日

常常忙于替特选委员会写与官府的往来公函。

收到了剌佛先生的一封信，他临死前表达了深深的忏悔和在耶稣里的盼望。他给我留了1000元用于传播我们的基督教。这笔钱已经用在出版12开本的《圣经·新约》上了。

12月16日

去广州。

12 月 17 日

给 7 个人布道，讲的是“财主和拉撒路(Lazarus)”，试图让听者感受到永生那种无法言述的重要性。

1815 年 1 月 21 日

我告别了我亲爱的家人。我夫人长期患病，绝对需要返回英国养病。

亲爱的先生，我把过去一年发生的事情都讲完了。反复考虑过中国传教的状况后，我建议优秀的同工米怜先生前往马六甲，在那里为在华传教事业建立一个永久性的传教驻地。至于他能否获准在下一季留在广州或者澳门，目前还不知道，但是排除这个因素，我建议他离开这里。他在爪哇、马六甲和邻近地区旅行时，受到当地享有声望的人善良友好的接待，这特别利于他创建一个传教的分支——这也是我两年前力荐的方案。明智的伦敦会哈德卡斯特先生，伦敦会的创始人之一，在他给我的信中对此颇为赞赏。我由衷地希望中国传教事业的这一支能取得成功，一是因为承担这一任务的人有此能力，二是因为这里享有完全的自由宣传和讲解我主基督耶稣的教义和预言。米怜先生将继续学习汉语，将来协助《圣经》剩余部分的翻译，或者帮忙修改已经译出的部分。他写了一本小册，主要在解释新约中具有启发性和关于福音的部分内容，小册正在印刷中。他在汉语方面取得的飞速进展极为值得称许，也很鼓舞人心。为了这些地方的人的福祉，我祈祷他身体健康、延年益寿。

我将《创世记》付印了，希望几天后就可以完成。如果这样，我将会寄给英国一些。我正准备全力以赴地进入汉英词典的编写。东印度公司董事会慷慨地答应承担它的出版费用，已经送出一台出版词典用的印刷机。我祈祷上帝保佑我，让我在有生之年完成这项工作。

祝愿伦敦会虔诚的传教士们取得最大的成功！

信主的

罗伯特·马礼逊

马礼逊先生与家人离别的事情在他日志中一带而过：长期以来，家庭的变故让他深受影响，可他在通信中极少让他的感受介入。妻儿必须离去，他独自艰苦地奋斗了六年，米怜先生是这样记录的：

马礼逊夫人长时间经受病痛的折磨，医生指出海上航行和改换环境最有助于恢复健康。在一个没有志趣相投、互相砥砺的朋友的国家中，一个基督徒家庭的成员互相分离不是件容易的事，尤其是在当地迫切而重要的职责使得健康的一方无法陪伴和照料生病的一方。但职责经常要求他们忍耐这些，这是一项考验。在华的传教士不只一次遇到这种情形，在目前的事例中，他们都深切地体会到这种考验，尤其是马礼逊夫妇自己。但是，他们认为当时马礼逊的工作如此重要和紧迫，以至于即使中断短短几个月，都会给他投身其中的事业带来严重的损失；于是，他们希望两人既然是为了职责而不得不分离，上帝应会安抚他们的心灵并慷慨地保佑他们。马礼逊夫人带着两个孩子于 1815 年 1 月 21 日起程返回英国，蒙上帝的眷顾，她们安全到达。适宜的气候和朋友的陪伴，证明对她的健康和精神极为有益。

第五节

1815①—1819

-1815-

东印度公司董事会的命令—马礼逊的答复—伦敦会的公函—与中国官府的协商—致乔治·斯当东爵士的信—考虑在马六甲建立一所语言与宗教学院—马六甲学院的计划书—英国公使出访北京—使团到来—使团成员—致施拉布索尔先生的信—《创世记》译成中文

东印度公司董事会的决议前面已经提到，乔治·斯当东爵士正式写信通

① 原文误为 1814 年。——译注

知了马礼逊先生：

特选委员会密件

广州，1815年10月14日

先生：

我们认为有必要告诉您，英国东印度公司董事会得知您在中国翻译并出版《圣经·新约》和其他宗教小册，董事会进一步认为在中国传播这些书籍违反了中国皇帝的谕旨，谕旨规定出版这类书籍的人将被判处死罪，董事会担心您翻译《圣经》这种严重错误可能会影响到英国在华的贸易，因此指示我们解除东印度公司与您的雇佣关系。董事会同时声明，他们对您的才能、品行及人格非常敬佩，也完全清楚您任职期间所作的贡献，有鉴于此，董事会授意我们在执行他们的决议时付给您4000元。

尽管我们直接把命令如实地转告了您，但我们强烈地感觉到您对我们东印度公司事务的重要性，而且根据我们以往与您的交往及个人对您的了解，我们相信您的谨慎与判断力，正因为如此才让您受雇于东印度公司，置身于为国家利益服务的岗位，因此我们决定暂缓执行董事会的上述决议，直到董事会就此事做出进一步的指示。

我们下此决心是因为董事会基于错误的信息才做出这一决定，他们对这项决议的性质，还有对您或对在华贸易造成的影响及危险程度的理解有误。因此，我们请您惠赐更详细的信息以及您对此事的解释，让我们给东印度公司的雇主提交一份更公正的报告。

您最诚挚的

益花臣

乔治·托马斯·斯当东

马礼逊先生对该信的答复如下：

广州，1815年10月14日

先生们：

感谢你们今天早晨以特选委员会的名义通知我本季董事会关于我的决议。我的某些行为如果令尊敬的东印度公司董事们不快，我深感遗憾；

在过去几年中，我一直为公司在华的利益服务，而非漠不关心。

根据命令所使用的强烈措辞，说我所做的事情“违犯”了中国皇帝的禁令，这表明存在一定程度的误会。中国有反对天主教传教士的禁令，威胁他们如有违抗即处重刑，这是事实，但是我的名字和从事的事情（任何超出为特选委员会翻译文件和经常担任口译的事），我相信中国官府完全不知情。中国从未针对我发布过任何禁令。我既不属于天主教，也没有出版天主教的书籍。假如中国官府对我的所为不满，我的行为仍然谈不上“违犯”皇帝的圣谕。即使我的行为引起了中国官府的注意，很可能他们自己也不能信服我有罪——一位读过《圣经·新约》的中文教师告诉我说，他认为即使最高一级官员看了这部书也找不出有违法令的地方。至于“四处散播”我印刷的书籍，我没有这样做，而是采取了极为谨慎、隐蔽、让人很难追查到我的方式。假如他们发现是我所为，我不会请求特选委员会保护我。我相信我所做的一切没有给东印度公司在华贸易代表造成任何麻烦。

我当初进入东印度公司担任中文译员时，本着为公司服务的初衷，也希望借此让自己受惠，从来都格外地谨慎小心，极力避免引起官府的注意，无论是在担任公司的译员，做口译还是为公司职员教授汉语都从不触犯他们。我热情及时地为公司效力。

这些都是我的职责，我不求褒奖；公司对我的慷慨，我也并非不知。几乎是从我担任公司职务时，我同时开始翻译《圣经·新约》，这是我的个人追求，并非我任职后才产生的新目标。

以上提交的是我本人对此事的解释。

尊敬你们的、谦卑的仆人

罗伯特·马礼逊

下面伦敦会的来信解释了引起东印度公司董事会警觉的原因，正是这一原因导致他们做出让在广州的英国商馆解雇马礼逊先生的决定。

致马礼逊牧师的信

伦敦，1815年3月15日

亲爱的弟兄：

我们在1月6日时曾匆忙地给你写了一封信，告诉你我们刚得到的一条坏消息：东印度公司董事会已经决定与你解除关系。起因是他们不仅看到了你出版的一份《圣经·新约》，还看到了一份我们的通信，上面说你不顾中国皇帝的禁令，坚持翻译并且散发《圣经》。由于他们担心这会冒犯中国政府，特别是你被认为是公司的一员，他们因此决定解雇你。这则消息令我们非常忧心，尤其是我们已经将一份《圣经·新约》和其他书籍当作礼物私下送给了某博士——他是东印度公司图书馆的馆长。此前我们曾接到不要送给董事会的建议，但是没有听取，这是个人疏漏所致的结果。

无论发生了什么，我们相信你都将继续做最重要的事情——翻译中文《圣经》。我们仁慈的主慷慨地帮助你，在英国及其他地方的千千万万的基督教徒称颂上帝，感谢祂让你完成了《新约》的翻译出版。在你活着的时候，它将为你赢得长久的赞誉；在你死时，它会为你带来荣耀，我们热诚地祈祷并且盼望你的劳作会让很多人永远受益。

伦敦会理事会决定送给你一本巴黎最新版的汉语词典，这条船会给你带去这份礼物，还有一份伦敦会的教务汇编。米怜弟兄告诉我们说，你的健康没有好转，进行一次旅行可能对你有益。理事会真诚祝愿你延年益寿，身体健康；如果需要进行一次旅行，理事会绝不会反对。由你慎重考虑是去据说气候十分宜人的槟榔屿还是其他亚洲岛屿或好望角，好望角特别适宜疗养身体而无须返回英国，一切都由你自己决定。尽管旅行费用可能不菲，你的《圣经》翻译也要停顿相当长的时间，但只要你愿意去，理事会都乐于承担这笔费用。

祝愿你，我们亲爱的弟兄及你的同工，愿智慧仁慈的天父的祝福伴随你们！

你真诚的主内弟兄

司库：哈德卡斯特

书记：伯德

虽然马礼逊先生因为不愿放弃他的宗教追求，被东印度公司董事会解除了正式职务，他的名字也从员工名册中删除，然而他的作用如此重要，公司的在华雇员无人能取代他的位置，从特选委员会给马礼逊先生的信中可以了解到这一点。在上一年，英国商馆的代表与广东省府就贸易纠纷进行艰难的协商时，为了争取公正，他们决定停止贸易。在这场磋商及其他各种困难局势中，马礼逊先生不仅是双方交流与沟通的媒介，还经常以谨慎坚决的态度让中方正确地理解英方观点，与此同时维护着英国人性格的尊严，利用自己熟谙的中国语言及方式与各个阶层的中国人斡旋，尤其是以他不偏不倚和广为人知的仁慈与人交往。从他写给特选委员会的信中可以看出，在他参与这些谈判时，冒着一定的危险[①]：

致特选委员会主席的信

澳门，1814 年 10 月

先生：

当我说我准备一如既往满怀热情地完成贵委员会指派给我的任务时，我希望不致被认为过于僭越。此刻如同前例，担任中文译员是冒着相当风险的。就重大问题与中国人进行讨论时，可能已经触犯了广州的地方官员，他们也曾对译员进行迫害和报复，洪任辉（Mr. Flint）[②]和罗德里戈神父[③]的遭遇就是我记忆中的两例。顾念及此，我不禁担心在我给中国皇帝写信或者翻译信函时，由于信中有揭发广东省官员的内容，即使当

① 乔治·斯当东爵士于 1814 年作为特选委员会的成员被派往广州，与两广总督指派的中国官员协商谈判，商讨发生在英国公司与中国当局之间的矛盾和冲突。他成功地与省府官员就最重要的问题达成了一致，省府官员下达了法令，为贸易提供了保障，由英国单方停顿的贸易重又继续。这一成功因此引起了中国官府对斯当东爵士的憎恶，因为他们针对英国人的计谋被打败了，他们为此请示中国皇帝，于次年秘密地雇人谋害他，虽然斯当东爵士本人并未采取任何保护措施，但英国的影响和分量使得中国省府官员不敢贸然采取行动。因此，马礼逊先生在这种情况下会考虑到他的处境有一定的危险。——原注

② 他被捕后在中国牢狱中关押了三年。——原注

③ 经查："Roderigo"系常用西班牙、葡萄牙人名，同名者有十余人，因此无法确定具体是哪一位。——译注

前的问题得到解决之后的很长一段时间里，我个人都可能受到中国官员的报复。谨此以最恭敬的态度陈明我的顾虑，恳请贵委员会考虑如何打消您忠诚的仆人合理的忧虑。

罗伯特·马礼逊

致罗伯特·马礼逊牧师

澳门，1814年10月11日

先生：

关于你昨天的来信，我们有必要通知你，我们不会让你为我们做事而承担风险，我们主要通过你与中国官府沟通，因此丝毫不反对你提出的确保你的安全的考虑。

你提到的两例事件，尤其是洪任辉一案，我们必须承认这足以引起疑虑和担心，因此我们保证你的安全。

我们知道广东府的官员会不择手段地对英国商馆和特选委员会委以重用的人采取行动，无论多么不公正或专断。以往当中国政府横加干涉，我们对许多重大事情的交涉结果感到满意，我们认为坚决抵抗这类事件的发生是我们义不容辞的责任。

我们对这件事情的看法是，希望你去看我们与中国官员的通信，尤其是在上一季，你担任了重要角色，在你的协助下，我们收到了两广总督的信函，声称他收回先前干预我们任命一位新委员会成员的成命。从这些双方僵持不下时的通信中，你会发现我们心意已定，会尽自己所能坚决抵抗中国官府任何侵犯商馆利益的行为。

我们身居要职，却难以胜任托付我们的责任，我们此刻颇为踌躇，是要对我们所做的决定承担责任，还是遵从公司董事会的指示？抑或是按照在与中国官员来往的信件及公函中所持的意见办理？无论在哪种情况下，我们认为特选委员会都要负全权责任。

我们希望我们的答复能令你满意，足以驱散你的疑虑和担心。

你忠诚的

益花臣

托马斯·帕特(Thomas Charles Pattle)

乔治·托马斯·斯当东

在这些讨论中,斯当东爵士与马礼逊先生多次写信交流看法,在一些信中谈到与一个专制政府在不平等基础上进行交涉的困难。

致乔治·斯当东爵士

澳门,1814 年 11 月 16 日

亲爱的爵士:

我刚收到你 24 日的来信,你在信中说“无论如何”事情即将了结,我当然理解你已经从中争取到了多半的利益,其余的都不是重要的问题。你知道当出了差错时,人的本性会让他们疑惑“我本该做得更好”或者“我不该那样做”等。

以我的观点,你在那场艰苦的谈判中表现出极大的协调能力、坚决的态度、理解力为你增色不少,我相信所有参与者都与我有同样的感受。可是当我们的愿望和利益被他们粗暴地丢弃一旁、他们任意践踏我们的理性时,有人认为你对此反应太迟缓,但多数人相信你是为了避免仓促间做出决定所致。

我在读你昨天的信时产生了一些想法。如果期待两广总督下达一份令我们满意的公告,这个期望太高了,但是总督的公告也不一定就让谈判破裂,我指不会出现最差的结果。难道没有中间途径吗?默许会被理解为同意,在我方就必须完全按照他的话行事。例如,必须同时用英文和中文给两广总督写信,还有其他一些让英国皇家军船难以接受的规定。现在这可能成为一个严重的问题。或许你可以说或写信告诉他“您的公告中有一些地方恕我们不能照办,我们改日就此进行协商”诸如此类的话,同时继续进行贸易。事实上你婉转地提出抗议,是为了避免被误认为你言行不一。

尊敬你、诚挚的

罗伯特·马礼逊

致斯当东爵士

1815年1月10日

亲爱的爵士：

今早我收到了你的便条，也接到了行商们的声明。我从《京报》上翻译了一条通告，请你读后交给益花臣先生。它相当清晰地反映出中国皇帝的想法，我认为能让你更冷静地看待中国皇帝对你的荒谬评价。他似乎是一时冲动。他整日待在他的宫殿里，不信任身边所有的人，被指责为叛匪首领的一大群人尚未擒获，他猜想谋害他性命及篡夺权力的阴谋正在进行，也许会像最近的叛乱那样突然爆发。在他的这种状态下，别有用心的人将你的名字呈报给他，说你在20年前带走了帝国的地图，而英国人带来了战船，带来了进入中国内河、袭击其他国家的军队蚕食中国，这些行动都是受了你的教唆！那么忧心忡忡的中国皇帝会有何想法？

因为行商否认对你的不利控诉，假如地方官员站在同样的立场，你在中国皇帝心中的印象将会得到澄清；但对你而言，你可能永远不知内情。

我看要想彻底摆脱这一指控并保持克制是非常困难的。我觉得根本不可能。因为中国官府不会为让几个外国商人感到满意而做事，除非是迫不得已；中国官府也不相信他们会被胁迫，除非敌军临近他们的大门，就像现在这样。我提出建议仅供参考。

你忠实的罗伯特·马礼逊

马礼逊先生在这期间承担的公务责任重大并且激动人心，事实上他为东印度公司工作期间始终以饱满的热情履行各项职责。尽管如此，这些事情从未让他的思想片刻离开他毕生追求的伟大目标。即使在这个非常时期，他仍勤奋地忙于实现长期盘踞在他脑海里的想法，即在马六甲设立一所学院，向欧洲人和中国人教授语言与科学，以向东方诸群岛传播基督教为主。据信下述计划书首次向公众披露了这一计划。

广州，1815 年 10 月

致大不列颠与爱尔兰的基督教团体

——倡议以自愿捐款方式在东印度马六甲建立一所英华书院。

1.这所书院的近期目标是促进英国与使用汉字诸国之间的善意语文交往。

最终目标是实现一个愿望，那就是在神恩的福佑下，通过这所书院让科学之光、神圣的启示逐渐和平地照耀在亚洲最东端以及太阳升起的地方。

2.书院的管理者如下：

①一位英语和汉语的欧洲籍教授，年薪________镑[①]。

②一位中国人担任助理教授，年薪________镑。

③一位欧洲籍助理教授，年薪________镑（欧洲籍教授必须是大不列颠国国王的臣民）。

3.为六名欧洲学生提供资助，一年约________镑。

4.给六名中国学生提供资助，一年约________镑。

5.只有相信《圣经》神启的欧洲人才有资格担任欧洲籍教授的职位，或者被接纳为学生。

6.书院向自费者（自己承担费用，给学院交学费）开放，凡是英国法律容许教派的学生都可入学。

7.捐款最多的 11 人将成为书院的理事，组成一个委员会筹划建立书院的具体事务。

8.分别告知东印度公司和英国政府本计划，同时谦卑地听取他们的建议。

因为马礼逊先生必须陪同英国使团出访北京，进一步实施计划的行动暂停了。由于不是所有的读者都了解英国使团的情况，下面摘选的斯当东爵士的日志可以充分解释出使的目的。经历了 1814 年的谈判之后，斯当东先生谈

---

① 这些数额是后来才确定的。——原注

道：

有关这些阴谋诡计的报道自然在英国引起相当的警觉，尤其是那些关心中英贸易的人。最严重的是广东省府（其实毫无根据地）拒绝调解我们的分歧，因此想要在所盼望的立场上维持贸易，只能直接去北京提出请求。①

最早带去英国出使消息的是皇家的赫拉特号（Horatio），它在1816年1月到达中国。

驻华的英国当局早就体察到了马礼逊先生的才能，在如此重要的场合，他们自然希望马礼逊先生能为他们效力；他因此被邀请担任中文秘书陪同英使出访。他考虑到离开会延误自己的近期计划，起初颇为犹豫，可是在朋友的敦促下，此外还考虑到出使北京可以让他有机会与中国高级官员交往增长自己的知识，他最终同意担任英国使团的中文秘书和译员。

在周密地安排好如何向两广总督递交白金汉郡伯爵（4th Earl of Buckinghamshire）②的信——信中宣布英国摄政王派遣一个使团出访北京宫廷——安排好礼仪等事项后，马礼逊先生对使团到达广州做了如下的记述：

1816年2月9日，阿美士德勋爵（Lord Amherst）作为英国皇家摄政王的特使，代表尊贵的英国君主来拜见中国皇帝。他乘坐由马克斯威尔（Captain Maxwell）任船长的皇家船“奥尔斯特号”（Alceste），从英国朴次茅斯（Portsmouth）出发，东印度公司坎贝尔船长（Captain Campbell）的“休

① “1793年马戛尔尼勋爵为了消除中英贸易之间的障碍出使北京，并没有取得成功，各种贸易纠纷仍频繁出现。英国政府考虑到与中国通商的重要性，于是在1816年委派阿美士德勋爵（William Pitt Amherst）为特使再次出使中国。英国外交大臣在给阿美士德的训令中，希望他能够使清政府确切保障东印度公司的权利，如英国商人可以雇用他们认为合意的中国商人或与中国商人进行交易，中国官员不得任意闯入公司的商馆，准许商馆的人员雇用中国仆人，商馆人员有权以中文向中国官府陈述意见，等等；最好能够为英国商船获得开往广州以北另一口岸的许可，以及准许英国使臣长驻北京。”——黄时鉴：《解说插图中西关系史年表》，杭州：浙江人民出版社，1994年，444页。——译注

② 白金汉郡伯爵（Robert Hobart，1760—1816），在1812年至1816年担任管理委员会主席（President of the Board of Control）。管理委员会是英国政府机构，主要监管英国东印度公司和印度事务。——译注

伊特号”(Hewit)满载礼物,由赫尔船长(Captain Hull)指挥的双桅方船“利拉号”(Lyra)为“奥尔斯特号”护航前往中国。

6月23日,斯当东爵士在澳门收到了阿美士德勋爵的来信,通知他船队于6月9日到达了巽他海峡。阿美士德勋爵提出几天后继续航行。

7月9日,乔治·斯当东爵士、图恩(Toone)、德庇时(Davis)、皮尔逊、曼宁、马礼逊等登上了东印度公司“探索号”(Discovery)巡航舰,船长罗斯(Captain Ross),起航去迎接大使。次日“利拉号”到了,宣布大使的船到了。“奥尔斯特号”和“休伊特号”7月10日到了澳门的南丫群岛(Lemma Island)。在那里他们了解到使团的成员:有英王特使以及全权代表阿美士德勋爵,首席特派员乔治·斯当东爵士,第二特派员埃利斯先生(Henry Ellis Esq.),中文秘书兼翻译图恩、德庇时、马礼逊、曼宁等,使团秘书以及特使私人秘书海恩先生(Mr.Hayne),阿美士德先生,使团牧师和教师格里菲思先生(Mr.Griffith),医生及博物学家埃布尔先生(Mr.A-ble),医生皮尔逊先生和莱恩博士(Dr.Lyne),艺术家哈维尔先生(Mr.Havell),护卫队副官索恩塞特先生(Mr.Somerset),负责照管礼物的马里治先生(Mr.Marriage),使团随从阿博特先生(Mr.Abbot)、马丁先生(Mr.Martin)、普尔先生(Mr.Pool),另有士兵22人、乐队12人以及一些仆人,总共72人。在做好从海路继续北进的准备工作后,斯当东爵士和马礼逊先生登上了“奥尔斯特号”陪同英使,7月13日船队乘顺风出发。

编者把马礼逊先生在1815年所写的日志和信件,尽可能按照事件的因果关系、时间顺序联系起来,可以让人对马礼逊先生在那一年所做的事情有一个总体的认识。

致施拉布索尔先生

澳门,1815年1月9日

尊敬的先生:

感谢神恩庇护,我至今仍健康地活着,愉快地坐下来给朋友们匆忙地写几行。自从我上次去信之后,因为中英的政治争端,我这里的事情受到了极大的干扰。我去年曾提到中国北方发生了叛乱,让帝国的统治者提高了警惕，每个地方都不乏煽风点火的人，增添不必要的紧张局势。有一个危言耸听者向皇帝上书，说澳门、广州及其临近地区基督教盛行，所有人都准备造反。他说的是天主教，这是中国官府知道的信仰基督的唯一宗教。地方官府立即宣布禁教令，并且逮捕了几位基督教徒。一名广州的中国天主教代理人侥幸逃脱，他的家被查抄，家人最后也被投进了监牢。他藏在澳门的一所神学院内，在风声不太紧之前让他暂时藏身，然后被送到了马尼拉。这次行动让我身边的人非常惊恐。

中国人开始憎恶停留在沿海袭击美国船的英国战船，两三起与美国船之间的小摩擦带来了旷日持久、疲劳艰难的谈判，最后的结果很可能是英军撤退。英国人全部离开了广州，带走了英国国旗；中国官府认为这是善意，因此邀请斯当东爵士回到广州（为此事他专程从澳门赶去）。中国人做出了批准英国人要求的姿态。作为中文秘书，我为这件事很操心，做了大量工作。

今年我完成了《创世记》的翻译，现已交付印刷，同时印刷的还有一部12开的《圣经·新约》。我还出版了少量描述旧约历史的《古代如氏亚国历代略传》和一部《养心神诗》，这是为了每个礼拜日早晨给他们用而翻译的，葛先生和他儿子整理成了诗体。我当初雇用他们的时候没想到他们竟能帮我润色译文。

米怜先生旅行回来后勤奋地攻读汉语，已颇有成效。他为了练习汉语编写了一部《圣经·新约》的历史，正在印刷这本书。这里口头宣讲基督教的机会非常有限，我建议他到马六甲另建一个中国传教的分支，去那里建立一个传教地和一所学校，继续学习汉语以便将来协助剩余部分《圣经》的翻译。我希望那里建一所汉语学院。

东印度公司派了一名印刷工印制我跟你提过的汉英词典。我和米怜先生认为完成这部词典非常重要，因为它将作为在这些国家传播基督教信仰的重要工具，我打算为此投入自己的大部分时间。

我夫人去年夏天身体很糟，医生强烈建议她回英国休养几年。因此，我夫人准备和我们的两个孩子丽贝卡和马儒翰乘坐劳奈船长（Captain

Lochner)的“梅维谷号”(Lady Melville)返回英国。假如我夫人暂居伦敦,她或许能有幸见到你和你的女儿。我请你替我关照她,对她的任何帮助如同数倍地帮助我。愿平安与福佑与你同在。

你忠诚的主内弟兄

罗伯特·马礼逊

后记:出于下述原因,我希望能得到一些免费赠阅的祈祷书,也许巴特莱特公会(Bartlett's Buildings Society)能给我一些。你一定要试试。

尽管这里的天主教主教强烈反对不定期做善事的人(借用他的说法),我想分发一些葡萄牙文《圣经》。英国是否有一个新的天主教团体?如果他们能给我一批他们的《圣经》,我可以代为分发。两年前我给伦敦会写信提过此事,但是没有答复。伦敦会寄来的书籍没有按规矩打包,书没有事先用纸包好就塞进了箱子。在我看来,伦敦会的先生们如果乐意能不时地将最新的出版物送给一个传教站或者某个传教士,传教士不仅非常感激并且还会得到启迪。即使是你在英国看到的吸引你们的、任何仅售半克朗或五先令的小册书,对于年复一年从事着同样追求的海外传教士来说也是新鲜有趣的,收到后给他们带来短暂的快乐。我特别感激哈德卡斯特先生的原因就在此,他很注意这点。上一季他给我寄了《克拉克圣经论集》(*Adam Clarke's Commentary*)①、一部小说及其他有趣的书。伦敦会去年寄来的斯考特(Scott)的著作尤其能坚定我们的信念。对我来说,这些书比任何评价我的文章更有价值。优秀的书籍对传教站极为重要。我上面所述优秀书籍的积极影响,就是由一本新书或福音小册让流浪远方的传教士的思想产生的一点变化。传教士也有人类思想上共同的弱点,不能持久地、毫不间断地做同一件事。当一名传教士收到一本新书,内容都是家乡人所关注的事情,他也知道并因此感到愉快。此外,他特别感激那些认识或不认识的基督教友人的关怀。如果你赞同我

---

① 克拉克(Adam Clarke,1760 or 1762—1832),英国著名的卫理会神学家和《圣经》学者。让他闻名的是花费40年心血写成的一部《圣经论集》(*Commentary on the Bible*),这部书成为卫理会两个世纪中最重要的著作。——译注

的想法，把它转告伦敦会，我会很高兴你这样做。

罗伯特·马礼逊

-1816-

致伯德牧师的信—对天主教教徒的迫害—刻字工匠被捕，活字被毁—葛先生的性格—翻译《诗篇》—英国圣经公会资助1000镑用于印刷并传播中文《圣经》—欧文牧师的来信—使团返回广州—英国使团出使北京日记—基督教与异教的比较—中国皇帝给英国国王的信—出版《中英语言对话》—咸臣夫人来信—益花臣先生的来信

下面这部分摘自写给伯德牧师的一封信，信的日期是1816年1月1日，信中回顾了1815年的工作和遇到的困难。

我再次给你和伦敦会的理事们写信汇报我们机构的伟大目标——传播救世主基督耶稣的福音进展情况。理事会派遣我传教的地方既不是一个花费力气就能立即见效的地方也不是一个能短期成功的地方。我们差会热切盼望为将来预备传播福音的资料或者培养后继的传教士。我们持同样的想法因此必须坚持下去，盼望万能的神有朝一日解除当前妨碍我们在中国自由全面地传播救恩真理的障碍。道德方面的进步通常速度缓慢，我们不能因为没有出现立竿见影的效果而懈怠。中国仍处于一种很不安定的状况，政府似乎保持着警惕，甚至草木皆兵，因此对人们强加实施了更多不必要的严厉措施。经常有关于处死或迫害叛乱者的报道。最新一期《京报》即1815年10月6日刊登了一起他们破获的试图联合湖北、江西、江南各省叛变的阴谋，有几个人被捕，破获此案的总督得到了提拔。频发的谋反当然让政府提高了警惕，却让无辜的人忍受诸多限制和不便。

去年6月，四川发生了迫害天主教徒的事情。四川省的总督在报告开始就说，西方名叫“天主”的宗教是邪教，伤风败俗并危害人心。可是他并没有拿出证据。他说嘉庆十五年(五年前)有2000户家庭放弃了天

主教,五年来又增加了约 200 户。他最近逮捕了 72 人,查获了 53 本基督教书籍,620 个十字架,3 串念珠,4 幅图像,2 件神父袍,2 顶帽子。损失这些东西不算什么,下面的事情更严重。值得注意的是这起案件和另一起发生在北京附近的案件,都清楚地宣布在所查获的书籍中没有发现任何反对中国官府的内容,天主教的教师也没有欺骗思想单纯的人的钱财。四川总督自称为“奴”,可能是个满人。他在报告结尾说他怀疑四川山区藏有欧洲人,可是没能抓到。

中国皇帝的批复说他注意到人们的盲目与固执,虽然他的子民触犯了法律,可是当他们想到能升入天堂就变得不怕死了。他还下令将两名拒不弃教的头领朱勇(Choo-yung,音译)和唐敖(Tang-gaou,音译)立即绞死。38 名不肯弃教的人被发送到鞑靼厄鲁特人(Eleuths)那里为奴,其中包括几名妇女和一位 80 岁的老人。在很多案例中,妇女和老人可以付赎金免罪,可是这次明确规定不允许她们这样做。此外,那个固执的老人及其他几个罪名较轻的人还被指名终身戴沉重的木枷。被捕后宣布弃教的 32 人被处以杖刑 100 下并流放 3 年。其余听到迫害事件主动来官府投案自首并宣布弃教的 700 余人无罪释放。

几天前似乎京城里的天主教堂被皇帝下令查抄了,目的是要搜查印刷宗教书籍的木刻版并将其销毁。负责搜查的官员呈报说木刻版早在 10 年前就被毁了。

夏季有一个自称是修行极高的宗教苦行者被处死了,罪名是妖言惑众。中华帝国的北方和南方有很多兄弟会,他们的教义我不清楚,他们经常成为迫害的对象。我记得其中一个北方兄弟会叫“红羊教”。

一群中国人计划搭乘一条葡萄牙船到槟榔屿,可是被中国官府阻止了,三名策划者被判处戴枷两个月,然后处以杖刑。在这起案件中最活跃的地方官员就在我澳门住所旁审理这起事件。他极为贪婪,让手下人到处搜集可以害人的证据,并以此来讹诈受害人的钱财。他听说有一个穷仆人跟随一名葡萄牙人几年前去过果阿(Goa),就捉拿他并指控他是天主教徒,并以免除指控为名向他索要 300 元。

我告诉你这些情况便于你判断中国传教的近况和前景。目前我的翻译还有很多没做,我在自己的密室里继续做翻译。我们的主日礼拜仍在继续,可是听我布道的人出于恐惧,阻碍他们公开承认信仰,我希望能有人敢于承认。去年(1815年)遭遇了无数的困难,遇到许多挫折。我雇用的刻制汉英词典活字的工匠被官府抓走了,让我颇为忧虑,有一段时间他们对我的怀疑让我的处境更加艰难。仁慈的上帝让我活到现在,称颂祂的名!

所有中文《圣经》通过不同渠道发散完毕了。我不便提供细节。带了一些书到中国内地的书商还没有回到广州。他帮我给河南开封府的犹太人带了一封信,但是没有任何回音。小开本的《圣经·新约》和《创世记》的木刻版都在书商的合伙人手中,当听说刻字工匠被捕的消息后,他立即警觉地搬走了。我希望能找回这些木刻版。

替我感谢英国圣经公会为实现中国传教目标所提供的帮助,还要感谢去年10月我收到的一箱《圣经》和《圣经·新约》。这是极受欢迎的赠品,我已经赠出了一些。

本季汉英词典的第一部分将会交给你和哈德卡斯特先生。我希望伦敦会把这当作是中国传教深化的标志。对我来说这是一项艰巨的任务。完成这部词典所需的时日之长令人生畏。要不是为了这部词典,我本季可能已经回到英国,带我的家人重返中国了。

昨天收到米怜先生11月4日的来信。米怜夫人身体欠安,他的印刷工病倒停工了,我准备给他再送去一名印刷工。我希望你能想方设法给他送去一台印刷机和一名称职的印刷工。这名印刷工不仅是一名好工匠,还应当是一名虔诚的教徒,他懂得的知识越多越好。汤姆森先生(Mr. Thomson)在"学习语言",我估计是马来语。如果他喜欢汉语,我倒建议他学习汉语。米怜先生迫切需要一名教师和一个助手。我认为,我们传教差会之间存在的最大问题是没有人甘心屈居第二,它的恶果就是导致无法分工合作。或许这样也有优点,但是我还没有看到。也许有人会说救世主的门徒没有高下之分,可能会有人从另一个方面反驳说,为什么那些有灵感的使徒要给那些没有灵感的传教士充当榜样呢？他们不都是上帝的门徒吗？米怜的身体不够强健——如实说他的寿命不会太长。我希望理事会抓紧时机在马六甲建立一个好的根据地，为将来在中国及华人侨居地传教奠定基础。但愿上帝赐福米怜，没有神的赐福，一切计划都是空想。

1月3日

我昨天才得知，在刻印工匠被捕的困难时期，持有12开本《圣经·新约》刻版的书商怕被人发现而把它们秘密销毁了。目前我无能为力，必须等待。这些事情看似对我们非常不利，可是谁又能断言事态的最终发展方向呢？让我们持之以恒，仰靠上帝的赐福。

下面的叙述更能凸现马礼逊对信仰的坚贞、行事的谨慎以及发自内心的谦逊。为此编者摘录了下述报导：

该报告称一位博学的中国人正在教导一名欧洲学生，难道这不应该更小心吗？英国从来没出现过任何一位"博学"的中国人。希望报道的是事实，而不是虚假的。我相信大家能原谅我善意的冒昧直言。赞扬那些在异教国家只住了很短时间就用异教徒语言布道的传教士们也要注意，因为需要很长时间才能用异教徒可理解的方式传达上帝的真理。夸大其词的报告最终会摧毁我们的目标：如果我们真的有这样一位博学的人的协助，能够完全用异国语言宣讲真理，敌对者可能会问，为什么还没有结出更多的果实？请允许我再提另一个不当之举，那就是出版物对仍在世的传教士使用了夸张的褒扬之辞。人们无法阻拦善良、热情的人们在口头传教时这样宣讲，可是至少传教者应该听从建议不要出版它们，因为他们说出的只是他们心里的想法，而非事实。看到我的名字以大字出现在传教讲章的页面上时，我感到很惭愧。

他继续写道：

我施洗的信徒亚轲，或更确切地说是蔡亚轲（蔡不是常用姓氏），继续自觉地参加主日礼拜。他不如我希望的那么听话。葛先生继续协助我编写汉英词典，或者为我做我要求的事情。他总是愉快地按时出席主日礼拜及家庭祷告。他性情温和,行为及品行堪称楷模。他非常腼腆。他的儿子帮东印度公司的印刷工排版。我在广州时,葛先生并不愿利用这个机会倾听上帝的真理。上一次我问他怎么评价自己及福音,他说和以前一样,而我寄去的他写的证道书,表述得很清楚。他本性是一个骄傲、特立独行的人,极为自重,具有良好的判断力。为《圣经·新约》制版写字的蔡亚轩已经不在我雇用的人之列了,他偶尔来参加礼拜。他经常流露出对福音的反感情绪。去年夏季我不得不终止教导中国孤儿,其中的一个男孩现在跟随着我,继续记诵《圣经》,他的进步让我很快慰。一位接受我赠送《圣经·新约》的行商最近告诉我,他发现我们的圣书里有一些内容同他们的一样引人入胜,例如,基督耶稣升天的故事。他还问我天堂里是否有专门的房间保存耶稣的肉体。我有一个还算正直的苦力(专门负责打扫房间、提水等),可是他很无知,无论我怎样劝说他都不参加我的布道,也不参加家庭祷告。虽然他解释说是因为他太穷了,所以没有心情信奉上帝,我觉得其实是他固守中国人的那些东西。

我正在翻译《诗篇》,感到很难译。请原谅我自由地写出了我的想法和观点。但愿上帝接受你们仁慈的努力,施恩让你们看到成果,我希望你们仍然盼望着——把更多的人从他们的错误中解救出来。

中国官府在澳门搜查了出版汉英词典的印刷所,虽然这与传教工作没有关系,但引起了保存12开本《圣经·新约》刻版的人的警惕。出于一时恐惧,他将大部分刻版销毁了。这些刻版是为了印制第二版小开本《圣经》重新制作的,第一版《圣经·新约》几乎都散发出去了。虽然活字的损失很大,可是英国圣经公会慷慨及时地资助了1000镑,使得马礼逊先生能够继续制作第二版《圣经》和《养心神诗》的活字。下面是受人尊敬的书记欧文先生(Mr.Owen)的来信,他任职的英国圣经公会高度赞赏马礼逊先生的工作,因为世界上相当一部分人将通过《圣经》分享上帝的祝福。

致罗伯特·马礼逊牧师

1815年1月6日于弗汉姆（Fulham）

亲爱的先生：

我非常荣幸地代表英国圣经公会委员会给你写信。我们深切感到你和你的助手向人数庞大的中国人传播《圣经·新约》是非常重要的任务，因此我们一致同意在上次的捐赠之外，再赠予你1000镑用于此项任务，你可以通过30日即期汇票提取这笔赠款。

亲爱的先生，上帝让你获得了如此卓越的能力，似乎在指引你做这项工作，这项工作还很难说是否就能克服各种阻碍，至于能否达到预期的结果，这更难预料。你对这些障碍似乎有着清醒的认识，因此不必再提醒你精心做出一个最流畅准确的译本有多么重要。为了达到这个目的，你可以从塞兰坡一名弟兄的翻译中得到启发，同时参考一些偶尔出现的有用评论。

如果你的译文从总体上说能够忠实地表现《圣经》原文，能让中国人通过神圣的著作理解上帝的意图并且产生敬畏爱慕之心，你的劳动将是多么光荣啊，你在上帝面前该得到怎样的奖赏啊！

英国圣经公会盼望加入这一荣耀和祝福的行列，我们以前不时地从经济方面资助你；你可以放心，我们将继续支持你实现与你的任务紧密联系的这件工作以及伦敦会对你的期望。

衷心为你祈祷，愿你服侍的上帝赐你健康，让你为扩展神在地上的王国所付出的努力有丰盛的收获，我们都诚挚地为你祈祷。请原谅写信时的仓促和匆忙。

你诚挚的

英国圣经公会书记：约翰·欧文

致马礼逊牧师

1815年9月5日于弗汉姆

亲爱的先生：

有一艘增开中国的船即将起程，借此良机我向你传达英国圣经公会委员会的一项决定：昨天我们全体同意再资助你1000镑，让你更自由、广泛地散播中文《圣经》。虽然这一赠款的决定将在下次会议上确定，但我可以不承担丝毫风险地说：鉴于你目标的重要性、行动的正确性以及上帝已经恩赐你的一个良好开端，这笔赞助将会以同样的方式通过，委员们对于此事的思想与情感完全一致。

中国的境况强烈地盘桓在我们委员心中，如果我们没有为在中国辛勤耕耘、致力于启蒙帝国臣民的最优秀、最热心的合作者提供帮助，我们就会感到严重的失职。何时上帝计划让中国向耶稣屈膝，这个问题我们不需要考虑。我们只要知道上帝在东方各地兴起了一批甘当工具的人，赋予他们用汉语向中国人宣讲证实基督的《圣经》的才能，这就足够了。如果再加上神意的安排，东方各国接受了上帝最珍贵的恩赐——《圣经》译本，并且高度赞赏它，我们就会更加信心百倍地继续我们的工作，并有理由认为圣恩降临中国的预定时间即将到来。

坚持住，亲爱的先生，以你一贯的热情和谨慎继续你的事业吧。不放过任何一个改进你的翻译的机会，利用你能得到的一切帮助让你的译本尽可能地接近完美。你的任务面临着超乎寻常的困难，我们理解你为此殚精竭虑、付出了艰辛的劳动，但是我们在脑海中想到的是一直鼓励你的话语，你所服侍的主人支持你的劳作，让你体会祂的诺言给人带来的安慰："我就常与你们同在，直到世界的末了。"(太28:20)

你忠实的

书记：约翰·欧文

1817年1月初[①]英国使团返回广州，马礼逊先生重又承担起他的责任并恢复了与友人的通信。虽然更充实、更详尽的阿美士德勋爵出使中国的使团日志已经呈现在公众面前，下面摘录的马礼逊先生对这次失败使命的记叙与他对于中国人道德状况的深刻思考交织在一起，与本回忆录的主题密切相关。

马礼逊先生与阿美士德勋爵使团一起出使北京的日志，由他本人寄给了

① 原文误为1816年1月。——译注

伯德牧师。

在与英国使团穿越了中国的六个省份后，我想讲述一些发生在旅途中的事情。至于政治商谈和使团的事情与我们的追求无关，我不会涉及。

1816年7月7日，我和几位英国先生在澳门登船；10日，英国皇家"阿尔塞特号"载着代表英国摄政王的尊敬的阿美士德勋爵阁下到达南丫岛外海。我在那里离开了东印度公司的"探索号"，转乘护卫舰。我们到直隶海湾（Gulf of Chĭh-le）的航程非常顺利，直隶是中国人对北京所在省份的称呼。7月28日，船队的五艘船都平安地在北河落锚，从这里的水路航行两天就可以到达著名的城镇天津。坐落在河道口的村庄叫大沽。环绕大沽的是一片平原，平原在距离落锚地8到10英里的地方，低得几乎从远处看不到。这里的文明程度似乎很匮乏，让我颇为惊诧。渔民几乎赤身裸体，或者只在肩上搭着一件外衣，在我们着陆后替我们逆水拉船的人也是同样的情况。穿越直隶和山东两省时，我们看到十二三岁的男孩都赤裸着身体。大沽有一座佛寺，佛是中国人对"Budda"的发音。他们通常只用第一个字"佛"，在汉拉词典里写作"Foĕ"，而现在很多人简写为"Fo"。

8月1日

我遵照英使的吩咐上岸，与中国皇帝派来迎接使团的钦差广惠①见面。在佛寺里，我发现了一幅欧洲人印制的救世主头像，他头戴荆棘冠，手上拿着一根牧笛。这幅像贴在一大幅卷轴上，挂在一位和尚的房间里，在它前面还供奉着香火。卷轴上还有一些汉字题词，我很想读读题词。可是和尚说画像被供着，他不能取下来。他给我看了一本书，是他们祭拜神像时读的书。祭拜仪式极神秘。当晚（很晚了，而我次日拂晓就要离开）我没有时间细读它的内容。在整个旅程中，这幅图像和天主教的名称是我所见基督宗教唯一留下的痕迹。

① 广惠时任长芦盐政，嘉庆帝命他陪伴英使进京以及押送英使至广州。广惠也曾接待过英使马戛尔尼。——译注

8月13日

两位钦差以皇帝的名义在天津为我们举行了一场接待宴会。欧洲的规矩是在桌子尾部摆放的食物和酒略逊一筹，而在这次宴席上却是不同的规矩。两名皇帝钦差①、英国大使、两位副使斯当东爵士和埃利斯先生等人，坐在很低的坐垫上，坐垫高约6至8英寸，其余的使团成员坐在铺着红色织物的地上。我们感到很自豪，我们向人类的兄弟民族展示了当时的教育和环境可能达到的最高水平，而没有使用带有歧视或者主观印记的语言：不必借此维持社会等级。这个国家的人高度重视对每个人社会地位的明文规定，而且还有一套与此相称的外在礼仪，把它强加于所有人之上。身居高位者格外顽固地遵从这套礼仪。通常一方体现出统治的姿态，另一方总是表现出臣服屈从的态度。有一位与我谈话的高级官员说"皇帝是我们的天"，这种语气强烈得如同我们常说的"祂是我们万能的主"。

我们宗教的总原则是赋予人平等和尊严，而这里却不是这样。当王公、贵族以及普通人都认识到神的伟大，在约定的时间共同进行礼拜，并且接受宗教教导；基督教的思想总是表述世俗的等差区别不算什么，很快将要消亡，这种观念调和了每当人处于顺境或居优势地位时想要控制一切的倾向。这个国家的人从来没有类似的情形。他们没有因为信奉神灵而在日益平等的基础上联结，和尚、道士既不布道，也不口头传教。他们偶尔给神像献祭，以文字形式教导人们实践道德。我现在住的这个寺院有100多名和尚和许多佛像。大约50名和尚早晚在佛像前祷告念经，每次大约40分钟。一字并排摆设着三尊佛像，和尚在佛像前燃香烛、进香、念经文，有时跪下并且一遍遍地重复同样的经文，有时以前额触地以示敬仰和服从。日复一日、年复一年，就这样继续，可是他们从来没有把不同等级、不同年龄的人聚集到一起教导他们。他们确实也没有这个能力：他们大都不识字，自己也没有接受过教导；他们仅是礼仪的表演者，永远不

① 钦差工部尚书苏楞额会同广惠宴请英国使团。——译注

配得到与基督教牧师相同的称号。从宗教和道德的视角来看,这个国家的大部分人确如“没有牧羊人看护的羊群”。暂且不论基督教教义的独特性与重要性,仅就基督新教国家的普遍情况来说,有许多合格的、有责任心的新教牧师出现在公共集会上,这与异教国家的体系相比多么高明啊!我在这所寺院里参加使团牧师举行的神圣礼拜时,两者的反差给我留下了强烈印象。我们在这里听了很多关于在大人物面前是站着还是坐着的讨论。中国人长篇累牍地陈述反对官位品秩比他低的人坐下的意见,无论是宗教活动还是节日庆典都不能例外。因此当我环顾四周参加布道的会众,看到英国的贵族、绅士、皇家军官、商人、士兵、仆人都坐在同一个房间里,聆听着同样的教导时,我产生了上述想法,觉得基督教总体的体制要高明得多。

每个国家不识字的体力劳动者,乍看之下差不多处在同一个水平上。可是我们的安息日、公共礼拜集会以及口头教导所强调的人对上帝的义务以及人与人之间的责任,使得我们国家的穷人比起中国的处于更有利的环境中。当穷人得不到任何好处(事实常常是这样),社会也不会有好结果。

我们国家社会的中、高阶层通常有足够的钱花,也无须将所有的时间用于谋生,他们与中国的同一阶层的人相比也有优势。他们有更多可供选择的智力活动,自由地探讨关系到国家民生的福利、慈善、文学、科学等团体的事务,甚至报纸和刊物都多多少少地需要他们参与讨论。在中国,所有关于政府举措的讨论是完全禁止的,无论何种原因人们组织成一个团体都会受到政府压制,人们对科学或者人类的共同事务不感兴趣,有钱有闲的人无事可做,普遍(虽然不能说全体)吸食鸦片,或者沦为最卑鄙的声色之欲的奴隶。很多国家都存有程度不同、令人不齿的各种公共问题,而这些问题在中国是闻所未闻的。中国人对宗教没有任何不敬,和古希腊、古罗马时代不同;他们的政府也不会像我们国家那样强迫不幸的妇女在大街上游行示众。

8月20日

使团到达通州(Tung-chow),距北京只有一天的路程。我们在此停留了8天，与一位相当于公爵级别的官员①和其他官员就双方都认为是极重要的问题进行商讨，可是问题都集中在一种仪式上。中国属国的高官、从属的鞑靼王和王子，都对大皇帝行一种礼——这是有着种类繁多表示效忠臣服的外在仪式的民族发明的最强烈的表现形式。跪在地上，当头向前拜倒时双手扶地，并用前额触地一次，似乎就足以表示尊敬、忠心或者服从。可是他们更进一步，要行礼者叩头三次，还将三次称颂增加至九次。在三次叩头之间，行礼者站起身来，站直后又重新跪下。这种仪式叫作“三跪九叩”，字面意思就是跪三次、叩九次头。对有些神要三叩首，有些要六叩首，对天要九叩首。帝国属国的王室和外国使节对中国皇帝要行这种大礼，表示臣服恭敬的意思。称其为“大礼”，是因为它很重要，这些鞑靼官员（所有派来探讨的官员都是鞑靼人）都要求英使这样做，没有人想到英使对于行此大礼颇为犹豫②。

这位公爵最后假意让步了，28日下午4点钟我们动身赶赴圆明园，经过一夜的跋涉，于次日拂晓到达。可是皇帝（又称“天子”）指定接见大使的时间已经过了。鞑靼人起得很早。我们星夜兼程地赶来，没有洗漱更衣就来到了皇宫门前。一位代表英国君主的贵族，行走了五万英里③来到中国宫廷，自然会犹豫这样进宫觐见皇帝，于是他告诉催他进宫的公爵，说连夜舟车劳顿让他感到不适，因此请求公爵替他恳请皇帝将接见推迟至次日早晨。为了说服他的主子，公爵进去后说大使病得很厉害，连一步都走不动。这让皇帝仁慈地下令让大使到为他预备的房间休息，并派御医照顾他。御医来了，不知道他是怎样向皇帝汇报的。他当然不会报告说大使病重或者生命垂危。于是皇帝感到被欺骗了，他召集内阁开了

---

① 即钦差工部尚书苏楞额。——译注

② “阿美士德在觐见礼节问题上，曾接到英国政府和东印度公司两种不同的指示，英国政府指示：只要能达成出使目的，尽可以顺从清政府的要求，准许‘便宜行事’；而东印度公司董事会则坚决反对行磕头礼，以免降低国家的威望。阿美士德接受东印度公司的意见，在和清朝官员的会谈中，表示拒绝接受中国礼节，只同意按英国礼节跪一膝，脱帽鞠躬。”——黄时鉴：《解说插图中西关系史年表》，445页。——译注

③ 以往返路程计算。——原注

一个特别会议。无论是公爵、王子还是其他官员,知道我们连夜赶路的人没有一个敢告诉皇帝真相,他身边的太监也知道实情,可是直到两三天后才说,那时已经太迟了。皇帝在盛怒之下(在那些本可以告诉皇帝实情、平息他的愤怒但没有这样做的众内阁成员的面前)下令要英使立即离开中国。这条谕旨即日生效。下午4点我们离开了圆明园,又一次星夜兼程在30日拂晓到达了通州。

皇帝后来发现了实情,将公爵从机要职位上调离并且降职,公爵是皇后的兄弟。另外三名一品大臣也被降职,皇帝公布了一条谕旨,谴责他的臣子对公共利益的淡漠,说他们自私到这种地步令人憎恶,还说他简直不能相信会发生这种事情。"公爵是朕最亲信的朋友(皇帝自己说),平时他总说自己多么敬业、多么忠心,当他们看见皇帝被各种问题困扰时,总是赔着笑脸对朕阿谀奉承,而不能充分利用他们的能力替朕排忧解难,或者对朕说出事情的真相。"每个人都说"此事与我无关"。皇帝在谕旨上说:"天啊,一位权高位重的大臣走上了多么危险的道路。"接下来他又说:"即使你对权位不在意,难道你不该对你的国家负责?"

虽然皇帝知道了真相,可是他的骄傲及自尊不允许他向英国大使作解释,于是他下令使团途经的各地官员礼貌地接待英国使团。在我们离开的当晚,他送了三件礼物,用他们的辞令叫作"赏赐"给英国国王的,也从我们的礼品中收取了三件礼物,他们称为"贡品",其中有一件是我们敬爱的英国国王和王后的肖像①。

我说过我不会介入使团的政治,但是通过我的简单描述,你应该可以判断这个专制、半文明宫廷的一些特点。

9月2日

我们离开通州返回。时间不允许我给你描述沿途经过的所有地方。事实上,我们所走的路线基本上同于乾隆皇帝时英国和荷兰使团所走的路线,在他们出版的书中都已描述了。直隶省广阔的平原给每个人都留

① 中国皇帝给英国国王写了一封信,由马礼逊先生译成英文,在日志的后面将附上这封信,人们通过它可以了解这个专制君主给一个独立国家写信时采取的君临天下的态度。——原注

下了深刻的印象，从天津到浙江省杭州的大运河也是赫赫有名。我们沿大运河只行至扬子江，这条著名的河流，东流入海，距离古都南京不远。我们没有穿越长江，而是沿长江水道逆流直上，在鄱阳湖渡过长江，在江西省省城南昌府再度沿着以前使团的路线返回广州。

10月6日

我们穿越黄河，黄河在当时的季节没有我们想象的壮观，河面不太宽，水流也不那么湍急，就连河水都不是黄的。不过，黄河面貌仍然吸引人，而且想起它绵长的河道，经常因季节性的水量暴涨，河水泛滥冲刷走沿岸柔软的淤泥，都让它的景象更令人敬畏。

10月11日和12日

南京向北不远有一座雄伟的塔，位于高旻寺内。我们从运河的平底船换到在扬子江航行的大船。南京城墙内的空间只有不到一半住人，其余都是田地和花园，偶尔有一群房舍。

就在进入扬子江之前，我们在瓜洲停留了一下。我在那里的一所佛寺里与一位在此小住两日的穆斯林谈话。中国的寺院就像欧洲的教堂，经常用作旅人暂时歇息的地方。官府也把寺院用作此用途，因此我现在在一所作为英使住所的寺院里给你写信。中国很多地方都居住着相当数量的穆斯林，他们被准许进行宗教活动，可以在官府任职。和我谈话的穆斯林就是一位官员，另一个和我在南昌城谈话的是一名军官。他们告诉我在江南有36座清真寺，中国人称为礼拜寺。在山东我从外部看过几个礼拜寺，与中国佛寺不同的是，礼拜寺平时上锁，只有他们的礼拜日才开放，他们的礼拜日是我们的礼拜五。他们有一位教师，用阿拉伯语为他们主持礼拜仪式。人们也学着背诵礼拜词，但是不懂它的意思。这位穆斯林官员告诉我仪式的语言和教义都没有被译成中文。我觉得他说得不对。我希望他向朋友们询问，替我找本经书，但是他坚持说没有中文经书。我想从他们两个那里了解更多情况，除了他们两个，还有一位在北边开店的老板也是穆斯林，他用一盏灯笼当作招牌，上面写着“回回老店”招徕顾客。他们都赞同用“主”这个简单的字来代表宗教的主、天主或者统领者，他们不用“神”，瓜洲的穆斯林官员说，“神是在造化之内”，意思是神灵或鬼魂都在被创造物之内，“惟①敬主”，“无言真主创造万物”。真主“无似相，无比相，独一真主”。对于用“天”代表主，另一个人反对，他说“天是主所造化的，神亦是”。

瓜洲的穆斯林官员还告诉我在河南省开封府，那里有几户叫作“挑筋教”的教民，因为他们只吃挑去了筋的肉。他们也有一座礼拜寺，把第八天当作礼拜日。格罗斯尔（Grosier）②在书中曾认为这些人是犹太人，我觉得他们的说法增加了这种可能性。穆斯林官员认为他们与“天主教”相同。伦敦的犹太人用希伯来文写了一封信，这封信上一季交给了一位到河南去的中国人，许诺他如果在河南找到可以读懂并且用这种语言回信的人就酬谢他。他去了开封府，据说他找到了一个能读懂信的人，他将在几日内写一封回信；然而当时有许多叛乱的谣言，局势动荡，传信人开始担心，没等到那个人的回信就离开了开封府。

10月19日

我们离开了瓜洲以及这里欣欣向荣的美景。瓜洲对面扬子江中有一座锥形岛叫作“金山”。当今皇帝的亲族曾有人到访过这里，在金山的一侧坐落着寺庙，山顶有一座宝塔。

由于水流湍急，在长江的水道里航行非常困难，危险重重。我们倚靠风力航行，夜间从不行驶，这样有时会整日停留在一个地方，有时又会一大早起程。这样走走停停直到11月19日离开鄱阳湖，在江西省城又一次换小船。这样有一个月我们愉快地散步好几英里进入乡村。那里的气候凉爽宜人，景致变化多端。江岸因柔缓的土坡而起伏，以树叶形状各异

---

① 原文此处“the Priest of Budda sitting by”未译。对照了马礼逊《英国使团1816年出使北京回忆录》（*A Memoir of the Principal Occurrences during an Embassy from the British Government to the Court of China in the Year1816*，London 1819）一书的原文，此处的句子系错用。原文说当马礼逊和穆斯林官员谈话时，坐在一旁的和尚递上茶水。——译注

② 格罗斯尔（Abbe Grosier，1743—1823）1787年在巴黎出版了两卷《中国总论》（*Description Generale de la Chine*）。——译注

的树木为衣，叶子上凝聚着颗颗露珠，非常美。

在鄱阳湖，我去了一个最有意思的地方。在山东我们路过孔子出生的地方，而我现在所说的是朱熹的一所书院，朱夫子是最著名的“四书”评注人，600年前在此授徒。书院坐落在峡谷的山巅，一股清泉从山石上垂落下来，泉水周围种植着庄稼，两侧的小山上杂树丛生。峡谷最高处庐山上矗立的黑色山石，为白鹿洞书院遮风挡雨。朱夫子曾在此执教。人们给我看他摆放的假山，还有一棵正在开放的由他亲手种植的树，当地官员严禁人们采摘这棵树上的树叶。

12月20日

我们翻越了分隔江西和广东两省的梅岭。为了方便行旅，唐朝时一位从朝廷告退的官员在山顶坚固的岩石上凿穿了一条便道，距今已经约1000年了。广东这边的山坡上有一座寺庙供奉着他的塑像，人们奉为神灵。“他们的地方充满了偶像，他们跪拜自己亲手所造的”（赛2:8）。

1817年1月1日

使团抵达广州。自我从澳门登船已经过了六个月。在旅途中，我见到了无数的庙宇，它们大都年久失修，有些已成为废墟。这些宗教建筑与伦敦桥上的塔形建筑相似，中国人称其为“塔”，很多塔都坍塌了。它们大部分建于明朝。和尚道士并不住在塔里，而是把偶像摆放在每一层塔里，根据我看到的一方碑文判断，建高塔的人可能是想要把偶像尽可能放到离天最近的地方，这是动机之一。最高的塔有九层，也有的七层，还有的五层。塔常建在山的顶部，因此建塔所需的劳动和金钱成本一定相当惊人。

我本来希望自己能够给你写一篇更充实的旅途见闻，包含我的感想，可是我的大部分时间都被各样工作占据了，此外还有很多延误的信要写，所以我没能这样做。

你忠实的

罗伯特·马礼逊

颁给英吉利国王敕谕

奉天承运皇帝敕谕英吉利国王：

知悉尔国远在重洋，输诚慕化，前于乾隆五十八年先朝高宗纯皇帝御极时曾遣使航海来廷。维时尔国使臣恪恭成礼，不衍于仪，能用仰承恩宠、瞻觐筵宴，赐赉便蕃。本年尔国王复遣使节奉表章备进方物。朕念尔国王笃于恭顺，深为愉悦，循考旧典，爰饬百司候尔使臣，至日瞻觐宴赉，悉仿先朝之礼举行。尔使臣始达天津，朕饬派官吏在彼赐宴，讵尔使臣于谢宴时即不遵礼节。朕以远国小臣未娴仪度，可从矜恕。特命大臣于尔使臣将次抵京之时，告以乾隆五十八年，尔使臣行礼悉跪叩如仪，此次岂容改毕？尔使臣面告我大臣以临期遵行跪叩，不致衍仪。我大臣据以入奏，朕乃降旨于七月初七日令尔使臣瞻觐；初八日于正大光明殿赐宴颁赏，再于同乐园赐食；初九日陛辞，并于是日赐游万寿山；十一日在太和门颁赏，再赴礼部筵宴；十二日遣行。其行礼日期仪节我大臣据以告之尔使臣矣。初七日瞻觐之期，尔使臣已至宫门，朕将御殿，尔正使忽称急病不能动履。朕以正使猝病，事或有之，因祇令副使入见，乃副使二人亦同称患病，其为无礼莫此之甚！朕不加深责，即日遣令归国。尔使臣既未能瞻觐，则尔国王表文亦不便进呈，仍由尔使臣赍回。但念尔国王数万里外奉表纳赆，尔使臣不能敬恭将事代达悃忱，乃尔使臣之咎。尔国王恭顺之心，朕实鉴之，特将贡物内地理画像、山水人像收纳，嘉尔诚心即同全收，并赐尔国王白玉如意一柄，翡翠玉朝珠一盘，大荷包两对，小荷包八个，以示怀柔。至尔国距中华过远，遣使远涉良非易事，且来使于中国礼仪不能谙习，重劳唇舌，非所乐闻。天朝不宝远物，凡尔国奇巧之器亦不视为珍异。尔国王其辑和尔人民，慎固其疆土，无问远迩，朕实嘉之。嗣日后毋庸遣使远来，徒烦跋涉，但能倾心效顺，不必岁时来朝始称向化也。俾尔永遵，故兹敕谕。

米怜先生认为：

此次旅行为马礼逊先生提供了休息的机会，使得他从九年来夜以继日的劳作中暂时地解脱。他的健康有了很大的改善，还有机会了解了许多地方的历史地理知识，旅途中还有机会和帝国各个方言地区的人们交谈并且考察各地方言。

嘉庆二十一年七月二十一日①，即1816年9月11日

除了上述简要的日志，马礼逊先生还写了一部更详细的出使见闻在英国出版②，他将收益全部捐给了一个贫困家庭。在他旅行期间，他以前写的一部《中英语言对话》在英国商馆的一位先生的监督下出版了。

本书摘引的是马礼逊先生众多通信中的一小部分，这些通信表明与他多年保持着密切关系的友人对他的敬重，这些人最有机会见证他是如何发挥他的优秀品质，为他赢得所有认识他的人的羡慕和尊敬。米怜夫人在马礼逊先生家疗养身体期间写道：

衷心感谢你赠送的美国葡萄酒。亲爱的罗伯特，当我向你道谢时，真不知该从何说起，我本人以及全家多亏你的照顾。虽然你静默着，却明显地关心着我的康复和舒适，关心我的子女，我永远不会忘记的。祈祷上帝赐福你和你全家。

咸臣夫人的来信

澳门，1816年1月4日

亲爱的先生：

对于你给予我的亲切的关心与照顾，我感激不尽，在我即将离开中国之际，谨向你致上我最衷心的感谢和美好的祝愿。

那些中文书几天前安全地送到了我手中，我相信它们是最后一批了，你不断地惠赐我各种奇物，增加了我对你的感激之情。

这些对我来说非常珍贵，值得高度赞赏，我相信这些物品很贵重并且因为来自中国值得重视，但这些远比不上它带来的对一位受人尊敬朋友的永久美好回忆。

---

① 据故宫博物院辑《清代外交史料(嘉庆朝)》书中576—578页敕谕，原文日期应为“嘉庆二十一年七月初八日”。——译注

② 书名为*A Memoir of the Principal Occurrences during an Embassy from the British Government to the Court of China in the Year 1816*，伦敦，1819年出版。——译注

如果你需要给马礼逊夫人带东西或者有什么我可以帮忙的事情,我很乐意为你效劳。

我将会保存好你给我的地址,如果我能平安地回到英国,有机会在英国见到老朋友,我相信有益身体的康复。

亲爱的先生,请相信我是如此真诚地祝福你和你的全家(相信你们很快就会团聚),尤其是在贸易季到来和新年即将开始之际。咸臣先生与我一起向你致以衷心的问候。

你最真诚、感激你的

伊丽莎白·咸臣

来自刚离任的益花臣大班的信

1816年4月5日于格兰特(Grant)

北纬1度52分,西经22度32分

亲爱的先生:

我们意外地遇上"伊利侯爵号",给了我一个机会告诉你我们离英国还有这么远。迄今为止,航行还算顺利,我希望好运能一直陪伴着我们,让我们能在5月初到达英国。自从我们离开中国后没有发生特别的事情,我很遗憾自己没能幸运地见到圣赫勒拿岛(St. Helena)上的世界奇观——波拿巴(Bonaparte)仍自称为拿破仑。他在那个岛上健康平安地活着,当然被人照顾得很好,拜访他的规矩很多,即使是从船上到岸上都有严格的限制。他要求来访者必须提前一天告诉他来访者的名字和头衔。没有事先告知的,他拒不接待,而我们落锚后才得到通知说船最多停泊36个小时,从各种迹象看都不可能见到他了。然而我们派出交涉的人成功地延长了一天,有些更幸运的人或更富探险精神的人有机会和这位伟人面谈了半个小时,拿破仑彬彬有礼,就像君主一样问了每个人几个问题。除非我有机会亲自见到他,否则我会一直对此感到失望。据说他身体很好,能活很多年。

根据我收到的一月以后的欧洲报道,有一个英国使团要离开英国,我断言你会是使团的重要一员,因此很可能在北京接待他们。报道称斯当东爵士和我也是使团的成员。遗憾的是在我离开中国前并未接到董事会更详细的指示。我并不后悔离开中国,我迫切需要换个气候和环境恢复健康和活力。我不知道董事会对我离任有何意见,但是只要他们发觉我将公司事务交给了能干的人,他们会完全原谅我的。

我离开时非常仓促,直到最后一刻还在犹豫不决,所以原本想和你探讨的英国使团的事也没能多谈。听说你不看好这次出使,我觉得它不会造成伤害,反之我期盼着良好的结局。这次出使不是为了促成任何重大的变化,也不为割让领土或者移交权力,更不为商业优惠待遇,我认为是为了增进广州官员对特选委员会的重视。通过你为媒介让中英双方走得更近,与北京的交往也会让广州的士绅们收敛一些。我觉得这是目前所能预见的结果,或许可以阻止广州官员再度压制小行商或者扰乱贸易的企图。我发觉同孚行的潘启官这个朋友很值得怀疑,东生行的章官毫无疑问是我们的敌人。这两个人不停地灌输英国人必须谨慎地按照东方国家送礼的惯例(礼品对高级官员来说微不足道,可能对低级乡绅更加重要),为了消除中国人对英国人的印象要格外注意他们的惯例、习俗及礼节——否则,与广州地方官员的交往维持不了多久。就我而言,我必须承认这让我感到疲惫不堪、感到厌恶而且总是很乏味,唯独看到你在与中国高级官员交往中的表现让我感到满意,这也是大家公认的。中国官员总是显示高人一等,有时高傲得令人难以接受,然而,我把它当作自己的职责,也不必责备自己没能在与中国官员的交往中取得任何好的结果。所有的努力可能都没有结果,除非在礼貌往来的同时按惯例送他们礼物。我不是说送很贵重的礼品,但偶尔还是需要如此,只要我们找个恰当的理由送礼,我知道都会得到补偿的。你很可能不愿意因出使北京而扰乱你正从事的伟大任务。我极为后悔没有机会给波拿巴献上你出版的首批次(the first number)《字典》,我相信他一定会欣赏你的劳动成果。他对来访者不摆架子,只是问些问题,甚至问一些琐事;可我知道他与担任总督的精明能干的威尔克斯上校(Colonel Wilks)进行过更秘密的谈话。威尔克斯上校称赞他博学多才,对文艺和科学都非常精通:因此我想,要是他收到你的汉英词典也会对它大加赞赏。暂且不论你的词典，我对英国的图书销售业的内情一无所知，目前我无可奉告，等我到了英国会尽量收集信息，如果有对你有利的消息，我一定会告诉你。虽然英国大使很遗憾没有得到与汉英词典一同出版的《中英语言对话》，可是他有你的指导，我不为他担心。

我回到英国的时候，马礼逊夫人可能在爱尔兰，但如果届时她尚未起程，我肯定能见到她。我们没有和“埃利斯侯爵号”船上的人交谈，但是与一艘挂白旗的法国船船长聊过。欧洲现在比较安静，尽管法国和西班牙的内在矛盾可能会破坏我们盼望已久的三国之间的和平。保重，我亲爱的朋友，别离后我盼望能够再次见到你，我希望随时都能有幸收到你的来信。米利特先生(Mr.Millet)很好，他也想念你。

诚挚的

益花臣

益花臣先生的来信

上哈雷街（Upper Harley Street），1816年11月7日

亲爱的马礼逊：

感谢你几度来信寄给我的有趣报道，虽然我们相隔很远，但是关于中国人以及你笔下写到的一切事情，都让我非常感兴趣。我此前都在加里多尼亚(Caledonia)，我刚从那里回来，在那里没能见到威尔金斯博士(Dr. Wilkins)，以前都是从他那里得到关于你伟大的任务——编写汉英词典的消息。我相信凡是有图书收藏的机构和个人都会有你的词典，不仅仅是因为汉英词典罕见、对它好奇而购买，在所有的公共机构、大学和各处都将看到你的词典。我相信你没被南海县令的手下和其他人所打扰，你雇的人已经懂得如何谨慎行事。幸运的是查获字模的事就此结束了。我曾经担心它会酿成更大的事端。我还相信我的朋友潘启官也是你的朋友。伍浩官虽然很冷淡，我认为他对我并不友善，但是他非常憎恶中国官员，因此不会向官方泄露消息。潘启官极爱发号施令并操控一切，像他以前那样，如果不把他的话奉作金科玉律，他就会不满意。他确实是一个极

为精明、能干的人,我宁愿与他一起吃吃喝喝而不愿与他做生意。他的智慧足以预见当我们能用汉语交谈的时候,他的作用就会减退。我认为东印度公司董事会对与你有关的事情都慷慨应允,我们对于他们下达的辞退函的解释令他们满意,因为他们不仅了解到你高尚的品格和你对公司事务的价值,同时他们认为公司对这件事应当警觉,这一点我也完全赞同他们的看法,因为你在英国的友人公开刊登你向中国人传教以及出版中文《圣经》的事情,足以引起董事会的警觉。事情既已如此,我希望潘启官或者其他人没有给你制造麻烦,假如有一位中国官员手持你印的书来找特选委员会,要求我们将该书的作者驱逐出境,我们能说什么呢?

随阿美士德勋爵出使恐怕会影响你编词典,可是你会发现因此有机会能到宫廷增长见识而得到丰厚的补偿,我毫不怀疑你会去北京。我不相信广东省官府非常盼望与英方交流,可是只要我们妥善处理,他们也不会阻拦,只要使团到达北河河口,我认为中国皇帝就不会拒绝英使来访。我们在广州总督或巡抚中没有朋友,只有年迈的松筠一个朋友,与现任巡抚我以前的朋友也不会为敌。韩崶和其他人都相当随和。中国皇帝及大臣坚持要使团行叩头礼仪,这只是他们拒绝英使觐见的借口。即便如此,英使进京仍会取得好的结果,至少证明我们知道通往北河的水道,还证明我们没有被英王遗忘,也不是不受保护。

我肯定你在北京不会停留很长时间,可能你现在就想回广州了。我们最近收到了中国4月份的来信,但是没有我的信。我很遗憾地听说威廉·弗雷泽爵士(Sir William Fraser)又一次生病。我衷心祝愿他能康复,因为我从未见过像他有如此高尚思想、值得人尊敬的年轻人。最令我快慰的消息莫过于我的朋友梅特卡夫爵士(Sir Theophilus Metcalf)康复的消息了,他可能将于五六月间重返中国,这样可以让斯当东爵士自由地安排出使北京了。

英国普遍弥漫着消沉悲观的气氛,从上层到底层,从贵族到穷人都这样。土地及小麦的生产力下降导致土地的贬值,农场主近两年来抗议声不断,农夫也趁机拒付地租。有些地方的农场荒废了,可我相信绝大部分人因为还在观望欧洲和美洲的和平局势，所以拒绝交纳租金。运来的大批货物堆积如山，卖不出去也没人购买，这让商贸界遭受了严重的打击。那些富有的银行家和富人借钱给商人购买货物和土地，货物只有原价的60%—70%，土地也卖不出去，这为他们敲响了警钟。银行家遇到了麻烦，债主或担保人也拿不出钱来，银行被迫停止付款，很多人都遇到了这种情况。此外，英国各种传言不断，人们立即提高了警惕，败落的人没有人们想象的那么多，虽然这引发了信用危机，商业界陷入了无尽的深渊之中。或许我们能有幸再次相逢，也许就在你收到这封信后不久，不过我会让从孟买来的船给你带信。保重，我亲爱的马礼逊，替我向我们的朋友们问好。

你最忠实的

益花臣

–1817–

致英国圣经公会的信—给一位美国友人的信—给沃博士的信摘选—中国官府收缴了一部分活字和《中英语言对话》—致伦敦会理事会的信—出版《中国一览》和《中国杂文集》—致英国圣经公会的信—尼基牧师的来信—瓦特博士的来信—雷慕沙先生的来信

1817年年初，马礼逊先生重又给英国圣经公会写信，下面就是这封信的摘选：

广州，1817年2月24日

我已收到了你们上一笔赠款。有9000份《圣经·新约》将在马六甲印刷，因为在这里印刷不够谨慎。

因为我生活在一个坚决反对以任何形式传播基督宗教的政府下，我相信圣经公会委员会能完全体谅我的心情和观点。我们都希望采取和平的方式宣教。我们不能没有耐心。我们谦卑地依靠神和祂的恩典继续前进，在环境许可的范围内尽可能地朝既定目标努力，同时盼望着这个人口庞大国家的统治者能改变态度。我原本希望米怜先生在印刷《圣经·新约》的时候,出版一本《创世记》,我想他很可能先出版他翻译的《申命记》。如果我不去马六甲,我计划在今年年底寄去《诗篇》。

请原谅我简短的来信。我急于继续旧约的翻译工作。当我穿行中国各地的时候,强烈地感到应该尽快将中文旧约送到偶像崇拜者手中。旧约的每一页都在直接或间接地批评偶像崇拜。

马礼逊先生在给私人朋友的信中,简单而生动地描述了他耐心地忍受着诸多困难与挫折的情景,这表明他在进入这项艰苦的传教领域时已经清楚地知道自己付出的代价。正是同样的精神激励着圣徒保罗说:"我却不以性命为念,也不看为宝贵,只要行完我的路程,成就我从主耶稣所领受的职事,证明神恩惠的福音。"

致美国友人

广州,2月25日

你1816年7月的来信带给我莫大的满足。这是我刚刚结束了穿行六个省有趣的旅行后收到的来信。我现在仍忙于翻译《圣经》和编写汉英词典,编词典是工作量极大的劳动。我的勇气和毅力几乎耗尽了。

米怜弟兄在马六甲做得很好。马六甲的传教站有望成为针对百万中文读者的传教基地,使我倍感欣慰。我在中国的处境非常孤独,亲爱的S。迄今我在这个国家已经生活了10年。我真希望自己能够去一个可以让我安享自由与宗教团体愉悦的地方尽职尽责。我经常担心他们的武力制裁,更严重的是协助我的中国人经常得逃避官府的追查,有时甚至被捕。请原谅我简短的来信,我的手因握笔太久很累。如果我能有时间持犁工作,我的身体一定会好得多。

爱你的

罗伯特·马礼逊

致沃牧师的信件节选

广州,1817年2月24日

我收到了由R先生亲手转来的你的短信,可是本季度太忙了,我只见过他两次，因为我刚从北京回来，此前每日在英国大使身边听命。自我与你告别过去了10年。我感觉自己像个老人，当初我离开英国时的老人该有多么老态龙钟啊。当我们逐渐进入死亡之谷的阴影时，永生的希望变得越来越明确，这是怎样的福佑啊。但愿我们都能拥有这一恩典。

我现在又回到了书桌前继续我的翻译。结束穿越中国的野外旅行之后，这让我感到很受约束。米怜的身体越来越差。他满心盼望回到中国，希望寒冷的气候有益他的健康，但却不能成行。他的身体原本就虚弱，而他又过于劳累。他在主的事业里非常勤勉。

广州官府刚对出版我的汉英词典的印刷所采取了行动。我很替你的老相识容三德担心。我听说他、亚轲和他的哥哥亚轩都在名单上。我的助手葛先生弃家外逃。两个礼拜前，官府的人突然闯入印刷所，带走了一些我的《中英语言对话》和中文活字①。

这是一个非常乏味的地方，孤独而且时常担惊受怕。我希望一直庇护我的上帝能让我免遭厄运。

12月13日

我敬爱的牧师，在一年即将结束之际我再次给你写信。上帝怜悯我并引导我继续致力于实现我们更近一步的目标——翻译《圣经》。我正在出版《诗篇》。米怜和我非常盼望能向更多的地方散发这些中文基督教书籍，给他们宣讲并传扬我主基督耶稣。

米怜身体很糟，如果他现在死了，这里的传教事业该怎么办啊！中国官府对我们的态度没有朝好的方向转变。祈祷上帝尽快改变中国统治者的心意。上帝怜悯他们，看在耶稣的分儿上要改变他们的心意。他们不

---

① 这起事件是由雇工间的争吵引起的，其中的一人为了报复刻字的雇工，带走了一页词典交给了左堂（译注：左堂即香山县县丞），左堂很高兴得到了一个趁机敲诈的机会，派人收缴了印刷材料，因为中国人帮助外国人印刷中文违背法律，所以连雇工也被抓走了。这件事让我们不胜烦恼。由于英国大班梅特卡夫提出强烈的抗议，坚持要回《中英语言对话》和活字，事情最后解决了。但是总督下令禁止中国人替外国人刻印中文字模以及印刷中文书籍。汤姆斯先生花了很长的时间才教会葡萄牙人刻制词典所需的中文活字。——原注

比希腊人、罗马人坏,也不比我们的祖先更堕落。耶稣的福音力量无穷。

祝你安康!愿上帝保佑你每一天。

约在同一时间,马礼逊先生起草了一部叙述中国传教最初10年的概述,由米怜先生增补后在马六甲出版。1817年9月4日他在给伦敦会的信中描述了该书的梗概,回顾了取得的进步以及传教现状:

自我最早踏上这片土地已过去了10年。为了实现伦敦会的目标(同时也是我心中珍视的目标),我离开了自己的祖国。上帝对我们很仁慈,祂宽容我们的缺点,部分地满足了我们的心愿,让我们赞美祂神圣的名。

你们当记得是杰出的哈德卡斯特先生对中国传教有着浓厚的兴趣,我相信到中国传教的想法也是自他而起的。我还记得雷纳先生也是热情的推动者。那时我们面临着各种困难,前景也非常渺茫。我们的很多朋友认为我们做得很少,这让我忧心,必须承认我们也只取得了一点点进步。我们知道在前进的道路上存在着哪些障碍,知道对于近期目标我们所能达到的程度,为此我们应该感谢上帝,是祂让我们收获的比预期的还多。我们对中国的了解非常有限,在中国居留的希望也很渺茫,我们感兴趣的传教无法开展。学会汉语并逐步将《圣经》翻译成中文,这是我们近期期望的目标。伦敦会来到中国的传教士现在对这个国家有了相当的了解,了解中国人的性格,掌握了他们的语言。提供的工具让他们开始拓展传教使命中精神层面的劳作。《圣经·新约》已译为中文,一部分已在各地流通,我们相信将来会取得丰硕的成果,因为"主的话决不徒然返回"。

马六甲新建立了一个欣欣向荣的重要的传教分支,通过印刷中文宗教书籍从那里向广大说中文、读中文的人传播神圣的真理。有两个人已经谴责偶像崇拜,表达了对我主基督耶稣的信仰。我们不能不感激神。我们或我们的继任者只要不停止,将会看到更大的成果。但愿上帝——我们的救世主用圣灵照耀我们,坚定我们的信仰,净化我们的心灵,赐福我们的劳作!我们只播撒了一点种子,就像把一把种子撒到了广阔的土地上一样,假如这些种子能生根并且结果,就将提供更多的种子,再由其他人继续播种——如此周而复始,直到覆满全地球。不能停歇啊!

我的同工米怜先生，带着全家到我这里住了些日子。他们夫妇的身体好转了，打算明年1月离开这里。米怜先生来到广州不仅是为了健康的缘故，还为了在华传教的事务，来和我一起查看他翻译的《申命记》和《约书亚记》。假如上帝保佑我的弟兄的安康，这些书将与《诗篇》一起于1818年内在马六甲出版。我们的生命在祂手中，也许我剩余的日子比我敬爱的同工米怜还短——但是情况看起来对他不利——他的肺很弱，他极度消瘦。我们两人分配了剩余待译的旧约部分，如果可能，计划在1818年全部完成。麦都思先生（Walter Henry Medhurst）送来了一些极有用处的小金属活字，用于印刷宗教小册和《察世俗每月统记传》①。麦都思先生的才能和敬业让我们感到满意。

我翻译了一部《年中每日早晚祈祷叙式》，这是英国公祷书的一部分，只是略微修改了统治一方的君主的祷文。该书正在印刷当中，此外还有一本按照一个月30天分列的《诗篇》也在印刷中。我希望这些书能有助于集体礼拜，同时也为个人祷告提供丰富恰当的措辞。米怜先生本想修订它们，使它们更适合我们的特殊环境以及异教徒的情况，但是这些书在中国没有权威，只有它们自身的优点，而且对于崇拜仪式和个人良知都没有约束力——鉴于它们的内容和用处不是独一无二的，我认为最好保持它们的原貌，如果人们不能完全领会，可以提供一些额外的帮助。异教徒最初学习集体祷告时需要帮助，这一点米怜先生和我看法一致；在我看来，祈祷的词汇非常丰富——对上帝的敬慕，对我主耶稣的话语《圣经》的阐释和赞赏——如此出色，因此要把它译成中文，如实地译出比重新塑造更好。苏格兰教会给我们提供的一份教理问答、公理会为我们提供的在基督徒集会上使用的一种祷文、英格兰教会的《祈祷手册》（*Manual of Devotion*），都是帮助那些未得到充分教导的人举行祷告用的。我们没有

① 马礼逊和米怜在马六甲创办了《察世俗每月统记传》，从1815年创刊到1821年停刊，共出了7卷。撰稿人有马礼逊、米怜和麦都思。最初每期印500本，后来增加到2000本，除在南洋华人中散发外，还秘密运送到广州和澳门一带散发，该刊物有一部分是传播宗教的，也刊载时事新闻。——译注

派系的偏见，只认为所有的人可以分为两种人：正义的和邪恶的——敬畏上帝的和不敬神的——热爱我主基督耶稣的和不爱主耶稣的人。愿所有真心爱戴我主基督耶稣的人都得到神恩。阿门！阿门！

代我向伦敦会的全体理事致以诚挚的问候。以我的名义恳求他们，愿他们永远关心中国传教事业，在他们的祷告中为我们祈祷。

信仰救世主的、你们忠实的仆人

罗伯特·马礼逊

后记：我最近出版了一本小书《中国一览》①，还起草了一部《新教在华传教前十年回顾》（*Retrospect of the First Ten Years of the Protestant Mission to China*）的书，可能由米怜先生扩充并在马六甲出版。礼拜日我继续与中国仆人一起礼拜，教导两个男孩学习《问答浅注耶稣教法》。同样，我还用英语给几个人宣讲圣徒保罗在腓立比人中间传教的事迹。这些都是小事，却是你们愿意了解的情况。我觉得自己就是一个奇迹，在如此炎热的地方久坐劳作②，脑子里考虑的和担心的是家里和公共的事情，竟然还享有健康。这一切都要称颂上帝的仁慈！我开始感到编写词典是一项极其艰巨的任务，盼望能有更多的精力投身传教事工中属灵的部分。但是我能就此放弃吗？看起来不可能。我必须任劳任怨，除非受到其他方面的干扰，否则我会完成它。

在这些宗教和语言的劳作之外，引人注意的就是他谦虚的性格，马礼逊先生同年（1817 年）出版了他的《中国杂文集》《中文入门》（*Chinese Primer*）、《二帙字典西译比较》③。他在翻译《圣经》上取得的进展在下面写给英国圣经公会委员会的信中有更详细的叙述。

广州，1817 年 11 月 24 日

现在提取的 1000 镑预备支付明年的出版费用，米怜先生和我希望下

---

① 本书并无中文书名，原名为 *A View of China for Philological Purposes*，澳门，1817 年出版。——译注

② 仅编写词典一项每日需耗时 6 至 8 个小时。——原注

③ 《二帙字典西译比较》的作者蒙图斯（Antonio Montucci，1762—1829）在书中将自己的作品和马礼逊的《字典》作了比较。——译注

一年即1818年全部完成《圣经》的翻译。米怜先生译完了《申命记》和《约书亚记》。《创世记》的中译本已经出版了。我完成了《出埃及记》和《路得记》的第一稿。《诗篇》已完成,正在印刷中。《以赛亚书》约译完了一半。我们把雇用的几名刻字工匠送到马六甲,为的是在那里出版《申命记》《约书亚记》和12开本的《诗篇》,《诗篇》是我在这里修订的,比12开本的《圣经·新约》小。

米怜利用一切机会向人们散发我们已出版的中文《圣经》部分。我们很难跟踪它们的效果,可是有只眼睛洞悉一切,没有什么能瞒得了祂。也许不会像我们热切期望的那么快就取得效果,但是这些书会发挥作用的。我们相信这一点,所以继续努力。虽然我们还拿不出证明我们的劳动是有成效的证据,我相信基督教会不会因此就仓促地做出结论,认为投入的精力和金钱毫无所得。我们希望从马六甲传教站向马来半岛上的中国人聚居地差遣对散播"生命的话语"感兴趣的人。目前我们传教站的人手太少,只有等人员增多,《圣经》全部译完后,我们才会有更多的精力去散播《圣经》,我希望上帝保佑我们实现目标。

读了英国圣经公会的报告,我们都极为振奋。各个国家有这么多的人对传播《圣经》有着浓厚的兴趣,为在世界各地传播《圣经》献计献策,这直接促进了这些地区的《圣经》事业,我希望位于亚洲东端的民族,在不久的将来会感谢基督教团体对他们的好意。现在他们还不觉得,但是将来总会知道并会充满感激。

等我们把全部《圣经》译成中文,米怜先生和我希望能在一起工作,对新、旧约的译文进行仔细的修改,这样就能消除因不同时期和不同部分翻译产生的错误及不连贯的问题。

我恳请你向委员会及你们的会众转达我们的谢意,我们高度赞赏你们对异教徒的慷慨无私。虽然这些钱不是用于改善我们的生活环境,可我们心存感激,通过你们的慷慨捐赠使我们的心愿得以实现,我说的心愿就是广泛地传播救世主的启示。

一位在孟买的先生来信索要中文《圣经·新约》,送给他雇用的中国仆人。

我今天收到了美国的来信，其中提到一件愉快的事情：一切迹象表明，一位中国人严肃地宣称他对基督的信仰。我们从中国发送的一份中文《圣经·新约》（他只能理解一部分），连同他接受的英文宗教教导启发了他的思想。只要有机会，我会向那些海外中国人聚居地散播《圣经》。如果这个人真像他所说的那么虔诚热情，他将来也许能替我们散发《圣经》给他的同胞。

讲述这位年轻人的有趣的信刊登在《印中拾闻》第二期上，在此介绍这封信旨在鼓励人们在他们的能力范围内为中国人提供基督宗教方面的指导，哪怕只是那些离开中国谋生的众多移民中的一个。

致马礼逊博士

亲爱的马礼逊牧师：

虽然我们并不相识，请允许我贸然给您写信。您作为主基督耶稣的执事和一名虔诚的基督徒，领受神的旨意以中国作为您独特的目标。有一件您感兴趣的事情。去年夏季七八月间，我母亲在我们城市偶然邂逅了一位年约26岁的中国青年。当我母亲问他是否愿意读书时，他回答说他没有钱付学费。我母亲问他如果免费，他是否愿意，他的眼睛放出喜悦的光芒，热切地回答说愿意。随后我母亲向他推荐詹姆斯·马修斯牧师（Rev.James M.Mathews）主持的一所主日学校，马修斯牧师是本市神学院梅森博士的同事。随后的那个礼拜日他去了主日学校，此后他从不错过任何一天的主日学校和任何一次教堂活动。他来自中国澳门，名叫秦三才（Tsin-san-chai，音译），几年前作为米尔诺先生（Mr.James Milnor）的仆人来到我们城市。他停留了一年半后返回中国，1812年再次来这里后停留至今，他来美国的目的是掌握英语，希望日后能够充任一名通事。他没能实现自己的目标，主要是因为与同胞交往，以致说英文的能力没有长进。在他进入主日学校的时候，他在一家中国杂货店当搬运工，住在米尔诺先生家里。米尔诺先生对他评价很高，认为他是一个非常诚实可靠的人，比所有同阶层的中国人的道德、行为和才智都更胜一筹。入学时他只认识英文字母,能拼读一些简单的单音节词,可他在学校里取得了很大的进步。听说他进步神速,几个礼拜后我出于好奇去学校看望他,并从此开始在礼拜日教导他。我很快为他找来一部《圣经》,他开始读《创世记》。第一个礼拜日他读了十四五节,好像都懂了,而且很感兴趣。我有时晚上也教导他,当我发现他特别渴望宗教知识时,就安排他每天用两三个小时专心地学习,让他在我的办公室里学习写英文,几乎无须教导,只需偶尔给他示范一下工整的英文手写体。他抄完了指定的大小写的手写体段落后,开始抄写印刷本的《创世记》,事实上,他抄写的十七章的准确程度令人吃惊,而且没有几个人能比他写得更漂亮。我在空闲时用一两个小时指导他深入阅读《圣经》。5月份我替他作了安排,让他把全部时间都投入学习,他是我见过的最勤奋的学生。他已读了《创世记》三十五章,《马太福音》四章,《路加福音》和《约翰福音》全书,还有《使徒行传》的十八章,而且都能充分理解。他偶尔也读《圣经》的其他部分,尤其重视旧约,因为旧约是理解新约所指的基础。他使用你翻译的中文《圣经·新约》。他的学习计划如下:在礼拜日和我有时间辅导他的时候,他读英文的新约和旧约,不懂的地方由我给他讲解。他把所读的新约与中文译本进行对照,这样纠正他读英文《圣经》时可能产生的理解错误;然后他自己读一遍英文《圣经》,直到没有任何问题才算通过,我知道他曾经为了完全理解一段话,竟花费好几个小时。他在中国上过9年私塾。我把他写的中文对照你的书,发现他的汉字写得又快又漂亮;他还能流利地读中文并正确地理解。他看你的中文《圣经·新约》,给我口头翻译成英文,他的解释非常准确。我偶尔也指导他语法、地理和天文学方面的知识,虽然地理学和天文学对他来说是全新的知识,但是他很快就能理解。他看起来是极为严肃认真地探求真理,他把读过的《圣经》全部当作来自上帝的真理。他承认在主基督耶稣里获得永生的唯一希望就在圣父、圣子,通过圣子在十字架的血赦免他的罪。他认为宗教信仰是个人的事情,上帝的话语应该牢牢地放在心底。我努力引导他,给他提一些阅读问题,让他自己通过读《圣经》了解基督教的教义。他看完书后都能够观点明确地回答问题。他为他的中国同胞感到遗憾，他知道同胞们仍生活在黑暗中，生活在死亡的阴影下，毫无希望，因为他们不知道耶稣，也不知道怎样才能让他们的罪得到赦免，怎样让自己成为上帝面前的义人，这种感觉如此强烈，他经常在脑海里计划回到中国后教导同胞。当他的宗教知识扩展后，他向在美国的同胞讲述他所知道的真理。他开导的人里有四个人接受了基督教的真理，其他人总是不以为然并取笑他和他的基督教信仰。他曾告诉我，从他幼年在中国时就不信任何宗教。他说他知道自己“（生来）血液里流淌着罪恶，所做的都是罪，背负着罪没有机会进入天堂；他觉得凡是没有告诉他如何摆脱自己的罪恶的宗教于人无益”。当他来到美国时，觉得没有必要了解美国的宗教，认为美国的宗教也不比中国的好。他说他的中国同胞普遍认为中国的宗教不是真正的宗教，他们很尊崇犹太人的宗教，认为它是世界上最早的宗教，并称其为“天神的宗教”。

他最大的愿望似乎是想了解《圣经》，然后让他的同胞知晓《圣经》，还说他不惜为此付出生命的代价。他非常钦佩你的品格以及你为了让中国人得救恩去中国传教的动机。教堂里没有人比他更认真地聆听上帝的话语，虽然他只能不完整地理解布道的一小部分内容，可他绝不错过布道者的每一句话。他一直盼望着给你写信，他写的简短的信随此附上。在我的建议下，他还给你寄了一份他翻译的《创世记》第一章，这是他在很短的时间内完成的。他还把给你写的信口译给我。当我问到他怎样看待上帝对他的恩赐，他说他相信上帝已经从内心深处改变了他。我问他为什么这么想，他回答说若不是改变了他的内心，他不可能像现在这样由衷地相信上帝的话语都是真理。他告诉我他日夜向上帝祷告，祷告时感到很欣慰；如果他的内心没有改变，他就不会给你写信，因为这样做就等于“欺骗上帝”。我相信他是真心探求上帝的真理，热烈地盼望上帝已经在他的心里做了善工。他先后两次用英文给我写信，贝修恩先生说他给你寄去了其中的一封。无论从哪个方面衡量，他的信写得极好。他还把去年 4 月他写的一封家书译成英文送给我，这是他回复母亲的信——母亲在信中强烈地责备他离家这么久。下面是摘自回信的部分内容：

“不只是您日日思念、盼望见到我,我也同样思念着母亲。我至今滞留在美国未归是因为我去年夏天听说了一则喜讯:上帝将要赦免所有信祂的人的罪过,借此人们就能获得永生,这个救赎的计划正向中国推进。因此我立即辞去了工作,开始追随上帝的真理。所以我给您和所有的人写这封信。你们看到信后可能有人认为我在痴人说梦,或许有人说我是醉后胡言乱语,可是我要告诉您我既不傻也没醉,而是真心相信这一切,因为祂的话说得如此明白,就像摆放在我面前的镜子一样真切,因此我不能不信,相信祂的人会得到祂的福佑,而不信的人会受到祂的惩罚。母亲,我希望您不要再怀疑,也不要拒绝祂的喜讯。现在我告诉您,宁信其有莫信其无,因为救赎的喜讯首先是由一个叫作耶稣的人传出的,祂是圣子,为了免除地上人类的罪恶而受难,除了祂别无其他的救世主,祂在1817年前来到这个世界。直到现在,几乎世界各地的人们都信奉祂。可是在我们国家仍未听说过祂,因为我们国家的法律如此严格,闭门锁国,不让任何陌生人进来向中国人宣讲这些事情,因此我们都没听说过。如果您还不相信的话,我也没有办法说服您,不久您就会相信我的话了。因为我们的上帝说过,世界各地的人都会进入上帝的王国。现在我们国家的人就像床上熟睡的醉汉,火烧到了眼前却并不知晓。即使有人知道,也不赶紧逃跑而是甘心被烧成灰烬。”(这里他用比喻说明普遍事实,即他的同胞知道他们是罪人,不知道如何摆脱罪恶,却满足于此)“因此想一想,从世界形成至今已经数以亿计的人这样死去。我真为这些可怜的灵魂感到惋惜,他们现在何处?肯定每个人都在地狱受折磨。如今知道这些事情的人们,哪个敢不爱戴不敬畏上帝呢?”

他对上帝话语中的承诺感到格外欢欣,上帝说福音将传遍全地球全人类,亚伯拉罕的种子将会让地球所有的家庭都得到福佑,即使地球之极都将见证上帝的救恩。我给你寄去他写的信,从中你可以了解他在英语上取得的进步,还可以让你对他写的内容有些了解。

我希望,亲爱的先生,您不会介意一位陌生人给您写这封长信。虽然您没有见过我,我只是见过、听过您在荷兰改革教会(Middle Dutch

Church)讲台上的一次布道,您次日即要离开我们城市,您严肃庄重的布道题目是"时不我待"。我非常敬重您,衷心地为您个人安康祷告,愿上帝赐福您在被蒙蔽的中国人中间的传教事业,愿上帝让秦三才成为您光荣事工的助手。

您忠诚的

约翰·尼基(John Nitche)

这一时期马礼逊的劳作开始吸引欧洲大陆和英国的极大兴趣,当时欧洲最杰出的文学人物都渴望与他通信,这里摘引其中的几封,以满足公众读者的好奇心。

瓦特博士(Dr.John Severin Vater)的来信

1817年1月5日

尊敬的先生:

您的博学与名望让人对您肃然起敬,您在中国传播救世主福音的努力更是令人敬佩,同时相信像您这样的人将会给一个热衷福音的朋友传输一些知识,因此我提笔给您写信。

像我这样从事偏远语言研究的欧洲学界中人,非常盼望得到一些中国的方言资料。作为备受赞誉的《中国杂文集》的作者以及把《圣经》译成中文的译者,证明您有能力为我提供关于广阔中华帝国的各种方言的信。

从卡普弗(Kǎmpfer)《日本志》(*History of Japan*)和巴罗的《在华旅行日记》(*Travels in China*,1804)中,我们仅知道中国的15或18个省份都有自己独特的方言,在南方省份表现得尤其突出,因此写法相同的汉字在不同省份的发音各不相同。莱登博士(Dr.Leyden)在《亚洲研究》(*Asiatic Researches*)第10期上追溯了中国16种方言中的4种,然而他说自己没有能力肯定确证这些结论。如果你能给我们提供一些"乡谈"的材料或者例句,我个人不胜感激,全欧洲学界也将感激不尽。

您身处一个商业大都市,在我看来提供了极好的实地考察机会。在您的考察范围内,您也许可以计算一下各个省的人数。这不包括安南、西藏、满洲的语言，而是指居住在北纬19度的海南岛山区里的仫佬①、苗和苏禄族的语言。此外，我对朝鲜语也特别感兴趣。

我不再赘述这种研究对科学事业的重要性。我在自己的家乡照顾一大家人，从事公职，我特别渴望让自己对最辽阔国家的语言研究能够成为传播福音的工具，无论是在建议把《圣经》段落翻译成各种美洲方言的文章中，还是在激发我的同胞对此事的热情方面。您可以从我寄给您的文章中了解我内心的宗教情怀。伦敦萨佛的斯坦高夫牧师(Rev.Dr.Steinkopf of Savoy London)将把您的回信转交给我。

盼望您能拨冗答复我，并替我收集一些关于中华帝国各种不同方言的著作，请您接受我最诚挚的敬意！

您忠实的仆人、普鲁士科宁伯格大学教授

瓦特博士

雷慕沙(Joseph Abel Remusat)的来信

君子以文会友，以友辅仁

巴黎，1817年5月20日

尊敬的先生：

在我写几篇小文章的时候，通过您在伦敦出版的《中国杂文集》和两页翻译成中文的《使徒行传》知道了您。至今我都没看到您翻译的《圣路加氏传福音书》和其他的著作。我只是从报纸上得知您正在筹划编写一部完整的汉语大词典，这与我的想法不谋而合，因此我忍不住在3000海里之外的地方给您写信，告诉您另一个学者同时向学界提出了类似的计划。然而实现计划的荣誉都将归于您，我唯一感到遗憾的是，这样一部优秀的著作在欧洲大陆上对学生来说如此罕见，就连我自己恐怕都得不到它。

你从信后附上的短文可以发现，我专门研究汉语、满族语、历史和文献学。我希望几个月后能给你寄去目前正在印刷的三本著作。第一本是

① 此处何指待考。——译注

"四书",附文中有对它的介绍,这本书中收录了许多汉语和满语的例子,依照我的手写笔迹以新方法印刷出版;第二本是汉语和满语对照的《中庸》,有拉丁文的直译,也有法文的意译,还有一些注释和说明。这本书是为学汉语和满语的学生编写的;第三本是对1813年巴黎出版的未完成的《汉字西译》的补充手册,它旨在帮助那些不了解《康熙字典》和《字汇》检字法的读者使用该词典。遗憾的是,我发表的关于汉族和满族的天文学、哲学、宗教、语言的文章都是用法语或其他外语写的,都送人了,我手头一本都没有。

我近来与塞兰坡的马士曼博士就他使用"神"来翻译"God"进行讨论,我无法容忍在基督教出版物中使用这个译名。我很想知道您在书中如何翻译这个最重要的词。马士曼先生从字典中引用了一些例证来回应我的批评。从这些段落中,人们可以得出这样的结论:中华帝国在最初几个世纪把"神"理解为高于有形物体的存在。从此种意义上看,它与拉丁文的"神"的概念几乎一致,但是它与我们表示神圣的、大智大能的创造者、奖赏众人的主、真神这样的意义完全不相关。即使"神"这个词在从前有过与马士曼博士的解释相似的意义①,如今也已不再具有他所说的那种意义。我们不是指那些《诗经》,尧、禹或者孔子的书的作者。将来阅读中文福音书的人肯定会对"神"有另一种理解。对于偶像崇拜者来说,"神"是被滥用得最多的词,在他们的偶像崇拜中有数百万计的神,马士曼博士本想避免使用一个本土名词"上帝"来代表基督教概念,在我看来,这样反而更加不便。

我恳请您原谅如此冒昧地给您写信,惠赐我与您进行愉快、增长见识的交流。

您忠实的仆人、法兰西学院汉藏语教授、法兰西学院院士

雷慕沙

① 见201页。——原注

-1818—1819-

罗斯牧师、伯德牧师、斯图亚特牧师的来信—中国的语言及政策—马礼逊先生被授予神学博士—恒河域外传道团规章—恒河域外传道团遗孀孤儿基金会—基督徒的义务—对关于无私的评论—英华书院总规划书—马礼逊给岳母的书信摘选—与沃牧师、克鲁尼牧师、斯当东爵士、益花臣先生、雷慕沙先生、克鲁克牧师、贝尔德博士的信—伦敦会报告摘选—普里切特牧师的来信及回复—伦敦会来函摘选—哈德卡斯特先生去世—汉基先生和雷纳先生的来信

罗斯牧师（Rev.Dr.Ross）的来信

亚伯丁，1818 年 1 月 30 日

亲爱的先生：

我给您写信,希望您能为我提供一些我迫切需要的信息,我相信您一定会帮助我的。

借助您编写的有用的中文语法书,我学习汉语已有一段时间了,但是我发现自己无法购买到进一步增进汉语知识的中文书籍。我向我的朋友菲利普先生(Mr.Philip)提了这件事,同时告诉他我真希望能找到一位与您相识的人,可以通过这个人委托您为我购买几本中文书籍,由给您带信的格斯兰先生(Mr.Gasland)把书寄给我,他现在到广州担任公司船的助理外科医生。菲利普先生答应给您写信求助,可是我实在抑制不住亲自给您写信的愿望,盼望在您帮我购买中文书籍的同时,还能给我一些如何最有效地学习汉语的建议和指导,只要上帝让我活着,我是决意要学的。请您原谅我如此冒昧,希望我的来信没有给您带来任何不便。如果您现在的劳作与仁慈的事业不允许您回信,您只要帮我挑选几本中文书籍就已经是对我最大的帮助了。

我非常渴望得到一部中国古典戏剧集,其中包含德庇时先生翻译的《赵氏孤儿》,一部包含了与古希腊戏剧同样出色元素的戏剧。我还想要一本带有简单解释的《诗经》,能够对复杂的段落和句子做解释,此外还

对典故及隐喻做说明，因为我担心自己不能读懂这些诗歌，就像您所说“如果对中国古代的历史不够了解，对这个国家的风俗和习惯不熟悉，一个人将很难读懂他们的诗歌和散文”。中国故事也很有意思，比如说《三与楼》①。我唯一略知一二的书就是《论语》（因为我还是一个汉语初学者），它的风格非常简洁，虽然不那么有趣，但是如果让我发表意见的话，我敢说对于初学者来说，这是一部非常好的书。

你的汉英词典在欧洲大陆流传相当广泛。我见到的首批次字典是在海牙（Hague）荷兰国王的私人图书馆里，那里收藏了很多珍贵的中文书籍，大多数著作都是关于中国的。如果你完成你的汉英词典编写计划，它将成为所有学习中文的人的无价之宝，德金（De Guigne）的《汉字西译》相比之下显得非常不足。

我再次恳请您原谅我的冒昧，请相信我真诚地希望您在所从事的伟大事业中取得成功！

您忠实的

罗斯

伯德牧师的来信

高士坡，1818年7月8日

先生：

请你接受一本《千禧年默想》（*Discourses on Millennium*），这是身为著者的我表达对你的尊敬和友爱的方式。这本书大约是在一个半月前出版的，主题是传教士及传教友人特别感兴趣的话题。我热诚地祈祷上帝赐福这本书。

你1817年10月12日的信安全地送到了我手中，我为你的健康平安喜悦，祈祷上帝悦纳你并在你重要的传教地坚持下去。将《圣经》翻译成汉语是一项最有用的工作。被剥夺了向中国人布道的机会固然非常令人痛惜，但是你翻译的中文《圣经》不仅仅为你，也为别人奠定了传教的基

① 《三与楼》（*Three Dedicated Rooms*）是德庇时翻译的清初李渔小说集《十二楼》（又名《觉世明言》）中的一部分。——译注

础。此外,很明显这是第一部中文《圣经》,等你完成它之后,上帝将会为你打开一扇通向中国的大门,让你在中国宣讲福音。虽然中国目前禁止传播福音,我坚信上帝最终会出现,让人们接受祂的话语以及祂的传教士。迄今,这些都是小事,因为中国工场还空闲着,你翻译《圣经》是必需的前奏。等你完成了《圣经》的翻译,你和米怜先生就具备了用汉语向中国人布道的资格,给他们宣讲上帝最伟大的著作,我也将更热切地看待中国,盼望上帝对中国的灵魂世界表现出一些怜悯。因此,你也怀有看到中国变得更好的希望。道德领域以惊人的速度发展,每一年都会取得一些进步,传教的精神传播得更加广泛。英国几乎没有一家独立派教会不支持伦敦会的:虽然名称各异但是精神相同,所有人都将目光投向了异教世界。我认为秉承这一精神的人将会得到悦纳他的上帝的帮助,为他们打开一扇通向真理的大门,消除撒旦和他的仆人们设置的妨碍他们进入真理之路的障碍。

我衷心地祈祷你和米怜先生能够保有健康的身体,按计划如你们所愿在年底完成《圣经》的翻译。届时你们可以高唱赞美神的歌,感谢为我们做这一切的神,感谢祂像荣耀拉撒铁王①一样荣耀你们,神不仅为传教奠定了基础,还为圣殿摆上了顶石,呼唤"荣耀归于它"。我相信基督教界将会与你们共同庆祝的。

米尔顿先生(Mr.Samuel Milton)已经在前往马六甲米怜先生那里的路上了,他被派去学习汉语。他正在研读你的《通用汉言之法》,如能遂我所愿,他将成为你的得力助手。他颇有天赋,专注执着,而且全心为主。考虑到中国传教事业的重要性,理事会衷心盼望米尔顿先生能成为你和米怜先生的助手。

---

① 拉撒铁王(Zerubbabel)是自巴比伦返回耶路撒冷的被掳犹太人的首领;完成圣殿的重建工程(约公元前516年);任耶稣撒冷方伯。(拉2:2)——译注

我很遗憾地得知塞兰坡的先生对你的《通用汉言之法》和译作①所做的事情。米怜先生说他们的译本有明显的抄袭你的痕迹。马士曼博士在这个问题上毫不客气、针锋相对。他写了一封在我看来非常刻薄的信寄回欧洲，严厉批评你的作品，他的信被印刷（并未出版）并在浸礼会众中散发。这是一位读到了这封信的朋友所讲述的经过。我认为你应该保持你的冷静和气度，证明这确实是你的译作，揭露别人对你的剽窃。他们列出你的错误，却忽略这是你的刻印工人疏忽所致，这足以证明他们有意欺骗众人。你应该还自己清白，向基督教界陈述全部事实，而且应该揭露这样不公正的行为。你去做吧，以应有的力量，但要保持冷静，控制情绪。

你在出发前就猜测英使出访北京不会取得成功，你是对的，但是你毕竟得到了一个更深入了解这个国家和人民的机会，除此之外你别无机会。我希望你能作为基督耶稣的传教士重访那些地方。大约四个月前，神学院有四名传教士前往马六甲，两名前往马达加斯加岛（Madagascar）。汉普森先生（Mr.Hampson）和弗雷泽先生（Mr.Frazer）几天后也将前往加尔各答，一人停留几周后到马德拉斯，另一个到印度的特拉凡哥尔（Travancore）。还有一个人将前往希腊群岛（Greek Islands）。愿上帝的恩典与祝福保佑你的灵魂和身体。

尊敬你、爱你的朋友

伯德

斯图亚特牧师（Rev.Dr.Stuart）的来信

爱丁堡，1818年12月28日

亲爱的先生：

你委托沃克博士（Dr.Walker）转给我的1817年11月6日的信件及礼

① 早在1811年马礼逊就完成了《通用汉言之法》等候出版，不料迟至1815年才获出版，而马士曼在1813年出版了英文的《中国言法》（*Clavis Sinica*）。这成为两人公开攻击对方的导火索。紧接着两人又对《圣经》中译展开了争论。马士曼在1816年12月13日给瑞兰德（F.Ryland）的信中指责马礼逊出版的《使徒行传》不注明作者，有抄袭之嫌。他们之间的矛盾也有浸礼会与伦敦会之间相互竞争的因素。——见苏精：《马礼逊与中文印刷出版》，139—143页。——译注

物已经收到了，可我一直没有机会向你表达谢意，令我颇为遗憾。你的礼物包括中文的《创世记》和《古代如氏亚国历代略传》初稿，这都是基督徒非常感兴趣的东西——它展示了万能的天父对那些自取灭亡的国家的爱，为解脱他们的罪恶牺牲自己，因此作为回报，这些国家将成为万能的天父的产业。

我非常遗憾，我被各种事务占据了本该给您写信的时间，现在借此机会感谢您送给我的珍贵礼物——就像一粒播撒在荒芜的土地上的种子那样珍贵——请你相信我深深地感谢你的好意；我与你素不相识，本来没有理由接受这些书和你以前送给我的中文《圣经·新约》，然而我对你的劳作非常感兴趣，我相信这应该赞美我主基督耶稣，是祂扶持你成长、怜恤你并让你担负起这一艰巨但却令后人受益无穷的事业。

中国似乎用围墙抵御上帝的话语的进入，可是我们却有理由相信就像约书亚通过耶利哥城那样——所有的障碍都将被清除。

让众人倾心接受天国圣谕的人有能力清除障碍。祂并不是一个只会准备材料、挖掘地基而没有能力继续向上建构的笨拙的工匠。祂将会完成工程！让我们等待这个时间——让祂继续——避免竞争（我并不以这个词具体指向任何人）——跟随主的指引，依靠主的力量——决不依靠任何武器来推广宣扬和平与爱的福音，这样的福音不会妨害任何政府——不会引起任何世俗的变革，在这个世界上，它体现的不过是人类美好的愿望。我希望米怜先生已经恢复了健康。我10月去他的故乡亚伯丁住了一个月，很多人都问起米怜先生。我的女儿嫁给了在亚伯丁西北15英里外凯姆瑞（Kemoray）的伯内特先生（Mr.Burnett），我希望他们都是耶稣的信徒。在那个偏僻的乡村，有一些微弱的（以先知的眼光来看）传播基督教真理的行动，由一个基督教团体的10家教会在当地修建学校、成立巡回传教团和图书馆，取得了一些成效。人们的灵魂被唤醒了，腐化的牧师和教会执事曾在各处造成的破坏，现在由他们来纠正并防止人们腐朽与堕落。带信人戴维森先生（Mr.Davidson）的家族与我的家族长久以来有密切的联系。你可能会让我提醒他最需要的事情，亲爱的先生，如果你能抽空给他写信提醒他就好了。

主内兄弟、您的朋友及仆人

斯图亚特(Charles Stuart)

在荷兰政府愉快地赞赏和支持传教目标之下,米怜先生成功地获赠了一块土地,在马六甲建立了中国传教的分支——他与马礼逊先生共同创办了一份中文月刊①,主要登载宗教、道德方面的文章,间或刊登一些简单的天文常识以及有启发意义的小故事等。创办中文月刊得到了各方的支持和鼓励。随后,一份英文季刊也创刊了,《印中拾闻》(*Indo-Chinese Gleaner*)②登载各类关于中国及周边国家的信息,介绍印度、中国等地的哲学和文学,把中文和马来文的文章译为英文,刊登宗教事务、基督教在印度的传播状况以及世界基督教等方面的文章。这份杂志一直持续到米怜先生去世,在欧洲学界享有很高的知名度,吸引一位英国贵族资助英华书院,捐赠了1500镑,大幅增加了书院的经费,还赠送了一批贵重的书籍给书院的图书馆。下面是米怜博士对中国的语言和政治的评论,表明印刷出版是继续向中华帝国传播福音唯一合理可行方式,自他写这些文章到现在,中华帝国对基督教的立场仍没有任何改变。

在每一种成熟的语言中,出版对传播知识的好处显而易见,无论是人类的知识还是神圣的知识。在汉语中,作为一种提升方式的书籍比其他任何交流方式都重要。阅读汉字的民族从数量上超过其他任何民族。可是汉语的口语方言众多、区别显著,如果不借助笔谈,就连邻近省份的人(笔者多次目睹)都不能够深入地交谈下去。相比之下,汉字具有其他交流方式所无的一致性。希腊方言之间不仅发音有区别,名词的拼写、动词的不同的时态和情态也是区别特征之一,而汉语中几乎没有这些现象。整个中华帝国以及它的属国和几个邻近国家里,书写语和成语仅有微不足道的差异。再者,中国发布了禁教令,向基督教关闭了大门,而且中国人极其嫉妒外国人,他们不允许基督耶稣的牧师"纵横穿越这个国家",

① 即1815年8月15日在马六甲创刊的《察世俗每月统记传》。——译注

② 《印中拾闻》又译《印中搜闻》《印中搜讯》《印支搜闻》等,是由马礼逊和米怜创办的英文宗教性刊物,1817年5月在马六甲创刊,1822年停刊。——译注

也不允许牧师出声宣讲福音——是的,基督耶稣的牧师即使在帝国边境也不敢开口号召无数的偶像崇拜者悔改。书籍人人都能读懂,它们可以传遍帝国各处。只要找到合适的代理人,足够小心谨慎,大量的书籍可以像潮水般涌入中国。

马礼逊博士苦口婆心地劝说英格兰和美国的基督教团体向中国派遣能胜任写作和印刷书籍的人员,以此对抗中国通俗读物日益堕落的可耻趋势——他用自己的钱雇用两个印刷所出版中文书籍,树立了榜样。

1817 年——

今年马礼逊先生被格拉斯哥大学(University of Glasgow)学术委员会全体同意授予神学博士的称号,嘉奖他出版的旨在便利学习汉语的一系列语言学著作。

这一年米怜先生也与他在中国的家人团聚,他此时的身体状况也需要他改变原来过于勤勉的学习。他与马礼逊先生这样共处了几个月,共同商讨未来的计划,同时为其他传教士的到来做准备。虽然恒河域外传道团与编者设计的主题看似无关,然而从该传教计划开始直到马礼逊博士去世,他都与恒河域外传道团的成员保持着密切的往来,因此不能忽略恒河域外传道团的发展。米怜先生在他的《新教在华传教前十年回顾》中谈到恒河域外传道团时说:

他们一直认为循序渐进是最重要的原则,他们自己的工作也始终遵循这一原则。的确,如果没有既定的目标和追求目标时普遍适用的规则,即使付出最诚挚的热情和最勤奋的努力,也可能收获甚微。他们认为,一些过于琐碎的规则或对极为宽大的规则做过分的解释都会让人厌烦不已,并成为妨碍工作的负累;但与此相反,由一些重要而有指导性的细则构成的一个全盘计划,既可以把大家的精力集中于一两个明显的目标之上,同时也能够让每个人自由地以自己的方式从事属于自己职责范围的那部分工作——这将会极大地推进伟大的事业。除了麦都思先生,他们是目前中国仅有的传教士,理所当然地也是传教士群体中的多数,他们在1817 年 9 月主要关于自己工作做出了一些决议,而且只要其他的弟兄不认为这些决议会“阻碍他们的愿望和便利”,则这些决议也关乎他们。这些决议由上述的马礼逊和米怜两位传教士于同年11月2日签署,他们自定名称为“恒河域外传道团临时委员会”(The Provisional Committee of the Ultra-Ganges Missions),并希望尽快会有第三或第四位后继者加入他们的工作。

恒河域外传道团临时委员会决议

以下规则旨在使我们能以最好和最有益的方式使用伦敦传教会赋予我们的自由行事的权力。这些规则只是一个更广泛而全面的计划的一部分,目前的草案内容仅供参考。这些规则不仅仅是为了将要加入我们行列的弟兄而制定,它们首先就影响到我们;我们认为这些决议只要付诸实施,就适用于所有属于本传道会的弟兄。

1.我们建议在马六甲(或在其他任何有两名或更多传教士的布道站)设立共同用餐的规定,但不做硬性要求,也不规定设立后每个人必须要参加。如果情况所限,传教士家庭的所有成员无法每一次都聚集在一起共同用餐,他们可以每天或每周聚集共同用餐一次。在不损害个人意愿与便利的情况下,我们认为这项提议颇为适宜。

2.那些来到马六甲的传教士,在掌握一定的语言知识之后,最好不要停留在马六甲,而是前往相邻的区域。他们最好遵循本会现有的规则,而不是坚持形成自己的一套新规则,因为在他们离开后会发现新规则也许并无实际效用。

3.考虑到马来民族对文字知之甚少,我们建议从事马来传教工作的弟兄们,高度重视口头传教与建立学校。因为我们注意到,马来人缺乏阅读能力,在他们中间广泛分发书籍与福音小册所起的效果恐怕相对地微乎其微。这并不是说,不应准备和分发书籍与福音小册,我们的观点是,就马来人目前的状况而言,首要任务是口头传教。

4.由于中国是恒河域外传道团的主要目标,而且马来部的规模一段时期内也无法扩大,因此,我们认为,除个人住宿以外,马六甲布道站房屋的主要部分应该划归中华传教事业使用。

5.关于恒河域外传道团的宗教仪式,我们认为应该由资深传教士作为领导来主持,因为我们认为他应该更熟悉本会的状况,大体上也更清楚在不影响本会例行工作的情形下该分配多少时间来举行宗教仪式。但是,这并不意味着仅有他可以主持这些仪式。我们的建议主要是为了保持本会的秩序、修养与妥当性的措施。

6.我们建议,如果布道站印刷所接到任何盈利性的订单,应该由马六甲布道站的负责人考虑是否接受。

7.《印中拾闻》应该继续出版,并由现任编辑负责。

8.我们建议,应该有固定的时间向年轻的传教弟兄教授本地语言知识,如果需要,或马六甲布道站的条件与环境许可,教给他们神学以及其他学科的知识。为此目的,应在布道站房舍中准备教室,以便能庄严有序地开展教学工作。根据情况需要,至少在目前,此项教学工作应该完全由马六甲布道站的资深传教士担任。

9.我们建议,尽快派遣我们有能力的年轻弟兄们(或其中一人),前往槟榔屿、爪哇和其他中国人聚居地进行巡回传教,分发《圣经》、福音小册等印刷品,短期之后返回马六甲。

10.我们建议,中国与马六甲两地的工作日志和写给伦敦传教会的信件应该准备复本(或至少是摘要),并互送给双方的弟兄作为参考,有关复制与摘要的费用可列入两地布道站的账目报销。

11.1818年度的账目应结清至9月1日,并将准确的复本送往中国,以便进行账目汇总。

12.应该继续建造此后布道站需要的房舍。

13.关于我们自己的工作,除了目前手头上的任务,我们还将在明年(1818年)内努力完成旧约剩余部分的翻译(根据我们两人之间的分工),然后我们将设法一起或分头比较、修订、改正我们的译文,期待以最佳的形式呈现给读者。

14.已经译成或今年年底以前将译成并经修订的旧约部分中文译稿应予付印,为此应设法在中国雇用印刷工,并送他们前往马六甲工作。

15.我们非常渴望关注重要的日本列岛,尽可能收集一切有关的信息，如果有可能，循序渐进地准备将来我们中间有人乘船前往日本，以便学习日语，并确认中文《圣经》要经过哪些修改与调整才能适用于该国，或者是否需要一部全新的日文版《圣经》。

恒河域外传道团临时委员会

罗伯特·马礼逊

威廉·米怜

1817年11月2日中国广州

至此，马礼逊博士凭借着上帝的福佑，实现了他最初的计划，克服了以普通人的才智和勤奋程度无法解决的困难。秉承他一贯卓越的慈爱精神，他从自己菲薄的积蓄中捐赠了1000镑用于兴建英华书院校舍，允诺在此后的五年中每年为学院提供100镑的资助，此外他还为书院图书馆捐赠了一批珍贵的书籍。这种慷慨仁慈的精神是他毕生实践的原则："一个基督徒不应只考虑个人的安康，而应以仁慈之眼关注他人的安康"；或者就像他在别处说过的，"只要环境需要，基督徒偶然地、经常地或者永远地牺牲自己或舒适的家庭生活都是应该的；有时为了其他国家和部族人们的安康，甚至需要他们告别亲友、离开家乡和祖国"①。

马礼逊博士在实践了他的话语之后，不但没有后退，反而因为自己离"上帝的奖赏"近了而表现得更加积极。上帝的福佑让他得以养家糊口，他坚信万能的主的诺言，主永远"不离开、不遗弃"那些侍奉主、信主的人的子孙后代。马礼逊博士的目标不在于追求自己或家人的利益，他有志于开创自由传播福音的方式，也有智慧去实现它们。在他的回忆录中没有因为他没给子女遗留充裕的抚养费而对他有不公正的评价，人们也应该知道他从不具备这种条件。他的年薪从500镑提高到1500镑，都慷慨地用于支付家人和亲友的必需支出，若不是他早已养成简朴节约的生活习惯，仅靠他从东印度公司得到的薪水不足以适当地维持他在社会上的身份和地位，一则因为他没有其他的收入来源，再则他为很多差会提供帮助都是自愿无偿的。马礼逊博士的本性与

① 《临别赠言》(*A Parting Memorial：Consisting of Miscellaneous Discourses*)——原注。该书1826年在伦敦出版，收录了马礼逊的26篇讲章和6篇议论传教的文章。——译注

做人原则都颇为慷慨，然而他反对炫耀——可以说他对家人和仆人非常慷慨，维持着大约20人的生计。值得一提的是，一些东印度公司的在华职员也认为他为公司的付出没有得到应有的回报，他还要靠薪金维持一大家人的生活，认为理应给他加薪①，可是董事会没有批准此项请求。虽然东印度公司承担了汉英词典的出版费用，并慷慨地将几乎所有的词典都赠给了马礼逊，可是售出的词典数量太少，他并未从书商那里获利。从这些离题的材料中可以发现，假如马礼逊博士没有将他微薄的薪水捐给慈善事业，而是将钱留给子女以备将来之需，恐怕也会因他过早离世而失败，因为无论他如何节俭，也不能为年幼的子女留下足够的抚养费。——同时，很多人也无法获得他汲汲于实践上帝的圣谕而带来的益处，“白白地得来，白白地舍去”（太10:8）。这里还应当一提，东印度公司商馆先生们及其他在华英国侨民都非常支持马礼逊博士的各项慈善事业，纷纷慷慨解囊，甚至在马礼逊本人都不知晓的前提下，主动地筹集了一笔相当可观的资金赞助他实现这些目标；在他们看到发布的“英华书院总规划书”之后，立即在广州募集了500镑。一位不属于英国商馆的在华英侨表达了自己对于成立英华书院的感想。

致罗伯特·马礼逊牧师

广州，1818年11月30日

亲爱的朋友：

我不得不承认你的计划如此慷慨仁慈，远超出了我的期望，而且这个计划非常全面，因此需要我们的赞助。我个人愿意为英华书院捐赠420元，相当于100金币，你可以随时从我这里提取。

“世人为了信仰和希望争吵不休

然而所有人都是出于爱

因此上帝与大自然联手

---

① 下面的引文摘自特选委员会记录。“有鉴于此，我们已经告知马礼逊博士我们将向董事会提出建议，并于年内给他增加300镑的年薪，与一位高级医生的待遇相同；同时我们还建议董事会应该让马礼逊博士享受退休金的待遇，与医生和牧师待遇相同。据此标准，我认为一年应增加600镑的津贴。您忠诚的秘书：莫里斯（F.J.Morris）（签名）。”——原注

让自爱与爱人结合”①

若不是我的身体比你昨晚见到我时更糟糕，我绝不会就此省略夸赞英华书院的语言。

您真诚的

戴维森(W.S.Davidson)

许多至今仍不知道有英华书院存在的人，他们也许很盼望这里附上马礼逊博士起草并公之于众的“英华书院总规划书”。

在马六甲建立一所（由米怜牧师监督的）英华书院总规划书

一、名称

该书院定名为英华书院(The Anglo-Chinese College)。此名称比学院、学校及其他称呼更恰当。

二、目标

书院目标在于促进中、欧语言文学之相互交流，一方面将向欧洲人介绍汉语语言与文学，另一方面向恒河域外的中文读者传播英语、欧洲文学及科学知识。

针对的国家和地区包括中国、交趾支那、马来群岛东部华人聚居地、琉球、朝鲜及日本。

希望本书院最终能和平推动基督教原则的传播与东半球的总体文明进程。

三、书院为学生提供的条件

1.书院将建立收藏广泛的中文图书馆，与在欧洲出版的关于中国等上述国家、地区的文学和科学书籍，包括当地语言、历史、风俗等类合乎书院目标的书籍。

2.设置欧洲籍的汉语教授，兼讲欧洲学术，以及华人中文教师。欧洲籍教授必须是新教教徒。

---

① 这是英国诗人波普(Alexander Pope，1688—1744)在《1736年的书信式诗文》中的片段，这几句是从中挑选的诗句。——译注

3.提供限定数量学生的食宿,费用标准待定。自费生可以在当地自行租住,如同在欧洲的做法。

4.筹措经费资助当地贫困学生接受教育及生活。

5.为欧洲学生开设汉语课,适应学生的宗教、文学或商务等目的。

6.为本地学生开设英语课,如果时间许可,还将开设地理、历史、算术等课程以及道德哲学、基督教神学和中国经典等。

7.马六甲布道站的中英文印刷所可供英华书院文科学生利用;在书院校内拟建植物园,收集马来群岛的热带植物。

四、申请资格

书院接受来自欧洲各国或美洲任一基督教宗派,有推荐信证明其道德状况及入学目标的申请者。书院欢迎享有欧洲大学游学奖学金生、基督教传教士、商贸公司职员或国家领事馆人员到书院学习。

前述国家和地区的本地青年可以自费,也可以由基督教团体赞助或由造福本地青年的绅士资助接受英语教育。书院不要求这些青年必须加入基督教,也不要求必须参加基督教礼拜活动,书院只是邀请他们参加此类宗教活动,但是,为维护书院的良好秩序,所有学生必须出席公开讲座。

五、学习年限

学生的学习年限待定。

六、资金来源

书院资金来自自费学生的学费、赞助机构和赞助人支付的资助款以及自愿捐款。

七、管理

书院及资金的管理将由赞助人和理事会管理。

印度、美国、英国的许多人士衷心拥护此项计划,纷纷慷慨解囊,其中伦敦会赞助了500镑,这些善款让马礼逊博士得以将他设想已久的计划付诸实施;在米怜博士的主持和监督下,英华书院开始动工并最终建成。1818年11月11日,法考尔上校(英军驻马六甲司令)为书院奠基,出席奠基仪式的还有马六甲总督泰森(J.S.T.Thyson)、槟榔屿法官厄斯金(J.J.Erskine)、司法会的成员以及许多贵宾。米怜博士代表书院的创办人在奠基仪式上发表了精彩的讲话。有关书院的进展情况详见下文叙述。

下述马礼逊博士写给亲友的信件显示了他执行各项公务与承受家庭磨难时的想法,不需要编者加上任何浮浅的评述。

给岳母的信件摘选

广州,1818年1月18日

因为我不知玛丽此时是否在英格兰,因此给您写信。承蒙上帝的怜恤,我的身体依然健康,不受干扰地继续从事自己的学习和研究。不知道我的家人是否今年来中国,所以我有些心急。这您可以想象,只要我一想到家事就心绪不宁;与此同时,我希望将自己所有的事情包括为家人担忧都交给仁慈的上帝。我在这里很孤独,投入了太多精力写作,我常常对此感到厌倦。编写词典是一件非常乏味枯燥的事情,翻译不比编词典更有趣——它们让一个人的思想仅停留在字词的层面上。然而,这些付出都是为了福音事业。我总是也将永远感谢仁慈的救世主,感谢祂对我和我从事的各项事业的怜悯和仁慈。我们将在马六甲建立一所学习汉语的英华书院。我衷心盼望它将来能推动福音的传播。

由于本季度最早到来的船队没有给他带来有关家人的消息,他因此写道:

给岳母的信

1818年3月20日

……

看来9月前我可能得不到确切的消息了。上帝让我们倚靠,保护我们并赐福于我们,这是多么仁慈啊!对最需要我的人我却爱莫能助,幸好还有上帝!耶稣已经让我们与天国的父和好了!让我们等待祂的怜悯与审判吧。我几乎成为一名隐士,极少去公司或其他地方用餐。我日复一日吃着同样的食物——爱尔兰杂烩和咸菜——用中国人的筷子吃。我的身体还好,从早晨7点一直写到晚上9点或10点钟……

在给沃博士的一封回信中,他写道:

广州,1818年11月5日

有人告诉我,你说"马六甲将成为东方的雅典"。我也希望它能成为东方的耶路撒冷，从那里向周围传播福音。如果这也是你今生的愿望，我亲爱的牧师，我想请你帮助我唤醒仁慈的基督徒们，让他们给予我们的英华书院更多的关注……

目前，我忍受着感情的折磨，你知道我的家人离开我已经太久了！我有时深感悲凉。伦敦会建议我回到英国，可是我谨慎尽职的本性又不允许我在此关键时期离开传教站。我很想探访欧洲，安慰我体弱的妻子，爱抚我年幼的子女，可是我的心愿和家庭责任必须让位于更伟大的事业。保重啊！愿主基督耶稣的恩典永远陪伴你。

致克鲁尼博士的信

广州，1818 年 12 月 9 日

亲爱的 J：

我最近一次收到的是你写于 1817 年 4 月 8 日的信，整整一年后我才收到它。今天我感到不舒服，身体右边很痛，我觉得可能是肝部疾病所致。我完成了汉英词典的第二部分①，即使我现在死了，我已为后继传教士和欧洲的学者们留下了一部完整的而且非常实用的汉语词典。我盼望欧洲的基督徒学者们停止崇拜希腊人和罗马人的充满骄傲、复仇、淫荡气息的作品，学者们应该研究东方的语言，便于向他们传输科学和宗教。

这是多么荒谬的事实啊！作为世界上最古老、使用至今的活语言，世界上三分之一人类使用的语言，在英格兰和苏格兰竟被人们完全忽略了，无论是宗教团体还是学者们，任何机构或者团体都无一例外！难道就不能资助几个人学习汉语——由五个国家使用、包含数千万卷原始文献的语言？

你将会收到一所英华书院的讯息。祈盼它能得到你的帮助，以你的名誉和影响让它朝良好的方向发展。

我的爱妻体弱多病，而我又不在她身边，她孤苦无依，每思及此，我心痛万分。虽然我极少向人提到内心的痛楚，但是我常常因此心情沉重。即使如此我也不抱怨。绝不抱怨！上帝是公正的，祂是仁慈的！

---

① 马礼逊汉英词典共由三部分组成，这里所说的是第二部分，即最实用的一部分，叫《五车韵府》。——译注

我离开澳门时，一位富有的医生住进我的房子里。他近来饱受风湿病的折磨，他说自己的一生行事周正，本应得到上帝的奖赏，可是却受到了折磨。唉！可怜的有钱人，他不该这样不公正地指责他的造物主！但愿他能知道。请代我向克鲁尼夫人问好！祝你们安康！

罗伯特·马礼逊

致乔治·斯当东爵士

广州，1818年3月19日

亲爱的乔治爵士：

得知阿美士德勋爵和使团终于安全抵达英国，我颇感欣慰。你们将很快忘记中国，甚至这里的人。可是我仍要冒昧地打扰您并告诉您一则关于中国的新闻。

12天前，一份来自北京宫廷的谕旨深夜送到了广州，总督、巡抚以及粤海关部天未亮就聚集起来等候宣旨。据称粤海关部惊恐万分，害怕圣旨宣布对他不利的内容。可是他很快就放心了，（我们听说）圣旨是要他们向皇宫推荐两名能写葡萄牙文和英文的中国译员。丽泉行的昆水官（Consequa）把这个消息告诉了图恩先生，其他中国行商对此讳莫如深。直到前天，我才接到潘启官正式写来的公文，问我是否知道有符合皇帝要求的人选。浏览公文，事情是这样的：

中国皇帝接到报告，称北京仅有一个欧洲天主教会的人能够将汉语译成拉丁文，因此需要一个能接替他的人。皇帝批准任命新的译员，又说广州行商那里当然有很多通晓欧洲文字的华人，因此下令地方官员从中挑选二人并出资将他们送往北京，接替现任译员。有人认为这是澳门策划的阴谋，他们故意呈报皇帝甚至误导皇帝，以便将他们的人送入宫廷。我不精于权谋之术，因此不发表任何评论。

我盼望您的身体健康，或者至少维持你离开我们时的状况。耶和华所赐的福使人富足，并不加上忧虑，祝愿耶和华的赐福成为你的最高目标。

你忠诚的

罗伯特·马礼逊

益花臣致马礼逊博士的信

伦敦，1818 年 3 月 26 日

我亲爱的先生：

非常感谢你对我的关心，我在苏格兰收到了你的来信。我没有预见到出使的结果，但是我的结论并不完全像人们所想将其归咎于“礼仪”这个大问题上。埃利斯先生在他的书里对你们的行为作了详细的叙述，假如这本书被译成中文，中国人将发现英国大使能说中国人所不能说的那些；他们也将知道英国大使并未在英王的授意下拒绝行“三跪九叩”的大礼，英使拒绝的唯一原因是受斯当东爵士的影响。埃利斯先生公正地说你在与中国人谈话的恰当方式方面给予了英国使团充足的建议。

你出使所穿的服装非常合体，据我的裁缝描述那件衣服华丽炫目，他说我未能亲眼看到真是一件憾事，可他还说恐怕我不愿意穿这种服装，它与我的风格相差太大。我唯一遗憾的就是中国皇帝没有接见你。斯当东爵士身体很健康，他和我不久前还一起笑谈以前出使曾经历的尴尬事，尤其是 1814 年与中国政府的那次重要会谈。因为我们谈判成功了，特选委员会得到了褒奖；可是假如我们失败了，恐怕对我们来说那是最糟糕的了，所以那是当时世界上最重要的事情。俄罗斯人是怎样让中国人的态度和方式发生了变化，我不得而知；可是我认为只要东印度公司继续与中国人买卖茶叶，他们就不可能改变中国人的态度。

据说英国比去年有所改善，贸易也增长了，等等，或许只是人们接受了降低收入的事实，就像许多人经历战争时期军费开支增加那样①。我给几位中国朋友写了短信，请你帮我把信译成中文。送给他们的灯装在一个木箱里，上面写着 P 的名字。你可能听说了刺佛夫人去世的消息，可怜的女人！我不知道她生病的事情。你多保重，

① 原文此句是“就像许多人经历军费开支停止(ceased)时那样”，语意与上下文矛盾，疑是检字排版错误，译者根据原意修改为增加(increased)。——译注

亲爱的先生。

你非常忠实的

益花臣

斯当东爵士致马礼逊博士

波特兰地（Portland Place），1818年4月10日

我亲爱的马礼逊：

起程去中国的船比我预计的时间早得多，我原本预计给我在中国的朋友写信，很充裕的时间也因此缩短了，可我不愿错过这一良机感谢你去年10月10日的来信。我还要感谢你托上一季的船队带给我的《中英语言对话》一书。让我尤为高兴的是自我离开广州后，除了发生了那起当地官府介入公司印刷所的不愉快的事情外，英人与中国人的交往比较平静顺利。我相信这可以被视为英国使团采取的路线方针正确的一条证据，无论印度的先生们怎么说，我都很高兴地告诉你英国了解情况的人普遍赞同我们对于"叩头"所持的立场，完全相信屈从会带来毁灭性的后果。

阿美士德使团的问题在英国即将被人遗忘，我甚至怀疑即将出版的埃布尔先生的书①能否激起人们的兴趣。我知道他借阅过你的日记，希望他在书中充分利用这些材料，因为你对汉语及中国人的深入理解足以让你成为最权威的观察家，这些再加上他的记录，可能正是人们所需要的。然而，任何想要向公众谈论中国的努力可能都是白白地浪费时间。我并不想完全放弃对中国语文的研究，自从我搬到现在的住处，我在家中专门留了一间屋子摆放有关中国的书籍和论文，希冀日后能有时间重拾旧爱。

曼宁答应给我们写一些关于中国语言的文章以及他去爪哇的旅途见闻，可是我不知道公众能否近期读到他的著作。他太忙了，我相信他现在和他的中国朋友在一起，足以写出一部引人入胜的书。芒登先生（Mr.

---

① 1816年阿美士德使团的医生、博物学家埃布尔（Clark Abel）于1818年出版了《中国内陆旅行记》（*Narrative of a Journey in the Interior of China*）。——译注

Munden)——研究苏门答腊的历史学家,最近出版了一本与中国历史有关的书,这是他翻译的中国历史,引用了马可·波罗的书做注。蒙图斯出版的《二帙字典西译比较》只是博你一笑而已。《巴黎学术期刊》(*Journal de Savans of Paris*)给予你的词典极高的评价,认为它瑕不掩瑜,是一部杰作。我将给你寄去这篇评论。敬请原谅我仓促涂就的信!

你永远忠实的

乔治·托马斯·斯当东

雷慕沙的来信①

巴黎,1818年11月

先生:

我们之间远隔着千山万水,即使我方便写信,也要经历相当长的时间和阻碍才能送达,这确实令人遗憾,我既无法向您表达我的感谢之情,同时也妨碍了我向您请教问题。不久前我刚收到了您于1817年11月14日惠赐我的来信,若不是我想随信寄上一些请您阅览的文学作品延误了时日,我必定会更早回信。

……

《满语研究》(*Recherches sur les Langues Tartares*)完成了一多半,我希望能尽快给您寄去第一卷。我估计您可能对这本书的评价不高,至少我的预测是这样。如果您知道该书的结尾以及书的目的,你或许会做出另一番判断。历史上曾有许多作者为了宣传不真切的信念而采用各种计谋,可是至今没有一个人能够彻底地颠覆或废除宗教观点。您知道有很多人根据亚洲国家的历史年表推论古代纪年比摩西纪年要早得多,试图以此推翻《圣经》的纪年。这种方式未能成功,它的宣传者和支持者只能逃到偏僻的地方藏匿起来,继续否认《圣经》记载的大洪水是事实,否认人类散居世界的叙述,拒绝接受《创世记》第一章中的主要观点和内容;他们宣称有一支先民曾居住在满洲。虽然这一假设有理有据,有不少的

---

① 译自法文原信。——原注

支持者，为了驳斥这一假说，我掌握了这门语言，并研读了半文明的鞑靼人的文献，我确定他们非但没有对人类做出贡献，反倒从基督教传教士以及印度人、波斯人那里受益颇多。

……

您最顺从卑微的仆人

法兰西学院院士

雷慕沙

雷慕沙的来信

巴黎，1818年11月24日

先生：

我在上封信里回应您1817年11月14日来信中提到的主要观点，可是囿于信件的篇幅，未能尽言，我现在就上封信中的一些观点进行阐释，由欧文和汉基先生带给您。我们彼此相隔甚远，而您在很多方面都值得我学习，因此通信永不能满足我的需要。

当我看到您呈现给欧洲学界的著作目录时，我感到自己有责任让欧洲国家知道这些著作——这是我执行得最愉快的一项任务——我观察到您的谦虚使您保持沉默，对于那些足以震惊学界并引起人们敬重的成就却不张扬。我指的是许多已译成汉语的《圣经》各部分。我猜不出您如此保守的意图，为谨慎起见，我也仿效您的做法，在我们的《巴黎学术期刊》上既未评论《圣经·新约》的翻译，也未论及您的《养心神诗》及《问答浅注耶稣教法》。除非您授权我这样做，否则我将只在参考书目中列出您的著作。

……

看在我艰难地履行您的请求的分儿上，恳请您也帮我一个忙。我最大的心愿是建立一个中文图书馆。我完全了解从广州购书以及运输的费用及困难程度，在我不知能否买得到书籍、能否承受得起价钱之前，我不敢提出这个要求。因此我列了一个特别渴望得到的中文书单，随信一起寄给您，希望您能帮我找到一个书商，请他在每本书名的后面都写上大概的价格。如果这件事会给你带来不便或让你承担任何风险，请您毫不迟疑地回绝我。假如为了我的事而给您带来麻烦,将令我愧疚万分。

……

不得不就此停笔了,信纸上只有向您送上我衷心的祝福和敬意的地方了。

雷慕沙

克鲁克牧师(Rev.William Pascoe Crook)的来信

大溪地,1818年9月24日

我亲爱的弟兄:

我刚收到了你1817年2月24日的来信,就像甘露注入了饥渴的灵魂。这里发生了重大的变革,你在地球另一端更宏伟的事业也奠定了基础,宗教界的人士也已认识到了。继续前进吧,亲爱的弟兄,你一定会不负众望,就像曾经让他们感到振奋鼓舞的那样,将我主的王国扩展到百万人口的中国。我们经常祈祷你能维持你的地盘并最终取得非凡的成功。所有这些岛都已归信基督,大溪地、社会群岛(Society Islands)①,就连纽芬兰北岛的帕利塞(Pallisers)也不例外。帕利塞是社会群岛最西端的岛,帕利塞人虽然并未见过基督教传教士,但是在他们去过大溪地或者在爱弥欧(Aimeo)的同胞们的劝说下,他们抛弃了偶像。当福音的美名传到周围的小岛后,岛上的居民表达了欢迎传教士到来的热切心情。无论是公共祷告还是私人祷告,人们普遍都参加祷告。和平与诚实成了风气,阅读和写作也开始普及。他们有3000册《路加福音》,人们都熟读了福音书,还盼望着知道更多的上帝的话语。

正如你的观察,我们定会遇到困难。当地人懒惰的习惯是我们最大的敌人,他们国王的坏行为让他们保持那种状态。国王坦承了宗教信仰,没有通过我们的协助,直接与殖民地的几个人保持通信。

我们将在爱弥欧建立一个制糖厂,榨糖机已经送往那里,因此有些弟兄也随之去建造工厂。岛上只有我们寥寥数人,所以我和我的家人几乎

① 社会群岛是南太平洋法属波利尼西亚群岛(French Polynesian Archipelago)中的一组火山岛。——译注

完全生活在当地人中，我的工作因此很繁重。礼拜日通常有两次布道，500人以上参加，下午的时间教导儿童。除了每月一次的传教士祷告会，每个礼拜三我们还有讲座，礼拜一晚上有讨论会，参加的人都很多。除了礼拜六，我每天都在学校教书，以英国教育模式教导孩子，效果很好。

在国王的推动下，这里成立了一个传教会，我估计所有人都将是成员，这是多大的贡献啊。亲爱的弟兄，上帝在做祂的工，我们为祂向全世界推广而欢呼，为祂最终让世界充满祂的荣光而欢呼。请代我真诚地问候米怜弟兄及他的同工，假如我的弟兄们在这里，他们一定会和我一起问候的。他们极可能给米怜写信了。你给我的弟兄写信时请鼓励他们，可以从新南威尔士把信转给我们。

忠诚于耶稣的

克鲁克

希望你下次来信记得写完信并签上你的名字，但是看到你没写完的信总比没有信强。我不介意。

贝尔德博士（Dr.G.H.Baird）的来信

爱丁堡拉姆赛（Ramsay Lodge），1819年1月25日

尊敬的牧师：

我借一位青年朋友克勒克先生（Mr.Clerk）前往中国之际，请他转交这封信给你。

身为本大学校长，我很高兴借此机会亲自告诉您，您通过伦敦的沃牧师惠赠我校图书馆的著作赢得了学术委员会的高度赞赏，这批书籍丰富了我们的藏书。如果能从你处获悉你在推广救世主的福音方面的事务以及翻译的进展情况，我个人将感激不尽。

我还要告诉您，我正在写一部《世界贫穷史》（*History of Pauperism*），从世界各地收集资料。我给各地的人们写信颇有成效，已经收集到了多种国家语言的资料，或是人们答应为我提供他们可以接触到的民族及部落的材料，从彼得堡（Petersburgh）到中国附近都有。你能否也不吝赐教，为我提供一些你观察到的中国的情况？我通过友人佩斯郡（Perthshire）

议员德拉蒙德博士(Mr.Drummond)找到了北京著名的天主教士,可是不能保证能得到我所需的详细信息,因此我恳请你的相助。

那些不能维持生活的穷人数量——为穷人筹措的资金、筹款方式以及穷人获得资助的方式——国家税收中是否由国家或者当地政府从中抽取一部分用于此,还是穷人仅能依靠私人的慈悲及施舍?——该国是否为各种穷苦人提供食物,例如重病者、孤儿、精神病人——有无为他们提供任何形式的世俗或者宗教教导?——任何浮现于你脑海的有助于阐明此主题的观点以及材料都是我所需要的。

对政治经济学的建设性结论——由于各国政府、宗教和疆域等因素以及文明程度的差异等因素的作用,有哪些新观点论及它们对人性的影响——这些都是我想了解的——也许有些国家可以学习别国的风俗、法律和制度而受益。

在结束这封长信之际,我请你浏览一篇我发表的文章,你看后自然就明白它的历史和目标。你和你在中国的友人们也许会对这则信息感兴趣,假如不出意外,本大学将会率先实行,这也将促进公众的利益。

对你感激不尽的、你忠实顺从的仆人

贝尔德(G.H.Baird)

上述引文是从大量的通信中挑选出来的,由于不是写给差会的正式报告,因此特别有意义。英国福音小册公会、英国祈祷书公会也很快利用马礼逊博士的协助,以最慷慨的方式把他们的出版物送到中国——关于这类的事情,他们自己的信里信息更加完备——其中一些信件和伦敦会 1819 年的年度报告清晰地展示了马礼逊博士截至本年在宗教及语言方面取得的进步。

下文是摘录自伦敦会的年度报告:

马礼逊博士期望向中国传播基督福音,可是由于中国政府的严格限制,他直接宣道的机会限于他住所极狭小的范围内活动,也只有几个中国人在他的教导下受益。去年夏季,他也在住所给几位挑选的同伴传教。有一个人叫蔡轲,他以前经常接受马礼逊博士的教导,由马礼逊博士施礼入教,去年 10 月死于肺病。马礼逊博士对蔡轲的评价很高,认为他的信仰是真诚的。他的兄长蔡运①去了马六甲协助那里的教务,他发现独自一人去中国人居住的村庄传教很困难,如果单独去村里谴责他们的偶像崇拜礼仪,会遭到他们的排斥甚至迫害。

去年马礼逊博士热切地编写汉语词典,他盼望完成词典之后投身传教士劳作中更愉快的传教活动,可他很少顾及与繁重的劳作相配的健康状况。我们声明:他从去年开始经历了几场重病。

马礼逊博士计划在去年11月初完成《五车韵府》。他起草并在澳门出版了一部《中国一览》(*A View of China*);1817年还在澳门住处进行一系列的传教演讲。除此之外,他还翻译英国教会的祈祷词——《年中每日早晚祈祷叙式》并将其出版供中国人使用;还有一部《养心神诗》。"在马六甲,马礼逊博士翻译的《诗篇》的出版工作已经完成;《圣经》的其他部分正在印刷中。"

马礼逊博士提到一位从英国来的牧师将要常驻澳门,他又提到据说每年美国都将派一名牧师到澳门向那里的欧洲人宣教,他还特别提到现在到访广州的教徒人数比以前增加了。

长期以来,马礼逊博士渴望回到英国,理事会也指示此事完全由他决定,可是,出于对自己劳作的强烈责任感让他决定牺牲个人情感而成全公共责任,目前他已放弃了回国的想法。

马六甲的布道站迅速跃居重要地位,这证明马礼逊博士的判断完全正确,马六甲布道站是在他的推荐下成立的。

下面是普里切特牧师(Rev.C.R.Pritchett)写给马礼逊博士的第一封信,此后他们终身都保持着联系。

英国祈祷书公会

伦敦萨里斯伯雷广场(Salisbury Square),1819年4月15日

尊敬的牧师:

我们去年5月收到您写于1817年11月19日的信,随信还收到您译

① 蔡氏弟兄三人长幼排行分别为蔡轩、蔡轲、蔡运。此处"他(蔡轲)的兄长蔡运"有误。详见苏精:《中国,开门!》,205页。——译注

成中文的《年中每日早晚祈祷叙式》一书，令我们欣喜异常。因为盼望着从乔治·斯当东爵士那里了解更多的情况并且听取他的建议，所以我们延误至今才给您回信。斯当东先生此前已返回伦敦，我代表本会委员会给他写信并得到了他的回复，坚定了我们尽自己所能帮助你的决心。委员会随即指示我，本会将资助你印刷2000册《年中每日早晚祈祷叙式》，如果你能在中国以及海外华人聚居地散发这些书，委员会将会非常高兴。由于这项决议是今天刚刚通过的，我又必须于明天寄出此信，因此我没有时间征求英国圣经公会(Church Missionary Society)书记普拉特牧师(Rev. Josiah Pratt)的建议；他很希望你给他们委员会寄上几本；我们还需要你寄来100本以便赠给在英国的中国人或者当作珍奇品赠人。伦敦会建议最好在你完成这批书的印刷之后，通过伦敦会向我们要求资助费。

我没有谈及你的《养心神诗》，因为英国圣经公会很可能会资助这本书的出版与散发的费用。我将与伯德先生一起努力替你促成此事。

你收到这封信的同时还应收到一份8开本的《训诫集》(*Homilies*)，供你参考使用，还有200本精选训诫小册用于散发。如果你认为有必要将第一训诫或其他部分译成中文，本会都将为你提供出版费用。我还要说，你对祷词未作任何修改，这为我们之间的合作奠定了基础(我们真的很高兴与你合作)，如果你做了任何不必要的改动就违反了本会的原则。我们已将第一训诫译成当代希腊文、意大利文、西班牙文、德文、法文，荷兰文和阿拉伯文的译本也即将完成，在翻译中我们恪守忠实、简洁的原则，不允许做任何改动。

亲爱的先生，衷心感谢你的来信，感谢你在信中赞扬我们推广改革者著作的做法，在信的末尾还送上了最真诚热情的祷告。假如你发现有人需要英文的祈祷书与训诫，我相信(虽然仅是我个人之见)本会很乐意为你提供赠书。我们衷心地祝愿你以我们的主耶稣的名义从事的爱的劳作取得成功！

我重新看了一遍给你写的信，以你对当地环境的认识，由你自行决定印刷1000册《养心神诗》而非2000册《年中每日早晚祈祷叙式》，本会都将感到满意。虽然路途遥遥，然而这是件非常重要的事情，因此本会乐意给你更大的自由。鉴于目前的情况，有机会的话，给我们每种寄发 50 本就够了。

如果我还不是那么不配的话，或许我可以说我是你的弟兄，而我们都是主的葡萄园里的同工。

书记：普里切特

致普里切特牧师的信

中国广州，1819 年 12 月 26 日

尊敬的牧师先生：

今年 9 月我在澳门收到了您 1819 年 4 月 15 日的来信，当时我正全力以赴地翻译《圣经》，同时还得兼顾其他事情；没有收到您的来信之前，我已经通知马六甲将《年中每日早晚祈祷叙式》和《养心神诗》合订成一册，印刷 2000 份，在我看，出合订本就是比分册印刷"更谨慎"的做法。然而，我看到您在信中提到的却是两种书各 1000 册。我不认为祈祷书公会对于多出的数目会有任何困难，2000 册与这些地区 3 亿人口相比算不了什么——需要你们付的印刷费 600 元也微不足道；我盼望支取这笔钱开始印刷，而不是迟至出版完成之后。其中的缘由，您略加思索就能理解：我们翻译是免费的，没有给差会增添任何负担，因此我们无法垫付它们的出版费。

您知道我们的困难极大。第一套刻版我交给一位中国人保管，他藏在一个角落里，结果绝大部分被白蚁毁了；后来伦敦会又出资重新刻制了一套新刻版，在 1818 年年底印刷了 400 册。大部分在中国散发，还有一些通过印刷工和书商散发。我现在用你们资助的钱在马六甲制作一套刻版，印刷 2000 册。为此我按每册 1/4 元付费，还支付了 100 元的刻版制作费。我担心纸张税和其他的开支可能会增加印刷成本。感谢您寄给我的 8 开本的《训诫集》和一批精选训诫小册。我给在华的英侨送了几本，其余的都送给了广州和澳门的穷人。如果您听说有一些你们的书被损毁了，请不要感到失望。我坚信这些宗教出版物中总有一些能改变邪恶堕

落的人,让他们摆脱撒旦转向上帝之子的光明与自由。

斯当东爵士写信告诉我,你们曾拜会过他,我很高兴他建议你们资助我。

我会记着将《训诫集》中的一篇或者一部分译成中文。我计划先寄给您10本《年中每日早晚祈祷叙式》和《养心神诗》的合订本,这批书是伦敦会资助出版的;等马六甲完成2000册的合订本之后,米怜将从马六甲给您再寄一些。

我恳请您接受一份在马六甲创办的书院的"简介",我认为这所书院值得那些赞同采取措施促进异教徒归信的基督徒的资助和支持。愿上帝保佑并赐福各种形式的基督教慈善活动!这是成功必不可缺的要素。

您忠实的朋友

罗伯特·马礼逊

以下摘录的伦敦会的一封公函,表明伦敦会经过慎重考虑之后,批准马礼逊博士在马六甲建立书院的计划,同时还通过了几项与此有关的决议。

伦敦,1819年2月26日

亲爱的弟兄:

我们收到了你1月18日、30日,2月3日、25日和6月10日的来信。理事会格外重视你关于传教措施和筹建英华书院等事项的来信,我们通过反复讨论、深思熟虑之后作出下述决定。

你在1月30日的信中申明在中国传教的诸多困难,我们完全清楚,没有遗忘你和恒河域外传道团的同工从事的极为重要的各项劳作,你完全可以放心,理事会将一如既往地"给予你无微不至的关怀,同时清醒地期望上帝建起高高的殿堂,人类的建造师的努力都是徒劳"。我们倚靠祂让你在不利于健康的气候中保存你的生命,让你的身体和大脑都保持活力,让你稳健、聪明、热情,让你处于世俗力量的庇护下,让你的仆人对你忠诚,让你的劳作取得成功;而我们所得到的诸多特权都同样仰仗上帝,因此我们感到,除非深入探索上帝的智慧,否则将永不能进入神的事务。但愿予人才能的上帝经常赐予我们。

我们很高兴听到任何有关你中国仆人发生的可喜变化,毫不怀疑你为了他们的利益采取了一切方法。但是只有上帝才能让他们转变,而非人类。

你和米怜先生承担了《印中拾闻》出版费,做得很好——因为这份出版物的性质过于宽泛,伦敦会不会资助它。我们盼望它能取得你预计的好的效果。内斯比特先生(Mr.Nesbit)收到了你委托销售的一部分,可是每份售价两先令六便士在很多人看来太贵了,因此很多人不会花钱购买在海外出版的报纸。

我们收到了汉英词典的第三部分,博德先生(Mr.H.F.Burder)和布莱克公司(Messers.Black and Co.)已经给你写信谈销售情况。

应米怜先生的请求,理事会正在寻找一名熟练的印刷工,他将到马六甲专门负责监督印刷和铸造字模等事务。我们同时也写信告诉了米怜先生,还通知他理事会关于英华书院的决定。

你尚未透露你继续留在中国还是到马六甲去,我们盼望尽快得知你的决定。我们代表理事会真诚地祝愿你身体健康,愿上帝保佑你事事顺利。

你的主内弟兄

司库:汉基

书记:伯德

伦敦会就“英华书院计划”的若干决议

决议:理事会知悉并衷心赞同马礼逊博士和米怜先生提出的创立一所英华书院的总计划,他们确认赠送土地用于修建书院,并出资赞助书院与传教目标密切相关的各项建设。

决议:成立一个恒河域外传道团管理委员会(General Committee of Management of the Ultra-Ganges Mission),以团结本会成员共同努力、维护友谊与和谐为原则。

决议:同意临时委员会(Provisional Committee)决议中第2、6、7、9、10、11、13、14条;第3条根据经验需要修改;同意第4条的前提是不得再增加建筑，而预定分配给中华传教事业的空间应为目前传教士所住房屋的一部分；关于第12条决议，因为没有附上任何相关资料供理事会借鉴，因而无法做出决定；理事会一致同意并强烈建议立即将第15条决议付诸实施；第1、4、5条交由传教士自行讨论决定。

决议：请马礼逊牧师和米怜牧师务必郑重考虑，计划中的英华书院应确立以传教为导向的重要目标，建议他们增加课程、扩大教学范围，包含向马六甲以东地区传播基督教需要的所有语言。

决议：理事们在同意英华书院不严格局限于传教目标的同时，建议马礼逊先生和米怜先生谨慎从事，防止因为世俗目标的学生与宗教目标的学生一起学习时可能造成的伤害与不便。

决议：伦敦会的津贴只提供给立志献身传教事业的人。

决议：同意任命马礼逊牧师和米怜牧师在建校最初三年担任书院管理委员（Committee of Superintendence），在此期间书院后续管理安排根据具体情况决定。

决议：建议马礼逊牧师和米怜牧师起草书院内部管理措施，包括学习时间、课程目标、家庭礼拜、守安息日以及其他关于文学活动及内部经济等重要问题；此等规定应尽快递交理事会批准。

决议：诚挚建议马礼逊牧师和米怜牧师谨慎考察非传教目的入学学生品格，谨防他们对传教目的学生产生不良影响。

决议：理事们理所当然地视英华书院事务为恒河域外传道团总体事业的一部分，加以管理与指导。

决议：关于马六甲建立寡妇孤儿基金事宜，待伦敦会传教士遗孀孤儿救济金一事确认后再议。

1819年，伦敦会的创始人之一、受人敬重的哈德卡斯特先生去世，马礼逊博士失去了一位宝贵的朋友和通信人，他在记忆中对哈德卡斯特先生保持着最热切的敬意。具有同样品格的汉基先生被选出接替哈德卡斯特先生任伦敦会司库。下面是新上任司库写给马礼逊博士的第一封信，他与马礼逊博士的通信持续到后者去世为止，此后，汉基先生仍不懈地努力促进马礼逊家人的福祉,表现出他友谊的力量和恒心。

伦敦,1819年4月10日

亲爱的先生:

您没收到我的来信,并非我对您没有深厚的感情,也不是没有认识到您劳作的价值。承蒙您多次来信,无止境的公务没能让我实现给你写信的心愿,这让我更加遗憾。确实如此,当我们敬重的前任司库身体越来越差,必须寻找一位继任者时,我感到自己不配充当哈德卡斯特先生的继任人,不仅是因为有哈德卡斯特先生这样一位前辈让我相形见绌,而是我必须履行的公务让我几乎没有闲暇,我的健康状况也不允许我承担更重的责任,我本该辞就如此重要的责任,但是我对于伦敦会的目标和利益的关切战胜了我的顾虑,犹豫再三后我还是接受了伦敦会的任命,我将履行司库的职责,我目前"虽然疲乏,仍孜孜以求"。

除上述细节之外,我不得不补充一则悲痛的消息:我们敬爱的朋友哈德卡斯特先生已经不在地球上为我们人间教会效力了。辞职之后他的病情日益恶化,继又出现了身体麻痹等症状,在3月3日脱离了这个有限的肉体生命。他临死就像他生前一样平静祥和。在他还能够表述自己的情感时,他的信仰坚定而炽热,满怀慰藉。他重病的整个过程让所有亲见的人都颇受教益,就如《诗篇》37章所写的义人的结局,他就是那种极少的典型。正如你在1817年10月29日的信中提到他总是关心着你的传教事业,我毫不怀疑他到了生命的最后一直如此。因此,沿着他的足迹继续前进是我的心愿。我可以肯定地告诉你,在我看来几乎没有比你的劳作更重要的目标了,我们热切盼望你完成全部《圣经》翻译的好消息,感谢你给我们带来了希望。

我认为你在马六甲创建英华书院意义重大,很可能会对福音在东半球的传播产生极大的影响。你的计划引起理事会的高度重视,你将会收到他们详细的决议,我不必在此详述。可是有一点我此刻要提醒你,虽然你的来信中没有提及,那就是如此重要的机构建在非英王属地上是否明智。对于这个问题,我个人极为怀疑其适当性。我认为不仅欧洲各国的政局不稳定,就连政府对宗教事务也心存疑虑,尤其是在外国人掌管的地域建立主要的传教重心，是有很大争议的。我的意见一向如此，最近的事件让我的信念更坚定了，那就是当我们的弟兄经马德拉斯去马六甲时，我给荷兰大使写信，请他为我们的传教士办理护照，立即就办妥了，但是就在大约一个月后，我收到了他的信说必须收回护照，让我向海牙提出申请。我们已经准备就绪，传教士即将起程，因此我只能给大使写信，告诉他行程已无法更改，希望他不要为传教士入境设置任何障碍。我理解可能是他接到了政府的指示，因此才这样做。假如我们向海牙申请经由他们领地向你那里派遣传教士，他们会答复说他们自己向殖民地派遣传教士。我猜想我们的弟兄已经告诉你和米怜先生事情的经过了。你应该清楚，上面建有书院的那块土地是否已经得到了荷兰总督的追认拨赠。

去年8月我去了法国，很高兴在巴黎逗留的短时间内结识了几位学者，尤其是巴黎大学的雷慕沙教授，也是法兰西学院的院士。他在汉学方面享有盛誉，我想替你们转达通信，或许能吸引像他这样举足轻重的人物对你的目标的关注。我很高兴地发现他已经主动给你去信了，而且他高度赞赏你的几部著作。他仍未看到你的《养心神诗》和《问答浅注耶稣教法》，我把你的这两本书当作赠礼，他很高兴地收下了，似乎只要是汉语的著作都令他着迷。我还以伦敦会的名义向巴黎皇家图书馆赠送你的汉英词典。我主动提出替雷慕沙教授转交信给你，他也很乐意，随信附上的就是他的信。如果你想给他寄任何东西，我愿意替你转交。他是一个相当随和的人，据我观察，他思想精深而且具有博爱之心。我很想知道他作为主编之一的《巴黎学术期刊》(*Journal des Savans*)上有没有介绍你的文章，我得知越来越多的人注意到你的汉英词典、《通用汉言之法》、《中国一览》和米怜翻译的《圣谕》。雷慕沙还在信中说他愿意在刊物中刊登任何关于中文及东方语言的消息，希望我能为他提供此类信息。我只能回复说我很乐意转达你和米怜先生希望我传达的信息。只要我们处理得当，这些社会上的重要人物给予我们的赞扬和支持，无疑有利于我们从事的高尚事业：虽然我们的目标比学界目标要远大得多，这有利于向学界表明我们不反对纯文学，恰恰相反，我们是学界的真正同盟和支持者。我相信这也是你众多劳作成果中的一项。我希望你在马六甲创建的书院也会取得这样的效果(虽然在我们看来这个目标是次要的)。在你读到这封信之前,应该已经收到了理事会对书院的指示。我们的愿望和想法是,它不应局限于促进福音在中国的传播,而是通过培养学生熟练掌握马六甲及其东方的语言及方言,让英华书院成为一个为从中国到美国西海岸之间广阔地区培养福音传教士的摇篮……

我们很高兴得知我们在伊尔库茨克(Irktutsk)的朋友斯托布拉斯(Stallybrass)和罗姆(Rohmu)得到了你们出版的《圣经·新约》,这是高登船长(Captain Gordon)从马六甲带走的一些,传到他们手中。他们目前还不能利用这些《圣经》,其实是还没有找到合适的机会。我欣喜的是已经找到了一条沟通的途径,这正是你在幅员辽阔、人口众多的国家开展传教活动的方式之一,也是我们向中国派遣传教士的预期目标之一。斯托布拉斯和罗姆准备离开额可图塔斯克到塞林金斯克(Selinginsk)或其附近,这样离中国鞑靼北部更近了。我们还有一位优秀的传教士在彼得堡学习蒙文,他在两名信奉基督教的蒙古先生指导下学习语言,准备到他们所属的部族中传福音。我们已高兴地收到了两本蒙文福音小册,这是在蒙古教徒的协助下完成的,还有两部蒙文的《四福音书》正在印刷。这些旨在由外及内地消除中华帝国的无知、迷信和罪恶的努力不会落空的。这些表明虽然不能完全铲除其根基,至少动摇其根基的时间即将到来。盼望你宝贵的生命得以保存,你的身体健康,精力充沛,愿上帝赐予你恩典、知识和理解力,让你充当上帝的工具,为救世主的王国增添荣耀并将其再扩展。再次向你及你的事业致上我崇高的敬意。

你忠实的

汉基

英国福音小册公会司库雷纳先生(Joseph Reynor)的来信

伦敦,1819年12月28日

我尊敬的、亲爱的朋友:

你在1818年11月30日的信中批评了我。我最近一次给你写信是在 1818 年 1 月 27 日，交寄了“基德将军号”(General Kyd)，我以为你 4 月已经收到信了，可是今天刚从委员会及一些友人处得知信件被延误了，这些信件和一些通讯报道将由克拉克先生交给你。

亲爱的弟兄，我确实理解你远离亲友的孤独，我赞赏促使你下定决心这样做的动机和责任感——因此不愿离开上帝指派给你的岗位和任务；我也没有忽略你数年来的耕耘所产生的影响，还有随着你对中国人的性格、偏见、喜怒哀乐的了解日益深入，你在中国人中传教更能被人理解；我坚信没有什么力量能阻止圣灵的影响，只是神的话语(阅读或口述)应该简洁有力，让与你交流的人或者是异教徒都清楚明白。

上帝的诺言是真的，“看哪，我与你同在”，虽然祂出于某种原因要考验仆人们的忠诚，尤其是大溪地传教士的事情，然而祂的诺言是确凿的，当我们看到干旱、贫瘠的土地变成上帝的花园时，就是圣灵浇灌的显现。

我不禁盼望我尊敬的朋友的劳作能结出更多果实，但是假如暂时没有成果，他不应忘记耶和华成就了祂应许大卫的话“你立意为我的名建殿，这意思甚好”(代下 6:8)。

我对你出版的期刊《印中拾闻》很感兴趣，希望它能让中国人接受福音真理。我看到的不全，但是仅我看到的几期就非常鼓舞人心。

我和很多朋友都认为马六甲布道站是个极为明智的选择，英华书院的成立更是锦上添花。我觉得它的意义不限于此，更重要的是它证明了这是向中国及周围属国传播光明与知识的一种方式。你让我大力支持你。我感到遗憾的是我出不了太多力，但我毫不怀疑从这里、印度和其他各地将会找到经费。是的，我尊敬的朋友，当这里最初计划兴建那所书院时，它就像先知预见的一小片云彩，终将延伸并覆盖整个天穹。

你可能会很高兴得知，我们准备出版阿瑟林先生(Mr. Asselin)得到的那部埃塞俄比亚文的《圣经》(*Abyssinian Scriptures*)，它是用埃塞俄比亚地区的一种方言(Ethiopic Amharic)写的，这将会造福那些地区的人们，长期以来他们只能在教堂里听上帝的话语。

我随这封信给你寄去了一册《英国福音小册公会的创建和最初二十

年》(*Proceedings of the Religious Tract Society, for the first twenty years*),你会饶有兴趣地发现它是怎样从小发展到大的。我们预计今年福音小册的发行量将超过500万本,其中许多小册是为了与影响社会安定和秩序的非宗教出版物抗衡而推出的。我希望这些小册不仅遏制非宗教读物,而且通过发行《圣经》传播知识的努力,能够推动真理事业向前发展,也使那些有名无实的基督徒被小册激励着重新审视他们所信仰的教义。

战后英国的人口超过了市场所需劳动力的数量,特别是在工业区,长期以来深陷困境和严峻的考验。不只我们国家如此,周围的参战国都面临同样的问题。我相信神察觉到了形势的严峻,因此再次让这些国家建立了有利于和平的关系。

在这段困难时期,社会上涌现了许多有悖信仰的过激言论,我却毫不担心真理将会继续发展:因为英国的《圣经》比以前任何时期流传得更广;国教会和非国教会宣讲福音更活跃;在海外,通过帮助当地人建立学校和传教将福音延伸得更远,我们正逐步朝敌人的王国迈进,这已毋庸置疑。

我为我们在马六甲的朋友米怜失去爱妻而深感悲哀,同时更加担心他的健康。我相信上帝会怜恤他,让他那重要的布道站每日更加强大。我不禁为上帝指引仆人道路的手、神关切的注视和照管感到惊奇。

如果我曾经为神的殿增添了珍宝,我为此感到快慰;我现在仍然会问是否需要我这样做,希望它将成为又一个伯特利(Bethel)①,受神祝福的圣地。

你来信没有提到福音小册的事,我希望尽快听到你出版它们并向异教徒送去这些证据或信使。米怜先生的传教站提供了印刷的便利,我估计你的经费没有用完,否则你早就告诉我们了。我继续持同样的观点:包含着教义精华的小册比任何形式的效果都好。这些小册可以无声地传入乡村小屋,也可以跨越高墙进入深宫大院,在圣灵的庇护下,它们将为人

---

① 伯特利(Bethel),极古老的圣地,距耶路撒冷北约12英里。——译注

们接受《圣经》铺平道路。

南太平洋的好消息频仍：当地人自己到偏远的小岛宣讲自己所掌握的福音。你知道他们那里的《圣经》即使没有全部译出，大部分也已译成了他们的语言。一位从那里回来的传教士现在和我们在一起。

最近收到了南非截至去年10月的报道。南非加弗里的战争①（Caffre War）持续了一段时间，传教活动也因此被迫停止了，几位联合弟兄会（United Brethren）的传教士在维特谷（Witte Ville）遇难了。

我记得在上封信中告诉你坎贝尔先生（Mr.Campbell）陪同菲利普博士（Dr.Philip）年初前往南非；菲利普博士计划与夫人及全家留在好望角，担任好望角的传教士主管。我最近收到了坎贝尔先生的来信，他一切都好，准备前去拉塔库（Latakoo）。

我听说途经孟买去中国的船即将出发，借此机会给你写信。我亲爱的弟兄，在结束这封信之际，我把你托付给祂，祂有能力保佑你到那天，当我能与你一起欢庆并缅怀上帝的恩典和仁慈。我夫人和孩子们与我一起向你致敬。

永远爱你的

约瑟夫·雷纳

你可能已知道我们尊敬的朋友哈德卡斯特先生去世的消息。他走时很安详。

① 非洲当地加弗里人起来反叛英国人及传教运动的战事。——译注

马礼逊回忆录（下）

全译本

Memoirs
of
the Life and Labours
of
Robert Morrison

［英］艾莉莎·马礼逊／编
Compiled by Eliza Morrison
杨慧玲等／译

中原出版传媒集团
中原传媒股份公司

大象出版社
·郑州·

第四阶段

从创立英华书院到重返英国

（译者　杨慧玲　张蓉斌）

1819—1823

第六节

–1819①—1821–

⁕

–1819—1820–

完成《圣经》中译—与家人、宗教界人士以及学者的通信—中国的穷人状况—葡萄牙人中的穷人状况—澳门的医馆—致雷纳先生的信—致雷慕沙先生的信—致贝尔德院长的信—马礼逊夫人回到中国—致汉基先生的信—法考尔上校的信—亲友信件选摘—英华书院的章程、状况与资产—米怜牧师来信—书院规章—书院课程—马六甲印刷所出版的著作—马治平先生对书院的评价—特选委员会来信—米怜牧师来信—洛迪奇斯公司来函—李文斯东先生论植物学—沃塞斯特博士来信—普罗德菲特博士的信—奥利芬先生—米怜牧师来信

截至这个阶段，我们了解到本回忆录主人公如何孜孜不倦、毫不懈怠地努力实现由基督新教中国传教事业的发起人为他指定的目标。他已经掌握了汉

① 原文误为1818年。——译注

语——完成了一部完整的汉英、英汉词典，共有三大组成部分——还将整部《圣经》译为三亿人口的语言。假如马礼逊博士想要凭此赢得世人的赞誉或是学术声望，他的劳作成果早已传遍了文明世界，完全可以让他的梦想变成现实。他本可以从数年来殚精竭虑的脑力劳动中解脱出来，在工作之余研究更轻松、更娱人的普通常识——可是除非他“没有如此深入地认识主耶稣”，否则，他唯一的目标就是增添耶稣的荣耀——他还将自己所有的收获归于主基督耶稣的恩典，总是非常谦卑地称自己“没有任何功劳”。

前面叙及中国官府搜获一批刻版的事情，让他颇为担心今后类似的事情会造成更为严重的后果，会迫使印刷所迁出澳门。马礼逊博士因此决定先完成汉英词典的印刷，以满足欧洲人学习汉语的迫切需求，再视情况继续按原计划印刷其他的书籍。即便编者能够胜任评价马礼逊的文学成就这一难题，在马礼逊博士的回忆录中也不宜对此加以评论——应由一个有此能力的人扼要地介绍他的中文著述。至于那部旨在光耀并且影响千百万中国人，直到他们最终与神修好的圣书，马礼逊博士在给伦敦会的信中流露了自己的真情实感。

广州，1819 年 11 月 25 日

牧师弟兄们：

承蒙神的恩典，今天我们完成了新、旧约的翻译，全部《圣经》都已译成了中文。

本月 12 日，米怜先生译完了《约伯记》和《旧约》中历史书部分，这是他选择翻译的部分。其余完全由我一个人翻译的部分有：

《旧约》

1.创世记　2.出埃及记　3.利未记　4.民数记　5.路得记　6.诗篇　7.箴言　8.传道书　9.雅歌　10.以赛亚书　11.耶利米书　12.耶利米哀歌　13.以西结书　14.但以理书　15.何西阿书　16.约珥书　17.阿摩斯书　18.俄巴底亚书　19.约拿书　20.弥迦书　21.那鸿书　22.哈巴谷书　23.西番雅书　24.哈该书　25.撒迦利亚书　26.玛拉基书

《新约》

27.马太福音　28.马可福音　29.路加福音　30.约翰福音　31.希伯

来书 32.雅各书 33.彼得前书 34.彼得后书 35.约翰一书 36.约翰二书 37.约翰三书 38.犹大书 39.启示录

以我的良知和掌握的汉语知识，我对《圣经·新约》其他部分的译文做了一些在我看来必要的改动。我还根据英文《圣经》增加了一些《圣经》章节顺序——中文从来没有这种形式，这些章节顺序没有扰乱原文的整体性，还增加了参考的功能。

我经常向你们坦承我有一部手抄本中文《圣经》译本，原稿由英国博物馆收藏，通过伦敦会我获得了一个抄本。正是在这部抄本的基础上，我完成了《圣经》的翻译和编辑修订工作。

这部手抄本是由一位虔诚的天主教传教士翻译的，我首先印刷的《使徒行传》是从手抄本中摘选的，一位受过些教育的中国天主教徒以为是我翻译的，认为它是异端邪说，因此烧毁了该书；另一位有些中文水平的英国人也误以为《新约》全部是由我翻译的，他说最好由天主教传教士翻译《圣经》；第三个人则在世界其他地方批评我，指责我过多地使用了抄本《圣经》的译文。假如我想要让整部《圣经》看上去都像是我翻译的，我可以多做一些改动，这样做甚至比决定留用某一部分更容易。但这并不是我的目的，也不是你们的目的，我们并不在意是谁将《圣经》翻译成各种语言，而是以何种方式翻译《圣经》，并且如何选择资助出版最佳的译本。

当面对那些低估神启的力量、“不敢公开宣布他们的原则就抱怨译本不够准确”或者固执己见地“只喜爱自己的事物”的“与宗教对立”的人的诽谤，我可以“泰然处之——凭借着内在真理和纯洁的良知良能，就像在神面前那样，我在翻译时始终沿着忠实与简洁的道路前进”。

假如马礼逊和米怜的《圣经》译本，在未来的某个时候能够为一个更好的中译本奠定基础，就像威克利夫（John Wickliff）①和丁道尔（William

---

① 威克利夫（1330—1384），英国宗教改革和清教主义的先驱，历史上第一部完整的英译本《圣经》的组织者。1415 年的康斯坦茨公会裁定威克利夫为异端，下令将其尸体掘出焚烧，该项决议于 1427 年执行。——译注

Tyndale)①的《圣经》影响我们现在的英文版《圣经》一样,很多人都会感谢神让马礼逊和米怜翻译《圣经》的尝试,伦敦会和英国圣经公会也不会因为资助他们而后悔。

至今距威克利夫的尸骨被人从墓中挖掘出来焚烧还不到500年,他遭到迫害主要是因为他翻译了《圣经》;至今离丁道尔被绞死焚尸不到300年,他也是出于同样的原因受到迫害。那些对任何《圣经》译本都不会满意的人指责威克利夫和丁道尔的翻译不够准确;而至今距离英国议院宣布"丁道尔的新、旧约译本因其翻译虚假不实、扭曲真理被禁止使用,不允许任何人收藏或者拥有该书"②也才277年。假如不久前就会发生这样的事,则近代译者对于自己的翻译遭到责难也不必感到意外了。

即使很多人的才能比我们更能胜任翻译《圣经》的任务,却很少有人有此意愿。恕我冒昧直言,很多人第一次译经可能都译不好;但是,如果真的出现不错的译本,所有的赞誉也应归于上帝。过去的事实已表明这一夸耀之辞是不准确的,但目前预料中的批评还不可知。

英王钦定本的译者有54人,而且是在英国王子的庇护下,在自己的国家翻译成自己的母语;我们中文《圣经》的译者只有2人,或者至多3人(算上抄本中文《圣经》的译者),而且是在遥远的异国翻译成我们刚刚掌握的一门外语——世界上最难学的语言之一,也是欧洲人最不了解的语言之一。假如要为目前的中文译本定性,公允的评判者不应忽略上述背景因素。至于中国人对此译本的观点,下述情况也应考虑在内。

汉语拥有大量古老的文献,数世纪以来,一群被称为文人的特权者致力于把语言提升到他们认为典雅简洁、有丰富典故的更高层次;因此文人的书写风格与人们的口语迥然不同,就像古罗马的语言与当代欧洲语言不同一样。所以,中国文人对文章的风格尤其重视,排斥一切非古典的风

① 丁道尔(1494—1536),欧洲近代宗教改革时期第一部英文《圣经》的译者。丁道尔翻译《圣经》遭到教会的反对和追捕而逃亡德国,他于1525年或1526年出版的《圣经·新约》遭到教会的抨击、收缴、焚毁。他于1536年被捕,并被处死。——译注

② 德雷和曼特的圣经译本(D' Oyly and Mant' s Bible)。——原注

格。尤为严重的是,中国文人对世界一无所知,也不懂当代科学,自欺欺人已经达到极端的程度,把一切与他们的经验、情感和方式不同的都视为稀奇古怪、蛮夷人的东西。这种自我欺骗促使他们"喜爱黑暗",即使在历史方面也不"爱光明",这种趋势把他们降低到即使不弱于,至多也仅与其他国家同等的地位。

中国的翻译仍处于萌芽阶段。没有一个中国文人为了翻译而学习外语,就连宫廷似乎都很难维持一定数量的合格的满文译员。佛教书翻译得错误百出,有些天主教的书翻译得比较典雅,这两类是目前仅有的翻译成汉语的宗教书籍。在耶稣会士指导下出版的科学书籍,并非原书的全译本,而是由中国人编写的包含欧洲思想的书。

中国文人通常鄙夷的"俗话",并不是"低级粗俗的表达",而是一种普通民众广泛使用的语言,与只有文人才懂的高雅、古典、深奥的语言风格相对。

欧洲黑暗时期学者们认为所有重要的书籍应该用拉丁文而非俗语书写;中国文人也持有类似的想法。朱夫子的理学文章实际上背离了这种做法,因为古朴简洁的语言不能完整传达新思想。古汉语措辞十分简洁,但除了再现旧观念没有别的用途。

把一部神的圣书翻译成这样一种风格,既不被文人嗤之以鼻,又要显示译者的古文造诣,似乎又要重演古埃及祭司的故技,据说他们用只有他们或一小部分造字者才懂得的图画文字记录宗教教义;或者像德国莱茵派把《圣经·新约》译成英文那样,在译本中保留许多东方、希腊和拉丁词语,并且引入许多晦涩的表达,特意不让普通人读懂①。这种批评或许太严厉了,但是人们完全认同翻译《圣经》的原则——就是简洁明了。

任何一部书的译者都肩负着双重责任:第一,准确理解原意,体会原著精髓;第二,在他的译文中用地道的习语(假如他能用得恰到好处)清

① 德雷和曼特的《圣经》译本(D'Oyly and Mant's Bible)。——原注。德雷(D'Oyly George,1778—1846),著名牧师、神学家及传记作者,1814年与曼特(Richard Mant)一起注释并出版了家用版的英文《圣经》,该版《圣经》出版后曾多次再版。——译注

楚忠实地再现原著的意义与精髓。

关于第一点，一名基督徒要比一位异教徒更胜任《圣经》翻译工作；就第二点而言，当然（其他条件相同的情况下）以母语为目的语的人更能胜任，除非现在有异教徒文人归信基督教，否则不容易找到符合上述条件的译者。

我相信第一点要求比第二点更为重要，假如无法把握《圣经》的原意，译文再典雅也没用；而即使风格有些粗俗，却不至于背离原意。有人认为苏格兰教会使用的文辞拙劣的诗篇更能体现《圣经》的本意。根据我多年来翻译商务和政治文书的经验，一个外国人写的极不典雅的文章能够让一名中国学生准确地理解其意义和精要，比口语传达的意义更好。

我说这些是想表达我的观点：一名拥有良好判断力和具有中等语言能力的基督教传教士的翻译，虽然译文不够纯正地道，但可以更好地传达神启的本义，比一名语言流畅但是不懂《圣经》和基督教的最出色的异教徒文人更胜一筹。即使异教徒文人拥有适当的知识，足以清楚地理解经文，但是由于他不喜欢《圣经》，因而也不会郑重其事。更不用说异教徒文人翻译时还会受到固有异教观念的影响，同时受到多数异教徒不诚实性格的影响，我认为我所见过的中国人都会以某种方式玷污《圣经》；即使他们对《圣经》产生好感，当《圣经》与他们的观念不合时，好感会让他们对原文进行过分的补充引申。

我翻译时，力求译文忠实、表述清晰、语言简练。相对于生僻高雅的词句，我宁可使用普通易懂的词句；我尽量避免使用异教徒的哲学和宗教术语。我宁肯译文不够典雅，也不愿它晦涩难懂。在难译的段落中，我从人们普遍认可的最庄重虔诚、最中规中矩的词里获取语感。

我在履行译者的首要职责即确定《圣经》的意义时，使用了英国的通用《圣经》译本、《圣经原典》（*Original Scriptures*）、蒙塔努译本（Montanus's Version），同时还参考了通俗拉丁文译本（Vulgate）、法文译本、七十士希腊文译本①（Septuagint translation），汤普森（Charles Thompson）的七十士

① 七十士译本是公元前3世纪至公元前1世纪从希伯来文翻译成古希腊文的现存最古老的《旧约》。——译注

译本的英文本①,坎贝尔博士关于《圣经》的专论,杜德瑞基博士关于《新约》及其他著作,麦克奈特(Macknight)关于《使徒书信》的著作,斯科特(Scott)的注释版《圣经》,劳斯博士(Dr.Lowth)的《耶利米书》,劳斯主教(Bishop Lowth)关于《以赛亚书》的著作,帕特里克主教(Bishop Patrick)对《箴言》的注释,纽科姆主教(Bishop Newcome)的《小先知书》,克拉克博士的《〈圣经〉注释》(*Commentary*),偶尔还参考亨利马太的《〈圣经〉释要》、德雷和曼特圣经(D'Oyly and Mant's Bible)②的《利未记》和《民数记》,有时也看普勒(Poole)的《圣经纲要》(*Synopsis*)、天主教杜爱圣经(*Douay Bible*)的《利未记》和《民数记》、后人对卡尔梅特(Calmet)《雅歌》的编辑,帕克赫斯特(Parkhurst)的《希伯来语-英语词典》(*Lexicon*)和布斯多夫(Buxtorf)的《希伯来语词典》(*Lexicon*)。

我在履行译者的第二项职责,即将《圣经》的意义用中文表述出来时,英国博物馆的中文《圣经》抄本、几部在中国流传的天主教著作、汉语词典抄本都对我有所帮助,我的中文教师也帮助过我。

为了完成这一使命,我忍受着长时间工作的艰辛,过着与世隔绝的生活;在翻译时冷静、客观地判断,不选择新奇怪异的表达,也不迷信古人的说法;我希望我因此保持了准确的思维,并且怀着敬畏的心,唯恐背负错译神的话语的责任。这些素质在翻译像《圣经》这样重要的书时,就如同语法知识一样不可或缺。

我没有过于背离英文《圣经》原意,据此我估计英国圣经界的友人应该更加满意,起码比所谓的"全新版"或者"改进版"要强,虽然它们也直接译自《圣经》原文,却不尊重旧译本和人们认可的译本。

我认为,只有欧洲的基督徒译者和研习欧洲语言及基督教数年的中国人联合起来,才可能做出最佳中文《圣经》译本。有鉴于此,我请求热心《圣经》翻译的友人们资助马六甲正在兴建的英华书院,它旨在交互培

---

① 汤普森(Charles Thompson)历时19年直接从希腊文七十士《圣经》译成英文的旧约译本,该译本于1808年出版。——译注

② 德雷和曼特的圣经译本(D'Oyly and Mant's Bible)。——原注

养中西文化，广泛传播基督教义。

借着摩西、大卫和先知，基督耶稣和祂的门徒以自己的语言向这片土地上的居民宣讲神的《圣经》，我希望这预示着在世界东方加速传播《圣经》一个幸福时代到来的好消息；我相信笼罩在异教徒心中疑虑的黑暗将会被来自天上的黎明之光驱散，那些镀金的佛像和遍地各种偶像在神的强有力的话语面前，有一天将会轰然倒塌，如同大衮①偶像在耶和华的约柜前倒下一样。

这就是我所期盼的，虽然目前还看不到一丝让中国敞开大门的迹象，很多人对救世主的名字以及任何包含救世主的名字和教义的书感到憎恶，可是我却并不因此感到绝望。我想到了英国在宗教方面的过去和现在。距离英国当政者宣称“(民众)不得在教堂阅读《圣经》，也不许穷人私下读经”“只有贵族和绅士、贵妇和淑女才能在家中收藏《圣经》”还不到300年。当我想到这一点，就对中国满怀希望。

当丁道尔被绑在火刑柱上即将临刑时，他以热切响亮的声音喊叫，提及英王亨利八世，“神啊，让英格兰的国王睁开双眼吧”，神似乎听到了他的祈祷并做出了回应。让我们也像他那样热切地为中国的君主祈祷吧！

我借用使徒的话结束我的长信。“弟兄们，请你们为我祷告，祈祷主的道理能够自由地传扬，被人荣耀，就像在你们当中一样。”(帖撒罗尼伽后书3:1)

罗伯特·马礼逊

马礼逊博士的亲密友人和同工米怜此时在马六甲忙于监督校舍的建设，协助翻译《圣经》，编写汉语福音小册，编辑《印中拾闻》等。米怜和马礼逊彼此信任而毫无保留，虽然他们性格迥异，但为了推动同一个伟大的目标他们携手共进，投入了毕生的精力。他们是心心相印的弟兄，因此他们的通信风格都很相似。这里摘录的米怜博士的来信谈到了他们当时面临的困难。

---

① 大衮为《圣经·旧约》中腓利士人的主神，上半身是人，下半身是鱼。——译注

致马礼逊牧师

马六甲，1819 年 11 月 26 日

亲爱的罗伯特：

你写于 4 月 8 日至 9 月 10 日的长信，由亚细亚号(Asia)于本月 21 日送到了我手中。你的来信似乎在叙说长期以来收到的英格兰、马六甲的来信，或多或少影响了你的心情并由此引发了各种感想。你向我敞开内心世界、展示你的灵魂，这是至真至诚的友谊。阅读一封充满虔诚和友善的有趣来信，我的感知中交织着悲伤与欢欣、羞愧与鼓励。我希望你今后在信中对于需要我回答的问题标上数字 1,2,3 等。以下是我对你来信的答复——不知何时能写完。

第一，以前我们预测像 B 先生这样的人不会同意把英华书院办成一所宗教取向的学校。假如英华书院仅仅是一所文学性的机构，可能已悖离了我们的传教目的。

……

第三，“《新教在华传教前十年回顾》一书”。毫无疑问，书中披露的很多事情会使某些人不悦。居住在中国的欧美人士不会喜欢这本书，世界各地的人们也不会感兴趣，因为对他们来说，书中包含了太多宗教方面的内容；可是在热心的基督徒眼中，这本书又太世俗、太冷酷。然而，这是无法避免的；一个人要么按照自己的观点写作，要么就什么也不写。我真盼望我在书中做到了这点，并且做得恰到好处。对于《印中拾闻》问世后会遭人蔑视或者被人忽略，我已经有所准备。对于饱学之士来说它不够深入，对于宗教界来说它的宗教色彩不够浓厚，对于世俗的人来说它不够生动有趣，而高雅的人和高谈阔论者又会觉得它不够高雅，只有传教士、书商、博爱者、人文学者能容忍它的缺陷和不足。

……

第十八，你的“(10 至 16 名)中国会众”比我们这里多。神会实现祂的诺言。

第十九，“沈(Chin)，那个福建人”吸鸦片！当然他觉得每个月 8 元

到10元远远不够。他曾经信誓旦旦地说要成为一名基督徒。在饱受折磨时曾毁掉以前崇拜的偶像,当健康恢复后,恶习又旧态复萌。

第二十,“给李写信,告诉他一定不要离开马六甲,你希望他成为英华书院的第一位中文教师”。我已经把这些事情告诉他了。他个子不高但是沉稳坚定,不与社会上风行的恶习同流合污。

第二十一,“字越刻越差”。确实如此。原因如下:第一,我们这里只有一个能干的刻字工匠亚文(Awǎn),其他人都勉勉强强;还有三个学徒,最好让他们刻印《察世俗》而非《圣经》。其次,没有人重视本该格外小心的印刷《圣经》的细节问题。

第二十二,祈祷书公会委托的书会尽早印刷出版,但是我们现在手头事务繁多。我希望你把已经刻好的木版送来。

第二十三,“为什么我们归化中国人不够成功?”这是一个非常重要的问题。在我看来,其一,我们事情太多,以至于没有将时间和身心都用在交流、翻译和出版物上。我们呈现在罪人面前的真理不仅有缺陷而且缺乏温情。其二,没有与罪人单独私人接触和交谈的时间,也没同他们一起祷告、把握时机教导他们。其三,或许我们应该谦卑地认识到这项工作不是仅凭良知和严肃的祷告就可以做好的。其四,近来传教士之间的矛盾让神停止赐给我们恩典。当我们不能彼此包容、互相谅解时,神也不再保佑我们……

我想我没有遗漏你的长信中的问题。

最近马六甲爆发了霍乱。本月2日有16人死亡,就在写信的两个小时内,门前走过了两队丧葬队伍,有一天多达7个。霍乱主要在克林人(Klings)和马来人中流传,我的两个仆人也死于霍乱,又有一个人病重。我们的生命掌握在神手中,生死都由祂决定。

我非常欣赏你写给恒河域外传道团的信,这样的信会产生积极的影响。我想它将赢得大家的赞赏。

你永远的

米怜

应贝尔德教授①调查中国穷人状况的请求，马礼逊博士利用他环境许可内的便利条件代为收集所有相关主题的资料。已故的李文斯东博士——东印度公司的外科医生给他的一封信虽已刊登在《印中拾闻》上，但目前对于许多读者来说仍十分新鲜有趣。

致马礼逊牧师

澳门，1819

我尊敬的先生：

由于你要回复苏格兰教会总会(General Assembly of the Church of Scotland)的询问，我仓促间写就本信供你参考，由你决定是否使用本信内容。原信如下，我没有做任何改动，我很高兴地把它交给你处置。

您忠诚的

李文斯东

中国发生的例如江河决口、火灾烧毁全村等各类灾难让人防不胜防，突然间就使整个地区的人陷入极度贫困，迫使他们流离失所、四处乞讨，他们也因此被准许这样做。而其他例如流行病不会让所有人都一无所有，这种情况下中国人的惯例是由有能力的家族成员负担起照顾贫穷和落难亲戚的责任。

其余的穷人都是病患者，他们可以分成两大类：洁净的和不洁净的。洁净的病患者包括盲人、瘸子和聋哑人；不洁净的指麻风病人。

中国的盲人数量惊人，我无法得到与总人口的比例数字。有些信息通达的人好像也不知道，或许是他们不愿意说，他们一般都声称自己从其他地方来。有一些盲人学习表演乐器或者说书，以此挣取酬劳，因此他们属于自力更生的一群。可是绝大多数盲人像乞丐一样四处乞讨，有时由10到12个人组成一队，有人带领他们；更常见的是两三个人，以长棍探路，走在一起。

盲人和瘸子坐在马路和街道上，乞求心地善良的人们施舍。麻风病

① 马礼逊夫人这里所写的“Professor Beard”指的是1819年1月25日来信的贝尔德博士(G.H. Baird)。——译注

在中国是一种可怕的灾难。它葬送了患者的一切希望,即使病人痊愈了,也会被他的亲人抛弃。麻风病人特别多,聚集在街道和马路上,在广州欧洲人驻地附近随处可见成群的麻风病人。寒冷的冬夜往往会让许多不幸的人丧生。也许让他们恢复健康并不难,可是在迷信的中国人观念中,他们永远不能回到正常的社会交往中,甚至不能去劳动。

在广州和其他大城市里,都有为穷困者、老年人、盲人、瘸子等提供必需品的机构。

中国没有像我们英国的教区这样的划分,除了警察式的管理,没有其他的机构;而且警察的管理体系并无相关救助穷人的机构。

中国的宗教场所偶尔也会成为发放救济物品的地点,我们推断,他们的目的在于炫耀而非真正的慈善目的。地方官员有时也在宗教场所向穷困者、老年人以及盲人等发放救济金,但是作为宗教场所的寺庙没有一个有专项慈善资金。可是中国人似乎普遍认为善举会让上天喜悦,从而避免灾祸临头;因此他们在固定的日子里捐钱,更常见的是捐米。在一个生活必需品低廉的国家,只需要一点米、一点猪肉或者鱼肉、一些蔬菜,就可以让穷人做出一顿丰盛的饭菜,因此可以理解穷人的生活不算差。即使是麻风病人,也不难得到食物,只是他们不得不屈从于命运的安排。

这些评论可能只适用于中国南部或暖和的省份。在不种植稻谷、冬天寒冷的北方省份,穷人的生活更加艰难。这样说的证据之一就是北方的乞丐经常长途跋涉来到澳门乞讨。

澳门中国异教徒的数量在35000人到40000人之间,基督徒由葡萄牙人和穿葡萄牙服装的中国人构成。来自欧洲、印度、非洲、邻近的菲律宾和马来群岛的早期移民的混血儿人数不超过5000人。每年大约有100名奴隶从帝汶岛(Timor)和葡萄牙的非洲殖民地到达澳门。从上述国家和地区来的人经过250年的融合,构成了现今澳门的混血人口。他们又分为两类:一类是外国人的后裔;另一类是中国人的后裔。第一类人保留着早期移民的高傲与虚张声势,可是第二类人拥有更多的财富。每一类人中都出现了一些受人尊敬的大商人和船主。除了与船运密切相关的船只管理和装备等生意，其他的各种生意都由中国人打理，甚至连管家也是中国人。以澳门的基督徒为例，一个民族既不事生产，一无所长而又不能吃苦耐劳，当然会沦为贫民。因此我们看到了一群面无愧色，穿着丝绸蕾丝服装，戴着羽毛装饰的帽子，腰挂宝剑的与周围环境格格不入的乞丐，以上帝爱的名义乞讨而且还说神会报答施舍人的！

这可能是众多慈善问题中的一个特例，因此需要一些解释。早期传教士利用一切有利条件，想方设法改进新入教者的状况，并取得了初步的成功，他们拥有充裕的资金，建起壮丽宏伟的教堂，还设有大笔的慈善基金。自此以后，人们丰衣足食，或许是传教士们没有预料到后来会出现资金不足的问题，没有倡导节约俭朴的习惯。另一个更可能的原因是在天主教的圣日里，人们除非得到特许，否则不能做任何工作，而天主教的节日太多了，所以无论什么工作都会受到影响。曾经有人告诉我，一年中没有一天他们不能凭借宗教理由免于世俗劳动；相比之下，中国人很少受宗教的影响，新年时仅过几天的节日，上坟祭奠祖先，这几乎是他们唯一中断劳动的时候。因此即使是最勤劳的基督徒，也无法在与中国异教徒的竞争中获胜。因此，他们早就失去了信心，也不再努力，什么行业也不学。

由于一些令人痛心的原因，近年来救济穷人的资金大为减少。若不是还有一些大米可以满足人们的基本需求，很多人可能会挨饿。即便如此，恐怕世界上再也找不到这样数量众多、急需救济的可怜穷人，他们完全丧失了羞耻之心，而羞耻心是防止懒惰衍生贫困的良方。

也许同样源自羞耻心的丧失，这些人并不在意女性的贞洁，没有比这里更轻贱贞洁的地方了。假如我们以自尊、高贵、品德高尚等男性的美德作为标准来衡量这些人的道德状况，没有一条适用于这里落魄的人，实在很悲惨，事实亦是如此。当然上述评论并不适用于地位较高的人群，他们中有些人的言行可为任何一个社会增添荣誉。

这位先生还谈到了马礼逊博士的另一项慈善事业——为周围穷人减轻身体病痛的活动。这封信寄给了米怜博士，准备在《印中拾闻》上刊登。

中国，1820 年 9 月

先生：

根据我多年来在广州和澳门的观察，很多街道和市场上都在公开出售一些像干蔬菜之类的东西，它们被当作药物，这些东西从未出现在欧洲药典里。我还听说，人们对它们的需求量很大，可见它们是中国人生理和心理上不可或缺的东西。

他们的摊子上有很多东西就连中国的药铺也没有，因此这些不是常规治疗必需的药材。他们的中草药应用如此广泛，不能不引起我的注意。可是每当我想要调查中草药能否在现今西医治疗的基础上减轻西方人的病痛时，就会遇到很多困难，特别是我在汉语方面的缺陷，使我感到力不从心。

后来我向一个朋友——马礼逊博士讲述我的难处，他好心答应帮助我。实际上他所做的比我预想的要多，他购买了八百多卷、门类齐全的一套中医书籍；此外他还雇用了一位颇有名气的中国医生和药师，有时还有一位药铺老板在场（马礼逊买下了药铺的全部库存供我察看），药铺老板给我讲解他卖的各种药材的药性。

不仅如此，马礼逊博士几个月前还开设了一家医馆，为中国穷人治疗疾病并且发放药品。每天早上他都亲自到医馆照料一两个小时，我也经常去医馆，有机会仔细观察中国医生治病的细节，通常每天都能看到 10 至 15 个病例。

我在澳门住了 12 年，也经历过这个拥有 4.5 万人口、周围密布着村庄的地方发生的重大事件，这些经验促使我相信我遇到了极大的困难——当中国病人倾诉病痛时，准确无误地理解他们的意思，这是我了解病情和治病的基础。可是这比了解他们看待疾病的观念和治疗效果更为困难。

在这些方面，我和马礼逊博士的观点一致，虽然他非常熟悉中国人的日常生活习语，并能读懂中国典籍，但也持同样的观点，认为我们首先应该了解中医药体系，还要在医馆长期细致地观察中医的诊疗活动，然后我们才能对中医药做出一个公正的结论，或者准确地阐释中医药的药理。

要克服这些困难必须投入相当大的精力和时间，远远高于我们所能投入的，可是我们还是取得了一些进展。鉴于你们报刊不适合发表医学专业的长篇大论，在此我只谈论《印中拾闻》比较关注的一些问题。

我很高兴地告诉大家，马礼逊博士的医馆做了很多善事——解除了很多病人的痛苦。300 余名恢复健康的患者都表达了他们的感激之情。有一些就诊过的病人只是略有好转，还有一些没有任何起色，这些病人中有一部分被西方医药治愈了。至今没有发生过一例死亡。我很高兴地为这位中医证明，他的中医药疗法颇有成效，马礼逊博士能请到他主持医馆真是幸运极了。这位中医非常聪明，而且待人和蔼可亲。他对待花柳病人很严厉，通常拒绝为他们治疗。他告诉我们一般的中医都拒绝看这种病，只有江湖术士例外，他们无非涂抹一种水银、朱砂和砒霜的混合物。他还说他从不使用水银，病人通常也要求他不可在药方中使用水银。从他的话语可以推断，中国人使用水银这种重金属治病而且滥用。中国人早在欧洲人之前就已经知道了水银的医疗效用。

这位中医对麻风病有一种极其幼稚的憎恶。他谈起麻风病时很不以为然。我有几次看到他对待可怜的麻风病人的言行。当马礼逊博士提出抗议时，他就找借口说如果让他为麻风病人把脉，其他人就会对他避之唯恐不及，而且没有人敢再到医馆来看病。我很清楚要纠正中国人对麻风病的错误观念绝非易事。

约有一半病例都是气管、胃、肺、肠等疾病，还有几例风湿病。这位中医把我们绝大多数急症都归纳为他们笼统的术语“伤寒”，似乎所有由三月份的湿瘴及其他原因导致的鼻塞出汗都属于这种病。随季节变化“伤寒”的表现也各不相同。我现在只能说出感冒发热、臆症发热、腹泻、冷热交替热、风湿等几种。

广州的药房大约有 300 种常用药材。可是李先生却告诉我们实际上必须使用的只有 30 多种。广州有一位著名的中医主要使用一种药材治病——大黄，他姓王，因此人们称他为“大黄王”。

我一直认同这种观点，即在两千多年前，中国比任何西方国家都更精于医术，可是他们后来却鲜有改进，而且很多类似欧洲星占家一样的歪门邪道越来越多，出现了很多极荒谬的做法，极大地败坏了中国的医术。这种情况至今未有改观；但我要补充一句，对谨慎能干的人而言，这些错误不会影响到中国医术的治疗效果。

除却商业上的往来——通常这不利于人与人之间友好情感的交往，我们几乎没有机会与他们建立最稳固的互惠互利的联系。这种做法似乎可以快速取得最佳结果。这是人道友好的计划，因此无往不利。

因此，我敢肯定只要医馆存在，它将很快证明，我们能够并且愿意帮助中国人，为他们做好事，我们可以彼此传递有益的信息。

李文斯东

虽然也有几位学者和具有科学精神的人，包括李文斯东博士，都是《印中拾闻》的撰稿人，可是该杂志的主要撰稿人仍是马礼逊博士和米怜先生。公正地讲，办这份入不敷出的杂志是为了慈善事业，即：

1.为恒河域外传道团传教士们的遗孀和孤儿设立基金会，以及（为）好望角以东加入此基金会，并为《印中拾闻》写稿的传教弟兄（设立基金会）。

2.用于异教徒之间的慈善活动——即对在恒河域外传道团照料下的异教徒孤儿和贫困儿童提供食物、衣服和教育；帮助寡妇、老人、聋哑人和腿脚有残疾的人；帮助没有亲人，或没有工作能力，或受到迫害，或无法获取帮助的异教徒或在异教徒中的皈依者。

在当年和下一年中，马礼逊博士为自己在语言和宗教目标上取得的进步感到高兴，中国当局和外国的商贸代理人之间维持着非同寻常的平静局面，因此他能够愉快地、全身心地进行自己的计划，直接或间接地驱散异教的黑暗与错误，向这一辽阔地域的异教徒传播基督耶稣的福音和各种知识。他的主题各异的通信也是为这一目的服务的，甚至常常在动笔写信时刚听说有条船即将返航，他就以令人难以置信的速度写就信件，但却能充分抒发激荡在他胸怀中的情感。这里摘录几个当时发生的事件作为对日志或日记的最佳补充，因为有段时间他没有记录日志。

致雷纳先生

中国广州，1820 年 1 月 7 日

敬爱的朋友:

去年 11 月我收到了你 1819 年 1 月 10 日的来信。我很遗憾你为诸多事情所困,推迟了给我写信,但我们并不是没有天父的看顾。这样或那样的病痛或多或少地折磨着我,尽管尚不能预料商业事务是否令人烦忧,但是我的家庭磨难确实不轻。今天是我人生 37 年的最后一天:我在这个国家度过了 13 年——其中最后 5 年我和家人分居地球的两端,最让我伤心的是这么多从英国抵达的船只却没有给我带来关于家人的任何消息。

希望能给你一些促进传教事业的有用建议。仅次于神的光芒照耀在传教士的心头,国内基督徒民众的鼓励能让传教士保持精神,尤其在他传教生涯刚开始的时候。所有的新传教士都向我倾诉信心不足,这也是我刚开始时的感受。……我知道每个人有多少家事要做,还要处理差会的要务,可是所有国内机构都没有为你们的海外传教士提供有效的服务。请相信我所说的,对一个差会来说,善待传教士是最重要的事——我建议由两至三人组成一个委员会,专门解决年轻传教士的各种小请求——我不是为自己恳求什么。

至于小笔的款项(这里的商人把 1 万元以下都称作小数目),在这里很难生息,除非借出一年才有利息。

但是我已设法通过利息扩充了英华书院的基金。但是马六甲当年所需这笔钱①没有办法再获利。英国福音小册公会慷慨地资助米怜先生出版他的《察世俗每月统记传》。我毫不怀疑这样播撒的种子最终会大获丰收。

你将看到在米怜先生的协助下,我已经完成了中文《圣经》,愿神赐福中文《圣经》,像由希勒家(Hilkiah)找到的神的律法书,摩西八百多年

① 印刷材料。——原注

前将它放在一个大祭司可以找到的地方。(王下 22:8;申 31:26)

我们尊敬的朋友博固博士,他在追思已故的哈德卡斯特先生的布道中,似乎贬低了书籍在归信异教徒方面的作用。我实在看不出这种偏见有何理据,我认为我们的救世主采取了各种方式。传教士、宗教书籍以及大学都是有效的方式,虽然没有一种方法完美无缺。书籍静默不语,不能引起人们的注意——传教士变得不用心或不道德——大学也每况愈下:试问地球上哪里有完美无瑕的事物!国教会变成了世俗的团体,公理派教会和独立派牧师变得自私和骄傲。堕落的人啊!

亲爱的先生,我相信你会在伦敦会理事会上支持英华书院。根据书院的原计划,他们不能完全控制书院。我相信他们不会制造阻力。我们或许比那些生活在一个完全不同的环境的人更能判断计划是否可行。

至于神还能容忍多久中国普遍流行的偶像崇拜、懒散自由和种种不公正现象,没有人知道;但是根据对西方世界宣示的预言来判断,我认为时机已经成熟。北京周边地区洪水泛滥,灾难深重,政府拨款两百万两白银紧急治理洪水。据说数千人,还有人说超过十万人丧生。我还没有见到你推荐的人。请代我问候您的夫人和孩子们。愿神的力量借着恩典和永生的信念守护我们。

您忠诚的

罗伯特·马礼逊

致雷慕沙

中国广州,1820 年 1 月 7 日

先生:

你 1818 年 11 月的两封信,其中一封由我的朋友汉基转交,我都收到了。你送给我的《中庸》也收到了,在此向你表示衷心的感谢。我的一位中国助手是秀才,他看过你书中的中文部分,此部分的印刷相当正确且十分整洁。第 20 页的最后一个“之”字是多余的;第 155 页“富”被错印成了“當”字;第 32 页的“莫见乎隐”的翻译有误;虽然你在理解上仍有些偏差,但是你在第 142 页正确地指出马士曼先生对“人不知而不愠”的翻译存在错误。在我完成并送往英国的汉英词典的第二部分《五车韵府》中，你可以看到“莫大乎”和“莫见乎”的用法。你知道“莫大乎天”的意思是“没有什么比天更伟大的”；而“莫见乎隐”的意思是“没有什么比他在黑暗中所做的事情更明显的”。我让他们送一本给你。

全书十分整洁，为欧洲关于中国著作的书目增添了一本有价值的书。

应你的请求，我随信附上一份你想要代购中文书籍的价格表。有一些书广州没有，运费的价格不在其中。

在我的字典中，“玉石”指各种坚硬的宝石；但是住在广州的里夫斯先生(Mr. Reeves)①，他是英国皇家林奈协会(Royal and Linnean Society)的会员，和你持同样看法，认为“玉石”指各种翡翠类的宝石。他从未见过红色的玉石，只见过一种绿、白混合色的，甚至见过通体白色的玉石。可事实上中国人所说的玉石包括各种宝石。我们认为玛瑙石是一种红色的矿石。里夫斯为了征求英国学者的意见，给英国送去了玉石的样品。此外，他还给约瑟夫·班克斯爵士(Sir Joseph Banks)寄去了很多不同种类的植物标本和种子，这些是他花了好几年的时间才收集起来的，中国人很不情愿协助他“玩物丧志”。然而，如果你寄给我们一份《本草纲目》中包含的植物名单，同时注上拉丁文学名，我们将尽全力帮你收集这些植物标本。说“我们”是指我必须得到里夫斯先生的帮助。

我非常感谢你在欧洲大陆宣传我的著作。当一个人发现他的劳动引起了欧洲学者对地球这一部分的语言和最佳利益(我指宗教和道德方面)的关注，对他来说是一种鼓励。

听说一些疑神疑鬼、没有信仰的欧洲人利用我们对满族人的无知而大做文章，真是新鲜。这是他们惯用的伎俩，同我们辩论我们不知道的事物，然后更加坚定地站在反对《圣经》的立场上。

在这种情况下，你对满语的研究就显得很重要了，这是我以前从未认识到的一点。我希望你能花时间将《圣经》译成满语。我不知道现在是

① 里夫斯(1774—1856)，自1812年至1831年为东印度公司广州商馆的茶叶检查员(Inspector of Teas)。——译注

否有满文的《圣经》,但是为了你虔诚的国王,值得这样做。

但愿万能的神借我们的救世主基督耶稣保佑您!

您忠诚的

罗伯特·马礼逊

致贝尔德院长

中国广州，1820 年 1 月 7 日

尊敬的牧师先生:

我已经见到了您引荐给我的青年C先生,我很高兴地从一位随船的、他的上级外科医生那里得知C先生品行十分端正。

关于中国穷人的状况,我在上一季的信中部分地回答了您的问题,想必沃博士已经将信转给您了。我再稍作补充。北京所在的直隶省官员今年夏季应诏全力救助贫民。因为北方连降暴雨,因此洪水肆虐,波及面甚广;很多人丧生;那些侥幸生还的人失去了衣食保障,一无所有。中国皇帝采取的第一项措施就是宣布免除或减少受灾地区的土地税——给每个灾民发放一小笔钱,约合五先令——搭建为贫民提供稀饭薄粥的赈灾所——从国库拨发两百万两银子用于修建河道疏导洪水。这是一个典型的例子,显示政府在特殊情况下如何帮助穷人。他们还给因为洪涝或者旱灾致贫的穷人发放乞讨凭证等。

对于那些由亲戚扶助的人,政府不提供食宿,照顾孤寡老人、盲人和麻风病人的慈善场所往往管理不善,因为各县只把这当作政府的一项公务,而社会普遍缺乏个人慈善意识和精神。在发生了特殊情况后划拨给穷人的大部分款项由指定官员发放。中国的穷人必须依靠他们的亲戚扶助。中国没有用于救济穷人的税收。我无法获取相关数据来计算那些生活不济的中国穷人的具体数字。

感谢你给我寄来的两份出版的文件,真希望您给我多寄几份。据我所知,我的朋友李文斯东先生今年给您的博物馆寄去了两三个中国人头骨;他们是一些不幸的死刑犯人的头骨,因为抢劫停泊在澳门海道的美国货船而被砍了头。我还有几件小礼物由克拉克先生转交给您。你的前任教务长的儿子马治平先生本季将由中国返回爱丁堡,他答应将尽其所能帮助我们马六甲的英华书院。他带了一些印刷的英华书院章程。假如您和他能够会面,我恳请您以您在爱丁堡的声望帮助他。英华书院结合时间和永恒——结合人的肉体和灵魂——把人从罪中解救出来,是最重要的事情。一个基督的牧师得到的最高褒奖就是归化众人,赢得神的赞许,愿您获此殊荣。

您忠诚的

罗伯特·马礼逊

下面是从伦敦会报告中摘取的部分,里面提到了一些马礼逊博士在他的信中未述及的工作。

在上一次报告中宣布了马礼逊博士经历了几场大病,健康堪忧,如今理事会很高兴地宣布:出于健康的缘故,他短期离开广州回到澳门休养,已经恢复了健康,现在返回广州,一如既往地继续辛勤从事着重要工作。

他对于自己教导的几位中国人有着积极的评价,特别是他们都专心地听他宣讲,而且在祷告时行为恭敬。

马礼逊博士完成了字母排列的汉英词典①部分,在广州学习汉语的外国人觉得这部词典很好用,他希望词典在马六甲发挥同样作用。

肩负着许多伟大而又艰苦的事业的同时,马礼逊博士仍设法挤出时间做一些较不重要的事。他起草了一册《随笔:中文基督教与佛教、回教、儒教术语对照》(*Detached Remarks, intended to settle the Phraseology used in Chinese Discourse, and to contrast the principles of the Budh, Mahometan, and Confucian sects, with those of the True Religion*)在马六甲传教站印刷出版。为了增进中国下层民众对世界人类种族的了解,并向他们介绍一些基础的基督教知识,马礼逊博士出版了一本小册子,名叫《西游地球闻见略传》(*A Voyage Round the World*)。小册子里附了一张世界地图,在地图上犹太地被标示为"救世主耶稣诞生之国"。

---

① 即汉英词典的第二部分《五车韵府》。——译注

《年中每日早晚祈祷叙式》和《养心神诗》已经印刷400份并且一起装订成册。祈祷书公会订购2000册这种合订本供在东方散发。

马礼逊夫人的健康有了很大的改善，她带着两个孩子于上个月（4月）23日搭乘凯船长（Captain Kay）的伊利侯爵号（Marchioness of Ely）返回中国。

8月23日这天，在与妻儿分离近六年之后，马礼逊博士终于又与家人欢聚一堂。与家人在澳门欢聚了几个礼拜后，他不得不去广州继续工作。11月，他从广州写信给伦敦的哥哥：

请转告他们（亲友），从我最近收到的信看，我的妻子和孩子都还好。假如他们只收到了我的短信或者没有收到我的任何信件，请他们原谅。我每天忙着编写词典等，已经筋疲力尽了。……你不必再寄来议会的辩论资料，我没有时间看；假如你要给我寄书，任何引人注目的小书或者儿童读物都行。我今年特别忙，希望你能原谅我很长时间都没有给你和姐姐去信。请转告他们我身体还好。……我非常沮丧。但愿我能够更加谦卑地依靠神的恩典。……中国的皇帝嘉庆在九月二日死了，他的儿子道光继承皇位，“道光”意即“道的荣光”！

马尼拉发生了一场大屠杀，约有37名英国人、法国人和丹麦人遇害。我们颇为震惊。

我们在华传教几乎没有实际的进展，让我很难过——代我们祷告吧。亲爱的哥哥，保重。

爱你的

罗伯特·马礼逊

致汉基先生的信

中国广州，1820年12月14日

亲爱的先生：

我给你几封并不愉快的信①，希望你私下了解并考虑所发生的事情，

---

① 这些信谈到一些被派往马六甲和槟榔屿协助传教的年轻人的行为，他们与米怜博士作对，还反对恒河域外传道团总章程。——原注

因为……我觉得伦敦会传教士之间的不和就像家庭成员间的偶尔争吵一样,没有必要公布于众。

法考尔上校给我的信令人满意。我请求你从伦敦会为英华书院争取一百或两百镑的赞助,或是目前他们认为适当的其他数额。你认为没有办法发动一项募捐吗?我们要求的不多,只是需要为书院的教授和教师发津贴,而且如果有捐款我们就能招收更多的公费生。

我们的新皇帝对基督教持何种态度,目前还不知道。北京的九门提督正好提供了一个机会,他们抓获了四个穷人(理发匠)、一个十字架和一本天主教教义手册,并向皇帝报告称四名人犯不肯弃绝"欧洲的宗教"。这起案件几天前登在《京报》上,但我至今仍未看到皇帝的回复。

最近这里发生了一件不愉快的杀人案,一艘公司船的长官仓促间开枪恐吓中国人,结果杀死了一名中国水手。中国官府很快就认定一个自杀的外国人就是那个开枪的人!

蒙神恩庇护,我的家人都很健康,至少最近通信时他们还好。虽然我们曾多年各自生活在东、西两个半球上,现在又一次分居两处。

愿神保佑你,并赐福于你,让你能成功地传播福音。

你忠诚的

罗伯特·马礼逊

法考尔上校致马礼逊博士的信

新加坡,1820 年 10 月 20 日马六甲,1819 年 11 月 26 日

亲爱的先生:

请允许我回敬你诚挚的谢意,感谢你 6 月 11 日写来的让我受益良多的信。

我为马六甲的英华书院尽个人的绵薄之力,却得到了受人尊敬的创办人的热情赞扬,我非常高兴;同时我也感到遗憾,对于一个如此有趣又非常重要的书院,我能提供的帮助却十分有限。然而我相信,它会取得神的欢心,在不远的将来可以让我更心安理得地接受你的赞扬,同时配得上我最敬重的朋友米怜先生给予我的荣誉——将我列为英华书院的副董事长。

米尔顿先生非常敬业,他主持的中国人和马来人的学校进展得极为顺利。我们特别感谢他主持国教会礼拜仪式,每一次他都精心准备。

新加坡的人口和商业地位与日俱增,如果我们能永远拥有这里,新加坡毫无疑问将会是我们向东发展后的第一个成果。在我离职前,如果莱佛士爵士到访新加坡,我答应你一定让他知道你信中表达的情感。我完全相信他会尽全力协助并支持这里的传教活动,因为没有人比他更期待新加坡的社会取得全面的进步。

衷心祝你健康、幸福、昌盛!

尊敬你的、忠实的朋友和仆人

(签名)法考尔

摘自写给一位亲属的信

广州,1820年12月4日

为了周四能到达广州,我离开了澳门。我此次前来是为了处理一件麻烦的事情:一位东印度公司船队的长官草率开了一枪(或是猎枪),打死一名年轻的中国船主,这当然引起中国官府的关注。据称这名长官是"伦敦号"(London)的长官,所有与这条船的贸易都被官府终止了,除非把他交给官府依法处置。听说他已经潜逃了,现在还不知道这件事情会如何收场。……

马尼拉发生了一起令人震惊的屠杀,有三四十名不同国家的欧洲人和大约八十名中国人惨遭杀害,制造这起残杀的是马尼拉当地人。导火索是因为当地人猜疑外国人给他们带来了名为霍乱的疾病,在当地肆虐一时,致命率极高。神啊! 在我们这个罪恶的世上有多少痛苦和折磨啊! 那些改变了心意以及配得上更好国度的人是幸福的,在那个国度再也没有什么能伤害他或激怒他,直至永远。……

我多么盼望能够有幸告诉你,在这个崇拜偶像的民族中也建起了一个基督教教堂,让我们国家的信徒更能领会真正的宗教精神! ……

如果不省吃俭用、不兢兢业业地从事世俗的工作,我们很快将会丧失能力与做人的尊严。……

我时常因为恒河域外传道团缺乏成功而感到失落。我担心自己没有用足够多的时间跪下向我们的救世主祷告，让神的天国早日到来。只是祷告却忽略祷告的方式，或者忽略祷告只履行祷告的形式，两者都是错误的。

12月6日。本月3日一个人在东印度公司的船上自杀了，中国官府有意把他视为在逃的杀人犯，以此结束法律程序。

12月9日。中国官府竟执行如此奇怪的顾全法律形式的做法，我很快就可以重新做我的事情，这起不愉快的案件耽搁了我几日。……

尽管看到他的耕耘几乎没有结出果实，马礼逊博士时常感到失落和沮丧，他并非完全未获鼓励，下面显示他从一两例“出黑暗入光明”的事中得到慰藉。在他写给英国圣经公会的信中记录了几例这样的事情，摘录如下：

一位由米怜施洗入教的中国印刷工——梁亚发编写并出版了一册解释《圣经·新约》若干章节的书①，他发现读自己的书比读我们出版的其他书更具启发性。自此，他为了正义的事业遭受磨难。在此我希望曾经启发他的神的话语将继续支撑他的灵魂。我相信他确实感受到了神圣真理的力量，他是圣经在这个偶像崇拜国家发挥作用的一个例子。

去年我没能在中国散发《圣经》。下诏宣布基督教为非法宗教的嘉庆皇帝于九月突然去世，他的继承人是否与基督教为敌还需要时日检验。但是，看到周边国家的数千中国人②没有受到禁教令的影响，现在有机会看到翻译成他们自己语言的福音书，真是令人欣慰。

我托人给地球上人烟罕至的鄂霍次克（Ockotsk）③送去了几本《圣经》，鄂霍次克总督收到后回信致谢。

几年前为我的第一部《圣经·新约》刻字工人书写汉字的那名中国水手，在为我工作期间他很反感圣经，虽然我早已不雇用他，现在他似

---

① 即《救世录撮要略解》。——译注

② 住在暹罗、交趾支那、马来群岛的中国人。——原注

③ 现俄罗斯境内东部沿海地名。——译注

乎相信了基督教是来自天国的宗教，这为我增添了些许信心。我们预备了种子，等待有朝一日它们能广为播撒，我们盼望着神保佑它们获得丰收。

英华书院落成了，米怜牧师指导几位当地少年和两位欧洲人在书院学习。马礼逊博士起草了校规和管理制度，除了“赠送约书”（a deed of grant），这里收录了几份校规，因为里面包含了关于这所有趣书院的丰富信息。

英华书院规章制度

英华书院将成立校务委员会（College Council）。

1.校务委员会由董事长（President）、校长（Resident Principal）和中文教授（Professor of Chinese）组成。

校长负责管理书院的日常事务。如遇重大事件或出现既存校规未订的新情况，或以后有新规定时，校长需与中文教授商讨。

2.学生如有任何严重违规行为，由校务委员会斟酌决定惩罚措施；一般情况下，校务委员会的决定由校长执行，特殊情况下可由校务委员会指定成员执行。

3.董事长驻留书院期间，由董事长担任校务委员会主席。

4.校务委员会成员意见不同时，由董事长和持相同意见的成员商议决定。如其他两名成员与董事长意见相左，无须立即决定的事情，可延迟半年或一年后再定；如果可行，应由董事长和其他两名成员共同或单独听取若干理事（Trustees）的意见。

必须立即决定的问题，由董事长决定，同时其他各方可将其意见和理由记录后交给一名或多名理事，由理事会和校务委员会联合审议决定。

5.董事长离校期间，校务委员会由校长和中文教授组成，并讨论共同事项。校长可随时召开会议，第二名成员（即中文教授）也可要求召开会议。如需开会，校长必须以书面形式记录开会理由，并呈报董事长。

希望能够达成共识。当意见产生分歧时，不需紧急决定的事情，将推迟处理，由争议双方单独或共同将其理由呈报董事长，由董事长考虑双方观点后决定。需要立即处理的事情，暂时采用校长意见，然后争议双方共同将其观点呈报董事长;若当时董事长职位空缺,将争议呈报给最资深的书院理事。

6.如校长认为应立即解决的事情,而第二名成员持有异议,第二名成员可要求在校务委员会记录中列入异议。

7.创办人去世后,由理事会任命欧洲籍管理人员,由校务委员会任命中国教师。

8.校务委员会负责起草并公布书院定期报告。合格的书院学生将任命为教师;如遇职位空缺,比起其他候选人,具备条件的书院学生将获优先考虑。

9.若无特别或充分的反对理由,英华书院欧洲籍管理人员将填补因年迈导致的空缺。校务委员会与理事会共同审议反对意见是否成立。

10.学生入学需经校务委员会批准。意见不同时,校务委员会按上述规定解决。

11.校长开除学生需经校务委员会授权。

12.举止粗俗且屡次公开违犯道德的学生将被开除。

13.持续忽视学业且屡教不改的学生将被开除。

14.顽劣不服书院规章制度的学生将被开除。

15.早晚祷告必须有一名欧洲籍管理人员到场。

16.书院管理人员应如父母一般关爱学生并以此为职责;为学生树立耐心、节制、温和、勤奋的榜样;鉴于英华书院认为学生的宗教和道德教导与知识教育同等重要,书院管理人员应利用一切机会培养学生道德和虔诚的观念。

17.欧洲籍管理人员凭其职责同时担任理事。

18.理事会成员不少于五人。创办人去世后,董事长由赞助人(Patrons)、管理人员、理事投票选出。

19.赞助人去世后,以同样方式选出继任者。

英华书院规章补充细则

1.书院餐桌上要尽量谈论一些有用的话题,由校长引导话题,其他在场的人都应配合他。不要评论人(还没有历史定论的人)的品格,更不要任意褒贬,以免引起分歧。

2.礼拜一、礼拜二和礼拜三,由校长监督学生保持良好的举止,遵守书院规章制度;礼拜四、礼拜五和礼拜六,由中文教授负责监督;礼拜日,由校长和中文教授轮流负责。

3.书院管理人员按照职位高低选择住房;住校学生按照年级高低选择宿舍。特殊情况下,校务委员会有权按委员会的意见分配宿舍。

本地公费生入学规定

所有获准入学的学生都必须具有良好的品行。

本地学生入学前三个月为试读期,试读合格后才能成为正式学生。三个月后,试读合格者将被接收为学生,但他们必须在书院学习满六年。

讲座规定

必须出席每日三次的讲座,即上午九点、下午四点和晚上八点。

中国学生应当参加每个礼拜日早、晚的中文祷告;礼拜日必须到书院讲堂听布道。

当地公费生津贴

学生津贴第一年每月三卢比;第二年每月五卢比;第三、四年每月六卢比;第五年每月七卢比;第六年每月八卢比。每年两套校服。

教学

学生将学习阅读和理解中文典籍和基督教圣经,学习读写英文、历史、地理,使用地球仪、逻辑、道德哲学、自然神学和启示神学等课程。

预备学校

伦敦会在马六甲的中文义学(Charity School)平均每所大约一百名学生。英华书院的管理人员将巡视这些义学。虽然最初创立时并非作为书院预备学校,但英华书院从中挑选学生,义学将起到书院预备学校的作用。

自费生入学规定

期望教育12岁至18岁中国少年者,每年向英华书院交纳100西班牙银元，如另需置办服装、洗衣及雇用仆人，这些开支将不包括在上述费用之内。

欧洲籍学生一年费用为100镑，包括膳食、住宿、洗衣和教育费，不包括服装费。如需雇用仆人或者马匹，必须自行承担开支。

英华书院的管理人员将资助贫困、丧父或父母双亡的中国少年，每人每年25镑，含食宿、服装、教育等。

英华书院赞助人名单

新加坡驻扎官　法考尔上校

槟榔屿总督　　菲利普斯(E. Phillips)

槟榔屿议员　　厄斯金(J. Erskine)

乔治·斯当东爵士

英华书院理事会名单

罗伯特·马礼逊博士

伦敦会司库汉基先生

伦敦会书记伯德牧师

孟加拉公务员　克劳米林先生(C. W. Crommelin)

法考尔上校

内皮尔先生(D. S. Napier)

英华书院欧籍管理人员同时兼任理事会成员。

英华书院的管理人员

1.董事长

董事长可住在校内或者校外，无论他是否在英华书院，他都是书院之首，级别最高。他的职责是促进书院各个方面的全面发展。

2.校长

年薪100镑

餐费100镑

当地佣工费25镑

共计225镑

3.中文教授

年薪100镑

兼任会计、图书馆管理员及博物馆管理员

4.中国教师

月薪66卢比

凡经基督教会谴责为道德败坏的欧籍人士不得担任英华书院管理人员。

英华书院中国教师必须是中国人观念中品行端正的人。

英华书院董事长以推动书院的全面发展为己任;董事长驻校期间,可教授自己认为适宜的知识学科。

校长负责书院日常事务,同时教授当地学生英语、地理、使用地球仪、数学、会计学、历史及其他所需课程。

中文教授教导欧籍学生中文;同时教授中国学生逻辑学、自然神学和启示神学、伦理学和道德哲学等;如果情况和时间许可,中文教授需协助校长处理事情。

中国教师教授中文典籍;指导学生阅读中文《圣经》和其他基督教中文书籍;协助欧籍学生学习汉语;教授中外学生中文写作。

当英华书院进一步发展,将开设机械、化学、自然史、植物学等课程,还将教授几何学和高等数学。英华书院课程设计并不局限于此,对人类所有的知识和各门学科都持开放态度。

英华书院约书

本人罗伯特·马礼逊系格拉斯哥大学荣誉神学博士,受一个由不同英国教会团体组成的伦敦会的差遣,于1807年来到中国;目的是学习汉语,将《圣经》译成汉语,编写一部英汉词典,以便日后在中国与恒河域外诸国传播基督教。1818年,在上述目标即将实现之际,我祈求神为我指引方向,并开始深思进一步采取何等措施才能实现传教的最终目标。

神恩庇护,我个人名下略有积蓄,我决定捐献一千镑建立一所名为英华书院的大学，该书院旨在养成汉语、英语文学学识，以期传播耶稣基督的福音。

如前所述，培养中英文学学养并非书院的最终目标，而是作为实现目标的一种途径，在圣灵的赐福下，让恒河域外国家和地区使用汉语的民族最终改变信仰，归信基督。因此，另一方面，英华书院绝不能仅仅被当作传教士的一个住所，而是一个让人潜心学习的地方。书院只为校长、教师或学生提供校内住房。

我已将修建书院的事情托付给米怜牧师——我在中国传教的第一个同工，我们已经联合向公众表明我们的观点和心愿，请求公众的资助，他们信任我们真诚的动机，赞赏我们的计划，并认为书院应当得到基督徒的资助——所有捐赠（所有捐赠者姓名都登记在书院记录本上）的款项专门用于上述目的，不得挪作他用。

英华书院和筹募的资金永远不得背离本约书所陈述的目标，任何人都无权改变；即使书院创办人，或第一任校长米怜牧师，或此后指派的任何理事会成员都无权更改。

但愿主宰世界、在天上和地上无所不能的神认可我们的献礼，英华书院旨在充当将罪人带向顺服与幸福的工具，愿神保佑我们的约书顺利实施。英华书院恭敬地致力于传扬神恩，但愿整个东半球不久将被福音的荣光照耀，把创世的光荣归于神！阿门，阿门！

马礼逊博士和米怜先生虽然是书院的创办人，但他们没有任何权利挪用书院的校舍或资金以充他用；因此，只要他们坚持上述英华书院的最初目标，公正而又合理的做法是，马礼逊博士将终身担任理事，米怜先生将终身担任校长。

应米怜先生的请求，尊敬的东印度公司槟榔屿政府赠送马六甲的一块土地给伦敦传教会（通常简称伦敦会）。伦敦会批准马礼逊博士和米怜先生的请求，分配部分赠地当作英华书院的校址。这块土地连同校舍和筹募的资金（已经或此后将收到的善款）只能用于本约书述及的用途。

马礼逊博士和其他人（捐赠人姓名都记录在案）捐赠的书籍归英华

书院图书馆所有，不得转让。

我坚信这笔款项所支持的事业一定会取得成功，因此我没有考虑过假如计划失败如何保留个人资产的问题，也不规定一旦计划失败，由我的继承人或者后代继承资产。我完全信赖神的旨意。

但是若环境不允许马六甲英华书院按其计划办学，英华书院可将土地、校舍出售，将书院迁移至恒河域外其他地方。不能仅因地方性困难危及书院的存在。即使书院出于无法预测的原因在某地停办，也应当在别处重新办学。

英华书院的档案向书院所在地的基督教政权开放，并接受检查；每年至少出版一份年度报告，以印刷文件形式向基督教公众公开书院的进展或退步。

凭此约书，英华书院值得向地球上的基督教会推荐，值得向学识渊博、具有科学知识、富有的基督徒推荐，也值得向贫穷、未受过教育的基督徒推荐，还要向那些除了关心自己的拯救，还关心各个民族、说各种语言的人类同伴幸福的人推荐。

如果根据书院的章程，书院理事会怠忽职守，或者米怜先生去世，将由中文部门的资深成员连同恒河域外传道团委员会共同负责书院的临时管理工作。如果常设理事会成员怠忽职守，或者上述资深成员或委员会怠忽职守，书院的管理交由英国伦敦会负责。

1820年3月20日签名，于中国广州（此地并不使用戳印）密封后寄出。

（签名）罗伯特·马礼逊

见证人：东印度公司英国商馆大班咸臣

里夫斯

除了上述规章，米怜先生起草了《英华书院图书馆规章》，英华书院图书馆收藏有欧洲和外国的书籍、手抄本、地图、图片和一些科学仪器，预计还要增设一个附属的自然珍奇物品或艺术珍品博物馆。图书馆最初藏书很少，但是自从接受了马礼逊博士和其他捐赠人馈赠的珍贵书籍后，图书馆已经初具规模了。

米怜先生制定的英华书院图书馆规章以及随同写的一份正式公文内容如下：

致英华书院创办人和理事马礼逊牧师

英华书院，1820 年 9 月 13 日

尊敬的牧师：

我非常荣幸地向您呈交一份有关英华书院建筑的报告，请您审查，我相信您和书院的赞助者都会对此感到满意，您作为书院的创办人和主要赞助人，将一如既往地支持书院的建设。

您谦卑的仆人

英华书院校长、管理委员会委员

威廉·米怜

在此给以简要的说明，英华书院的大楼是一所朴实坚固、宏伟壮观的建筑，大楼长 90 英尺，宽 34 英尺，大楼前后都有柱式回廊，总长 103 英尺，宽 162 英尺。建筑内部的设计与当地的气候和书院的性质相适宜。大楼两侧排列着中文和英文印刷所、学校、中国教师和工人等的住所。书院四周有一片土地环绕，宜于健康和学习。书院面朝大海，一排葱郁的肉桂树为它遮挡阳光；白天阵阵海风带来了清凉，夜里陆地上送来徐徐微风。

米怜先生向当地人引入教育这件幸事最初遭到了当地人强烈反对，他们对外国人无偿教育他们的孩子怀有偏见，认为外国人是出于政治动机而非仁慈才这样做的。为了克服他们对孩子智力状况的漠不关心，书院发现有必要每月发给当地学生一些津贴，相当于这些孩子一个月做工挣得的数目，以此吸引当地人来上学，还连带可以改善他们的体质。这种状况持续了好多年，也相应极大地增加了书院所需开支。但是在近几年，当地人消除了偏见，进一步认识到了教育的益处，书院已取消了这笔津贴。

米怜先生在下面的信中描述了他在书院始创阶段教导学生的方式，也流露出他对承担这一重要职位的热情。

致马礼逊牧师

马六甲，1820 年 9 月 20 日

亲爱的罗伯特：

你教导的孩子们写的文章，有力地显示出他们在基督教知识上取得的进步。书院学生每个礼拜六有写作练习，但是他们的作品远比不上你那些孩子。很多人包括我都很欣赏《乡训》，他们说甚至比我写的其他作品还要好，这让我颇受鼓舞。我很想知道你那里的中国人能否理解这些文章。

又及：你写的《西游地球闻见略传》我连一本都没有，照理应该送几百本到这里。很多人都想要这本书，却连一本都没有，真是遗憾！你能否给我送来一百本？

又及：我感到自己十分缺乏管理书院的知识。你能否给我一些建议？我把自己现行的管理方案告诉你，然后你可以告诉我如何改进，但你千万不要说自己也不懂就推托此事，你比我更方便向别人咨询。

1.是这样，大堂里有一张圆（其实是椭圆形）桌子，所有人都围坐在桌旁，在大堂里上课，我也坐在同他们一样高的椅子上。

2.第一节课在早餐前开始，七点时高级班读《书经》，由李先生讲解；我经常就意义向他提问，部分是增长自己的知识，部分是为了学生。亚发、亚绕（Ajaou）、亚峨（Gno）都在这个班。

3.早餐后九点整，博恩（Bone）和弗莱明（Fleming）背诵《幼学浅解问答》①，亚春（Chun）和亚传（Chuen）背诵《四书》。他们还翻译《幼学浅解问答》，这堂课很短。

4.十二点全体会合。高级班朗诵早晨的功课《书经》的一部分，初级班朗读《明心宝鉴》②并且翻译该书。我为他们订正译文和发音，中国教师也帮忙，他总是在场。初级班逐字分析讲解，然后根据声调全班练习两个字的词，四名学生还在沙子上用手指写汉字。写字课由中国教师讲授，

---

① 这是 1817 年马六甲出版的小册子，共 37 页，以 165 道问答的形式教育幼儿基督教教义。——译注

② 《明心宝鉴》是明朝流行的通俗读物，也是中国传统的劝善、童蒙读物之一。——译注

我只是偶尔参加。

5.晚上八点，亚春和亚传背诵《幼学浅解问答》。其他人各有各的事情。

6.礼拜一，初级班学生不是背诵中午的课文，而是跟教师学习写字，并于中午十二点展示他们写字习作；然后，我让他们当面写字，对他们的坐姿、执笔姿势等进行指导。

7.礼拜六中午两班都不上课，初级班学生展示他们的中文习作，我为他们批改。博恩以类似方式复习英文文法。

8.礼拜五初级班复习并且重新翻译他们一个礼拜内所学的课文。

9.每礼拜有五天，我为亚发讲解《马太福音》，每次二三十分钟。

10.因为他们都参与日常宗教活动，因此目前没有特别为他们举行礼拜仪式。

11.去年我开始给想要学习英文的人讲授英语，一天教两三个句子，本想等他们积累到约100个单词时再教授他们语言的顺序。可是感到这耗费我太多精力，我请麦都思教他们，他春季和夏季教了几个礼拜，然后突然停止了。此后我也没能恢复英语课，但是我打算下个月继续开课。我已经跟弗莱明谈过，如果他肯答应上课，确保他持续授课的最好方式是给他一些津贴。

12.学生们背诵得不够，虽然我承认我偏好这种学习方法，但是他们并不是像中国人那样死记硬背。

13.目前只是偶尔给他们讲解一些地理知识，还没有固定的讲课，但是我们打算开设地理和历史课。由于我精力有限，而且还有很多其他紧要的事情，所以我必须根据事情的轻重程度去做。

目前，教学就是一切，我希望你能从中国或者欧洲的大学中获取有关如何管理教学，如何向学生讲话，在我们书院中怎样做才算得体合理，甚至我在学生中的座位、与他们的谈话、房间的摆设、科目的安排、学习安排、纪律、进出房间的礼仪等方面的信息。总之就是关于书院的所有信息。你知道我本人在这方面很欠缺，也无从获知，因此最好由你或者别人帮助我弥补这一不足。

你永远的

威廉·米怜

1828年以前,英华书院采取的上述教学体系随着教育进展和学生人数的增加也有所变化。自1828年后,采取了下列教导方式,并一直沿用至今(1839年),其间几乎没有变化。

由于书院的首要目标是交互培养中英文学,因此学习也相应地按照这两门知识划分,且所用的时间大致相同。高级班使用地球仪学习了地理学,目前正在学习天文学原理;他们班有一些人学习数学,已经学到欧几里得数学的第三本;高级班学生还翻译了一部教义问答,内容包括天文学、地理学、道德等主题;还有一名已经离校的学生曾经学习过通史。这个班目前正在翻译部分乔伊斯(Jeremiah Joyce)的《科学对话集》(*Scientific Dialogues*①)。学生们经常做口头翻译练习,严格地训练他们分析语法,并且要求他们对每一个词或者词组给出相应的中文,让他们掌握正确的句法知识。他们还用一些时间写作,学习算术。他们背熟默里(Lindley Murray)的《简要英语语法》(*Abridgment of English Grammar*②)后,然后做他书上关于语法规则的练习题。

学生们还将中文著作翻译成英语,还有中国教师指导他们阅读并且解释最优秀的中文著作。

初级班的学生比高级班投入更多的时间学习汉语。他们忙着写字、学算术和汉英口语,还要交替在汉英两种语言之间做翻译练习。

初级班学习基础汉语和基础英语,他们每天都在汉英之间作转换练习,目的是让他们记住一些简单的英语句子和对应的中文意思。所有的

① 这是乔伊斯(Jeremiah Joyce,1763—1816)于1800年到1805年首次出版的六卷本青少年科普教育读本,该书寓教于乐,颇受好评,多次再版。——译注

② 默里(Lindley Murray,1745—1826),美国商人和英语语法学家,1784年在英国约克郡定居。这里提到的《简要英语语法》是专为年轻学习者编写的,内容包括英语的拼写、语法、句法、标点等内容,该书于1797年出版。——译注

学生在入门阶段都学习如何区分词类，并且把每一个词都与另一种语言的某个意义对应。遗憾的是，英语语法中的很多术语没有中文对应词。汉语中相当于英语动词的词用法相当灵活，而相当于名词性的词和词组很呆板；可是只需改变它们在句子中的位置，它们可能就转化成别的词类。位置，而非一致性以及支配关系，是汉语的区别特征之一，因此要想让一个中国人学会准确地分辨词类，并且把词类按照正确的排列方式组合到一起，是一件非常困难的事；虽然在英语中这对传达意义与清晰表达都是必不可少的，可是在汉语中却很少使用，仅是为了使声音悦耳才使用。

宗教教导是学生的每日功课。他们开始学习前都要读圣经和祷告。每天还挑选出一部分基督教教义，或者其他方面的基督教知识让他们学习，同时他们还要熟悉圣经的历史，接受关于圣经中包含的基督教原则的教导。他们全部都参加礼拜，仪式以他们的语言汉语主持。中国工人也自愿加入他们的行列，其中有些人每次都去。礼拜日上午在传教站礼堂举行仪式，早晨和晚上在英华书院大堂举行。

米怜博士和他的继任者进行的宗教教导使得几位中国教师、印刷工和学生得到了神的福佑，归信了基督教，其中最引人注目的是忠诚的福音传道人梁亚发，他经受住了迫害的考验，神的恩典保佑他没有堕落，让他至今都堪称楷模。

英华书院印刷所出版了几种重要的出版物。除了大家已知的《印中拾闻》和《察世俗每月统记传》，印刷所还出版了马若瑟①的《汉语札记》（*Notia Linguoe Senicoe*），金斯伯罗勋爵（Viscount Kingsborough）把马若瑟的语法手稿作为礼物赠送给英华书院，同时还赠予 1500 镑的出版费；柯利先生（Mr. Collie）②翻译的中文典籍《四书》、马礼逊博士的《中国和广州港杂记》③和一

① 马若瑟（Joseph de Premare，1666—1736），耶稣会来华神父，《汉语札记》是其最重要的著述之一。——译注

② 柯利（David Collie，？—1828），伦敦会传教士，1822 年 6 月到达马六甲。1824—1827 年先后担任英华书院中文教授与校长。——译注

③ 该书没有中文书名，原名为“*Notices Concerning China and the Port of Canton，the Affair of the Frigate Topaz，and the Fire of Canton*”，8 开本，1823 年马六甲出版。——译注

部四卷本的中文著作《古圣奉神天启示道家训》①都在马六甲出版，书院印刷所还出版了中文圣经和福音小册等。书院的学生人数从二十人至六十人不等。为了弥补这一粗略的概述，在此补充一篇关于马六甲的文章，这是一位博学开明的先生大约在1828年或1829年到访英华书院时写的，该文是特意为时居中国的绅士出版的一本期刊撰写的，作者马治平先生是东印度公司特选委员会大班和珀斯（Perth）的议员。

马六甲是在亚洲最早的欧洲殖民地之一，在葡萄牙人达·伽马（Vasco de Gama）成功地绕过好望角环球旅行的几年后占据了此地。绝不能想当然地以为葡萄牙人为了改善当地人的道德状况而努力过，曾到过马六甲的圣徒沙勿略（St. Francis Xavier）说"基督徒在罪恶深重的非信徒中尤其出众"。继葡萄牙人之后，荷兰人占据了马六甲，使这种区别更为明显。一些早期殉教者的遗骨安葬在马六甲山老教堂的围墙内，这里最初是一个天主堂，后来成了新教的礼拜堂和墓地，现在几乎沦为了一片废墟。耶稣会在东方的使徒，有些被冠以暹罗、中国、日本主教头衔的使徒与统治当地的欧洲总督共同安葬在这里。可是由于长期暴露在风吹日晒下，这些记录传教士与商人所作所为的墓碑都已侵蚀风化。当想到他们弟兄在东方的状况几乎没有任何进展，我们亲眼看到时间之手毫不留情地抚过他们的墓碑。每一个到访者都应该来参观这个老教堂，这里不但有苍凉的美，而且还能给人有益的教诲。

令人满意的是如今马六甲臣服于英国政府的统治。经由葡萄牙人和荷兰人修建的旧城堡，曾经是亚洲最坚固的要塞；在英军的进攻下，虽然他们的防守很顽强，英军攻夺马六甲并非易事，但这些城堡被攻克了。在马六甲，有比旧城堡或是老教堂更值得一看的建筑，那就是英华书院。

这所井然有序的书院由马礼逊博士发起和创办，他精深广博的汉语知识为他赢得了声望。他慷慨地拿出了一大笔钱用于修建书院，然后由人们自愿捐款维持，还得到东印度公司的支持，虽然公司的支持无法与学

① 英文书名为*Domestic Instructor*，1832年马六甲出版。——译注

院的伟大目标相比。这所书院的价值尚不为人知，它的诸多优点也少有人理解。有人对它不屑一顾，因为它是一所传教士创办的学院。人们相信无论基督教的教义存在怎样的差异，这种偏见很快就会过时，人们希望这样一所旨在提高并教化一部分人类的机构应当得到博学开明之士的鼓励。接连主持英华书院的先生们以简朴的生活和仁慈之心而闻名，此外他们掌握的马来语和汉语让他们胜任此职。根据我个人对已故米怜博士的了解，他曾多年担任书院的校长，他比一般的基督徒更加谦卑，此外他热爱科学与学习，热心宗教，并且热忱致力于他的事业，甚至情愿献出生命。还有已故的柯利先生，虽然他已离开我们，接受了神的奖赏到了另一个更美好的世界，据说他的汉语发音和习语不亚于中国人。西方学界不要轻视由这些人创办并且主持的学院。应该抛开妒忌，思维更加豁达，假如能够实现我们人类同伴的安康和他们在另一个世界的永生，通过谁的力量做成这件好事，相比较而言并不是那么重要。英华书院的目标是教育那些中国少年，否则他们可能终生接受不到任何教育。如今，他们在书院里学习汉语、英语以及其他有用的科学知识。书院招收学生不局限于公开承认自己信仰的基督徒，也不强迫学生接受基督教。只要有学生对基督教表现出好感，便会得到鼓励，促使他成为一名基督徒；假如学生对基督教不感兴趣，他们仍然可以学到实用知识和道德教育。当我到访英华书院时，大约有30名学生。要是书院的经费更充裕些，它的规模一定会更加广泛。听到这些孩子们流畅地用汉语和英语朗读圣经，真是让人欣喜。其中很多人中、英文书写优美，熟练掌握算术、地理学、历史学知识，还会使用地球仪。正是英华书院，才让马六甲农夫的儿子能够接受连中华帝国皇子都难以得到的文明教育。

现任书院校长基德先生(Mr. Kidd)对学生很真诚也很热情，他认为这些学生的资质完全比得上欧洲的学生，而且许多学生非常渴望接受教导。遗憾的是，书院没有足够的资金扩充宿舍，不能让孩子们晚上住在书院，而回到父母家中就远离了道德榜样。只有当人们逐渐认识到英华书院的重要性后，希望能获得资助弥补这一缺陷。许多曾在书院接受教育的中国人已经进入了不同的行业，他们比那些没有他们幸运的同胞们所拥有的明显优势为书院带来了声望，增加了学生的人数。很多人被商人雇佣或成为政府文员，尽管当地中国人很多，但是书院学生良好的举止和中英文知识使得他们脱颖而出，具备了担任这样职位的素质。我曾走进马六甲的一家特别整洁有序的小杂货铺，店主用极地道的英语告诉我，“我很幸运能够进入英华书院在米怜博士的指导下学习，我很怀念他，我从他的教导中受益良多”。我问他有没有孩子，他说“只有一个儿子”。我祝愿他有更多的孩子，让他的孩子们接受同他一样的教育，也成为像父亲一样受人尊敬的人。他回答说“我希望你的孩子也一样”。我又问到他是否还在继续学习，他说他非常喜欢阅读英文，也常把打动他的句子摘抄下来。如果我感兴趣，他愿意给我看他常读的英文书。他从中国式的书桌抽屉里拿出一本厚厚的抄写簿。在写满了各种烹饪以及药品的中英文化学品成分中，有一些他摘抄的孔子和标准英文读物的片段。在几首诗文中间，我看到了库柏①最著名的描述他母亲的诗句，他说自己的心被这些美妙的诗句打动了。这就是一个经营茶叶、烟叶和鼻烟粉的中国杂货铺店主，我毫不怀疑他的博学多才，无论从何种角度来看他都非常胜任这份工作。我后来发现他是一个节俭勤劳的人，生意也不错。他说他没有去中国的想法，补充说“我不喜欢中国的专制政府”。有多少像这样的思想和情感正逐渐在中国人之间散播，它将驱散无知的偏见，打破中国人构筑的妒忌和限制之墙。虽然书院仍缺乏有效的手段和方式实现其目标，可是它已经拥有一所图书馆和一个印刷所，最近还出版了一份中文报纸。但愿人们不要轻视这些看似微小的进步，它得到了当地政府的大力支持，同时还有许多人的无私捐助。我曾在一处遍地石头的荒芜之地，就像约翰逊博士（Dr. Johnson）所描述的赫布里底群岛（Island of the Hebrides）：“我们正在开拓一块曾经闪耀着古苏格兰宗教之光的土地，那些野蛮的部落和流浪民得到了知识的光明和宗教的赐福。”愿马六甲成为亚

① 库柏（William Cowper，1731—1800），英国著名诗人和赞美诗作家。——译注

洲的爱奥纳(Iona)①,将基督教发扬光大而不复重蹈爱奥纳衰亡的覆辙。

自从班廷克爵士②被任命为印度总督后实施了财政紧缩策略,东印度公司每年给英华书院1200元的资助被取消了,但是上面一篇文章的作者和其他特选委员以最仁慈的态度迅速及时回应,弥补了这一亏空。他们在信中通知了马礼逊博士解决这个问题的方法。

致马六甲英华书院董事长马礼逊博士

广州英国商馆,1831年1月7日

先生:

我们很遗憾地通知您,槟榔屿政府已于近期取消了对您主持的英华书院每月100元的资助金。我们认为我们有义务以东印度公司的名义先支付今年的资助金,并向东印度公司董事会提议今后由公司继续支持书院。我们坚信英华书院是一所出色的机构,在英帝国最遥远的属地上传播知识和有益的教导,有助于消除这个国家长久以来的排外观念,帮助他们认识到外国的语言和文学与他们固有的语言和文学同样重要。

通过向英国人和中国人提供开明教育,让他们学习对方的学术和语言,我们认为这为两个帝国人民间的交流奠定了坚实的基础。

衷心祝愿英华书院蒸蒸日上,盼望有更多人认识英华书院并且赞赏它的重要目标。

您最忠诚的仆人

(签名)马治平

德庇时

丹尼尔(J. N. Daniell)

史密斯(T. C. Smith)

英华书院并非最近才得到了公众的大力赞助,若不是首先由东印度公司驻广州商馆每年资助1200元,继而由英国政府赞助,英华书院可能早就不存

① 苏格兰地区基督教的起源地。——译注

② 班廷克爵士(Lord William Cavendish Bentinck,1774—1839),他1803—1807年担任英国驻马德拉斯总督,1827年被任命为孟加拉总督,1833年任印度大总督。——译注

在了。虽然书院利益在创办人心中非常珍贵，据称书院收到的来自英国公众的唯一资助是由曼彻斯特的一个组织资助的一小笔钱，该组织于1824年由克鲁尼博士创立。克鲁尼博士为了推动书院的发展而不懈努力，他这样做不仅是因为认识到书院的重要性，也证明了他对远离的友人的思念和支持。

伦敦会同意了马礼逊博士和米怜先生的请求，向马六甲及周围地区派遣几名传教士而形成恒河域外传道团。为了维护秩序及促成合作，这些传教士组成了恒河域外传道团，达成一些管理原则，每个人都签了名。米怜先生的信中偶尔提到这个协会，因此本卷的附录里收入了一份他们的规章，供读者了解。从米怜先生的信中可以发现，传道团中的某些资浅传教士缺乏热情、不服从规章，给米怜先生带来了烦恼和忧愁，因此他毫无保留地向他的朋友倾诉自己的感受，谴责了一种与其他福音派组织或政治组织的管理原则相对立的制度，因为这些组织的人员必先掌握专业知识，才具备进入他们的立法部门的资格；但在这里，刚从英国来的年轻人对早于他们的传教士所面临的困难一无所知，也不重视关切他们的传教对象所持的偏见，却贸然单独采取行动而不征求资深传教士的建议，违背了他们自己赞同并且签署的规章。这时到达马六甲的一名印刷工给予米怜先生及时帮助，让他在众多事务的烦劳中重又振作了精神。米怜先生的信文如其人，反映了他的性格，也真实地展示了他所处的特殊情境。在此摘抄一部分。

致马礼逊牧师

马六甲，1820年9月30日

亲爱的罗伯特：

M太太和孩子今天下午已经动身前往槟榔屿——幸好哈特曼先生(Mr. G. H. Huttmann)到了，可以掌管印刷事务，因此我相信无须多久我们可以拥有比以前更坚实的基础。我给你寄去一份对哈特曼先生的指示，这让他比此前的印刷工更完全听从我的指令，他似乎也很乐意接受当前的规章，我相信在下封信中你会看到英华书院恢复了正常。现在我有哈特曼、弗莱明和博恩①，我相信他们都愿意帮忙——他们也是这么宣布

① 弗莱明和博恩都是欧籍人士。——原注

的，并遵从我们的章程，这很重要。虽然这对我是一个及时的安慰，我也感到高兴，但是目前他们还帮不上大忙，我今后再也不会重用"一个卑鄙的人"。随信附上一封应哈特曼先生的请求写给他的信，此信的复件我已经送回国；我相信伦敦会可以从中了解我们的目标和愿望，有力地驳斥恶意攻击我们的言论。以前我写信时不愿告诉伦敦会这些恼人的事情，只跟博固先生提过让T先生到其他传教站去，因为我觉得他是这些纷扰的教唆者。M先生也提出要走，但是看在M夫人的分儿上我没有反对。可是假如我告诉你他莫名其妙地带走马来文字模，又悄悄从印刷所拿走了几箱活字，你会作何感想？

哈特曼对此很反感，认为私下搬走最重要的印刷材料是对他的侮辱，而这些材料本该为他所用。我实在无法用语言来描述我对这种卑鄙行径的感受。更过分的是，汤姆斯给马六甲传教站的便携式印刷机也被M带到槟榔屿去了。

……

我对T什么都没说，因为我确实希望他能够说服自己，把拿走的东西还回来。我现在把印刷所的事情完全交给了哈特曼，我相信他会照管好印刷所的一切。弗莱明管理那些学校，博恩协助包装印刷品、散播福音小册、抄写信件等。

还有两名传教弟兄在路上。神啊，赐福我们和神的事业吧，但愿他们是和平安宁的人！

我的信也请你帮我转寄一份给伦敦会理事。他们为了我的健康，慨然应允我去开普敦或者欧洲休假。你从我的信中可以看到我的回复，若非迫不得已，我不会离开的。……

米怜的来信

1820年10月20日

亲爱的罗伯特：

我寄给你一份我用中文写的《灵魂篇大全》(*Treatise on the Soul*)的初稿，目前还没有时间修改底稿或者给它加标点，恳请你抽空读读，为我提出订正及修改建议。

前些时候我们的总督对我说："米怜先生，我非常清楚你们目标的价值和作用，可是在我们政府①看来，你的某些朋友（或同胞，我记不得名字了）却在努力破坏你们的事业，暗示你们的书院与东印度公司有关联，并受东印度公司资助，想要实施公司的秘密计划。我知道他们可能是出于妒忌才如此含沙射影，故而没有理会。"这些即使不是确切的原话，但总督所说的大意如此，这促使我在关于书院的声明里增加了一条，表明书院不与任何政治组织相关联。

然而，这个愚蠢的撒谎者可能是谁？我没有把握，因此不敢说是谁。可就在昨天——极严肃地告诉哈特曼说："我不想让你的心灵变得污浊，只是要你小心——马礼逊和米怜耍的根本就是政治诡计：他们所关心的只有一个目标，那就是让所有的事情都脱离伦敦会的控制，好把它们交给东印度公司。我把未来看得很清楚——看穿了他们的面具——毫无疑问他们会得逞——他们一定会拿到钱。马礼逊去北京，我相信挣了不少钱，有4000元。"哈特曼回答说："我的任务是听从米怜先生，理事会命令我协助出版《印中拾闻》。米怜先生和马礼逊博士说要将发行刊物的盈利用在传教用途上，我看不出他们有其他的打算。"T说："好吧，记着我说的话——以后不要说事先没有人告诉你。至于《印中拾闻》，会有人付钱的——他们也会（指从公司）拿到钱——啊，对了——假如你同意放弃伦敦会的目标，他们会高兴地分钱给你的。"哈特曼憎恶地走开了，对T留下了很坏的印象。你必须知道，罗伯特，从这件事了解他是怎样毒害一个年轻人的思想，挑拨他与我们作对，越早赶走他越好。我真盼着他到别处去，或者我们能够有权完全制止他。如果他带有那样的恶意留下来，我们又能指望什么呢？

米怜

① 荷兰人政府。——原注

米怜的来信

亲爱的罗伯特：

昨天马西森先生(Mr. Matheson)将你写于12月9日、15日和20日的来信和译自《京报》的各种文章交给了我，同时还有里夫斯为你的《字典》做的天文学附录、一些美国报纸和福音小册、博固先生的文章、给《印中拾闻》和《察世俗每月统记传》的稿件、卡利斯(Carlisle)对文法学校的评论、《京报》，据我所知还有一盒茶叶(因为现在还没有上岸)，对此，请接受我衷心的感谢。我相信这些就是你寄来的了。我非常高兴看到你在信中谈到你教导青少年和传教的劳作似乎已经取得了一些成效，我希望他们这些工作得到神的福佑。

现在回复来信：以我的老计划，我将这样处理。——第一个问题，关于账目。等书院的学期结束，我打算自己记账，因为这几年的账目并不复杂。其他账目我已经详尽地交给了麦都思，我现在做的只是在给会计的账单上签字。

第二个问题，关于《养心神诗》和《年中每日早晚祈祷叙式》。我觉得我们不能在仲夏完成印刷，但是我们会努力尝试。我预计每册的成本低于四分之一元，但是现在还不能肯定。

第三个问题，确实如此。据我所知，塞兰坡版的中文《圣经》即使不是全部，主要也是出自“拉萨尔之手”——我们是自己译的。

第四，“翻译还没有出版”。没有出版，虽然我让三个人每天工作，还没有全部抄完。我希望春天能给你送一部分，至少有《约伯记》。我们正在印刷你的《但以理书》，即将完成。李先生说这本书语言很流畅，风格也很合适。

第五，“答应给亚发的父亲送50元，让他乘船来这里”。你这件事做得很谨慎。

第六，“对于你管理书院遇到的麻烦应该得到补偿”。不，罗伯特，我非常不高兴你的这项建议。我一直想给书院捐一小笔钱，可是现在拿不出来。当将来书院完工时，如果我的工作有幸获得你和其他创办人的认可，那就是对我最好的酬劳。

一个疑问——难道我上一季的去信还说得不够明显吗？“我觉得我留在书院应该会让伦敦会喜出望外，如果书院能完全负担我的生活，将给我更多的时间去履行我身为传教士的责任。根据多方面衡量，我认为每年1200元是必需的。”罗伯特，我就是这么写的，你为什么没有回答我？对你的缄默，我有三种不同的理解：第一，你不同意我的提议，所以出于礼貌，你认为最好的答复就是完全沉默。可这不像你一贯对我坦率诚实的作风，所以我不相信这种理解。然后我想第二种可能是你没有收到我的信，或者第三种可能就是你给我的回信被送往印度。无论怎样，我都会感谢你对此的建议，虽然我目前并不为此事担忧，也没有遇到这方面的困难，但我仍然希望知道你的态度。“全心为书院”，我是这样做的，并且希望保持到生命结束。我亲爱的罗伯特，你最怕我离开马六甲，虽然你没有理由反对。你或许会很高兴地知道，1819年年底，我在自己的日志上写下，“再三考虑之后，我觉得马六甲是一个适合我的地方。我每个礼拜都有机会向异教徒口头宣教——我负责出版两份报刊，通过这些事情我也许能够对中国、欧洲和印度的公共舆论产生积极的影响，促进福音的传播。我习惯于伏案工作——我的汉语写作计划很广泛，我需要一个安静的环境。英华书院看来有我长久以来盼望的一切。在这里我得到英国人、荷兰人、中国人和马来人的信任与尊重。我的中文著作可能对我的传教弟兄有用”。这就是我1819年1月1日的思考。

你永远的

米怜

米怜的来信

1820年11月3日

亲爱的罗伯特：

我刚收到了从槟榔屿转来的包裹，收到的第一件东西是装在描漆箱子里的英华书院的印章。第二件是李文斯东给《印中拾闻》的稿件。第三是你写的描述异教徒穷人现状的文章。第四，今天我从B的信中看出，他们(虽然没有多说)确实对M的鲁莽行为感到不满。可是我不知道——他们什么都没说,因此我还是按上次的做法,给他们的信也给你一份。第五,尊敬的槟榔屿总督菲利普斯先生今天写信给我,为英华书院捐了50元。第六,可怜的弗莱明在过去两天表现出一些精神失常的症状!第七,我单独指导两名中国人已经有一段时间了,他们快要成为基督徒了,其中一个是亚黄(Ahung),他就是和我一起去爪哇的印刷工;另一个是福建人,他有一个妻子和五六个孩子。如果他们希望接受洗礼,而尚未有机会证明他们的信仰,我该怎么办?把你的想法都告诉我。当一个父亲要求施洗入教,虽然你还不能确信他是否真心入教,但是他的全家都有可能随之入教,你是否会接受他?如果亚发的信仰、学习和做有用的人的渴望都能继续坚定不移地维持一两年,那可否在他返回中国前将他按立为牧师?这样假如你不幸逝世,或者其他归信者无法到你那儿接受洗礼,他就可以有资格主持基督教仪式。他谈到计划明年夏天返回中国,可是我希望他再多留一些时间。你要仔细地考虑这件事。在我们小小的书院成立两三年后,能够培养出一名中国传道人,他几乎能够胜任传播福音的工作,这是多大的恩赐和幸福啊!亲爱的罗伯特,一定要告诉我你的想法,你知道我几乎在孤军奋战,除了你我没有人可以请教。我希望现在我们就像以前都是共同采取行动。你要告诉我你对于施洗和按立一事的全部想法。第八,我用书院的经费聘任了一名临时马来语教师,月薪5元。我觉得我们必须设置一名长期的马来语教师。除非我们同意改变我们的计划,否则T不会做任何事情,可我们不能不理智地改动我们的计划。我确实很反感和一个惹麻烦的人共事。……

另一个15岁的少年想入我们书院,现在有一个已经在试读了。你愿意书院接收20名年龄在10岁到18岁的穷苦少年并且承担其教育费用吗?这与我们的目标完全一致吗?

理事会慨然准许我到南非或者欧洲疗养身体,但是我写信告诉他们"目前不行,除非生死关头我才会离开马六甲传教站"。

如果你派一名工人来,就到我这里。我们就要开始印刷《年中每日早晚祈祷叙式》了。

你永远的

米怜

附：捐赠英华书院名单

1.《沃尔顿多语对照圣经》(*Walton's Polyglot Bible*)①,8卷本,非常珍贵罕见,我觉得值80镑。汉基先生赠送。

2.友人们赠送的几本珍贵的书籍。

3.法考尔上校捐赠150元。麦肯兹(G. W. Mackenzie)捐赠50元。

4.鲍尔先生(Mr. Ball)捐赠价值50镑的欧洲文字书籍。

亲爱的罗伯特,从伦敦会对《印中拾闻》出版事务的重视、人们给书院的捐赠以及哈特曼及时到来,鼓舞着我们继续前进。截至去年12月,《印中拾闻》在英国的销售除去关税仅盈余一镑左右,所以我们不能指望欧洲市场;然而,几天前我收到了巴达维亚购买此刊的67卢比,我原以为卖不出去的地方反而卖了一些。时不时还有人要购买全套的《印中拾闻》,因此我相信以后可以弥补现在出版的亏空。我敢肯定那些有关中国医药的文章增加了我们的读者。可是你找的抄写稿子的人错误百出。我恳求你不要太相信他们了,如果这些文章的错误少些,将会提高作者和我们刊物的声誉。这些稿子都是最好的,是我们收到的最好的稿子。从各方的来信中,我认为英华书院将获得大多数人的好感。你亲爱的妻子玛丽回到中国了,祝贺你！愿神赐给她健康和力量。请向她和孩子们送上我真诚的问候。麦卡利斯特夫人(Mrs. Macalister)与马礼逊夫人曾在船上一起用餐,她给我带来了关于马礼逊夫人和孩子们的好消息。但那么早把他们带离英国并不是什么坏事吧？告诉我他们的近况。我几乎可以想象你坐在桌前,孩子们环绕在你身边,就像我的孩子们以前那样。我

① "Polyglot Bible"指的是将多种语言并列排印的《圣经》,《沃尔顿多语对照圣经》是由英国神学学者沃尔顿(Brain Walton,1600—1661)与其他人合作于1657年在伦敦出版的包含希伯来文、希腊文、阿拉姆语(Aramaic)、拉丁文、埃塞俄比亚语、叙利亚语、迦勒底语(Chaldean)、波斯文等八种语言的《圣经》。——译注

们很快就能开始印刷你的讲章。祈愿你能帮助他们的身体和灵魂。

你永远的

米怜

由于马礼逊博士积年累月地从事伟大的事业，不再有时间进行科学探索或培养文学素养，但他并没有因此而轻忽这些学问，从英华书院的总章程中可以看到，科学和文学居于显要的位置；他乐意帮助别人学习知识，而且终其一生他都给《印中拾闻》和其他期刊提供有效支持；就连下面这样的私人请求，他也会极认真地对待。

洛迪奇斯先生（Mr. Loddiges）①致马礼逊博士

伦敦近郊哈克尼，1820年1月12日

先生：

请允许我们冒昧给您写信，对于您来说我们是一群陌生人。

我们专门采集世界各地的植物，培育出种子后输送到需要它们的地方，因此我们渴望在世界各地都有联系人，尤其是在您辛勤劳作的丰饶的中华帝国，但是我们找不到更合适的联络者。您肯定也注意到了万能的主创造的美丽迷人的植物世界，也许您还不知不觉地喜欢上了观察并种植植物。塞兰坡的卡瑞博士是我们的一个朋友，与我们保持着固定通信，我们通过他得到了许多有趣的植物。

如果您能为我们采集一些不同品种的棕榈树的种子或坚果，每个品种有二三十颗就足够了，任何当地的原生或野生品种的树木或灌木种子也是我们盼望得到的。当您收集到种子和树苗以后，必须用相当于树径三倍到四倍的普通湿土裹起来，然后装入一个封闭的木桶或者箱子里。当装满桶和箱子后，要压紧封口，并尽快运送到伦敦，交给伦敦哈克尼洛

---

① 植物学家康拉德·洛迪奇斯（Joachim Conrad Loddiges，1738—1826），从德国移居英国后从事园艺业，40余岁在伦敦附近的哈克尼创办了自己的育种公司，他给世界各国的人写信请求他们代为采集当地植物种子，然后他在英国栽培卖出。他的儿子乔治·洛迪奇斯（George Loddiges，1786—1846）修建了世界最大的温室，还从世界各地引入了2000余种珍稀植物，同时还因其对植物的科学研究而成为了众多植物研究机构的成员。此处不知是哪位洛迪奇斯。——译注

迪奇斯父子公司。树种只能置于凉爽通风处,而不能放在货舱里。

为了答谢您为我们采集树种所做的一切,我们很乐意向您提供英国的种子、植物或者其他您需要的东西。只有给您这样的回报,我们才能安心请您帮忙,我们认为这样做是建立在互助的基础上。

祈祷神会经常眷顾您和您极重要的事业。

您最卑微的仆人

洛迪奇斯父子公司

后记:假如您不便按我们的要求行事,您可否帮我们将信交给其他生活在中国、愿意代为收集植物种子的人? 感谢您!

下面刊登在《印中拾闻》上的通信也是同一主题,可以验证上述对马礼逊博士的评语。

致马礼逊博士

澳门,1819年2月12日

亲爱的先生:

几天前我把一篇探讨中国植物的文章寄到广州,我想让英国伦敦园艺学会(Horticultural Society of London)看到我的文章。我在文章中主要解释了阻碍中国植物引入欧洲的原因,并且提出了一个我认为将来能更获成功的方案。

我刚收到了由我们的朋友主持的马六甲英华书院的总章程,我很高兴看到中国人有机会学习欧洲文学和科学。看到书院总章程中包含了建一个植物园,我不禁猜想书院可能想要开设植物学,这样日后就可以把中国的植物学著作翻译成英文了,果真如此,欧洲人都要感谢恒河域外传道团的资深传教士付出的努力,让他们可以充分了解中国植物的情况。

有一些进入中国内地的天主教士曾提供过一些有关植物的信息。通过他们的叙述,欧洲人估计中国的植物品种非常丰富,因此渴望着能够将这些物种加入西方的植物种类中。

卡普弗①和桑堡②各自有其介绍日本植物的著作。德洛雷罗③则详细地描述了交趾支那的蔬菜品种,他还注意到了澳门、广州的郊区也种植这些蔬菜。奥斯贝克④在广州的短暂停留让他对那里的植物感到好奇,他也描述了所见到的植物。除了这些相对而言比较重要的著作,恒河域外传道团所致力劳作的这一辽阔地区的植物仍有待探查。

我不必向你详述阻碍我们扩展植物知识的原因,因为这与影响可怜的中国人没有接受救赎福音的原因相同。目前中国政府对所有外国人强制实行严厉的限制措施,绝不允许外国人(无论出于何种理由)在中国旅游,因此,除非解除这样的限制,否则不可能了解中国的植物种类。对那些不愿冒昧行事、不愿为了正义的目标违犯法令的人来说,他们只能在广州及周围进行调查。我们要满足园艺和植物爱好者的期望,很大程度上要依赖你认为英华书院应该采取的恰当措施。

我提议伦敦园艺学会派出合格的园艺师到中国,在这里建立一个合适的机构,由当地助手协助收集植物物种,每隔一段时间将收集到的物种送回英国。

如果这些当地助手能在马六甲接受有关欧洲植物学知识的教导,并且能够读到中文的基础植物学著作,他们将可以发挥更大的作用。

向愿意学习的中国人传授欧洲文学和科学,是一个高尚的想法。假如你能取得成功,毫无疑问,你更高尚的传教目标也会相继实现。想到你

① 卡普弗(Engelbert Kempfer,1651—1716),德国旅行家、医学家,1690年至1692年曾担任荷兰使团医生去日本。他去世后,1727年英国伦敦出版了译自他的德文手稿的两卷《日本史》(*History of Japan*)。——译注

② 桑堡(Carl Peter Thunberg,1743—1828),瑞典植物学家,1771年为荷兰东印度公司服务,曾在南非、日本等地效力,被称为南非植物学之父,1775—1776年在日本曾对当地的植物进行了调查,1784年出版了《日本植物志》(*Flora Japonica*)。——译注

③ 若昂·德洛雷罗(Joao de Loureiro,1717—1791),葡萄牙籍耶稣会士,古生物学家、植物学家、医学家,自1742年到了交趾支那后,他在当地生活了30年,研究当地的植被,1790年出版了《交趾支那植物志》。——译注

④ 奥斯贝克(Pehr Osbeck,1723—1805),瑞典植物学家,他曾用了四个月的时间研究中国广州地区的植物和动物。1757年他出版了瑞典语的中国旅行日记,1771年被译为英语。——译注

们在马来半岛传播有用的知识,从那里向中华帝国扩展,真是快慰人心。我认为植物学会首当其先,而神学虽然速度慢些,但是前进的力量却最大,它们终将传遍各地。

除非齐心协力,否则不可能取得大家所盼望的圆满结局,因此我呼吁所有文学爱好者、拥护科学的人、人类的朋友,那些愈加敬重人类救赎的宏大计划的人,竭尽所能地帮助书院,推动实施书院高尚的计划——这是以最仁慈的原则创建的书院,必能产生最大化的益处。

目前我所能做的就是完全听从你的吩咐,虽然我的帮助微不足道,我衷心祝愿并热诚地祈祷你的计划取得成功。

尊敬你、忠诚的

李文斯东

致李文斯东爵士

中国广州,1819年2月16日

尊敬的先生:

我带着浓厚的兴趣拜读了你对阻碍中国植物学发展和中国植物传入欧洲的原因的分析,以及你提出的一个在中国推广植物学的非常可行的方法①,对你的见解感到非常赞赏。

为了克服欧洲人不能在中国旅行的弊端,你认为,“中国人完全有能力接受植物学原理的教导并担任采集物种的助手”。我完全赞同你的观点,让英华书院的中国学生胜任植物学助手,也在英华书院的规划之内,但是恐怕还要等几年后才能充分重视这门有趣的学科。

我将会给英华书院送去一些中文的植物方面的著作。假如书院有人能指导植物学,我会立即请求书院校长挑选一名中国学生接受训练,让他接受所需的知识,成为一名中国植物学助手。执行这项计划到最终目标的实现都有赖于欧洲和世界各地的基督教团体和慈善家的帮助。

神的功绩浩瀚无边,所有敬畏祂的人都在研读。虽然研读祂的至善

① 在你写给伦敦园艺学会的信中。——原注

功绩——人类救赎——是基督教传教士的首要目标;神创造的天地万物也同样应当成为他们研究的对象,这些被创造物即使是天国的神使也对之钟爱有加。有鉴于此,英华书院和恒河域外传道团认为,他们在健康和经济条件的许可范围内,把文学和科学当作书院的首要目标是正确的。

我上面提到的措施,都是我将尽快实施的措施,此外我还想给你提一个建议,假如你赞同,就请转告英国伦敦园艺学会。

我建议欧洲送一名正派、具有植物学知识的年轻人到英华书院学习汉语,将欧洲的植物学著作翻译成中文。传教士没有时间做这件事。

虽然我不是一名植物学家,可是我热爱植物学和一切科学研究。目前我住在中国、懂汉语,随时乐意助大家一臂之力,唯一遗憾的就是自己所学甚少而能力又有限。

您诚恳的

罗伯特·马礼逊

马礼逊博士赴华途中曾访问过美国,自此到他离世,他与许多美国宗教界的领袖人物保持着频繁的通信,他的劳作以及人品也极受美国宗教界的敬重。本年(1820年)他收到美部会(American Board of Commissioners for Foreign Missions)的通知,"他以全票当选为美部会理事会的通信理事"。随同这则通知一起收到的还有美国沃塞斯特博士(Dr. Worcester)①写的公函和私人信件。

美国马萨诸塞州萨勒姆(Salem),1820年3月

尊敬的先生:

我欣然履行一项公务,将下一页的文件传达给您。如果您不拒绝我们的任命,愿意终身担任我们的通信理事,不仅我本人,就连我所代表的美部会理事会都将感到极大的喜悦。

尊敬您、热爱您的主内弟兄

美部会书记:沃塞斯特

① 沃塞斯特(Samuel Austin Worcester),公理会牧师,1810年至1825年担任美部会书记。——译注

沃塞斯特的来信

美国马萨诸塞州萨勒姆，1820 年 3 月

尊敬的先生：

虽然你并不认识我，可是我却和许多在地球这边的人们一样，感谢施恩的主让你在我们心中如此珍贵。神以祂至高的智慧把你选派到一个重要的地方，交给你一项伟大的事业。因为祂答应让中华帝国归于耶稣，神因此指引你、扶持你、保护你，祂很高兴看到你为今后向千百万不认识耶稣的人宣讲祂永恒的《圣经》做准备。为了这样的目标充当工具确实值得称道，亲爱的先生，我相信每当你思索为什么会这样的时候，心底会自然而然地涌出一种情感，“感谢我主基督耶稣让我成为一个有价值的人”。在你赞美祂的同时，地上和天上还有无数的心与你一起，向神致谢。下一代人也会感谢祂，对祂的赞美将代代相传，直至永远。

然而，中国并不称你的心意，在那里，万能的救世主所采取的措施和施加的恩典与地球这一边相比非常有限；我们在祂的引导下正走向救恩和永恒的王国，这对你不能不算是鼓舞人心的消息吧——请允许我随信给你寄去一个小包裹，里面有《美国地名词典》（*Gazetteer of the United States*）、传教报告和杂志等，我希望你不会拒绝。你可以从这些刊物中了解得比我讲得更充分，了解到我们是什么样的组织，以及我们在美国做什么。虽然我们默默无闻，但是我们的手已经延伸到了东方和西方——一边到了印度，另一边到了夏威夷群岛（Hawaii Islands），我们预计不用多久我们就会拥抱整个地球，与在中国的你携手共进，就像我们的心早就共同跳动一样。

亲爱的先生，也许将来要靠你来帮助我们派往夏威夷群岛的弟兄，我们把他们交给神，愿神保佑他们穿过风浪到达那里。我恳求神眷顾的、拥有基督精神的你指导他们。把他们交给你照顾，无论你采用何种方便的方式与他们联系——你对他们表现出的任何关心，都会激励他们，而且会获得许多人的感谢。

在从事各种工作和事业之余，你几乎没有时间给遥远的新朋友写信；

但是在你收到本信后，你能否把有关你最珍爱的传教事业的想法写信告诉我们，我希望它也成为我们最珍爱的事业——我肯定有你签名的一行字对我来说都很宝贵，如果我能够对这项事业有所促进，或稍微提升你的工作或喜悦，我会感到很高兴。虽然我们在地球的两边，彼此也并不熟悉，但我仍愉快地想每天我们会在上帝的羔羊面前相见——这是地上和天上所有信主的人向往相聚的地方——为世界各地的教会祷告，为生活在黑暗中的国家和民族祷告，谁说我们不会这样相见呢？

真诚地爱你、敬你、感激你的

主内弟兄：沃塞斯特

普罗德菲特博士（Dr. Alexander Proudfit）①的来信

纽约，1820年5月15日

我亲爱的弟兄：

虽然我们未曾谋面，但我经常读到你，祈祷你目前从事的重要事业能够得到神的保佑并且昌盛兴旺。我贸然给你寄去了两卷讲章，主要是因为有些讲章是针对正在考虑向地球仍处于黑暗中的国家传播福音光明的差会而发的。你接受了它就等于接受了我的一份敬礼，因我不曾奢望与你今生相遇，但却期待着与来自世界各处受人尊敬的人相聚在永恒。如果能收到你的回信，我将不胜荣幸，信件可以通过纽约的贝休恩先生转交给我。

请允许我向你介绍梅森博士的教会的长老奥利芬②先生（David W. C. Olyphant），请你多关照他，他将告诉你有关美国教会的详细情况。我是你信仰上的弟兄，与你一起追随永生恒爱的主耶稣，让我们为彼此祷告吧！

普罗德菲特

马礼逊博士与奥利芬先生结下了永久的友谊并终身保持通信。奥利芬先

① 普罗德菲特（1770—1843），自1795年至1835年担任美国联合长老会驻纽约萨勒姆区教堂牧师。——译注

② 奥利芬，虔诚的长老会信徒，1820年来到广州从事贸易，1851年返回美国途中病逝。他大力支持美国在华传教事业，此外他拒绝从事鸦片贸易，是当时为数不多的正直的商人。——译注

生在广州的公司是按照基督教原则运行的公司，是广州唯一禁止鸦片贸易的公司，享有很高的声誉。奥利芬先生作为一名基督徒商人，向那些以“做买卖得利”（雅 4:13）为人生唯一目标的人展示了耶稣所说的“重价的珠子”（太 13:45—46），堪称是一个高尚的典范。他的船队第一次将美国传教士免费送到中国，同时也是依靠他的慷慨帮助和社会影响力，美国传教士才能在中国居留至今。奥利芬先生最初来到中国之后，给尚在澳门的马礼逊博士写了下面这封信。

奥利芬先生的来信

广州，1820 年 10 月 15 日

尊敬的先生：

我从纽约来到广州已有三个礼拜了，我带给您的一个包裹，连同这封信一起交给您。我本想亲自给您送去，可是我得知您目前不住在广州，所以只好请人转交。我来广州纯属商业目的，接替斯考特先生（Mr. Scott）此处的位置；但是我懂得在主里对神的爱，也知道基督徒肩负着传扬神的圣名的责任。假如您来广州，我希望能够有幸见到您。如果不来广州，我希望您将利用我所能，帮助您在中国的传教事业。

但愿您能很快看到你为这个愚昧民族劳作结出的果实！但愿救世主的王国尽快到来！

衷心期盼的、您谦卑的仆人

奥利芬

于法国商馆第一号致澳门马礼逊博士

米怜牧师的来信

马六甲附近克莱邦（Claybang），1820 年 3 月 20 日

亲爱的罗伯特：

今天是亲爱的雷切尔（Rachel）的忌日，我一早带着孩子们来到了“波金”①——悲伤之地悼念她。十二个月零三个小时以前，我曾在这间屋子

① 波金（Bochim）据《圣经》，“耶和华的使者向以色列众人说这话的时候，百姓就放声而哭。于是给那地方起名叫波金（就是哭的意思），众人在那里向耶和华献祭”（士 2:4—5）。——译注

里听到了“银链折断”(传道书 12:6)、“心弦断裂”的声音——就如同链条突然折断、发条断裂发出的响声。我不敢肯定这样阐释《圣经》中的词是否正确,但是当时这句话非常生动地浮现在我脑海,而且此后曾多次出现。暂时脱离繁务片刻或者几个小时是极好的休息,可是我罪恶的心却追随着我,没有任何外在的因素能将它们从我们的思想中除去——只有寄望从上而下的力量。因此,当我追思逝去的友人的品格和盼望时,我不禁为他们默默祈福。虽然在想到我极大错误和在婚姻及家庭生活方面的失误时,我觉得惭愧、羞耻并厌恶自己,但是在为友人们祝福时我感到很快乐。罗伯特啊,当我“正在忙乱之间,那人就不见了!”(列王纪 20:40),可是无论多么后悔也不能让死人复生!当所爱的人还在世时,我们尚可以尽心尽力而不致自责不休;可是当死亡将所爱的人从我们身边带走后,我们却不能原谅自己,虽然这与我们伟大事业的责任相比,在良心上并不亏欠什么。

……

我记得你有三次都提到克拉克奈尔博士(Dr. Cracknell)要授予英华书院的人学位①。你似乎主要针对我,所以我要在此声明,你给他的信中谈到此事时不可言甚其辞。唯一可以让我心安理得地接受此种荣誉的理由就是我刻苦钻研中文,除此之外我没有什么值得称道的。如果这样做有助于推动我的事业,或者对英华书院有所增益,我也不会拒绝这样的荣誉。……

用锡盒装着的盖有印章的文凭我已经看过了,也拿给其他人看了这件罕见的文物。我会小心尽快把它寄给你。附信我也打开看了。

神赐福你,亲爱的罗伯特!

你的米怜

下面的信来自一位在孟加拉政府任职的先生。他随后到访马六甲的英华书院,成为一名热心推动书院目标的副董事长。

---

① “1820 年格拉斯哥大学获悉米怜先生的成就,认可米怜先生的人品和神学造诣,因此在 1820 年授予他神学博士学位。”——参见马礼逊著《米怜先生回忆录》。——原注

克劳米林先生（C. R. Crommelin）的来信

广州，1820 年 10 月 4 日

亲爱的先生：

你可能对于我这么早就离开广州的决定感到很惊讶，尽管神很眷顾我，但我的健康还没有完全恢复到我这个年龄应有的程度，而且怠惰是对我最糟糕的惩罚，因此我按照自己的，也是神引导我产生的想法，几个小时后动身去黄埔。

不瞒你说，我相信在我到达加尔各答后会被提职，被提拔到我曾经向往的高职。为我祈祷吧，亲爱的先生，让我能够在自己政治生涯中的最后一个舞台上施展才能、树立丰碑，让我履行我对神、对同胞和对我自己的责任；我的一个肯定或者否定就能影响到千万人的幸福，求神赐我智慧、真正的智慧指引我，以祂的信任增强我的信心，以祂的臂膀和力量支持我、保护我，我需要这一切，因为人的力量是软弱的。

我突然离开，让我编书的计划和图片都无人照料。里夫斯先生将替我完成图片，而书我想委托你帮我完成。我仍想购买一些珍奇的书并呈现给加尔各答的亚洲学会。事实上，作为即将生效的亚洲学会会员，我更想实现先前的想法，请你代我替亚洲学会的图书馆和博物馆购买一些书籍。我盼望先得到有关购书的一些信息，如果你有空时能费心关照此事，我将不胜感激。所有购买书籍以及运送的费用，我已指示贝利先生（Mr. Berry）如数送去；至于你付出的宝贵时间和精力，我们将一直铭记不忘。

在我居留孟加拉期间，如果能够为你的家人和朋友做些什么，让他们过得更舒适或是为他们提供便利，请你不要犹豫立即告诉我。神保佑你和你的事业，我亲爱的先生，祝愿你平安健康。请代我问候马礼逊夫人和你的孩子们。

您忠实的

克劳米林

下面是 1820 年收到的最后一封信，它来自欧洲。

罗斯牧师（Rev. Alexander Ross）的来信

亚伯丁，1819 年[①] 11 月 4 日

亲爱的先生：

我很高兴收到了你 1818 年 10 月 31 日的来信，尤其感谢你特意为我挑选并寄来的中文书。它们对我的学习帮助很大，没有它们我可能已经放弃了学习汉语。可是最近我没能如愿投入更多的精力去研习汉语，因为我连续两个学期都在亚伯丁大学马里夏尔学院（Marischal College）担任希腊文教授的助理，此项工作占用了我相当多的精力。不过借助你出版的《字典》和法国德金的《汉字西译》，我认真地读了大部分《论语》和《三字经》，还参照了你在《中国杂文集》一书中的译文。随着自己汉语水平的提高，我十分高兴，也有信心再取得进步。当然学习汉语需要花费很大精力，可是我毫不怀疑付出的时间和努力终会得到相应的回报。马六甲英华书院将来会增加我们对中国的了解。米怜先生曾给我父亲寄来一份书院章程，我和我父亲对此都很感兴趣。这类机构将开创我们与封闭的中国展开对话的一个历史新阶段。我还盼望英华书院能为我们介绍更多的中国文学，更为重要的是，这将极有力地推动我们在人数众多的中国民众间传播耶稣福音的事业。我父亲和我将会尽我们所能为这么优秀的书院募集资金。

菲利普先生已经离开此地到好望角去了，你可能早已听说，他去担任当地传教站的主管。我希望神保佑他。他全身心致力于神的事业，他非常适合担任神指派给他的这一重要责任。我们这里的圣经和传道差会欣欣向荣，可是我们最优秀的代言人之一传教士菲利普先生去世了，给我们带来巨大损失。救世主的事业正在前进。基督徒们现在都持积极乐观的态度，争先恐后地把基督教推向世界，这是怎样的祝福啊。异教国家也应该很情愿地接受“那所栽种的道，就是能救他们灵魂的道”（雅 1:21）。1817 年夏季我去荷兰的时候，听说了一则与犹太人有关的消息，这则消

---

① 原文误为 1829 年。——译注

息非常可靠,我想你对此一定感兴趣。有人在穿梭于阿姆斯特丹和乌特勒支(Utrecht)之间的客轮上遇到了几个犹太人。他们开始谈论着天气,因为当时天气很恶劣,其中一个犹太人认为这是神在惩罚基督徒不尊敬弥赛亚——世界的救主。“弥赛亚关你什么事?”一位先生反问,“你不是犹太人吗?”犹太人正色回答道:“我是,可是我们像大多数基督徒那样信奉基督。我们早就脱离了犹太教,我们自己读《圣经·新约》并且祷告。阿姆斯特丹有很多我们的人。”“可是你为什么不站出来,加入某个基督教会呢?”他回答道:“先生,你们教会的做法和信仰千差万别,我们最好还是不加入的好。”

请允许我让佩里先生(Mr. Perry)(他将作为一名东印度公司船只的助理医生前往中国)给你带去一本霍恩(Thomas Hartwell Horne)①的《〈圣经〉评论概述》(*Introduction to the Critical Study of the Bible*)和一本汉娜·莫尔小姐(Miss Hannah More)②的新书《道德概要》(*Moral Sketches*),请你收下这两本书。

如果你能从繁忙的事务中抽空给我回信,是对我极大的恩惠。任何有关你的翻译和福音传播的情况我都特别感兴趣。我为你祈祷,并恳请你原谅我给你增添的麻烦。

尊敬您的

亚历山大·罗斯

斯当东爵士的来信

波特兰地(Portland Place),1820年4月13日

亲爱的马礼逊:

我刚收到了你9日的信,谢谢你附来的两期《印中拾闻》,我会认真拜读。我希望从下一次来自中国的邮件中能收到你词典的另一部分。目

---

① 霍恩(1780—1862),英国神学家,在他四十多部传记和圣经评论著作中,最著名的是1818年出版的三卷本《圣经评论概述》。——译注

② 汉娜·莫尔(1765—?),年轻时曾是一名剧作家,1785—1787年转向宗教诗歌和作品的写作,此外她还有一些开导生活饱受磨难的年轻妇女的作品。——译注

前中英之间的和平状况对你编写词典有利,虽然在英国人们对汉语没太大兴趣,很多人仍然能感到编写一部好的词典具有很大的价值和意义,它的用途不止纯学术的意义。我回到英国后从事的工作让我无暇阅读中文书籍,但是在我的一些朋友以及书商默里先生(Mr. Murray)的善意劝说下,我决定将已搁置8年的翻译集出版。这将是一本8开本的小书,所以无论公众读与不读,都不会有太大的关系。法国人在这方面可不闲着。克拉普罗斯先生(Mr. Klaproth)最近送给我一本4开本的对德金《汉字西译》的增补;雷慕沙送给我一份他从中文翻译的12世纪时记叙的关于柬埔寨的书,我觉得这篇文献没有太大价值。

我刚刚恭贺过我的好友咸臣继任商馆大班的职位。我非常赞赏他的管理才能,他谨慎内敛的方式和他量才为用的判断力,希望能够让他度过一个顺利平安的任期。我们的新国王可没这么幸运。你可以从报纸上看到充斥着叛乱和阴谋诡计的报道,虽然绝大多数地区仍然效忠国王,让我比较满意,可是下层民众却往往被人欺骗而丧失了信心。

我很高兴听到你称赞你们的国教会新牧师。最重要的是这个人要能配得上这个位置,否则宁缺勿滥,一个敏感而又虔诚的人会尽心尽力而为。我希望基督教能逐渐赢取人心。我最近在汉普郡(Hampshire)购买了一处乡村小屋,我很高兴地发现房间里摆放了很多宗教书籍,其中没有一本是反对宗教的。

你忠诚的朋友

乔治·托马斯·斯当东

乔治·伯德牧师的来信

伦敦,1820年4月17日

我亲爱的朋友和弟兄:

当我坐下来给你写信时,心情格外愉快,因为与你分离多年的马礼逊夫人就要回到你身边,我相信将由她带给你这封信。我为你们即将团圆感到高兴,祈祷神让你们永远在一起,在主的事业中、在教育你们可爱的孩子中,你们都是真正的伴侣。

你的上封来信让我们满怀喜悦和感激——把《圣经》翻译成在中国及周边国家活着的继起的数亿人的语言，这项艰巨的使命终于完成了！这本书献给主，唯有主，才有此大能完成这项伟业，唯有主，才能让这项事工达到终极目标——照亮并改变人的灵魂——这荣耀只能归给主，现在及至永远。但是，亲爱的朋友，我们不应也不会忘记那些蒙主悦纳、充当工具的辛勤的译者：我们感谢神选择了你和你的助手米怜先生。我们赞美神，是祂让你在湿热的气候中活了下来，保持着身体和心智的力量，让你在有生之年完成了这件大事。英国钦定本《圣经》的译者完成翻译之后，享受了一场盛宴，表达他们完成这一伟大作品后的喜悦和快乐；虽译完了中文《圣经》，可是你们或我们都不能聚集朋友以示酬劳，然而我们共同欢庆，可以说“有说不出来、满有荣光的大喜乐”（彼前 1:8），因为我们相信神不会让你们出色的翻译一无所获，当下一代人降生后，他们会因为拥有中文版《圣经》而感谢神，还要感谢神让英国一个差会向中国先后派遣了马礼逊和米怜，让他们译出中文《圣经》。但愿你侍奉的主人永远保佑你、赐福于你。

你对《圣经》翻译的总体情况，特别是对你们译本的看法是公允的。不要介意对手怎么说，《圣经》已经译成中文，神会祝福它的，神不会忘记这是一部表现着对神的爱和忠诚的译作，人人将通过它了解神的爱。亲爱的先生，自从你降生到人间，就要感谢神，是祂让你获得了新生，让你去做这件伟大的事情，让你在有生之年看到中文《圣经》的出版。感谢神吧，鼓起勇气！

你的其他著作也很重要，虽然它们不如《圣经》那么重要。但愿神保佑你完成汉英词典，其他造福众人的计划也都能顺利实施，祝愿英华书院蒸蒸日上，恒河域外传道团的事业蓬勃发展。

我们考虑尽快向马六甲增派两名传教士，这样可以让马六甲已经掌握马来语的两名传教士到新加坡去开拓一个新的传教站，这一传教站在米怜先生和我们看来都非常重要。

愿神加倍地赐你恩典和平安，让你长久地活着，在东方广泛地传播耶稣的福音。

衷心为你祝福和祈祷！

你的主内弟兄

乔治·伯德

后记：最近一位访问过马六甲的先生告诉我们，米怜先生身体似乎极差，权宜之计是让他到欧洲或者至少去好望角疗养一段时间。如此宝贵的一个人，他的生命必须得到好好的照顾，我们理事会不会拒绝任何关乎他生命健康的请求。

尘世间的快乐稍纵即逝，也许极少会像这一年所发生的事情那样对比强烈；但谁未曾感受到下列优美词句中的真理呢？

蓝天下的万物多么灿然夺目，
而这不过是光的点缀；
当我们满心欢喜时，
应该想到潜在的危机。

就在他刚与家人重逢，享受着家庭之乐并且盼望着幸福长久的时候，仅有短暂的几个月——像朝阳般燃起的希望在刹那间被降临的黑夜笼罩了。

灾难突如其来，马礼逊博士悲痛地给岳父、岳母写信告知妻子亡故的消息。

–1821–

马礼逊夫人去世—奥利芬先生的信—克劳米林先生来信—罗斯牧师来信—斯当东爵士来信—伯德牧师来信—英国圣经公会来信—伦敦会来信—美国圣经公会赠送马礼逊博士《圣经》—宾汉姆牧师来信—圣彼得和圣保罗港总督理克兹先生来信—罗斯顿先生的信—美部会来信—米怜先生来信—杰克斯牧师来信—阿美士德爵士来信—斯当东爵士来信—海恩先生来信

致约翰·莫顿先生和太太

中国澳门，1821年6月12日

亲爱的岳父、岳母：

我的爱妻玛丽返回中国后，身体十分健康，几乎很少生病。我们在澳门海边的房子前面有一块空地，每天晚上我们全家一起在海滩散步；晚上祷告之后，我们围桌而坐，做一些有用的事情，或者说说笑笑。我的玛丽每天愉快地为即将出生的宝宝准备衣物，把家收拾得又舒适又整洁。她无论多么忙碌，在晚上休息或早上起床工作前从来不忘记读一大段《圣经》。自从来中国，她认为米尔纳(Joseph Milner)①的《基督教会史》很有启发性，读完了整部书。

玛丽有着强烈的宗教感，她真挚热烈地爱救世主，而且清楚地知道现世的幸福是短暂无常的，因此她幸福着也战兢着。我们经常彼此告诫对方，我们太幸福了，所以要留意不能完全将心思都放在这些短暂的幸福上。在她临近分娩期时，她告诉我有时候她感到害怕。我知道害怕是对神的敬畏，所以我从来不对她说"不要怕"，而是说"相信神"。我每天祷告时都说我们已经准备好接受神对我们的安排，在我独自祷告时，我求神让他们母子平安。后来，玛丽更安于顺从天意，所以不那么害怕了。在过去一个月或一个半月里，有四五次她刚刚躺下睡着就突然坐起来，说感到有些窒息，还略微有些恶心，可是这种情况很快就过去了，到了早晨她又感觉到一切很正常。6月8日晚，她大量出汗并且感到疼痛，她以为自己快要生了；但第二天早晨她感觉好些了，整个礼拜六都在为孩子的到来做准备，心里既盼望又紧张，既高兴又害怕。礼拜六晚上把其余的事都推到次日，读每日必读的《圣经》，睡得很晚。当天夜里她又一次大量出汗，早上七点半当她穿衣时开始剧烈呕吐与腹泻。她吃了一些早饭，可是看上去很虚弱。上午十点我给李文斯东医生写便条，让他不要去教堂。他几

① 米尔纳(1744—1797)，英国福音派神学家，他出版了许多讲章和文集，其中最著名的是伦敦出版的《基督教会史》(*History of the Church of Christ*)，他有生之年出版了前三卷，由他的兄弟伊萨(Issac Milner)充实了后两卷。1810年伊萨又重新修订了全书。——译注

乎立即赶到了,李文斯东夫人也来了。玛丽的症状持续着,她很快就变得全身无力,随之呼吸也越来越困难。她问医生和我是否有危险时,我没有向她隐瞒情况。她抬起头仰望天国,显得相当平静。她太虚弱了,连说话的力气都没有。她全身出了一阵冷汗,下眼圈发黑。李文斯东医生叫来皮尔逊医生,他们尽了一切努力。我替玛丽向神祈祷。她看上去有些好转,呼吸也顺畅些了。下午三点她告诉我说感觉好点了,我非常担心。我让孩子们亲吻她,可是她几乎失去了知觉。一整天她都感到极为口渴,只要她能说话她几乎都在喊"米汤!再来些米汤!"大约晚上八点,李文斯东医生觉得她开始分娩了,大家重又燃起希望。我们记得她以前也是难产,可是恢复了健康,所以希望她这一次也能平安度过。腹泻停止了,但她仍继续呕吐。晚上大约九点半,剧烈呕吐极为频繁——在她发作时我扶着她的头,她的确很难受,可是当她虚弱地躺下时却说她"不痛苦"。医生鼓励她说要生了,可她却喊"我不觉得疼"。呕吐还在继续,李文斯东夫妇、我和四个女佣只能在一旁站着,只能做脆弱的凡人所能做的一切。大约十点,玛丽的呼吸变得艰难,症状加剧了。大约在十点半又一次剧烈地呕吐之后,她的头向后一仰,表情平静,她的头靠在我的胳膊上,停止了心跳和呼吸。玛丽死了!我们的孩子把母亲的子宫当作了墓地!我的神啊!让我能说什么啊!就这样,我的爱妻玛丽结束了她短暂而又饱经磨难的一生。

我感谢神给了她确凿地进入天堂的希望——感谢神让她离去的灵魂已经到达了天堂。可是我失去了母亲的孩子们,在我身边哭泣,我宁愿舍弃自己尘世的快乐,而让我的玛丽先我一步离开这波澜诡异的世界。此前,一想到病体缠身的玛丽将离我而去,我就觉得死亡是一件非常可怕的事情。最后,神赐给她一段健康、安宁、幸福的时光,她的内心也有了升华。唉!她的离去让我们多么沮丧!噢,是多么大的打击啊!至今房间每个角落还留有玛丽愉快忙碌的身影的回忆,那种焦急而又快乐地盼望着孩子出生的心情,只有做母亲的人才能真正体会。

礼拜日,除了简短的五分钟,李文斯东医生没有离开房间一步,他在玛丽的病榻前坐了几个小时。李文斯东夫妇和皮尔逊医生整理好她的遗体后,夜里十二点才离开。

礼拜一,我想把玛丽葬在山上,与我们夭折的第一个孩子詹姆斯合葬在一起,可是中国人不允许我打开墓穴。我不愿将她葬在城墙下,可是天主教徒不许新教徒葬在他们自己的墓地内,不得已只好考虑是否将她葬在城墙下。很久以来,澳门缺少一块基督新教徒的墓地,眼前的事情让英国商馆更强烈地感到这一问题的迫切性,因此他们立即决定拿出三四千元购买一块土地作为墓地,并且通过个人关系疏通了购买土地时遇到的法律和政治障碍;他们终于成功了,就这样我把爱妻玛丽的遗骨葬在被天主教徒拒绝的基督新教徒墓地。

李文斯东先生、皮尔逊先生、英国商馆的大班和委员咸臣先生和弗雷泽爵士扶棺。所有英国商馆的人,还有顾问佩雷拉(Pereira)、龙思泰爵士(Sir A. Ljoungstedt)、俄罗斯领事和其他在澳外侨参加了葬礼。英国商馆牧师哈丁先生(Mr. Harding)在墓前宣读葬礼祷文,英国商馆的先生们得体而又郑重地处理所有细节。我和丽贝卡、儒翰护送玛丽到了墓穴,我们实在不愿告别她的遗体。我们的中国助手和教师都主动出席了葬礼。

玛丽深受人们的敬重,她善解人意,心地善良。莫洛尼夫妇(Mr. and Mrs. Molony)今天写来一封慰问信,信中说在他们乘船离开前,有机会看到马礼逊夫人能被安葬到基督徒墓地,感到很欣慰。

亲爱的岳父、岳母,在此我简短地给你们描述了这件令人悲伤痛苦的经历。我无法对你们说“不要难过”,不!为了她我不知流了多少眼泪。让我们为纪念她而落泪,因为她值得我们的爱;神的“手指”经常“触及”她,这正是神所做的,而耶稣曾是人类中最痛苦的一个。但是她现在远离了所有的恶,在一个不会生病,没有痛苦,也没有死亡的地方。然而,她的离去给我留下了多么悲惨的空白,给孩子们带来怎样的损失!至今我不知该把孩子们怎么办。丽贝卡已经看出我很为难,问我是否要去广州。当我回答说“神将指引”,她对主导我的思想感到满意。在我必须要离开澳门前,我们不知道会发生什么事。因此,我写到这里只能停笔。保重!

当你们为爱女的死讯悲哀难过时，神会赐给你们精神力量的。珍重！

礼拜日，6月17日。今天所有英国外侨都出席了教堂早晨追思玛丽的活动。李文斯东夫人答应在我冬季离开澳门时，替我照顾丽贝卡，而我将带儒翰去广州。莫洛尼夫人和部楼顿夫人（Mrs. Plowden）等也主动提出照顾丽贝卡。莫洛尼夫人还说在她1822年回英国时，可以带丽贝卡回英国。可是我还没有考虑好，我希望她日后能为异教徒服务。

马礼逊博士在给伦敦会书记的信中谈到这件痛心的事：

如果神让我们活着，我想让儿子马儒翰学习中文，并且祈祷"万人之灵的神"能够影响他的心，让他成为向中国人宣讲基督福音的传道人。

蒙神恩典，我想更投入地从事传教事业，然而唯有神能让祂的传教士取得成功。让我们都热切地祈求神恩，因为"我们劳作的时日很短"。

马礼逊博士失去爱妻之后，住在澳门的外侨家庭纷纷向他表达了友情或敬意——东印度公司特选委员会花费一千镑购买一块适宜的墓地，非同寻常地证明了他们的同情和敬重。同伴的情谊当然有抚慰的效果——然而，当人遭受了如此重大的打击，只有降下灾难者才能有效地安慰受伤的心灵，人们发现，提供避难所与力量的神，以一种特殊的方式帮助受难者，"在患难中随时的帮助"（诗46:1）。然而在遭受了这一突如其来的打击之后，马礼逊博士的精神和健康有一段时间陷入了低谷，因此在这一年余下的时间除了给直系亲人写信，其他的通信都中断了。然而到了冬季，他重又担负起公务，把女儿交给澳门的好友李文斯东夫妇照顾，带着儿子去广州，等待次年年初公司船返回英国时把两个孩子带回英国，而他将再次孤独地继续他的各项事业，但勤奋却毫不衰减。除了他公务上的责任和完成汉英词典，其他都是小事，然而都在为他的最高目标服务；他无时无刻不在努力教导那些中国人，希望能够劝说他们加入基督教。

《圣经》译成中文的喜讯很快在基督教界传播开来，许多人纷纷写信向译者表达基督徒的喜悦和感激之情，这个时期收到的下述信件给收信人带来了精神上的鼓励。但愿其他人也能受到激励，加入同样伟大的事工！

这些来信按照它们的内容而不是按照日期展示给读者。

奥利芬先生的来信

广州，1821年6月24日

亲爱的先生：

我收到了你19日的便条，确认了我们在广州听到的令人悲痛的消息——天父夺去了你尘世最爱的人。我深知这对你是个多么沉痛的打击，我真诚地同情你的遭遇。但是正如你曾经教导别人不要忘记那句真理"祂已经把死废去"(提后1:10—12)，虽然你现在难免伤心流泪，但是你也因此有机会亲身体验神的话语。看看你身边有千千万万的人仍然不知道真理，也不知道神给予人的希望，如果把你的遭遇和他们的相比，你心里一定会感激神让你"在患难中"(罗12:12)。我为你祈祷，祈祷神的慈爱与你同在并且扶持你，虽然祂"反手加在你身上"(赛1:25—26)、"祂以神秘的方式，行各样的奇事"。当你为主效力，在一个没有基督教的社会劳作时，祂却带走了你心里最亲近的人，一个就像你与神那样可以甜蜜沟通的人。这看似不合情理，但是当你失去她时，她却获得了永生，因此你最终也将得到而非失去。你渴望神赐福异教徒，或许你的患难却是他们得福所必需的。希望你的悲伤有一天转化成看到他们得救恩的喜悦！我不再多说了。我深切地同情你和你的孩子们，我在神的施恩宝座前为你和他们祈福，我相信神会给你充足的慰藉。

你忠诚的

奥利芬

致广州和马六甲的马礼逊博士及米怜博士

英国圣经公会厅，伦敦伯爵大街，1821年1月26日

尊敬的先生们：

我以英国圣经公会委员会的名义在此回复米怜博士1819年8月3日和马礼逊博士11月14日、25日，12月3日关于中文《圣经》的来信，来信的主要目的是说基督教经典新、旧约《圣经》已被译成汉语；我们委员会捐赠的一千镑已被用于出版中文《圣经》，印刷工作正在进行中。信里还谈到你们在现有的条件下保障中文译本质量的方法，以及将来全面修

订中文译本的计划；提到委员会的捐款全部用于出版中文《圣经》，译者没有收取任何翻译或生活费用；爪哇、槟榔屿和新加坡的开放为中文《圣经》的传播提供了便利；英国如与鄂霍次克拓展贸易将给你们带来在琉球岛甚至日本散发《圣经》的希望；广州一位虔诚的教徒印刷工受折磨的事情；米怜先生家庭所遭受的不幸。不必说，委员会对你们信中所说的一切都有浓厚的兴趣，他们为《圣经》译成汉语高兴，在万能的主的保佑下，为讲述耶稣恩典的《圣经》能够成为转化最顽固的偶像崇拜国家的工具而感到欣喜。委员会敬佩译者能被赋予这一光荣的使命（神将因自己的圣人而荣耀）；同时也很同情译者们面临的痛苦和困难，因此作为传播神福音的基督教会代表，委员会将竭尽所能地帮助译者。1820 年 11 月委员会一致通过一项决议，并在随后举行的全体会议上获得确认，因此我高兴地向你们宣布：圣经公会将再赠予你们一千镑，用于推进中文《圣经》的出版和传播。这足以证明你们的报告产生了积极的影响。

和以前一样，如果你们需要，在 30 日之后随时可以提取这笔款项。除了有一点不同，在此我提请你们注意，这张支票必须到布莱克弗莱地区（Blackfriars）侯爵大街 10 号桑顿（John Thornton）①处提取，取款时要携带支票所附的通知单以及另一份单独的通知单。

《马太福音》和《约翰福音》已被译成蒙文并在圣彼得堡出版，我们给你和你的同伴寄去六份供你们参考。米怜博士决定不到迫不得已时绝不离开他的劳作岗位，无疑是一个重大决定，我们也十分希望如此。我认为你所说的父亲的责任是完全正确的，你的建议是合理的，基督教团体应该照顾那些为了传播福音而没有能力负担儿女生活费用的传教士的子女。我坚信，如同涓涓溪流引导人心的主一旦让祂的有能力的孩子知晓这样的事情，神会让祂的孩子们即刻伸出援助之手。如果米怜博士的家庭有任何需要，只要有负责其事的人告诉我们就可以解决。

我们衷心为你祈祷，祝愿你身体健康，在你有生之年完成手中艰巨的

---

① 桑顿（John Thornton，1720—1790），曾担任英格兰银行行长，基督徒慈善家，他将海外投资的收益捐助世界的福音事业。——译注

任务——完整的《圣经》中文译本将为中华帝国带来无法估量的益处，出版的《圣经》译本已经为本会赢得了许多朋友，甚至包括那些即使原来不反对，但也对传播圣经十分漠然的人。当《圣经·新约》被译成中文的消息宣布时，激起了欧洲学者们的极大好奇，还有一些人怀疑这些消息的真实性，当他们亲手捧着汉语的《圣经·新约》，并购买收藏它们时，惊异得无法相信他们的眼睛。中文《圣经》的全译本，将会产生最强烈的效果。——那名因义受到折磨的中国印刷工，一方面可以理解为他是中文圣经取得的第一颗果实，另一方面可以理解神为了维护圣言的神圣性，不允许他私下出版对神的思考集，无论他多么虔诚。我之所以这样想，是因为你说他觉得自己写的文章比《圣经》或你写的传道小册更有启发性。以我们的立场观察圣言在全世界的进展，我时常感到，仅仅散发《圣经》而没有试图改变人们宗教信仰的其他作为，在目前已经减少了阻力，能够为那些生活在迷信、偶像崇拜和没有信仰的黑暗中的人带去光明，可能最终会取得更好的效果；对于没有散发圣经而散发福音小册的地区，我们持同样的观点；也可以在禁止阅读《圣经》、忽略《圣经》的地方，口头传教时指出那些教会的误解。在我们这个时代，神显然让罗马天主教的禁令不起作用了，他们越是努力想要强制实施禁令，人们就愈加渴望阅读圣经。神也会介入，以满足人们的愿望。当前最典型的例子莫过于西班牙、意大利那不勒斯和美洲最近革命的新西班牙①。我希望到明年的这个时候，我们的报告已经包括了这些离开了天主教的国家。这些国家长期受到精神上的压迫，令他们感到痛苦，在当前的政治革命风暴中又被迷信者和缺乏或批判基督教信仰者之间的竞争搞得痛苦不堪，而这些国家中最明智、最优秀的人看到除非重归纯正的宗教——把神的话语圣经当作唯一的源泉才能给人们带来真正的幸福。一些十分杰出的西班牙教士正在忙于出版西班牙文的圣经，不加任何注释或者评论，不用说，目前他们的努力没有白费。

---

① 自从1492年哥伦布（Christopher Columbus）到达美洲西海岸，西班牙在美洲控制的地区，称为新世界（New World）或新西班牙（New Spain）。——译注

目前想要把英国人都变成新教徒还不现实。最高立法院判处任何试图改变英国宗教者死刑,而散发天主教认可的圣经则不属于这种情况。有朝一日《圣经》传遍全国,人们都阅读它,我们就要靠神来兑现祂的诺言,改变那些信耶稣的人的心,让他们信靠基督耶稣。

在法国,仅本会的法国同工就向天主教徒散发了超过 4 万份萨希(Baron Silvestre de Sacy)①的阿拉伯文和叙利亚文的新约。

新教圣经公会的力量日益壮大,你将随信收到一位会员在去年巴黎举行的年会上的讲稿,它是一篇无与匹敌的杰作,也许是神的恩典给了他灵感发表这一演讲。

西班牙天主教会对散播圣经的热情很可能会在法国引发良好的反应,虽然有很多秘密的推动者,但是没有人冒险担任领袖。有些英国圣经公会在法国的狂热代理人,反而极大地阻碍了向公众推广圣经的进展。

德国普遍地兴起了回归纯朴圣经的运动。虚伪的哲学失去了人们的信任,反教的势力虽然在秘密谋划,但是不敢像以前那样公开叫嚣。一个拥有众多分会的德国传教会在巴塞尔(Basle)取得了成功,他们主要在地中海地区活动。这些可以看作是神保佑只靠散发圣经的活动所取得的成果,通过各国圣经公会公开的努力,人们开始关注圣经的内容。

我们就是这样每天体会着神实现祂的诺言,这让我们很自然地得出了结论:伟大中国的启蒙也会经历与圣经在其他国家传播同样的过程和阶段,也将体会你翻译中文圣经时致力的忠实、清晰和简洁。

我们相信你所说的,到了预定的时间,神会开启大门让祂的荣光照耀中华帝国;我们也不会忘记,圣经包含的拯救灵魂的大道是潜移默化式地进入人的心灵,经过发酵后才把它的美妙传遍整个人群。涓涓小流可以汇聚成大海,因此当中国人拿到了《圣经·新约》并且开始阅读它的时

---

① 萨希男爵(1758—1838),贵族院议员,法国东方学家,精通阿拉伯语、希伯来语等闪语,曾替英国圣经公会编辑过一部阿拉伯文和叙利亚文的《圣经·新约》。——译注

候，就是中国重获新生的开始。虽然离收获还很遥远，可是当芥菜种子①在黑暗的土地上处处萌发出新芽时，丰收的那一天就已经在望了，就像神亲自承诺的“遍地要被我的荣耀充满”（民 14:21）。

根据以往的经验，我们因此鼓励你，“务要坚固，不可摇动，常常竭力多做主工，因为知道你们的辛苦，在主里面不是徒劳的”（哥前 15:58）。

俄罗斯圣经公会的成果几乎到达中国北方的边境地区，不久他们就会采取措施将其扩展到与罗马帝国相邻的省份；在塞兰坡整部圣经已被译成中国的一种方言；这些事情都表明圣灵之剑即将横扫中国，为荣耀之王的到来铺平道路。

我请求你们帮助圣经公会散发中文圣经，以你们的祷告和你们辛勤的劳作帮助本会，无论神给祂的功绩冠以什么样的成功，我们深感全都是神的功劳；只有神才能击败祂强大的敌人——反对派的力量仍然在没有神的国度肆虐，很多在这些国家劳作的人内心仍然不够坚定，可是神的大能会消除敌对势力的影响，有力地推动基督教世界的扩展，让生命之泉流淌到天堂下面的所有国家。

尊敬你的、主基督耶稣的仆人

海外事务助理秘书：荣伯格（E. F. Ronneberg）

伦敦会给马礼逊博士的信

伦敦，1821 年 1 月 29 日

我亲爱的朋友和弟兄：

我们先后收到了你于 1819 年 12 月 8 日、21 日、22 日和 1820 年 2 月 12 日、3 月 29 日、4 月 2 日的来信，这些信件理事会都看到了。

汉英词典的第二部分［由布莱克洋行（Black and Co.）］已经送抵伦敦，因为要交约 100 镑的关税，所以我们仍在等待财政大臣免除这笔款项后再从印度部取回词典。

① 《圣经》中耶稣以芥菜种子比喻神的国，“耶稣说，‘神的国好像什么？我拿什么来比较呢？’好像一粒芥菜种，有人拿去种在园子里，长大成树，天上的飞鸟宿在它的枝上”（路 13:19）。——译注

我们不禁为你感到遗憾,由于中国皇帝的禁教令,你在劳作工场的生活以及口头宣教都受到了很大限制。但是亲爱的先生,不要因此失望。统治世界的主知道你的心,知道假如条件许可,你站在屋顶向人们宣讲福音的快乐,我们相信祂终将移除所有障碍,让你"叫主的道理快快行开,得着荣耀"(帖后 3:1)。同时还要记得《圣经》上说,通过你勤奋和有成效的劳作,使"人因信基督耶稣有得救的智慧"(提后 3:15)。现在圣经正悄无声息地进入中华帝国,是祂派遣你到中国去传扬祂的福音,也是祂帮助你履行那项伟大的使命,祂不会让你"徒然返回"。你已经完成了翻译圣经的使命,即使你一生中再没有其他作为,你也不会感到空虚。的确,很少人有幸获此机会来完成这一崇高、重要的作品。我这样说是因为你在 3 月 29 日的来信中说"歌颂神的琴挂在树枝上已经很久没用了",亲爱的朋友,取下你的琴,证明你可以在"陌生的土地上高唱神的赞歌"。虽然目前几乎是一个人的独唱,我相信很多这些被你的中文圣经启发并且归化的人,日后会与你一起高唱神的赞歌。

理事会完全信任你和米怜博士,尊重你们关于管理马六甲英华书院的意见;伦敦会决议资助英华书院 500 镑,并通过通函从其他地方募集了一笔可观的款项,这足以表明伦敦会对书院的关注。

你同时承担的其他事务足以证明你的勤奋,我们相信这些都将有助于推动我们已经开创的伟大事业。你现在就像《雅各书》中的牧羊人,他"忍耐等候地里宝贵的出产,直到得了秋雨春雨"(雅 5:7)。为了这雨,我们和你都在祷告和等待,只要我们坚持不懈,难道没有丰收的希望吗?

你会从我们的出版物中了解本会的现状和进展。南太平洋(South Sea Islands)的灵性变革的确不错,弟兄,你看他们那里在收获果实前等待的时间比你还要长,结果胜利的果实装满了收获者的臂膀。我们即将增派一名传教士和几名技工等,提高当地人的文明技艺,我们同时希望能派一名代表考察当地的精神和物质需求。

坎贝尔先生近期将从南非回到英国。他旅行时在拉塔库(Lattakoo)① 东北250英里有重大发现。

印度的工作也在悄悄地进展。我们希望印度偶像崇拜的祭坛已开始动摇,在不久的将来很多人顺从基督信仰。

尽管目前英国的经济不景气,我们差会的资金持续有保障,我们坚信"万军之耶和华与我们同在;雅各的神是我们的避难所"(诗46:7)。

衷心祝福你,祈祷你身体健康,生活家庭愉快,继续为公众效力!

你忠诚、热情的主内弟兄

秘书:乔治·伯德(签名)

美国圣经公会(American Bible Society)②一次理事会的决议

纽约,1821年4月26日

决议——决定赠送给广州尊敬的马礼逊博士一册由本会出版装订精美的8开本《圣经》,以表示美国圣经公会的敬意,特别是对这位绅士翻译和出版中文《圣经》方面卓越贡献的敬意。

节选自会议记录。

美国圣经公会秘书:约翰·路塔德(John Rutard)

美国圣经公会致马礼逊博士的信

纽约,1821年5月1日

尊敬的牧师先生:

作为美国圣经公会海外联络部的代言人,我很荣幸地通知你一项由理事会达成的决议,以表达他们对你为主的事业做出重要贡献的敬意,尤其是你在翻译和出版中文圣经方面的贡献,并赠与您决议中提及的《圣经》以示敬意。

---

① 拉塔库为伦敦会在南非的传教地区之一,由苏格兰籍伦敦会教士莫菲特(Robert Moffat,1795—1883)在1820年年初到拉塔库传教,他掌握了当地语言,帮助当地人抵抗外族入侵,因此赢得了当地部族的尊重。坎贝尔1819年年底到达南非。——译注

② 美国圣经公会成立于1816年,为中国拨出的第一笔款项是1834年用于出版中文《圣经》的印刷费3000镑,此后资助的力度更大。——译注

你在一条荆棘丛生、没有前人走过的道路上无所畏惧，勇往直前，不计困难，完成了一项后人将为你祝福的事工。

蒙神的恩典，预计你虔诚的劳作果实将会产生无法估计的益处，我们感谢神激发你从事这项伟大的事业，保有你的生命、健康和活力，让你成功地完成了它。

祝愿你在有生之年能看到你在辛劳归化被黑暗蒙蔽的异教徒归信耶稣方面的果实，和神其他忠实仆人一起，被尊为归化众人向正义的工具，但愿你们在天国中熠熠发光，永远在苍穹中闪耀。

此刻，请允许我和弟兄们表达我们的崇敬之情！

敬重你的、忠诚的主内弟兄

美国圣经公会外联部秘书米尔诺(James Milnor)

宾汉姆牧师（Rev. H. Bingham）的来信

阿图伊（Atooi），1821 年 10 月 13 日

尊敬的牧师先生：

感谢你委托希尔船长(Captain S. Hill)赠送我们你在中国辛苦劳作结出的一些果实，我在此向你表示感谢，感谢你在世界上传播福音的喜讯，为黑暗中的异教徒带去驱散死亡阴影的光明。

我很高兴比以前更清晰地看到，多么广阔的原野展现在你面前，召唤你的热情和努力。神保佑你开创的每一项善功。

我很高兴能借此机会，简短地向你介绍我本人和我们到达夏威夷群岛后建立传教站的经过及传教前景。我冒昧写信是希望和你保持通信，如果在救世主交给你的众多责任之余，你能帮助我们就好了。你的判断力比我更好。

如果你能给我们写信，你提出的关于我们传教站性质和目标方面的建议我们都会重视，我们面临着把没有书面文字的语言变成文字的困难，面临着在废墟中启发、纯洁、培养、教化和救赎那些可怜的岛民和相连的其他人的困难。

我们与外界相当隔绝，因此盼望从你那里得到外界的消息。亲爱的先生,请原谅我向你提出请求,除了万能的神,我们离任何帮助都很远。

也许这是你给我们写信的唯一机会,米克船长(Captain Meek)驾驶的美国货船“阿拉伯号”近期将从我们这里到广州去,短暂停留返回。我不知道是否还有其他机会。希望你能取得成功。

尊敬你的传教士

宾汉姆

圣彼得和圣保罗港(Port of St. Peter and St. Paul)总督的来信

勘察加(Kamtschatka),1821年10月25日

尊敬的先生:

我的朋友多贝尔上校(Colonel Dobell)近来愉快地到访我们这里,送给我一箱署着您名字的宗教书籍。

首先向您致谢,感谢你对远在地球角落的人类同伴的基督徒的关心。我们这里缺乏理性的娱乐,对于你送来的启迪智慧的书籍,我们尤为感激,只是在此没有太多人赏识这些书,很抱歉,因为不懂英语,几乎没人能利用这些书。但我希望在不久的将来,英语在此地将为人熟知,因为我已经为贫困牧师的子女建立一所学校,并打算请求政府任命一位英籍校长;因为我考虑以本地的条件,牧师们学习英语比拉丁文更有用。

我特别满意地告诉您,《圣徒保罗对腓立比人的劝导》(*Familiar Lectures on the Epistle of St. Paul to the Philippians*)①已列入礼拜日我和妻子共同阅读的宗教书之一。

您忠诚的仆人

理克兹(Petror Rickords)

后记:我正设法把你送来的中文宗教书通过库瑞勒斯(Kouriles)②转到日本,我想这可能是你的目标。

---

① 此书为马礼逊的英文讲章。——译注

② 该词所指意义待考。——译注

罗斯顿先生（Robert Ralston）的来信

费城，1821 年 9 月 28 日

亲爱的朋友：

你的最近一封来信日期为 1820 年 4 月，距今已经过去很长时间了。后来我听说马礼逊夫人和你的孩子们安全地抵达了澳门，我特意写信祝贺你和家人团聚。如果神恩许你的爱侣陪伴在你左右，这是极大的恩赐，也同样让我感到高兴，代我向你的夫人致以最诚挚的问候。

我听说在神恩庇护下，由你兴建的一所培育当地青少年的学院——英华书院已经建成了，而且有些房间已经派上用场！我非常高兴得知这则喜讯，让我们一起感谢神。

神加冕你的劳作，让你的得力同工米怜博士与你一起完成中文圣经的翻译，这是多么令人欣喜的事情啊！你的困苦和爱的劳作在神那里不会白费，我坚信你们两个都会得到神的奖赏，看到圣经在数百万中国人中广为流传。

在美国，特别是针对土著居民传教事业没有减弱，人们对圣经的热情也没有减弱，新的差会不断地涌现，对主日学校的兴趣也越来越高。可以说神蓄足了力量让福音书驾着战车长驱直入，现在和未来征服了一批又一批人。随信寄上一些宣传小册，对目前的进展作了部分介绍。

自上次去信之后，我的人生伴侣被主从她活跃的慈善舞台带走了，我相信她被带到了天国的安息之所。鲜有女性能被允许在这个领域活动，帮助贫弱的寡妇和孤儿；可是通过她和其他基督教姐妹的努力，这里建起了能容纳 90 人入住的两座砖楼，专门接受并且照顾失去父母的孤儿和年迈的寡妇，还有三四十名失去了亲人而无力谋生的年老妇女。

您忠诚的朋友

罗伯特·罗斯顿

美部会来信

美国波士顿，1821 年 5 月 15 日

尊敬的先生：

沃塞斯特博士为了健康的缘故去外地休养身体，顺便走访我们在

土著居民中的传教站，因此您12月10日写给沃塞斯特博士的信件交给了我。虽然我们非常盼望他能恢复健康，但我们有理由推断他可能来日不多了。假如他真的离开我们，我们的传教事业将会因此蒙受损失，一个无法弥补的损失。然而，有一件事我们知道并且宽慰着我们，那就是荣耀的神将会选择一个在祂看来合适的最佳人选，拓展祂的王国，增添祂的荣耀。

我们感谢神赐你恩典让你做了这么多荣耀祂的名的事情，让你得到如此能干的同工如米怜先生和麦都思先生。愿神继续为你派遣更多这样的同工。

感谢你为我们寄来的几期《印中拾闻》，凡是由波士顿船转交的包裹都会安全地送到我们手中，我会立即把它们交给书记。

我寄去一份我们最新的报告、几份其他小册和一期《传教先驱者》(*Panoplist*)①，以表敬意。

我们特别感谢你寄来的译自中国报纸的一篇文章，我们很盼望收到更多这种类型的报道，它可以吸引基督徒关心中国的道德状况，让更多的基督徒祈祷圣灵能够在中国产生积极的影响。

素昧平生、敬仰你的

美部会司库

约瑟夫·伊瓦茨(Joseph Evarts)

致马礼逊博士

英华书院，1821年7月19日

亲爱的罗伯特：

第一，我已经读了塔瓦(Mr. Tavar)、雷慕沙先生和来自圣赫勒拿岛的信：他们一定很仰慕你，因为他们说是神让你有用而又受人尊敬。我觉得他们也值得尊重。雷慕沙先生像是一位博学之士。

---

① 《传教先驱者》是由伊瓦茨(Jeremiah Evarts)主编，1805年到1820年美国发行的一份宗教月刊。该刊曾用名 *The Panoplist, or The Christian Armory* (1805—1808), *Panoplist and Missionary Magazine* (1808—1817), *Panoplist and Missionary Herald* (1818—1820)。——译注

……

第三,你曾说想看看《印度之友》(*Friend of India*),我给你寄去了我所能收集到的几期。上一次我给你寄上加尔各答的传教弟兄用孟加拉语创办的《福音杂志》(*Gospel Magazine*),这是印度的第三种地区性杂志。我们的刊物《印中拾闻》最早创刊,其次就是浸礼会的《传教杂志》(*Digdurshun*),第三种就是《福音杂志》。你可以看出我的虚荣想法,好像我们微薄的努力在这方面为他们开辟了道路,也可能激发了他们的想法。

第四,开设医馆是一个好主意,可是我自己对医学一无所知,也没有时间研究它。如果要开一个医馆,我们可以每月出一点钱雇一个本地人。

……

第八,"把一切都献给耶稣的十字架",这是一个高尚的决定,神给了你力量去完成,因此我也决心仿效。

……

第十四,无论你给英华书院寄书或者其他东西,都要明确标注,或者在信中注明也行,否则会引起人们的怀疑(经常这样),有人觉得是我擅自越权。……

米怜牧师的来信

英华书院,1821年9月26日

亲爱的罗伯特:

我勉强能给你写几行。我咳嗽得很厉害,头疼,胃部和肝部都痛,病了近一个礼拜。现在咳嗽好点了,但是没有全好。通过水蛭在头部的吸血疗法,我的头疼和嗓子疼已经基本治愈了。我正在胃部发炎的地方尝试一种发疱药。我没能去拜访途经此处的"哈里斯号"(Harris)和"基德号"(Kyd)上的任何人,除了一位年轻的、在孟加拉基地服务的杰克逊医生(Dr. Jackson),我谁也没见;这位医生给我推荐了一些治疗方法(我们不信任本地的政府医生),整体上我的病情有所好转,但是猛烈的疗法让我感到虚弱头晕。

杰克逊医生极力督促我出海旅行,他说这是最快、最有效的方法。我也相信这会恢复我的健康；可是天哪，我能这么做吗？谁来替我做事？印刷还要六个月才结束，即使这样还有英华书院，现在算上欧洲学生和中国学生，已经有 11 人了。还有《印中拾闻》刊物，我不知道该怎么办。我必须努力经受考验，或者正如接到我的信后，埃连医生（Dr. Allien）和杰克逊医生都强烈建议我去新加坡作短期旅行。

请原谅我的短信。我们把生命交给了神，祂会保佑我们，赐给我们生命或者降临死亡。我的孩子们还好。替我问候玛丽和孩子们！

你的

米怜

梅赛医生（Dr. James Mease）的来信

费城，1820 年 12 月 15 日

尊敬的先生：

每一个关心人类福祉的美国人都很高兴看到或听到你做的极有价值、有意义的事情，我们都衷心祝愿你取得成功。但是，亲爱的先生，你交给了自己一项多么艰巨的任务啊！你要克服多么巨大的偏见！要面对多么愚昧的对象啊！普通人只要想象一下你为虔诚事业的成功必须要克服的障碍就已经够受了。神赐予你生命和健康，让你继续这项光荣的事业。如果你知道美国的传教运动正开展得如火如荼，你一定会感到很欣慰。美国圣公会（Episcopalians）、长老会（Presbyterians）、浸礼会（Baptists）和贵格会（Quakers）都加入了这项事业，我们每年在其上的花费足以和任何一个比美国富裕的国家相媲美。

美国圣公会的总部设在纽约，每月出售圣经和接受捐赠的金额都在四五千元左右，我从司库每月的报告中得知这个数字。美国的宗教事业很兴盛，这里没有偏见也没有迷信，而且美国联邦政府和州政府也不偏袒任何一种宗教，也不能禁止人们内心的反对，维护着各教派之间的和谐安定。这些与你投身其中的伟大事业相关的情景应该会让你欣喜万分。

中国人把人参根当作滋养和万能灵药的偏好在欧美的医学界人士眼中完全没有根据。我自己曾泡制过人参浓液，结果证明它对人体没有明显效果。但是我们很盼望了解一两名中国医生对人参特性的观点,请他们描述使用人参治疗的具体病症,以及使用的方法。如果你能替我们寻找答案,而且也愿意费心帮忙,这是对我的极大帮助。我希望你能把中文直译成英文,把中英文都给我寄来。如果不是特别麻烦的话,我希望最好能听到两个人的看法,看看他们意见有多大出入,同时了解中医关于人参的理论是否一致。

衷心祝你身体健康、事业兴旺成功!

你的朋友

梅赛医生

杰克斯牧师(Rev. W. Jenks)的来信

波士顿,1821年5月15日

尊敬的先生:

我与别人共同分享了您1820年12月10日给沃塞斯特牧师来信中的消息,恰逢有一个给广州带信的良机,因此我鼓起勇气将一个长久以来压抑的想法写信告诉您。

您可能听说了金博士(Dr. M'Kean)不在人间的事情了,他曾经和您保持着联系,也是我十分重视的朋友。借用马瑟博士(Dr. Cotton Mather)的话说,"他不再住在死人当中,已经到了天上永生者的聚居地"。您好心送给他中文《圣经·新约》和一些福音小册,从此他开始关注汉语。那部《圣经·新约》到了和您保持通信的年长可敬的朋友剑桥温索普法官(Judge Winthrop)手里,而我拿到了大部分那些福音小册。

我对中国一直心驰神往。这艘船带去了我给一位广州的年轻商人的中文信,试探性地委托他替我购买一些中文书籍。我请求他代为购买一些中国古典作品,如果可行,我想通过这种方式了解中国文学;但是我的主要目的是通过信件的往来获得最大的收益。

中国也许确如您所说,"是被黑暗和死亡的阴影笼罩着的土地"。我们都焦急地想知道英和(Ying-ho 音译)奏章的结果。如果皇帝延续他父亲的做法,笼罩在中国土地上的阴影就更深重了。可我还是对中国抱着希望,甚至在我们这个时代,它也应该接受光明。但愿神给您力量和信心!

您和您的同工米怜牧师告诉我们,你们在1819年11月25日完成了整部圣经的翻译,你们用生命和仁慈之心耕耘培育出的果实,值得感谢神、赞美神。我们不清楚它的出版进度。能否惠赐我你们出版的《圣经》?不论多少钱,我都会高兴地付账。除此以外,我还想要一些能帮助学习的福音小册。因为这些宗教印刷品常常是赠阅的,所以我想您会满足我的请求。我要书不完全是为自己,这里有一个中国人,他正在读米怜牧师写的《幼学浅解问答》,他说读完后还想再多读一些。还有两名中国人和他一起,我非常希望他们回中国前能从中受益,至少我会尽力而为,愿神赐福我们。

我要告诉您我们拿到了巴黎1813年出版的德金的《汉字西译》、马士曼的中文语法书,还有您出版的《通用汉言之法》,其中一本现藏于剑桥的哈佛大学图书馆,是金博士的原藏。

能否请您在信中谈谈海外传教的目标,特别是关于中国和日本的传教使命方面。不久前有人提出一个设想,中文译本是否也能适用日本人?果真如此,我能否要一些中文《圣经》?如果有通向琉球岛、朝鲜或者交趾支那的通道,那些地方的居民就有可能读懂汉语,我猜测也能拿到日文书籍。

我的朋友伊瓦茨先生给您寄去了几期《传教先驱者》,上面刊登着从夏威夷群岛传教站传来的好消息。当地废除了偶像崇拜,(至少目前)人们热情欢迎传教士在当地传教并建立传教站,这都当称颂神!

向神祈祷让您继续得到祂的护佑,让您成为百万中国人的福音使者,让神注意到您的祷告。

您的主内同工和朋友

海外传教会(Foreign Missionary Society)书记

兼波士顿海上圣经公会(Marine Bible Society)书记

威廉·杰克斯

上次英国赴华使团成员的来信证明了人们经常对马礼逊博士的评价,他们在出使时曾经和他进行密切深入的交谈,对他颇为敬重;而且,就下列来信的执笔者而言,也许恐怕再也没有比出使北京更能考验一个人的性格了。

阿美士德勋爵致马礼逊博士的信

格罗斯维诺街(Grosvenor St.),1821年4月15日

亲爱的先生:

三天前我非常高兴地收到你11月28日的来信,感谢你为我带来中国朋友的消息。

我认为任命广惠(Kwang)为粤海关监督对我们的贸易有利,对那些和他打交道的英国商人都有益处。我颇为自得地认为,他通过与上一次英国使团的交往已经对我国产生了相当的好感,因此与其他藩属国的关系相比,他很可能对中英之间的关系更感兴趣。假如你有机会拜见他,请代我问候他,并说我们的友谊跨越了五万里的距离;而且告诉他如果中国皇帝派他出使英国,我将谋求担任英国皇室的"钦差",极力款待他。

为了答谢你告诉我中国的消息,我也转告你一些其他使团成员的消息。埃利斯先生(Mr. Ellis)①去了好望角,最近从那里返回英国的索默塞特先生(Mr. Somerset)②说他身体很好。一两天前我收到海恩先生的来信,依据上次我们与葡萄牙和荷兰签署的条约,他在里约热内卢(Rio Janeiro)担任特派法官。格里弗斯先生上个礼拜来伦敦,他身体很好,现在返回了剑桥的岗位。亚伯尔先生在布莱顿(Brighton)的事业非常成功。莱恩医生身体健康,我想他应该在家乡萨福克(Suffolk)。自从在马尼拉(Manilla)分别后,我没听说过翰维尔先生的消息。你还问起了我的长子,他现在与他的莱福枪军团(Rifle Brigade)在爱尔兰的阿玛格(Armagh),我对他的从军生涯非常满意。我会转告你对他的祝福和问候。

尊敬你的、忠诚的

阿美士德

---

① 清史档案记名为米斯咸利依礼士。——译注

② 清史档案记名为米斯诉弥西。——译注

乔治·斯当东爵士致马礼逊博士的信

波特兰地，1821 年 4 月 15 日

亲爱的先生：

近日，我高兴收到你 11 月 13 日的来信，还有咸臣转来的你翻译的关于中国道光帝继位的报道。我肯定会继续关注中国发生的事情，在那里我曾度过了人生中重要的一个阶段，因此非常感激你时常抽空惠赐我各种信息。我的朋友巴罗、阿美士德勋爵、马斯丹（Marsden）[①]等读了你翻译的御诏后都很感兴趣，我们都希望"道的荣光"（道光皇帝）的举措如果没有更光辉，至少也比前任皇帝在某些方面更合情理。至于这个人的性格，也许我有偏见，我觉得没有比他更糟糕的人了。

你将看到我翻译的小书终于出版了。我给广州东印度公司图书馆寄去了四本，其中有一本请你收下。我早已放弃了中文方面的追求，所以只是把从前的翻译整理了一下，加上前言和注释。鉴于这本书比《大清律例》的可读性高一些，而且我只印了 350 本，我相信它在市场上不会滞销，可是，英国显然不重视中文方面的著述。你千万不要因为这种状况而泄气，你肯定是中文领域第一人，如果我有幸获得荣誉，我一定高兴地转送给你。你编写的汉英词典和其他有价值的著述，将为你在文坛上奠定不朽的基础，并赢得众人的好评。

你在追求更高尚而重要的目标上取得的成功会带给你更大的满足。你在中国人间传播基督教而又不触犯道光皇帝的臣民，是一件大有可为的事情。祈祷书公会送给我一份你翻译的《年中每日早晚祈祷叙式》，以我的眼光与判断，这本书译得很好。

议会近来讨论得最多的一个问题某种程度上既是宗教性问题又是政治性问题，我是指天主教解放法案（the Emancipation of the Catholic）。我不知道你是否赞成我的行为，我坚决支持彻底放弃天主教。我之所以站在这个立场是因为我强烈感到，我们一边在消除天主教的残余势力，而另

---

① 马斯丹（William Marsden，1754—1836），东方学家和语言学家。——译注

一边我们却又让天主教神父们和罗马教会保持联系，因此不可避免地忽视了罗马对他们的全面控制，在这种矛盾情况下，我们应该加强通过法律保障珍贵的基督新教宪法，而不是削弱它。

在我看来，英国的社会情况普遍得到了改善，虽然我们国内的困境，特别是农业利益问题仍然很尖锐。反对女王的风波已经平息了，公众从来没有产生过如此荒谬和愚蠢的误解，虽然英国的道德观一度被颠覆，令人欣慰的是毕竟没有消失。

亲爱的先生，衷心为你祝福。

你非常忠实的

乔治·托马斯·斯当东

里约热内卢法官海恩的来信

1821年2月3日

我亲爱的“马老爷”①：

都有几十年没有收到你的信了，很可能你收到我的信后也会同样恭维我；因此我没敢忘记借此机会给广州的老朋友写信，尤其是这条船返航时可能为我带回你的消息。

不知你是否听说我被任命为里约热内卢的英王特派法官，在此地建立的一个多国联合委员会打击非法奴隶贸易。我已经在这里驻守了一年半，不知道将来还要多久。由于这里经常有机会直接和澳门联系，我盼望你能给我写信，告诉我中国人待你怎样，你是否都好。在我离开英国前夕，我和咱们最友善、最出色的好友斯当东爵士结伴到欧洲进行了一次最愉快的旅行，我觉得他自从换了环境和气候之后身体好多了——盼望能持续帮助他恢复健康。几天前我收到阿美士德勋爵的来信，他身体很健康，但是他在下议院的委员会中忙于处理女王陛下的那起不愉快的事情，现在我很高兴地说这场风波终于结束了，我希望以一种最好不引发内部混乱的方式结束，至少表面上看来如此。埃利斯在上次大选中当选波士

---

① “马”是马礼逊博士名字的第一个音节，也是中国人通常称呼他的一个音，对于欧洲人名，中国人常常省略名字中的其他音节。“老爷”是对所有官府地位较高官员的敬称。——原注

顿区的下院议员,我很难过地听说(他将会发现在众议院崭露头角不是件容易的事)他已经或者即将离开好望角。……

阿美士德勋爵告诉我梅特卡夫先生(Theophilus Metcalf)、罗巴茨(Robarts)、图恩(Toone)都在英国。当图恩还在广州时我本应该给他写信。这里的生活费用很高,但是非常乏味,不过这里的景致确实美丽迷人。这里的美景无可比拟,我不知道世界上还有没有比这更壮观更雄奇的地方。……

2 月 4 日。你瞧,我昨晚写信时竟然睡着了,现在要放下笔换上睡帽了。我不能再重新开始写了,因此我将告诉你一些葡萄牙革命的事。葡萄牙革命在这里产生了很大的反响,让布拉岗扎王室(the House of Braganza)有事可做,给外界一个观察他们的机会。虽然公认国王是一个好人,但我觉得他内心深处就像所有的欧洲君主一样渴望绝对的权力,所以立宪或者稍微限制权力的主意,毫无疑问肯定会让他烦恼不已。他无论身体或意志方面都不是一个强健的人,如果实行立宪或者采取限制他权力的措施,正刺中他的心头大患,缩短他的寿命,我一点都不会感到吃惊。我们不知道他做了些什么,或者想要做什么,也许就像这个国家的其他事情那样,要么等待事情自己解决,要么就拖延至不了了之。但毫无疑问的是,葡萄牙将会仿效自己的邻国。我最关心的是,在他们热切渴望维护葡萄牙时,这个国家应该不忘保持国内和平稳定的局面,而不要像寓言所说的,狗为了虚幻的东西而抛弃了实在的食物。如果我在这里时发生任何骚乱,我会感到非常难过。监狱里关着许多尚未处以绞刑的恶棍,这个国家的人口有相当一部分黑人和黑白混血儿。你在中国老大哥那里比起我在这各色人种的恶棍堆里好多了。他们原来说要把国王的长子佩德罗(Don Pedro)送到里斯本去,但我没再听人提起。国王的大臣们仍然在讨论国王是否应该到国外避难,多数人反对国王的意见。因此我觉得他们想等着看葡萄牙议会首先作何决定。他们对国会寄望颇高,可是我不知道他们是否会尊重国会的意见。

这就是发生在我这里的新闻,请你告诉我在你那里发生的事情,英国出使中国有什么效果?人们怎么评论它?虽然这已经是过去的事情了,可是我对它仍然很感兴趣。听说你刚出版了一本出使见闻，如果这是真的，我特别盼望能看到你的记叙。请你看在老朋友的分儿上给我一份，我想收藏它。我们曾经是那场滑稽戏的演员，现在却分散到世界各地！阿美士德勋爵在伦敦，斯当东爵士也在那里，埃利斯在好望角，我在里约热内卢，图恩在英格兰或是在大海上航行，德庇时、皮尔逊和你都在广州，亚伯尔在布莱顿做他的事业，我听说他做得不错；L 则在家乡诺维奇(Norwich)，在希腊咖啡馆和乡间两地穿梭；库克(Cook)在直布罗陀海峡(Gibraltar)；亚伯特(Abbott)和马丁(Martin)在地中海；马瑞奇(Marriage)在我离开伦敦时仍在那里；我难过地从近期报纸上得知米奥德(M'Leod)去世的消息。你的中文翻译和出版的事情怎么样了？杰弗里·阿美士德①仍在步枪队服役，他盼望进入侍卫队。议会上一会期集中讨论农业和商业状况。

我听说上议院委员会有很多人问及东印度公司对华贸易的垄断权和中英贸易问题，乔治·斯当东爵士接受了议员们的询问。我不知道结果会怎样。关于女王的风波已经盖过所有其他事务，公司事务当然就被抛诸脑后了。瓦茨先生(Mr. Watts)将给你带去我的信，并在返回时给我捎来你的回信，他乘坐的奥地利炮舰(Armee en Flute)满载水银，够你们大家忙上一阵。我不记得我在澳门时是否见过他。请你代我问候英国商馆的所有职员，尤其是向我熟悉的图恩、德庇时、皮尔逊问好。我尤其记挂着你的健康和事业，衷心祝愿你身体健康，事业顺利。

你忠实的

海恩

后记：这里的气候很好，但是这个季节很热，比往年都热。最近三个多礼拜以来，我从没见过我的温度计显示过低于 84 华氏度，就连阴凉处都在 90 华氏度以上。我在澳门住的时间不长，所以无法比较两地的气候，不过这里即使在热季也常有清新凉爽的微风吹拂，比你那里略好一些。再见！

---

① 杰弗里·阿美士德是英使阿美士德的长子，随同父亲一同到访中国。——译注

第七节

-1822—1823-

※

-1822-

论杀人案—伶仃的命案—咸臣对马礼逊博士才能的评价—马礼逊的子女返回英国—给哥哥詹姆斯·马礼逊的信—米怜博士的来信与答复—哈特曼来信告知米怜博士亡故—致圣经公会的信—致福音小册会的信—给S夫人的信—给嫂子詹姆斯·马礼逊夫人的信—致在华基督徒外侨的一封公开信—莫特洛克先生来信—马西森先生的信—斯当东爵士来信及回信—广州火灾—给伦敦会的信—给汉基先生的信中对在华传教最初15年的回顾

英国东印度公司与中国官府间维持了一段相对平静的时期,正当驻华代表们安享和平之际,这一年突然发生一件与东印度公司毫无关联、极不愉快的事件扰乱了平静。由于广东官府的政策是东印度公司特选委员会对英国人的任何违法活动负有责任,因此发生了一起杀人案后,特选委员会被迫与中国官府进行最为艰难的谈判。当谈判悬而未决,贸易随之中断,为了保障谈判破裂后的安全,在华英人携家眷撤退到公司船上。这些都起因于一群英国军舰的水手和邻近岛上一些中国人发生冲突,致使一名中国人死亡,中国当地官府要求英国人交出人犯,按照中国的法律审讯并且处决。这起谈判进行了近两个月,如马礼逊博士所说,他也"为此殚精竭虑"。这一事件不仅影响东印度公司的经济利益,还关系到英国的国家尊严,马礼逊博士当时撰写的一篇文章收在本书的附录①。这里提供的是以前马礼逊博士写的有关某次杀人案的文章,在文中他深刻地剖析了这类事件的性质,以及与中国政府后续的争论;这

① 见回忆录附录四。——译注

提醒我们不仅在东印度公司对华贸易期间，而且至今避免这类事件仍然同等重要。

对杀人案的评论

——欧洲人对在中国广州犯下的杀人案

马礼逊博士

在中国广州港口，每年都有数千名水手和其他欧洲人来到这里，与他们接触的数千名中国人不乏恶棍无赖之流。中国人像他们的政府一样骄傲，同时谋划着借机欺骗外国水手，常常以最粗鲁的语言和姿势羞辱外国人，向外国人投掷石头或脏物，有时他们诱使外国水手喝醉，之后就放心大胆地抢劫外国人。中国人还经常袭击、抢劫外国船只或住所，而且常常得逞。在这种情况下，即使极为谨慎，也不可能避免偶然出现的杀人案。

在欧洲，当外国人犯了杀人罪后，无论这个国家的法律多么严酷，都按照案件发生国的法律审理，因此许多人认为在中国也理当如此。表面看来，这种观点似乎有道理，可是深入观察所有情况之后，有足够的理由反对这一原则，还有更多的理由反对这种做法。

当涉及两个国家或两个人时，双方互有权利与义务，在统治者和被统治的民众之间，也存在相互的权利和义务。然而，中国人不承认国家间的相互政策，他们要求外国人必须无条件服从他们的法律，实际上却不以他们的法律保护外国人。他们不允许中国人帮助外国人学习汉语，不允许外国人研究中国法律，也不许外国人自由进入中国的衙门，当外国人卷入诉讼案时也不提供法律咨询，因此有充足理由辩驳，要外国人绝对服从中国法律这一原则站不住脚；因为事实上当事的中国官员随意阐释法律。

从某种程度上来说，中国人把所有的外国人当作敌人一般对待，他们的举动不像对待朋友，而像对待敌人。会有任何外国人愿意无条件地服从一个永远怀有敌意的民族的法律？

以往经验表明，无论外国人是完全清白或是仅犯有过失杀人罪，即使无条件的服从他也会被砍头处决。

而中国的捕头所做的是立即诉诸身体暴力，或者像以前那样，抓捕无辜的人当作人质，外国人通常会被迫屈服。

对于欧籍外国人杀害中国人的案例，中国政府目前采取的方法是要求嫌疑犯国家的人查证谁是罪犯；用疑犯本国的法律程序确认他的罪名，然后把他移交给中国地方官府审判并且惩处。如果外国人抵制，中国人就会中断与这个国家的贸易往来；如果这样没有效果，中国人就进一步停止生活必需品的供应，让外国人忍饥挨饿迫使他们屈服。这种有敌意的做法，不是针对疑犯个人，而是针对疑犯所属国的所有人，似乎相当不公正。

中国政府要求外国人审问疑犯后，将疑犯递交中国官府审判并且惩处。可是没有一个欧洲人有这样的权力，无论美国或其他国家领事，还是东印度公司特选委员，都没有权力这样做。他们本国政府并没有给予他们这一权力。

中国官府还决定，当一个外国人致使一个中国人死亡，无论出于何种原因，外国人都必须抵命。他们不接受任何理由或者辩护，即使因正当防卫而致人死亡的案件也不能免除犯人的死罪。

英国人由于缺乏审判被指控杀人者的权力，害怕把一个无辜的人交给中国人，因此在所有这类案件中拒绝中国人的要求。但是英国人并不想这么做，不是他们想要庇护杀人犯，而是由于英国国内政府的疏忽以及中国人的不公正和残暴，迫使英国人采取的一种立场。这种状况危害到道德和商业——一个顽劣的杀人犯受到掩护逃脱了惩罚，或一个无辜的人被处死，这两者都有悖伦理道德。

很难找到解决这个问题的办法，但是东印度公司和英国政府决不能忽略如此重要的问题，仅有领事权而没有司法权不能解决问题。

或许任命一名法官组成一个特别海军法庭，将会解决很多难题。假如发生了故意杀人案，特别海军法庭将化解所有困难，并防止中英贸易中断，避免由此产生巨额经济损失；而且在这类案件中，中国人有充足的理由期待比其他更复杂的案件得到更多公平公正。

假如法官手下还配有几名助手，助手有责任掌握中国的语言和法律，他就可以为情有可原的杀人案辩护，这就会比目前的情况好得多，也有理由期待上述法官可以逐渐找到一个方法，一方面完全阻止中国人采取武力、中断贸易或者停止供给等行动，另一方面防止外国人诉诸抵抗。

如果这些设想都能实现，设置一个特别海军法庭的费用很快就能节省出来，同时降低了永久终止贸易的风险，避免有可能造成与中国的敌对状态。

马礼逊博士出版的汉英词典和其他中文著作，极大地便利了英国人和美国人学习汉语，同时也便利了欧洲其他国家的人。东印度公司董事会慨然承担出版费用功不可没，但是他们却没有资助学习汉语的学生，甚至连他们的职员也不例外。公司董事会建议笔者教授商业用途汉语，无法应对紧急情况。公司职员无须懂得一个汉字就可以让财源滚滚而来，他们通常轻视董事会的建议，并嘲笑学习汉语。

此外，即使他们愿意学习汉语，但不那么流利通顺地说、读汉语（所有的人在略微努力几年后都能如此），通常也无法在履行自己的商务职责时，获得灵活读写汉语的能力，而这是与中国地方政府进行艰难谈判所必不可少的。在此情形中，所有的中国助手都会背弃他们的英国雇主，因此，除非英国方面有经验丰富的翻译，否则在这种情况下就会陷于无助的境地。

此外，仅掌握一些语言知识是不够的，还需要广泛地了解中国政府、法律、官僚机构、历史、地理等知识，才能极大地促进谈判；如果有当权者掌握了上述知识，如东印度公司特选委员会的委员或者特别海军法庭的法官等人，这样就会让谈判顺利地进行。如果东印度公司的多数职员也有上述知识，就会为他们赢得更多尊重、增加效率。

因此人们可以理解，由于公司在华职员不懂中国的语言、法律、习俗、观点和偏见，所以他们对中国人陈述的观点经常不具说服力，对于自己的主张也毫无帮助。我们确实没有费心与中国的知识阶层打交道，事实就是这样；必须承认中国官员并非都不具有聪慧睿智，或不了解人性，而遭人轻视。

俄罗斯未间断地资助10名学习汉语和中国文学的人，以此促进他们与中国的交流；他们还成功地为此在北京建了一所学院。东印度公司广州商馆也有多少类似的机构，但似乎还不足以完备公司在华体制。

如果人们担心上述的机构会触犯广州地方政府，那么英华书院就能为学习者提供便利。然而笔者认为没有理由担心事情会发展到那种程度，因为中国政府有一次也承认学习汉语有助于商业往来，与此同时，他们仍然声明不支持中国人教授外国人汉语，所以中国助手都是偷偷地讲授汉语。

目前无论在中国还是其他地方已经有好几个对汉语颇有造诣的人了，没有什么值得一提的困难能阻碍全面学习有关中国的知识，只是我们还需要一个良好而有效的教育体系和激励办法——激励不全指物质方面的奖励，而是东印度公司董事会或英国政府单独或者联合给予的荣誉或尊重。

如能采取上述建议，杀人案虽然会制造相当大的麻烦，但是不致造成令人烦恼的困境，也不会再像以前那样屈辱地妥协。

马礼逊博士在“伶仃案”谈判中担任顾问委员，让他忧心忡忡的是他不仅要考虑采取何种措施，还必须顾及他自己不致让中国官员产生敌意，因为中国官员都知道他在这类磋商会谈中所扮演的导致中方败北的重要角色。但他对个人的考虑从来不及他承担的公共责任那么多，在记叙中也从不夸耀自己在这些磋商中赢得的有利结果。东印度公司特选委员会赞赏他的工作，并在给英国的公文中提及他的表现。胡伯尔先生（Mr. Peter Auber）①撰写的《与中国的对话》（*Intercourse with China*）中摘录了会议记录中记载的一件事，证明他们多么依赖马礼逊博士敏锐的判断和坚定的立场。英国军舰舰长给总督送了一封信，被原封未动地退还回来；但是特选委员会同意行商当面拆启信件，行商们要求把这封信译成中文。

马礼逊博士被要求将信译为中文，他说此信并无任何激怒中国官方

① 胡伯尔曾任东印度公司董事会秘书兼中国部主管，是东印度公司历史研究学者，主要著有《东印度公司宪章解析》（*An analysis of the constitution of the East-India Company*，London，1826）和《简述中国的政府、法律和政策》（*China：An outline of its government，laws and policy*，London，1834）。——译注

的言辞，因而拒绝翻译；还说如果特选委员会一旦介入其中，就相当于他们放弃了先前所持的避免介入所有事关军舰纷扰的立场。这些观点在特选委员会看来是很关键的，他们承认当允许拆启信件时，自己已解除了戒备，尤其是沛官（Piqua）（行商之一）在开启信件前，曾明确告诉主席说除非由特选委员会和行商转呈，否则总督拒绝接受里查森舰长（Captain Richardson）的信件。（见第 298 页）

咸臣爵士在下列记叙中肯定了马礼逊博士的工作。

事件全过程都有东印度公司的代表参与，在这场与中国人进行的非常严肃、痛苦和烦恼的谈判中，多亏马礼逊博士自始至终的热情与坚持不懈的努力。他非同寻常的广博汉语知识，包括熟练读写汉语的能力，及对于中国政府的体制、特点和性情的了解使得他可以清楚、充分地理解他们的情感、观点和意思，明辨地方官员的公文以及充当外国人和中国政府沟通者的行商常用的诡辩、狡猾甚至虚伪。这种对中国公文正确深入的见解对特选委员会极为重要，因此他们才能够起草信件与中国人交流，以适当的形式、语言和精神来面对或反抗总督和他的同僚所使用的傲慢语言和自负，以及他们提出的不合理要求。这些通信都由马礼逊博士翻译成流畅清晰的汉语，不致让中国政府误解，甚至影响他们去误解东印度公司代表们的感受、情绪和坚决态度，这在与中国人的谈判与磋商过程中显得至关重要。马礼逊博士无价的才智和辛苦得到此次事件重大利益方的充分认可与高度赞扬，以前的很多事情也要感谢他的努力。

东印度公司的船回到了从前停泊的地方，贸易也恢复了，马礼逊博士此时所关注的是他的子女就要离开他返回英国。他在给哥哥詹姆斯的一封信中谈到这件事情。

致哥哥詹姆斯·马礼逊

广州，1822 年 3 月 19 日

亲爱的哥哥：

这次就写到这里吧，我的小儿子约翰将给你带去我的信，“阿特拉斯号”（Atlas）的船医迪尔先生（Mr. Dill）将会照顾他。……我还带去了 200

镑,100镑交给迪尔先生用于照顾约翰,另100镑是丽贝卡的抚养费。我盼望我的孩子们能得到很好的照料,以平常、自然的方式长大成人,但最重要的是教他们“敬畏神”——这是智慧。……

永远爱你的弟弟

罗伯特·马礼逊

此前,他的女儿丽贝卡乘坐东印度公司库伯船长(Captain Cobb)的“肯特号”(Kent),已被莫洛尼夫妇带回英国,他们把丽贝卡当作自己的孩子一样照顾她。广州贸易季结束,马礼逊博士回到澳门空荡寂寞的家中,这段休整让他能够更投身于自己的传教事业,同时也能继续编写汉英词典的剩余部分。这时,马六甲接连不断传来的报告让他更强烈地担心他珍贵同工的生命。下面摘自米怜博士的信表明,即使生命逐渐凋零,这位虔诚的仆人仍以怎样饱满的热情,献身于所有与主的事业进展或马六甲书院利益相关的事情。

米怜博士致马礼逊博士的信

亲爱的罗伯特,现在我必须告诉你更多的麻烦事——一件小麻烦和一件大麻烦。小麻烦是指博恩离开英华书院,去航海探险。他离开的理由是对教导模式感到不满,认为书院的管理太严格、太死板。F先生品行不端,津贴太少,他认为应该改变自己的人生态度;而且,正如他认为自己无法用心坚持不懈地学习,而这对熟练掌握汉语是必不可少的。

他就列出这些原因。关于第一点,这与我有较为直接的关系,我也觉得可能我们的教学和管理方法对他来说有点难;而且我还统一规定(仅有个别例外),他们必须完全掌握所学的知识之后才能学习新课。此外我认为一个欧洲少年理应胜过一个中国少年,所以我想,他的担忧颇有几分道理。但是,他退学的主要原因我都在肄业证明里写清楚了。总体而言,他表现还好,除了最后几个月有些懈怠和固执(自从他开始考虑出海挣更多的钱);我给他出具了品格优良的证明(尽管他犯有孩子气的过失),盖了书院的校章,这样对他算公正。在做好准备之前,他似乎把自己的想法埋藏得很深;我一点都不知情,直到八天前才知道。他的妈妈、叔叔和朋友们都对他的决定感到不满。我注意到有三个月他都很少参加中文礼拜，也不如平时用功。当我提醒他时，他什么也不说。他还抱怨缺少欧洲同伴；但我认为他退学的主要原因是缺钱或想赚钱，他母亲以前常常取笑他微薄的津贴，取笑他说学习汉语有什么用，在海上能挣更多钱，诸如此类。我屡次劝说和建议都没有用，就没有再做什么，只是要求他退还书院发给他的津贴，他照做了。我认为根据所有相似慈善机构的规章，如果没能完成学业，退还津贴的要求是合理公平的。他与我一起吃饭，几乎是免费的，如果他知足的话，应该感到生活得很舒服。现在，为了弥补这个空缺，有一个很不错的16岁的中国少年正在试读，很有前途；另一个12岁的少年，由他母亲推荐的，可是他看起来有些呆板。

我们能够用博恩的津贴支付三名中国少年的费用；补充一点，我相信博恩这段时间的进步有利于书院的声望。

大麻烦是某先生的表现。福德船长（Captain Ford）今天早晨十分抱怨他在巴达维亚和海上的失当行为。……你看看我的处境！噢！愿蒙恩典来感受、祈祷和公正行事。罗伯特，一定要第一时间给我写信。

我已经开始给中国学生每周做一次地理学讲座，我发现去年《察世俗每月统记传》上刊登的这方面文章很有用。……

你问我“能否不要管理得太严”，我真的不知道，我以前只尝试过“管理”自己的家仆和子女。对于我的弟兄，我从来没有使用过比以下这句更强烈的语言：“某先生，我希望你能做这件事情。如果你能协助我一下我会很高兴。”……

不，罗伯特，我认为我从没有“管理他们”，而是“像弟兄那样对待他们”。但是我自己做得太多，也许这是第一个错误，第二个错误在于我让他们住在我家里的时间太长，而我毫不讲究生活细节，因此他们对我的缺点都了如指掌，显然是有人吃着我的面包却记住了我的缺点。

二月，有一艘搭载1600名去巴达维亚移民的中国帆船在迦思波海峡（Straits of Gasper）失事，除了被东印度公司珍珠号（Pearl）救起190人，其余全部遇难。而当时另一条与它同行的帆船，看到它触礁，竟然扬长而去，甚至没有试图去搭救一条人命！天哪！这就是异教徒的弟兄之情！

像这样的人配不上福音！

……

最后，我发现你情绪很低落、很消沉。愿神借着圣灵秘密的支持，给你力量让你抵御各种折磨和苦难，坚守祂差遣给你的艰苦的岗位。冲突也许不会长久——或许当事情看起来糟糕的时候，正结出秘密的善果。你不能公正地评判自己的价值，“你务要至死忠心”（启 2:10）。关于中国官府知道了我们的书这件事，很难预测将来最终的结果，但根据经验，恐怕是担忧多于希望，高高在上的神也许会将其变成好事。我经常想，要是他们审查我们的书，虽然短期不可能，也许会同意我们出版。我们最缺乏一套完整而简洁的基督徒原则的书，既可以自己参考，也可以在受迫害或者必需的时候交给他们审查。亲爱的罗伯特，但愿万能的神让你免遭暴君的迫害。在神的帮助下，你已经立足，无论是中国皇帝、官员、和尚、文人还是中国民众都无法摧毁或阻止那势必摧毁他们的庙宇和偶像，改变他们的生活，拯救他们的灵魂的力量。我亲爱的朋友，不要不知感恩而沮丧。有多少同样虔诚的传教士至死获得的声誉不及你的十分之一！再次祈祷永恒的臂膀保护你。

1822 年 1 月 29 日

……昨天收到了你去年 12 月 23 日的来信以及随信寄来的今年年历。我们都很关心你的处境，理解你身处土巴资号（Topaz）事件之中的苦恼，我们常常向神祈祷“在你深陷困难时庇护你”。不要以为这些不值一提的必朽之人都遗忘了你。……英国派往暹罗和交趾支那的特使克劳福德爵士（John Crawford，Esq.）来过新加坡，曾数次询问你的情况。虽然我们知道的不多，但是把所知道的都告诉了他。

……

新加坡，1822 年 3 月 6 日

你知道我在这里可能会感到惊奇吧。为了健康的缘故，我来风景秀美的新加坡已 12 天了，现在身体略有好转。医生们都敦促我进行一次长途航海旅行，可是我不能接受他们的建议，为了让自己多航海，我打算从

新加坡去槟榔屿。我离开马六甲有14天了,如果直接前往槟榔屿,我希望能在4月1日前或者当日回到马六甲。《印中拾闻》有足够的文章编辑一期,《察世俗每月统记传》的文章足够两期,学生们我都交给H先生照顾。里查森舰长一个礼拜前途经这里告诉我们,那些事情还没有解决,而且你还在船上。他谈起你时十分尊敬。我同情你现在的个人处境,特别是你的人身安全和传教事业都受到了威胁。神会在你困难的时候保佑你。

你永远的

米怜

米怜博士来信

新加坡,1822年3月23日

亲爱的罗伯特:

我昨天收到了你2月15日从穿鼻(Chuen-pe)交给"苏珊号"(Susan)的来信,我大约26号搭乘"苏珊号"离开。现在简单回复你的来信。1.我很高兴你就我信中的第五个问题写信给母会,可是我极不情愿看到第五个问题的任何部分公之于世,这样太草率。发表这种不成熟的观点会伤害我们。我们给出我们认为或许正确的、有待检验的、也许有用的、或许可行的观点,但是他们(将它们公开的人)往往认为这些都是肯定的,因此个人的观点被当成了事实,但是经过检验证明这些并非事实,于是给了那些没有信仰的人开口讲话的机会。……

我很高兴经过你的努力,贸易又恢复了,盼望神在贸易战中保护你的人身安全。你的那篇文章很有意思。得知你完成了汉英词典的第三部分英汉词典,我非常高兴。这一部分非常有用,对用汉语写作的人来说尤为如此。第二部分和第三部分是两部各自独立而又完整的词典。愿神延续你的生命,给你力量,让你继续完成《字典》剩余卷以及其他有价值的书。你让帕默尔先生(Mr. Palmer)转交的信收到了,我心中有同感,但是信不需要回复。我还留在新加坡,虽然身体没有明显好转,时不时地吐血。

你永远的

米怜

马礼逊博士致米怜博士的信

澳门，1822年5月1日

我亲爱的米怜：

今天早晨，公司又从广州来到这里，今天从新加坡来的“卡萨多号”(Casador)带来了你的信，看来你收到了上个季度所有寄给你的书。听说你的健康状况很差，我很担心——但这是神的意愿，祂从来行事公正。我的房子空荡荡的，精神很消沉。我将立即着手制作印版，可是担心要等很长时间才有机会把它们送到你那里。

5月27日。“哥伦比亚号”(Columbian)1月4日从利物浦(Liverpool)起航，昨天它给我带来岳母和姐姐的信。有些信是在听说玛丽去世前写的，有些是知道后写的。……

亲爱的米怜，今天我收到了你从新加坡写来的信。哈特曼来信告诉我说你在槟榔屿，健康继续恶化。神啊，我们得做好一切准备，让我们对地球这边传播福音刚刚萌芽的事业保持信心！……

亚发给我写了一封信抱怨他的薪金以及他的两名工匠和中国同胞对待他的方式。亚发觉得两名新来的工匠不是基督徒。我希望你现在还活着，或许已经回去解决了这些难题。

6月3日。我想让一艘即将沿中国海南下的船给你带去这封信，可是这个季节能否出海还不确定，因此我没让它捎去印版。

我收到了你从槟榔屿的来信，对你健康恶化的坏消息深感遗憾。愿神怜恤你的生命，让你恢复健康。我一整天都很难过，你是神多么优秀的仆人啊——主啊，可怜我吧！

亚轩从广州给我写信，说他认识到自己的罪，盼望被世界的救世主洗刷罪恶，为此他请求接受洗礼。年轻一些的亚三似乎理解了福音的概貌，他说他信福音书。我真希望亚轩是真诚的——他总是过于骄傲，作为一个自负的“读书人”，现在却承认自己有罪并且想要获得救恩，如果没有几分真心他就不会这样做。他是个沉默寡言、天性冷淡的人，如果他确实仰望救世主，感谢神赐给我祂不值的仆人微薄劳作一些果实！天哪！我真怕在我写这封信的时候你已经离我而去了。保重——神保佑你的孩子!

罗伯特·马礼逊

他在信的末尾表达出的担忧是有充分理由的。他亲爱的朋友的确在完成了分配给他的任务后,过早地应神的召唤进入到了“主快乐的王国”。

米怜博士从新加坡前往槟榔屿后,感到身体并没有好转,于是他渴望重返他的劳作之地马六甲。槟榔屿政府特意为他提供了一艘快船,他在5月底返回了马六甲,6月2日被神召唤停止了劳作。

马礼逊博士在为米怜写的简短回忆录中说:

米怜博士生来是一个热情、冲动而又意志坚定的人,但是他温和的举止让他显得并不强硬。自从归信基督——离开撒旦投向神之后,他收敛了自己原本热情急躁的性格而继之投向一个崭新,与从前截然不同的目标。他坚信传教事业就是天国的事业,无论是“烈火还是海水”都不能阻挡他前进的步伐。他以勇气和虔诚劳作了十年,兢兢业业,精疲力竭地死在自己的岗位上。

这个令人悲痛的事件是由哈特曼先生写信通知马礼逊博士的。

哈特曼先生致马礼逊博士的信

马六甲,1822年6月14日

先生:

6月1日我让去澳门的“安德米拉号”(Andromeda Vital)给你带去了一份所需印刷材料的清单,希望你已经收到了。

我现在通知你米怜博士去世的悲痛消息,他从槟榔屿回来后的第9天即6月2日去世。我相信他在死前没有忽略或遗漏任何需要他做的事情。如果全知全能、掌握着人类命运的神让他在槟榔屿时就安息,就会置我们于一个非常艰难的境地。他的遗嘱没有按照荷兰的法律起草,也没有请律师或公证人到场证明。我曾费尽口舌地让他请一位公证人到场,若不是桑格医生(Dr. Sanger)直截了当地告诉他没有治愈的希望,这是他仅有的最后时光,否则他不会同意,而其后果将是孤儿院(Orphan Chamber)接管他的子女和财产。这对孩子们来说将是一大灾难,感谢神,没有落到这种地步。我们非常需要委任状来继续推动马六甲传教站各部门的事务,英华书院交由汉弗雷斯(James Humphery)①先生管理,传教站交由我与他联合负责。米怜博士生前签字的通告发给了我们的代办商,声明由汉弗雷斯、柯利和我或其中任两名传教士开出的向伦敦会、圣经公会和福音小册公会兑款的账单都是有效的。米怜博士在去世前的一两天公开了遗嘱,汉弗雷斯和我发现他指名让我们担任处理他房产的执行人。已经做了必需的准备工作,现在仍在进行中,拍卖会将在明天举行。我希望能为他可怜的遗孤拍得一笔可观的费用——孩子们身体健康,只要一有机会就会经由加尔各答返回英国[查墨斯医生(Dr. Chalmers)照顾他们并打算同时把自己的两个孩子一起带回英国],他们到了伦敦由司库汉基先生照顾,再从那里返回家乡亚伯丁。愿他们父母亲的朋友和指引者——神,也帮助和指引他们一生。等完成后我们将给你寄去一份遗嘱,你是他指定的遗嘱执行人之一,米怜博士生前要求我们把遗嘱寄给几个执行人每人一份。我手头也没有,孤儿院正在把他的遗嘱译成荷兰文,否则我会描述得更详细。

你能想象我们的困境——没有人能负责中国部门。我极力向米怜博士建议由我给麦都思、米尔顿(Samuel Milton)②或斯雷特(John Slater)③

① 汉弗雷斯(?—1828),1821年被伦敦会派往马六甲传教。米怜博士去世后,担任英华书院校长。他的汉语水平不太高,1827年掌握了马来语后,辞去了英华书院校长,专心向马来人传教。1828年因健康原因返英,同年去世。——译注

② 米尔顿(?—1849),1818年受伦敦会派遣到海外传教。伦敦会指派他协助马六甲学校的中文教学。他到达后立即开始学习中文,但是他的健康严重受损,迫使他停止了刻苦研读中文。1819年他去新加坡向中国人传教,在那里协助马礼逊博士创立新加坡书院,替印刷所购买物品,而且在马礼逊博士的建议下开始翻译并且印刷暹罗语的圣经。1825年他与伦敦会脱离了关系,居住在新加坡直到去世。——译注

③ 斯雷特(?—1823),英国利物浦非国教派牧师,1816年被派往海外传教。1818年开始在马六甲学习汉语,8月间曾前往中国,汉语因此颇有长进。除了在南洋航海旅行、分发宗教小册,他是第一个在巴达维亚定居的传教士,主持汉语、英语和马来语的礼拜。1822年因为健康原因出海休养。——译注

写信。他不许我这么做。《士师记》和《历代志下》还没有校订,现在正在刻印《列王纪上》《列王纪下》和《历代志上》。再有一两个月,工匠们就停工了。刚来的三四名工匠约定工期为两年,如果不全额支付两年的工钱他们就不肯回去;因此,他们当然留在这儿,也许以后会需要他们。《察世俗每月统记传》停刊了,《印中拾闻》刚出版了第二十期后,自然也面临同样的命运。你的讲章正在印刷,因义士先生(John Ince)①的中文教义篇以活字印刷;此外还时常为新加坡和巴达维亚政府印刷文件,也有槟榔屿的马来文和其他福音小册等。

就在米怜博士临死前一天,他恳请我给你写信,催促你来马六甲,至少来几个月。他似乎为这里的事情感到不安,我尽量地安抚他说你有两年回欧洲的假期,我认为简单的说明足以吸引你牺牲其中的几个月来马六甲。他听我这么说后神色愉快多了。我起草了一份通告请你过目,以免有人揣测传教站的工作因为我们亲爱的米怜博士去世而陷入停顿。

你忠实的

哈特曼

当在澳门孤独地劳作时,马礼逊博士 7 月 5 日接到了这个噩耗。他在丧妻之后又一次感受到了丧失朋友的痛苦,但他没有记录当时的感受。直到当季东印度公司的船即将离开,他向圣经公会和福音小册公会报告米怜去世的消息时,才流露内心深处的失落感。以下摘录选自上述信件。

致英国圣经公会

广州,1822 年 10 月 10 日

1822 年 6 月 2 日,万能的神很高兴地从人间把我的朋友和同工米怜博士带走了。我的朋友生前没有看到中文《圣经》的出版。正在他校订最后两部书时,疾病让他不得不停下来,这些书后来寄给我校对,我校完后又寄回马六甲交给中国印刷工,由哈特曼先生监督印刷出版。

---

① 因义士(1795—1825),曾在博固博士的高士坡神学院研习神学,1818 年被伦敦会按立为牧师,同年 9 月到达马六甲,学习汉语,1819 年到达槟榔屿传教。他在当地英国政府的资助下,很快建立了几所中国少年学校,1821 年到马来半岛沿岸分发中文《圣经》和宗教小册,与中国人交谈。——译注

1823年2月或者3月，我打算去马六甲住一季，与那里的其他弟兄一起料理米怜博士去世后的遗留事务。

如此忠诚、敬业而且有成效的在华传教士英年早逝是传教事业的巨大损失。他对中华帝国这门很难学的语言颇有造诣，他全部身心都投入到事业中。为了向中国人传播福音真理，他刻苦学习汉语，很少有人像他那么迅速地取得进步并理解中国人的观念。

掌管着天地事务的伟大救主、教会之首并不依靠任何人的臂膀征服并建立祂的精神王国。在这种最痛苦最沮丧的时候，我们只能默默地服从。但愿祂乐意扶起其他虔诚的仆人，降下圣灵让这个大国接受真理的喜讯。祂的话不会徒然返回，肯定会取得预期的结果。

致英国福音小册公会

广州，1822年10月24日

我现在向你们正式宣布一则悲痛的消息，我的朋友与同工米怜博士去世了，他曾与你们就出版中文福音小册保持通信。他于1822年6月2日在马六甲死于肺病，年37岁。没有比他更热情的福音传教者了。几乎没有人比他更虔诚和全心全意。神的恩典成就了他。神把他带走了，我们相信神带他进入了永恒的幸福和快乐。为此我们感谢神！

米怜仍然活在你们资助他出版并分发的各种福音小册中。以前在巴达维亚，有一位对他不满的人曾写文章向外界抱怨，说米怜这位“热忱的马六甲传教士”送给他太多的福音小册，他无法悉数散发，只能堆放在办公室里。假如他不能或者不愿费心向中国人的聚居地散发这些小册，他可以写信礼貌地告诉这位马六甲传教士，这样就不会再给他寄书，或者他可以把书转交给比他更重视这些书的人。神经常看顾着《圣经》和善工的书，以便于它们最终有益于人们的灵魂。并不是所有播撒的种子都会生根发芽，难道人类就该因此停止播种？

为了吸引我们在广州的水手，让他们关注“身体和灵魂”，我为他们写了一份福音小册，已经印了1000份，其中绝大多数已经分发出去了。这是在中国印刷的第一份英文福音小册。

很少有人阅读下面的信不为之所动,这些信展示了他们之间在情感上的一致和对原则的坚持。各种磨难非但没有摧毁他们的意志,反而激发了他们在基督进程中更活跃的努力。马礼逊博士本着自我牺牲的一贯精神,谢绝了当时——或许是永远——返回欧洲的机会,准备去马六甲安排传教站事务,米怜博士患病及去世让那里不可避免地陷入了混乱。

马礼逊博士致 S 夫人的信

中国广州,1822 年 10 月 13 日

我亲爱的朋友:

收到你 1822 年 1 月的来信时我正沉浸在悲痛与工作中。继我的爱妻玛丽离我而去之后,现在又加上了米怜。亲爱的米怜于 1822 年 6 月 2 日离开了世界。我不因神的安排而伤心,而是为自己孤独无援的境地而难过,为自己的罪孽深重而落泪。我真希望让自己的心更关注天国的事业。我渴望积极投身自己的职责,等待我主的到来。因为米怜博士去世,我准备明年二月或三月到马六甲去,因此推迟了返回英国的日程——事实上我也许要完全改变计划,因为现在马六甲的传教士没有一个人在汉语方面取得大的进步。像米怜这么高效率的传教士并不是时时都有的,不过仍然盼望神能够推出其他传教士。

我来中国已经 15 年了,其中一半的时间都是独自度过的。神容忍了我的缺点,保佑我所从事的事业。我目前身体很好,最初没想到自己能活这么久……但愿我的余生更加关注精神世界,愿圣灵保佑我传扬福音,让更多的中国人获得救赎!我看到播撒的种子已经萌芽,可是如果我去了马六甲,没有人时常浇灌看顾它们,也许它们会枯萎,除非神降恩保全它们。

在过去 15 年中我写得太多,因此视力衰退,有时感到体力也不比从前了。请你谅解我简短的来信。

我希望我亲爱的孩子们现在到了英国,他们失去了母亲,也没有父亲(距离父亲的看顾这么遥远),假如你有机会见到他们,看在玛丽、我和神的分儿上照顾他们,玛丽为神的劳作而死。我盼望自己也为神的事业鞠躬尽瘁。

代我问候相识的朋友们和关心在华传教事业的友人们。

最新来信说米怜的遗孤一切都好。

你诚挚的朋友

罗伯特·马礼逊

致嫂子詹姆斯·马礼逊夫人的信

广州，1822 年 10 月 15 日

我收到了你三月和四月的来信。你生活得那么健康富足，这都要感谢神的恩典和赐予，你心中更要敬畏祂、爱祂。还有你的儿子的良好举止，从他们的来信可以看出他们的虔诚和良知，在我看来这一切都要感谢神。

在提及米怜博士去世的消息之后，他说：

我至今都感到非常沮丧。从某种程度上说我没有一个朋友相伴——父母早已过世——你们都离我遥不可及。我最爱的人也都离开了我。我周围的异教徒由于他们国家的法令，对我冷淡，而且缺乏对外人的慈爱。我并不后悔，只是我并不希望处于如此孤独的境地。然而，我得到的已经够多了，我满心感激！神让我不致忘恩负义，让我体会到祂的恩典，让我为祂的救恩劳作——让我在祂的教会得到荣誉，也是祂充分供给我生活所需。但愿神能听到友人们为我做的祷告，永远、永远不遗弃我。……

随信为我亲爱的孩子寄上 300 镑。我想收养米怜的儿子罗伯特·米怜(Robert Milne)，把他和我儿子罗伯特一起养大。这件事必须与遗嘱执行人商议后才能确定。……我匆忙间给你写信。祝愿仁慈的神救世主施恩于你，让你活在祂永恒的天国。平安健康！

爱你的弟弟

罗伯特·马礼逊

值得注意的是，虽然马礼逊博士主要致力于向异教徒传福音，可是他也关心其他群体的同伴，关注他们的道德水平和身体需要，他最同情每年来到中国海岸的欧洲和美洲水手，他一直努力促进水手的精神福祉，直到生命的结束。他最新出版的是在黄埔对水手布道的讲章。这是在中国印刷的第一份英文福音小册，他编写了这份小册并当季分发给水手——此小册收入了本书附录。并不是因为这份小册风格典雅，而是表明作者为了帮助水手而根据他们的特点和能力灵活调整自己的风格。因此他不仅计划做善事，同时号召那些有能力的人配合实施——为此，他给所有为经商或其他目的到访中国的外籍人士写了一封公开信。

致在华基督徒外侨的公开信

中国广州，1822 年 10 月 13 日

《加拉太书》6:10——“所以，有了机会，就当向众人行善，向信徒一家的人更当这样。”

普世的仁慈精神就是基督精神，在现实中表现为利用一切机会为人类行善事。家庭里的慈善是开端，仁慈或爱都始于家庭，但是并不止于家庭。

我们的慈善行动必须针对身边引起我们注意的人，或者是那些碰巧与我们有交往的人。

我们不论是暂居中国还是常住此地，都会和人口庞大的中国人打交道，而他们迫切需要慈善。我的意思是说我们会和这庞大人口中的一部分人打交道；由于神的安排，我们暂时住在人类各民族集会的边缘地带，我希望你们记住，这种情形是一个清楚地向他们展示仁慈的良机，比向其他任何族群展示仁慈更大的机会。考虑到这一点，我希望你们从今以后能认识到这个异教国家需要你们慷慨的帮助；在你们有生之年，心中都珍藏热切为他们行善事的愿望。无论是以你个人之力，还是请求基督徒弟兄帮助他们，无论你活在人间，还是离开尘世；无论何时你都要代表他们向神倾诉，祈求圣灵临格这些枯骨并赐予他们生命。

我盼望广州能成立一个供基督徒祷告的小教堂，凡是真正祷告的基督徒，日后来访，都能加入。

为了让这些愿望和观点留诸久远，我把它们写了下来，并列入中华传教团的文件。为了显示你们对上述内容和精神的支持，我请求你们在此签名。

（签名）中国第一位新教传教士　罗伯特·马礼逊

美国商人　奥利芬

东印度公司“奥威尔号”大副　法热(W. E. Farrer)

马德拉斯文官　莫特洛克(Henry Mortlock)

艾丽兹·莫特洛克(Elize Mortlock)

东印度公司医生　麦肯兹(D. Mackenzie)

吉尔伯特·法库哈·马西森(Gilbert Farquhar Mathison)

发表上述公开信之后,马礼逊博士写了一篇《改善在华外国海员的道德状况的倡议书》(*Proposal for bettering the Morals and Conditions of Sailors in China*)①,这篇文章于在华外侨和船长等人中散发,许多人都被它的目标打动,条件已经成熟,因此马礼逊博士安排于11月3日礼拜日在停泊黄埔的一条船上向人们布道。但是,这个安排因一起突然而极具毁灭性的火灾而取消了,这场火灾危及数千人的性命和财产。马礼逊博士写了一篇很详尽的《广州火灾纪实》②,收在本书附录中。灾难发生前一天,布莱顿的莫特洛克牧师写了下面这封信③,他当时正与家人在澳门。他完全没有预料到他的朋友马礼逊当时在做的事情——不是在为专心致志的听众发布救恩的喜讯,而是在给广州官府写信请求援助抢救被烧伤的外侨及其财物。然而,12月8日黄埔港升起了海员教会旗帜,并且马礼逊博士向水手做了一场布道。

莫特洛克先生致马礼逊博士的信

澳门,1822年11月2日

亲爱的朋友:

昨晚我们散步之后,回到家中就看到桌上摆着你的来信。我欣喜地从信中得知神这么快就为你实施计划扫除了障碍(我确信是对祈祷的回应),让你可以去拯救更多的灵魂。至少澳门有许多人为你祈祷,祝愿你明天的布道取得成功。耶和华说“不要惧怕,因为我与你同在”——这是多么激励人心的话啊,愿所有为神劳作的人从中获得鼓励。愿你也像尼希米祷告的那样并取得成功。

---

① 见本书附录七。——原注

② 见本书附录五。——原注

③ 原书编者有误,此处莫特洛克指上一封信中的马德拉斯文官,他本人并非牧师。——译注

我没有想到你第一次的信就那么急着要回“倡议书”。今天上午我把它抄下来了，现在我把它还给你，同时衷心为你祈祷祂接纳并且赐福“你属于谁，就当为谁效力”……

如果你印刷几份倡议书，发给每一位船长和船医，写上有你征求他们对倡议书中两个目标的看法和建议，这样可以更好地说服其他委员会慎重考虑并宣传你的倡议。

至少这样做能更好地宣传你目前的计划，参加集会的人数也会因此大增。

我非常喜欢你的福音小册，我觉得它会发挥很大的作用，至少会受到人们的欢迎。你还是中国“第一份英文福音小册”的作者——祝愿神赐你（你的愿望、计划及行动）恩典，以基督徒的谦逊面对未来的荣誉。我知道你把所有的赞美都归于神——我这样说并不是因为你需要我提醒，而是因为你也是凡人，是神以你为工具完成了这伟业。我相信，我亲爱的朋友，你理解我的意思。

……

我不得不就此停笔，请原谅我冗长的来信。请接受莫特洛克夫人和我的最衷心的祝愿。

你永远的、真诚的朋友

亨利·莫特洛克

莫特洛克夫人把写信当作乐趣而非“折磨人的事情”。我写信时她正在照料婴儿，否则她会亲自给你写信，你一定会感谢她对你怀有的真挚情意，你也无愧于这份情意。我们很感谢你对我们小女儿的关心。当她妈妈给她读你的信时，她非常开心，并且在听到“Missa Morson' s pitties”（马礼逊先生的小礼物）一直好奇地询问，不过，我们还没有收到。

我对杜赫德（Jean-Baptiste Du Halde）①描述的基督教进入中国和中国禁止基督教的事情很感兴趣。神统领一切，我们希望在不久的将来祂

① 杜赫德（1674—1743），法国神父，1735 年出版了介绍中国历史、文化、风土人情的《中华帝国全志》。——译注

对这片土地降下恩典。夜晚的最黑暗的时光过去不就是黎明吗？无论怎样，或许当人们感到只有神才能拯救他们，向祂祈祷并只相信神时，神才会干预。

下面节选马礼逊博士更多信件，和对在华传教最初15年的简短回顾，以此结束这大事频发的一年。

致尊敬的马礼逊博士的信

广州，礼拜日下午

亲爱的先生：

我刚在考虑参加你组织的礼拜日崇拜是否妥当就收到了你的便条。感谢你对我的信任和期望。每当关键时刻，神都会让我做出与你对我的善意和关注相称的决定。关于信后附带的“倡议书”，像我这么年轻而且是刚到广州的人对倡议书发表任何评论都是冒昧之举。我要说的只有一点：我相信这个倡议有用，而且切实可行，只要我能力所及，我会毫不吝惜金钱和行动去实现这个计划。我衷心祝愿这个倡议能够尽快顺利地实施。

您顺从的

吉尔伯特·法库哈·马西森

乔治·斯当东爵士致马礼逊博士的信

波特兰地，1822年4月24日

亲爱的先生：

近来没有接到你的来信，因此日日急切盼望你来信赐教。同时，我很高兴地听说你身体尚健，毫不懈怠地继续从事着你领先众人的事业。

你将会发现我又一次出现在公众面前，我很荣幸随信寄去我最新出版的作品，请你笑纳。在翻译方面，书里没有任何新东西，自从我上次返回英国后已经彻底放弃了翻译；可是当我屡屡发现英国普遍流行的关于我国在华政治贸易利益观点完全错误时，作为议会一员肩负着一定的责任，因此为了试图抵制这一印象对立法者的影响，最终促使我又拾笔写作——究竟有无效果，还有待观察。你会感受到我不得不设法解决一些极为微妙棘手的问题,尤其是过去我个人参与的一些事件,但是我相信我通过了考验,至少没出过错。

欧洲偶尔也有中文方面的著述。雷慕沙近来出版了他的语法书①,还承诺将在近期出版一个巴黎的中文藏书目录和他翻译成法文的小说《玉娇梨》②。

今年初冬,我很高兴介绍年轻的德庇时先生结识伦敦的出版商默里先生。默里先生刚刚出版了德庇时翻译的小说,这本书印制得极为整洁美观,这次你可能将收到德庇时先生的赠书。

我盼望偶尔能从你那里听到马六甲英华书院获得成功的消息。我承认最初并不赞同总章程,后来看到它建校,当时担心如果不够谨慎,即使是热情投入的最佳事业,不但不会有发展,反而会失败。然而,这几年的经历基本上打消了这些疑虑,我因此不再犹豫,决定支持英华书院,通过你慷慨创办的中介达到教导中国人道德和宗教的杰出目标。我请你接受我本季随信寄上的500元,在你便利时把这笔钱转寄到马六甲,除非英华书院关闭或其他原因,你认为不适宜捐款。

我很遗憾地听说以前接待过我们的可怜的广惠去世了。他谨慎礼貌的举止很有助于平缓我们严酷、混乱的处境,在他那个职位上,他已经尽了最大的努力。我很想知道你对最近发生在广州牵涉美国的争端有何看法。这件事显然比希恩(Edward Sheen)的事情更棘手,不过我觉得那个美国人有可能免于一死。

你忠诚的
乔治·托马斯·斯当东

---

① 雷慕沙在马若瑟的中文语法书的基础上,于1821年出版了一本名叫《中华帝国通用的共同语言——官话》(*Elémens de la Grammaire chinoise*)的中文语法书。——译注

② 《玉娇梨》(*Yu-kiauk li, or The Two Cousins, or Les deux cousines*)于1826年在巴黎出版,12开本,4卷。——译注

马礼逊博士的回信

广州，1822 年 10 月 7 日

亲爱的乔治爵士：

我收到了你 1821 年 4 月和 1822 年的来信。但是上一季，因为我夫人去世，我没有给任何人写信。

感谢你惠赠的书籍——但是信中提到的最后一本尚未收到。不过这里有一本，我已经拜读过了，很高兴你终于被"激起"，做了一件极有意义的事情，为你赢得声誉。无论《爱丁堡评论》(*Edinburgh Review*)是否回应，时间将证明一切。

如果《评论季刊》(*Quarterly*)上的对你的《中国使团》(*Chinese Embassy*)的评论是你的朋友巴罗写的，看来他已经改变了对中国人的看法，同时他的沉默表明他对我一向怀有好感。

我收到了一本雷慕沙的中文语法书，这本书像他翻译的《中庸》一样值得赞扬，书中的汉字非常漂亮，我不知道是刻成的还是浇铸的。我希望伦敦出版的中文书也能做得和巴黎一样好。

我很遗憾米怜博士发表在《印中拾闻》上对《二帙字典西译比较》的评论竟会激怒年迈的(我猜测他是)蒙图斯博士。我想知道曼宁现在做什么。

你放弃了汉语研究令我感到十分遗憾。我认为即使你不再辛苦地研究它，作为一名英国政治家，你也应该在英国的首都，"终身"宣传与资助汉语学习。

你对英华书院的慷慨捐赠表明了你赞成培养中国文学，并且以此来推动"神至善的事业"。非常感谢你通过大卫荪洋行(Davidson and Co.)寄来的 500 元，我已经收到了，将用于英华书院。米怜博士去世对书院是一个巨大的损失。现在汉弗雷斯先生照管着大约 15 名学生。如果到 1823 年 3 月，时间许可，我届时会到马六甲察看情况，安排将来的事情。如果我亲爱的朋友没有去世，按原计划我本季已经返回英国了。

美国人杀人案之后发生的另一件事情几乎吸引了我们所有人，此案让我烦忧,无论是提到哪件事都让我痛苦。我相信我的朋友咸臣先生已经把两件事的详情都告诉你了。中国官府期待英国方面在预定期限过后就“伶仃事件”做出答复。我不知道英国政府会有何举动。保持沉默或是不作为似乎是对东印度公司和英国不负责任的行为,可是他们又能做什么呢?对于这个问题,我无法作答。

《京报》上近来很少刊登皇帝的消息。在外国人看来,去年的《京报》索然无味。

中国皇帝似乎不为政事操心,“知道”就是他最常用的批复,向他呈报的事情随后被简单处理了事。

沿海有两三条英国船向中国走私鸦片。粤海关监督已经两次下令要英国大班命令它们入港检查。走私鸦片无论是对英国国旗还是基督教徒人格都极不光彩。

我亲爱的斯当东爵士,继续偶尔给我写信吧,告诉我你听到的、读到的有关中国人的情况。祝福你!

你忠实的

罗伯特·马礼逊

致乔治爵士的信

中国广州,1822年11月15日

亲爱的乔治爵士:

我在丽泉行昆水官的库房给你写这封信,本月2号的一场大火烧毁了外国商馆区。主啊!灾难一年又一年向我们袭来。继上一季的杀人案之后,又爆发了这场广州郊区火灾。威廉爵士估计大火造成的损失达一百万镑。

礼拜五晚上大约9点,外国商馆区以北一英里外的一家饼屋失火。咸臣、弗雷泽、槟榔屿的厄斯金和其他人整个礼拜五夜里都关注着火势的发展;次日凌晨,文件和能搬动的贵重物品都转移到河里的船上。即将拂晓时,我用中文给官府写了一封陈情信,请求他们派官兵和衙役拆毁房屋。两封未封口的信通过不同途径送到了火灾现场的官员手中,然后我带了一份封口的致总督本人的信送到城门前。这些都没有结果,后来总督说没有看到信。礼拜六早晨大约8点左右,一阵东北风卷着火苗来势汹汹地扑向商馆区,所有的防备措施都不能阻挡火势迅速蔓延。席卷一切的大火和浓烟及房屋的倒塌声迫使我们匆匆撤离到了河边。

风向渐渐转成东风,夹带着火焰以惊人的速度扑向西边的中国街,大火席卷沿河岸的东生行、同孚行和广利行,火势沿河岸烧到了花塔对面的空地——直到那个方向再也没有可燃的东西才熄灭。这场大火焚毁了数千家商铺和民宅,几十人在大火中丧生。礼拜六晚上,饥饿疲倦又头痛不已的厄斯金、威廉爵士、威尔斯德船长(Captain Welstead)、印度的路瑟福德先生(Rutherfurd)和我挤在一条敞篷船上,这条船是杜拉蒙船长(Captain Drummond)租来的,堆满了他抢救出来的物品。礼拜六晚上,大火从东到西延伸足有一英里半,看着来势凶猛的大火和趁火打劫的土匪,我联想到人类经受的折磨,眼见的、心想的是一幅极为恐怖和痛苦的场景。礼拜六晚上的最后一声巨响是荷兰商馆阳台塌陷的声音。

11月3日(礼拜日早晨)升起的太阳向遭受了火灾的外国人显现了最惨不忍睹的场景,冒着浓烟被烧焦的商馆已沦为一片废墟。

咸臣房屋的阳台直到礼拜日早晨八九点才塌陷。

这是继鞑靼人征服后神对这座富饶安逸的城市的最具灾难性的打击,就连伦敦1666年的那场大火都比不上它。保重!亲爱的乔治爵士,上帝保佑你!

忠诚的

罗伯特·马礼逊①

伦敦会给尊敬的马礼逊博士的信

伦敦,1822年12月13日

亲爱的弟兄:

我们9月3日给你写信之后,收到了槟榔屿因义士先生的信,他在信

① 见本回忆录附录五。——译注

中说槟榔屿总督菲利普斯先生(Governor Phillips)送来一个便条,告诉他米怜博士约在6月2日去世的悲痛消息。

理事会认为你得知上述悲哀的事件后可能会去马六甲,因此将这封给你的信寄到了马六甲。这封信与马六甲传教站最重要的使命紧密相关,即完成中文圣经的印刷和出版。理事会殷切期望这项重要的事工不会被耽搁,如果你能和其他恒河域外传教团的成员一起安排好马六甲的事情,达到预期的目的,我们将很高兴。

考虑到你原计划返回欧洲与留在马六甲监督印刷中文圣经可能有冲突,理事会给马六甲和巴达维亚的弟兄去信,告诉他们如果恒河域外传教团认为有必要或恰当,他们可以默许麦都思先生从巴达维亚前往马六甲临时监管《圣经》的出版。麦都思先生不仅掌握了汉语,而且了解印刷出版事务,因此足以胜任监督印刷的工作。如果你和马六甲的弟兄等人另有安排能够确保出版顺利进行,理事会也会尊重你们的用意、当地信息和判断并做出相应的调整。理事会只盼望如此重要的工作绝不要疏忽了,而且应该在条件许可范围内全力以赴地去完成。

米怜博士在去年3月7日从新加坡给理事会的信中说,除了《士师记》和《历代志下》的部分内容,他翻译的旧约已经修改完毕。理事会认为有必要通知马六甲的弟兄和麦都思先生,保存米怜博士遗留未修订部分的原貌,直到接获理事会或者你关于此事的指示。

理事会深切地感到米怜博士的去世是伦敦会无法估量的损失,因此我们写信给你;亲爱的先生,我们当然也了解米怜去世给你带来的损失,他是一个如此亲密和珍贵的朋友,一名如此优秀和得力的助手,如此勤勉地从事着他的工作。然而,我们的损失却是他的收获,换一种想法就是神把他从这个世界上重要的劳作地点上带走,会弥补在我们看来无法弥补的损失。

理事会希望你能够安排好米怜博士的遗孤。

理事会和伦敦会的每个成员及传教界,都盼望着你能平安回到英国,我们这些有幸管理伦敦会重要事务的人,将以基督徒最诚挚的爱迎接你。

兹代表全体理事向你致以问候和敬意。

你忠诚的

司库：汉基

书记：伯德

在华传教最初15年回顾

——致伦敦会司库汉基先生的信

中国广州，1822年11月12日

先生：

假如我能健康地活到明年二月，我计划离开中国一个季度，去看望恒河域外传教团的传教弟兄。这将是我来华15年以来第一次离开中国。已故的弟兄米怜博士曾经回顾了我们在华传教最初10年的历程，在我即将离开中国之际，我不能不回首往事。当回顾居住在异教国家的这些年，许多关于朋友、亲人及个人家庭相关的事情深深吸引了我，但这些话题却不适宜在这里提及。我只想回答一个问过我自己，而且其他人也经常问起的问题："在过去的15年间，你为传播基督教做了哪些工作？"为了驳斥某些敌意的指责，鼓励失望的人们和激发对我们救主事工的感激，给这个问题一个答复。

必须记住，人类在做事时，有必要采取手段达到预期目标，神也很乐意使用一些手段逐渐达到最终目的。

伦敦传教会的最终目标是向异教徒宣讲福音，将异教国度的民众由撒旦那里引向神。学习异教徒的语言是达到这个目标的不可或缺的途径。必须要通过口头或书面，或二者兼备的方式，真理才得以清楚展示，并为人所理解。由于传教人表述的清晰程度不同，会出现不同的效果：虽然他们看上去同样虔诚敬业，有些人比起其他人能更有成效地说服转化罪人。这种情况在基督教世界中随处可见，近来夏威夷群岛就是一个典型事例。

当伦敦传教会开始在华传教事业时，英国对中国的了解落后于其他所有的欧洲国家，而且没有学习汉语的辅助条件。但是，经过伦敦会传教士的努力，和东印度公司的资金支持，英国在这方面已经领先于其他欧洲国家，拥有比其他各国更好的学习汉语的便利条件。著名的汉学家蒙图斯博士可以见证这一巨变。1821年12月22日他在德国德雷斯顿（Dresden）感慨："我可以毫不犹豫地宣布：马礼逊博士在过去10年间出版的书籍，比过去一个世纪中传教士留下的手抄本和出版物对欧洲的学习者更有帮助。"巴黎的雷慕沙先生评论说"马礼逊博士编写的汉英英汉词典无人能及"。

如果从没有像我这样切身感受过汉语词典的匮乏带来的困难，就不能充分认识到词典的价值。

在马六甲英华书院，现在集中提供所有便利，包括书籍、教师、充分自由和闲暇，让他们快速学习中国的语言、文学、宗教以及哲学；在这里，任何一个基督教会的忠实仆人在神的福佑下，具备到马来群岛的中国人聚居地，宣讲福音并且打动他们的能力。

由于创办英华书院的计划早于塞兰坡书院（Serampore College）和加尔各答的圣公会学院（Episcopal Mission College），因此有理由相信，是我们对这项事业的热情激发了他们类似的善举。

澳门的东印度公司印刷所引发澳门新成立的葡萄牙人政府也设立了一个印刷所，现在他们尝试印刷和出版一些中国的新闻。知识的传播对真正的基督教有利，反之基督教的传播也有利于知识的传播。

蒙图斯博士在他的《二帙字典西译比较》的第84页追溯了自从1655年卫匡国（Martino Martini）①在阿姆斯特丹出版他的《中国新图志》（*Atlas Sinicus*）后，直至1742年傅尔蒙（Etienne Fourmont）出版了他的中文语法书，欧洲对中国文学的研究进展情况。而自此以后直至近二十年间，关于中国的知识没有任何增长。但是现在欧洲又一次开始关注这一话题，雷慕沙近期出版的《中庸》和语法书比欧洲以往的出版物更胜一筹。而且我相信英国再也不会缺乏彻底精通汉语的人——他们将会用汉语宣讲基

① 卫匡国（1614—1661），意大利耶稣会会士，1643年来华，用拉丁文撰有四部介绍中国历史、地理和文化的著作：《中国上古史》《中国新图志》《鞑靼战纪》和《中国文法》。——译注

督的福音,教导庞大中华帝国的民众遵从神的诫命。

当伦敦传教会的仆人第一次来到中国的时候,英人没有牧师在华。米怜博士最初在他的广州寓所里给几个人讲解《圣经》。接着由我在澳门做了几场布道——但是,现在在中国,连马戛尔尼勋爵都不敢在他的使团中带牧师,英国国教会的牧师定期在礼拜日为英国人主持主日崇拜。已经在中国出版了一份为英国海员撰写的福音小册,1822 年 12 月 8 日黄埔升起了海员教会会旗,并且在"太平洋号"上向英美海员做了一场布道。每年有两三千名海员进出该港,每年平均有一百余名海员在此丧生。

有几位中国人的心中已经留下了真理的印象,种子已经播撒,我相信它已经生根,愿圣灵浇灌这种子,让它生长并最终结出丰硕的果实!

虽然米怜博士去世了,可是他编写的中文福音小册和讲章继续影响着中国的解释教义者、宣道人和新入教者。

有些中国人已经有了中文《圣经·新约》,我主救世主的新立约,中文《圣经·新约》会以他们的母语向他们讲述"神的大作为"(徒 2:11)。

现在爪哇、槟榔屿和新加坡都有中国传教团的传教士。

这就是我对"你做了什么"问题的简要回答。愿神宽恕我们不够完善的侍奉,"荣耀祂在异教徒中被亵渎的名",让异教徒尽快认识祂是主——我们正义的耶和华。祂是独一真神,除了祂没有救世主。

原计划 11 月 3 日升起海员教会会旗。奥利芬先生(美国基督徒、纽约梅森博士教会的长老)负责准备教堂、象征和平的会章和鸽旗,并且已经发布了消息,宣布我要给水手布道。可是就在礼拜五即 1 号夜晚,广州城西区,欧洲商馆区北面一英里外的一家饼屋失火了。1 号夜里火势不断增长、蔓延,到了礼拜六即 2 号晚上,几乎所有的外国商馆都被大火吞噬或者部分受损。礼拜六夜间和礼拜日上午,火势沿河岸继续向西边蔓延,大火延伸至少一英里半,直到再也没有房屋可烧才熄灭——几个小时内,数千座中国商铺和房屋被毁,千百万财产化作灰烬。有人估计东印度公司就损失了 100 万镑。熊熊烈火吞噬着一切,无家可归的受难者惊慌失措,携带着从火中抢出的家当四处奔逃,还不得不拔剑与趁火打劫的土匪搏斗——心如铁石的土匪劫掠弱者,砍倒并且杀死强者——构成了一幅丑恶、惨绝人寰的场面。

神惩罚这座富饶、堕落、崇拜偶像的城市,这是人类记忆中神最严厉的警告之一——恐怕也是继被鞑靼人征服后绝无仅有的一次大灾难。

我在一家中国人的仓库里给你们写信,我们刚搬到这里,12 天前的那场灾难让我们至今心有余悸。

我本打算送到马六甲的价值 100 镑的纸张也在大火中烧毁了,这些纸本来要用作印刷新版圣经的。

米怜博士的四名遗孤离开了马六甲,正在返回英国的途中。我们已故的忠诚仆人米怜希望他的子女们能够依靠他的遗产生活,可是我听汉弗雷斯先生和哈特曼先生说遗产不够。

我想收养他的儿子罗伯特,让他和我的子女一起成长。我恳求富足的英国基督徒考虑我的请求,他们可以决定收养身死异国传教士的子女是否为抚养遗孤的最佳方案,是否已表明我们对神的爱,是对神的仆人忠诚的爱的回报。"这些事既作在我这弟兄中一个最小的身上,就是作在我身上了"(太 25:40)。以个人的不便和关爱为代价的真正慈善是金钱买不到的。

由于东印度公司的船"摄政号"(Regent)还没有到,我至今尚未收到来自理事会的信件,也没有收到你们告诉我已经托运的那箱书。

随信附上 1822 年的财务表。愿万能的主、圣父、圣子、圣灵的祝福保佑你和其他管理伦敦会事务的理事。

马礼逊

–1823–

访问马六甲—新加坡书院奠基—奠基演讲—到马六甲的旅途—对赫尔先生询问的中国人赌博一事的答复—莱佛士爵士的来信—G. F. M.论鸦片贸易—给哥哥詹姆斯的信—致雷纳先生的信—莱佛士爵士来信—克劳福德先生来信—柯利牧师来信—咸臣先生来信—致

伦敦会司库和书记的信—马克斯韦尔来信—法考尔上校来信—斯当东爵士来信及回信—致特选委员会主席及委员的信—返英旅途日记—福瑞牧师及菲利普牧师的来信

做好前往马六甲的安排后，马礼逊博士于1823年1月17日登船，当月29日在新加坡上岸，当时这是英国在马来群岛上新建的基地。当地总督莱佛士爵士热情地接待了马礼逊博士。他们在许多问题上的见解一致，都为这些愚昧地区人们的道德状况而忧心。假如莱佛士爵士自由仁慈的措施得到人们的支持，他的政府无疑会为他统治下的殖民地人民造福。莱佛士爵士趁马礼逊博士到访之际，与他协商一个考虑中的造福殖民地和马来人部族的计划。商谈的结果就是建立一所类似马六甲英华书院的机构，但是由于马六甲当时处于荷兰政府统治之下，因此最好将英华书院迁至新加坡，与新加坡的书院合并为"新加坡书院"（Singapore Institution）——合并后两个机构仍保持各自的特色。他们对初步安排达成一致后，由莱佛士爵士召集当地居民代表开会，宣读了关于在新加坡设立马来书院（Malayan College）的详细备忘录，同时还公布了马礼逊博士撰写的关于合并两院的建议书。莱佛士爵士建议将这些文件列入书院档案中，"不仅表明新加坡书院创办人目前所持的目标和观点，而且表明此书院将带来的进展"。然后由槟榔屿的哈钦斯牧师（Rev. Hutchings）发言，他谈到马礼逊博士的劳作时说："他为此克服阻力，学习掌握那个特别民族的特别语言，为减轻未来其他汉语学习者的重担他努力甚多——这些事都让我感动。但是我仍克制自己，因为这些都是我敬重的友人愉快地实现了的目标，可是即使此刻在场，他也不会因此而沾沾自喜。确实，不必扰乱一个追求神嘉许的人的心情。"哈钦斯先生谈到新加坡书院时说："它将成为耶和华实现预言的工具，'因为耶和华的知识要充满遍地，好像水充满海洋一般'（赛11:9）。你与人行善会得到神的嘉许，因为你是慷慨仁慈的神的仆人，祂愿意你去为其他人行善，无论你为他们做什么，就像是对神做一样。"

马礼逊博士随后起身发表了以下演讲：

与1800年前的英国祖先相比，我们的状况不断在改进（我认为的确如此)，有人声称所有试图改善人类心智和道德状况的努力都是虚幻，并最终以失望告终；上述对比足以驳斥这些断言。确实如此，当生命短暂、生死无常时，个人短暂的努力收效甚微。因此我们盼望我们的计划能够将互帮互助的人们聚集起来，逐渐吸引更多的朋友加入并推动此项计划。如果宇宙主宰支持，再向世界各地推广。

新加坡书院即将进入一个崭新的、广阔的劳作领域，在完全收获播种者预期的丰收之前，将需要许多人的共同努力(也许需要未来的几个世纪)。

有些人不愿栽树，因为他有生之年不能看到它长成参天大树；然而我们播种的知识之树，并不是为了自己独享，而是为了救助我们周围的国家。知识虽不是美德，但知识是力量，有德行的人应该一直拥有知识为他人行善事。虽然知识也可能被滥用，甚至被用来行恶，但是总体而言，拥有知识肯定是好事，拥有知识的人中少有人或无人愿意放弃它的好处。我认为所有知识都是如此；但此外，我坚持有些知识具有无可估量的价值，那就是“认识祂独一的真神，并且认识祂所差来的基督耶稣，这就是永生”(约 17:3)，“永生”是指享有纯粹的幸福，远离各种邪恶。新加坡书院在各方面都以此为目标，我相信这是创办人发起书院时的思路。

如今，有人说科学和哲学只有在基督教界才能欣欣向荣、蓬勃发展。真正的宗教有利于真正的哲学，真正的哲学是真正的宗教的仆人——必须如此，这一点十分明显，因为自然界和神启都源于同一个万能的神。新加坡书院关注马来群岛和东亚各国，这些地区为地理学和自然科学史的爱好者提供各种他们感兴趣的资料，拓展研究的领域。当两所书院、印刷所与书院的科学研究部合并之后，将提供学习科学、艺术、文学、道德哲学和宗教的便利条件。当地传教士在这里经过科学训练后，可以派往周围国家进行实地调查，考察植物的各种不同形态并且对它们进行科学的报道。

为什么有人认为欧洲人无缘获取来自各种资源丰富的自然史、植物史、矿物学和其他科学信息？如果有朝一日他们的愿望可以实现，难道文艺界、制造业，还有商业不能因此而极大获益？

新加坡书院甚至可能推动医药科学的发展。我们不是从许多外国植物中提取了有效的药物吗？我们为什么认为只有我们才拥有完善的医药知识，其他国家一无是处呢？

我们书院尊敬每一个人——不只是把他当作一个灵魂或者肉体，而是一个由两者共同组成的复合体，它们的结合是永恒的。

我已经把中国视为自己的家乡，我决心坚持在这片土地上。我曾经有一个得力助手，他帮我建起了英华书院。要是他现在还活在我们中间该多好啊！可是神按祂的意愿行事！米怜已经完成了他的使命，进入天国安息。此后我们将马来部门的工作交由马来书院，它是总体事业的一个巨大成就。我为中国和马来群岛的联合感到高兴，没有摩擦，也没有竞争，而像一对互谅互助的孪生弟兄。最早产生的中文（英华）书院，像它尚在襁褓中的弟弟一样需要父亲的关爱——我只有期待诸位给予它们爱和关怀。就像播撒种子和栽培植物需要阳光和雨露才能成活，而这是人类无法掌控的，唯独神才具有的力量；因此我们要牢记：如果没有救世主以祂的大德为我们求得了神的祝福和恩赐，靠人类宣扬的知识和道德不可能结果。阿门！

大会之后就是自由捐款，并选举书院的职员。马礼逊博士被提名为副董事长兼理事之一。他当场捐赠1500元，此外还拿出相当的款项支付清理土地的费用，这块土地是当地政府赠送给他发展传教事业的。在他遗留的文件中可以看到有一些备忘录，简单地记录了他在马六甲和新加坡的活动。将这些记载呈现给读者，可以了解到正是他思想的活力，让他在相对极短的时间内成就了如此多的事情。

赴马六甲之旅

1月17日，礼拜五。我登上哈丁船长（Captain Harding）的“阿索尔公爵夫人号”（Duchess of Argyle）离开了广州，途经新加坡前往马六甲。旅资300元，蔡运和亚三作为仆人和助手随行。1807年9月4日，我来到中国澳门，这是我在这个国家居住了15年后，第一次离开。神啊，我配不上你给我的恩赐和向我展示的真理。啊！但是那些已经离开撒旦、投奔神的人在哪儿！但愿对真理已略有印象的几个人能够加深认识，并传给更多的人。愿圣灵与我同在。

1月18日，礼拜六。停在黄埔。

19日，礼拜日。还在黄埔。船出了问题，倒退了几里。

20日，礼拜一。船起航了，经过了虎门。半夜时入海。本周都是顺风。礼拜四和礼拜五，看见交趾支那海岸。礼拜五早晨，经过了红毛浅(Holland's bank)，但是不知道我们的确切位置。

26日，礼拜日。围绕《以西结书》36章20节的内容①祷告和布道。乘客、职员和海员约有二十人参加。然后给一群中国人讲话，劝说他们考虑到人生的短暂和无常，督促他们尽快弃恶从善。

1月29日。到达新加坡，立即被引荐给莱佛士爵士。他和我当即就开始讨论为马来人和其他东印度群岛民族建立一所学校或者书院。他非常盼望英华书院能从马六甲迁到新加坡。我们很快达成了共识，即建立一所新加坡书院，由英华书院和马来书院两个相对独立的书院联合而成，遵守共同的规章制度并统一管理。法考尔上校赞同此项计划。

2月1日。礼拜六晚上离开新加坡，4日即礼拜二抵达马六甲。哈丁船长陪我上岸。汉弗雷斯牧师到船上接我，上岸后又见到了柯利牧师和印刷工哈特曼先生。

英华书院和当地学生让我非常满意。中国少年以路德调(Luther's tune)唱了《诗篇》第100首。这是我从前的助手葛先生以中文编写的。我发现亲爱的米怜充分使用了我编写的中文书、投入的资金和不受中国人干涉而崇拜神的自由，取得了我想象中的最佳效果。我真是太感谢他了！唯一令我不满的是这个传教站欧洲人的汉语水平很低。

我立即担任了书院牧师一职，并帮助汉弗雷斯和柯利学习汉语。我希望这工作不要中止直到中国被福音普照，到那时不再需要人们学习汉

① 此处内容为“他们到了所去的列国，就使我的圣名被亵渎，因为人谈论他们说：‘这是耶和华的民，是从耶和华的地出来的。’”——译注

语。我的神、我的父，我的心情多么舒畅啊！怜悯我吧，不要让我再被痛苦折磨。

2月9日。参加荷兰教堂的礼拜。柯利先生围绕“被神流放的耶稣”的主题布道。

本周应莱佛士爵士的请求，我把一些劝诫文章①译成汉语；主持汉语礼拜，教授汉语，参与管理传教站和书院的事务。

2月16日，礼拜日。在家中，11点给中国人布道。我在马六甲停留期间，每个礼拜日用中文举行三场布道。

5月24日。整个三月我指导五名高级班学生的学习；还为学生们在纸条上写出翻译和注释供他们使用。本月我编写并且印刷了一份英华书院报告。

我指示拆除了有碍景观的传教士旧屋，并出资修建了一条经过庭院通往河边的路。

4月我再度前往新加坡，与莱佛士爵士共商新加坡书院的计划，我是该书院的副董事长。

5月我又回到马六甲，着手为书院翻译乔伊斯的《科学对话集》；继续指导高级班学生的学习，每天两次给汉弗雷斯和柯利讲课。我还编了一部《米怜牧师回忆录》(*Memoirs of Rev. William Milne*)②。

我给水手的讲章在马六甲出版。

我在书院对面立起一座牌坊，上面刻着悼念我亲爱的朋友米怜博士的题刻。

我的神、救世主啊，怜悯我吧！圣父、圣子、圣灵啊，请接受我做的事工吧，让它繁荣昌盛！

7月18日，礼拜五。离开英华书院，乘哈金森船长(Captain Hutchingson)的“孟买号”(Bombay Castle)，经由新加坡前往中国。在新加坡逗留两天，参加7月23日举行的新加坡书院理事会。

---

① 反对在新加坡中国人中盛行的赌博和其他一些非法活动。——原注

② 《米怜牧师回忆录》1824年在马六甲出版。——译注

8月8日是个礼拜五，又一次在澳门登陆——发现我的房子和仆人一如我离开时的状况。感谢神让我平安无恙，在我外出和返回时保佑我。哈利路亚！

马礼逊的日志中还有一篇在英华书院时写于1823年6月29日的文章，很可能是他的讲章提纲。

《希伯来书》9章27—28节：按着定命，人人都有一死，死后且有审判。像这样，基督既然一次被献，担当了多人的罪，将来要向那等候祂的人第二次显现，并与罪无关，乃是为拯救他们。

"道成肉身"是神伟大的奥迹。疑神疑鬼的人不承认有这样的奇迹，虔诚的人能艰难地认识到圣经中所述奇迹隐含的人类救恩的道义。然而这的确是事实，从一开始就是存在的。

摩西在神的授意下立起的约柜，"供奉的是天上事的形状和影像"（来8:5），其中亚伦（Aaron）是大祭司。神最可靠的大高祭司立在天国的宝座旁，监视神下令建造的耶路撒冷圣殿和约柜。约柜中所盛的希伯来文的法版是最神圣的，它是耶和华所显示的、不为普通祭司和凡人肉眼所见的圣物，它叫人们服侍神，把所有的献祭都献给西奈山。

会幕的献祭仪式象征着地上的人向天上无形神的礼拜，圣物之所以神圣是因为它们代表天国，这是耶稣和最高祭司所进入的国——不是凭借残忍屠杀祭物的血，而是靠耶稣牺牲自己流淌的血进入的天国。犹太大祭司每年凭其他的血进入圣所一次。可是因为违反第一个立约人只能死一次，死后也只能被审判和惩罚一次，因此我们认为，有必要模仿献祭，而不必重复真正的献祭仪式。耶稣已经献出了自己，祂再次显现时无须替罪人受死——祂只在最后审判时出现，向那些仰望祂、信靠祂的人宣布审判的结果。这可怕的一天——末日审判的这天——也只有一次；没有灵魂轮回，没有重复审判。慎重考虑这件重要的事情吧！我们现在的思想决定了我们未来能否得到永生。

这个题目最能激起听众对神的爱慕和感激，从中得到安慰并对神产生严肃的敬畏之情。

马礼逊博士在新加坡期间，以自己的学识和建议协助莱佛士爵士以法律手段压制前任政府出于贪欲而特许的那些邪恶，诸如赌博和奴隶贸易等。由于马礼逊博士在此期间的通信显示，他对基督教政府如何管理庞大的异教徒和穆斯林教徒的问题颇感兴趣，因此希望下列的节选并不多余。

致尊敬的马礼逊牧师

新加坡，1823 年 4 月 17 日

先生：

总督认为在他的辖地废除赌场是义不容辞的责任。反对此项措施的人认为赌博是中国人根深蒂固的习俗之一，与他们的仪式和节日庆典紧密结合，如果禁止赌博，不但会引起人们的普遍不满，而且将证明这一禁令没有效果。

因为你长期居住在中国，也非常熟悉中国人的习俗；如反对意见成立，就充分考虑其理由，反之就打消它们，因此总督盼望你能为他提供这方面的信息。

总督指示我将地方民政官的报告和法考尔上校的意见转交你阅读。如果你能根据自己掌握的对中国人的习俗中的此类信息，考虑到中国人的性格特点，你认为英国政府该如何履行职责让他们放弃赌博。

总督让我代为致歉，抱歉因为公务打扰你，但他认为这件公务至关重要，关系到基督教政府的特质以及当地居民的幸福和安康。长期以来，人们对此看法不一，他渴望尝试所有途径，以正义真实之光妥善解决此事。

应该注意到不必考虑禁赌是否会影响到公共收入。爪哇的英国殖民政府禁赌后一年减少数万元的收入，但是人们的道德水平提高了，劳作也更勤勉了，因此大幅弥补了这一损失。莱佛士爵士在苏门答腊一上任就采取了类似措施，新加坡殖民地一建立他也有同样举措。

您忠诚的仆人

代理秘书：纳尔逊 · 赫尔（Nelson Hull）

马礼逊给赫尔中尉的回信

新加坡，1823年1月17日

先生：

我收到了你今天上午的来信，你代表总督咨询我所知道的中国人赌博习俗的信息，同时还询问我，如果不考虑这个民族的独特性格，这里的英国政府该如何履行职责让他们放弃赌博。

对于问题的前半部分，根据我所知道的事实回答如下：赌博有违中国的法律和政府的规定，也有悖中国道学家一贯而普遍的训诫，有悖于所有中国人良好的道德观，甚至与赌徒自己的向善之心相矛盾。我从没有读过或者听过有中国人以任何理由替赌博辩护的事情。的确，赌博在中国很普遍，但无论是政府和法律规定，还是人们的观念，都认为赌博无异于招摇撞骗、盗窃、抢劫。很可悲的是赌博相当普遍，可是中国的法律和宗教既不支持也不许可这种做法。

中国官府的原则是他们不会颁发许可证给被谴责为不道德的事情，我从未见过有不同的做法。中国皇帝和官员通常苦口婆心地劝诫人们远离恶习，但是决不会考虑为赌场颁发许可证。他们虽然不能制止个人恶习，但是公共法律反对赌博，公共舆论也一致反对。赌博（如同吸食鸦片一样），虽然很普遍，但是在中国人们认为它是不道德的，而致力于打击这些恶行的政府得到了所有中国人良心和观念上的支持。我知道中国人很以他们官府的高傲和原则为荣，而对容忍这些恶习并将其转化为公共税收来源的基督教政府嗤之以鼻。我相信中国人会认为应该爱民的执政者出于贪图钱财而玩忽职守。这种措辞看似强烈，可是与中国的立法者和道学家的强烈语气相比不算什么，甚至就连每一个苦力（虽然他自己也是一个行为不端的人），当他有良知时都憎恨赌博。我在中国时就曾被人指责，因为槟榔屿的英国殖民政府按常例给鸦片烟馆和赌场颁发执照。

至于这个问题的第二部分，即怎样做这里才能平稳有效，我个人对此没有经验，因为我不知道先前毫无原则、虚伪的基督教政府是如何纵容并且在多大程度上影响了中国人的异教徒良知。但是我估计这样的中国人不多，所以不会异口同声地全部都反对收回赌场执照、取缔赌场的行动，因为我在中国期间从未听说或见过任何人替赌博辩护，人们总是声讨并且斥责这种行为。

我请你将以上意见郑重转告总督，同时他可以参考已故的米怜博士对此的观点，见米怜博士《新教在华传教前十年回顾》一书的第318—320页，我随信附上。

罗伯特·马礼逊

马礼逊博士刚返回马六甲就收到了莱佛士爵士的来信。

莱佛士爵士致马礼逊博士的信

新加坡，1823年5月15日

亲爱的朋友：

我收到了你关于中国赌博的来信，同时有米怜的《十年回顾》、福音小册、一份去书商那里提取你的著作的书单，以及一份给水手的讲章，请你接受我衷心的感谢。

为免不便，我随信附上到书商那里提取我关于爪哇著作的一份书单，不过，我将把拿到的第一本书送给你。与你赠送我的珍贵书籍相比，我的回馈很少，我感到很羞愧。

我很高兴地寄去我在新加坡公布的禁止赌博和奴隶贸易的“法规”，而且我愉快地说它们已经实施而且普遍感到满意。你将看到我在禁赌令的附则里引用了中国的法律，希望让你翻译两种“法规”没有太打扰你。汤姆森先生(Mr. Thomson)正在将其译为马来文，我们只能依靠你或者英华书院的人替我们把它译成正确的中文。

我很抱歉，“建立新加坡书院”的文件迟迟未能印刷出版，但是我们只能忍受这些延误：因为我目前尚不能确定何时离开，估计影响不大。……

我很满意地告诉你，我们在马来部门设置了一所“少年学校”，另由这里的女士们资助，由汤姆森夫人管理一所女子学校，两所学校资金充裕。我给你寄去已印刷出版的有关这两所学校的报道。……

请你浏览我们起草的法规和犯罪量刑，我请求你根据自己的经验提出评论或建议。遗憾的是我们没有一部中国刑法,如果英华书院有多出的一部,请寄给我们。如果你能比我更详细地定义某一类犯罪的惩治措施,请写到法规里。

你将听说阿美士德勋爵被任命为印度总督的消息。

莱佛士夫人、弗林特(Flint)夫妇和我们全家共同向"善良的博士"致敬。

你忠诚的

莱佛士

随信附上一份加尔各答主教学院的校规。

紧接其后,莱佛士爵士评论说"新加坡的极大价值和重要性让天国将其归在它的保护之下"。克劳福德先生而不是法考尔上校被任命为驻扎官。莱佛士爵士准备返回明古连(Bencoolen),孟加拉政府很赞赏他作出的决策。

下面是一位年轻的先生写给马礼逊博士的信。马礼逊博士很关心这个年轻人的灵魂状况,而马礼逊博士的谦逊赢得了年轻人的爱戴和信任,有很多年轻人和他保持信件联系。

致尊敬的马礼逊博士

广州,1823年3月3日

亲爱的先生:

收到你亲切的来信让我又喜又忧,有一种很复杂的感受:喜的是你如此关心我而且真诚地为我考虑;忧的是我怕不配你的爱与信任。然而,我热切地祈求圣灵的帮助,我发自内心地决定首先追寻神的天国和祂的正义,在我居留中国的剩下日子里把荣耀祂的名和谋求同类的幸福当作首要追求目标。我以日益浓厚的兴趣和极大的精力学习汉语,满心欢喜地想象有一天我将会为福音在中国的传播做出自己的贡献。过去只是为了积累财富而活着,让我觉得自己不配当一个有理性的人。传播福音爱的劳作是神交给所有基督徒的任务,反省到人生无常,我意识到将这些事工推延到后来再做的可怕后果。关于富人的寓言说的话经常浮现在我的脑海中,"无知的人哪,今夜必要你的灵魂"(路12:20);在许多孤独忧郁的时光中，想到与你一同在神的葡萄园中劳作带给我的喜悦无以言表。我热切恳求神让我成为祂谦卑的工具，启发那些被蒙蔽的人们；求祂帮助我们，让一切事情都有可能。我常常想自己将要改变处境，成为一个重要的、有用的人时，感到非常满足。但是人类所有的计划都是虚空，即使在人类自己看来计划十分明智，也最不可能招致反对时仍然如此。一天上午与 D 无意间谈到了鸦片的话题，促使我对我们从事的贸易的性质有了更深刻的思考。我祈祷神赐予我明辨是非、准确的判断力，为此我阅读圣经寻找启示和信息，我思考得越多，就愈加确定向中国走私鸦片有悖福音严格意义上的道德律。我必须遵从福音的教导，既然一个人不可能同时侍奉神和玛门①，在这种情况下我必须要听从良知的呼唤，而不是我的良知让位于现状。一个中国人曾说，一个真正的义人会"舍生取义"，难道我的价值不如一个异教徒？上帝严禁这样！难道对中国人我能够一只手拿着生命的面包，而另一只手拿着鸦片？难道我能够用让他人道德沦丧、陷入悲惨境地的钱，捐给基督教的各项事业吗？啊！亲爱的先生，这是多么可怕的前景啊。虽然世俗的用途支持这项贸易，虽然一些比我更聪明、更优秀的人都在从事鸦片贸易，虽然我很尊重那些让我到中国做鸦片贸易的人的观点，不过，我想正如在其他所有情况下，神圣法律的指令肯定优先于世俗的职责。一下定决心，我就和哈丁（Harding）先生谈了这件事，他同意我的观点，哈钦斯牧师也同意，奥利芬先生已经表示要大力支持我，我相信你也会赞成我的决定。

我已登上了前往纽约的"公民号"（Citizen），如果顺利，在你返回中国的时候我也该到达英国了。这是人生的变化和机会。我丝毫没有料到几周前你给 S 和我的来信会带来这样的结果，"我们三个人何时再相见？"我丝毫没料到这个变化，这都是神的旨意。敬畏神总好过大发不义之财。或许过去我太看重金钱的价值了，因此比起全心关注天国的事务，现在我感受到的牺牲更为痛苦。如果我们有机会再次相逢，希望你会看到我更专注于精神的追求了。虽然我们刚结识不久，但我相信你会一如既往地爱护我、关心

---

① "玛门"是"财利"的意思。"一个人不可能侍奉两个主。不是恶这个爱那个，就是重这个轻那个。你们不能又侍奉神，又侍奉玛门。"（太 6:24）——译注

我。我可以向你保证，我将永远记得你、爱着你，感激你、尊敬你，并且祈求神赐你健康，保佑你在中国的传教事业取得成功。我本想把与 D 一起合作赚的第一笔钱奉献给英华书院，可是我现在的生活全都依靠父亲，除非经过他的同意我才能捐赠；也许还需要若干年我才能再次有经济来源，因此我现在只能用其他的办法行善。我有时也考虑担任圣职，D 说我如此严肃地看待宗教，最适合在教会里侍奉。然而，我更倾向于接受朋友们的建议——学习法律；无论我做什么，我都希望将利人而非利己当作我的首要目标。我的第一个愿望是成为神的工具（无论多么卑微），消除或者减少西印度海岸的奴隶贸易。亲爱的先生，我恳求你为我祷告，我求的不是暂时的繁荣，而是让我"不要从事愚蠢、空虚、邪恶的罪恶等卑贱的勾当"，让我能将此生献给神并为世人谋福利。我知道自己是一个不幸的、碌碌无为的仆人，但是基督的恩典却是伟大的、无法比拟的。我只信靠祂的德行，因此我充满希望和喜乐。

你一定会仁慈地给我回信，告诉我你对鸦片贸易的看法。我很高兴自你离开后我终于下定了决心，因为有人或许猜测我是受你的影响才做出与现实利益和观点大相径庭的选择。在有些人眼中，我这样做无异是表明我反对鸦片贸易——以英国东印度公司的董事们为首的几乎所有东方商人都在踊跃参与的贸易；不过在奴隶贸易彻底废除前，人们也可以同样推测我对它的看法，《圣经》教导我们不要跟随众人行恶。出于上述考虑，我永远地告别了中国，如果神保佑我们，盼望着能与你在英国再次相见。此刻，尊敬你的年轻朋友只能向你致以最衷心的敬意。

G. F. M.

以下马礼逊写给他的哥哥和雷纳先生的信中简要谈到他在英华书院的工作。

致詹姆斯·马礼逊先生

英华书院，1823 年 7 月 7 日

我亲爱的詹姆斯哥哥：

我仍在马六甲，每天都盼望有船带我返回中国。我十分忙碌，希望自己做的事情都是有用的。我把一半(或一半以上)的微薄财产都赞助了英华书院和马六甲传教站。这种情况下,我返回中国后也许放弃回英国的打算——我付不起回英国的费用——不过,等我回到中国后会收到一些来信,我的身体状况和其他事情也许会让我改变主意,所以我还不能确定是去是留。

今天礼拜日,我给中国人做了两场布道,为我们书院家属主持圣餐礼,主持中文学校的考试。学生们现在能够用中文和英文唱几首赞美诗。高级班学生今天早晨参加英语的家庭礼拜,一节一节地朗读圣经,并唱了"耶稣将统领世界"这首诗。

我希望我亲爱的孩子们一切都好。我的神啊,把他们当作自己的孩子吧!哈丁牧师在中国给我写信,信中告诉我莫洛尼夫人已经安全地把我可怜的小丽贝卡带回了英国,交给我伦敦的朋友。我还收到了一封丽贝卡在圣赫勒拿岛时的来信。

如果神保佑我平安回到中国,我想到时候再给岳父母写信。你把这封信抄一份寄给莫顿夫人和我的子女。我的身体和以前一样。为了避免头痛病,每天吃同样的饭菜,但自从我到马六甲后头痛发作了好几次。我把马六甲英华书院和传教站的事情托付给汉弗雷斯先生和柯利先生。我接受了担任新加坡书院副董事长一职,可是如果我留在中国,就无法顾及它了。新加坡有一个马礼逊谷,正在开发——要是我的小儒翰能活到将来,也许有一天他可以去看看。

我近来沉浸在一些消沉而又伤感的情绪中,但仍然坚信救世主给人的最后盼望。我在这里的同工汉弗雷斯和柯利都建议我为了书院回英国去,书院的资金很快就要告罄了。生命短暂,而工作艰巨!

保重!我亲爱的哥哥、姐姐和朋友们。多多保重!

罗伯特·马礼逊

致约瑟夫·雷纳先生

马六甲英华书院，1823 年 3 月 13 日

我亲爱的朋友：

自从在中国收到你的上一封来信，已经很久了。以前我亲爱的弟兄米怜一直写信向你汇报汉语和马来语福音小册的事情，现在由我接替他了。自从他去世后，没有出版新的中文福音小册，目前我正用活字印刷一种中文传教单张，预计每周一期，以各种不同的形式向异教徒宣传基督教教义。印刷所出版了两三种马来文福音小册，其中一份是槟榔屿贝顿先生（Mr. Beighton）的讲章。只要有机会我们就继续印刷并分发福音小册。由于来自马来群岛各国的船只都会在新加坡停留，我预计英华书院和印刷所搬到新加坡后将会给我们带来更多的好机会。我希望神一如既往地祝福我们，保佑我们用心用手的劳作。

已经收到福音小册会寄出的文件，感谢你们。……

保重，亲爱的朋友。愿你永远平安幸福。

你忠诚的

罗伯特·马礼逊

莱佛士爵士致马礼逊博士的信

玛威英雄号（Hero of Malvern），新加坡外海

1823 年 6 月 9 日

亲爱的朋友：

我忙于处理繁多的公务，直到离开新加坡后才找到时间给你写信。我们正在迎着和煦的微风航行，我必须找机会把信送上岸，或把信交给我们在去巴达维亚的途中相遇的船只。

此前我曾在便条中告诉你，在一个恰当的仪式中，我已埋下新加坡书院的奠基石：典礼是我的荣幸，更是神的恩典，米尔顿先生在典礼上作了简短的祷告，由汤姆森先生以马来语加以解释。苏丹和他主要的酋长都出席了奠基仪式，军队排列有序，奠基仪式以鸣放礼炮结束。

我的朋友克劳福德先生似乎十分热情地关注书院的近期目标，他无

论是在公开场合还是私下都表示会全力支持它。一些你认为很严肃的事情有时在他眼里和谈话中显得很随意;但是如果需要他收集当地信息和传播知识,他会尽其所能而为。我希望你和他展开针锋相对的辩论。在辩论中人才会敞开心扉,而且你们两人中你更坚决,而最后的说服力在于你极力强调的原因。

他的意见与我们在关闭赌场的问题上相左,我没有时间和他讨论此事。禁赌措施已经实施,可是我不知道他是否会改变政策,或者他真想改变的话,能否获准。我就此事向孟加拉政府强烈地表达了我的意见,即使官员们对赌博带来的收入动心,我觉得他们也不敢公开反对我。

我本该在离开新加坡前好好和你谈半个小时。我主要想和你谈的自然是有关新加坡书院和它的近期利益。

我十分期待你去中国途中来新加坡小住一个礼拜或者十天,你的出现和影响力将极有助于推动善工的进展。克劳福德想创办一份报纸,在书院印刷所出版他前往暹罗和交趾支那的谈判工作,这将为其赢得一些声望。可是我担心他和M先生不能和谐相处,他们已经有过龃龉,而且克劳福德认为M似乎很不切实际,我必须承认无论如何M非常古怪,你知道他做事毫无效率,我觉得他已经愚蠢地激怒了克劳福德。在我面前他做事非常得体,赢得了我的敬重与依赖,如果我离开前不替他说几句好话会感到遗憾。你到了新加坡之后就能自己判断了,我只想说我们目前缺乏有能力有头脑做事的人,我在欧洲能做的最多就是给你送来最好的设备。

汤姆森先生取得稳步进展,我很欣赏他。汤姆森夫人负责的女子学校已经开学了,可是我们还没有拿到M先生印刷的学校规章。如果有人懈怠执行计划,你经过这里时,就质问他们并重新复兴计划。

用于建设新加坡书院的土地批文和地契,以及聘请教授等的聘书都准备好了,杰克逊先生(Mr. Jackson)会向你汇报详情。……当我获悉在新加坡不能送信上岸时,已经写到这里了,所以继续接着写。我们已经航行一天了,可能会比预期提前到达巴达维亚。你可能对我去巴达维亚感到奇怪，因为那是我前往明古连的唯一捷径，我急需赶赴明古连。在离开新加坡之前，孟加拉政府全面认可我所有的措施，他们了解并支持我所有的计划，这让我非常满意。

我建议你抽空查阅一下1823年我制定的有关驻扎官和民政官管理的第六项法令，特别是关于前者，还有我同一天公布的有关法律的声明；你看后如有任何改进的建议请转告驻扎官本人。这些法令有意写得比较概括，也不够正式，其目的在于勾勒出一个法律架构，而内容则根据情况和形势填充。良好的开端是成功的一半，如果克劳福德有秩序地稳步开始，他可以免去以后很多的麻烦和困扰。我希望你能替我们把这些法令翻译成中文，中国人可能会尊重它们。

我将会给我们在中国的朋友咸臣写信，希望你能尽快说服整个商馆支持我们书院。我在巴达维亚也会为书院的事奔走；莱佛士夫人由衷地向你表示感谢，因为你建议索要我的半身像，半身像还在明古连，以后送来。她向你致以最诚挚亲切的问候，希望你不要忘记她。

再见了，我亲爱的朋友。但愿天国让你仁慈的事业繁荣，愿你最终安享你所有劳作和焦虑的丰硕回报。我们即将别离，但愿我们之间日增的距离不要削弱我们之间的联系，也不会减弱我们彼此的合作——让新加坡书院和其赖以建立的基础——基督教原则将我们汇聚到美好的事业中。无论我怎样偶尔偏离那条窄小的直路，那条有常识或更多宗教感的人向往的路，请你以祷告和仁慈为我在天国和人间祈求宽恕——在传播福音方面我虽不至于有大恶，但每天感到自己疏忽之罪甚多。

再次道珍重！

你最真诚的、爱你的
莱佛士

我仍然坚持12月份离开印度的初衷。我在英国的信件都由印度部的胡伯尔先生转交，无论规格大小，给我的信寄给他即可。能否安排让第一艘从中国返回的公司商船带回一个装着二三十份新加坡书院宣传册的包裹？请以我的名义寄给他，如果在我到达前寄到，我会授意他如何分发这些宣传册。

马克斯韦尔先生将成为秘书,我想你会喜欢他的——他非常绅士,你可以完全信赖他。内皮尔夫人(Mrs. Napier)将会带头支持女子学校,她是一位杰出的女性。

致马礼逊牧师的信

新加坡,1823年7月12日

亲爱的先生:

我收到了您的两封来信,因为机会不巧还没有回复;自我到达之后仅有一艘船出航,可我却不知道这件事。新加坡平静地前进,我希望它能繁荣。我有限的权力不允许我像前任那样采取大胆的举措,但是我很重视维持民众的信心,至今还未曾失败让我颇为自得。我举一个普通的例子,前天所有的承包税收和许可证都竞售一空,而且标价都未超过以前的一倍以上。我们现在收支持平,每月在1000元之内。

自从莱佛士爵士离开以后,我们没有召开新加坡书院会议,但我向你保证并不是我们失去了兴趣,我再次保证尽力而为。但是,关于上述事情,等你来后,我有很多想法要告诉你。现在要告诉你的是,我们正在等待建筑材料才能开工。交趾支那人今天和我在一起,这是他们第二次到访新加坡。他们的翻译是我以前在西贡(Saigon)的熟人,向我透露了他们来访的真正用意,其实没有什么重要的事情。他们两天后返回,我让他们给首相带回一个制作精美的黄金时钟,给西贡总督带去一支双筒枪,还有交趾支那人看重的上好火药和子弹,因为他们酷爱打猎。这些来访者虽然身份不高,但是他们表现出的体面和男子气概给我们留下了深刻的印象。我盼望下个月在这里见到你。我把山上的房子重新翻修了,届时衷心欢迎你,给你提供一个非常舒适的住处,你一定不会失望。

你忠诚的

克劳福德

尽管这封来自新驻扎官的信看似能保证实施前任总督的愿望,然而事实是——在马礼逊博士与克劳福德先生就道德和宗教问题交换看法后,马礼逊博士已经清楚地预见到了结局——即放弃打击恶习以及新加坡书院计划的失败。

柯利牧师在中文方面取得了极大的进步,被任命为英华书院校长,直到1828年去世,他一直担任这项职务。下面是他写给离开马六甲的书院董事长马礼逊博士的信。

致马礼逊博士

英华书院，1823年7月28日

我亲爱的弟兄:

我很高兴借此机会给你写信。当你离开我们时,我的心里沉甸甸的。我感到肩上的重担难以承受。为我祈祷吧,但愿我每天都能得到来自天国的力量。

汉弗雷斯先生接替了你的课,上午教他们英语语法和地理学。我下午给他们讲解《圣经》。他们开始把米怜博士的《幼学浅解问答》翻译成英语。借助你的汉英词典的帮助,他们能够正确地表述原意,然后我批改他们的译文并且让他们抄写整齐。我有意引导他们用汉语写出阅读中文圣经后他们自己的感受。每个人都写了一篇关于神创世和人类始祖堕落的文章,其中纪桑(Ke Sang 音译)的文章虽然不很切题,但是文章包含的观点却非常优秀,我把它附在信后供你浏览。在我看来常春(Chang Chun 音译)和他的两个兄弟的文章写得也很好。我认为没有比让他们写出内容提要更能促使他们阅读后思考并且反省了。他们经常打动我的心,祈求神从天上引导他们!

你派往新加坡的刻字工匠已经回到马六甲。目前我们雇他做事,等待你的进一步指示。上个礼拜日,我带着三名学生到附近村庄散发我们每周的传单。有些人说他们非常高兴收到我们的传单。希望你没有忘记曾答应从中国给我们送来一些传单稿件。再没有什么其他要说的了。我会经常给你写信,让你知道我们在做什么,希望你不要忘记我。请原谅我的过错,在施恩宝座前为我的事工祷告。你对我的仁慈和慷慨让我感动不已,我心中的感激本可以写满好几页纸,但我知道你并不希望我这样做,所以把它珍藏在心中。

你忠诚的弟兄

柯利

马礼逊博士在马六甲期间,收到以下来自东印度公司特选委员会主席的信。他们很担心即将在下一季重议的伶仃案。

咸臣爵士致马六甲马礼逊博士的信

澳门,1823年4月24日

亲爱的马礼逊:

自从上一次让哈钦斯先生乘“哈顿号”(Jane Hutton)返回槟榔屿时给你带信,至今已有些时日了。两天前我刚收到“瓦莱塔号”(Valetta)带来的你写于2月10日的信,我很高兴地得知你平安到达马六甲,英华书院进展良好。我十分确信英华书院将证实不仅对东印度公司的利益,而且对英国在东半球的利益都极为重要和有益。我诚挚地关心书院的发展和成功。

……

我上个月和一部分我们的人回到广州,联系下一季的茶叶贸易。行商通知我们说:“总督召集他们并让他们转告我们,说等下一季我们的船到来时,他要找出在伶仃杀死中国人的那两名英国罪犯。假如不交出两名英国犯人,行商要承担重责。”

我们在广州也听说伶仃的人已经向北京朝廷呈交了请愿书,抱怨总督在处理伶仃一案时对他们不公正——因此总督召集伶仃的人,当面斥责他们为什么不等英国的船只到达广州后,检验总督是否履行职责就先向北京告状。还有人称伍浩官被迫秘密地用大笔钱财收买伶仃的人,要他们撤回或者否认请愿书。

在回复行商传达的总督声明时,我们明确地向他们保证,并期待他们会认为我们深思熟虑的正式态度是——无论中国政府还是行商们设想让英国送来或放弃任何一个人都是荒谬的;如果总督和他的同僚真的愚蠢到以为我们会这么做,那他们纯属自欺欺人。……

胡夏米(Lindsay)正在翻译总督给北京的奏章以及伶仃人的请愿书——这是我们通过私人关系拿到的。如果胡夏米能在寄信前译完,我会随信把中文奏章和请愿书给你寄去。你能尽快翻译出来并且寄给我们,我们将会很高兴。……

目前尚不能确定广东当局是否将就伶仃案件与我们重新进行商谈。但是我们已经下定决心,无论事态朝何方向发展,他们必须面对实际问题。我们已经知道总督的意图,因此焦急地盼望着你能尽快在下一季加入我们的行列。我们非常期待你能设法在八月英国的直达商船到达前来到这里,这将非常重要,因为如果广州当局不采取极端措施——我指不会与我们进行任何严肃的会谈,我觉得他们很可能走过场地谈一谈,给北京起草一份报告,或许可以安抚伶仃人。但是为了谨慎起见,我不会允许英国船到达中国后进入内河,而是让他们在虎门以下的别处停泊,除非我们清楚明白地确信对方无意举行严肃谈判或中止贸易。出于对你的信任,我让你知道我们对公司商船的安排。

卢在你走时是广东巡抚,他现在被任命为山东巡抚①。被任命在广州接替他的是程②,在伶仃谈判时他是布政使。行商对程寄予厚望,如果总督就伶仃的谈判显示出破裂的迹象时,他或许可以制约总督。

无论公私,我都盼望再次在中国见到你,祝你身体健康,精力充沛。

你忠诚的

咸臣

下面提出的许多观点和建议虽然与当前的潮流格格不入,但是当更广泛地听到异教徒对基督教界的同情和事工的呼声时,这些观点和建议无疑就会具有应得的分量——因此本书中不能没有这些重要的长期经验和反思的结果。

---

① 编者有误,应是陕西巡抚,而非山东巡抚。——译注

② 1822 年,程含章任广东巡抚。——译注

马礼逊博士写给伦敦会司库和书记的信件摘要

广州，1823年11月10日

……

我不赞同一些人认为马六甲不适合建立传教站的看法。商业和传教之间没有直接的关系。确实如此，富裕的商人们通常更为关注尘世的利益，忙于享乐而不愿听从劝导；在海外殖民地的英国商人们也忙于快速积累财富，然后返回英国，因此他们通常对那些启迪和改进当地民众的计划不感兴趣。马六甲是外国人聚居的地方，既然统治此地的荷兰政府不干预我们的传教，这与英国政府统治，同样适合我们的目的①。

你会注意到英华书院现在有两个人。汉弗雷斯先生正积极热心地负责全面管理学院，他的才能和品质让他胜任这一工作。柯利先生更加勤奋地静心苦读。我的观点是希望能有个传教士群体，它不仅要有布道人，还应该包括有充裕时间写基督教书籍的人，还需要解释教义者以及男、女教师等人；或许在资深成员的指导下有一些弟兄专门负责世俗事务。目前每一个传教站的人手都极少，因此我们无法顺利完成许多必须要做的事情。一个前往中国的传教士职责是教导、布道和写作，但首先需要有充足的时间来致力于上述职责，虔诚祈祷并虔心充当圣言的工具。他还不能忘记学习异教徒的语言——异教徒的文学、观点和偏见等，需要花费大量时间；尽管传教士需要掌握这些知识，但这些知识本身却无法让他获得真正有价值的东西。除了学习这些异教徒知识，如果把传教站的日常管理和往来的大量信函都交给一个人来负责，他的时间和精力将不够应对这些事务。因此有些事情必须忽略，否则他会被这些重担累垮。因此传教士们——在外国传教的牧师——需要基督弟兄的协助，需要弟兄们团结一致地执行计划。英国就有很多这样虔诚的人，性情温和又坚持原则，他们可以像牧师那样得体地处理日常世俗事务，他们在传教团中具有不可估量的价值。当传教士外出巡回工作或生病时，可以信任地委托他们

① 此后不久，马六甲成为英国殖民地，直到1839年仍在英国统治之下。——原注

维持传教站的秩序，防止出现差错；假如传教士去世，他们可暂时代为主持教务，直到其他传教士来接替。

广州传教站虽然在信仰方面几乎一无所获，但在我看来，它就像南洋地区的中国传教事业的根脉。年轻人可以从这里四处巡回传教，扩展新区域；他们可以去几个月或者一年，甚至两三年，等巡回传教的人回来后，其他人能够继续出去。传教士群体应该有男有女，每个人各有所长，工作地点和责任也应该有分工。要帮助异教徒女性理解福音的真谛，女基督徒必不可少。然而传教士的妻子们要抚养子女，在她们刚到异教国家后通常身体欠佳，也没有足够的闲暇来传教；而虔诚年轻的女教徒在掌握异教语言后，可以教导女孩和成年女性，她们非常有帮助。上面提到的巡回传教士可以由英华书院培养的认真的当地人陪同，结合欧洲传教士的学识、信仰、语言和对当地人的偏见、缺陷的了解。当我谦卑地向你们提出上述建议时，我没有忘记神的教导，“相信人的当遭诅咒”“耶和华的眼目遍察全地，要显大能帮助向祂心存诚实的人”(代下 16:9)，或者让他们完全依靠祂。天国的阳光和雨露是牧羊人所必需的，牧羊人还需要了解牧羊的最佳方式。

人们经常用这个比喻来说明传教的重要性：即使是来自最强大国家的使节在传教士面前也会逊色——但世俗的使节和传教士的伟大不在同一个领域，两者在这个意义上无法恰当比较。即使是贫穷的乞丐，但是因为他追随神，远比反对神的一国之君更加伟大和幸福——可是对一个乞丐说他比君主更加伟大是毫无意义的。如果我们中有教养、热心公众事务、富有的中青年基督徒和牧师们都认同他们所说的传教士的尊严，他们就不会将传教事工推脱给穷人和没接受过教育的人，这种做法无异让基督新教会蒙羞。人们赞扬和尊敬的传教士，被视为理想化的人物，但是人们崇高、伟大和虚幻的想法仍然让他们鄙视和忽略现实中的传教士。

虽然基督教传教士在海外异教国家会遇到许多不可避免的困难，但是有一些困难却是教会可以设法避免的。

向基督教政府统治的这些文明之地派遣传教士，必须要采取曾经在英国使用的同样途径去传播基督教知识。当今世界就像古罗马帝国的不同省份或者是英国早期的郡一样,很容易穿行其间。我们看看来到中国的船长和长官,还有船上的穷水手、医生、商人等,都是为了谋生而背井离乡,一年又一年在危险的海洋中穿行往返。再看看美国来中国进行贸易的皮毛商人,他们绕行地球,与荒蛮的部落贸易,一趟又一趟。目前,没有人会觉得这些是困难的。除非有特殊情况,海外传教士的确一般不准备重返故国。但如果我们要在异国他乡定居,需要在那里建立虔诚、和谐的基督教群体,彼此不计罅隙,互相友善,和谐相处,敬重年长及资深的传教士,只有这样,才能减轻他们心中由于永远不能重返故国而产生的抑郁。

我们对传教士群体所有成员的要求是——发自内心的虔诚、谦卑;具有从事自己领域工作的教育水平和才能;常识丰富、性格良好、挚爱救世主、期盼以神的恩典拯救世人、荣耀神,愿意将耶稣基督向异教徒传教的事业置于个人和家庭的利益之上。因为属于不同的基督教派别,他们应该彼此保持相对独立——唯有自愿慷慨相助,友善相待,互相同情,才让他们称得上人,也称得上基督耶稣的门徒。

今年,中国北方的数条河流都泛滥成灾。洪水吞噬许多生命,席卷屋舍,摧毁农田和庄稼,泛滥之处无法再耕种。《京报》上主要都在报道这类事情。中国皇帝命令道士作法,祈求不再降雨,而且还派皇亲国戚到庙里敬香,可是他没有召集佛教的和尚。是否可以就此推论皇帝偏好道教,我不敢妄言。我曾经给一个道士讲基督教的唯一真神,有一天他告诉我说我们的观念是古代的教义。

《京报》上没有迫害天主教徒的消息,似乎显示皇帝并不特别敌视天主教。

几年前被驱逐出皇宫的法国天主传教士南弥德,还留在澳门,满心希望被召回京城,重新担任翻译一职。

马提尼(Martini 音译),从罗马派到澳门担任传信部特派员的意大利人,今年春季去世了。他有一个继任者,弥留之际与继任者同住在一起。年轻的继任者正在学习说汉语。我送我的汉英词典给他时,他热情真诚地向我表示感谢。马提尼不能读中文,说得也不好。

英国商馆的哈丁牧师今年告假回家,我也计划短暂拜访你。我已经向“滑铁卢号”(Waterloo)预定了位子,奥尔萨格船长(Captain Alsager)希望能在12月起航,经好望角返回英国。如果神怜恤我的生命,我想经孟加拉和马六甲海峡返回中国。

我们的中国传教团有麦都思、因义士、汉弗雷斯和柯利——其中几位是有前途的中文学者,我认为所有的人都是虔诚敬业的传教士。

由米怜博士施洗教导的中国印刷工梁亚发,在广州由于印刷基督教书籍被搜捕,因此他留在马六甲印完中文《圣经》。他现在已经回到中国,与家人在一起。他年迈的父亲反对福音真理,但是他的妻子已经成为一名基督徒,他还答应要带他刚出生的儿子来受洗。

我真希望写信时不写别的,只写福音真理的进展和它带来的美好变化。但事实并非如此,每一个朝圣者在通往天国的道路上都会遇到很多困难险阻,联合起来的基督徒的道路也是如此。无论是家庭、教会,还是传教差会,都会让我们更加向往天国,一个永远没有罪恶,没有悲伤的地方。

前辈们、弟兄们,希望我们都能在天国有一处居所——也许我们能引导许多迷途羔羊到达那里!圣灵,指引我们吧!保重!

忠于神、谦卑的仆人

签名:罗伯特·马礼逊

后记:由我们亲爱的米怜施洗的亚发,引领他的妻子也加入了基督教,还提出让我给他的小儿子施洗。

1823年11月20日,他写道:

今天,我们的中国信徒梁亚发带来他的儿子梁进德(“走入美德”之意)。我以圣父、圣子、圣灵之名为进德施洗。但愿这个基督徒小家庭能帮助向他们身边的异教徒传播福音真理。

梁亚发悲叹没有解释圣经中疑难篇章的书,例如对《先知书》的阐释等。他说世俗的人不喜欢阅读圣经。确实,许多自称为基督徒的人和异教徒一样不喜好读圣经。少有人研读圣经直到在脑海里留下深刻的印象，但是也有人粗略地一瞥也许就能留下一些印象。

福建方言与中华帝国通用的官话很不一样，可能就像威尔士语或盖尔语不同于英国通用语一样。由于马来群岛的多数中国移民都来自福建省，你因此立即就会明白麦都思的福建方言词典对传教事业的价值。然而，中国的书面语在全帝国都是一样的，因此所有中国人都可以读懂已故米怜博士的优秀福音小册。米尔顿先生感慨说："我们缺乏作者，可是更缺乏布道人。"遗憾的是你们还在犹豫是否要出版米怜博士的《灵魂篇》(*Treaties on the Soul*)①和他的《圣书节解》(*Commentary on Ephesians*)②，这样的书非常适合传播我们的救主神的知识，而且在我看来可以为伦敦会赢得长久的荣誉。

莱佛士爵士曾经努力取缔赌场，而下面殖民地政府秘书的来信提到了重开赌场的决定。

致马礼逊博士

新加坡，1823年10月13日

亲爱的先生：

自从我们上次在此见面后没有发生过特别的事情，所以这么久都没有写信打扰你。现在给你去信是想把握可能是季风期的最后一次和中国交流的机会。

杰克逊还在调集和准备建新加坡书院的材料，虽然不能说很快，但至少在不断进行中，因此我希望一旦他开始筑墙，先前的准备工作可以让他加快速度。再也没有人向我们泼冷水了；划拨给我们的土地至少和其他事物同样受重视，如果孟加拉政府曾表示过反对意见，我们不可能不知道。目前我们没有接到孟加拉政府对于此事的任何意见，虽然他们早就应该回复莱佛士爵士的正式报告。无论是最高政府推迟讨论这件事，还是他们没有把意见传达到这里，我认为不管怎样，我们应该保持乐观，将

---

① 《灵魂篇》1824年在马六甲出版。——译注

② 《圣书节解》1825年在马六甲出版。——译注

来事情会顺利进行的。没有人敢公开反对我们的目标,这已经是胜券在握了。

你离开不久,我就找机会把你给阿美士德勋爵的信寄走了,估计在他到任后不久就可以收到。我把它交给戈登(Gordon),我要他尽可能安全地送到。宣传小册的包裹也同时交给了戈登先生和帕默尔先生(Mr. Palmer)。

我们还不知道莱佛士爵士是否抵达了明古连。

有报道称,阿美士德勋爵到任后生了一场重病,迫使他于近期返回英国。但我觉得这篇报道缺乏事实根据。

阿美士德勋爵采取经费紧缩的措施,要求秘书们高效节约;起初引起人们的惊讶和抗议,但是他一直很坚决,认为最终他的做法会被民众接受。

你有没有听闻新加坡最近开设了不下十家赌场?① 这都是真的——我觉得我们恐怕只能等你明年在新加坡定居,指导书院事务,我们才有余力做别的事情,才能全力对付商人们的诸多恶行。

我说的是事实,没有什么事比起你将要来新加坡永久定居更让人感到高兴的了。相信我。

您忠诚的

马克斯韦尔

法考尔上校致马礼逊博士的信

新加坡,1823年9月29日

亲爱的先生:

我借"帕斯科号"(Pasco)去中国的机会,通知你清理山谷的事情进展得很顺利,但要把大树连根移除十分困难,因而这项任务相当艰巨。我收到了约翰斯顿洋行(Johnston and Co.)兑现的500元,目前支付330元的费用,我预计全部费用不超过650元,或在650元至700元之间,连我

① 政府向赌场颁发许可证,借以增加税收。——原注

花一小笔钱从潘立玛农场(Panglima Prairy)买来的几亩平地都包括在内了,整个地产因此增加许多。我准备在11月初离开这里前往加尔各答,行前我会将这件事和财务报告移交给汤姆森先生。我希望你旅途愉快,安全抵达中国。我们焦急地盼望着来自中国的消息,因为“好运号”(Good Success)带来的消息显示中国官府似乎决意要我们交出那两名海员并处死他们。当然不能同意他们的要求,这很有可能会中断中英贸易,至少暂时会如此。可是我希望我方以坚决的态度让中国官府明白,他们期望以此达到目的是行不通的。“帕斯科号”还带来了一篇报道,说阿美士德勋爵因为身体欠佳,正在考虑是否再次返回欧洲,但是我还没有从任何可靠的来源查证此事——我相信事情不至如此。

把所有美好的祝愿都送给你。祝福你。

您诚挚的

法考尔

乔治·斯当东爵士致马礼逊博士的信

波特兰地,1823年4月13日

亲爱的先生:

我很感谢你在去年10月和11月两度给我来信,其中后一封信详细地描述了广州火灾的悲惨情景。在这场巨大的灾难中,你尽全力写信给中国官员,劝说他们采取唯一能够阻挡火势蔓延的方法——拆毁中间的房屋。我对你的建议未被采纳毫不感到吃惊,即使在英国,只要还有一线希望,没有房主会同意拆除个人房产,除非给予他们补偿;而对于这样一个贫弱、毫无信誉的中国官府来说,给房主补偿是绝不可能的。我很高兴看到东印度公司董事会及时地决定重建在华商馆,而且为了避免再次发生灾难,还谨慎地采取其他的预防措施。几个与我曾经一起在商馆工作的人,都被请到印度部征求意见,最后的结果肯定会通知你们的。还有几个关于印刷所的问题,涉及你的汉语词典印刷工作结束后如何处置它。我不能肯定印刷所的活字在中国是否有其他的印刷任务;如果没有,我赞同你的合理建议,把它们赠送给马六甲英华书院。我愉快地发觉自己为书院的请求得到书院董事会的赞同，而且他们可能接受我的捐赠。我本想多捐一些，但是出于各种原因和经常要应付的新问题，我们在英国的收入减少了，因而导致我们捐赠的数额比期望中的还少。但我得知，你不久将回到英国，届时我会就此向你请教，看看怎样做对书院有利。

我们最近在伦敦成立了一个亚洲学会(Asiatic Society)，虽然起初它是纯文学性和科学性的机构，可我衷心希望它将最终成为一个更为广泛有用的机构，或者至少能够吸引更多的人关注亚洲研究，而不是像现在这样忽略它。我随信给你寄去一份协会的创建书，我希望你同意我推荐你为会员。我们的目标之一就是建立一所东方图书馆和博物馆，我准备率先把自己所有的中文收藏都捐出来，你知道我的收藏相当多。

在这方面法国比我们早了一年，但是他们的亚洲学会更重视理论，而不包括那些实用性研究，而这恰恰是我们对东方的重要兴趣所在。法国亚洲学会把你和我都列为外国会员。我本想今年夏天到巴黎拜访他们，可是目前欧陆的局势十分危险，所以我对此颇有疑虑，虽然据我理解至少英国没有直接介入争执。

我借此感谢你赠送的汉英词典，虽然我已经买了一部。你信中问到曾经学习汉语的巴罗小姐(Miss Barrow)，她现在正忙于照顾她的丈夫巴蒂上校(Colonel Batty)和一个年轻的家庭。

随信附上我们亚洲学会的开幕致辞。

你真挚的

乔治·斯当东

致乔治·斯当东爵士的信

中国广州，1823年11月17日

亲爱的斯当东爵士：

我收到了你上封四月份的来信以及有关亚洲学会的印刷文件。我为新成立的亚洲学会感到高兴，很荣幸我被你推荐为会员，尽管我并不太可能为它做什么。

因为米怜博士去世，上一季我到马六甲安排英华书院的事情。此行还促成了建立新加坡书院的计划，有关文件咸臣说已经寄给你了。

我不得不推迟返回英国的日期，但现在已经决定12月初乘“滑铁卢号”从中国起程。莱佛士爵士1824年夏季将在英国，我希望你届时和我们一起推动中文和马来书院的事业。

在我看来，人们只关心从这个新殖民地增加自己的财富，对文学和宗教几乎不感兴趣。很高兴的是目前在孟加拉和其他省份到处是欣欣向荣的乐观景象。只要英国政府公开宣布保留新加坡殖民地，情况很快就会好转。莱佛士在新加坡的任期虽短，却是一位非常杰出的领袖，只是他离任后，新加坡重又大量颁发赌场许可证并鼓励赌博。

去年夏季，暴雨造成河流泛滥，中国北方许多省份遭受洪灾。《京报》上登满了这类消息。现任的中国皇帝似乎十分审慎，不再像刚登基时那样不咨询大臣们就自作主张。广州还是去年的总督。伶仃案没有解决，只是延期——我不知道最后地方政府怎么了结此案。

《汉英英汉词典》已经出齐了。现在印刷所以很少的开支维持运转，正在印刷一本《英吉利文话之凡例》(*English Grammar*)，里面附有中文解释，这是我为英华书院编写的。

你真诚的

罗伯特·马礼逊

致詹姆斯·马礼逊先生

中国广州，1823年10月24日

亲爱的哥哥：

我已经决定乘奥尔萨格船长的“滑铁卢号”返回英国。我们准备12月离开中国，途中经过好望角和圣赫勒拿岛；如果一切顺利，将于1824年4月到达英国。我计划1824年年底离开英国，经加尔各答和马六甲海峡回到中国。我希望能够继续推动伟大的事业。愿神与我同在，保佑我平安！

我收到了你这一季寄来的信和衣服，还有小儒翰和克鲁尼先生的信。

……

11月16日，礼拜日。——今天我在广州的一所中国行商的大厅里主持一场英文布道，参加者都是船队的船长和长官。布道的内容是“我如何得救恩”，愿这场布道能引导一些可怜的罪人获得救恩！

我已经写信告诉伦敦会我即将回国。如果一切顺利，可能在你收到这封信的同时我就到了，因此不再给你写信。亲爱的哥哥、姐姐和侄子——神保佑你们大家！

请代我转告纽卡斯尔的其他亲戚，我盼望很快见到他们，就不给他们写信了。

爱你的

罗伯特·马礼逊

为防我在旅途中发生不测，我给你寄去200镑汇票，如果孩子们需要你就去兑现吧。

致特选委员会主席咸臣先生和其他委员的信

广州，1823年10月21日

尊敬的先生们：

我已经在中国度过了16个年头，常年伏案从事翻译、编撰汉语词典和其他工作，现在感到身体迫切地需要一些体力活动，我因此决定利用公司董事会慷慨允准的假期返回英国，他们还给我一些津贴。我准备乘奥尔萨格船长的“滑铁卢号”，将在1823年12月底离开中国。我计划在1824年年底离开英国，经孟加拉回到中国，希望能在1825年8月恢复在商馆的工作。

为了丰富英国的中文文献，我想把我收藏的中文图书带回英国，并留在那儿；我的收藏总共约有几千册，我请求委员会批准我携书乘船。如果委员会同意我在休假期间支取一部分津贴，我到达英国后会需要，我将感激不尽。

你们忠诚、谦卑的仆人

罗伯特·马礼逊

上述写给特选委员会的正式信函解释了马礼逊博士返回英国的意图和原

因。他的请求获得准许,一切准备就绪后,于1823年12月初携带一名中国仆人登上了东印度公司的“滑铁卢号”,1824年3月20日到达英国。这名仆人和他的兄弟在马礼逊博士家中住了几年,已经归信了基督。马礼逊博士深深遗憾的是他离开中国后没有人照管传教事业。他曾数次强烈建议欧美的基督教界有必要向中国派遣一名继任者,万一他离开或者去世,传教工作不会受影响。但为了能在放弃偶像崇拜的很少几个人中维持崇拜的仪式,他经过慎重考虑,决定任用梁亚发为当地传道人,他在过去八年中的表现足以让他胜任这项工作。

虽然从中国到英国的旅行没有什么有趣的事情,但是他的旅行日志可以提供有关他个人性格的材料,还包含他教育子女的方式。下面这些他特意为子女写的旅途日志,想必也是读者乐意阅读的,因此摘抄如下。

返英航海日志摘选

12月5日。我亲爱的孩子,我和大副、奥尔萨格船长、S先生和P船长乘小船离开了广州,前往第二关闸(Second Bar)。

12月6日。大约中午,我在第二关闸登上了“滑铁卢号”,船将经过好望角和圣赫勒拿岛到达英国。

12月7日,礼拜日。现在是1823年年底,我1807年9月4日抵达中国,到现在离开英国大约17年了。我在中国住了16年。这是一个充满各种偶像的国度,创世主在这里被遗忘,不为人知,犹如与在世界上其他地方的情形一样。在这里,撒旦大权在握,不过仍然可以看到人们严谨地遵行着第二大律法。在地位相同的人之间维持着公正与平等,但是父亲、长者、官员等地位高的人常常粗暴地对待地位低的人。

我在中国的公众生活方面极为勤劳——我的家庭生活则交织着欢乐与痛苦,但即使是最痛苦的经历也是我记忆深处最珍视的部分。

我曾经担心自己不可能活着回去了,将被埋葬在中国。但是考虑到方方面面,我觉得这次航行对我、对你们(玛丽和儒翰),还有中国的异教徒都有好处。但愿神看在耶稣的面上保佑航行顺利!

12月14日,礼拜日。读了祷文并且根据《哥林多后书》5:19“神在基督里与世人和好”为题布道①。愿我和你们能够“在基督里相逢”“赢得基督”“在基督里得荣耀”,在我们死后“在基督里安息”②!让圣父“喜悦”的基督耶稣,成为“你们一切的救恩,和你们一切所想望的”(撒下23:5)。你们母亲的希望就在基督耶稣里。

12月21日。昨天和今天都看到“法考尔森号”(Farquharson),它向我们示意有从伦敦带给我们的信件,可是没有机会传送过来。今天既刮风又下雨,我们只好取消了公共礼拜。

今天读了欧文博士(Dr. Owen)有关牧师的属灵天赋的论述。愿神赐予我和儿子儒翰这样的才能,让他成为一名向异教徒传播福音的人!愿圣灵能够抚慰我的小丽贝卡!本来计划在圣诞节那天举行礼拜,我准备了一篇简短的讲章,可是风力太大,没有办法用木条搭建教堂的座位。

12月26日。今天我们在与科科拉岛(Cocoa Island)相同的纬度,向西行驶。我读了一些古代史、现代史、教会史和文明史等历史书,在脑海里将它们贯穿起来。所有的历史都在演示不虔诚和不道德引发的恶果,而按照天国指令恰如其分地克制贪欲和激情则会令人受益。真正的美德与喜乐都已被上帝的法令明示,牢记于心并写入圣经。哦,我的孩子们,祈求圣灵保佑吧,让你们遵守真理,时常想起救世主的教导,“我心里柔和谦卑,你们当负我的轭,学我的样式,这样,你们心里就必得享安息”(太11:29)。

(1824年)1月1日。《历代志上》4:10,“甚愿你赐福与我,扩张我的境界,常与我同在,保佑我不遭患难,不受艰苦”。神引我走上了一条我不知的道路,但愿祂继续指引我,让我免遭堕落!我的孩子们、亲友们,以及我自己和我的传教事业,都托付给神、靠神保佑。但愿我此次重返故土,能够推动福音事业,让我的灵魂也得到滋养!

---

① 《哥林多后书》5:19:“这就是神在基督里叫世人与自己和好,不将他们的过犯归到他们身上,并且将这和好的道理托付了我们。”——译注

② 这是我亲爱的朋友布莱尔博士(Dr. Blair)临终前的话。——原注

我亲爱的孩子们，自从上船后我一直在读罗素（William Russell）①的《当代欧洲史》（*The History of Modern Europe*）和其他一些历史书。从这些书几乎很少能获得可以指导生活行为的一些教训，书中凸显了人类的邪恶与悲惨，以及骄傲、野心和贪婪滋生出的罪恶。孩子们，向神祈祷，但愿你们能够具有知足、谦卑、敬畏神的品质。吉朋（Edward Gibbon）②、休谟（David Hume）③和罗素的历史书看似非常有道理，好像神并不控制人类的事情，因此他们对人们把自然灾害看作是天谴不屑一顾；可这与圣经历史学家的观点迥然不同，而且也与圣经的总体精神相异。一定要小心这些错误的哲学，他们抛弃了宗教和圣经道德的约束。

1月2日。今天在南纬20度，季风气候中很平静的一天，人们根据西南方大的潮涌推测在法国岛（Isle of France）或邻近地区出现了飓风。

1月4日，礼拜日。向船上的同伴布道并且读祷文。布道讲的是《路加福音》15:7"一个罪人悔改，在天上也要这样为他欢喜"。可见一个人的灵魂多么宝贵！但愿神赐福我们，让我们悔改并获得永生，这样我们就能"结出果子，与悔改的心相称"（路3:8）。

一天，一条蓝鲨威风凛凛地在船侧游弋，它被诱饵迷惑，吞下了钩子上的肉——鱼钩扎进了它的上颚，钩尖穿透了一只眼睛：与痛苦和死亡无力地挣扎着，它最终被拖出了大海——多么残忍，充满着欺诈和毁灭，这就是撒旦——我们最大的敌人——所喜悦的，他以罪当作诱饵钓取迷失的灵魂。捕鲨的残忍和欺诈让我颇为震惊，促使我写下了上述文字。

1月5日。我的生日，今天我进入了生命的第42个年头。有20年我和父亲在一起，主要做体力活，其余的时间都在为公众服务。

---

① 罗素（1741—1793），历史学家和杂文作家，一生勤于著述，其中三卷本的《当代欧洲史》于1784年出版。——译注

② 吉朋（1737—1794），英国著名历史学家，代表性著作为1776年出版的《罗马帝国衰亡史》（*The History of the Decline and Fall of the Roman Empire*）。——译注

③ 休谟（1711—1776），英国哲学家、历史学家、经验主义哲学心理学代表人物。1739年出版了哲学巨著《人性论》，但并未引起人们的重视；1752年起，休谟任爱丁堡苏格兰律师协会图书馆馆长期间写作了多卷本的《英国史》。他生前主要以历史学家著称。——译注

节选了你们亲爱的母亲生前的一些信件,前几天我编写了给家人看的《回忆录》(*Domestic Memoir*),为的是让孩子们了解你们的母亲,让你们仿效她的虔诚和爱心。重读她的旧信让我既伤感又快乐,让我为过去的痛苦与喜悦的回忆而落泪。祈求神宽恕我的罪,带我最终去天国与我亲爱的玛丽相聚,在救世主面前享受祂无尽的祝福,这是祂以自己的血赎免了我们的罪。

《历代志下》26:5“通晓神默示撒迦利亚在世的时候,乌西雅定意寻求神。他寻求,耶和华神就使他亨通”,第 16 节“他既强盛,就心高气傲”。

“有神相助,即使是恶魔也不能加害;

没有神相助,付出再多也无济于事。

穿过黑暗,寻找黎明的曙光。”

简·格雷女士(Jane Grey)①

1 月 13 日。我向你们俩推荐克劳瑟(Crowther)的《圣经地名辞典》(*Scripture Gazetteer*),在阅读圣经时你们可以用它。它不仅可以帮你们记忆事件,而且能够帮助你们在脑海中生动地还原这些事件的场景。

我想为学生编写一本有关中国历史的小书,因为目前英国学校的教科书几乎都没有谈到中国历史。

1 月 17 日。我开始动笔写上述的书,名为《中国历史——父子问答集》(*China, Dialogues between a father and his children concerning the history and present state of that country*)②。

1 月 26 日。我们接近好望角了,如果顺利,明天就可到达,可是风浪一直很小,让我们很失望。昨天,我读了祷文,给船员就“耶稣,王子和救世主”布道。

---

① 简·格雷(1537—1554),英王亨利八世的外孙女,只有 17 岁的简·格雷在位仅 9 天,未及加冕就被玛丽(Mary Ⅰ)推翻。——译注

② 该书于 1824 年在伦敦出版,马礼逊博士在离开英国前夕准备将其再版,新版本中增加了附录和插图。——原注

1月27日，礼拜二，到达好望角。礼拜三上午上岸，我立即找到了菲利普博士的住处。他到各传教站巡察，沿途并曾接待在殖民地巡游的国王特使。菲利普夫人和孩子们在家，还有四名传教士。菲利普夫人非常和善、审慎和虔诚，看来这里的传教士们相处得很融洽。

礼拜四晚上我原计划在传教站教堂布道，可是我一整天都头痛难忍，不能举行布道。后来由莫法特先生（Mr. Moffat）替我读了一篇我在船上写的讲章。荷兰牧师福瑞先生（Mr. Faure）向我要一份讲章并准备译为荷兰语，我同意了。

福瑞先生和普林格尔先生（Mr. Pringle）［据说他是《布莱伍兹杂志》（*Blackwood's Magazine*）的主编］在费尔贝恩先生（Mr. Fairbairn）的协助下，准备用荷兰语和英语轮流出版一份月刊——《南非人杂志》（*South African Journal*）。

格利戈先生（Mr. Greig）主编且出版的《商务杂志》（*Commercial Journal*）邀请我为他们撰稿，我写了一些关于中国和传教的文章。

我们靠岸的当天，奥尔萨格船长带我去了开普敦政府大楼，总督索默塞特勋爵当前不住在那里，而是在城外七英里远的新兰德（Newland）。礼拜五晚上，奥尔萨格船长和我应邀赴宴，船长驾着双轮马车带我去那儿。道路平坦，空气凉爽宜人，弥漫着植物的芬芳。有三四十个人参加晚宴，我坐在勋爵的医生B旁边。他个子矮小，很古怪，为了健康从不吃肉不喝酒。他很健谈，言语很夸张。

勋爵和我谈起阿美士德勋爵下令节俭，他说这不是明智之举，如果上层社会的人拒绝任职，那卑鄙小人就可以趁机假公济私、中饱私囊，以前发生过这样的事情。

第一天我去了菲利普家，我们和菲利普夫人一起祷告。后来又有两三次我们一起唱赞美诗、祷告。传教士们对我都很热情。

总督府附近有一个动物园，里面养着几只狮子、老虎、鬣狗和豺，在路的另一边有一只巨大的乌龟。

我们进入开普敦桌湾（Table Bay）的时候刮着猛烈的东南风。城镇后面的山脉显得威严可怕,一副凛然不可侵犯的样子。从海湾看城镇并不起眼,到处飞沙走石,上岸后更加验证了我的想法。在房间里感觉不到恶劣的天气,人们穿着羊毛织的服装,看起来和欧洲人一样健壮。妇女们早上八九点才上街去。这里的气候更像欧洲,而不像中国广州,这个地方毫无亚洲的风情。20 头牛拉着一辆并不大的车,对我来说很新奇。内陆的路况很糟糕,都是沙路,好望角的街道弯弯曲曲,有很多上下坡。

很多房子的玻璃窗都紧闭着,我们走进屋里的时候,气味不太好。

好望角有一位海勒特先生(Mr. Hellet),他有很多动物的标本和骨骼可以出售。他在一间屋子里放养着三只几个月大的小狮子,看护人就像对待小狗那样与它们玩耍。他还有一个大河马的标本。

2 月 1 日。昨晚 1 月 31 日,艾略特先生(Mr. Elliot)、罗布森先生(Mr. Robson)、休格斯先生(Mr. Hughes)、怀特先生(Mr. Wright)等传教士和技工陪我登船,他们赶来看"滑铁卢号"。我们今天凌晨起锚,以每小时七至十海里的速度前进,到了 5 号礼拜四,我们似乎在东南信风带里,行驶得很顺利。

自从离开好望角后,我一直在看 1823 年 5 月年会的演说,翻阅最近来自英国的报纸。从中既看到了令人欣慰的一面,同时为报纸上登载的许多罪恶与灾难感到痛心。我亲爱的孩子们,一定当心身边的坏同伴!不要感情用事,而是以理智和宗教引导你;寻求天国让你们摆脱地上的陷阱。

13 日礼拜五。圣赫勒拿岛。最近三天风平浪静,我们无法在微风中前进。

昨天副官长布巴赞先生(Mr. Brabazon)登船,给我带来英国陆军准将沃克(Walker)的便条,他邀请我在该岛停留期间住在他的庄园(Plantation House)里。我上岸后在詹姆斯镇(James' Town)的城堡里拜见了他,但是由于当晚就要离开,所以没能去他的庄园拜见沃克夫人。一个苏格兰牧师韦尔奇先生(Mr. Welch)担任沃克儿子的家庭教师。韦尔奇先生对我十分友好，特意为我找来马车，让弗农先生（Mr. Vernon）带我去拿破仑墓前①。弗农先生是一位资浅牧师，他陪同我并指给我看蔷薇丛中的波拿巴的葬身之处。城堡那边下达命令，允许我带走皇帝墓前的一段柳枝，我采了一枝，上船后把它种起来。三块平石覆盖在墓穴上，四周环绕着铁栅栏，外围有一圈木栅栏。

弗农先生说有法国仆从称拿破仑曾要求脱离天主教举行新教的洗礼，以此表达他对基督教的信仰。弗农先生怀疑这则报道的真实性。

资深牧师博伊先生（Mr. Boys）对我很好，看起来他是一个热情的牧师。弗农先生看来也是一个真正的信徒。他们在岛上建立了一所学校，据说在过去十到十五年间，当地的宗教和道德状况获得很大的改善。

我送给A中尉英华书院的报告等。我听说他是一个虔诚的人，出身行伍。我和几名修路的中国人聊了一会儿，发现他们都来自广东省。他们中有好几个人识字，牧师送给他们的中文圣经和教义问答没有产生任何明显的影响。当地有四五百名中国人，全由政府支持，与其他大多数殖民地必须要自力更生有所不同。

圣赫勒拿岛是我见过的最荒芜的地方。岩石似乎已经风化，我以前从没见过这么危险的碎石山，登这样的山对我来说也很新鲜，我以前没有登过山。我猜想波拿巴第一眼看到他的居住地时一定感到很可怕，这是一个不毛之地。沃克将军告诉我，当他最初见到这个岛时不禁奇怪，为什么会有人住在这里。在岛上出生的人被称为“薯梗”（yam-stocks or yam-stalks），我不知道“薯梗”指的是什么。

2月15日，礼拜日。以《马可福音》12:30—31“你要尽心、尽性、尽意、尽力爱主你的神”“要爱人如己”布道。当考虑到神的律法的要求——即强烈的爱和敌对、疲惫的人心，人显得多么罪恶啊！

2月21日。我今天完成了关于中国历史的十个问答，就此停笔，我不想把这本给孩子们看的书写得太枯燥、太长。

① 1821年5月5日拿破仑病逝于圣赫勒拿岛。——译注

22 日，礼拜日。主持圣礼，根据《罗马书》7:14“我们原晓得律法是属乎灵的”布道。我觉得在船上就可以看到人们的一些变化。祈祷圣灵收获更多的灵魂。

23 日。今早四点，甲板上的嘈杂声把我惊醒，我起床出去后发现他们扔出救生圈，放下小艇，搜救一名从甲板上坠海的人。救生圈脱开了，小艇既没有找到救生圈，也没有听到呼救声。大船点着两盏蓝色的灯以便让小艇找到回来的路，炮手给我们讲述了死者的事情。

“他叫本杰明·希尔(Benjamin Hill)，大约 34 岁，圣奥尔班斯人(St. Albans)。他只有一个妹妹活着。过去他住在帕丁顿的白马地(White Horse ,Paddington)。有一个水手叫夸尔克(Quirke)，和他一起做了五年同伴，但对他的家庭一无所知。当他伸手去拉前桅楼的系帆索时，从右舷前甲板掉了下来，摔落的时候他撞上了前锁链。他一向很怕水，也不会游泳，出事时穿得很少。”今天，他们缺乏严肃认真的态度让我感到失望。他们冷漠得好像淹死的是船上的一条狗。

我昨天布道的最后几句是召唤罪人立即寻求耶稣，向祂祈求免遭违犯律法的惩罚。愿神帮助我，让我做好准备以迎接末日审判的到来！

2 月 26 日。讲了《阿摩司书》4:12“预备迎见你的神”。17 年前即 1807 年 2 月 26 日，我最后看了一眼英国。我祈祷神让我能够平安地重返英国，那时我曾以为今生再也不会见到它了，现在仍有这种可能。神啊，我的救世主，怜悯我吧！

29 日，礼拜日。读祷文，布道。头痛了一整天。

3 月 1 日。又刮风了。早上头继续痛。船长希望大约本月 27 日到达英国。

3 月 7 日，礼拜日。船几乎没有前进，风时断时续地吹，阻碍了礼拜。头痛。在与澳门相同的纬度穿过了北回归线①——我的心回到澳门。我在中国度过了人生中最有意义的一段时间。我爱的、可怜的玛丽现在得

① 原文有误，澳门的纬度不在北回归线上。——译注

到了福佑——这是多么珍贵的记忆啊。虽然我们有很多不幸,可是神在我们痛苦的杯中掺加了祂的怜悯;我谦卑地希望,祂以人类的诺言在主基督耶稣里赦免我们的罪。

17日。昨天我又一次被头痛折磨得无法读书,也无法写字。我们现在离蜥蜴角(Lizard Point)还有60海里。

好望角的荷兰牧师给马礼逊博士写信,向他索要日志中提到的讲章。

福瑞牧师的来信

布里街(Bury Street),1824年1月31日

亲爱的弟兄:

昨晚我征求了莫法特先生的同意,冒昧地将你出色的讲章带回家再次研读。我特别想请教你,能否允许我抄写一份并译成荷兰语出版?我相信在神的帮助下,它能成为推动这个殖民地传教事业的一种伟大的途径。

如果你同意,我将尽快抄完,今天归还你原件。

尊敬你的弟兄

福瑞

马礼逊博士到达好望角时,菲利普博士不在家,他回来后给马礼逊博士写了下面的信,表达他的遗憾。

致尊敬的马礼逊牧师

好望角,1824年3月8日

亲爱的马礼逊弟兄:

回来后发现你已经离开了好望角,我无法向你描述我有多么遗憾。当得知你在桌湾的消息时,我距离好望角几百英里之外,我立即骑马以每天六七十里的速度赶回来见你,可似乎是天意不让我们这次相见。感谢你留给我表示敬意和信任的礼物。我会把盒子留下来当作对你的纪念,并把它传给我的孩子,我希望他们会像传家宝一样好好保留。你把讲章留给了我,并说如果我愿意的话,可以将它付印出版,这正合我的心意。我不但没有要修改的地方,而且对其中的很多段落都赞不绝口。只有长期从事传播福音的人才能写出这样的讲章,我认为应该出版它,让它发挥更大的作用。感谢你对我的慷慨,等我手里的事情处理完就立即出版它,届时我会为它做注解,说明并支持它的主要观点。我很乐意做你的讲章的编辑和注释工作,不过我请你不要再给别人,以免你在英国的某个朋友弄来一份就在英国仓促出版。我只盼望在好望角首先出版,此后我会寄一些去英国,他们可以随心所欲地出版。没能见到你真让我非常遗憾。我有很多东西想托你带回英国,除你外再也找不到其他人了。可是我能说什么呢?"这都是神的旨意"。

如果你出来时有可能路过好望角,请一定来。一起畅谈几个礼拜,对我们和整个传教事业都有好处。

你的主内弟兄

约翰·菲利普

上封信的作者如此盼望与马礼逊博士相见,在马礼逊博士离开英国之前,菲利普博士因为好望角的重要事情返回英国时,两人就曾面谈过。

第五阶段

1824 年回英国至 1834 年去世

（译者　梁跃天　杨慧玲）

1824—1834

第八节

-1824—1826-

⁂

-1824-

到达英国—给克鲁尼牧师的信，谈到他的中文藏书—斯当东爵士来信—马礼逊博士觐见乔治四世—皮尔先生来信—萨姆纳牧师的来信—东印度公司的款待—致斯当东爵士的信—到访纽卡斯尔—公众集会上献礼—巴特沃思先生的演讲—圣经公会的庆典—格里姆肖牧师来信—中国人的道德状况—论行善—英华书院的学生作业练习—访问巴黎—斯当东爵士关于他的中文藏书来信—访问爱尔兰、苏格兰—提交给伦敦会的建议—致塔恩牧师、雷纳先生的信—马六甲散播书籍的数量—论大学的汉语学习和研究—他的第二次婚姻—阿美士德爵士来信

本回忆录的主人公作为一位知名人士，抵欧之前早已声名鹊起于其服务的各个领域，并为社会各界所承认，这与其才能和辛劳所受到的尊重一致。

令人遗憾的是，马礼逊博士一生中这段有意味的时期没有现存日志可考；其思想状态及回国之行的种种成果，只能在他仓促而疲劳的旅途中写就的通

信，及回国后置身于让人激动的各种事务应对中寻找不完整的记录。

他登陆的情形及滞留伦敦的原因可从写给一位朋友的信中了解一二。这位朋友一直照管教育他的儿子。

致克鲁尼牧师

约克街（York Street），伦敦，1824 年 3 月 24 日

亲爱的约翰：

我从未想到会在伦敦给您写信。神的安排与我们的意向和期望是多么不同啊！我于本月 23 日下午四点左右抵达此处。“滑铁卢号”（Waterloo）载我从中国经好望角、圣赫勒拿岛回到英国，历时百日。在斯塔尖岛（Start Point）借助一条走私船在德文郡（Devonshire）的一个海港小镇萨尔克波（Salcombe）上岸，然后从那里前往伦敦。21 日礼拜日，行五英里到国王桥（Kingsbridge），晚上在戴维斯牧师（Rev. Mr. Davis）的教堂向一群听众布道。我的身体还是老样子，偶尔会头疼。因为带回英国的一万册中文书，要想入关我必须向财政大臣提出申请，因此这段时间，我仍然不能进城看望儒翰、罗伯特及你们大家。冷风吹得我眼睛疼，请原谅我就此搁笔。

祝好，愿和平与您同在！

爱你们的

马礼逊

离开中国之前，马礼逊博士向商馆表示，计划把这批贵重的中国图书带回英国；其中很多图书是费了很大力气才得到的，因为中国政府认为中国人出售图书给外国人是违法的；这些著作不乏珍本善本且价格不菲，所以在这些图书上的花费在 2000 镑以上；但出于马礼逊特有的慷慨之心，他建议将这批藏书作为礼物提供给当时的牛津或剑桥大学，条件是设立一个中国语言教授席位，以指导为着宗教的目的，或其他目的愿意学习中文的人；这个设想体现在致财政大臣的请求信中，请求这次能免除对外国图书征收关税。马礼逊博士对申请的结果没有把握，所以在伦敦逗留了一段时间；开个先例是会有些困难的，迄今这种特权一直限于慈善机构，而未及于个人。后来他得知，只有在某个打算接受藏书的公共机构（public body）提出申请的情况下，这批藏书才能免征

关税。对于这个条件,马礼逊博士不打算照办,因为他当时还没有决定把这批藏书交托给哪个机构;因为如果转交给一个无法让公众自由使用图书的机构,他带书回国的目的就完全落空了。对这样一个为了宗教和文学的利益成就那么多事的人,对这样一个为了促进慈善事业贡献出大部分微薄收入的人,对这样一个为了公众利益做出如此慷慨举动的人来说,这种值得鼓励褒奖的善举,是不应该只因为这是个人之举而非众人努力就遭遇这种特别的困境的。

于是马礼逊博士决定暂时搁下此事,在英国短暂停留的预定的时间内,为了所从事的事业,他还有其他重要计划要去完成。另外,虽然他渴望再一次见到他的孩子及住在北部的亲戚,预计亲友团聚的时间也推迟了。与此同时,在如何妥当安置藏书的问题上,马礼逊博士的许多朋友都热心地协助他让这个计划更为圆满。其中有约瑟夫·巴特沃思先生(Mr. Joseph Butterworth)、汉基先生,特别是乔治·斯当东爵士,他不肯就此放弃。基于对马礼逊博士的人品和辛劳成果的了解,他的热心努力及几位大臣友善的安排,这批图书最终得以免税通关。相关内容及将马礼逊博士引见给乔治四世的内容可以从通信中摘编出来,以证明上面的叙述。

致马礼逊博士

下议院,礼拜五

亲爱的先生:

我刚与温先生(Mr. Wynn)进行长谈,主要谈你的事情,结果令人满意。他许诺向财政部提出申请,即刻让您的书免税放行,此前我曾去财政部,见到关于此事的公函,他们当时已经决定致函于您,想必您已收到。

温先生也欣然同意在周三亲自将您引见给国王,并同意与皮尔先生(Mr. Peel)商量将您的《圣经》译本呈献给国王陛下的最好方式;在这些情形下,我可能没有必要去——但由于您与温先生素昧平生,他希望我陪同您,以确保您能找到他,在适当的时间将您交托给他——于此,我很愿意效劳。所以,我按照约定在礼拜三下午一点半去伯纳斯街(Berners Street)接您。别忘了,我们约好了那天六点半共进晚餐。

为了您的汉语词典,我也见了默里先生(Mr. Murray),明天见面时,我会提到这件事的结果。

您能理解亲自将您引见给国王陛下，将令我感到愉快，但我考虑由温先生来引荐，于您更为有利。

仓促间写就，敬启！

乔治·托马斯·斯当东

附上我刚才寄给利物浦勋爵(Lord Liverpool)的一封信的抄件，希望您能赞成我写的内容，我相信，您能够免税收到图书；我相信，我写的内容一定会让利物浦勋爵同意此事。

在约定的时间，马礼逊博士与乔治·斯当东爵士一同受到国王接见；会面时，国王陛下对他表现出相当赞许的态度，这对他是个荣耀，也让斯当东爵士备感高兴。他获此殊荣主要得益于这位朋友的促成。国王亲切地接受了一部中文《圣经》及一张北京地图，这能从尊敬的皮尔爵士及萨姆纳牧师(Rev.Dr. Sumner)[现为温彻斯特主教(Bishop of Winchester)]的信件中得知。

致乔治·斯当东爵士

白厅（White Hall），1824年4月12日

亲爱的先生：

将中文《圣经》呈献给陛下时，我没有忘记向陛下提及，马礼逊博士为了促进东方的宗教和文学，所做的种种非常特殊而颇有价值的努力。

陛下命我通过您向马礼逊博士表示，他非常赞赏这位先生杰出而有益的工作。

谨启

罗伯特·皮尔

致马礼逊牧师

卡尔顿宫（Carlton Palace），1824年4月14日

先生：

我奉陛下的旨意，向您转达陛下的谢意，并表示能体认您通过皮尔先生转呈中文《圣经》的用心。

陛下很高兴地指示我要特别照管此书，作为其图书馆的重要而有价

值的收藏。

谨启

国王图书馆馆长(Librarian)

查尔斯·萨姆纳

致马礼逊牧师

卡尔顿宫，1824年4月19日

先生：

我很愉快地通知您,我已将您本月15日的信件呈交国王陛下,我奉命转告您,他将欣然接受您想进献的北京地图。

我还奉命告诉您,陛下非常赞赏您的心意。

如果您方便将此地图送到卡尔顿宫交给我,我将立即把它呈献给国王。

请允许我补充几句,我多次向我的朋友吉尔伯特·马西森(Gilbert Matthison)谈到您,我一到城里就会请求他介绍我认识您。

谨启

查尔斯·萨姆纳

对于马礼逊博士的工作,东印度公司在中国的代表时常传达着荣耀的褒奖,这能够移除先前所存的各种顾虑,即担心他与布道站的关系而有损他们的商业利益;在他离开中国之前发出的公文中有一封公函把他介绍给董事会,节录如下:

1823年12月5日,马礼逊博士居留中国期间,我们强烈地感受到其工作的重要性,我们对他的才干和品德非常满意。如果不表达出这些意思,我们不能同意马礼逊博士离开在商馆任职十六载、对公司利益极有裨益的职位,因此我们相信会被准许将马礼逊博士介绍给董事会。作为一位绅士,他值得诸位给予最热忱的关注。

这份公函经特选委员会所有成员签字,并附加一项请求,即在马礼逊博士离开中国期间,可以得到一半的年薪——这是所能应允的最慷慨的请求。通过作为一个集体的公司董事会及董事会中几位成员个人的努力,马礼逊博士所受到的接待和对待多少表明其人品和工作受到他们的高度评价；并且作为公开表达的敬意，他受邀参加董事会的餐宴，并介绍给几位社会名流。可是，如果一个人的最高目标是发扬神圣的荣光，是为了同胞的福祉，他个人的事情，无论多么令人喜悦都会置于非常次要的位置。下面这封写于抵达英国三个礼拜后的信能够描述他的主要思想状态。

致乔治·斯当东

伯纳斯街（Berners Street），1824年4月12日

亲爱的先生：

很遗憾，我不在期间您两度造访不获。您对我所关注的问题的注意使我对您深怀感激——但我无法表达我所感受到的您亲切、慷慨而实在的帮助。…… 我正努力激发我们的朋友对中国多一点热忱——他们几乎不了解这个东半球国家的道德和精神状况，但不能希望取得很大的成功。（他们说）谁会知道中国的事情啊！

昨天我做了两次布道，晚上听了著名的艾文先生（Mr. Irving）的演讲，好，但无特别之处。

您真诚的

罗伯特·马礼逊

看来，公共事务应酬的压力使得马礼逊博士无暇应允自己朋友们的种种愿望，也不能满足自己独处的想法。在一封回信中他写道：

伦敦的朋友们仍不能给我一刻空闲，这么长时间没给您回信，这让我很苦恼；我的身体相当健康，但如果还这么忙，恐怕也支撑不了多久。……明天我动身去诺森伯兰父母的墓地追思，看望我的姐姐及一些早年的朋友。我过去几乎没有想到会重返这片英国土地！但我们的目的并不总是神所要实现的那些目的——我们天上的主的愿望是好的。

于是，马礼逊博士赶往他早年生活过最亲切的地方；这里仍在世的亲属们心情激动，迫不及待地期望着他的到来——其中一位亲属说："我永远也不会忘记那幸福的一刻，我被最友好最亲切的朋友紧紧抱住；对于他的到来，那些他给予过很多帮助的人无法用言语表达他们的激动心情。"

马礼逊博士不得已短暂到访纽卡斯尔。当时和随后的时间里，他向信众做了几次布道，人们听他演讲的愿望如此强烈，以至于“数百人无法入场”。他4月18日夜到达纽卡斯尔，23日离开去爱丁堡；从那里接走女儿回到纽卡斯尔，逗留几日，然后前往曼彻斯特，为的是带着在那里的儿子去伦敦参加五月份由不同差会举行的会议。当时他的来访不太为人所知，直到报纸宣布他们“城内颇负盛名的市民——马礼逊博士，将于本月21日在（从属于苏格兰教会）海布里奇教堂布道”，然后当地市镇官员拜访了他，并邀请他参加政府餐会以贺其来访。在致乔治·斯当东的信中，马礼逊博士说，“如我所希望的那样，我受到这个城镇亲切的接待。重访30年前一个贫穷、腼腆的男孩曾经开心生活过的街道和田野，这对我来说是颇有兴味的”。但带着不小的失望，他没有发现多少烙在记忆深处的乡村景色的痕迹，这是附近矿洞损害的结果；对此，几年后他在给侄女的一封信中说道：

> 我怀着浓厚的兴趣再一次踏上童年散步时走的道路：圣约翰教堂（St. John’s Church）、弗斯、梅登路（Maiden Lane）、河堤——曾经那么迷人——河两边是高高的干净卫生的堤道，对面的小山上有风车；无论冬夏，清晨四五点，我都会远足到这些地方，但现在，新设的煤矿通风孔把一切都改变了——啊！环境改变多大啊。《圣经》，祈祷，安息日，神的子民的集会，是我那时的快乐——那欢乐的时光一去不复返了。但是，汉娜，有一个更好的故乡，在中国，我就像在英国一样接近它——啊，但愿我配得上那个更好的故乡。

来自英国各地的恳请不断缠绕着马礼逊博士，或者请他宣传各个慈善机构的主张，或者满足朋友的种种愿望。尽管这些都令人满意地证明了他那公认的价值，但由于他所处的特殊环境，这些恳求几乎没有经适当考虑做出调整，所以我们发现他在给朋友的一封回信中提出抗议，这位朋友请他回曼彻斯特时，就一些专门主题做两场训诫布道。这封回信如下：

纽卡斯尔，1824年4月20日

> ……礼拜一晚我到达，下礼拜四或五，（如果主同意）我会离开前往曼彻斯特，我会尽力为您做一场训诫布道；两场，我认为是绝对不可能的。

在多年学习一种鲜有人知的异教徒语言后，希望我一到达就立即登上讲坛，向一千多名来自各行业的人发表慈善布道讲演，这会消耗我的精神，使我疲惫不堪。在我看来，朋友们不体谅我。

另外一位朋友对马礼逊博士表达了失望之情，因为他不能满足朋友的要求，多行200英里与其见面，马礼逊博士在4月23日离开纽卡斯尔的前夜写了封信：

……为着我的亲属、我的孩子们及公众，我从早忙到晚，日复一日；牺牲自己全部的时间精力，但仍不能使大家满意。我的朋友们最不慈悲，对我的要求超出了我的能力，并且因为我不能做办不到的事似乎伤了感情。从伦敦到纽卡斯尔往返约有600英里，中间还不能停歇；您，我亲爱的M先生，因为我没走800英里而感到不快！我在这一直没有休息，从早晨5点到夜里11点，明晨5点又必须动身。怜悯我吧，而不是责备我。

您挚爱的，

罗伯特·马礼逊

下文的叙述似乎有些多余，基督教各个教派有理由感谢第一位赴中国的新教传教士的工作，在17年卓有成效的辛勤劳作后，马礼逊出现在各个教派的集会中，受到的欢呼表达了人们最衷心的欢欣和感激之情。从若干私人通信中节选的下述信件证明，这种情感不是一时的冲动。

……带着无法形容的喜悦，我祝贺您安全回到英国。自从您离开她，神对您一直多么仁慈啊！尽管在您的道路上布满了磨难和悲伤，您也分享了如此多的慈爱，如此卓著的荣誉，而且永远不会消退！我亲爱的弟兄，我很高兴，祂如此显著地祝福您及您心中的决心，把生命之言翻译给中国数百万民众，他们因着这无可估量的恩赐而不会徒然地受苦。您可能是“流泪播种的”，不久“必欢呼收割”（诗126:5）。如果您临终时没有见到成熟丰硕的收获，就不会停止相信祂的话“决不徒然返回”（赛55:11）。当数百万人以丰富的食物宴乐时，他们将要怀念您。这些食物是您获准摆在他们面前的。我说这些不是煽动自鸣得意的星火，而是激发起对祂最纯洁的感激之情，感谢祂“认为您配做牧者”。愿您在余下的岁月里受到同样的尊敬，并得到更多的祝福；愿您亲爱的儿子成长起来，以同样的步伐（aequis passibus）顺着您的脚印前进——以色列的神是全人类的神，“祝福他，使他成为众人的祝福”，愿他成为数百万人的祝福。

另外一位写道：

……听说您回来，我特别欢喜。老实说，我时常在神的宝座旁为您祈祷。我不能不感到极大的欢喜，听到主是如何荣耀您，让您成为祂手中的工具，使您无论在海洋、在陆地、在国内、在国外留存宝贵的生命。那些曾对你说“炎热的气候改变了你的大脑”的人还活着，我希望而且相信他们现在看到你像过去一样“理智很清醒”时，会闭上他们的嘴巴。我亲爱的弟兄，让我们一起赞美神，把所有这些荣耀都归于神，只归于祂。在圣灵的激励下传播神恩的知识是最大的恩赐。我对一位学识渊博的博士的格言很不以为然，他说“神的恩典让一个人成为一名基督徒，而知识可以使一个人成为神的执事（a minister of God）”。我承认上帝的恩宠使一个人成为基督徒，但我不赞同他所受恩宠的学识使他成为牧师，因为这样推下来就是，每一个有学识的基督徒都有资格成为一名牧师，学识是传播福音的一个绝对必要的资格。只有学问而没有神恩，被一些人视为足以任职的资历，对我来说，显得确实不可思议。这种主张当然是错误的：例如，我可以提到一个年轻人，他的父母有意让他成为当代最杰出、最有学识的牧师，他们不惜任何费用和辛劳去实现这个设想。这个年轻人贪婪地沉醉在所有语言的知识之中，在学问的各个领域中都取得了很大进步。但是，当开始学习神学时，结果他变成了一位有修养的自然神教信仰者。我亲爱的弟兄，我由衷地、诚心诚意地感谢神，因为祂给了您恩宠和学识。您非常需要二者。您的工作一直是艰辛的，也是荣耀的。神使您有能力去做一件伟大的事业，这将向世界证明一个永远的恩惠，直到万物的最终成就（the final comsummation of all things）；由此带来的福祉将与不死的灵魂和神的宝座一样长久。……

在拜访过利斯（Leith）、纽卡斯尔、兰开夏郡（Lancashire）的友人之后，大约在5月初，为参加由各个宗教团体在本月举行的年会，马礼逊博士又返回伦敦,他主要出席了那些以改变人类家庭道德和属灵状况为伟大目标的团体年会。借此机会,他主要参与伦敦传教会、英国圣经公会、福音小册公会、祈祷书公会及伦敦港务会(the Port of London Society)等的活动——因为对这些团体公会来说,除非死亡终止了这些爱的事业,马礼逊始终是一位有能力发挥作用的人物。也许在这些团体公会(特别是伦敦传教会和英国圣经公会)的年报中,记录下的事情,没有哪一件比马礼逊博士带着他备受赞赏的辛勤工作的成果出席会议,更能唤起强烈的欣喜,这也体现在出席会议的几位知名人士那精彩动人的演讲中,读者可能会对他们报告中的一则摘录感兴趣。伦敦传教会的报告是:从中国回来的马礼逊博士,向本会呈献一部由他及已故米怜博士翻译的《圣经》,同时呈献的还有一部汉语词典。本会对此表示最热烈的欢迎。

由特恩利教区牧师(Vicar of Turnley)朱利安先生(J. Julien)提议,下议院议员约瑟夫·巴特沃思先生赞同,专门召开了一次大会。这次大会沉浸在《圣经》被全部译成了中文的喜悦中,这是本会受人尊敬的传教士马礼逊牧师和已去世的助手米怜牧师,倚靠神的祝福,孜孜不倦地劳作的成果。

继朱利安先生就此主题做了感人而中肯的发言之后,巴特沃思先生在年会上讲演:祝贺伦敦会在世界各地的努力得到成功的光荣,特别是他在20年前认为几乎不可能掌握的一种语言中所取得的成就;当时他去大英博物馆,注意到一位专心阅读中文手稿的年轻人,他认为这纯粹是浪费时间,但是现在,巴特沃思先生说:“神利用祂的工具完成了多么伟大的事情啊! 马礼逊博士已经精通中文;还编写了一部中文语法书和一部词典,把整部《圣经》翻译成中文,这张桌子上载负着他的荣耀的工作成果,基督教世界应当深深地感谢他。马礼逊博士还收集了数千卷中文书籍——我们希望这些内容丰富的藏书能吸引年轻人学习这种语言,使自己成为我们这位重要朋友的同工或者后继者。”

在答谢大家给予的赞许和荣誉时,马礼逊博士提到当年传教会的理事们的想法是让他以数学家的身份前往中国,实现学习汉语、翻译《圣经》的伟大目标,但是他们对此并不抱希望。他们认为,如果有可能的话,马礼逊就设法住在中国,这样或许能够有机会学习汉语。后来,马礼逊博士顶着各种阻力坚持了下来,他申辩说只要神保佑,可以实现伦敦会的所有目标,各个差会应该联合起来共同实现中国传教事业的目标。

英国圣经公会的年会也显得特别有意义,不仅因为神圣的宝库中增添了中文《圣经》,还因为尊贵的资助人之一罗登伯爵(the Earl of Roden)所做的证道演讲:《圣经》中包含着真理的力量,启发人心从黑暗走向光明,从撒旦转向神;他的亲身经历说明,在人类都会面临的艰难困苦中能够保持意志力;如同伯爵所说,这一令人惊喜的转变与他偶然参加圣经公会年会有关!接着,理事会主席哈罗比伯爵(Earl of Harrowby)在会上发言,他全面回顾了在传教士努力下世界其他地方所取得的成就,如同中国那样,这是有希望的,他发言说:"尽管迄今为止,影响还很微小,但目前世界上最奇特的语言的困难已经得到克服,整部《圣经》的翻译已经完成,这就是令人惊叹的。神赋予了翻译所必备的学识,在祂的祝福下,这部《圣经》译本会给地球上已知的在一个政府统治下最多的人口带来深刻的影响。"

关于马礼逊博士向大会呈献中文《圣经》所产生的影响,格里姆肖牧师(T. S. Grimshaw)的描述很有说服力。编者感到只有将他信件的全文呈献给读者,才能公正地表达对本回忆录的主人公及高尚文雅的信件作者的感情。信件内容如下:

格里姆肖牧师的来信

1828年9月25日

尊敬的夫人:

您盼望收集所有的材料,能够帮助说明已故[①]马礼逊博士偏爱中文的最早阶段。这不仅是怀念他的一个合适的方式,也是这位杰出人物一生中非常重要的一根纽带。这同时也是所有虔诚而且爱思考的人最感兴趣的问题,他们乐于探索人的行动是怎样萌发的,或者去注意神行事的方式。身处社会生活种种技艺和发明之中,我们想知道人类的辛劳和才智是如何克服各种困难的,从最初不完美的努力下的发现到最后完成的一

① 根据此句判断,"1828年"的时间恐有误。——译注

刻，经历了哪几个发展阶段，需要怎样的好奇心才能探究如何着手一门语言并终于了解如何入手，这种语言迄今凭欧洲人的热忱和才智似乎是不能企及的，在掌握这种语言之前，一直以来让可以被称为“世界上人口最多”的国家属灵和永恒的福祉就只能悬置。

对于您的询问，我只能提供下述事实：希望它所引发的兴趣能弥补信息的简短。

已故的约瑟夫·巴特沃思先生（他的正直和仁慈让我不能不提到他的名字），很高兴把为同一种精神所鼓舞的不同宗派聚集一堂以庆祝英国圣经公会周年庆典。他希望借此机会让各宗派认识到，他们的共同点超过分歧点，进而培养互爱、互容、互学的感情，如果他们都是“基督的肢体”，他们必须“彼此为肢体”。请让我补充一点，可以证明这种方法总是极为成功的；我还要借此表明我的信心，我相信如果各个宗派的优秀人物能经常在一起聚会，他们之间的不和谐可以得到缓解，世俗的分立可以得到消除，到那时，存在着各种各样宗派的基督教会就如同救世主说到他的衣衫“这件里衣没有缝，是上下一片织成的”①。

我特别提到的周年大会是 1824 年的那次。那一天因为马礼逊博士在贵宾云集的会众面前，将一部中文《圣经》呈献给大会主席廷茅斯勋爵而变得非同寻常。这部中文《圣经》是马礼逊博士和米怜博士共同完成的。据说这是 20 年辛勤耕耘和研习的成果，可以作为基督徒的虔诚和毅力的不朽纪念。我永远也不会忘记那个给人留下深刻印象的场面。马礼逊博士手捧珍贵的卷册，出现在讲坛前，站在他身边的是他年轻的儿子，把他带到众人前，仿佛是另外一个汉尼拔将军（Hannibal），当然不是发誓与国家的敌人相抗衡，而是在圣经公会的祭坛上献身给神，与他的救世主的敌人做斗争，并与父亲分享拓展永恒王国的荣耀。这是表达基督徒的感恩与喜悦的崇高感情，它与许多鼓舞人心的祷文相融合，全能仁慈的神会慷慨地保佑这凝聚着爱的高贵劳作。随后的发言自然转向了这位引人

① 《约翰福音》19：23。——原注

瞩目的对象——接着巴特沃思先生道出下面的真事:“很多年前去大英博物馆的图书馆时,我经常见到一位全心钻研的年轻人,我完全不认识他阅读的那本书的语言和字符。这激起了我的好奇心。我冒昧地向他询问是什么语言让他如此聚精会神,他谦虚地回答‘是中文’。我又问:‘你懂这门语言吗?’‘我正努力明白它,’他说,‘可是困难极大。’‘那么你学这门语言的目标是什么?大家都知道这种语言学习起来很困难,而且凭欧洲人的勤奋和才能也不能克服这种困难。’‘我很难说清楚自己的动机,’他说,‘我所知道的是,我内心为一股强烈的无法描述的力量所驱使;只要以人类的热情和毅力能够征服这门语言,我就想试试。至于最后结果,只有时间可以证明:我现在除学习中文以外没有其他确定的目标。’”

巴特沃思在结束这段逸事时说:“我没有想到,当时见到的萌芽,我们今天见证了它的完成;没有想到,如此细微的开端竟能造就如此伟大的成果;没有想到,我们眼前的这个荣耀的工具,神用这个工具照耀启迪这么大一部分人类,把他们带到福音真理统治之国。”

我无法赘言我们多么希望实现这些期望:仅仅满足一个愿望就好,我指的是马礼逊博士能亲自到场,这样我们有机会听他本人叙述,他是如何一步步克服这项艰巨任务的所有困难……(他那天是廷茅斯勋爵的客人)中文《圣经》本身将是一份永存而光荣的记录,记录下了以神的荣光和人类永恒福祉为崇高而又生气勃勃的动因,人类的才能和毅力所能实现的成就;除非德性上的不足,世界上几乎没有宗教热情做不成的事情,因为鼓舞它的力量是神性的。

这一年接下来的时间里,马礼逊博士走访了法国、爱尔兰、苏格兰及英格兰的主要城镇,他主要的目的是激发文学界、宗教界人士更多关注异教徒的道德状况;他大力宣扬特别是那些亚洲东部地区的居民需要得到基督教会的同情和善心;基督徒有义务去满足这些需求,这可以从救世主让祂的门徒向世界传播福音的使命中找到证明。体现这些公开演讲的精神和风格的一两篇演讲稿,会让读者对它们可能带来的影响有所了解。关于中国人的智慧和属灵状况,这位布道者说:

神赐给那个民族辽阔的疆域,其中有富饶的耕地、宜人的气候和优美的环境;他们掌握着许多实用的技艺,达到了拥有满足生活的所有必需品以及大多数奢侈品的程度。在这些方面,中国不需要从欧洲得到任何东西。他们也拥有古今数量丰富的文学作品;自由经营的印刷所和适合他们口味、价格低廉的图书。他们有诗歌、音乐、文雅优美的作品、自己的古代典籍、关于他们自己世界的丰富历史、古文物、地志风土、戏剧作品、记人志事的虚构作品、战争和谋杀的故事、长年累月血腥的内战中的苦肉计、各种迷信的虚构传说。印刷所为中国人及其属国供应大量这样的作品。他们的著作中不乏自然的理论、对丰富物产的描述、药理学家制药的过程以及医药历史和实践。

那么中国人需要从欧洲获得什么呢?——不是欧洲的文学作品、印刷术,不是一般的教育,也不是一些博爱主义者(philanthropists)絮叨不休的文明。中国人需要的只是圣保罗视为卓越超群并且也是伦敦传教会传播的唯一目标——他们需要关于基督的知识。即使他们拥有古文物、文学、技艺和精巧的物品,他们依然沉溺于偶像崇拜,屈从于不道德的感情,从事不体面的事情,不愿意把神保存在他们的知识中。他们崇拜并侍奉被造物,而非造物主;他们仇视真神,内心充满罪恶、偶像崇拜和不道德。虽然他们拥有自己的文明,但他们的性格中仍有嫉妒、怨恨、欺骗和虚伪的一面。

对处于极度危险中的人采用溺水或别的方式结束其生命;在家里冷酷地对待仆人和小妾;公堂审判时,在未确认罪名的情况下就用刑罚折磨男人和女人;违法谋杀女婴得到默许——这些落后的做法为大家所熟知。这些都证明我所非难的后半部分内容是事实。他们的原则是有缺陷的,因此才会导致他们罪恶的行为。

中国古代最著名的圣贤孔夫子不承认来世的存在,在有关人对造物主的责任方面留下了空白。他的学说不讲人死后的事情,不考虑人们对死亡的恐惧或者对来生的盼望,任由后人争论。现世的利益是人们行动的主要动力。孔子的学说没有论及高高在上、伟大光荣的神,没有区分天国和地上；没有将人们的认识提升到抽象认识某些自然原则，因此违犯了原则，导致现在的邪恶。在中国的古代哲学中，有一些与毕达哥拉斯学说类似的东西，他们认为天和地被某种内在规律驱动，从先前混沌的状态发展到现今的秩序；他们推测天地万物和众神都是由两种力作用形成的；天在本质上是超越众神的最高存在，而我们生活的地是次于天、高于众神的存在；他们通常认为现存的顺序依次为天、地、神、人；但是有些时候他们排除了神，认为神是未确定的，所以只有天、地、人三种伟大的共存力量。这种无神论式的理论奠定了中国人的公共信仰基础，甚至连中国的宗教和迷信也受其影响，让人的思想变得骄傲自大、不敬神，甚至在参加迷信仪式时都这样。事实就是这样，在一些孔子收集和整理的最古老的典籍中，至高神的存在反而更明确，比孔子本人的思想或是后世学者所阐述的更加清晰。我觉得事实也是这样：当让人放任自流时，他就会堕落成无神论者或者偶像崇拜者；而记录下神的话语是把他从迷途中解救出来所需要的。中国除了儒家，还有两个比儒家更频繁提及神灵的派别，它们都承认有来世的奖励和惩罚。这些派别也禁食、祷告、苦修悔过、为死人超生、震慑邪灵，让死人重新回到世界时免于遭受贫穷、疾病或者其他厄运。

老君（Laou-keun）与孔子（或孔夫子，Kung-foo-tsze）同时代，他的教义据说与他所收集到的大约毕达格拉斯时代西方的概念相混杂。他使不可理解的道（Taou），即永恒的理（Reason）或逻各斯（Logos）成为最高原则。有欧洲人认为当他说“一生二 ，二生三，三生万物”，他是在说他所听到过的关于《圣经》中三位一体神的观念。他的教徒把他描绘为经常化为肉身，作为人类的教师。他们教人节制、出神，以减少人性中的粗糙部分，并逐渐升华为一种净化的、精神的神性状态；在不同时代，他们沉迷于对炼金术不切实际的追求，试图在没有食物、没有呼吸情况下生存，认为气息像血液一样循环全身，这样呼吸就不必要了，人也不会死亡了。

这些人和信奉 1 世纪末从印度引入中国的第三类宗教佛陀（the Fuh-too）或佛教的伪宗教家一样，相信灵魂的轮回。他们都有男女教士，并持有国家发的度牒,像欧洲修道院内男女修士那样生活,但这些男女教士从国家那里得不到任何报酬。文士们(the Learned)的教派承认自己是孔子的追随者,他们充任官职,但不使用教士。年长者、地方官、王公亲自敬拜家神、地方神、河神、山神、火神、风神、雨神、雷神、地、天、北极星并向它们献祭。他们也祭拜孔子像。孔子承认自己只是个凡人,甚至拒绝圣人的称号,也从未教导过人类灵魂独立存在;他的弟子们确实否认这个教义。这些学者时常嘲笑中国自己的宗教家,但仍然参与各种仪式和迷信活动,敬拜其他教派或自己教派的偶像。各省的督抚和地方官时常去佛寺,拜倒在满头卷发、盘腿而坐的佛陀面前,向和尚慷慨施舍,修缮寺庙,制造新的佛像,以及清洁粉饰旧佛像。中国的鞑靼皇帝经常封给土地神各种称号和荣耀,多么荒唐啊!人自己制造了神灵并以它为尊,对它进行膜拜!啊!我的弟兄们,东亚数百万人还要继续继承谎言、虚妄及毫无益处的事到何时?他们何时才能像先知预言的那样,从地球的死角走出来,承认他们的愚昧并放弃偶像崇拜?

谈到福音书里对他人的爱,他说:

博爱是《圣经》中的一个思想,珍爱这样一种情感是一位基督徒的责任。神对基督徒的这一训诫是多么意味深长啊——人人都当效仿神和救世主!神是自然完美,无人可拟的。我们不可能效仿全能,创造一个世界,也不可能像神一样无所不知,所以,我们不应装模作样审判这个世界。但是我们接受指令去效仿全能的神,圣父、圣子、圣灵的至善道德——像神一样公正,像神一样神圣,像祂一样纯洁,像祂一样仁慈;我们应该效仿祂的仁慈宽厚,像祂宽恕我们一样宽恕他人,像祂耐心对待我们一样耐心对待他人;我们每一个人看待别人的事情要如同耶稣基督看待我们的事情一样——以相似的怜悯,以同样的努力,去包容他人,去为他人服务,去忍受欺压和侮辱;并且,如果必要——为了他人牺牲自己。

以神为榜样,奉行基督的思想。——啊,这是多么高尚的基督徒道德律!我们的神圣宗教在这一点上多么光荣而独特!没有任何古代或是当代的异教徒能对人们说"以你的神为榜样"的同时,不讲"你仍要邪恶,污秽，残酷”……然而，比效仿耶稣降低到一个低的标准，没有几个超世俗的基督徒为了完成他们的目标，去热情学习世俗商人的进取心，或者是学习抱负不凡的人的坚韧不拔、勇气和不屈！没有几个人为了人类属灵的福祉像著名的霍华德（Howard）那样为了减轻罪犯暂时的痛苦去努力！在遥远的东方地区，有多少英国人为了现实的生计，或为了获取一笔财富，忍受二三十年的背井离乡的种种痛苦及对健康有害的气候环境，而这些年轻人中大多数出生于较富裕的家庭。对自己的爱使他们能承受这一切：相比之下，救世主带来并在东方居留下来的基督所爱的人是多么少啊！是的！违背《圣经》的事仍然是个事实——每个人只顾自己的事，没有几个人，或者说相当少的人考虑他人的事情。

马礼逊在英国几个地方的公开演讲及在私人圈子中的通信唤起人们极大的兴趣，去关注当时不为人清楚了解的民族的社会状况。这种兴趣的成果可以经由一些虔诚的、有才能、有学识的年轻人愿意献身救世主事业，到中国和其他异教国家传教得到证明，其中有些人现在仍然在传教领域继续着卓有成效的工作，而另一些人已经提前应召去神面前，接受神对他们劳苦的奖赏。除了曼彻斯特一个协会资助当时已经开始运作的英华书院，为着这同一目标在利物浦、纽卡斯尔的几个协会也在酝酿成立①。然而由于缺乏实现计划的热情，或是对这个目标没有足够的认识，这个计划最终放弃了，仅余一些个人维持对书院的资助。这些私人捐助也已经完全停止，可能因为许多虔诚的基督徒认为书院或神学校并不能直接推动传教目标的实现。然而，经验很好地证明，事实恰恰相反，英华书院最重要的目标就是传播神圣真理，过去如此，以后仍将继续如此；下面摘选自1824年有关中国传教进程纲要的报告，或许可以消除上述那些对英华书院的偏见。据传教士们观察：

在我们看来，教导成长的一代是每个国家的首要任务，在福音尚不为人所知，人们仍偏爱自己的信仰的国家尤其如此，有鉴于此，我们很愉快地宣布我们在教育异教年轻人方面的前景令人鼓舞。在这方面，英华书

① 在纽卡斯尔和其他几个地方，成立了几个妇女工作团（Ladies' Working Societies）以赞助英华书院。——原注

院的学生值得我们首先关注——他们在安息日完全投入基督教的学习。去年,高级班学生把一本包含《圣经》主要教义的教义问答集、十则基督宗教对话录、一篇有关已知世界主要宗教的论文、一篇关于偶像崇拜的短论、一篇从创世到亚伯拉罕时代的世界早期史、十二则乡训从中文译为英文。他们还用英文写出前四者的解释说明。此外,他们还把哈廷顿的布朗牧师的第一部教理问答从英文译成中文。他们每天诵读中文《圣经》,也已经就道德和宗教主题写了几篇文章,有的文章表明他们对基督教教理有相当深入的认识。虽然我不敢说这些年轻人已经是真正的基督徒,我们仍然愉快地表明他们中的几个人极为尊重福音的真理,这鼓励我们继续依靠神的力量前进。书院中其他班级也阅读《圣经》,背诵基督教义。他们全部参加每日早晚祷告;在安息日晚祷后,我们和学生一起开一个祷告聚会,每人轮流祷告。愿神赐福给这些传播福音的工具!

大家还记得马礼逊博士原定1825年年初返回中国;因此,他限制了回国之行的各项计划的时间,没有余地满足他朋友们或自己的愿望,延长在任何一处逗留的时间;所以,他说回到英国后的几个月,“大部分时间生活在马车上和旅馆里”。他在如此忙碌期间的通信必然也具有这样匆忙的特点,但是它们是能够找到的,了解他这一阶段行踪的主要信息来源,必须从中摘选一些选段使叙述相互连贯。

5月底,他给克鲁尼博士写信道:

我一直并且仍然是忙着赶赴太多的户外活动,但是仁慈的神继续让我相当健康。本月31日,我打算离开伦敦去南安普顿(Southampton),从那里前往法国……不要让我深爱的孩子们缺乏舒适愉快的生活。我不但感谢您,我也希望您得到一位宣讲神的旨意的教师的酬谢,因为您照顾了一位——我该如何说呢?——不是宣讲神的旨意的教师,但意思相同——一位使徒的孩子们。……

依着上述安排,带着乔治·斯当东爵士和其他几位朋友的介绍信,马礼逊博士前往法国,会见几位在巴黎的重要人物;他一到法国即动身去巴黎,和他一道的有威廉·班廷克勋爵和夫人(Lord and Lady William Bentinck),他们邂逅于去法国海港加来(Calais)的邮船上。尽管在那之前他们还不认识马礼逊博士,但一知道他们的同行者是谁,就给予一位陌生人所需要的所有殷切之情,带他去他们下榻的旅馆居住,还为他找到一位有才干的人充当翻译和向导,陪伴他在巴黎的访问。马礼逊博士对班廷克夫人的宗教情怀尤表欣喜;当威廉勋爵任印度总督后不久,她在这个有影响力的驻地所表现出来的品德操行完全能证明马礼逊博士先前对她人格的赞许。在离开伦敦前夕,马礼逊博士高兴地收到乔治·斯当东爵士关于他的中文图书的信,这些书仍然滞留在海关。

致马礼逊博士

德文郡街(Devonshire Street)礼拜一上午

亲爱的先生:

我刚刚拜见过财政大臣温先生和同部的赫里斯先生(Mr. Herries)询问您的中文书籍一事,我很高兴告诉您,事情已经解决了。这件事从形式上来看是个困难,但是结果不会让您失望。您即日可能收到皮尔先生关于此事的通知;赫里斯先生告诉我,如果您去财政部拜访他,他很乐意向您解释一切。我认为皮尔先生对您的事情颇为热心。

您真诚的

乔治·斯当东

于下议院

我很荣幸地通知您,免税放行您书籍的命令已经写成,明日将送到海关。

直到从法国回来后,马礼逊博士接到消息,图书已经全部放行,放置在伦敦会内。该会慷慨地拨出一间屋子接收这批书;依据图书拥有者的意愿,所有要求借阅的人可以自由使用这批书。

回到南安普顿后,马礼逊博士给朋友写了几封信,简略而有特色地描述其在巴黎学者中所受到的接待。在此摘录一二以飨读者。

致乔治·斯当东爵士

南安普顿，1824 年 6 月 14 日

我亲爱的先生：

您让我交给洪堡特男爵(Baron Humboldt)的信引起了他的高度重视,他把我介绍给法兰西学院(National Institute);我出席了该学院年会,收获颇丰。

这位男爵也去了雷慕沙家中做客,是夜与他共进晚餐,和他一起的还有克拉普罗斯。我们和一位受邀的英国小姐一起非常愉快地谈论中文,但这期间男爵非常详细地畅谈他最喜爱的话题。

在巴黎圣经公会(Bible Society of Paris),我有幸见到德·斯特尔男爵(Baron de Stael)及凯费(Kaefer)教授等人。在亚洲协会(Asiatic Society),我被引见给德·萨希及那晚到场的其他人。我在法国逗留的时间很短暂,但幸运的是我能够在短时间内完成这么多事情。我现在考虑经威尔士到利物浦、爱尔兰和苏格兰,然后返回伦敦,如果这样,我将不能在 7 月去雷帕克园(Leigh Park)见您,对此我深感遗憾;如果您一直在家,我本可以去您的乡间住所。您始终关心我,帮助我,请接受我衷心的感谢!

您真诚的

罗伯特·马礼逊

寄自同一地方给他哥哥的信中,他说:

……在巴黎,我看到了打算参观的所有的宫殿、园林、博物馆、教堂、公墓的外观,我也很高兴地被引见给洪堡特男爵——也出席了法兰西学院的年会。同一天我还被介绍给亚洲协会,见到了我专程要见的中文图书馆;与中文教授共餐。听了新教牧师用法语布道——在威尔克斯先生(Mr. Wilks)的祷告所,并参加了他家中的招待,也在礼拜一晚参加为布道站进行的祈祷会,并参加其他活动……我礼拜六抵达此处,昨天做两场布道。其中一场布道使人们为英华书院自发捐助约 23 镑。我祈祷神赐福英华书院……

在即将离开南安普顿前往爱尔兰之际,马礼逊博士致信乔治·斯当东

爵士。

南安普顿，1824年6月18日

亲爱的先生：

昨日我高兴地收到您就我本月14日去函的回信。我现在很满意地告诉您,我终于从行李房取回了我的中文图书和收藏品,所有关税和费用全免,运费也免了。

东印度公司董事会在与中文有关的事情上,始终对我极为慷慨;我相信,您为了我在中国和英国做出的种种努力已经产生理想的效果,这一定会让您——乔治爵士——感到满意,我完全明白您的好意,也很感激您。

直到昨天我才收到我的图书放行的好消息。伦敦会拨出一间房存放图书。如果哪一家大学对中文感兴趣,希望拥有这批图书,移交是可行的。但是目前,我认为把这批图书硬推给那些视它们毫无用处的大学是不会有什么益处的。一位年轻的先生已经接受担任图书管理员。我希望,他能够帮助随时有需要使用这些书的人。

我不知道是否会去都柏林(Dublin)之外的地区,那里有一位先生为我提供了一个临时住所。我想去爱尔兰北部看望米怜博士的遗孤,罗登勋爵请我顺道拜访他。

我会记着您邀请我去您的乡间住所,只要有机会,我一定去。

您真诚的

马礼逊

在去爱尔兰途中,马礼逊博士短暂走访在巴斯(Bath)、布里斯托尔(Bristol)和利物浦的朋友——每到一处,他都向挤得满满的听众布道。爱尔兰的各个宗派都向他表示了最真切的敬意,这很快使他与一些有志于拓展救世主王国的人结下了长期友谊;确实,真切的虔诚、不计宗派的精神是爱尔兰福音人士的特点,这让他感到非常喜悦。他常谈起爱尔兰之旅,认为这是他回国之行中最有意思的地方之一。下文信件摘录可以作为他这段时期行程的日志。第一封信写给克鲁尼博士,1824年7月27日发自纽里(Newry)附近的罗斯特雷弗(Rosstrevor)。

……在都柏林，我做了两场布道，参加了四场公众集会。教友们待我很好，几位圣公会牧师(Episcopal ministers)对我照顾尤勤。我向您提起这些是因为您关心所有与我有关的事情。在这里，上流社会中的几个人及一些毫无权势的人都有一种非常虔敬、热情的精神。爱尔兰并不如某些人所担心的那样缺乏宗教……

……上礼拜五、六，我去威克洛郡(Wicklow)游览德福尔峡谷(Devil's Glen)和奥维家山谷(Ovoca)，这两个地方被称为是爱尔兰最好的风景区——或者是位列最好的名录之中。我现在所在的罗斯特雷弗有一些非常美丽的宅邸。

我计划一两天后去拜会罗登勋爵，他的住处距此17法里；然后去海边，乘船穿过帕特里克港(Port Patrick)。

他从佩斯利(Paisley)给哥哥写的信。

1824年8月7日

亲爱的哥哥：

我今天到达此处，住在卡莱尔先生(Mr. Carlisle)家中，他是市长。离开都柏林后，我向北去了纽里和罗斯特雷弗，住在那儿的罗斯夫人(Mrs. Ross)家中，她的丈夫是军队的一位将军，在美洲亡故。离开罗斯特雷弗，我前往罗登勋爵家，在他位于塔利莫尔园(Tullymore Park)的公馆小住两日；之后，前往贝尔法斯特(Belfast)，在汉纳博士(Dr. Hanna)的教堂布道，像我在都柏林等其他地方做过的那样。

从贝尔法斯特出发，我去了巨人栈道(Giant's Causeway)及在恩典山(Grace Hill)的摩拉维亚人(Moravian)聚居地；本月6日，礼拜五的早晨，我搭乘汽船离开贝尔法斯特，夜里大概十点半抵达格里诺克(Greenock)，从那儿坐邮递马车今天到佩斯利。

我的身体还是老样子，昨天剧烈头痛并且晕船。我有很多理由感谢神，祂仁慈的眷顾使我免于邪恶；教友们的友善让我觉得惭愧。我虽然很长时间都没有给你写信，可经常惦记着你。

为我祈祷吧——也愿神赐福给你，使你免于邪恶。随着离开英国的日子临近，我开始感到忧郁。在回来的八个月里，我有四个月在欧洲。我想尽快赶到阿伯丁(Aberdeen)，从那儿去伦敦。我相信沿着岛的西岸走，在前往伦敦途中，可能会去曼彻斯特或利物浦——我可能穿过威尔士……

如果你有任何重要的信件给我，收到此信后，请立即把它们寄到阿伯丁的邮局。

保重！愿主因耶稣保佑你。

爱你的弟弟

罗伯特·马礼逊

途经爱丁堡、格拉斯哥和珀斯(Perth)，他前往阿伯丁，为着看望住在那里的已故米怜博士的孩子们，他充满感情地关心他们的幸福；总是吩咐自己的孩子对他们心怀兄弟般的情谊。除了引起苏格兰几位著名人士的注意，马礼逊博士还受到沃尔特·司各特爵士(Sir Walter Scott)的礼貌邀请，但他因为急着赶回伦敦而不能接受。赶回伦敦关乎英华书院的一件重要事务，下引致克鲁尼博士的信中解释了。

伦敦，1824年9月6日

……我到城里见到这位先生(金斯伯罗勋爵，Lord Kingsborough)，对于提携英华书院一事，他已经改变主意了，接受担任英华书院的荣誉理事，不仅如此，他把捐款提高到1500镑，要求印刷某部由一位耶稣会士写作的汉语文法①，这也适合书院的总体目标。他事实上已经付了善款，明天将要离开伦敦，所以我认为此事也结束了。礼拜六晚我同他共进晚餐，他今天来参观我的中文藏书；他还赠给英华书院约300本珍贵的图书。

昨天早晨，我向沃博士(Dr.Waugh)的会众布道。这位可敬的老先生告诉我说，他理解并从心里赞成每一个想法，并且说如果我把讲章留下给他，他会在我离开后把它印刷出来……

迄今在马礼逊博士协助下实现各自目标的不同宗教团体，不会忽视利用

① 见本卷附录九基德教授文章。——原注

他回国的机会去听取他提出来的使这些目标得以拓展和永存的建议和信息，他们仍相信他的学识和经验使他有资格这么做。从下面几封写给伦敦会及其他协会的信中可以了解并评判他对于这些事的观点。

致伦敦传教会中国委员会

伦敦，1824年9月15日

先生们：

请允许我将思考的结果陈述如下：

中国，及周边阅读汉语的国家的人口占人类家庭至少四分之一。照顾他们是基督教教会的责任，此目标为世公认是伟大的，为了新教各个差会，伦敦会率先进入这片土地，取得一定的成就，尽管不卓越，但如果责任感不能推进传教事业，这些成就可以引导各差会做出更大的努力。

这项工作是我会所涉足的最大的领域，投入也应是相称的；《圣经》和谨慎的基督徒所允许的一切方式都应该尝试。

第一，我已经建议伦敦会向马六甲和新加坡派遣驻地男女教师；

第二，派遣一些热情的平信徒去协助上述地区的传教事业；

第三，我建议本会或与本会有联系的一个协会让一两个人在英国学习中文，以期将来配合海外传教团工作。

有人抱怨英国各地的基督徒忽视中国。这不是因为欧洲缺乏中国的信息，而是因为有关中国信息的书籍是用汉语写的，没有人能阅读，或者是这些信息收在昂贵的大部头欧洲著作里，拥有这些书的只是少数人。另一个原因是热忱的基督徒不太重视中国的事情。

假如我们基督教传教会为了传教目的而让大家学习中国的语言和文学，这不但会为我会博得荣誉，而且还可以向公众提供信息，激发他们的兴趣，在神的保佑下进行有效的合作，经过数代人长期绵远的努力，推动这一伟大事业。一年大约两百镑就可以维持两名学生的费用。

如果把一名中国教师送到英国，旅费另计，加上一套完整的有关汉语的欧文藏书，只需一笔小钱就可以开办。

盼望伟大的神保佑我们找到最佳的方式，在我离开英国重返中国工作之际，我将上述建议交给伦敦的中国委员会裁定。

你们忠诚的

马礼逊

致英国圣公会书记约瑟夫·塔恩（Joseph Tarn）

伦敦，1824年9月26日

亲爱的先生：

请允许我寄给您一封刚来自马六甲的信件的节录部分。信中提到相当多的《圣经》部分中文译本送往交趾支那。信中提到我1823年在英华书院时取自该书院的那些译本也恰好被在马六甲海峡的政府船只运走，并且说在交趾支那不禁《圣经》。在能读懂汉语的国家里，有一个阅读群体，这对自由分发基督教图书来说是个很大的鼓舞。大量播撒有益的种子。谨慎播种应谨慎收获。由于交趾支那没有新教传教士，依着实际的观察，要确定《圣经》对个人或家庭的影响是不切实际的；但最后的报应之日将会显现出来。

您忠诚的

马礼逊

另：交趾支那有相当数量的宣誓入罗马天主教的教徒，等书送到后，他们可能会热烈地接受《圣经》。

致福音小册会司库约瑟夫·雷纳

伦敦，1824年9月

亲爱的先生：

请允许我向福音小册会递交一封书信的节选部分，该信来自马六甲的英华书院。该书院出版中文和其他语言的《圣经》和小册子。

能够给世界上那些当今基督教教师无法去的地方的庞大的读者群，送去神圣真理的宝库，这对于一颗虔诚的心来说是令人喜悦的。

使徒时代没有印刷术，因此他们只能通过口头传教和书信作品，不能据此反对现今使用印刷品传教。我希望小册会得到鼓励，继续他们在恒河以东国家过去的种种努力。请允许我提出一个与此相关的愿望，希望能够看到成立一个图书协会(Book Society),以奖金或其他形式鼓励用所有语言——但主要是汉语——翻译或创作基督教书籍。

您顺从的仆人

罗伯特·马礼逊

对于那些总怀有兴趣在愚昧地区传播神性真理的人而言,读到上述建议不可能无动于衷。关于“分发《圣经》和小册子”,传教士们的意见是——

我们颇为欣赏这种方式。它适合促进基督教知识的传播,特别是在中国人中间传播,他们是一个阅读的民族。这是我们的观点,我们定期访问马六甲一带中国人的居住区,散发我们的宣传单,《圣经》的部分章节和其他宗教小册子。从1822年5月以来,在马六甲或在港口停泊的船上,或在我们周边国家和岛屿,我们散发了272部完整中文《圣经》,160本《圣经·旧约》的单行本,972本《圣经·新约》和14100本小册子,包括数量可观的由马礼逊博士翻译的第一篇《英国教会训诫词》(*Homily of the Church of England*)及几百份由巴达维亚的麦都思牧师出版的一份杂志。除此之外,还散发了各种小册子超过25000份,其中一种小册子每两周印刷一次。上述印刷品的很大部分通过交趾支那人送到那个国家。他们近来到访马六甲,亲自找到我们,热切地恳求得到这些图书。他们第一次到马六甲时,不知道我们住哪里;但他们在自己国家已经获得我们的一些图书,并且有人告诉他们说这些书来自马六甲。这些好奇的异教徒穿行在马六甲的街道上,手里握着一本小册子或部分《圣经》,一边指着这些书,一边询问路人是否能够告诉他们,从哪里能得到和他们手中的书内容相同的图书。一旦他们知道我们住在哪,他们在马六甲期间会每天拜访我们。其中一个人在读完《圣经》的一个部分后,感叹道:“这是一本卓越超群的书!只有知道包含在这本书中的真理的人才算是真正的人,不知道的人不能称其为人。”布道站的朋友们如果见到这些情景一定会喜悦的。好几百份小册子和一些《新约》也被一些从此地返乡的中国人带回去了。难道一位耶稣的信仰者能够不借着他的真诚的祷告去遵从这些《圣经》和小册子吗?难道神不会用他的圣灵陪伴他们吗?去年,还散发了马来文《圣经》6部、《新约》343本、《马太福音》300本、小册子985本，葡萄牙文《新约》60本，荷兰文《圣经》10本、《新约》50本及几百本小册子，还有300本塔米尔(Tamul)小册，以及一大批英文小册子。我们很高兴地补充一点，中国人、马来人、葡萄牙人在很多情况下会亲自来访，请求得到图书。目前存放着准备散发的还有270本《创世记》、120本《申命记》、333本《箴言》、60本《诗篇》、180本《但以理书》、160本《十二小先知书》(*Minor Prophets*)，200本《新约》及9465本小册子；但是我们现在没有全套的《圣经》。

上述内容能让下面这封信更有说服力。在写给迪尔特里牧师(Rev. J. Dealtry)的信中，马礼逊给出一些理由，希望英国重视中国的语言和文学。

致迪尔特里牧师的信

伯纳斯街69号，1825年2月7日

亲爱的先生：

很遗憾上礼拜二早晨，因您身体微恙，我们不能在韦尔斯先生(Mr. Wares)家中讨论把中文引入牛津或剑桥或者这两所大学的事。这样的一个措施在三个不同领域会显而易见地令人满意。首先，基督教博爱主义者需要掌握中国语言文学的知识，为了把启示宗教传播到中国、日本、朝鲜、琉球群岛(Loochoo Islands)和交趾支那，这些国家的人口至少占到世界人口的四分之一。所有这些国家都阅读中文，有一个庞大的阅读群体，我相信他们除异教图书之外，几乎没有其他的书可读。我相信在我们国家掌握中文是可行的，可以学得足够好用来写作基督教中文图书，指导所有这些国家。其次，随着英国在东方的属地逐渐接近中华帝国和交趾支那的领域，与中国之间存在极有价值的商业往来，不久这有可能会引起政府的注意；看来政府需要汉语知识。法国政府，尽管它与中国没有直接联系，但在巴黎设立了一个皇家中文教授讲席。再者，英国公众中的文学阶层也肯定希望了解世界上最古老的语言之一的知识，在这种语言中有多种多样的古代和现代的作品。如果把中文排除在外，语言学(philosophy of language)是不完整的。

亲爱的先生，这些是我不得不提出的一些想法，以说明在这个国家注意中文学习的几个原因。我的观点是，基督教民众对异教徒国家所拥有的文学多注意一些，将大有助于基督教知识在这些国家的传播。我会很乐意做出进一步解释，面谈或其他我所能做到的方式皆可。

您诚恳的

罗伯特·马礼逊

在英国，马礼逊博士就这段时期写道："同虔诚的人在公开场合和私下场合交谈中，我一直在说中国及周边国家的事业，我希望能够保持一些有利于这个善意事业的好印象。英国与缅甸的战争让我满怀希望又忧虑不已。愿神为传播福音扫除一切障碍。"

当计划离开英国的日期临近，马礼逊博士开始把注意力转向与离开相关的事情，并做离开的准备。他把中国仆人留在伦敦编写中文藏书的目录，他计划亲自为每本书写内容摘要，向公众说明解释这些书，为此目的 12 月中旬左右他常去伦敦；陪伴他的是本回忆录编著者，他们在 11 月结为连理。如他所愿，两个在兰开夏郡上学的孩子被送到伦敦。

与家人居住在一个临时住所，他发现自己身边围聚着一大群朋友。他们都想表达对他的殷切之情。这证明了他在社交中所受到的尊重，同他作为公众人物所受到的尊重是同样的。没有比那些有机会与他有私人交往的人更恳切地和他来往。这些人中有几个才能出众且社会地位颇高，有几个人虔诚且学养很深。在此应该对他们表示感谢，他们总是愿意以他们的影响力支持他提出的传播福音的任何计划。

此时，他考虑如何安置中文藏书。由于一些现在无法探查得出满意解释的原因，他不得不放弃在牛津或剑桥大学设立中文教授讲席的愿望。

同时来自新加坡的报道有可能证实他的担心，新任的政府当局不支持斯坦福德·莱佛士爵士（Sir Stamford Raffles）造福于民的计划；虽然时任印度总督的阿美士德勋爵个人并不反对采取这些措施，如下面这封来信显示的那样。

致马礼逊博士

加尔各答，1824年1月22日

亲爱的先生：

我刚到任不久就收到您7月24日的来信，感谢您发来的祝贺并预祝我任期取得成功的美好愿望。

斯坦福德·莱佛士爵士有关新加坡书院(Singapore Institution)的计划已经正式提交给英国驻印度政府。我承认特别喜欢您所感兴趣的事。驻印政府在授权范围内已经批准了斯坦福德·莱佛士爵士的计划。那些似乎超出其谨慎行使权力范围内的部分则交由东印度公司董事会处理。

我听说您预料到的与广东地方当局的摩擦①已经暂时过去；可是我并不乐观，不知他们是否会在下一季重提旧事。

我的儿子让我代他向您致意。他正担任我的军事秘书和将军的侍从武官。

亲爱的先生，向您致以最深厚的敬意。

您谦卑的仆人

阿美士德

此时马礼逊博士想的都是各种各样的公共事务，这一点可以从他写给朋友克鲁尼博士的信中了解到，下文是信件的简短节选。

–1825–

成立语言学会的倡议书—成立语言所—编写《中国杂撰》—当选英国皇家学会会员—拜会斯当东爵士—致汉基先生的信—论英国对汉语语文的冷漠—一位匿名者的评论—伦敦会来信—塔恩先生、雷慕沙先生、兰达福主教、克拉克牧师、普里切特牧师来信—福音小册会的决定，语言传习所的决议—哈洛克牧师来信—汤利来信—斯当东爵士来信—西沃德来信—菲利普斯来信—杂评

① 指的是“伶仃案”(Lintin affair)在第二年复审。——原注

伯纳斯街，1825 年 1 月

说到传播基督教思想的愿望,他说:

对于在五个懂中文的国家里存在的一个阅读群体,基督教书籍是最重要的。目前,我们数亿能阅读的同胞除了异教书籍外几乎没有什么可以阅读的——愿神赐福英华书院和它的印刷所。

乔治·斯当东为书院又增加了两百镑善款,他是书院的赞助人。

我决定把子女们带去中国,让他们在异教徒中献身神的事业……

四个传教团体①的书记要求我作文谈建立一所学习所有现存人类语言的机构。我们今天要与斯坦福德·莱佛士爵士共进晚餐,将会谈谈新加坡书院。

……

前封信提到的那个请求是马礼逊博士做的一个建议的结果。经长时间考虑,他提出一个计划作为广泛传播基督教的绝对必要的步骤。下段取自他在这方面所做的备忘录。读者可以了解他用自己的话表达的一个想法。

“自 1818 年以来,马礼逊博士就想基督徒一起努力促进对所有人类语言的研究。这是一个迫切需要做的事。在他看来,这个大都会仍然缺乏一个协会。这个协会应是联合所有语言学家的中心;在这计划中适当地保留这样一个条款即,这个全球语言协会(Universal Philological Society)的宗旨应该是坚定不移地坚持传播基督教真理;但与此同时,它不应否定其协助人类现世生活中的各种有益的追求。”这些建议已经呈交各个传教会考虑。他们都完全承认这些建议的重要性;而且伦敦会的理事们急切地请求马礼逊博士将离开英国的时间推迟至下一年,以便实施这个酝酿着的计划。

除了向东印度公司延长假期所带来的不得已的金钱损失,尽管还有诸多考虑让马礼逊博士急欲按原定时间返回他更能直接发挥作用的工作岗位去,但这些都不能妨碍一个更高计划的实施,这个计划很有可能得做出牺牲;因此他应允朋友们的愿望,丝毫不耽搁时间,准备向公众说明其计划,通过一个能

① 伦敦传教会、圣公会传教会、浸信传教会、卫斯理传教会。——原注

促进学习人类所有语言的协会，更广泛地传播神性真理；“为了向异教徒传播基督教知识，那些善良的人离开自己的国家，在他们离开祖国海岸之前，向他们提供各种程度的帮助。”该计划还包括收集世界范围内的有关异教徒和伊斯兰教徒的风俗与思想，建立一个适用的图书馆，邀请从海外归来的传教士演讲、描述他们的亲见亲闻，也可以邀请其他胜任的人士进行指导、讲座；除此还有一些次要的内容。

当时刚从印度传教回来的亨利·汤利牧师（Rev.Henry Townley）与马礼逊博士的几位朋友热情地参与讨论这些意见，并和他共同创办一所名为“语言传习所”（Language Institution）的协会，旨在向世界推广基督教。在政教名流支持下，传习所很快建立起来。这些人包括罗登伯爵、卡尔索普勋爵（Lord Calthorpe）、贝克斯利勋爵（Lord Bexley）、下院议员罗斯爵士（Sir G. Rose）、亚历山大·约翰斯顿爵士（Sir Alex.Johnstone）、下院议员英格利斯爵士（Sir R. H. Inglis）、下院议员乔治·斯当东爵士、莱佛士爵士及威尔伯福斯先生（W. Wilberforce），他们担任总裁、副总裁等职；另外，还有一个由24名平信徒组成的理事会（Committee），其中一半人属于国教，另一半人是属于其他宗教派别——作为传习所会员的牧师有权参与会议和选举。传习所于1825年6月14日在伦敦城酒店（City of London Tavern）举行第一次会议——阿勒斯·汉基先生（W.Alers Hankey）任会议主席。但后来，当有了足够资金，在霍尔本（Holborn）的巴特利特大楼（Bartlett’s Buildings）中选择一栋合适的房子作为传习所开展活动的所址，依据章程该所是为其政府而成立的。传教士和传教学生无论其是否对宗规教义有不同的见解均可免费入所学习。

出于其惯常的慷慨，马礼逊博士允许传习所使用他的中文藏书和收藏品；他亲自开办中文部，授课3个月；在课程结束时，他做了下面的报告，这可能是该所举办过程中最好的记录。

> 我在传习所的汉语课程已经结束。初级班和高级班共计13名学生，其中4名立志去印度群岛传播福音，两名很快就要起程前往马六甲，另外两名暂时留在英国一两年；他们有能力教授中国语言的基本原则，启蒙对阅读中文典籍有兴趣的人。

下面是两名学生后来寄到传习所的证言，也许能够足以鼓励传习所的朋友们坚持这个计划，该计划非常适合达成满意的效果。证言取自传习所会议记录。

阅读一封(本所学习过的学生)汤姆林牧师(Rev. J. Tomlin)发自新加坡的来信。这封写于1827年9月21日的信说到，他希望传习所保持活力，希望很多人从中受益，因为他相信传习所正在成为传教团体一个重要的辅助机构，这是他自己的经历能充分证明的一个观点。

宣读一封1828年3月4日塔恩先生发自伊斯灵顿(Islington)的来信。塔恩先生说他曾经在本所就读的女婿塞缪尔·戴尔牧师(Rev. Samuel Dyer)①去年7月从槟榔屿来信，提到他和夫人②发现在这个国家(英国)学习中文的好处：到达后六七个礼拜，他们能够与当地人谈话，戴尔先生用那种语言布道，当地人能够很好地明白。塔恩先生认为理事会一定会很高兴听到这个消息。

汤利牧师给几个传教士学生指导孟加拉语；在黑利博瑞(Haileybury)的东印度公司学院的约翰逊先生(Mr. Johnson)以非常值得尊敬的慷慨之情临时指导4名学生学习梵语。马礼逊博士继续着每礼拜3次在传教所教学，直到他离开英国的时间临近。对这一短暂存在过的机构的来龙去脉进行扼要描述，可以说明它多么适应其发起者所设定的目标；但是他刚离开这个国家不久，语言传习所就失去了活力，它在成立后3年多一点最终解散。

由于马礼逊博士决定在英国多逗留一年，他举家迁往伦敦附近哈克尼的一僻静处所，但并未因此获得比以前更多的余暇用于学习或社会交往，因为除了每周3次去奥斯丁弗莱尔斯(Austin Friars)的传教楼(Missionary Rooms)给

---

① 塞缪尔·戴尔(1804—1843)，1824年加入伦敦会，1827年被按立为牧师，随后与塔恩先生(伦敦会理事之一)的长女结婚。1828年3月10日携妻子前往马六甲海峡，8月8日到达槟榔屿并驻留当地。他除学习语言、照管当地学校、布道之外，为了《圣经》出版而精心研制并完善中文金属活字的铸造，后来成功地铸造了美观实用的中文活字，深刻地影响到此后百多年中文印刷出版传播的方式。——译注

② 跟随马礼逊博士学习中文的女子班学生。——原注

一班准备传教的年轻人教授中文，他还利用另外3天在家中给一班女士上课，她们学习中文的目的是从事教育女异教徒的工作——这是马礼逊博士思考并且努力推动的一个计划，他认为只有传播基督教原则才能在道德和社会生活中提升女性的地位。所以，他主张成立一个与传教活动相关的协会以促进异教徒、伊斯兰教国家妇女的教育。但是在当时这个建议不为大家普遍接受，而是移归一两个有热情有勇气的人进行尝试，这至少证明通过齐心协力可能取得更大收效，并最终成立一个协会。这样的一个协会正在异教徒和伊斯兰教国家广泛地传播神性真理之光和有用的知识。

在此期间，马礼逊博士利用各种公关活动之余的短暂时间，通过印刷传播有关中国人的语言、宗教、哲学的有价值的信息，几篇论述这些主题的论文刊登在1825年的《福音杂志》中。他也编写出版一部语言学论文，名为《中国杂撰》(*Chinese Miscellany*)；写了各种形式的书信；就一些特定场合写的训诫词，后来结集出版《临别赠言》(*Parting Memorial*)。对很多人来说几乎不可置信的是，除写作训诫词外，这些各种各样的文字工作是在家居生活中进行的，没有受到孩子们嬉戏或偶尔客人到访的打扰，他们从他那出神的样子以及奋笔疾书中认为他完全不注意谈话的进程，但出乎他们意料，他会问一个问题，或表达一个意见，这表明他对谈话有一定的兴趣。

这年，在他本人并未提出申请的情况下，马礼逊博士被选为皇家亚洲学会会员。他对一个朋友就此事说："收到你上封友善的来信，祝贺我接受到的荣誉；我的弟兄，这些东西在现世是毫无价值的——在死亡那刻就更加微不足道了！"

这段时期，马礼逊博士的公共事务因病暂告一段落。这次疾病可能起因于用脑过度，而且与这年夏天非同寻常的炎热有关。炎热的天气消耗大量体力，让人颇为忧虑。他的医生朋友建议他放松一下研究，换换空气，这对他的健康恢复是必需的。他被说服接受乔治·斯当东爵士再三邀请去其位于汉普郡(Hampshire)的大宅邸住上几日。这次旅行证明特别有益于他的健康，让他的心情愉快；在一封私信中他描述其周边的环境，可以让读者暂时离开琐碎的公务活动。

抵达后第二天他写道：

雷帕克园，礼拜三早晨，1825 年 9 月 21 日

……昨天早晨离开你后，马车穿过整个伦敦往西行，我们上主干道前已经 9 点半。马车里坐着位不敬神的苏格兰上校，和一名伦敦人派头的医生，他隶属驻康沃尔(Cornwall)的一个军团；一位船长，膝盖上始终放着个六分仪；以及我——你谦卑的仆人。

我们经过吉尔福德(Guidford)到彼得菲尔德(Petersfield)，停车 10 分钟用餐，那时 4 点钟。又往前行 6 法里，在一处叫霍恩定(Horndean)的地方，我下了这辆驿马车，搭上一辆邮递马车前往雷帕克园，因为有乔治·斯当东爵士的别墅而在这一带有盛名。我抵达此处时约在 6 点半，当我接近房子时，听到晚餐开餐铃响起。

乔治爵士见到我时又惊又喜，并立刻询问你是否同我一起。曼宁先生是唯一一位来访者。我们一直谈到 11 点钟。……

今天早晨，尽管很潮湿，我在早餐前去乔治爵士的园子散步。这园地广达 1200 亩。我去了园里一小教堂，它坐落在一小丘的高处，为枞木林环绕。乔治爵士在那立了块大理石碑，纪念 1780 年以来去世的父亲、母亲和朋友。其中几位在中国就认识。这宅邸和公园都挺可爱。我完全摆脱了旅途的劳顿，唯一遗憾的是你不能陪同我。

昨天给你写完信，乔治爵士带曼宁先生和我乘坐一辆小马牵引的四轮马车去海兰比奇(Hayland Beach)的海滨，是从哈文特(Havant)这边的大陆通过一座新建的跨海湾桥到一座叫海兰的小岛。天气很好，我们有一个非常怡人的乡村之旅，穿过岛上的农场到海滨。这个海滨是诺福克公爵(Duck of Norfolk)的地产，几个投机商人正利用此处建一个海水浴场，他们正修建房屋，搭建淋浴装置，乔治爵士在岸边有一处地产，正在上面建造房屋。

哈文特的独立教会派(Independent Church)听说我在此处，送来邀请函希望我离开前去布道，但我拒绝了。乔治爵士有一位园丁，是哈文特教会的教徒，他向村民布道。

这里有一所国立学校，有人建议允许孩子们在礼拜日同父母去非国教徒教堂。昨晚我们为这个事例中赞成自由行事的做法谈了很久。

在知道我将于礼拜六离开之前，乔治爵士邀请了一群舰队司令官等人在那一天来访。他友好地要求我至少留一礼拜，但我请他让我礼拜六离开。我的健康似乎在好转，但在目前的情况下，我急着回去。

……

这是马礼逊博士在英国逗留两年期间，离开公共服务进行休息的最长时间；他拒绝所有其他可能有碍目前要处理的事的友好邀请，除了同斯坦福德·莱佛士爵士一道去短暂拜访威尔伯福斯先生，还有一次是去剑桥拜访西米恩牧师(Rev. Mr. Simeon)并参加一个公共会议。

尽管有违伦敦传教会针对赴外国传教士的规定，理事会提名马礼逊博士在英期间任理事。他在致司库的回信中对给与他的这个荣誉表示感谢，并就此表达自己的意见。

致汉基先生

格罗夫哈克尼（Grove Hackney），1825年9月14日

亲爱的先生：

我深感荣幸接到您的来信，您以伦敦传教会理事会主席的身份通知我，我被选为理事会会员。我请您向理事会诸先生转达我的感谢。我接受这个荣誉(虽然我完全满意于自己只是一个传教士)，因为我认为这是符合《圣经》精神的，去往异教徒国家的教会的使者从职守之地返回后，在没有过失的情况下，应该有权在国内基督教传教士会议中作为同等人有自己的声音。我希望这次举措能够让传教士有资格进入理事会成为一个基本原则，我认为这会给基督教事业带来很好的结果。同时，我不得不说，我的健康状况，以及为一次长期也许是最后一次航行做准备——我还要花大量时间从事中文教学及我认为适合传教士职守的活动，可能使我不能经常参加理事会会议。

您忠诚的

马礼逊

马礼逊博士延长在英国的逗留时间所要达到的主要目标基本实现了。成立一个全球语言传习所,并运作办学。到目前为止,可以判断其结果大致是成功的。从该传习所以普遍性原则为基础,和从其所获得的支持来看,有充分的理由相信它能继续下去。如今的宗教界,对之前不曾关心的那部分人有了更多兴趣。根据推想,是中国政府的排外特点造成人们难于接近基督教传教士的种种作为。但这个错误很大程度上被最近呈现在他们眼前的报告所消解,马礼逊博士希望基督教会将最终认识到他们对这片广大但迄今被忽视了的地方有施以善举的责任。因为借着他的热忱和勤奋,培育的材料已经准备好,慷慨地置于基督教教会的各个宗派能力范围之内,所以他衷心地盼望并邀请秉持基督教最重要原则的所有人的合作,把这些原则播撒得尽可能广泛——对救世主的爱,为祂的事业献身,在马礼逊博士看来,这比那些高调声称为正统,或依附于某个特定的教会统治模式更加能满意地证明使徒精神。

新奇、实用是广义文学的特征,马礼逊博士现在已经使欧洲人能接触到它。可能有人认为,文学人士会认可他的工作而欢呼。受到文学界的赞助,并结合基督教慈善机构的努力,值得在英国永远进行中文教学。这不但可以提供最有利的机会研究符号语言的一般原则(当时是一个很受关注的主题),还可以推想,这种研究会让人兴致颇高地去弄明白其他仍鲜为人知的古代或许有亲缘关系的各种语言,而且在以中文为语言的国家,中文是传播神圣真理权威的圣经,其次是传播各种哲学、科学知识的媒介,这可能对这些人的道德福祉是最有幸的。然而语言传习所的历史和当时有影响的期刊所做的评论,与这样可喜的预期形成鲜明的对比。前文已述,用中文及其他语言传播知识的种种努力由于缺乏热情和资助在经历一个短暂时期后停止了,一般的文学界对这个计划所表现出的冷漠和不在乎似乎明示一种贬损劳作的意向,不管这些劳作多么高尚卓越,只要劳作者的目的明确是宗教的。

下文摘录自一份地方出版物,其作者没有这种贬损的意向,这是值得赞赏的,但同时又暗示出对这种基本意向的肯定和证明。

> 我们听到过这样的意见,一位有才干和学识的人把这些奉献给宗教事业,在现今看来,他的境遇就像第一位接受那位受到蔑视的拿撒勒人

(Nazarene)①的信仰的异教哲学家——他的弟兄们的学派会对他不悦并侮辱他。如果马礼逊博士的计划和工作是由某位自作聪明的教授开始实施的,他会过于文明进步,不能认识到孔子比基督低等,在早就不相信这一比较的情况下,每一份评论、杂志、报纸会把他的赞美传遍所有文明世界吗? ……

我们得很快下结论,我们不可避免回顾一下已经完成的事。掌握中文;用这种语言编写宗教小册子;《圣经》翻译成了这种语言;编写6卷4开大的中文文法和词典;用所有语言中最难的一种语言或写或译的其他几部作品;成立一个书院并积极运作,这是一个了不起的计划。所有这些都是马礼逊博士及一位在他指导下的同工完成的。如此巨大的成就是凭个人才能和勤奋完成的,人们能够不为此感到惊奇吗? 为什么我们把伟大的英国辞典编纂者约翰逊博士(Dr. Johnson)描述为一个"文学巨人"(Colossus of Literature),并置于文人学者的最高级别? 我们认为马礼逊博士值得这一称号——我们尊敬把《圣经》翻译成我们的或者他们的语言的学者,这是我们应该做的事。然而,我们宣称自己怀有传播基督教或文学的愿望,却不能尊敬也不全心协助一个基本上得不到帮助的人,而这个人把世界最大帝国的语言简化为了一个体系并为讲这种语言的人翻译全本《圣经》,丰富了他们的语言。

波斯、阿拉伯和印度的文学多少已经向西方国家敞开,我们几乎不了解中国语言宝库中存在的任何珍宝。确实,数世纪以来,欧洲商人已经同中国人有贸易往来,一些天主教传教士在中国居住。但前者的商业活动是为了获得利益而非增加知识;至于后者,除几位值得尊重的外,一生的劳作是为了使自己为他们服务的人所理解,哪怕是一点点……对于所有在中国的事业和探索,存在着一个巨大的、具有猜忌性及排外精神的障碍,这就是它反对外国人的法令。但更大的障碍一直是它的语言。东方的语言一般都比较困难,但与中文相比,它们就和我们的母语一样容易,

① 拿撒勒人,耶稣的信徒,含有轻视意义的名字。——译注

中文与天下任何一种语言几乎没有一个共同点。它不是一种字母语言，字母的知识可以让你非常好地了解每个词的组成部分，除了这些部分的组合方式外没有别的需要学习。它只是一种字符语言(Language of Characters)，字符多如星星，种类繁如田地中的花朵。所以，如果我们中最文明开化的人对说这种语言的人，对占人类三分之一人口的了解，同对住在月球上的生物的了解一样少，也就没什么稀奇的了。

现在，大家都承认对此是无知的，并为之叹息。所以，我们可不可以设想有这样一个人形成并实施一些计划以消除这个无知——我们可不可以肯定地说，在最了不起的工作后，他成功地将源于语言的种种困难降低到一个可逾越的程度——他应该受到每个学者的喝彩，享有最高荣誉和赞赏。但是有这样一个人——尽管通过文学界不多的先知，文学界听到过他负有盛名的出版物，或甚至听到过他的名字。有数百种各种类型的杂志，都是为促进文学而运作，都在上天下地搜寻新闻；然而据我们观察，几乎没有一家杂志把马礼逊博士努力成就的事告诉世人！

然而，不要根据上面的评论就推测马礼逊博士对此感到遗憾，他并不因他的著作遇到了一些阻碍、没有在社会上发挥更大的作用而惋惜——私下里还有人认为，他拥有了最渴望追逐名誉的人所梦想得到的一切，他应该感到很满足了：他不仅与最杰出的文学界人物建立了友谊，还引起了欧洲和美洲学界和科学机构的注意，他们在马礼逊毫不知晓的情况下主动地把荣誉敬献在他的名下。基督教各个差会都信任他、尊敬他，许多了解其工作价值的著名人士在他离开英国前夕纷纷给他写信，向他表示感谢。

传教厅（Mission House），奥斯丁弗莱尔斯，伦敦，1826年4月24日

敬爱的弟兄：

尽管我们已经庄严地把您置于我们上天的父的看护和宠爱中，如果不把我们基督徒深情的敬意作为一个更为经久的纪念交付给您，我们是不能让您离开我们，离开公共宗教活动或离开我们理事会最普通的一次会议的。本会及基督的各个差会祝贺您借神的恩赐和帮助，在中国所取得的一切，您即将再次前往中国。我们相信，在同一恩宠支持和指导下，您将能够在您已献出一生的工作中更为有效率地推动其进展。在神对俗界的统治中,祂立意让您拥有尊贵的荣誉,成为向人类中这样众多人口宣传真正的福音的最早最有名最成功的信使之一。我们希望并祈祷神让您所有的工作都顺利,用祂自己有效的祝福成就这些工作。

我们相信,您绝不会认为刚刚在自己祖国度过的两年,是您为救世主服侍一生中的一个空白。我们希望并相信,您能引起基督教徒关心中国及周围地区众多人口的宗教状况。关于那些地区盛行的语言,您的文学及其他工作不但表明掌握这种语言的困难,为着宗教目的,它不是不可逾越的,也表明您所留下的财富(如果得以保存,我们相信将会保存下来,特别是借助语言传习所)将足够促进将来的劳作者为那片广阔的土地做好准备,到那时神已经为此打开门。

在我们这方面,请深信,我们感到世界那个部分作为本会宣扬耶稣基督福音的地方的重要性,我们特别强烈地感受到不容忽视促进这一工作的机会,神会给我们提供这些机会,因为教会将把其财富交到我们手中,如您所知,几个人正准备同已经从事这项工作的人协同工作,如有需要,将提供其他人。我们相信,在专人负责的情况下,能实现塑造一套金属汉字印刷模型这个重要目标;理事们乐意促成此事,为此捐献以敷支出,及其他权力范围之内的办法……

我们诚挚地祈祷,神保护您及您家人旅途平安——愿您、您夫人及孩子们保持健康;愿神赐福您的孩子们,在父母的关爱下成长,实现你们心中最美丽的愿望。带着这些情感,及其他所有最诚挚最纯洁的问候,我们在理事会授权下代表理事会签下我们的名字。

您最挚爱的

司库阿勒斯·汉基

书记乔治·伯德

塔恩先生的来信

圣经公会大楼（Bible Society House）

伯爵街（Earl Street），1826年3月21日

亲爱的先生：

我很荣幸地通知您英国圣经公会投票再增加1000镑给您及您的事工，目的是印刷传播中文《圣经》。

布兰德拉姆牧师（Rev. Mr. Brandram）将写信告诉汉弗莱斯及柯利先生（Humphreys and Collie）此事。

昨晚我收到您关于赠送希伯来《圣经》和希腊《新约》的信，我将很乐意下礼拜四提交给我们委员会，谨候赐复说明您各需要多少数量及其用途。另外，您只要欧洲语言版的还是也要东方语言版的？

敬候回复

您忠诚的

约瑟夫·塔恩

在马礼逊博士建议下，圣经公会采取如下措施，并且授权于他予以实施。

1825年1月13日

第一，本会雇用一人去访问居住在欧洲政府殖民地内数量众多的中国移民，目的是在他们中间传播《圣经》，或者出售或者采取其他方式，为此目的有必要提前学习中国语言，他应该在大约15个月内勤奋学习掌握足够的知识。

或者，第二，本会鼓励传教士或其他已经精通这种语言的人，在他们的工作允许的情况下，为着上述目的，时常做这样的巡游，由本会承担费用。

然而，马礼逊博士特别主张采取前一个措施，因为在那片土地上这样做没有什么障碍，而且因为活动地域之广，他可能终其一生生活在那里。

决议已定，建议委员会授权马礼逊博士去雇用他视为适合传布中文《圣经》的人，费用由本会支出。

雷慕沙的来信

巴黎，1825年11月1日

先生：

我非常高兴并充满感激地收到您的新作，及附上的一封带给我荣耀的信，对此，请接受我诚挚的谢意。可以肯定文学界以及您的同胞应该感谢您在中国语言文学方面的辛勤耕耘。如果我有任何理由自豪，那么就是，在我们国家我最早公开肯定您工作的伟大和重要性。

带着一些痛苦，我获悉您有意再次离开欧洲。在我看来，您在英国的存在，文学事业将受益极大……

我希望您还没有动身。我希望，在返回我们共同朋友的身边之前，您能再一次穿越海峡，看望您在大洋彼岸的朋友们。这对我来说是个令人高兴的补偿，因为您同我在一起的那天是令人遗憾的①。一直以来我们进行的所有交流谈话证明是极为珍贵极为荣耀的。请高兴地接受邀请，同时请相信我保持对您崇高的敬意和问候。

您谦卑、顺从的仆人

法国亚洲学会会长　法兰西学院

雷慕沙

金斯伯罗勋爵的来信

金斯伯罗勋爵　公爵街（Duke Street）11号，1825年3月8日

金斯伯罗勋爵向马礼逊博士致意，并感谢昨晚收到的信，从信中得知，马礼逊博士已经被一个协会说服延期一年返回中国。金斯伯罗勋爵很高兴马礼逊博士改变了想赶紧离开英国的打算，勋爵相信这将非常有利于英国对东方文学的兴趣，并且他相信马礼逊博士应该待得更久一些，并以他很精通的学问开设一个讲座课程，而其他人无法胜任教学。他很遗憾马礼逊博士缺乏与他想设置的课程相关的图书。他很荣幸提供其所拥有的一部作品（之前他曾送给英华书院同一本书），这部作品大量地讨论了与中国有关的最令人好奇的

---

① 马礼逊博士那天剧烈头痛。——原注

主题,是由一些在中国度过一生的人写的,马礼逊博士无论在英国或欧洲大陆都很难找到一本。他如此善意,想知道什么时候把这部作品送去。他还有一些其他的图书,他也希望把它们作为最后的贡献送给英华书院这样一个有益的学校。马若瑟神父的手稿《汉语札记》现藏于法国皇家图书馆,现在有人正在抄写手稿。他希望这本书在抵达目的地前不要发生任何事故,因为他花费了 60 个金币让人把它抄写出来。是雷慕沙先生从跟随他学习中文的学生中找出一位胜任此项任务的学生。此手稿共有 250 张,合 500 页,拉丁文写的,分为两个部分。第一部分记录有文言文风格(ancient classical style)的中文写作规则;第二部分是白话文(modern style)写作的规则。规则的正确性可以从古今最受认可的作家的大量例子中得到证明,所以这本书含有丰富的汉字。雷慕沙已经为全书编了一个索引。做此索引的工作需要很长时间,因为这对此作品是极大便利和补充,所以金斯伯罗勋爵允诺在作品的书页中予以感谢。他大概是因为信写得太长而请马礼逊博士原谅,然而,他把两三封信处理的话题集中在一封信中——(几个月后)当马若瑟的作品的抄本完成后会送给马礼逊博士。他认为英华书院通过出版这位博学耶稣会士的作品——马若瑟是前往中国的罗马天主教传教士中公认的最精通中国语言特质的人——是为科学界朋友做一件有益的事,对他们自己也是值得称赞的。

兰达福主教(Bishop of Llandaff)的来信

卡尔顿宫,1826 年 4 月 27 日

亲爱的先生:

我希望你在离开英国前能收到此信,你曾来信真诚地祝贺我新当选为主教,如果我不能向你致以我最衷心的谢意将令我非常遗憾。我满怀感激地接受我所敬重的人的良好祝愿,但请允许我引用一句他们祷文中的话,我在短暂的人生中得到提升,不是为了那些世俗的荣誉,而是要我充当神的工具,为祂所用,祂可以让最软弱的人坚定地履行祂的目标。

我希望我的愿望能够实现,你在祷告时要记得替我祷告,让我成为神的工具;我也答应你,将以极大的兴趣和希望密切地关注你再次向中国人传福音的进展，神赐予你力量、时间和才能，愿祂继续保佑你。

我衷心为你们祈祷，祝愿你和你的同伴能够取得成功！

你忠诚的仆人

查理斯・萨姆纳（Charles R. Sumner）

亚当・克拉克牧师（Rev. Dr. Adam Clarke）的来信

伊斯特科特（Eastcott），米德尔塞克斯（Middlesex），1826年3月19日

尊敬的先生：

很抱歉，我没有特别的恩典在您离开前见您一面。但自从新年那天早晨后我就闭门不出了，当时我感冒，并引发脸部和眼睛炎症，现在正慢慢恢复中。

所有的《〈圣经〉注释》已经印出，总索引已经到字母R。我不知道剩余部分在您起程时是否能准备就绪，神允许的话。不管怎样，那时您将拥有所有已经印好的部分，我会把剩余部分做个复本分别寄给您，这样您就有了完整的本子。有一件事情您必须宽恕我，否则我会感到痛苦。我曾经请求您在您的藏书中添加这样一部书。很抱歉，它不是大开本的。没有剩下一本来——它们早就不出版了。出于对您工作的高度尊重，及对您个人的爱，我呈献此本给您。我已要求用好的木板，这样装订时（除了几个地方）就不会弄坏。由于后半部分的墨水还没干充分，可能会脱落。您在信件结尾处为我做的祷告相当于我的1000本书。我也用您自己的话为您祈祷："愿基督的大能降临在您、您的家人和您大量的劳作上！"您有两个可爱的孩子——我认为是我见过的最爱的好孩子——我把他们抱在膝上，经常亲吻他们，把他们抱在怀里。很多年已经过去，他们可能不记得我了，但是请告诉他们，有一位老人祝福他们并为他们做最衷心的祷告。

您起程时愿神与您同在，赐您平安，阿门。

爱您的

亚当・克拉克

普里切特牧师（Rev. C. R. Pritchett）的来信

祈祷书公会，1826 年 3 月 29 日

亲爱的先生：

请接受我们委员会衷心的感谢，感谢您送给我们图书作为礼物。我们很高兴收到您的来信，也很高兴在我们能力范围内给您一些小小帮助，并把您列为我们的助手之一。我们感到很喜悦，在这个国家见到您，及您在两次年会中所提供的友善帮助。我们仍然希望是您的通信对象，希望通过印刷《短祷汇编》（*Collects*）及我们的祷告文式（Liturgy）的其他部分的资料来扩大我们的中文出版物，这需要您找时间翻译。愿神、我们的救世主的祝福与您一路相伴，陪伴您直到那个遥远的国度。

相信我，我亲爱的先生，您真诚的

书记普里切特牧师

在 1826 年 4 月 18 日福音小册会委员会的一次会议上，托马斯·佩拉特先生（Thomas Pellatt）担任主席，全体一致决议——

本委员会在马礼逊博士离开本国之前，要向他致以诚挚的感谢，感谢他过去为本会有成效的、无私的服务，这些服务与马六甲的传教士及出版中文宗教小册子有关。委员会请求他记着那 300 镑仍然为传教士们预留着，他们可以随时提取。本委员会将始终非常愉快地与他们合作以促进救世主的事业，以基督教中文印刷所为媒介。委员会非常感谢传教士定期递送所有新出版品，并报告这些印刷品的分发情况。为了本会的利益，向公众说明其在国外做出的努力是非常重要的，本委员会盼望马礼逊博士知道，他们对他将来所有的成功作为深感兴趣，他们最热切地祈求神一路保护他及他的家人，时常给予他们所有暂时的、精神的、永恒的祝福。

（签名）主席托马斯·佩拉特先生

助理书记琼斯（Wm. Jones）

致马礼逊牧师

语言传习所，伦敦，1826 年 4 月 4 日

亲爱的先生：

受语言传习所委员会指令，向您传达以下所附决议，决议是基于您 2 月 28 日信件内容确定。

委员会必须一直视您，亲爱的先生，为神的主要工具之一，创建了他们蓬勃发展的传习所。传习所成立后，您的努力是第一个也是最有成效地把它的设想变为行动。您在这里的作为现在已经完成，您准备暂时离开我们。但不久前，您已经准备了两位年轻的继任者来继续您开创的事业。我们相信增补的决议会表明您信中各种愿望没有被置之不理，也不会被遗忘。我们决定，依靠神的帮助，尽可能地全面落实。

现在，亲爱的先生，我们把您托付给神，希望祂在您穿越深渊的漫长而危险的航程中保护您，保佑您抵达如此遥远的目的地后开展工作。如果我们会议中的任何记录能给你一定程度的鼓舞和安慰，如您所预期的那样，可以确定，我们将会把分享您的快乐看作一种荣誉和特权。

亲爱的先生，我们是您最忠诚的朋友和同工。

普拉特(T.P.Platt)

书记沃尔福德(Wm.Walford)

决议：本委员会向马礼逊博士致以衷心的感谢，感谢他为推动本所各项目标所做的重要帮助……

第三，委员会完全领会马礼逊博士建议的重要性，其建议是采取策略使本国的中国语言研究长存永续。委员会很高兴利用每一个机会实施此计划。

哈洛克牧师（Rev.W.A.Hallock）的来信

纽约，1826 年 5 月 27 日

敬爱的先生：

在此我寄给您一份一年前在本城建立的“国民福音小册会”(National Tract Society)的小册子。我们请您接受这个纪念品，以表达我们真诚的

基督徒的问候，以及对您为小册子的事业所做的非常重要的服务的高度认同。您在英国就这个主题所做的公开演讲从四面八方飞快地传遍我们基督教社会。主一直在您左右，无限制地发挥您的影响力如同您心中的无限愿望。我们奉上几份《纽约观察者》(*New York Observer*)，内含最近在本城进行的各种周年活动的综述。

敬仰您的

美国福音小册会(American Tract Society)通信秘书：哈洛克

马礼逊博士在格雷夫森德等候前往中国的船起程时，收到下面的信件。

大圣海伦斯（Great St. Helens），1826 年 4 月 28 日

亲爱的马礼逊：

……今上午我在语言传习所会议上。与会者比我预想的要多，且从头到尾气氛热烈愉快。主席因上院职守之故未能出席。斯当东爵士担任主席。他介绍这一天的会议事务，讲话颇有洞见而率直。不同的人在不同的时间的报告中都不止一次友善而荣耀地提及您的名字。房间里挤满了人。门口也聚了一小群人。发言者有英格利斯爵士、卡尔索普勋爵、老伯德先生(Mr. Burder, sen.)、皮尔逊先生(Mr. Pearson)、李教授(Professor Lee)(发表了一个热忱感人的演讲)、莱瑟姆先生(Mr. Latham)(圣公会传教士，孟加拉语学生)及其他人。会议在三点钟结束，结束时与会者都留下深刻的印象，感觉到这项工作的重要性。通过表决感谢您及其他几位不拿报酬的教师。

休斯顿先生(Mr. Houston)要加上一句——祝福您的孩子们——问候您的夫人。

您真挚的

汤利

斯当东的来信

德文郡街，1826 年 4 月 28 日

亲爱的先生：

我很荣幸今天上午出席了语言传习所的周年庆祝会，会议上的每一件事都令人赞叹地得到执行和支持,除了——由于贝克斯利勋爵因公务而不可避免的缺席——不巧的是,除了您卑微的仆人没有别的更好的主席。然而,与会者都留意我的安排并给我令人赞许的宽容;并且我很高兴有机会向大家证明一位献身伟大美好事业的人的孜孜不倦的热情、无与伦比的能力和可靠的辨别力,他是本所著名的推动者或者应该说是建立者,我们很遗憾他不能出席,我感到很荣幸与他有17年的交往(恕我冒昧地说,是友情)。

您在格雷夫森德时我会寄给您我的文章;也要感谢您,当您抵达旅行的终点时把《晨报》(*Morning Post*)交给咸臣,把《代表》(*Representative*)交给德庇时。

我很高兴您喜欢那个小墨水瓶架,那是我尽力催促在您离开前完工的。

您最真诚的

乔治·斯当东

西沃德(Thomas Seaward)的来信

格雷夫森德,1826年4月23日

敬爱的先生:

我感到有责任,在我离开此处之前,代表普里切特先生向您致歉。因为他不能亲自回复您说准备离开英国的那封信。允许我向您确认除了不可抗拒的事务,他是不会委托我给您回信的。普里切特先生及祈祷书公会委员会充分地评价您的基督徒之爱,这特别表现在您把祷告文式,及一些训诫翻译成中国人的语言;亲爱的先生,可以肯定他们将一直感谢您的合作及与他们的通信。

我们委员会很高兴在上次会议上交付您400本训诫小册子用于免费散发,还有普里切特先生指令交付给伦敦会(Missionary House)的那些资料。可以肯定他们将一直随时与您一起行动,在他们的能力范围内以任何方式协助您,因此他们会帮助您从事有价值的劳作。

愿主仁慈地长久怜恤您的生命,成就您的努力。这是最尊敬、爱戴您的谦卑的仆人真诚的祈祷。

祈祷书公会助理书记

托马斯·西沃德

英国海员之友会(British and Foreign Seamen's Friend Society)

委员会办公室,18号,奥尔德曼伯利(Aldermanbury)

伦敦,1826年4月27日

亲爱的先生:

经英国海员之友会委员会与船员礼拜堂联盟(Bethel Union)投票一致同意,随信送给您一面联盟旗(Bethel Flag),及从去年年初起的《海员杂志》(*Sailor's Magazine*),还有6本多余的本月杂志,如果您欣然同意,可以把这6本杂志分发给"奥威尔号"(Orwell)的海员。——如果有机会,我也会寄上几本五月份杂志——现在还没付印。

……委员会不会忘记您的建议,在黄埔设一个流动教堂(Floating Chapel),让英美海员在礼拜日联合一起做祷告、唱赞美诗;我希望以后的几封信中告诉您,为了这个高尚的目标已经开始认捐活动了……

亲爱的先生,我现在把您交给您所爱的、所侍奉的祂。——祂拳中握着风,手心中承着海,愿祂让您漂洋过海安然抵达您劳作的地方,愿祂让您在使很多中国人改信真神的努力中更得力,他们将在神和耶稣的宝座前与您相见,在那里,您和他们的歌声将永远赎回荣耀和爱。在那里微不足道的本信的作者和来自世界各地的海员会遇见您,在那里不会再存在罪和死亡。

别了,我亲爱的朋友——愿耶和华的祝福陪伴您,这是我由衷的祷告。

您真挚的

书记菲利普斯(T. Phillips)

也许您会同意我们把您的名字加入我们委员会。

马礼逊博士决心带全家前往中国,希望他的孩子们献身服务异教徒,他放弃原本取道缅甸回中国的计划,这会带来额外的支出和延误。因为那时印度的船只把军队带去参加缅甸战争，所以他决定采取一条直接去中国的路线，搭乘公司的“奥威尔号”，据说其船长对宗教怀好感，尽管在其他方面与大多数同级别的船只相比，“奥威尔号”为旅客提供的便利要少些。

按照制定的成规，马礼逊博士表达返回中国的意向，要求得到公司董事会允许恢复他在广州商馆的原职；同时请示董事会允许他带家人同行。所以，他只有等待他们的答复，以为旅行做出必要安排，没有预料到会从一位消息来源处得到令人失望的消息。最近从这个消息来源处得到最友善的意向。结果在收到正式通知时，他吃惊不小，公司允许他恢复原职，“期限为 3 年”——但是，没有同意他两名较大的孩子同行去中国！

无论马礼逊博士的朋友或其他人把这个非同寻常的（没有给出理由的）决定当作什么，他自己则是一贯的平静心态；尽管他的想法具体体现在致董事会的陈情书（Memorial）中①，陈情书中他记录了 16 年来很多次为广州商馆服务而与中国政府交涉，表达了对公司不答应其请求的感受，公司的这个过分决定可以从限制其服务年限看得出来。然而，进一步考虑，他没有呈交这份陈情书，主要是担心如果公司答应陈情书，可能会要求他在传教士身份上做一些妥协。有人建议他力争享有与公司签约职员同等待遇，这样他有权获得一笔退休金和其他特权。以他无私的个性，他说道：“我不想因为我个人的事业向董事会恳求，我宁愿回到牧师和传教士的身份，而不是强求他们，即使只是要求给我公正的待遇。……随着我们时近暮年，乌云开始聚集。但是，我相信，神的光将照在我们灵魂上，在遥远的国度鼓舞我们。”

虽然马礼逊博士此前为了能在中国居留曾接受了东印度公司的任命，这样做的目的前面已有说明——编一部汉语词典，把《圣经》翻译成中文。现在这些目标都实现了，所以就不难理解他为什么不愿为了私利而恳求董事会延长他的任期。公司的决定虽然可能影响到他对公司事务的热情，也可能对他将来为教会和基督教世界劳作的事工造成负面影响，但是他仍然决定谦恭地依靠神、听凭天父的安排，继续回到中国传教——这就是一贯驱使他、激励他

---

① 附录九基德先生的文章收录了这份文件。——原注

的简单动机。在他返回中国后的生命历程中,有太丰富的事例证明他宽广仁慈的心胸和永不减退的热情,这种热情促使他回到中国,即使是在被免职时,他成功开创的各种慈善事业都让他坚持了下来,这些慈善事业不仅没有经济回报,而且是在他痛苦地察觉虽然自己多年来为公司尽职尽责,可是一旦他英年早逝,连家人的日常所需都没有着落的现实下进行的。虽然马礼逊博士离开英国时只接到了短暂的 3 年任期,可是神的安排却让他在期满后从未间断工作,直到英国东印度公司的特许令①被取消。随后他又接受了英国政府的中国贸易管理机构对他的任命。确实有理由相信,公司只是按照惯例给他短期的任职,而不是在他们管理期间要有意赶走马礼逊博士;公司随后又给他的家人发放了一笔慰问金,这足以表明他们"认可马礼逊博士的优秀品质和他的服务"。

即将离开英国前发生的这些公事让马礼逊博士感到有些沮丧,此时家里的严重事件让他更受折磨。他的一个身体健康的孩子突然染上了重疾,而且有性命之忧,虽然孩子有所好转,可是除非他到温暖的地方去疗养才能痊愈,因此不能完全放心。在这种情况下,马礼逊博士性格中温柔的一面凸现出来了,虽然他一贯坚持原则,坚信高高在上、统领一切的神的智慧,未经神的同意,即使是一只小小的麻雀都不敢落到地上,可是神照顾祂的人却以明显的恶滋养真正的善。从这一时期的私人信件中可以观察到这两种品质的结合。

把家人留在布莱顿(Brighton)后回到格罗夫,1825 年 12 月 30 日,他写道:

> ……我一到格罗夫,发现用人都在家,安(Ann)去掉长沙发上的套子,书房有些荒凉——因为空着;但她很快生火做晚餐。没有信件,只有委员会的传唤单,及《临别赠言》(*Parting Memorial*)的一份校样到了②。待《临别赠言》印好,我可能被视为传教士献身主义(devoteeism of Missionaries)的异端。我们应该奉献自己、忍受艰难、像勇敢的战士那样,这

---

① 东印度公司的特许令(Royal Charter)是由伊丽莎白一世于 1600 年 12 月 31 日颁发,旨在促进印度的最惠贸易。东印度公司随后逐渐从一个商贸公司发展为拥有地方政治权力和军队的综合体,这种特权直到 1858 年被取消,东印度公司也随之解体。——译注

② 《临别赠言》(*Parting Memorial*),当时在印刷所。——原注

的确很正确;但不是这些事情使异教徒改信真神,而是福音真理。……为我祷告,我会忠诚成为基督的一个好传教士直到死亡——让荣耀永远归于祂的名!……

……关于家中过去发生的事,他说道:

礼拜六,12月31日

我们都在耶和华仁慈的统治下——祂的仆人们——祂是我们在天上的父,通过我们的长兄——耶稣,我们的救世主的功劳和调解,我们同父和解。每当我忘记神,我就为你们所有人忧虑;但当我记起祂,我就顺从宁静了。啊!祂会把祂的圣灵注入孩子们的心中,他们也可能害怕祂,服侍祂直到他们在地上的旅程结束——那时,我相信,我们所有人在天上相会。下一年会发生什么事,我们不知道。可预料到的是地点和发生的事情会有很大改变——但是你知道,我们的神和父同样有威力,无论在海上或在陆地,无论在英国或在中国。愿祂每日每时与我们同在,是我们灵魂的力量,我们心智的支撑——不惧怕——只相信祂!……今晨给您发一封信后(走到市里),我去了帕特诺斯特街区(Paternoster Row),去了书店;从那儿去语言传习所,一个图案工正在为《对话》(*Dialogues*)做草图。从那里我前往斯坦福德爵士(Sir Stamford)家,兜了一大圈——拜访了W太太,她正在生病;接着去皇家亚洲学会,同亚历山大·约翰斯顿爵士(Sir Alex Johnstone)交谈——然后去斯坦福德爵士住所,发现他要到二月才返回。我现在又饿又晕,进了伯纳斯街附近的一家饭馆,点了一盘煮牛肉、三颗土豆、一片面包、一品托黑啤、胡椒、盐、芥末,并给服务生一便士,总共花费一先令,然后,快步走到A太太家,代你问候她——在那里,"所有快乐的人"很高兴见到我。从那里去约克街——所有的都如往常。然后,在一个帕丁顿流动舞台(Paddington stage)旁买到所有的杂志,快步走回哈克尼,累了,还感到很寂寞:一直翻这些杂志到现在,才十一点半。

-1826-

离开英国前在霍士顿的告别演讲—格雷夫森德的演讲—收到斯当东爵士赠送的珍贵墨水瓶架之后的信

礼拜日晚，1826 年 1 月 1 日

……今早晨我参加了在斯密斯(Smith)家中举行的公共祷告,领受了圣餐。我为你和孩子们祈祷,恳求神的祝福在下一年降临在我们身上。让我们一直记住救世主为了我们的救赎而忍受的一切。他为我们牺牲自己。我一直在写《我们是陌生人是旅行者》一文。神让我们对祂宝贵的允诺有强烈的信念,对永恒的实在(eternal realities)有清楚的了解——对家的一种欢乐的期待。和我一起欢喜,愿我们的孩子与我们一起欢喜,在对永恒生命确定的希望中欢喜……

关于他最小的孩子的微恙,他说:“不要预想罗伯特(Robert)会有不幸:医学意见是如此不确定,他们不应该让信心消沉,也不应该让信心振奋。每天、每时相信神。”

礼拜二,起床时头痛,而且愈来愈强烈。我去语言传习所;本来想着去印度公司(India House)去告诉你发生的事,但我的头太不舒服了。……昨天拿着信进城;但去参加奥斯丁弗莱尔斯伦敦会的会议和亚历山大爵士(Sir Alexander)晚宴期间,我忘记寄出,想到时已经太晚了。拜访沃博士的有 M 船长,一位马拉他(Mahratta)学者,B 教授,一位法国的梵文学者,一位锡兰人(Cingalese),带着 J 小姐和几个女儿。——他们都健康。

提到病了的时候与家人分离,马礼逊博士说:

当职守呼唤时,我的个性中混合了最温柔的爱和坚毅严肃。在战争时期,我不可能是待在家中的懦夫。上天助我,愿你……鼓励我为了我们信奉的良好事业表现英勇;我相信,这样去做,我的爱会在痛苦和死亡中抚慰你的心。交换思想、温柔感情与爱的相互作用会带来很多幸福,不管我们的外部环境会怎样。我们会遇到磨难,因为谁会没有磨难呢?但是

我相信，相互信任，加上相互热烈的依恋能使我们为了救世主的事业，以坚韧和欢乐承受磨难。我们肩负伟大的工作到异教徒中去——帮助我，向我提醒我的责任。你的认可将鼓舞我——除了上天最高命令，我会时常关注你的保护和幸福。

不需本书编者费什么力，就可以把他写给不同朋友的信件的摘录作为本叙述的后续内容，按主题编排后可避免不必要的重复。同样的事情他告诉几个通信人，这几封信都大同小异，没有太多的细节，马礼逊博士有更为重要的追求，这使他没有多少时间详细写信。下段是致克鲁尼博士的。

……自从我上次见您后，我的两位亲人谢世了；愿我们为世界的转变做好准备！几年来我一直思考生命无常，我希望自己留心。中国人说："我们要心怀恐惧。"——一种敬畏，严肃认真——特别是在富贵健康时。"当我们欢乐时要警惕在附近的危险。"对救世主和祂的宗教的虔诚喜悦不会显示恶的征兆，但世俗的喜悦常常会这样。……

由于不得不如此频繁地去城里，与在中国相比，我没那么多时间学习、写信；从一个公共集会赶赴另一个，这使我最近以来没法给您写信。我们很高兴在我们的小屋见到您和克鲁尼夫人；屋子很小，但如果你们肯赏光，我会给你们看我写的文章，回忆在利夫广场（Leaf Square）从您和M那里得到的照顾。

1826 年 1 月 30 日

由于东印度公司迟迟不肯回复我关于孩子们的第二次申请，所以推迟了给您写信的时间。但是现在他们答复我了，在通盘考虑后同意我带上丽贝卡（Mary Rebecca）和马儒翰（John Robert）一同去中国。船会在 3 月 22 日停靠格雷夫森德，4 月 27 日入道斯港。我们还没有确定什么时候登船；但我估计，会在"奥威尔号"离开格雷夫森德之前。明天，（如果神允许）我准备去看看这船，决定把我们的行李带进船舱的方式。

我会在语言传习所继续教中文，也会教女子班，直到二月底；之后，全身心准备我们漫长航行的必需品，向英国道别。……也许我们不会再见到您。——愿仁慈的父赐福给您！如果幸免于难抵达中国，我的目的是献身中国人的福祉，为他们进行说明性的写作。我已耗资逾千镑购书，以便在海外公共祈祷时使用。

如果有朋友向我们问候，请代我们向他们问好。祈祷“基督的能”(power of Christ)临在我们身上……

伦敦传教会理事会确定在霍士顿学院礼拜堂(Hoxton Academy Chapel)举行告别仪式，目的在于公开地把马礼逊博士和他家人委托于神的保护；几位牧师参加仪式，尊敬的沃博士以令人感动的方式对一位杰出的人和他的劳作表示深怀兴趣和感动，他们将为他做最后的道别。下文是马礼逊博士演讲辞。

在霍士顿的演讲

在此场合，勇敢面对向诸位辞别的事实，我请诸位注意《圣经》中的两段。

“亚伯拉罕因着信，蒙召的时候，就遵命出去，往将来要得为业的地方去，出去的时候，还不知往哪里去”(来11:4)，“现在我往耶路撒冷去，心甚迫切，不知道在那里要遇见什么事”(徒20:22)。

我的基督教弟兄，《圣经》中有丰富的例证适合这位基督徒经历过的所有事情和情况。我选择了两段，特别适合他，因为他我们聚集在此开会。当然，我打算只用这两段中存在的境况，而并不敢设想在每一点上与亚伯拉罕和保罗相似。如果亚伯拉罕遵从神的命令，在神的面前谦卑地依靠神的关爱修行，在教会号召下，这位传教士以主之名外出，他难道不应该在顺从和信心中以神为榜样吗？如果保罗秉持这种精神外出，尽管他不知会有什么临到他头上，基督徒传教士的责任难道不是在客死异邦的可能性下外出去效仿他的榜样？亚伯拉罕出去，“不知往哪里去”。但他去了一个许诺他能承继财富的应许之地。在此，我相信，有一个精神上的相似性，因为异教徒是赋予基督的能承继的财富。传教士以主之名出去，应当与主分享这个承继的财富。亚伯拉罕在神明确命令下出去了。我们还没有从祂那儿得到明确的任务，但是我们视教会的声音为神的声音，我们放弃所有自负，我们可以说，摩西没有反叛精神。“我是什么人，竟能去问法老,将以色列人从埃及领出来呢?”我们是什么人,竟要去见异教徒国度的国王,欲将那里的人从异教束缚中解救出来?我们未经亲王或国王授权,我们不是能言善辩之人,我们没有外交的诡谋或狡辩,我们不是巧于应对的人。如果我们具备这些,我们应该放弃对它们的依赖。但是我们依赖神的临在,祂对摩西说:“现在去罢,我必赐你口才,指教你所当说的话。”(出 4:12)此外我们会说,神的临在是我们的希望。“你若不亲自和我同去,就不要把我们从这里领上去”,我们没有摩西的魔杖,但我们拿着《圣经》,我们对异教徒说,“耶和华作王”——“主这样说”,他们是否听进去,或者他们是否忍受,不是我们能知道的,但遵从是我们对神、对人应尽的职责。

我们周围有很多存着信心的人,他们还没有得到应许的,但是他们“却从远处望见,且欢喜迎接,又承认自己在世上是旅客,是寄居的”(来 11:13),“亚伯拉罕因着信,蒙召的时候,就遵命出去,还不知往哪里去”,“因着耶稣基督承受痛苦和非难”,“他们因着信,制服了敌国,行了公义,得了应许,堵了狮子的口,灭了烈火的猛势,脱了刀剑的锋刃,软弱变为刚强,争战显示勇敢,打退外邦的全军”(来 11:13)。见到有这许多的见证人,如同云彩围着我们,他们既活跃也遭受苦难,我们想“仰望为我们信心创始成终的耶稣”(来 12:2)。我们想把亚伯、以诺、挪亚、亚伯拉罕、撒拉、雅各、约伯和其他人的信仰作为我们的榜样;但最重要的是,我们希望仰望祂,祂“轻看羞辱,忍受了十字架的苦难”(来 12:2),“与罪恶相争,抵挡到流血的地步”(来 12:4),“使他为教会作万有之首”(弗 1:22),拥有“天上地下所有的权柄”(太 28:18)。对每一位信仰坚定的仆人,祂说,“我总不撇下你,也不丢弃你”(来 13:5)。当我们渡越河流,穿过火区,年老的祂和祂的子民在一起,引导他们像一群羊,说,“不可难为我受膏的人,也不可恶待我的先知!”(诗 105:15)。祂会与我们同在,甚至耶和华耶稣会与我们同在,“昨日,今日一直到永远是一样的”(来 13:8)。

这些是我们到异教徒中去的希望、观点和感觉。大家知道,我们不相信我们的躯体,但相信活着的神。祂和古时是一样的,说,“你不要惧怕!

亚伯兰,我是你的盾牌,必大大地赏赐你”(创 15:2)。

去中国的航程是我们走过的最远距离之一。我们不得不经受差异非常大的气候环境。从一处树上几乎没有树叶的地方,过一个月又到一地自然总是绿色的。又过一个月,我们会经过好望角,但称作风暴之地更适合些。在七月,我们会抵达一个寒冷冰冻的地方,那儿大海翻滚,不夸张地说,有山那么高。随着接近中国,我们会遭遇一种飓风;在某个地方,风差不多突然从四面八方袭来,持续汹涌不断。这时,一些最好的船的桅杆也会被折断,甚至船被摧毁。各种各样数量繁多的船只在广州的河中遇难;在这样的风暴中,中国人尽力以各种各样的方式安抚他们假设的神。九月,我们会抵达广州!这是我们的希望——但只有神知道是否能实现。

欧洲人只允许住在中国边境——在广州和澳门。这些地方有很多天主教徒和异教徒。每一个团体都有自己的游行队伍,差不多持续不断地在街道上穿行。可以说,好像是在彼此嘲讽,我们就居住在这样的环境中。欧洲人不允许去较远的城郊,而且不能有家人随行。广州完全屈服于偶像,赚钱,游手好闲,礼拜六和礼拜日一样。做生意时的喊叫声,装货、卸货的声音,叮叮当当数钱的声音,放烟火向进出船只示敬的声音,唤醒各种睡态的神仙的铃声钟声,每天都听到这些同样的声音。对于一个中国人来说,没有什么东西是安静停顿的,所有的都是喧闹、劳顿,只有在一年最初几天,男女老少,富人穷人都采买新衣,去供奉神像的寺庙敬拜。然后又吃又喝,继而是大醉、放荡,直到穷人的贫苦、富人的劳碌召唤他们重新回到各种各样名利的追逐中去。现在,你们的基督徒同伴,住在中国,不需要你们的祷告吗?马六甲距广州 1200 英里,如果我们想见到在那儿的弟兄,当然是很长的路程。如果季风来临,我们可以在六个月后收到他们的信件。如果我们这儿的朋友不在他们得知我们到达中国之前写信给我们,两年后我们才能收到他们的来信。

现在,弟兄们,我不知以什么主题进行最后的演讲;无论是关于时间的磨炼,或是永恒的期望。二者各有旨趣,家庭的磨难是巨大的,特别是在异国他乡。但我们的这些苦恼是“轻的”——与愧疚的良心的苦痛相比是轻的，与人类应得的赏罚相比是轻的。啊！让我们对我们的苦恼一直保持沉默。让我们想起基督经受的痛苦，那么我们的磨难就显得轻了！

我们今晚应该分享主的晚餐，我们的力量会重新振作，因为祂的“肉是可吃的，血真是可喝的”！让我们仰赖基督——祂的爱，仁慈，调解的工作。让这些一直居于我们心中。那么在每一次伤别时我们都受到鼓舞，适应任何环境气候！别了！

马礼逊博士离开伦敦的情形在致克鲁尼博士的信中提到了。

哈克尼，米德尔塞克斯，1826 年 3 月 13 日

亲爱的约翰：

……我们离开的时间近了，上礼拜五，我们和汤利去看了停在东印度公司船坞的“奥威尔号”，（如果神愿意）它将带我们去中国。目前，很有可能会少一个登船的人。小罗伯特（Robert）自从上礼拜五因喉头炎一直病着……

从英华书院来的报告很好。柯利寄回国一些他用中文写作的资料。已经收到米怜用中文写作的《圣书节解》（*Commentary on Ephesians*），柯利的小册子都是用中文写的，印刷质量很好。我知道您会为此欣喜……我们必须在 4 月 16 日或 20 日登船。我们还有很多准备工作。罗伯特可能——（啊，神怜悯我们！）会生，也可能会死。……

小鹰旅馆（Falcom Inn），格雷夫森德，1826 年 4 月 21 日

……我们现在全家人离开哈克尼去中国。今天，大约十一点钟，G 牧师及伯德牧师、汤利牧师等一群朋友跪下祈求神照顾我们。从这间房往那间房往外望，可以看到我们的“奥威尔号”；在她旁边，另一艘前往中国的船哈里斯将军号（the General Harris）将在我们之前起程。弗雷泽爵士（Sir Wm. Fraser）搭乘此船。他是我们的旧相识，准备去管理英国商馆。起程的日子还没有确定。……

不如期望的那样立即登船，因为很难配置船员，马礼逊博士滞留在格雷夫森德直到 5 月 1 日。“奥威尔号”对待船员的名声不好，船长最终不得已在没有通常配置的情况下起程。在格雷夫森德滞留期间是非常令人激动的，每天盼望着登船，而亲朋好友们听说延期，都急切地想利用这个机会做辞别的拜访，想到可能不能再见面，他们越是了解他越是痛苦。

令人高兴的是，为一家开始这么长途的旅行所进行的准备使得他们心里没有多少时间想到分离的痛苦。

在离开英国之际，从朋友那里收到的礼物中，有一件礼物因马礼逊博士对赠送者高度尊重而使他特别高兴。它是一个漂亮的贵重的墨水瓶架，上面写着——

"赠予罗伯特·马礼逊博士

自一位真挚的朋友，乔治·托马斯·斯当东"

下面几封信说明那时收到了礼物。

格雷夫森德，小鹰旅馆，1826年4月29日

亲爱的先生：

我已经收到您送给我的那个漂亮的墨水瓶架，并且让我不胜荣幸的是刻有您自己的名字。过去20年来，不论在中国或英国，我可以说，（考虑到我的微寒境遇）您一直降尊纡贵以友谊之情关爱我。出于您好意送我的礼物，我们家将珍藏它作为纪念物。回忆您对我的善意，我亲爱的乔治爵士，请接受我真诚的感谢；感谢您的友情，感谢您通过我，这个谦卑的仆人，为我的神圣宗教提供实质的帮助。

请接受我最诚挚的感谢，感谢您辞别时所表达的真挚友谊。愿神，我们的救世主的祝福临在您的身上！

……

致同一位收信人

东印度公司奥威尔号，英吉利海峡航行中

1826年5月5日

亲爱的爵士：

我很高兴得知您在语言传习所第一次年会中担任主席，并且得到卡尔索普勋爵及其他有高尚节操的名士的支持。这么简单、普遍的方法帮助扩展我们共同的基督教,我相信,您将在最庄重的时刻得到衷心的满意。

今天通过迪尔(Deal)我收到您寄来的5月1日的《晨报》及上月30日的《英国人》(*John Bull*)。

"奥威尔号"为我们提供了很好的房间,但我们的船不是一些孟加拉、中国船那样风格的装备。

今晚微风,我希望明天天亮时是到怀特岛海面。由于我没有很快从中国返回的想法,亲爱的乔治爵士,我必须现在向您作长久道别!愿神的祝福临到您;愿我们最终在天国相会,借助我们的主,救世主耶稣基督的功绩,祂为我们的拯救而死,别了!

您诚挚感恩的

罗伯特·马礼逊

第九节

-1826—1834-

-1826-

登船去中国—途中工作—在马德拉登陆—船上的暴动—致汉基先生的信—在安吉尔登陆—与麦都思见面—到达新加坡，新加坡书院的状况—会见书院其他理事—到达中国—见到梁亚发，他关于基督教的著作—致英国圣经公会主席的信—致福音小册公会司库和委员的信—综论—私人日记—湖南水灾—给英华书院的赠款—中国的绑架案

现在不得不进入本回忆录的最后一个时期,但从很多方面来说,这个时期不是事务最少的时期。非常遗憾的是,作者不能扩展她原本对作品的限制规定,感到不得已削减很多有趣而又富指导意义的内容。确实,下文将记述的作

品不具有与《汉英英汉词典》或《圣经》翻译的同等重要性。但是除去紧迫的公司职守,还应该注意到马礼逊博士不屈不挠致力于全面的道德体系革新,他已经为此打下永久的基础。他那不衰减的热忱,如他长久以来一心一意设想的很多有效的计划所昭示出来的——他的观点的正确性,关于中国的道德和政治状况,以及在运用合适的、尽管迄今未经实验的手段使中国悔改(regeneration)的努力中所体现出来的坚定辨别力、道德责任和基督徒的义务,这些有影响力的想法使他把所有现实的利益置于神的权威之下。他保持谦逊,一如既往的奉献精神,在世俗交往、公务讨论、学习异教作品等所有逆境中,在家庭困苦、衰退的健康、可能的死亡中,他保持忍耐,坚毅。假如这些在世人眼中不那么辉煌,令人印象深刻,但很可能说明基督教原则的力量及神主荣光的影响,他把他已经做到的任何事都归因于神的意旨。马礼逊博士及其家人告别了敬爱的亲友——其中很多人是他们在地上再也不会相见的,于 1826 年 5 月 1 日登船前往中国;顺风航行,大约在 12 日到达美丽的马德拉岛(Island of Medeira)。他们很高兴上岸待了几个小时,从不舒服的状态中脱离出来休息一会儿。全家人或多或少都为这种不适所困扰。依着他通常适应现状的习惯,马礼逊博士很快开始日常例行的学习和休息。他在整个航程中都保持这个规律,除了偶尔被一些事情所中断,下面几封信中简单提到了旅程中的这些事。

东印度公司“奥威尔号”,南纬 10 度,东经 105 度

1826 年 8 月 2 日

……

7 月 2 日,我在南纬 36 度 15 分,东经 20 度 30 分的地方给您写信,由从日本海岸开往伦敦的捕鲸船“萨拉号”(Sarah)的希尔船长(Captain Hill)转交。我在那封信中告诉您,我们和船上的马达加斯加(Madagascar)传教士谈起亚历山大大帝(the Alexander)。在驶离南美洲沿岸的海面上时,发现主桅已经朽掉。还有 6 月 30 日夜猛烈的西北风带来的火灾危险,以及 7 月 6 日晚一场恐怖的闪电和暴雨,折断前帆的横梁。我们的这些情况严重而且危险,但是我们能够保持镇静和希望——不是没有察觉我们的危险，也不是不在乎或者不害怕，只是平静地服从我们天上的父的意愿。

我们继续在南纬 38 度至 40 度内几里的高纬度航行，直到 7 月 15 日，大约在黎明时，我们经过圣保罗斯群岛(islands of St. Paul's)和阿姆斯特丹(Amsterdam)。在向东航行的整个过程中，船日夜颠簸让人非常痛苦。7 月 18 日我们有了新的横梁取代 6 月被卷走的那根，船开始慢慢转向北方。

7 月 24 日礼拜一，大约下午两点半，当我和夫人及孩子们在船舱里阅读，我听到小厨房传来刀剑碰撞声和火器的声音。我以为是把武器取出来准备对付盘踞在巽他海峡和爪哇海一带的马来海盗。我仍坐了一会儿。但临近晚餐时，我走出去发现厨房里一片混乱，很多人忙着往枪里装火药和子弹。船的前部发生对上级的反抗，他们正准备用武力使反抗者顺从。我回去告诉我夫人真实情况，因为我从不向她隐瞒危险或困难。

我不愿详细描述引发这场不幸事件的原委，这些人声称不满粗野对待和压制，有些坏心眼的人利用这些不满，怂恿一些人以《圣经》发誓并肩抵抗他们所说的压制。然而也许最终目的是谋杀高级船员，抢占这条船，因为其中一位反抗者承认第一枪应射向高级船员，这是拔刀袭击他们的信号。他们也说要调转船尾的两门大炮向我们开火，没有被杀死的人则将卖给马来人做奴隶。

双方进行某种谈判，持续到约五点钟，也是为战斗做准备。装满弹药的手枪、弹药等都堆在我们隔壁的船长室里，这样无论是发生意外还是反抗者有意计划，我们都处在危险中。清晨一支手枪由于船体颠簸而走火，子弹射穿上甲板。采取最后的手段前，船长和其他高级船员在厨房商议，我被叫到他们中去。两支枪走火，将枪手的脚骨完全打碎，在这样炎热的天气里，以他的生命为赌注给他做截肢。在采取最后行动前，船长同意我前往前甲板反抗者中间去说服他们，我成功地说服他们遵命为船服务。他们离开前甲板准备回各自岗位，领头人中有一位手持一铁兵器，在一等海员面前摆出威胁的姿态。他立即被抓起来，捆绑上并受鞭打；反抗的人给分开，不敢强力救援，但有三人返回来帮助他们的同伴，得到同样的命运，其他人则被戴上镣铐。其中两人押在我们舱室上，我们白天黑夜都听得到镣铐发出的哐当声。有人极为担心会爆发另一场叛乱，但到目前为止我们仍然相安无事。大家都感谢我与他们讲道理而避免了一场流血事件……

那位枪手觉醒了，非常关心他灵魂的救赎，我希望他真心悔改。我如他所愿地每天去看他，与他一起祷告，给他读有益的书。他曾亲见许多邪恶的同伴戴罪而死，虽然他已经失去了一条腿，感谢神没有让他当场被打死。神圣的救世主的拯救已经让他的心归于平静。

马礼逊博士致汉基先生的信

奥威尔号，巽他海峡，1826年8月7日

亲爱的朋友：

明天是我们自格雷夫森德登船的第100天。我的夫人及孩子们在不同时候感到非常不舒服。在太阳直射下，我就像去年夏天在哈克尼那样受到一些影响。然而，总体而言，我们的健康大体上没有受到很大损害。（因为我们的乳牛死于船的颠簸）出乳牙的宝宝没有牛奶喝受苦最大，他的保姆也时常病倒。但我们离开你们时对这样的事早有心理准备，我们不抱怨。我们远行的目的——向异教徒传播基督的福音，值得我们受苦和牺牲。暴风雨中我们承受了极大的困难。东经100度，南纬39.5度，好望角附近的大浪令人担忧地摇晃着我们的大船，卷走了一些最大的圆木桩。现在在平静的海域，但处在安吉尔港口的下风处，过去3天往这港口前行不过约20英里。无论是我们身体的不适，还是猛烈的风暴，都没有让我们对周围一些人的邪恶感到十分焦虑。那些有权威的人太喜欢惩罚——水手们反抗和叛乱，我们的生命受到冲突双方暴力的威胁，我们的心为随后的意外和鞭打而痛苦。在我们隔壁舱室，枪手的脚被两颗子弹射穿，在腿被截肢之后，他的生命仍未脱险境。

当遭遇最危险的风暴，我们的船在巨浪中像醉汉一样摇摆不定时，我的夫人和孩子们没有为自己的安危流泪，当听到受鞭打的人的喊叫时落泪了。昨晚，我们的灵魂为两名囚犯而痛苦。他们戴着镣铐被禁锢在我们头上的舱板上，但他们成功地解脱出来，带着救生圈投入海中，希望能泅渡到苏门答腊的海滩上。但是我估计他们离岸有20英里，如果他们到达，也可能葬身密林中或是马来人的短剑下，他们落入海中后朝我们呼喊，好像很害怕，但第一声喊叫后就再也没有看到或听到他们。

这些船给的报酬极低，配置的水手中有一些渣滓及放荡的新水手，这样的一些水手受专制放荡的高级船员管制。高级船员动辄虐待、辱骂水手，水手有时抗辩，接着是口角，这会被解释为对他们高级船员的不敬，继之而来的是鞭打。希望天国福音广布，驯服教化野蛮恶毒的人；希望这个世界和平，希望接下来的世界幸福。

我们现在离爪哇、新加坡和马六甲的弟兄们非常近了。我给他们所有人都写了信。我不是漠不关心向马来人传教，但认为应该把我全部的力量和资源奉献给向中国人传教，因为向中国人传教的教士整体看起来是非常不足的，如果分离开来就完全无力量了。我的意见是赞成传教士服务于某个既定的民族，只要传教士的数量如此少，他们就要把工作限于那个既定民族。我会很高兴，马来传教士应该把他们的工作和资源限于马来人。我们从未打消在船上开展宗教活动的念头。看来那枪手是真心悔改。愿圣灵赋予道以力量和功效！再见。

马礼逊

8月10日——我们已经安抵安吉尔外海下锚处，见到了麦都思，他提议到婆罗洲和暹罗巡游传教，对此我表示赞同；他的健康相当好，但因抱有“徒劳地劳作”的想法而有些愁苦。我们有可能去新加坡，我担心这将赶不上去中国海的有利航行。

上文提到的传教之行后来因为一些家庭变故而取消。

“奥威尔号”，赤道线上，东经107度

1826年8月18日

……

在神恩的庇护下，我们在海上的危险、恶人的暴行中保存性命，安全抵达这个遥远的地区。本月8日是自我们离开英国海岸第一次落锚。此地是巽他海峡中的安吉尔。在30度到40度之间的南高纬度时，我们遇到巨浪，船身剧烈摇摆，使我们处于不断的担心和不适中。我们损失了一些桅杆和圆木柱，把火炮舱板及其他地方的一些东西摇得松散，在第一天晚上，这就引起极大危险，因为装油和松节油的桶子破了，出现火灾警报。我们进入平静一些的海域后，靠近爪哇岬时，船上发生一起反抗，它的危险程度从一定形式上看不亚于暴风雨带来的危难。

……在身体都不舒服时，我们每个礼拜六都进行公共礼拜，每天早晚祷告。受伤的枪手自从事故后表明认真悔改。我把给伦敦会和H的信留在爪哇，信中有我们旅行的详细叙述。在安吉尔，我夫人第一次踏上亚洲土地，到访马来人居住的茅舍和荷兰人居住的房屋。穷苦的当地人的小独木舟围绕着我们的船，兜售禽类、麻雀、山芋、椰子果、猴子，很新奇，但半裸的马来人显而易见的贫困不是个令人愉快的光景。安吉尔有很多海龟。……

……在爪哇的中国传教士麦都思在安吉尔等着见我，他家人居住在距此地80里远的地方。他主要是挨家挨户向中国人和马来人宣讲耶稣；但是他为这些人僵硬不化的心感到难过。只要他们还活着，他们不会归信耶稣。我已经赞同他1827年去住在婆罗洲(Borneo)、班加(Banca)和暹罗的中国人居留者中巡游。……克鲁尼，根据最近几份报告，我们的英华书院仍然在马六甲。我们准备到访新加坡，我希望到达中国后多提供些信息给你。……

在上述对旅途中令人痛心事件的简要记叙中，写信人轻描淡写地讲到他用自己的影响力避免了极危险的灾难。叛乱者已经拒绝接受任何条件，除非他们自己提出的条件。他们不怕威胁。枪手残废了，而他们占上风，人数也占优势。让他们考虑的时间已经过了，船上的乘客惊恐万分。乘客除了马礼逊博士一家，还有一位军官和他的妻子，军官夫妇晚上经常去马礼逊的舱室做客，出事那天也在。马礼逊博士完全清楚他们的艰难处境，在危险和困难时刻他保持平常的自制和镇静，他的态度以及刚毅激励着他身边的人。正在疑虑不安时，大副带着船长的求助信恳请马礼逊博士到反叛者聚集的船前部去，通过讲道理尝试可能的一切。对于这个提议他不顾家人反对立即答应，庆幸的是他的家人的担忧是多余的，因为当马礼逊博士勇敢靠近挑事一方时，他们对马礼逊没有敌意，而且还极恭敬认真地听他解释来到他们中间的目的，听他阐明为何他们这种行为既愚蠢又不理智。马礼逊接着说了一些引发他们良心的话，催促他们返回自己的岗位。然后他满意地看到人群和平散开去工作，只有一名领头人除外，前面已说过他被抓起来，另外两或三名上前帮他的人也受到了惩罚，虽然有违船长委托马礼逊与他们谈判时的承诺，让马礼逊很为难，但是他谨慎地克制不提任何抗议，认为乘客干涉船务管理或船规是不明智的。这种谨慎克制和不遗余力为身边人谋取最佳利益的努力，不仅让别人受益，同时也让他赢得了各方的敬意和尊重。

8月20日，"奥威尔号"在新加坡海峡落锚，马礼逊博士一家被接到弗林特船长(Captain Flint)的住所。弗林特船长是英国皇家海军船船长，新加坡前总督莱佛士爵士的妻弟。在这里，马礼逊全家受到最热情的接待，他们住了近两个礼拜，在被拘束了四个月后，享受这一愉快的变化。这次到访新加坡还让马礼逊博士有机会亲自观察他和莱佛士爵士的计划可能实施的程度，结果令人大失所望。大部分款项已经花在修建书院校舍上，校舍建了不足一半；马来教授还未授课，竟然领薪水！马礼逊博士委托人替他照管新加坡前总督赠送他的土地，他花了一大笔钱让人修整土地，代理人也疏于履行责任。中国居民被准许重开赌场，而这是前总督莱佛士爵士早已禁止的；这里草木四季常青，环境清新健康，但道德环境却令人处处失望。离开新加坡前，马礼逊博士为了实现他和莱佛士爵士的设想做了安排。他得到一位学校牧师罗伯特·伯恩牧师(Rev. Robert Burn)的协助，以伯恩牧师的才干和虔诚，他完全能胜任这项重要目标。伯恩牧师成为新加坡书院的理事之一，热情地致力实现创办人希望它成功的目标。为了确保传教站的有利位置，马礼逊博士还用自己的积蓄购买了一块紧连着城里华人聚居地的土地。下述马礼逊博士的日程表的简要记录是全部的记录。

8月23日，抵达索菲亚山(Mount Sophia)，弗林特船长美丽的住所。

25日，到访"马礼逊谷"(Glen Morrison)，会见新加坡书院的理事们，交付

6000 盎司银币给约翰斯顿公司(Johnston & Co.)。27 日,去马来人教堂,伯恩先生布道。极为满足,受启发。29 日,书院会议,与汤普森先生(Mr. Thompson)会谈。9 月 1 日,我们与拉尔夫·赖斯爵士(Sir Ralph Rice)等在律劳卑家就餐。2 日,在书院开会。3 日,在马来教堂为伯恩先生布道。5 日,会见书院的马来理事;晚上,登上"奥威尔号",普雷斯格雷夫(Presgrave)、弗林特等诸位先生陪同我们到岸边。9 月 19 日,礼拜二,在澳门上岸。赞美神!

如同对在新加坡照管他财产的人一样,马礼逊博士没有多少理由对在中国负责照管他财产的人感到满意。他发现房子和家具如此破败不堪,必须对房子进行大修,而家具全部需要换新。他的书也几乎全被白蚁和其他亚洲气候特有的虫子毁坏了。安顿好家人后,他在 10 月初陪同商馆其他人去广州,着手处理等待着他的各种事务。这些事务同时具有宗教和世俗的性质。

马礼逊博士通过抵达后返回英国的第一艘船带去了下面写给伦敦会司库和其他通信人的信。信中谈到传教现状。

广州,中国,1826 年 10 月 24 日

亲爱的先生:

承蒙神恩眷顾和我主神力的保护,我又一次来到这个遥远的国度,坐在同一个房间里,在伏案多年的同一张桌子上给您写信。在海上的危险和人们的骚乱中,神仁慈地保佑我所有亲爱的家人和我。我已经写信告诉您航程中发生的事。

9 月 6 日我们离开新加坡,19 日礼拜二晚在澳门上岸。我所有以前的仆人和我的中文教师都等着迎接我们。第二天,中国基督徒梁亚发(Leang-afǔ)来了。在集体祷告中,我们感谢救世主好意保全我们的生命,祈祷我们的心继续仰望耶稣,接下来的礼拜日,我又恢复了往日进行的宗教活动。

亚发①向我展示了一本在我离开期间编写的中文小册,内含《希伯来

① 亚发是梁亚发的简称。——原注

书》注解。此书旨在向异教徒传达他从已故米怜博士那里得来的宗教观念。我读了一部分，觉得亚发略有进步，这本书表明他研究过《圣经》，虽然某些部分在用词上略带异教思想色彩。

他还写了一篇赞扬基督教的文章，题为《世界救赎之真道》(*The true Principles of the World's salvation*)，文中他声称永恒神的属性是宇宙的创造者，是与魔鬼、假神对立的。他教导说一位救世主把人从罪中解救，免除罪的惩罚的必要性；他宣传耶稣已经替人赎罪，指点他的同胞去读《圣经》，他说欧洲基督徒花费不菲将其译为中文，并出版送给人们。……

他另外写了一篇讲述他和同胞关于宗教的若干对话。有一场对话发生在船上，亚发碰巧在读《马可福音》，一位同船乘客拿起书，眼睛落在第9章第9节，发现这样一句话，“直到人子从死里复活”。这位询问者说，“从死里复活”是什么意思？亚发讲了耶稣为赦免人的罪代为受难和死后复生的事，坦诚于他的信仰，并且祈祷所有相信《圣经》所述真理的人都能获得救恩。他还谈到耶稣所施的仁慈的奇迹。这位船客嘲讽地问他是否亲见这些奇迹，他回答说：“没有亲见，但是它们记载于《圣经》中，这些圣书出版于西方世界的犹大(Judea)，很多国家相信它们是真的。”

对方说：“难道你没读过古代哲人孟子的话吗？尽信书不若无书。虽然西方国家相信这些书，我们中国人未必就要相信它。你相信吗？”梁亚发回答道：“虽然我从未见过书中所说的事，但我对《圣经》中的教义和原则深信不疑。我知道自己曾经是一个恶人，若不是救世主赎罪，无论是今生还是来世，我都不可能逃脱神公正的审判。”

……11月5日，我身边的人还是以前那些人，另一些我不再雇用的人仍然在礼拜日与我读经，听劝诫。那个最早帮我誊写《新约》做出版样书的人承认，他对真理的认识更深入了；至于其他人，我希望《圣经》的种子在听者心中都能扎根生长。在一个到处是偶像和偶像崇拜者，从皇宫到乡村都迫害耶稣信徒的国家，我们不会惊奇存在着很多像尼哥德慕(Nicodemus)那样的人，或者是教会史学家米尔纳(Milner)所说的“异教基督徒”——不具完备知识，羞于承认或隐匿自己信仰的基督徒。……

这里商馆的先生们为英华书院自愿认捐,以表达对我的善意;我的两位老友各捐100镑。这些慷慨的帮助让我感到肩上的责任更重了。

……在同样的房间里,我重新坐到同一张桌子前,数年来我在这张桌子上给您写信。

在我离开期间,我认为神性真理对以前听我讲道的人的影响加深了。但是在一个家庭、邻里、宫廷都憎恨、迫害基督教的国家,基督教信仰的表现与在一个享有宗教信仰自由、以信仰为荣的国家肯定非常不同。在迫害的时代,即使在以色列也有很多人互相不知道是真正的信仰者,但洞悉人心的神知道。

目前中国有一场大骚乱,主要是因为西鞑靼地区的一个穆斯林叛乱。我认为这个统治王朝崩落解体的时候很可能就快到了。如果真是这样,希望它为福音开辟一条自由的道路,让福音发扬光大。

我开始写作《〈圣经〉释要》(*Commentary on Holy Scripture*)。对人物、地点、历史事实等的解释性注解非常有助于异教学生及新信教者大概了解《圣经》。

商馆的先生们再次友善地对待我,在我没有请求的情况下,向英华书院认捐近500镑,以此表达对我的敬意,这与董事会不悦的态度相反。很难说我3年服务期满后将做什么,我是否还活着。很多从前知道我的劳作的朋友不是去世就是离开了。

我们的商馆牧师本季离开。我盼望向水手和其他人布道;但是我的全部精力必须放在中国人身上。我不多的财产在我离开期间因疏于照管而损失颇多;我的弟兄,愿神帮助我们在天国积累财富。

……16日。广州在我的心里呈现出的是一份伤感的空白——这么多老朋友,有英国人,也有中国人,不是离开这个国家就是永远离开这个世界。再过一两年,商馆中不再有我初来时遇到的人了。

这里拥入一大批新的贸易代理商,尤其是代理恶名昭著的鸦片走私贸易。据说鸦片的销售激增,同时与之而来的犯罪也剧增。每个省的土匪强盗越来越多;苗子(Meaou-tsze)惹麻烦,喀什噶尔(Cashgar)附近的穆斯林公开起来造反。调动大批军队花费不菲。过去几个月台湾一直处在叛乱暴动中。广州已经表示愿意出资120万两军费,其中广州行商已经筹捐了一半。

伶仃案死者的儿子仍然要求血债血还,向中国官府伸冤,希望英国保证验明并处决那些凶手。我到达时这个纷争的幽灵就立刻出现。……

我夫人及孩子们身体相当健康。小儒翰跟我在广州学习中文。

您忠诚的

罗伯特·马礼逊

致英国圣经公会主席及委员会的信

广州,1826年11月7日

先生们:

在我和已故同工米怜博士将《圣经》译为中文的努力过程中,我们很荣幸地得到你们一直以来的赞助;我冒昧地致信告诉你们我返回中国之事。

在我离开期间,由我在英华书院的朋友们散发《圣经》,监督《圣经》的印刷。根据你们欣然授予的自主裁量权,我建议由麦都思牧师到婆罗洲、廖(Rhio)及暹罗等地巡游散发《圣经》,我路经巽他海峡时在爪哇见到他,以他的中文和马来语知识及在当地人中的经验,他完全胜任此项工作。巡游将在1827年进行。为了给他提供《圣经》,我已经给英华书院的汉弗雷斯及柯利先生送去纸张和印刷材料以印刷充足的数量。

我每日需用功在中文《圣经》中找出错误并更正;我要求恒河域外传教团弟兄记下译本中他们认为是错误或不完善的地方,将这些记录送到英华书院保存起来,如果是好意见则立即采纳。

我希望圣经公会不要因反对把《圣经》译成异教徒语言的寻常意见而感到受挫。对一个异教徒来说,不熟悉犹太人古老风俗、欧洲古代历史和基督教的教义,只是偶尔读一两页《圣经》,他一定有许多地方不能明白。但是我能证明,这样的一个读者能明白《圣经》中的很多内容。我离开中国时,给一个有200名和尚的大寺庙的住持送了一部《圣经》,一册

《年中每日早晚祈祷叙式》。我回来后见过他。他读了这些书,向我称赞它们。一位由已故米怜博士施洗的中国基督徒把《圣经》拿给很多人看——有些是博学的应举之人——他们读了说《圣经》很多内容易于理解,但不明白有些颠倒的语句,及有些部分论述的主题。这位中国基督徒也是同样的说法,但是他把全部《圣经》读了好几遍,发现旧约和新约相互关联,相互阐明。每个国家轻率、骄傲、浪荡的人都会蔑视《圣经》。然而爱追根究底的心、渴望的精神、年轻的皈依者及年长的基督徒会视其为一颗"无价的珍珠"。愿你们因为用它来丰富所有的国家而感到欢欣。再见!

你们顺从的仆人

罗伯特·马礼逊

致福音小册公会司库及委员会的信

广州,中国,1826年11月7日

先生们:

……在贵会的帮助下,包含着永生真理的几千份宗教小册已经送到东亚的异教徒和穆斯林手中。但是过去几年中,与将要开垦的广袤土地相比较,以这种或其他各种方式撒播的种子还不如抛撒在黎巴嫩山的一把种子。让我们以祈祷浇灌种子,愿神的圣灵发挥作用,相信这个允诺,耶和华说,"我的话绝不徒然返回","旷野必然欢喜,又像玫瑰开花"(赛35:1)。我们这些教会的仆人,含泪离开你们,带着珍贵的种子到这些国家。我们或许不能活着看到它们成长,可是将来的劳作者将会带着大捆的成果欢喜地返回。

这些地方的弟兄已经同意做一次巡游,散发中文和马来文的《圣经》和小册子给婆罗洲、廖(Rhio)、暹罗及其他中国群岛(Chinese Archipelago)的居民和商人。麦都思牧师熟知中国语言及上述地方居民的方言,也通晓马来语,他自己同意完成这项工作。他在这些地方有约10年的经验,非常适合这项任务。马六甲的弟兄正在为他准备大量经贵会认可的小册子。我已经送去中国纸张和其他材料印刷这些册子。我们提议旅行开销由圣经公会、宗教小册子会和伦敦会负担。

我们一些热切过头的朋友让我们非常沮丧，他们没有耐性见到我们在这里劳作的果实。我们不是完全没有成果；但是，确实，我们仍然不能为丰收而欣喜。我的弟兄们，不要轻视琐碎的一天，我们能够把福音真理带出国，送到这个广袤的异教王国，应该感谢神。

你们忠诚的

马礼逊

尽管马礼逊博士时常与各个基督教国家通信，也给有兴趣拓展救世主王国的个人写信，如实转告在基督徒和异教徒中传播神性真理的进程和采用各种手段后的效果，然而在这类通信中，他很少关注伦敦会或个人感兴趣的主题之外的事。部分原因是没有时间，但主要是因为谦逊的性格让他在言及他自己的行动时避免自我吹嘘或夸耀之嫌。所以，据此推测，一般人对他为实现中国传教最终目标所付出的心血的认识是不够充分的。为了纠正在这方面的任何误解，也为了把那些遥远的或漫不经心的人不能认识到的这种谦逊性格的微妙之处昭示出来，编者有感于她对本回忆录主人公的责任，应该从她所保留的私人材料中提供证明，证明这一性格的优良品质，这些品质是为他的近亲密友所熟知和尊重的。她已经从这些材料中编辑成涵盖马礼逊博士最后10年主要事迹的日志。但是，如前文说过的，有必要将其压缩在一个很小的范围内，而不是为本回忆录增加一卷，日志至少能占这么一卷。然而，编者希望这里介绍的摘录部分在某种程度上能实现预计目标，至少，它能让读者一窥马礼逊博士每日有关联的特殊环境、工作和研究的性质，同时穿插有性格特征、逸事、引语和反思等能证明他关心周围人的福祉。

要知道马礼逊博士在商馆的任职和他的传教事务，使他每年有五六个月不能与家人共同生活。从8月份东印度公司第一批商船到达，直到次年2月或3月最后一批离开，其间所有的贸易都在广州进行。在这段时间里，世界各地的船云集广州，带来乘客、信件、到访者，这使得这个冬季对于外侨来说特别兴奋，并且根据不同情形，或多或少也是有意思的。马礼逊博士有规律的工作因这些事受到极大干扰，贸易占据了他大部分时间而绝无办法处理他自己的事务。广州作为东方那个地区的重要商业中心，在印度，特别是在槟榔屿、马六甲和新加坡的朋友们每年委托他购买各种各样的家用物件，如家具、衣服、盘子、珠宝等，依着马礼逊博士亲切乐于帮忙的性情，他是愿意这么做的——尽管，如他过去常说的，他不擅长此道，只是尽力而为。在传教事务方面，必然交由他负责获取所有印刷用材料，还有买书、找教师、招工人等事，这些都让他非常担忧，因为中国政府同样禁止其子民移居海外，不许外运中国图书。传教士们也会因为传教站的问题请教他，他还要管理英华书院的经费等相关事情。这个解释将有助读者了解下面几封1826年10月起始的信中的几段记述。

广州，1826年10月16日

我发现这里在我离开期间同样无人照管财物，使我不得不有如在马六甲和新加坡一样抱怨。

这些事情既已发生，我必须忍耐。将来我离开时，我一定不能这样信任他人照管我的财物。我们离开时，要尽可能地收拾起所有东西。所有的人都渴望获取——我不会介入对这类有争议问题的讨论。

行商章官(Chung-qua)来访，特别健谈，这加重了我的头痛。在我离开期间他父亲去世了。另一位行商茂官(Mow-qua)来扰。

19日——头痛，心中挂念着如何使马六甲的任务免于受创，亚发参与了这些任务；异教徒的心里有太多的“嫉妒和邪恶”，即使在做最善意纯洁的事情，一个人也不能确信是否会激怒别人。当我们经历现实生活中这些必须关心的事时，愿我们不要忽视适当关心将到来的永恒生存状态。愿我们为永恒而生！

我已经写信给在新加坡的T——和B——；给J——写信谈公事；给马六甲的H——，C——，K——和M——；给槟榔屿的B——写信。随信还寄去各种各样的包裹账单、送货通知单、收据、协议书等等。我说你向他们问好。差不多已经处理完马六甲海峡那边的事务和信件。我现在必须关注英国方面了。

我已经开始认真用中文写作《圣经释要》。有时我希望全身心投入我属灵的责任。

21 日——我撤回了给董事会的申请书。我的工作几乎是不可或缺的。这是至今雇用我的唯一理由;如果这个理由终止了,我认为我不会被留下。而且我认为我不适合为一个世俗的职务而求情。如果有这个职务,好;如果没有了,也好。从某些方面看,完全投身我的传教事务会更好。因此,我们乐意把我们的事交给仁慈的神。……

昨天我给你寄了一封信。早晨,从英国直航来的"阿美士德勋爵号"(Lord Amherst)邮船到了,在《亚洲杂志》(*Asiatic Journal*)①中有几处摘自我的词典。克拉普罗斯因为辱骂地图出版商阿罗史密斯(Arrowsmith)受到责备,文章作者借机说了一句尊重我和我的劳动成果的话。……

晚上,写关于《约翰福音》第 17 章第 3 节"这是永恒生命"的中文文章。但愿我们对唯一真神和救世主耶稣基督的了解与日俱增!天国赐福你!——我盼着见宝宝,把他抱在怀中——替我亲亲他。……

礼拜日上午。儒翰每天上午都从《〈圣经〉日课》(*Scripture Lessens*)中选几节学习,然后我们读《圣经》原文的同一部分,接着读中文《圣经》中相同内容,之后他读一篇赞美诗,我们一起祷告。今天早晨读的是《创世记》第 22 章第 18 节,"地上万国都必因你的后裔得福",我的爱人,这是鼓励我们使用各种方式。在迫害的时期,如同在这个国家存在着的,经验告诉我们不能指望公开信仰:在其他境况下,我不怀疑我的几个人会声明对福音的信仰,可是他们现在害怕。……

至于某人的评论并不重要。我恐怕他会贬低我投入最多、分量最重的作品。很难也没必要理会他的嘲笑。我们的宗教目标,我的研究和劳作是世人所蔑视的;因此我在这张桌子上从早到晚写作的这个秘密工作是那些浅薄的人观察不出来的。……表明了对我妄自尊大的态度,所以我对你讲的那个对话不感惊讶,但是我们在神圣宗教中有安慰的源泉,救

---

① 该杂志全称为 *Asiatic Journal and Monthly Register of British India and its dependencies*。马礼逊博士提到的两篇文章分别是第 21 卷,第 126 期的"Arrowsmith's Map of China"第 717—719 页,"Peculiarities of the Chinese Language"第 720—725 页。——译注

世主的爱会提升我们超越世人的怠慢,甚至是人们的嘲讽。让我们忍受困难、忍受痛苦,做基督教会的好传教士。

8日——我一直在读《路加福音》第11章第15节,“慎戒贪财之心”。贪财之心意味着不知足,我想依此准备一篇英文训诫,但我担心它可能会太尖锐,不适合可能成为我听众的那些人。

今天上午我读到这篇中国小故事——胡劭(Hoo-shaou音译)是个很穷的人,但是他每日感谢上天给他极大的幸福。他妻子对他说:“我们每天仅有蔬菜、米饭和水,你所谓的极大幸福是什么?”他答道:“我们幸福地生活在平安时代,没有经历战争带来的苦难,家人都幸免于饥饿寒冷,没有人病卧在床或者监禁狱中,如果这些不是极大的幸福,我不知什么是幸福了。”尽管这是一个异教徒的故事,我认为它是一个教诲性的故事。你也会同意,我们应该为拥有胡劭所拥有的所有东西而感谢上天——比他更感谢上天。

9日——中国皇后的生日——每个省的所有官员都穿上朝服,到省城的行宫,在那里向一块牌位行9次跪拜礼,好像皇后亲临似的。跪拜礼在这里很普遍。

10日——我整天都在写作,现在几乎精疲力竭了,可是我不能不给你写一句话才能结束今天。我今天给你寄了一个包裹,里面有我和小儒翰写给你的信,及夏威夷群岛的来信。我一直无法用中文写很多东西,因而我的主要工作仍然停滞不前。我多想全身心投入,我愿献身,但是世俗事务和通信占据我太多时间。我的信主要写给那些赞助福音的人士。

我已致信阿美士德勋爵及金斯伯罗勋爵。……

14日——今天我用中文认真写作我的重要作品《圣经释要》(我会这样认为的)。需要大量实验和尝试来决定这本书的最佳形式,及如何以最合宜的方式把所有内容呈现给读者。停笔后翻译一份关于伶仃案件的文件。……

这次信件充斥的仅是些闲谈和本地每天发生的琐事,我担心此后你不会对它们感兴趣。我写很多内容是希望让你在独居中愉快起来。我们的处境需要运用宗教原则——信、望及对神坚定的爱。我相信凭借神子耶稣的功绩，我们最终会被允许进入神在天国为所有真正信徒预备的房屋。我们是地上的陌生人和过客——我们实在是此处的异乡客。要大大地感激神及同胞。我们仍然没在家中，这里不是我们的安息之所，我们寻找一个更好的家园。主赐福给我所挚爱的你，让你总是享有基督的安慰！我现在的思考和阅读都围绕《〈圣经〉释要》，我察觉它需要我付出所有的时间和精力。当我思考及此，我就想要放弃用英文布道的计划，也让我知道你的意见。

我刚收到日报。明天总督和巡抚要阅兵。礼拜一尊敬的靳先生(Mr. Kin)要迎娶谭小姐(Miss Tang)；下月2日，万先生(Mr. Wan)将与辛小姐(Miss Sin)成婚等。我不记得以前见过这类介绍。成婚双方都是官吏的公子女儿。

提到湖南(Hoo-nan)省内的一场破坏力很强的洪水。洪水进了省城，深达10尺，很多人丧生。东鞑靼地区黑龙江(Amour)附近的军队被调遣到西鞑靼去镇压穆斯林反叛。我累了，亲爱的，但我仍然必须给你写信——我真想回去，但国王的差事不允许我离开。感谢神，愿我热情为祂效力！……

我们正尝试石版印刷。木匠已经耽误我们很长时间；但是过几天，我希望能告诉你我们已经成功了。儒翰是监督，阿财(Atsow)是画匠。我不敢用我所希望有意义的文字实验，所以我们尝试印山水画。

我坐下来研究一篇讲章，但别的事情占用了很多时间，大大妨碍了进程，我写不出一句话。如果我为英文布道做准备，就会极大阻碍中文布道，这就是两难。北方的形势恶化。反叛者前进，他们截断常胜老将军杨遇春(Yang-yu-chun)，他带领一队精兵为军队主力做先锋，但他被围——据说被杀，因为没有接到他的消息，也没有关于他的任何报道。

马戛尔尼勋爵和乔治·斯当东爵士父亲的朋友松筠(Sung Tajin)，比这两位寿命都长，最终去世了；他离家执行公务时亡故。行商们写信给英国为他们的皇帝要八面大镜子。他真该想点别的东西而不是镜子。……

20日……据鞑靼传来的消息，那儿的形势更严峻了。他们称之为反叛者的军队拥有一二十万之众——300军士正从本省出发一路直上北方边境，去填补已赴鞑靼的军队的空缺。让我们感谢我们的创造者、守护者和救世主。愿我们神圣信仰的伟大要旨鼓舞、激励我们的心——荣耀和平永远属于你。

差不多所有给英华书院的认捐款已经交给我，它们达到约2000镑。事后我才知道图恩捐了400镑，还有其他人的捐款，总数达到我刚提到的数目。

出于个人对马礼逊博士的尊重，同时也出于帮助英华书院实现其远大目标的愿望，很多在中国的公司代表都自愿为书院认捐；其中图恩先生发起了上面提到的捐款活动，并将捐款交给马礼逊博士，并随短笺。

亲爱的马礼逊：

在此附上一张纸，它会说明情况；您阅完后，请交还给我，因为也许更多的人会在上面签名。

您真诚的

图恩

12月3日……昨天，因为非常严重的头痛我没能写信给你，昨晚疼痛最为剧烈；今天早晨缓解了，但还不好；10点钟我做礼拜，就《创世记》第1章第1节"起初神创造天地"做布道讲演。从思考我们周围的偶像崇拜我想到这点。我们的神……是先于万物的；愿祂现在和将来永远是我们的一部分，除了祂我们别无所求。……

3日，下午1点。今天10点开始祷告。当时我们有普雷斯格雷夫（Presgrave）上校及一些船长在场——照惯例唱答祈祷文。我努力说明《圣经》中神作为伟大创造者的性质，这是《圣经》中常常提到的。我祈祷神祝福人们用各种方式了解祂包括我为自己的听众所做的宗教通信，这用去了我很多精力和时间，而中国人未必知道。你的意见、上校的意见及我自己的愿望是赞成英文布道的，但是我们到此是为了异教徒——我们的目标是对他们进行宗教指导。愿主指引我们，帮助我们。……

今天我一直埋头中文写作，但没有完成多少。

我正在努力写作的是人们非常需要，但却不那么容易完成的一本书。愿神保全我完成它，如果这是祂的愿望。今天头不舒服。W 爵士为书院送来 200 镑；在我的回信中提出不需报酬，替他们主持祷告和布道，直到公司派来一名礼拜堂牧师。我告诉他我自愿违背感受的唯一动机是不愿看到广州的公共祷告中断。儒翰忙着为我的《〈圣经〉释要》复制地图，印刷一份中文报纸，没有时间写信——他让我转达问候和爱……

对于马礼逊博士的提议，特选委员会主席弗雷泽爵士答复如下：

亲爱的马礼逊：

我向我的同事们说到您信中的提议，他们和我的意见一致，我们无权接受您的好意，我完全相信您是出于对我们的福祉最良好的愿望而提出来的。

您忠诚的

弗雷泽

……他们秉持绝对权威的真精神，决不与不愿向绝对权威弯腰、不接受绝对一致的人有亲密交往（除非向亡者念祷告），这是宗教情感或非宗教情感的一种可悲状态。如果这样的人"有信仰"，他们是不奉行"圣徒相通"（Communion of saints）这一使徒信条的。

26 日……我亲爱的……我刚从奥立芬先生家布道回来。今天早晨如果我不去同他人言说主基督，我的心是不会安宁的。我不愿脱离公共礼拜，我也不喜欢基督的牧师是听众，且由一位世俗人员领导礼拜的想法（我估计 P 先生会主持）——我认为要我做个听众是不合适的，所以我致信奥立芬请他尽可能多召集人。我们的会众有 20 多人。我首先出席我自己的一小群中国人的集体祷告，11 点钟去奥立芬家。这儿非常需要一个真理的见证；我感到似乎我不能放弃。我会寄给你今上午做的讲章。愿恩典和平安常常伴随你。我盼望见到你们大家。……

晚 9 点。亲爱的，我现在完成了一天的劳作。早上 6 点，我劝诫中国人，约 7 点，劝诫我们的朋友们。奥立芬，上校，M'K——，还有一位先生，从美国来的一个年轻人,来读《圣经》并祷告。我要求每一位要么读一章或一首赞美诗,这样所有人都参与礼拜。

明天是本月的第一个礼拜一,我们计划举行传教士祷告会——在全世界进行这样连续的祷告会的想法令人高兴。不是同时举行(我们的一些国内朋友误解了此事),而是连贯成系列。也许,在这样的循环中,我们在中国也要做好准备,因为照耀到日本(字面义是“一天的源泉”)的太阳即将照耀我们身上。……

27 日,现在大约晚 10 点。我们的朋友、儒翰和我大概 8 点聚会阅读《圣经》,祈祷异教徒皈信基督及犹太人复兴(the restoration of the Jews)。(我相信)这是在中国举行的第一场每月祷告会。愿这样的祷告会永不停止,直到中国信仰基督!

有一天我读《京报》(*Peking Gazette*)感到痛心。其中说到一个军官奉命加入在鞑靼地方的军队,他视皇命为至上荣耀,竟然暂时失语。啊!基督徒对锡安之王的感情是多么深厚啊!

我希望听到 M. B.在获取其他学识时也正在学习一点中文。我希望我们全家都重视并且花一部分精力协助传教事业。如果她依旧完全忽视汉语,那可对她不好。在英国节俭一些并施舍一点钱给传教事业,要比在一个异教国家向异教徒做一点指导、一点训诫容易得多!

1 月 28 日——《诗篇》第 4 章第 6 节①“但愿我有翅膀像鸽子”,“恨不能扮鸽儿飞去”,这是一位妻子在想念其不在身边的丈夫时说的。我为这首中国古诗中同样的思想而震惊。

关于女子教育的重要性,他们说:“闺门为风化之源”;就是说女子教育的好坏会破坏或革新一个国家的风气。……

至于仆人,我不知该说些什么,这对我的耐心是极大的考验。这个国家的异教徒傲慢且不守规矩,因此我们才来到他们中间努力使他们向善。找到守规矩、忠诚而又不试图捞取钱财的仆人的想法是不实际的,所以,

① 原文标明如此。——译注

我们一般采取的态度是期望少些、忍耐多些。仁爱的神带我们到这儿来是使他们向善，我们必须尽力做得更好。

绑架在中国很常见，常常是意图得到失踪小孩的赏金；有一次，一个欧洲小孩从澳门被诱拐走。

……亚行(Ahăng)说，较有教养的女仆不会为外国人帮佣。我亲爱的，你现在了解到如果没有人帮我，没有钱，也没人支持我，我该有多么困难了吧。我还是得到中国人中去，像我做过的那样与他们交往，从他们那里学习我已经学过的东西，为的是教导他们什么是比金钱更有价值的东西。……

愿主帮助我们怀着信仰认真思考死亡、审判和永恒。那么，这个浮世中的苦难就什么也不是了；反复无常、欺骗、诈取小钱或者是更令人痛苦的与金钱无关的道德虚伪，将会呈现本来面目。趁还是白昼让我们工作，我的……，因为夜晚来临没人能工作。

今天是8号，再过几天我谨慎地盼望能获准去看你。我渴望见到并同小R说话。我为亚昌(Achan)的不安分感到失望，我希望我们周围所有人都愉快。……

宣讲完“救恩”后，带着头痛的症状回到家，发现我的一小群中国教徒(愿我能更好地指导他们！)正在等我。他们是老李(old Domine Le)、郭(Domine Ko)、亚轩(Ahëen)及其他人。我解释了《诗篇》第103篇，亚轩读训诫词。仪式完后，我回到中文书房，看见桌上放着两个包裹和一封信。看上去他们是从英国寄来的，信用墨胶封口。开启信时，我担心获知我们亲友去世的消息，但读过后发现没有这类消息；我随信附给你。我收到19本7月份的杂志，及4期《村舍圣经》(*Cottage Bible*)。《福音杂志》(*Evangelical Magazine*)的编辑稍微提了一下《临别赠言》——他赞扬我而不是这本书！——称赞我“不屈不挠正直”，但是又说，有人推测是我的“固执”让我采取行动。我想他指的是我回到中国传教这件事，亲爱的，你啊，我的朋友们多么率直！

……亲爱的，我给你写这么多，是希望能让你开心，激起你的兴趣，让你从中受到启发——向你赞扬我最喜欢的美德——谦卑；我们的一些英国朋友认为我缺乏这种美德——这样说当然是不公正的。

我准备批评《公理会杂志》(*Congregational Magazine*)，但必须等到我们见面。……

-1827-

他的部分书籍被烧毁—评论希腊、罗马诗人—《广州志乘》创刊—私人日记续登—特选委员会向公司董事会举荐英华书院—论基督徒的献身精神—费希尔先生来信—伯恩牧师来信—对新加坡书院的评论—给柯利牧师和基德牧师的信

马礼逊博士重返广州后，给哥哥写了下面的信。

致詹姆斯·马礼逊

广州，1827年2月18日

亲爱的哥哥：

我离开广州返回澳门的时间快到了。3月中旬我希望能和家人团聚，今天我给一小群美国及其他人做了一场英文布道。他们中有一位在美国受洗的中国人。布道的主题是人与圣灵的工作——主要讲悔改，净化罪过及在基督里得到慰藉的信徒。这样的主题对你来说太普通，但在这个异教国家却有着一种特别的重要性……我健康如常。为一点小痛所苦，这让我看起来还是健康的。

我经常感到难过，我们使异教徒改信福音真理的进程很慢。中国目前不稳定。他们与喀什噶尔及其附近的鞑靼人打仗。……一个月前我在澳门时，我的邻居阿斯特尔先生(Mr. Astell)家失火了；火经过隔墙烧毁并损坏我许多书。

……

马礼逊博士再次提到这件事时说：“房间的地板和墙基本修复，可是书没法补救。随使团出使北京时带着的望远镜烧毁了——孩子们的画像也烧了。

我等明天天亮后再查看另一个房间的书。”

23日，我查看了所有的书；全部受损，一些烧掉了一部分，有些完全不能使用。盛书的盒子因为表面烧焦没用了。M说这是对我的报应，因为漂亮的包装是虚饰！

下面几封马礼逊博士写的信提到他在夏天做的事。除了提到过的英文礼拜，他总在礼拜日进行两场中文礼拜。其他日子里，在每天上午早餐前，他指导中国基督徒及任何想聆听教导的人。

……

澳门，1827年3月18日

我正用中文写作一本有关神天启示所有重要原则的作品，从《圣经》中选取一些内容，并偶尔附以解释性和教导性注释。一个适合该作品的题目是《古圣奉神天启示道家训》（*Domestic Instructions, derived from Divine Revelation*）。它的主要目的是作为与异教思想相比较，辨证错误的根据，以帮助理解基督教原则。

我到这里几个礼拜了，在我自己的房屋里进行公共礼拜，参加的人中有几位是从商馆来的，还有其他在澳门的英国人。愿这儿有一位满怀热情的新教牧师！天主教徒的虚假仪式和反《圣经》的原则和做法是非常可悲的；他们喜欢黑暗而不是光明。这儿的一所学校接受了几本葡萄牙文《圣经》，但后来返还了这些书（我怀疑是因为神父以权威施加影响），说他们不想要这样的书。上个礼拜，与我们的房屋毗连的天主教堂每一天都有为葡萄牙国王做的弥撒，他一年前去世了。

在这个帝国，所有人都密切关注在鞑靼地方的战争。朝臣传出消息，帝国的军队很快就会战胜叶尔羌（Yarkhand）和喀什噶尔的反叛者。

上面提到的学校是一所为年轻女子开设的学校。一位有兴趣教导这些年轻人的瑞典先生用英语教导她们，他请编者推荐一些适用的初级图书，并请她从英国采购，她这样做了。其中有特里默夫人（Mrs. Trimmer）的《圣经史》（*History of the Bible*）；神父们裁决反对使用此书，返还时附言说，不允许这些年轻人保留此书。下文摘录很重要，他们记录下马礼逊博士对各种各样的问题的观点。

广州,10月30日。以帮助异教徒了解真理为目的,我最好做些什么呢?当我就此问题思考时,我想我应该多写作。如果我继续学习中国的纯文学,可能会学到死的那刻;他人可以理解我写作的中文作品,所以我认为我最好打消学习异教学问的念头,用简单的中文教授基督教知识。据我体会,异教中国人的作品同希腊罗马及现代欧洲的放荡的诗人一样令人反感(但仅此而已)。贺拉斯(Horace)的最典雅最受人喜爱的作品中满是可恶的东西,比拜伦勋爵(mi lord Biron)的作品还糟糕。但是除了这样"高明作家"的不道德,我对他们天真的苦心之作的乏味无用不感兴趣;浅学辄止,完全不必要为了风格或任何这样的目标而研究它们。……

11月1日。今天早晨我为贝茨博士(Dr. Bates)的训诫深受启发,收录此文的著作是本陈旧破烂不堪的对开本。文章内容为"敬畏主是智慧"。他强有力地表明人类的堕落不但是我们情感的堕落,也是我们的理解力走入邪途——在属灵的事情上,人类的判断力像傻瓜。他们在那些从本质上就永远不能满足我们的灵魂的事物中寻找幸福。一个日晷适合标明时刻,但太阳必须照射其上,否则它没有用处。灵魂可以是快乐的,但神的荣光必须照射它,才能给灵魂带来快乐。

3日。由于担心本月16日邮寄前离开广州,我今天专意写回信。从昨晚到今天,我写了30余封信。有兰达福主教、罗登伯爵、贝斯利爵士及给祈祷书公会书记等的信。

礼拜日,4日。愿圣灵降临圣人所有教会,仁慈地与我们的灵魂同在!我的头不舒服,但我希望能布道。晚上——我完成所有英文和中文的礼拜,身体感觉很舒服。我们今天的人数与以往最多的时候相当。布道的内容是《哥林多前书》第1章30节。目的是颂扬耶稣基督。

5日——今晚我们打算进行传教祷告会。如果他们从南太平洋开始,我们在中国接着,然后是印度、叙利亚、欧洲,最后是美国,在全球形成一个24小时的祷告链!……

C 船长今晚加入我们的祷告会。昨天他在黄埔升起船员礼拜堂联盟的旗帜，并召集了一群会众——全部是美国人；他最近才受感召成为一名基督徒——他的热情仍未像很多人那样冷却；他从内心感到对救世主强烈的感恩之情，这为他的唱诗和祷告增加了感染力。……让我们在磐石上建设。"你们要安慰，安慰我的百姓""少年的和强壮的也必须跌倒；但那等候耶和华的，必重新得力。他们必如鹰展翅上腾，他们奔跑却不困倦，行走却不疲乏"（赛 40:31），"要等候耶和华！当壮胆，坚固你的心"（诗 27:14）。

6 日……亲爱的，你看我今早做完这么多事情还相当好。让我担心的不适消去了。我在公司用的早餐。

7 日——昨晚，大约有 40 人在 H 船长家。晚餐后，一位举止夸张的年轻人，H 先生，站在一长形屋子尽头的桌子后，以滑稽的方式讲述他对一些人及地方的回忆；其间夹杂着歌唱。他的歌无伤大雅；然而他取笑那些给他提出过建议的亲友，他说的假姓名可能就是他亲友的。M 说他很想知道我是否收到他捎来的邮包，因为他又收到一封信询问此事。既然这样为什么他不来或写封信？可怜的人！我想恐怕是他不想同宗教人士有任何瓜葛吧。

《广州志乘》（*Canton Register*）是个新生事物。在中国从来没有出现过。葡萄牙文的《澳门新闻纸》（*Macao Paper*）是一个自由的尝试；可是被重新上台的合法权威压制了。《广州志乘》体现了商人的热情——他们不怕出版有关自己走私鸦片的文章；有太多的"及时行情"，这份报纸将只会在商人间流通。

这份新刊物热情地请求马礼逊博士的帮助支持，他认为在能对其所致力推动的那些道德和宗教问题完全自由表达观点的条件下可以帮助。该报欣然应允这个要求，并每年捐赠 300 镑给他指定的任何慈善机构。自此直到他去世前的一期，马礼逊博士积极撰稿支持该报。

11 月 9 日——我结束礼拜日的讲道。我们的救世主谴责七教会的话可以用五个词概括——他们因背离、放纵、缺乏、冷漠和骄傲受到责难；

他们离弃首要的爱(first love);他们沉迷于错误和邪恶;他们信仰不足;外壳活着——内心已死,他们冷淡,并且骄傲地认为自己富足——什么都不缺。

10日,晚上——今天我为《广州志乘》写了约三页。W先生和某先生不懂汉语;似乎也缺乏从本地人那里收集信息的才能。除了写写短篇记事,我与这份报纸毫无关系。我认为应该鼓励适当行事。河南(Honan)传来一则令人悚然的案件,一个年轻人并非有意导致他放荡母亲的死亡。……我把此事寄给该报作为一个警醒的事实,让世界看到邪恶的存在;而且邪恶充满世界的各个角落。……

一个要犯被押解到广州,他是鞑靼地方叛乱首领的亲戚;他将被终身监禁——不准交谈、通信,他的妻儿流放到帝国其他地方为奴。……笔、墨、信纸是沟通的好方式;但与亲爱的你,及亲爱的孩子们相比,我多么愿意舍弃它们!这个事件是令人遗憾和不舒服的,然而它有可能更糟。我们——我是指作为一个有罪的人来说——不值得拥有什么!我们不值得拥有任何好的东西——主教导我们要谦卑!……马治平向威廉爵士和部楼顿先生(Mr. Plowden)提议让英华书院使用曾印刷我的字典的中文活字,但他们不同意。……宣誓条例(Corporation and testacts)①;看来是非国教派人士反对国教正统;因此,既然非国教派拒绝以礼施人,他们也就不配受人之礼。……隔着桌子问我,非国教派人士之间是否不互相仇恨?我回答,不如高低派教会之间那样互相抵牾——他没话可说;我继续说,不管属于哪个教会,所有善良的人都秉持互爱的伟大原则、摒除小差异;圣职人员认为应废止宣誓条例,它是对神圣誓约的亵渎。终归只有两个派别——虔诚的人和不敬神的人——义人和恶人。我相信这是对所有关于派别的问题的最好回答。那些敬畏神的人,那些不敬畏神的人;那些爱并服侍救世主的人和那些不这样做的人。我想我们应该对那些无知、骄傲、迷失正路的人更多地感到怜悯而不是愤慨——那些被轻视的基督徒

① 宣誓条例规定在英国公共部门任职必须是国教徒。1672年通过,1828年废止。——译注

有着耐心、刚毅和温顺这样很好的性情。

礼拜日晚上。到目前为止，我们的会众由新来的人组成，包括一些美国人，三位公司的船长——英国船长从未来过；我担心，长期居住在印度确实很大程度上麻痹了良心。没有安息日，没有公共礼拜，可能没有集体及个人祷告。我们郑重其事地关注一个特别长的布道。我补充了很多内容，谈论悔改；我曾想起"热忱和悔改"的意思是热忱地去悔改——立即去认真地做。我思考这个主题；我希望向自己布道，然后向他人布道，带着热情、感情、谦卑——要极力避免华而不实。我厌恶一切不是简单至极的布道。我所依靠的真理是不太考虑传递方式的——也许我的这个想法过头了。

我今天写了封公开信性质的信给奥利芬——希望有一位来自美国的用英语布道的牧师。他会把信抄送给美国有影响力的人士，努力促成此事。……

应马礼逊博士向美国教会的请求，雅裨理先生(Mr. Abeel)、裨治文先生(Mr. Bridgman)以及随后担任海员牧师的埃德温·斯蒂芬斯(Edwin Stephens)(他去世后留下的重要岗位还无人接替)被派往中国。

我今天写信给查默斯博士，希望他能关注苏格兰人冷酷、淡漠、毫无感情的宗教，特别是在亚洲这块地方。……马治平向董事会呈交了一篇赞扬英华书院的短评，上面有特选委员会的签名。……

已故的马治平议员在中国与马礼逊博士有多年私交，他仰慕马礼逊的才华，敬重其人品，因此向他表示出最温情的友谊。马治平先生本人慷慨仁慈，欣然以他的影响力和财力帮助改善人类道德或现世状况。

下面是马治平先生呈交董事会的短评。

1827 年 11 月 12 日

应马礼逊博士的请求，我们愿意借此机会向尊敬的董事会呈交我们对马六甲英华书院的意见。因为我们相信，董事会将一如既往地慷慨支持以获取中国文学、中国政治制度、中国人独特性格等更为详细的知识为重要目标而设立的书院。

马六甲的英华书院不仅以此为目的，而且还向东亚人传输欧洲文学并指导各门实用学科。优越的西方文明向中国、交趾支那、东方诸岛的人开启了一片广阔的天地，我们相信具有无可估量优势的教育将有助于消除恒河域外地区长期存在的对外国人的偏见。

马六甲的中国移民都有意愿把子弟送到这个学院接受造就绅士的学养教育(liberal education)及道德和宗教原则指导。对所有自愿接受宗教指导的学生给予免费指导，但不劝那些未经深思熟虑的学生成为基督信仰者。

我们满意地得知英华书院得到槟榔屿政府的默认和支持；鉴于它所要实现的目标在很大程度上促进我们与这个国家的交流，扩大我们对中国人的了解，我们非常愿意向尊敬的董事会推荐该书院，希望得到关注。

在上一季致尊敬的董事会的信中，我们有机会提到马礼逊博士为东印度公司在中国的利益做出了颇有价值的服务；我们已经深深体会到他与商馆的联系所带来的益处，我们盼望将来能从他的天赋和学识中取得最大的益处。

(签名)弗雷泽

马治平

米利特(C. Millett)

14 日。……六月号《亚洲杂志》为我辩护，驳斥克拉普罗斯的文章可能是乔治爵士写的。

英国寄来的世界各地的报纸上的文章和通讯很有启发，对我们所处的环境中的人来说是鼓舞人的。

对“用平安的福音当作预备走路的鞋穿在脚上”的解释是，总是在平安福音影响下行路或行动——愿我们享有它，为那些缺乏福音的人祈祷！

在《折中主义》(*Eclectic*)中，一位独立派牧师对他妻子说：“服从神的旨意——祂的旨意是最善良的，祂的旨意是最好的”——说完就去世了。我采用有感情的引文及其他类似的话题；这里发生的事情太少，如此频繁的通信——我觉得这是最有启发的写作方式。阅读异教徒的作品，对于掌握他们的语言技能是必要的，但常常极缺乏启发性。然而今天看到的一封信很有趣——这封信是一位妻子写给常年在外经商的丈夫的。她早年受过经史教育，贫困，没有丈夫陪伴，只留下一儿一女在身旁，丈夫音信全无，她为这些悲叹不已。她因焦虑生病，留下这封信给儿子，希望她死后丈夫能够读到。她对他的感情如此深，尽管受到疏忽，也希望来世与丈夫团聚。这真是一个奇特而有趣的故事，可我们没有时间翻译它。就餐时，G先生为拜伦的《唐璜》(*Don Juan*)辩护，其他人反对，为他不道德的人物而悲叹。只要我谈到任何赞扬宗教的话……就会用手盖住眼睛，并且微笑。愿他们的心去爱福音真理。马治平虽然是苏格兰人，却成长在圣公会家庭中；但是他否定主教制度的极度虚饰。他告诉我，一天晚上坐在椅子上，想请我讲讲神的恩宠，因为他不明白为什么C(那位商馆礼拜堂牧师)可以行牧师职责，而我不可以。

但他又一想，P明天会到这里来——可能不会这么问——这样的对比会很明显。去年他也赞成接受我的提议由我来主持礼拜仪式。弗雷泽爵士也有此意——但其他人则害怕被视为非国教派的人。

愿我们不仅要顺从、满足，还要充满感激。我害怕自己因缺乏对神的感谢而犯罪。愿我们的邻居、相识的人、朋友都能借着福音知识受祝福，爱真理，对天国有真切的希望！神怜悯我们身边的异教徒，愿真正的传教士思考这些主题！

20日，礼拜日——我刚结束中文和英文布道，我希望听众能得到启发。《但以理书》第3章非常适合偶像崇拜主题。《圣经》极为丰富且多样；人们越有机会研习它们，这点就越明显。愿圣灵与我们同在，神的手临在我们身上。

题名为《基督徒的奉献》(*Christian Devotedness*)的小册子在我看来有一点过激的观点(如有些人认为的那样)——把一切奉献给神——而不在人间积累财宝。《折中主义》强烈反对，说此文作者没有孩子，也没有在世的母亲。但我有妻儿，并且我还是一个反对在世间积聚财宝的人。我亲爱的……我肯定我们没有理由寻求自我保护。但是我的原则是“倚靠主”——“祂会提供”，是这样的。所以挑剔和关怀成了神所要求的责任，“耶和华是我的神”（Jehovah Jireh）——《圣经》中说，是这样的。解经人说：主会用你来提供；除了你自己，你不要从外面寻找储藏物。现在我问，这种推理不是证明自己有罪吗？因为依照推理，相信神只意味着依靠自己；神这个字完全没有意义！

不能为自己提供必需品的人会被迫接受与神不同的观点；但我想接受神的观点，不是被迫，而是出于原则。我们家是一个无依无靠的小家庭。将来——啊！我们知道些什么？——谁能告诉我们？——我们在上天的父能帮助我们——但是祂要求我们等待祂的旨意。愿我们带着成就祂的伟大和善的感情去等待。啊！我亲爱的艾莉莎，让我们祈祷有宽广的胸襟，坚定的信仰，对天国的盼望。永生！——不把现世享受看在眼里，什么都不是，非常虚空的，是与永生相对立的，这是使徒式狂热（如果人们把这视作一种狂热）。看那 3 名在燃烧着的火炉中的希伯来青年——他们实践了自己的原则；神的使者与他们同在。啊，我痛恨那种推理方式，“啊！是的，从理论上说那都是千真万确的，但不适用于实践”，什么话？基督教理不能运用于实际！基督的训诫是编造的不切实际教条！啊！不要这样说。我臣服于这些精心之作；我认为它们是真理和严肃的话语。我们能从何处寻求帮助，只有在神那儿！让我们尊荣祂——因为祂说：“尊重我的，我必看重他。”“啊，是的，谈论荣耀的神是非常好的基督教徒的雄辩术；但是我希望拥有适度财富——那么在信赖神时我能感到轻松和愉快——其他一切都是狂热主义，等等。”这难道不是我们大多数朋友的忠实写照吗？当我及我的家人贫困时，他们可能会因为这些高明的见解嘲笑我，但我否认贫困是一种诅咒——它时常是一种祝福。

中国教徒亚发在这里，他说有一个人想受洗。天气很热，我感到很不舒服。一个在阿拉伯、印度等地旅行，叫谢瓦利尔·德·利恩兹（Chevalier de Rienzi）的人问了我上千个问题，耽搁了我很长时间。一个叙利亚——迦勒底的基督徒也来我这里，求我给钱让他从土耳其人那里赎回他的家人。他是尼尼微人(Nineveh)。主保佑你,孩子们及在我家的所有人!

24日——亚发带来一本他写的关于《加拉太书》的小书。每年来此采购礼品的人给我带来茶等东西。

……

在中国,诸如此类的事经常发生,每年都有外国人来访,其中不乏来自世界各地的杰出人物和文学名人,他们通常有带给马礼逊博士的引荐信,并在实现他们各异的来华目标中得到他力所能及的帮助。

年底传来语言传习所及新加坡书院关闭的消息。马礼逊博士自然对这两家机构深感兴趣,因为相信它们会特别有帮助,并且因为他积极参与发起建立。他对此事及其他与其公务相关事情的感受可见于以下几封信。

澳门,1827年12月22日

亲爱的费希尔:

感谢您7月19日的来信,我前两天收到。随信来的有7月号《季刊》(*Quarterly*)。除了英国世俗及教会高层,这期杂志似乎对谁都有不同寻常的敌意,我看出他们非难我是"自我训导"(self-instructed)。关于圣经公会的那篇文章采取的原则是,除非译本是完美的,不应使用翻译本——我认为,这样的一个原则把天底下所有的译本都搁置起来了,英国圣公会的钦定本也不例外。

我收到一封来自皇家亚洲学会的信,感谢我送给他们的鞑靼地图。与此相关,《季刊》引用我的一封信以丰富其版面,但却略去我的名字。

对你信中所有那些沉重的话题,我与你有同感。发觉每天有更多理由提高自己的意志面向一切善的伟大源泉。福音为那些靠耶稣基督的信仰活着的灵魂提供了现世居所。生活中没有忧虑的最严重的原因,总的来看,对每一个人来说各有不同。有些人有家人的安慰,而对另一些人来说,忧虑或者说痛苦却是极其有益的。我今天对我们的大班——弗雷泽爵士的状况极为焦虑。大约两个礼拜前,他精神失常,他日夜兴奋的状况让疲倦的生命更脆弱了,他的生命是挽救不了的。

24日——昨天早晨,午夜早晨过后20分钟,弗雷泽爵士去世了。

您忠诚的

罗伯特·马礼逊

1828年1月号《广州志乘》刊登了这件突然而悲伤的事情。

我们沉痛地宣布英国商馆大班威廉·弗雷泽爵士意外去世。他患病一个月后于12月22日礼拜日去世,礼拜四中午安葬在公司墓地。葬礼由马礼逊牧师主持。丧礼时,原本带他回英国的船在外海下锚处发葬礼炮;出席丧礼的有澳门法官、欧洲居民及商馆职员。威廉爵士约40岁,财资颇丰;但是"人的生命不在乎家道丰富""活着也正是死亡"。此事向所有人说明救世主的忠告"你们也要预备"。

致布兰德拉姆牧师

澳门,中国,1827年12月22日

亲爱的先生:

昨天收到您6月7日来信;借"凯利堡号"(Kelly Castle)即将起程之际,我写信告诉您已收到此信。为了促进基督的事业,您所遇到的困难,以及您所受到的非难对肉体对属灵的心的影响是不同的。7月号《季刊》匿名文章承认圣经公会有良好原则,同时又指责它所做的一切事情,而且依我看,还降尊纡贵责备谦卑的马礼逊博士,他"谦卑的自命不凡,无论如何,应该消除批评"。他自称不是一个完美的中国学者,也不是一个出色的译者;所以,他不应该翻译出版。多妙的逻辑!好像任何一种译本——甚至英文译本都是完美的——或者拉丁文《圣经》也是完美的。如果只能出版完美的毫无错误的译本,这个原则将会是完全禁止所有非拉丁语的《圣经》,如同罗马教宗曾经发布过的敕书那样。我愿完美主义者们都成功;不是在谩骂方面,而是在他们可能降尊纡贵从事翻译完美译本的工作中。……新加坡汤姆林先生及四美先生(Mr. Smith)积极地散发《圣经》及其他中文基督教图书;如同英华书院的朋友们那样,他们以最鼓舞人心的腔调写作,只是因为人们非常需要中文《圣经》;神的圣言,即充分传达神圣启示的意义,及基督耶稣为我们的拯救而死的好消息的译文必须有益于使一些罪人灭亡,使一些罪人得救。这样的种子不会没有收获。

因为时间有限,恕我就此搁笔。希望所有人很快就能阅读《圣经》;作为实现这一目标的工具,我祝愿圣经公会取得成功。主保佑您!

您真挚的

马礼逊

费希尔致马礼逊博士的信

伦敦,1827 年 12 月 9 日

我亲爱的朋友:

我的上一封信写于 11 月 28 日,信寄出后,我参加了语言传习所委员会的一次会议,我感到有必要让您知道会议当场做出的一个提议。那简直就是要解散语言传习所,理由是它是毫无用处的!……不用说,这个提议得到坚决抵制,被撤回。汤利在场,做了一些非常中肯的讲话,他认为传教士人选在进入传教区域之前掌握传教地的语言可以考验他们的传教能力,这是非常有益的。他举了一个非常恰当的例子支持他的意见:伦敦会派出的一个没有经验的人无功而返,缘由就是不能掌握传教地语言;他及其家人已经使伦敦会花费不少于 1000 镑。这笔费用超过您的传习所两年的运作开销。另外一个事例是,伦敦会通过提前考验人选掌握语言的能力,避免了一笔同样的开销。进一步深入这个问题,我们发现 20 个学生利用了传习所提供的便利。比较这些人数及参加学习的开销,并且拿这二者同从其他机构获益的人数及学习的开销比较,我们得出结论,我们做了一件了不起的事。所以,完全没有理由气馁,相反,应该鼓舞向前,不屈不挠。

您永远忠诚的

费希尔

马礼逊博士的来信

澳门,1828 年 11 月 13 日

亲爱的朋友:

我很高兴收到您 1827 年 11 月、12 月,1828 年 3 月、4 月的来信;对此我表示衷心感谢。昨天,我收到一封来自阿什顿先生(Mr. Ashton)的来信,告诉我您所担心的事真的发生了——语言传习所解散了。

对我来说,这真是憾事,英国基督徒竟然偏离智慧箴言如此遥远,去追寻目标却没有途径。但我认了(I submit)。也许我为语言传习所祷告得还不充分。因为神的祝福是成功的基础;祂对需要其祝福的人提出虔诚的祷告。

我的另一位推动福音传播的努力也失败了,即新加坡书院。1823年,我花了5900镑这样大的一笔钱以促进马六甲海峡的基督教教育,我担心所有的这些钱完全没有用于本地人的教育事业,已故斯坦福德·莱佛士爵士任命的几位理事对这个目标不感兴趣,对这笔钱管理不善。英华书院的进展令人满意;马治平先生访问印度后,几周前经过马六甲,他告诉我英华书院是他沿途所见过同类书院中最让他满意的。

您忠诚的

马礼逊

罗伯特·伯恩牧师的来信

新加坡,1827年9月24日

亲爱的先生:

我上周收到您6月的来信……谈到新加坡书院,我尽可能简短地把自您离开后发生的事情告诉您。我很高兴垫付的贷款立即付款,杰克逊中尉(Jackson)允诺很快动工。不用我说,他的允诺无异于一个游手好闲的人的愿望,一个我从未见过的懒惰的人。内皮尔先生和我尽我们所能让他工作,但徒劳无功。他就开了个头,然后又停了下来;他又工作,但几乎没有做成什么。就这样持续到总督到来。我们向总督申请投入学校等事情共计4000镑的那部分费用。经过多次书信往来和讨论,他批准了这笔费用,甚至同意在有正常理由情况下每月支付300镑的津贴。这4000镑立即分给需要钱的司库和杰克逊中尉。与此同时,总督提出购买书院建筑和土地作为政府用房,但理事们不能接受这样的条件,即退还每位捐助者,由东印度公司购买而不是捐助此楼。之后他们提出对全部地产出价15000镑,或者每年为这栋房屋付260镑租金,或者在他们(政府)完成建设后，由他们自己提出方案。这些建议仍然在考虑中。我们每天都期待从总督那里得到一个答复。如果他接受第一个建议，这是所希望的，因为您现在是唯一的赞助人和主要的捐助者，在您的同意下，可以将这15000镑换为政府债券，利率为6%，用这笔钱可以在更适宜更实际的范围内重新开始。

在过去半年，几位重要人物加入我们。我们的新司令官及夫人都是爱神和神的真理的。一位叫作沃兹(Watts)的年轻人来此居住，是一家丹麦商馆的货物管理员，也有向主的意愿。大概一个月前，卡斯维尔先生(Mr. Caswell)及夫人是现任总督的亲戚。尽管知识和经验还不丰富，但是信仰最为热切，全心爱基督和祂的事业。您会很高兴知道，三位"基德将军号"上的长官在外出航海时信从真理知识。

将捎信给您的克拉克先生在此处一直待了两个礼拜，参加了我们所有的祷告会及其他活动。他们三人都受到船长和其他长官的极大阻挠，但仍然坚持祷告，阅读永恒生命之言。可以肯定，我亲爱的先生，主的知识将会像注满大海的水一样遍布大地，这一天就快到来。同样在孟加拉，当地有一个很大很奇妙的转变。一些传教士从未到访过的村庄主动请求接受基督教指导，而且实际上提供他们的庙宇给基督徒做礼拜。毫无疑问，你会听到读到这一切。亲爱的先生，让我们为人子降临的预兆欢呼。如果我们不沮丧，时机一到，我们也有收获。当您被派遣的国家归向主，人们将会心怀感激记住您。您为他们预备的宝藏虽然现在没人理睬，遭人轻视，但却会让他们永远把您记在心中。一个人播种，另一个人收获，但是时间即将到来，他们播种，他们收获，共同欢庆。我不但希望，也感觉肯定您可能是、您将是这些幸福的人之一。愿这样的期待鼓励您，安慰您，催促您，让您在主的事业里富足。向您夫人表达我基督徒的爱，并愿神祝福您二位。

诚挚的

罗伯特·伯恩

新加坡，1827年9月29日

亲爱的先生：

乘"劳瑟号"(Lowther)途经中国前往英国的马克斯威尔(Mr. Maxwell)及弗林特船长将会告诉您,我们与政府就新加坡书院做出安排的种种努力都告失败;书院的现状和两年前您离开时一样。为了完成书院的建筑,曾提出一个计划,把莱佛士爵士纪念碑的捐款用于支付完成该建筑的必要花费;等竣工后,可以把它用作图书馆、阅览室或市政厅等。如果包括已经花去的费用及要偿还给伯恩先生和杰克逊中尉的债务,完成建筑、购买图书必需的金额总计是25000镑。有人建议把这笔金额按照每100镑一股,利息为6%的可转让股份。支付利息并保持运作的资金通过在新加坡每月的认购筹集……莱佛士爵士的半身像放置在图书馆或其他主要房间。这是我能想到的唯一的计划,防止已投入资金的全部损失。

您作为最大的所有者,未经您的认可是不能采取任何步骤的,弗林特船长和马克斯威尔先生作为委托人将会与您当面协商,如果可能非常希望您能做出某个决定性的决议。我认为筹款并不难。很多外地人来此疗养会乐意在这样一个处所消磨上午时光,并认购股份。我认为所有住在新加坡的人都会这么做,因为目前这块殖民地还没有一个公共会议的场所。

……

马礼逊博士拒绝了上述计划;他在给英华书院负责人的信中附上拒绝伯恩先生和其他理事的原因。

致马六甲英华书院柯利及基德牧师的信

中国,1827年11月17日

我亲爱的同工:

我们书院的目标是为了神的荣耀,为了人类的福祉。根据书院的总则和基本章程,我们想以文学——上天赐给人类的礼物——为工具传播有用和救赎的知识。在我们的事工中,想效仿神圣基督的温顺、谦逊;记住祂在花园中的苦闷,在十字架上的苦痛。我们书院管理者的精神是基督徒的仁慈、宽容、适度、耐心。如果英华书院脱离基督教徒和谦卑的精神,它就脱离其根本性质。我的弟兄们,我相信我们都同意这些意见;当我们没能控制住骄傲和自满的诱惑时都会感到懊悔——骄傲自满是人类最初最大的罪——是撒旦的罪,是神憎恶和反对的目标。

1823年新加坡书院的失败极大地影响了我们英华书院的处境。关于新加坡书院，我今天给新加坡的伯恩牧师写信，让他向其他理事传达我的意见，内容如下：

鉴于我给新加坡书院的大额赠款，我认为，在没有正式通知我有关理事们的行动的情况下，他们不应该实施这些计划。我认为他们（给政府）的计划可以看作是完全放弃莱佛士爵士原计划的，那也是我们全体同意的计划。如果东印度公司不再是一位赞助者，书院与政府就完全没有联系。卖掉建筑和土地，重新建立一所书院。以前的安排不能让我对新书院担负义务，除非我选择依据新安排这么做。我认为英华书院不再担负任何责任，因为另一合同方没有履行应尽的义务。搬迁英华书院现在当然不可能了。我更情愿把地产卖给政府——或者按政府提议由东印度公司出资拥有地产，返还其他认捐人的款项；并另外展开造福新加坡的计划。

……

我很遗憾英华书院没能暂时接待第一位到印度恒河域外地区专门开创海峡殖民地妇女基督教育的女士①，她是在英华书院创办人的热情推动下来的，从英国为殖民者和当地人带来祝福。

寄去的那封中文信里有总计达200镑的账单。马六甲的中国人要求我只能付给他们指定的几个人。请向他们解释，我必须付钱给带来汇票的人，无论是他本人还是冒名来的人，我没法分辨，因为我不认识他们。

……

在马礼逊博士完成了他“艰难吃力的任务——编纂汉英词典”和其他便利将来学习者掌握中文的著作后，他接下来将注意力转向通过印刷品教导中国人，也包括基督徒和其他人；因为在他生活的异教徒和天主教徒中，完全禁止口头传教，除了他雇用的中国人或者偶尔冒险加入的人。为了教育和引导中国基督徒更清楚地认识基督的真理，马礼逊博士研究出一种参阅《圣经》的

① 她住在一位传教士家中。——原注

体系——给每部书、每章、每节补充了时间、历史和学术注释，此外还包括他从冬天就开始写的《〈圣经〉释要》。当年夏季，他还开始编写一部《广东省土话字汇》(*Vocabulary of the Canton Dialect*)，希望它能够对中国传教目标有所帮助。他努力尝试利用一切可行方式广泛地分发《圣经》和宗教小册——不仅遍及朝鲜、交趾支那、暹罗、琉球群岛等地，而且还通过每年到广州经商的大批中国商人把书送进了中国腹地。马礼逊博士经常表达深深的遗憾，在已经明确可以不引起中国政府的注意在华传教后，英国教会竟让他没有任何助手独自劳作了这么久。他多次强烈地要求在澳门寻找一个安全居所作为传教站，让一个人和他一起，预备将来他暂时离开或者去世的情况下能够继续传教；然而，只有美国教会毫不懈怠地回应了马礼逊博士去年写信提出的请求，他满意地收到了下述答复。

-1828-

私人日记续登—美部会来信—梁亚发信件节选—致斯当东爵士的信—致皇家学会《亚洲杂志》编辑的信—一位日本译者把他的汉语词典译成日语—给哥哥詹姆斯的信—私人日记续登—看望两位病危的长官

传教士，波士顿，1828年6月17日

亲爱的先生：

您1827年11月20日给美部会亲切友好的来信已于3月29日寄到传教所。在我刚结束美部会一次公务旅行后，极为欣喜地得知您和其他人请求我们向中国派遣美国传教士。这个请求特别让人高兴，似乎是神的旨意让我们在已经进入的道路上前行。约10月中旬，美部会在纽约举行年会，一个信任而超乎寻常的动力注入传教事业。在提出的传教区域中，特别需要美国在中国开创事业。人们对新区域的福音事业特别期待，增加了大笔捐赠。这难道不是神赞成这些计划吗？在年会后一个月，祂让您写了封让人鼓舞的邀请信。

放心吧，亲爱的先生，我们会尽快找到两名品格资历都适合的人选，我们将派出他们，去着手实施您指出来的各种有用的计划。……放心吧，亲爱的先生，如果神荣耀我们，让我们派传教团去中国，传教士们乐于接受您的经验的帮助及贵会的支持，我们把这视为特别的恩典。我们满怀信心地期待，并热忱地祈祷，我们的传教士在基督徒的爱中，在所有基督真理和职责的重要观点中，紧密地与您联合起来。我们与您共鸣，如果神能让您在多年的辛勤努力后，满意地看到在人口众多的中国人中真正归信基督的事工有了进展。这一愉快的景象将会映入仁慈的基督徒的眼帘；并且，我毫不怀疑您开创的道路所起的作用，它将带来永恒的感谢和喜悦。

您提到在广州基督徒可以努力的一个方面，即设立一个英文印刷所，这是我们以前没想到的。如果得到明智管理，我认为这样的印刷所可能是非常有帮助的。……

我们祈祷您爱惜身体和健康，神会欣赏您为传播救世主知识的所有努力。

向您致以诚挚的敬意

通信秘书埃瓦茨(Jer. Evarts)

本年夏季，梁亚发去了乡下，为的是开设一所学校，教导自己家人基督教教义。这期间他在写给马礼逊博士的一封很有意思的信中，表现出一种真正的基督徒精神。这里引用几段，能表明向同胞传播这些教义过程中所遇到的困难，也能表明他的思想已经脱离异教徒迷信的欺骗。

1828年9月2日

但这儿的人都受骗了，做愚蠢的事去敬拜虚饰的偶像。虽然我带来真理并热心劝说他们，但要战胜一大群人，我所有的力量都太单薄了。而且，现在正处在农历七月，佛教徒举行盂兰盛会(Yu lan shing hwuy)欺骗人们。无一例外，各家各户认为完全有必要尽全力在祖宗牌位前及在街上焚烧大量纸钱，这样来来往往的孤魂野鬼与阴间祖先的灵魂会收到这些东西，有衣穿有钱花(焚烧的行为把这些东西送到那个不可见的地方)。如果农历七月十五日夜没有做这些事，很多人就会不安，不开心。一次疏忽是会视作缺乏孝心、情感和道德。看到愚蠢荒谬，我感到非常痛心，不知该怎么办，我只能日夜默想，注意自己的行为；谨慎而坚定地信奉真理——仰望并向主祈祷归化人心，让他们转向直路，远离永久的悲惨境遇，我特地写信告诉您这些事，并热切地恳请您也向主祈祷，求祂给人仁慈，让福音传遍四面八方，让他们的心归信，把他们从那些有害的愚蠢的欺骗中解救出来。

也让我们勤奋地以善行饰己，尽心尽力宣扬福音，希望获得永恒的幸福。阿门！

友人瞿（Keu）①请我向您及夫人致意，希望你们平安。

夏季结束时，东印度公司的直航船队抵达，从英国来的大量信件、期刊和其他出版物给已经忍受了8个月持续高温、精神开始萎靡的人注入活力。马礼逊博士有健康的体格，可以不在乎炎热和生活的局促，有一颗如此活跃的心可以通过书籍和笔填补外部乏味——这样他自身就有独立和幸福的主要源泉。船队到达与他同家人的分离相比算不了什么。他在致乔治·斯当东爵士的信中表达了他对英国最近发生的政治变化的看法。

广州，1828年10月11日

亲爱的先生：

您3月21日的来信于9月9日收到，得知您身体健康并关注我在此地传播基督教知识及文学，我感到非常欣慰。

我代表英华书院衷心感谢您第三次为书院捐赠200镑。依靠捐款接受文学和基督教教育的年轻人应当为乔治·斯当东爵士祈福……

毫无疑问，知识的传播将给所有地方带来平等的法律和自由的制度。和您一样高兴，最近废止了一项可恶的不虔诚的法规。我也希望天主教徒尽管有时会做蠢事，只要行为举止像个善良的公民，就能享受良民的特权；如果个人违法，让他们亲自受罚，而不是所有从属于天主教的教民接受惩罚。

我和您对《广州志乘》的观点一致——它当然是一个进步，尽管是微

---

① 瞿某是梁亚发的一个亲戚，近来脱离了偶像崇拜。——原注

弱之举——作为一个新事物也许会有比较好的结果。我真诚地希望您所提到的那个政治力量能最终实现其所提出的良好目标。

随信附上的报道中的这个人是一个不成功的欲夺回自己家族权力的人,他死得很惨①。中国人情绪激动起来,官府似乎比从前更强硬了。现在我们在广东的李总督和他的同僚最近比过去三年北方叛乱时表现得更为傲慢和蛮横。

我让我们的朋友德庇时给您带去已故柯利先生的《孔子》(*Confucius*)。可怜的人,他在书出版前去世了。他的去世是英华书院和传教站的损失。前中文教授基德先生现任书院院长,他是苏格兰人,毕业于格拉斯哥大学(Glasgow University),在书院的地位仅次于我。

一位天主教传教士用拉丁文写的中国文法著作将在书院印刷所刊印。

愿神降福于您。

您忠诚的

罗伯特·马礼逊

刊登在一份主要文学刊物上的一篇文章,对于把《圣经》翻译成异教徒语言的传教士的能力和造诣给予负面评价,同时谴责圣经公会,因为它认可那些自我教导的人的译本。马礼逊博士为此写了一些评论并发表在《亚洲杂志》上。但是他向来避免卷入与他个人有关的争端,此信连同其他同类性质的信件被他搁置一旁。然而本回忆录编者认为此信主要论及翻译,至为重要,因此收入此书。信的内容如下:

致《亚洲杂志》编辑

广州,1828年1月5日

先生:

贵刊8月号几天前寄达此地。在你们体面而实用的刊物中,很高兴地看到人们对印度恒河域外事务的特别关注;因为,尽管英属印度向你们

① 张格尔(Chang-kih-urh)受的是一种很惨的死刑。——原注

提供大量材料，贵刊名称允许你们关注整个亚洲。

既然贵刊猛然攻击圣经公会和传教士，以帮助7月号《季刊》，你们当然能容许圣经公会和传教士一方说几句。《季刊》这样一份自由的出版物中那位聪明的评论者发现圣经公会印刷出版不完美的《圣经》译本，这些译者不精通希伯来语、希腊语、中文及其他语言。现在，在世界的这一端，我们要问，完美的翻译在哪里？英文版本完美吗？我不问“改进版”(improved version)的译者，他们已经说了他们该说的话。我也不会问洛斯主教(Bishop Lowth)，或者纽科姆主教(Bishop Newcombe)，但我请每一位曾经留意此事的人想一想，英文版本是否完美。如果不是，依照此评论人原则，圣经公会不应该印刷英文本。英文《圣经》尽管不完美，却以这个国家通俗语言涵盖了神的宏旨以及救赎人类的计划。尽管有微小的不足，但它确实可以称作是神的话语：因为能表明神的旨意的话语就是神的话语。

然而如此宏大的一个主题不是以完美的风格或用词而定的。希腊文《新约》本身的用词常常是希伯来文。在《圣经》传遍所有人类之前，难道我们必须等到我们一丝不苟地接受教育——完全掌握世上所有语言吗？君主、国王、官吏得暂停他们的行动，直到他们得到完美的译者吗？不可能。他们会依靠能获得的渠道让他们的旨意广为人知，神的教会也必须这样做。

编辑先生，你们的《季刊》抱怨译者是“自我教导”的。那是因为译者的西学知识使然；但是如果他们是自学的，那么之前的好的学者有哪个在很大程度上不是自我教导的呢？同期的一篇文章表明英国最早享有最高特权的学术中心的人，如果是一个学者，必定是自学的，但是暂且放下这些不论，谁能教导当代传教士梵语、中文或大溪地语呢？只能是传教士他们自己。在英国传教士出生之前，在印度就有接受过正规教育的文武官员，包括礼拜堂牧师，在中国就有接受过“正规教育”的商业代表；但是他们曾经学习过或者提供渠道教授这些语言吗？一个世纪以来，英国人喝中国茶叶，从茶叶而来的税收达数百万，但英国没有出版一页纸或建立一所学校来教授中文,直到一位“自我指导”的英国传教士做到了。但是那位传教士被认为不是这位评论者所属的特权婆罗门种姓阶层的一员。所以《季刊》责难他而推崇主教学院(Bishop's College)。米德尔顿主教和希伯主教(the Bishops Middleton and Heber)已经结束课程,该学院在前进,并且不负众望成为印度永远的恩典。然而,两位主教抑或该学院为亚洲文学,或在亚洲民族中传播基督教做了什么?

编辑先生,你为什么不看看在这些事情上所花费的金额,同时看看在翻译和布道站上所花费的金额。你说你是传教士和布道站的朋友,然而,如果我是一名传教士,我希望得到保护,避免这样错误的友谊,你们8月的刊物中带有科学性质的非常“幼稚”的评论可以表现出这一点。在你公开谴责完全依靠圣灵使用各种手段(肯定是传教士们所使用的手段)让人类灵魂归于基督,包括基督教国家及在偶像崇拜者的国家,或者伪先知和追随者的国家,在你谴责之前,你必须更多地研习《圣经》,很好地理解英文礼拜仪式。

你真诚的朋友

一位读者

下述事实,可能不为欧洲语文学家所知,取自马礼逊博士一私人通信。

……

11月18日。今天为了见一位从日本来为荷兰人服务的,叫作伯格尔(Burgher)的医生,我在D家用晚餐。他告诉我一则消息,我忍不住要告诉你,事情是这样的:日本翻译者正在把马礼逊词典译为日文!这是一件让人好奇而有趣的事,坚定了我在这些地方使用印刷品的信念。我希望《圣经》能很快传到日本人手中。你记得,去年俄国政府想把字典译成俄文,但伦敦会对这个计划泼了冷水。

……

28日——伯格尔先生来访,告诉我许多有关日本及其周围诸岛的事。我邀请他到商馆,你可以从附信中了解此事。他说在长崎(Magasaki)的日本人在扇面上按字母顺序抄写马礼逊字典的摘录,并作为装饰品互相赠送！字母排序对他们来说很新奇。马治平对日本人通过英语得到一部新的中文字典的事情感到特别震惊。

29日——我写信给日本订购一部我的词典，准备送给译者 Gonoski Kokizas①。伯格尔先生建议我应该给译者写一封友好的信，他可以转交。我也给伯格尔定购了一部词典，及价值32元的中文图书和资料。

致詹姆斯·马礼逊先生的信

广州，1828年12月25日

亲爱的哥哥：

……

这个月我照顾了两名临终的青年，他们是公司船上的高级船员。一位威尔逊先生（Mr. Wilson）是我们来中国时乘坐的“奥威尔号”的二副；这一次航行成了大副后，病了不久就死了。我送葬到他的墓地，搭乘的船就是他送我们到马德拉的那只船；也是在这只船上，他陪马礼逊夫人及孩子们去澳门。啊！必死的生命是多么难以预料！我在他临终前将他的心带向耶稣——可是，临终的卧榻不是缓解灵魂忧虑的地方……

马礼逊博士在他的私人通信中，以一贯简洁的风格更详尽地谈到这件令人伤心的事。作为一个基督徒，他做善事的特点是默默无闻、朴素无华的，因此编者希望下面的摘选部分让人读后有所受益。

12月9日。F来这借祈祷书，准备读给一位奄奄一息的高级船员——一位约翰斯顿先生（Mr. Johnston）。来访者说如果病人想见我，希望我能去。

啊！这是个难办的事，如果一直以来忽视宗教，对宗教一无所知。愿神帮助我们及我们的家人在健康时寻求神，认主为我们的神……

今天早晨写完信后，我去看望两位濒死的高级船员，威尔逊和约翰斯顿二人都值壮年。

约翰斯顿隶属“哈里斯将军号”（General Harris），船上的医生是摩拉

---

① 日本文人熟悉中国汉字。——原注

维亚人(Moravian)米勒德先生(Mr. Millard),约翰斯顿即使像死了一般苍白但仍有男子汉的镇定。他的心平静,向往耶稣。威尔逊谦卑了,在我今天自愿去之前,与此同时,在我不知道的情况下,威尔逊表达见我的愿望;我到之前,他让麦基利甘(Mackilligan)为他读一段祷文。我看到他枕边的祈祷书。他热情地听从我的建议急忙做那税吏的祷告,借着耶稣基督“神怜悯我这个罪人”,耶稣基督是一个罪人的希望的唯一基础。我向他和约翰斯顿指出,福音非常适合他们这样的处境的人。神的工作是相信神派来的耶稣。

在约翰斯顿家,F、米勒德、福克斯(Fox)在场。在威尔逊家,我决定单独与他在一起;他仍然没有敞开心扉,我也没有追问这个奄奄一息的人。我引导他们仰靠耶稣,劝告他们并与他们一起祷告,剩下的让他们自己反省。

离开后,我渴望为他们祈祷,也这样做了。他们是我们的弟兄——恰逢壮年——在异国他乡,在不信神和崇拜偶像的地方死了。约翰斯顿的精力衰退了,脸发白;但威尔逊仍保有体力——可是他滚烫的手表明他血管中发烧,无论断食疗法或放血法都不可能消除。愿神怜悯他们,在他们归信和救赎中赞颂他丰富的恩典,即使是在最后一刻。阿门! 阿门!

10点——我刚为病人做了礼拜仪式。其中确实包含许多启发性内容。圣餐式不是依据《圣经》完成的。

12月11日。……我萌发了考察和尚奉行的迷信的想法。我有一些老朋友在一座大寺庙中。我写到此处突然中断,麦基利甘请我去看约翰斯顿,他想再见我。现在约10点钟。今晚,虽然身体正值衰亡,约翰斯顿的精神活跃而混乱——有时在呓语。他认出了我,在我祷告时他发自内心地念阿门。他只21岁——一个孤儿。威尔逊还是我写上封信时那样的病状……

12日,夜——摩拉维亚人米勒德先生刚才来告诉我,他的病人约翰斯顿——我经常提到这个名字,今天也两度去看望他——去世了。他的死亡中有希望。他记得许多读过的祈祷文,他已经习惯长念祷告。我最后一次与约翰斯顿告别时，我拉着他死人般冰冷的手，说“主与你同在”，他回答“与您的灵同在！”……威尔逊的情况急转直下。他和约翰斯顿一个月前身体还很健康，他们在黄埔举行的三场宴会上大吃大喝，无所畏惧。约翰斯顿真挚地恳求恩典。威尔逊保持沉默——几乎是沉默的，虽然他也会跟我向上抬头，双手合拢做祷告。真希望人都变聪明！不要到最后一刻才考虑永生！主帮助我们虔诚地生活，赐福给我们如何看待死亡。

M……很矛盾，他想全心地服侍救世主，但又为当前世俗的发财机会所阻碍。我劝他接受神的召唤，侍奉神。他是个敦厚的青年。他说在英国的人都说我没法展开传教活动，但他认为看望病人和临死的人就是传教事工。

威尔逊先生去世的情形，以及马礼逊博士护送他的遗体到“奥威尔号”上，在船上主持葬礼，发表演讲的事都写进一封信中，可惜这封信没能送到收信人手中；马礼逊博士一回到澳门就首先把此事记下来。但是我们可以满意地说，这个年轻人对马礼逊博士的来访表示明显满意，即使是在精神混乱时，尽管无力说话，他最后通过意味深长的表情、紧握的手表明一个希望，他所接受的指导是有福的——即使是在“最后一刻”（eleventh hour）。

–1829–

新年思考—一名法国船员被谋杀—马礼逊博士成功解救被指控为杀人犯的蔡功朝（Tsae-kung-chaou 音译）—蔡功朝谢恩—致斯当东爵士的信—刻印钱纳利先生描绘的马礼逊博士肖像的提议—完成《广东省土话字汇》的第三部分—致费希尔先生的信

广州，1829年1月1日

……因为公务缠身及思考哲学问题（如有些人会有的），现在基本上没有留意到逝去的时间，新年的早晨和任何一个早晨一样来临。当然有因迷信而存在的关于时间和季节的做法和想法，这同样是可以没有的；在中国,新年有两个日子,但结果是两个都不受重视。然而基督徒可以有效地把新年视作某种驻足停留处,回头看看——以谦卑、忏悔和感激之情看看;看看未来,当生命可能继续时,带着更强烈愿望去服侍神;当生命可能停止时,为享受天堂做好准备;总是更多地关注那不可见的永恒现实,而不是短暂今世的浮华之物。

……我们一般在礼拜日夜阅读剑桥的西米恩先生的作品。我们阅读他书中的章节,把注解放在面前,然后我阅读他的《概略》(*Skeletons*)的某些部分。《圣经》的完美——无须增加或删减——是今晚的主题。虔诚的图书,来自所有国家,从属所有教派。信奉所有教条的虔诚的人汇聚到我在广州的屋子里,这些时常让我感叹、感激。"奥威尔号"上那位枪手格罗夫斯先生今天上午来访,感谢我在他截肢时对他的帮助。

与上年年末谦逊的善行相对照,这一年伊始让马礼逊博士有机会在一个更为所知的情况下表现出同样的情感;在这件事中,他的才能和中文知识表现得特别出色。在中国的公堂上为一位判处死刑的中国犯人辩护,这件事不仅新奇,也是当时情形下自然而然的举动。

为了让读者对这里所说的事有一个正确的了解,有必要细述此事缘由。1827年初,一艘从波尔多(Bordeaux)前往马尼拉(Manilla)的装载有酒、丝绸等物的小船被迫驶进交趾支那的一个港口土伦进行维修。船上除了银元这样的贵重品,还有包括船长在内的14人。船在港口被没收并卖给政府。

这艘法国"航海者号"(Navigateur)的船长租了一条中国平底帆船,带着他的货物、船员及乘客前往澳门,完全没有预料到等待着他们的可怕命运;中国人的人数占优势,他们的贪心因见到这些财物而兴奋起来,他们决定杀死外国人占有财物。奇怪的是,他们推迟到距澳门约9或10里格(League)时才行凶;他们袭击无防备的乘客,除了两名乘客,其他人都被以最野蛮的方式屠杀了。这两个人为了避免遭受同伴的厄运,趁他们不注意跳进大海。其中一人因伤势过重,跳水不久筋疲力竭沉没不见了,而另一人依靠一块木板,最终被一条渔船搭救送到澳门,他向葡萄牙当局报案。葡萄牙当局将案件移交给广州地方官府,地方官府命令立即严加搜查凶手。四处追寻此帆船,并最终捕获船长和船员；这些人在经过折磨审问并被判处死刑后被带到广州，在执行死刑前与“航海者号”唯一幸免的船员芒吉庞纳（Francisco Mangiapan）对质①。这一对质将在行商议事厅进行，马礼逊博士在那天及次日写的一封信中只提到他在这一过程中担任的角色。他说——

22日——我同意去见那个法国水手，他在中国行商议事厅等着识别谋杀他同胞的凶手。这些等待处决的犯人将于中午押解到此。想到可恶的金钱诱惑带给中国及欧洲很多人和家庭的不幸，我感到非常悲伤。

晚上——很多外国人集聚在议事厅，等待法官等人的到来；但城里传来消息说他明天才来。等着看犯人的中国人挤满了街道。

23日——约一个小时前，我寄给你一封信，告诉你我会在礼拜六晚离开广州，礼拜一应该在澳门的外海下锚处了。今天，在挤满人的议事厅里，我站在最前面，并且很高兴成功地为一个受伤判了死刑的人辩护，在（神愿意）我们见面时，我会讲讲这事。从上午10点半到差不多下午4点半我一直站着，我赶快结束这封信，就是告诉你希望礼拜一能见到你。

由于马礼逊博士的信没有交代这起悲剧的后续情况，在此转抄《广州志乘》的相关报道：

法官中午到，广州的大多数外国人集聚在公所（Consoo）。

11点到12点之间，囚犯由约三尺长、两尺宽、三尺深的竹笼子运来，囚犯被迫折曲身子，可能唯一能够伸展的地方就是笼子顶部的一个圆洞，大小够让这些可怜人伸出头；但是没有几个人这么做——也许是躲避看热闹人的目光，为他们所犯的罪感到羞耻。他们脖子上、腿上、手腕上都绑着细链，呈现出人类最丧失体面的可怜相。在每个笼子上写着囚犯的姓名及判决。

几个犯人被依次带来，跪在地上，与芒吉庞纳面对面。他较容易地认出他们大多数人，仅对一两个人表现出片刻的犹豫。犯人被确认以后，法官在他们姓名上画了一个红色的标记。芒吉庞纳常提到一个人在屠杀中

---

① 关于此事的奏折详见《清朝外交史料》道光朝第二册第38—39页，第41—44页，第三册第1—4页，亦可参阅马士《在华东印度公司贸易编年史》第三册第186—187页。——译注

没有主动参与行为——而且这个人还努力通过手势向他暗示中国人的阴谋——他描述说这个中国人额头上有标记，据此他应该能认出这个人。在最后一批带上的囚犯中，有一个人吸引了大家注意。他长相有趣，约50岁。囚笼上写着姓名蔡功朝（音译 Tsae-kung-chaou），及“斩犯”（chan-fan）。他试图向周围人说话，用手指指着嘴和耳朵，很明显想要一个翻译。

在场的中国人没有人能听懂他的话，因为他说福建方言，这种方言与广州话完全不同于等级高一些的人所说的官话。马礼逊博士于是走上前，了解他想告诉大家的话——即，他知道自己是无辜的，被错判了刑等等。在芒吉庞纳确认了他这个救命恩人之后，马礼逊博士走进会审堂，恭敬地请求法官允许他说几句话，以表达在场外国人的意见。他说，在场的外国人希望宽厚仁慈，如果能找到有助减轻这些不幸的犯人的任何细节，他们会感到高兴的。

这位法官似乎对此很高兴，温和地回答说审判是依照皇帝的特别命令进行的，需要谨慎而避免出现错判。接着，马礼逊博士以非常有说服力的见解说明蔡功朝的情况，于是这位法官没有在他的名字上画红色标记，下令将他押回监牢等待更详细的调查。尽管广州的主审官希望将他问斩，因为他已被朝廷定罪，结果他最终获释。

接下来的这个月，马礼逊博士写道：

> 2月18日——广州府回信说他会全力以赴帮助那个无辜的人！
>
> 亚衡从城里带来当天的消息说，马礼逊的名字受到中国人的称赞，因为他运用自己的口才在公堂上为一个无辜的中国人辩护。由于推迟一天行刑，另一个人也保住了性命。原定24日——但25日从福建省带了封急信，说所有的乡绅出来为四号（指笼子的编号）担保。据信好几个无辜的人白白地送了命。

蔡功朝获释后到澳门拜访恩人。他完全没有表现出他的那些摆架子的同胞在外国人面前常有的举止态度。他想行叩头礼，不仅给马礼逊博士，还有马礼逊夫人。然而只允许他叩一个头；他的感激之情在下面这封信中有进一步的表达，原信在编者手中。

蔡功朝充满感激的陈情特别亲切。

小的，蔡功朝，福建同安（tung-guan）人氏，往交趾支那途中遭大祸。投监、押解至广州，在外国商馆受审，若非有幸得见马礼逊尊师，小人必遭死刑。他同情我并屈尊听我泣诉详情，立即仁慈地向每一位法官及外国商人说明我的情况，于是我立即得到释放——免于死刑——重回幸福生活。

无法用言语表达我的感受，而且，我还感激他为我募捐的善举①，在我没有办法返乡，在最悲惨的时候能够回去与家人团聚——这样的恩赐只能是上天的礼物，生死难忘。我唯一盼望的是，我的大恩人在今生来世都将得到神赐予的幸福；愿他的子女和后代永远昌盛富足。这是我衷心的祝愿。

以此向尊敬的马礼逊老师表达我的感激之情。

道光九年二月初六日

（澳门，1829 年 3 月 10 日）

下面写给乔治·斯当东爵士的信包含有马礼逊博士在这一年从事或者感兴趣的各种事。

致乔治·斯当东爵士

广州，1829 年 2 月 24 日

亲爱的先生：

最后一艘船即将起航，我借此机会给您写一封短信，告诉您这里成立了一家博物馆。它包括自然史和艺术品。经投票决定，博物馆向所有英国人开放，不限于商馆的人。商馆中一些人确实拒绝成为会员。

今年小里夫斯先生（Mr. Reeves, jun.）任书记，克拉克先生（Mr. Clark）任司库，韦切尔牧师（Rev. Mr. Vachell）任馆长。我们的年费是 30 镑；给它命名是个难题。最后会议决定叫它驻华大英博物馆（British Museum in China）。

自从上次去信后，我没有接到英华书院的消息，今年夏季，我希望儿子马儒翰能回到中国。

---

① 为他捐款将近 300 镑。——原注

我刚完成《广东省土话字汇》第三部分，现在更盛行学习广州方言而不是官话。

中国皇帝颁布诏书，命令向天地之神、山川河流之神灵等致谢。他还嘉奖全体臣民，以示对张格尔儿子归顺朝廷感到满意。此诏书的开头就像已故皇帝致英国国王陛下的那封信。这儿的艺术家钱纳利先生（Mr. Chinnery），为我及两名中国助手绘了一幅人物群像①，画像内容与我的字典、《圣经》翻译、祈祷书及英华书院有关。这幅画很受喜爱；商馆的先生们出资将画送回国刻印，作为他们向一位老朋友表达敬意的礼物。除了您给予我友谊，让我长久感到光荣之外，这件事也让我很高兴。

我夫人和孩子目前身体很好，对此我们希望感谢神恩。广州很多人感到没有得到认可或者不愿去公司礼拜堂做礼拜，因此，在过去的两季里，每逢礼拜日我在商馆外的一所礼拜堂读祷文和布道。我希望宗教在中国日益壮大。我相信英华书院的印刷所会做出贡献。英华书院这季度在中国收到的捐款约有1500元。送去刻版的图画印行后，除给每位捐款人一幅外，其余用于销售，收益都归英华书院。

我们这儿现有一位叫维都厄（Count Vidua）的伯爵。他请我替他购买一些中文书。

法国国王任命了一位驻华领事——热拉尔先生（Monsieur Gernart）。

愿我们敬爱的救世主赐福给您！

您忠诚的

罗伯特·马礼逊

上封信中提到的这幅肖像画完成后，商馆立即做出提议，签名同意刻印此画，签名者只限英国商馆的职员，以此表达对马礼逊博士的敬意。下面的这篇送给马礼逊博士的决议表达出这个意向，这个决议获得全体同意。

钱纳利先生刚完成一幅精美的图画，关于在两位中国教师协助下的马礼逊博士。如果马礼逊博士同意在一年时间内为了满足他的朋友们的

① 这幅肖像由编者收藏，本回忆录所附版画取自此肖像。——原注

愿望，而牺牲拥有此画带来的喜悦感，他的朋友们想保存对这位老朋友的回忆，他们感念他是因为他是当今最杰出的中国学者，也是一位友善、和蔼的商馆成员；朋友们提议请他允许“奥威尔号”将此画送往英国雕制最好的网线铜版。

他们感激这位杰出的绘制马礼逊博士的肖像的艺术家，表示愿意接受委托请人刻版①。希望向马礼逊博士表达这份敬意的先生请签名。

由商馆全体人员签名。

广州，1829年2月9日。

马礼逊博士在下面致书记的信中表达了他的心情。

广州，1829年2月10日

亲爱的杰克逊：

感谢您好意给我送来刻印钱纳利先生为我及两位中国教师绘制的肖像画的建议书。

您代表英国商馆的诸位先生，向我传达最真诚的友谊和褒奖，允许我请您转告他们，我对他们出于友善之心做出如此赞许之辞深怀感激。公司商馆诸位同仁表达的善意让一位服务年限较长的职员感到真正的满足。

由于钱纳利先生花费极大心血绘制肖像，我相信对所有看过这幅肖像的人来说这是一件艺术品；我愿意接受几幅版画，我愿意将你们建议拨给我的那些版画交由钱纳利先生处置。

你们真诚的

罗伯特·马礼逊

1829年夏天澳门成立了一个名为“驻华大英博物馆”的机构，目的是收集中国和外国的各种珍奇物品，包括艺术品及与自然史有关的物品等。马礼逊博士热情地鼓励这项扩展知识和科学领域的努力——他不仅是一位慷慨的捐款人和捐助人，而且还在中国人中传阅一份博物馆目标的报告。本着同样令

---

① 由特纳（Turner）雕刻，费用是300金币（guineas）。——原注

人赞赏的观点，他努力在英国人及其他国家人士中推动学习掌握中文；为了让商馆中必须学习中文的诸先生愉快地学习，他提出了下列计划，这个计划暂时取得成功。

由于学习中文的学生希望有机会听到不同中国教师说话并与他们交谈，马礼逊博士提议采取以下方案，满足这个愿望：

第一，每个礼拜二晚8点，在马礼逊博士住所召集学习中文的学生及他们各自的中国教师。

第二，学生和中国教师用中文自由交谈前次聚会确定的主题。可以用英语做出必要的解释。

第三，在聚会那天晚上来临之前，学生应该向马礼逊博士提交他们想得到的答案，或者通常交谈的问题或话题；其中一个或多个问题将会确定下来作为随后聚会的主题。书中难懂的篇章，或让学生困惑的成语、惯用语，可以当面提交给中国教师谈论，中国教师给出他们的观点。

第四，希望从中国教师那里得到有关自然珍奇物品或者艺术品意见的女士和先生，可以提前把物品送来，或者在聚会当晚带来；如果是来访者提出的有关中国历史、宗教、道德、法令、习俗等问题，可以通过聚会主持人向中国教师提出。

1829年3月31日

1829年年初，马礼逊博士完成了《广东省土话字汇》的第三部分，在夏季，他像往常一样继续他其他的文学和圣职事工；此外，他每天教导梁亚发。梁亚发的一位亲戚为了敲诈他的钱财，向官府控告他传播邪恶的迷信，企图把国家出卖给外国人，他因此被迫解散学校，逃到澳门躲避官府的迫害。

虽然马礼逊博士的公务一直不合乎他的感情，但他这个季度特别尽力；不但因为在他看来，特选委员会施行的措施可能有碍英国利益，而且因为商馆新当权者专横地控制他的追求和行为，这无法保证他与商馆的关系。如果不是权力层中发生一个预料不到的变化，马礼逊是决意要放弃公职的：——他在给编者一封信中谈到这个想法："那个总是让我无可奈何接受这个公职的理由——获得居住许可——我认为它现在不再那么充分了。我认为我不应受到妨碍;但是即使我被解雇,这儿还有其他传教士(美国传教士)。我或许已经完成了主交给我的工作。愿插翅飞离这混乱、悲痛和苦恼。但恐怕在坟墓的这边不存在这样的翅膀。在永恒看来,所有这些事情显得多么微不足道啊!”

下面的这封信是写给印度部(the India House)的一位朋友,这封在不同时间写的信中含有对上述情形的引述及其他一般话题。

马礼逊博士致费希尔先生

中国澳门,1829年11月23日

亲爱的朋友:

汉基先生写信给我相当详细地说到我的中文藏书。我同时给他及斯当东爵士回信说,我必须完全委托我的朋友们考虑处置这些书。我对结果完全不抱乐观。

中文知识的重要性——不是一知半解,而是全面的知识——每天变得愈来愈明显。现在广州官府与公司职员之间艰难的讨论就是一个例证。重要的不是仅掌握这种语言里几个词的知识,而是要了解中国人的性格和情感。虽然已经走过很长一段路,我担心此处的耽误会让董事会感到极不舒服。但是如果长期继续下去,这是有可能的。我不知他们会做何感想。我秘密地告诉您,我不是目前措施的参谋,尽管中国人传闻说我是,这对我极不利。这个季度您是印度公司中我可能唯一会通信的人。

我们又有一位在书院读书的学生受洗了,感谢神。天主教徒们听说在中国4名神父被官府斩头。

12月3日。昨天,广东总督写信说他拒绝接受委员会的信,只会“原信退回”。据可靠报道称11月28日他向朝廷发了一份公文,力陈英国与中国交往以来的屡次冒犯,并且最终向天朝帝国大量输入毒害人的鸦片,通过违法停留海岸的船只向中国走私鸦片。据称此文后附一份禁止英国贸易的咨文。

12月9日。大约一年前有3位欧洲籍天主教传教士进入中国。一位是意大利人,另一位是法国人,第三位是西班牙人。我猜想他们是通过中国天主教徒帮助私自进入中国的。如果被官府发现,他们仍然有丧命的极大危险。

我收到汤姆林先生和郭实腊(Gutzlaff)先生从暹罗首都曼谷传来的喜讯,他们在那里依靠《圣经》、祈祷书及宗教小册子有了一个丰硕的开端;向数千人宣传生命之言,可怜的米怜和我劳作多年预备《圣经》及其他图书,这些年轻一些的传教士在把福音宝藏带给异教徒方面真的有了进展。然而,我们仍然需要更多从事中文写作的人:愿主召唤大批人。

12 月 10 日——我遗憾地说,自从我上次写信,谈判现在悬而未决,没有做出友好的调整。我们的人采取行动,写信给地方官府,与我的判断完全相反。目前我不能预知事情将如何收场。这件事让我很苦恼,很焦虑。

12 月 15 日——梁亚发几天前离开我去印两本册子,他打算广泛地散发它们。这比在他的亲族反对中开办他提到过的学校,更有可能传布神性真理的酵母。他决心为主耶稣承受苦难。他的离别祷告清楚表明他一心扑在事工中,并且表明他有祷告的习惯。他希望得到所有的基督徒祷告,祈祷他终生虔诚。愿主保佑他,赐福给他。

只能从马礼逊博士撰写的极为广泛而有趣的通信中选取非常少的几个部分给大家——这些信,如下面这些信,主要提到当时的状况是既苦恼又令人激动的。

–1830–

屈亚昂入教—两位美国传教士来华—美部会来信，贝克斯利勋爵的来信—纽曼教授来华—致斯当东的信—致布兰德拉姆牧师的信—克拉普罗斯对他的敌视—德庇时先生给克拉普罗斯先生的信

广州，1830 年 2 月 29 日

我本月 16 日礼拜二离开澳门。亲爱的费希尔,我上封关于此处公务的信很沮丧。事情的状况改变了,但在某种程度上留下很大阴影。我们努力了——但被打败了。我们采取居高临下的姿态,而对手全然不理会

就迫使我们放弃这种姿态。我们来到广州,差不多是原地踏步——与3个月前我们可能做的完全一样。

好了,过去了——我很高兴我们来了,尽管我们"丢了面子",即中国人说的丧失尊严和名声。我不能重走过去几个月走过的路,为了让您愉快,也为了安慰自己。我不再说这个话题。……至于我的中文图书及其他事,我已经告诉汉基先生,还是他来处理为好;因为目前的保管情况,我相信这批书会因为疏于照管,其状况必定一年不如一年。

我夫人及我一道问候您及姊妹,我们真心希望你们幸福。你们在祖国有令人羡慕的地位,并且生活在主众多的子民中间。但是救世主离我们也很近。愿我们终生信仰祂。当我们从永恒永生的角度看待时间的种种伎俩——它们是多么微不足道。……

前一个礼拜日,我在澳门给一位40岁左右的中国人施洗,他曾接受已故米怜博士的基督教教导。

愿主与您同在!

马礼逊

上面提到的屈亚昂(Kew-agong)[①]在受洗前接受了马礼逊博士数月的宗教指导。无论施洗前后,他都令人满意地证明神恩大能对他转变的影响,让他的行为发生彻底改变。在介绍给马礼逊博士之前,他过着游手好闲、不考虑将来的生活——不抚养妻儿——完全遗弃他们,不安心做任何固定的工作。但是自从福音真理触及他内心那一刻起,他开始挂念家庭的现世生活及属灵状况,这是他从前忽略的。他跟随梁亚发学习印刷术,受雇于马礼逊博士,以最大热情从事印刷,直到他陪同梁亚发到内地分发他们夏季准备好的小册子及其他资料。

美国传教士的到达让马礼逊博士非常满意。他在给哥哥的信中表达了对此事的感受,摘抄如下:

---

① 在道光十六年二月十九日的一则清史档案中提到了屈亚昂、屈亚熙父子协同梁亚发刊刻并传发基督教书籍。详见吕坚《从新发现的有关马礼逊、梁亚发传教档案看新教的传入及影响》。——译注

广州，3 月 10 日

几天前两位美国传教士来到中国，一位是来改变异教徒的信仰，另一位是为已宣誓入教的基督徒服务的。前一位叫裨治文(Bridgman)，后一位叫雅裨理(Abeel)。我正全力帮助他们学习中文。我很感激两位具有宗教精神的牧师来此，雅裨理先生将只待一年，裨治文先生终生传教。因此我希望基督教劳作者仍能相继来中国，直到时间尽头。近来我在公司的处境很令人不快，因为这里几位新当权的人行为跋扈。事实上我已经写了一份辞呈①，准备与家人团聚，这样或许可以将余生专一履行我的传教职责。我相信我们会接受指引做荣耀神、造福我们灵魂的事。我的健康和精力开始衰退，我再也不能像从前那样工作。但是在我即将退出舞台之际，我很高兴神乐意派遣其他人来继续工作。在中国的贸易恶化得厉害，由于一位中国行商倒闭，我损失了 6000 镑。愿神赐您生命和健康。再见。

永远爱你的弟弟

罗伯特·马礼逊

下述信件表明，那些深感他工作价值重要性的人感谢他那慷慨磊落的感情，这些感情影响到本回忆录主人公，让他努力拓展救世主王国。

传教所，波士顿，1830 年 10 月 15 日

亲爱的先生：

您 3 月 25 日的信于 9 月 3 日到达。

请允许我以美部会委员会和理事会的名义向您致谢，感谢您真诚地接待裨治文先生，感谢您帮助为他找到一位教师，特别是您为他学习中文慷慨地提供图书。这些都是极大的恩惠，我们因此衷心地感谢造物主。

裨治文先生进入传教事工时与您进入东方世界时遇到的环境多么不同。在中国采取更大行动的准备已经就绪，我们盼望教会伟大的主人赶紧提供足够数量的信仰坚定者，以使传教工作永不停滞。

---

① 商馆方面发生变化，辞职的想法遂作罢。——原注

我们毫不怀疑您将继续帮助裨治文先生和雅裨理先生，给他们建议，您也将为此得到丰盛回报。如果您能在东方传教方面给予我们任何建议，特别是在我们如何能尽快利用印刷推动中国人的福祉这一具体问题上提出建议，我仍将非常感激。

真诚的尊敬您的主内弟兄

埃瓦茨（Jerh. Evarts）

贝克斯利勋爵的来信

福兹克雷普雷斯（Foot's Cray Place），1830年9月3日

亲爱的先生：

我相信在您收到这封信之前，您将收到普里切特先生代表祈祷书公会写的感谢信，感谢新版中文祈祷书，但作为本祈祷书公会的会长，对您在福音事业中继续劳作，及您对英国圣公会的慷慨之情，我不得不表达个人的感受。

到目前为止如果英国圣公会的成员在促进那数百万人的属灵状况的努力中有可恶的怠慢，而您已经为那些人做了这么多事，我相信在圣公会成员中会出现一个更为积极的精神。我不得不希望，很多事例表明，这种明显的漠不关心是源于成功的希望渺茫，而不是因为缺乏对一个如此神圣如此重要事业的执着。翻译《圣经》，建立英华书院，您的这些成功的劳作，在神的护佑下，我相信很多困难能得到消除。去年11月14日您写信给普里切特先生，让我想到那个重要的书院，我很乐意为它增加一笔捐款。

与此同时，此书院对所有思考其目标和影响的人来说一定是重要的，但我不得不担心，与书院建立时所得到的支持相比，书院从英国公众那儿得到的支持会更少，在他们看来将没那么重要，但将更经常地出现在公众视域中。但我仍然希望，神注定它将与加尔各答同性质的主教书院成为照亮东方地区的一道亮光，盼望您能长久保持健康和活力，能够看到您传播福音真理的劳作成果。

向您致以诚挚敬意和友谊！

贝克斯利

马礼逊博士致乔治·斯当东爵士

广州，1830年11月8日

亲爱的先生：

我很高兴三次从船队收到您的信。其中一次是通过纽曼教授(Professor Neumann)①转来的,我在力所能及范围内殷勤待他,在我来广州之前,他广博的知识和常识使他成为我们家一位愉快的常客。登特先生(Mr. Dent)慷慨地为他在广州提供一个房间并招待他在自家用餐。您4月6日、29日的信也安全寄到。感谢您寄来的报纸。这样的礼物很合意。上一季的非常状况已经过去,继之而来的是本季度更加非同寻常的措施②。很多英国及他国商人认为中国的贸易事务不是得到改善,而是更糟了。公行间不负责任及预先交纳的税金让外商的处境比以前更糟,然而,我不向人说明自己了解此事。尽管商人们的意见与我的观点一致,但我对贸易问题没有信心。

10月5日,我们到达广州。受一场局部台风影响,比预期晚了几天。出发前我们听说美坚治船长(Captain Makenzie),一位为荷兰巴达维亚政府服务的苏格兰人,在一场纠纷中被3名袄教徒(Parsees)杀害。您将从《广州志乘》中了解全过程。中国官府要求交出凶手。根据他们引用的乾隆朝的两起先例,凶手可能被处死。中国官府前往黄埔开坟验尸检查伤处。官府"委员"(wei-yuen)刚挖到棺木,就接到通知称这些袄教徒已经被送出国,于是他停下来。在整个事件期间,总督态度激烈,如果不交出这些袄教徒,就示以威胁。因为不遵守他的命令,他早就发怒了。接着,他又听说B太太在广州,并且一些年轻人乘轿车去洋行。结果一条非

---

① 柏林皇家学院(the Royal College of Berlin)教授。由乔治·斯当东爵士介绍给马礼逊博士,他的目的是为国王图书馆(King's Library)购置图书。——原注

② 1831年2月两广总督李鸿宾等人又在原来的防范外夷章程上修改制定了八条新规定,详见道光十一年二月李鸿宾等人呈交的《酌议变通防港外夷章程折》,载《清代外交史料》道光朝第四册第40—41页。——译注

常命令驱逐“夷妇”①,“不准乘轿前往商馆”。“夷商不得僭越品级,只能步行”②。B太太没有离去。接着,伍浩官来向特选委员会传达李总督的命令,郑重其事地说,如果她不离开,将在两三天后派军队来迫使她离开。应伍浩官要求,宣读并记下此威胁令,特选委员会把两门18磅大炮放在商馆门口。同时安排100人,配置有步枪、剑和手枪等武器。将军(Tseang-keun)③及总督极为震怒,但不知如何是好。大约一个礼拜的阅兵整队后,总督做出某种改变论调的讲话,说他不会“派兵包围商馆”。因此商馆撤下枪炮,但那位“夷妇”留了下来。那之后又来了3名妇女,T太太及两位美国女士。接下来有何举动还有待观察。总督想停止英国贸易,但粤海关不答应。官府放弃袄教徒的事情。

他们仍未放弃女士滞留问题。广西境内的造反及要求调动3000人的军队分散了他们的精力,对女士们有利。在经受失去两位热忱的院长——米怜和柯利的严峻考验后运转尽如人意。现在基德先生独自管理。感谢您到目前为止给予我们的帮助,书院正印行马若瑟神父的《汉语札记》。4开本。我会尽快寄您一份。我夫人和孩子们都好。

您永远的

罗伯特·马礼逊

致布兰德拉姆牧师

广州,1830年9月7日

您1829年11月25日的信直到1830年7月25日才寄达中国。考虑到在这里散发《圣经》几乎不太可能,我很感激您因为我过去的事工向我表达问候。梁亚发有一位接受指导的中国人盼望得到一本完整的《圣经》;美国传教士裨治文先生准备写信给英华书院,希望得到中文《圣经》,因为我这里也没有可给他的了。由于我们的中文礼拜主要是详细

① 一位英国女士陪同她丈夫到了广州。——原注

② 特选委员会下令说禁止乘轿进入英国商馆,因此中国行商也和英国人一样,不得不步行很远的距离去英国商馆。——原注

③ 将军(general)。——原注。即广州将军庆保。——译注

讲解《圣经》，每个人都需要一本《圣经》做参考。

在中国成立了一个促进基督教知识的小型基督教联合会。东印度公司"亨特利城堡号"(Castle Huntley)杜拉蒙德船长给这个联合会很多你们的《圣经》和圣约书，及一些祈祷文、训诫小册子。

克拉普罗斯在法国杂志《亚洲》(*Asiatique*)中又一次猛烈攻击我，他和雷慕沙一道帮助耶稣会派，尽力诋毁新教传教士。

柏林的纽曼教授在此地。他公正地说，巴黎的亚洲协会委员会允许克拉普罗斯在该杂志上写下谎言和诽谤，是他们的耻辱。

我们此地有一位诺克斯先生(Mr. Knox)——一位医生，最近在缅甸王国待过。纽曼教授与他交谈，并确信缅甸语及暹罗语尽管以字母形式书写，却是中文的方言。

愿主继续赐给英国圣经公会的劳作，直到关于主的知识像水注满海床一样遍及地球！

我的儿子马儒翰现在和我在一起，坚持不懈地学习中文。尽管只有16岁，他已被广州的英国商人任命为中文翻译。如果他有充足的时间，我希望他将来能修订马礼逊—米怜版中文《圣经》。

内森·邓恩先生(Nathan Dunn)，是基督教教友派(the Society of Friends)的一员，长期在中国居住经商，给协会200元印刷中文《圣经日课》(*Scripture Lessons*)。裨治文先生正做选编。我儿子在霍克博士(Dr. Hawker)的《祈祷帮助》(*Help to Prayer*)中挑选《圣经》语句，该书在我们的资金允许情况下用中文印刷。

再见！

忠诚的主内弟兄

罗伯特·马礼逊

如果马礼逊博士在任何时候宣称自己享有很高文学成就，或者与法国汉学家在一个他们认为无竞争者的领域内竞争，这可能为法国和英国报纸刊物中不时冒出的反对他劳作的敌意提供一些借口。可是他坚定追求的是比尘世名望更高的目标，除觉得遗憾外，他丝毫未受这些妒忌表现的影响。读了这些毁谤，一般是搁置一边，只做随意评论就打发这个问题，如前面那封信那样。但是，尽管马礼逊博士认为不必花时间为他的荣誉辩护以避免不公正的毁谤，他知道只有那些没有能力鉴定他们所声称的内容是否属实的人才会接受这些毁谤，同时世人面前有足够的证据表明他卓越的成就会让公正的评论家感到满意。然而回忆录的编者认为，如果她保留手中的证据不刊于本回忆录中就不是对他的怀念。这些毁谤源于一种搬弄是非或无端指责的心态——至少可以这么说。当时克拉普罗斯表现出这种倾向的一个奇怪事例是，他向一位先生①提议成为马礼逊博士的敌人。这位先生因其在中国文学方面的成就，也因在欧洲文史方面广博的学识而闻名。如果他这么做，克拉普罗特将会在即将出版的杂志中赞扬他！下文就是对这个“直率”建议的回复：

> 我不禁感到遗憾，您竟然热衷于对马礼逊博士的敌意，说到他，我必须宣布（如果我不这么做就太卑鄙了）我与乔治·斯当东爵士意见一致，认为他是“公认的欧洲中国学第一人！”在这个国家②，众所周知的是，他已经很多年为东印度公司用中文同中国人大量通信：他像一个中国人那样轻松快速地写中文，中国人很早就尊称他为“马老师”（Le Docteur Ma）。这个证明是有说服力的，他所处的位置使他可以视欧洲所存关于他中文知识的争论，仅只是Batrachomyomachia（蛙鼠之争）。马治平先生（他与我在下议院一个委员会前的证言在报纸上给最为荒谬地弄错了）所说的，是完全正确的，他所说的内容与马礼逊的词典的一个日文版本有关，日本人非常高兴词典第二部分的字母顺序编排，他们已经利用荷兰翻译将它翻译成日语。

从下面的通信中可以看出马礼逊博士从去年到本年年末继续忙着宗教及文学、公务的事情，没有什么变化——几段取自他从广州发出的私人信件的摘录开启新的一年。

---

① 德庇时（J. F. Davis）为公司服务，后来任英国驻华商务监督。——原注

② 英国。——原注

-1831-

梁亚发给三名中国人施洗—给费希尔先生的信—特选委员会给马六甲英华书院董事长马礼逊博士的信以及后者的回信—给雅裨理牧师的信—曼宁先生来信—致皇家学会《亚洲杂志》编辑的信

广州，1831年1月28日

……下一个礼拜日，梁亚发要为三人施洗，他们渴望成为受尊敬的主耶稣基督的门徒。他们是62岁的父亲和他的两个儿子，一个22岁，另一个17岁。父亲是一位受过良好教育的人，他的儿子从孩提至今全身专心于中国文学。愿借助圣灵的力量，他们能成为门徒，不仅是名义上的，而且是事实上的。

梁亚发希望他们为了同胞的福祉把才能献给基督教文学，他自己的儿子，一个男孩，现在正在跟从裨治文先生学习英语。

《哥林多后书》第12章，保罗说："儿女不该为父母积财，父母该为儿女积财。"——指的是他精神上的儿女。克拉克博士问，一个人是否应该为他的儿女积累一笔财富？——是的，他补充说，如果身边没有穷人！没有可以送去福音的异教徒地区！他说，认真地看，这是不对的。为了儿女自食其力而存钱，这基本上被证明是祸根。

晚上——我准备明天读《罗马书》12:8，"怜悯人的，就当甘心"。克拉克博士评论道，如果没有主，如果没有对神和救世主的宽容和仁慈的敬意，尽管我们对祂不感恩——没有人能坚持以愉快的心情友善对待无知和悲惨的人，因为"穷人经常是既邪恶又无用"；如果他们不当心，他们会因欺诈、谎言、懒惰等日常行为让心麻木。在说到穷人，即使是"宗教社会"中的穷人时，亲爱的，我理解这段话是非常真实的。这段话非常适用传教士，因为无知而默不作声，或者因为邪恶而不行善。因恶行恶，他们这么做不会有太大危险，但他们可能丧失纯洁的仁慈和同情心（我认为唯有耶稣基督的爱能使我们的灵魂战胜"欺诈、谎言、懒惰"等，勉强做这仁慈且必要的事工，而不是使徒所要求的以愉快的心情）。尽管我们时常友善对待的那些人很不感恩。我祈祷能够从耶稣那里学到这点，及其他任何特别之处。

从一些中国格言来看，显然他们经历过许多这样不知感恩的事情，如，“你出于爱情，爱上那人，他只会视你为适合他的吞食之物”，及“一只落水狗，刚从水中逃离，在脱干身上水之前就咬救命恩人”。一些人竟被比作如此恶毒的动物。……

马礼逊博士致托马斯·费希尔先生的信

广州，1831年1月9日

亲爱的朋友：

我夫人身体很虚弱，孩子们的身体还相当健康，蒙神福佑。我劳作的能力大为减退，但我有理由非常感激过去。我的生命比我以前预计的长得多长于其他一些正在这些穷困地区做主的事工的人。我可能余日不多——仁慈的救世主，我等待着您的来临。

虽然我们的语言传习所失败了，人们仍然有机会在伦敦学习几种亚洲语言，我希望传教士人选在去海外前学习语言。然而，英国仍然没有一所教授中文的学校。我相信在所有大不列颠领土内，英华书院是唯一正式教授中文的地方。这儿的特选委员会愿意资助孟加拉政府减去的那每月100元，马治平先生愿尽其所能帮助我们。我希望董事会批准这笔捐款——然而，决定权在统御天地万物的神手中。

前些日子我们听说法国的革命——欧洲的君主必须学到智慧和节制，否则他们全部会被推翻。什么时候神将对付基督今世骄傲的敌人——只有祂知道；但是人们会想这个时间不远了。这里所有的光都被遮蔽了。这里几乎没有关于公民自由的知识，一点也不比宗教知识多，浓密的黑暗笼罩着人们。

最近几天没有收到喀什噶尔附近的Antsegen人入侵的消息。新年的第一天的早晨，广州总督的府第被大火吞噬。他和家人死里逃生。两名女仆被烧死。……

2月24日，这里人们的思想僵硬，固守执着偶像崇拜和专制。多么希望我们能借助你们全力运作的印刷设备向他们传递真理和知识。中国、朝鲜、日本至今对世俗及宗教的真理之光无动于衷。多么希望一些自由、开明的商人能从这里前往东北方。日本附近有一些小岛叫小笠原(Bonen)，有人建议那里是停泊英国商船的好地方。据说那些小岛尚无人居住，很容易占领。

叶尔羌的动乱似乎并不要紧，最近一期《京报》谈到800军民在叶尔羌城外击退8000敌军。……

您永远真诚的

马礼逊

由于威廉·班廷克勋爵削减财政，槟榔屿政府取消了每月资助英华书院的100元补助金。然而在华的特选委员会以他们一贯的慷慨仁慈恢复了同样数额的补助金，他们在下述给马礼逊博士的信中表达了他们对英华书院有益性的感受。

特选委员会致马六甲英华书院主席马礼逊博士

英国商馆，广州，1831年1月7日

先生：

我们很遗憾地得知槟榔屿政府最近取消资助您担任主席的英华书院每月100元的补助。我们认为我们应当以东印度公司的名义承担今年同样数额的补助。我们已经向董事会建议延续这项补助，恳求他们继续赞助和支持书院。我们都坚信它的优点；我们相信它的卓越目标是把知识之光、有益的教导之光传播到大不列颠最遥远的领地；有助于消除偏见，这些偏见长期束缚这个国家人民的思想，使人们的思想长期屈从于一种狭隘民族性的影响，诱导人们对一切与他们已确立的习俗和文学相异的任何事物采取冷淡的态度。

在学识和中、英两种语言方面，借助欣然提供给英国人及中国人的造就绅士的教育，我们认为这两个帝国的子民间的交往将得到显著促进。

祝愿英华书院在各方面取得成功，相信它必定能为更多人所知，相信它的重要目标能得到更广泛的赏识。

您顺从的仆人

马治平

德庇时

丹尼尔(J. N. Daniel)

史密斯(T. C. Smith)

马礼逊博士致特选委员会及其主席马治平先生

广州，1831 年 1 月 10 日

先生们：

我代表英华书院衷心感谢你们本月 7 日的来信,通知我你们决定今年以东印度公司名义提供每月 100 镑的补助。先生们,我向作为东印度公司驻华代表的诸位先生表达真挚的谢意,感谢你们对书院的支持,感谢你们基于事实形成的对书院文学及慈善目标的赞许态度。盼望董事会能够批准你们的决议。

你们顺从的仆人

罗伯特·马礼逊

同一时期马礼逊博士写给美国人雅裨理牧师的信表达了他对基督教弟兄所取得的成功及福祉的关爱;无论他们可能属于哪个国家或教会派别。

澳门，1831 年 7 月 13 日

亲爱的弟兄：

我收到你从巴达维亚寄来的信,我已听说你离开新加坡前往暹罗,盼望你已安全抵达。除非你从陆路给我寄信,否则你目前的居住地和中国之间的递送会大费周折。

我们由衷地关心你个人的福祉和公共劳作。神赐你健康和勇气,让你在青壮年时期为神的事业效力。我辛勤劳作的日子将近结束,但是我高兴看到你和其他门徒已经进入中国的耕作之地。裨治文、金(King)及塔尔伯特(Talbot)目前都在澳门。我们很遗憾你未能从新加坡写信来,你的时间的确短暂,但五分钟足以草就一短笺。你现在所处的环境更加自由,因此会对中国人而不是中国本身有更深兴趣。真希望我们这里的桎梏也被打破。我们似乎需要一帮忠诚的信仰者和殉道人,无论他们是外国人或中国人,来开启这个骄傲国家紧闭的大门。

我们联合会还没有收到给马六甲和印度的传阅信函(Circular Letter)的任何回复。

梁亚发正忙着印刷《圣经日课》,他计划两三个月后完成;但是我却常常为他的安全担忧,因为他在广州城内印刷。我们本季回到澳门后,相当成功地用石印机印制了有装饰的传教单。

在我家中,我夫人受苦更重,她多次身患重病,所有的孩子都健康如常。

亲爱的弟兄,我夫人及孩子们向你致以亲切问候,神保佑你,也使你成为别人的福祉!希望你已经收到从祖国来的好消息。你没有谈爪哇地区牧师的情况。

再见!真诚爱你的

罗伯特·马礼逊

另外一位熟悉中国文学的先生来信,其内容与前文中一信件内容一致,可以间接证明马礼逊博士作为一位中文学者所具有的优点。而接下来的那封马礼逊博士本人写的信至少可以证明,那些试图诋毁马礼逊博士功绩的人并非出于直率,也不是出于对真理的爱。

曼宁先生的来信

伦敦,1831年4月24日

亲爱的马礼逊:

我刚接到沃森博士(Dr. Watson)3月27日从巴黎的来信,请求我按我答应过的尽力为他及朋友们购买中文图书。附上一份购书单,我也转述你就此主题说过的话……

我非常认真地看待促进中国语言知识的工作,并且非常急切地促进沃森博士及儒连先生的观点,因此我衷心地恳请您[除了一些妒忌、心怀恶意、显示自己无知的人之外,人们普遍赞同并承认您是中国文学的领导者(Coryphaeus),如他们所说,要在完全把握并实际运用中文方面出类拔萃,必须对掌握中文图书、促进中文学习这样的首要目标有同我一样的感受]不惮其烦代做此事,为了这个目标本身,也为了我这样一个居住在广州的老朋友;您代为购买、核对包装、寄书给坡墨尔(Pall Mall)的书商佩恩及福斯先生(Messrs. Payne and Foss)的善举,令我及我巴黎的朋友感激不尽。

自从我们上次离别后,我和某人在欧洲。我们在意大利停留了一段时间,非常令人满意。我还在巴黎住了相当一段时间。我发现巴黎有许多人都在研究汉语,可是除了儒连先生,我认为没有一个人有任何启迪。若不是他们利用了前人的劳动成果,对文本的意义有了一些见解,凭他们自己绝不可能出成果;然后他们想要用各种欺骗、隐瞒、挑剔的伎俩调转局面,摆出大师的姿态,事实上他们只是蹩脚的学者而已。……至于克拉普罗斯先生,他和几乎所有人都争吵,这似乎是他的一个毛病!我认为他怨恨你的部分原因是因为他从你的汉英词典的第二部分中找不到太多他可以利用的把柄,能够让他像抨击你的词典的第一部分那样。我因为离群索居,到了巴黎才有幸见到并且查阅你的词典。我知道你想送给我一部。图恩先生也答应送我一部;我至今仍没有,坦诚地讲我都不知道,直到我去巴黎的皇家学院才有机会查阅它,我自己损失了多少查阅和从中讨教的机会。你会相信我所说的——你完全清楚编词典的困难——即使我说我可以挑出 100 个错误,而且我也确实能够,但如果我自己编一部新的词典,难道我不参考你的词典,使用它并经常依赖它吗?我可以在这之后凭良心说自己没有得到大的帮助?总之,我怎能预料自己的词典不会受到继我之后编词典的人的不公正的批评呢?这就是事实,如我们所见!我自己仍旧停留在原地,困难依旧存在,如果没有一位博学的中国人帮我,我不可能解决它,而我不能奢望找到一位中国学者。我会把我所知道的告诉公众,承认我的不足。无论你出版什么新书,我都希望能给我一份。

你忠诚的
曼宁

后记：你在英国的中文图书室竟然封存，太遗憾了！我知道这不是你的错，而是他们的错，按理说他们应该买下这批书。

在此应当提及的是，马礼逊博士将书委托给乔治·斯当东爵士、汉基先生、米尔斯先生(Mr. Sam. Mills)，由于他们与伦敦大学的大学学院委员会达成协议，将此批中文藏书赠给该机构，保留“马礼逊藏书”名称。在大学学院，各教派学生都可使用该藏书。

致《亚洲杂志》编辑的信

中国，1831年7月5日

先生：

昨晚我收到了1830年11月的杂志。我发现上面登载了一篇替马礼逊反驳克拉普罗斯先生的反复攻击的文章。克拉普罗斯近来发表了许多有谩骂性质的攻击我的文章，我觉得不值得理会他的攻击。他所说的话可以总结成两个部分——客观事实和主观看法。他如此恶劣地扭曲事实，我不信任他任何观点的真实性。他首先提出一个悖论，然后延伸大量的口头批评证明马礼逊不是汉英词典的作者，该词典署了他的名字；接着他又否认马礼逊翻译了英国教会的早晚祷文；还说马礼逊甚至不能够区分一卷大卫赞美诗和国教会公祷书。

现在，我以我的良心肯定这部汉英词典是我编写的，我也把大卫的诗译成了汉语(我相信这是世界上首次)，我还翻译了国教会的公祷书。我有什么必要给一个盲目固执的人讲道理，他死认自己的恶意猜疑而不尊重明了的事实——最能说明问题的最充分的证据，而是花费大量时间试图让欧洲人相信他所说的谬误。

你在这一期的第229页引用了克拉普罗斯发表的攻击词典编撰方式的长篇大论。我不知道还有比我所使用的方法更好的编纂汉语词典的方法，具体地说，就是充分利用我所能收集到的所有汉语本族人的字典，同时核证所引例证的出处；雇用中国文人协助我查阅中文词典，核实字、词、句子的确切意思。克拉普罗斯说“中国文人每天都能得到一些钱”，的确如此，我认为这样很公平。但他声称我用广东方言或“澳门的葡萄牙人的通用语”与中国文人交谈，这完全是一派胡言。我总是用官话和我的中国助手交谈，我用这种语言和中国各个地方的不同阶层的人谈话。协助我的中国助手（三个已经过世了），他们没有一个懂英语或葡萄牙语，甚至连一个词都不懂。因此除了上述方式，我还借鉴了天主教传教士的几本抄本词典，有英文和法文的，还有最近巴黎出版的叶尊孝（Brollo. B. Glemona）神父的词典。此外，中国文人负责收集汉语口语的词、句子及表达，我自己也坚持从每天读到的中文书中挑选汉字和词语。词典的第三部分英汉词典全部是由我们收集的材料汇集而成的。这就是被克拉普罗斯称为“英国式的词典炮制法”。一个德国怀疑者能有什么更好的办法来炮制一本词典呢？这个问题恐怕只能由克拉普罗斯指出了。在词典的编纂过程中，从来都不是简单地从一本书抄到另一本书上，也不仅仅是把一种语言译为另一种语言，而是从头至尾都需要我做出判断和选择。所以，如果有人能被称为是词典的作者，我马礼逊理当是这部词典的作者。

克拉普罗斯对我的《养心神诗》和《年中每日早晚祈祷叙式》的指控，简直荒谬得不值一提。克拉普罗斯误把别人的书当作是我的。事实上，我翻译了大卫的赞神诗，还把一部分国教会的祈祷文译成了中文，《养心神诗》作为《圣经》的一部分单独出了一卷；还和祈祷文合在一起出了一卷合订本①。编辑先生，你所谓的“英国教会的早晚祷文的中译本只有诗篇，看来只有马礼逊博士能够解释他翻译书名时犯的错误了”，虽然伦敦有人能够解释这个问题，也本该在我之前澄清事实，可我觉得在此有必要说明——而且克拉普罗斯先生事先如果做过一点研究，他应该知道真相，也应该让别人知道事实。我曾在巴黎会晤过克拉普罗斯先生，和他在伦敦也交谈过，他曾说从我的汉英词典中受益良多。他看过我的中文藏书，还希望能够带几本极罕见的书到巴黎，因为得到俄国特使的消息说，亚历山大沙皇不喜欢克拉普罗斯过于迷恋书籍而拒绝了他的请求。看来他对我的“错误”耿耿于怀。多么荒谬啊！巴黎人竟然相信他所说的《养心神

① 《祈祷文赞神诗》一书收入了马礼逊翻译的英国教会公祷叙式以及主要由马礼逊译出的颂诗，共计60页，1833年澳门出版。——译注

诗》不包括英国的祈祷文，因此马礼逊甚至不能区分诗篇和祈祷文，虽然他亲自写了这两本书！然后克拉普罗斯可以放心仁慈地说他估计马礼逊得到了某种手稿——因此出版了他自己都不懂的书——以此欺骗公众。他让欧洲人相信他的猜测，理由是这是他说的。

克拉普罗斯先生称《年中每日早晚祈祷叙式》的书名完全是“野蛮人的色彩”，书名也应该用这样或那样的名称。编辑先生，你说克拉普罗斯的翻译“更好”，这是观点问题。但是英国的祈祷书没有使用“全年中早晨和夜晚”这样的表达，所以才有“年中每日早晚祈祷式”。马礼逊解释说就是一年当中祈祷的模式或形式。汉字“式”被克拉普罗斯错认为“弍”，他说这个字是“二”的代码（cypher），即汉字“一”的古体写法。克拉普罗斯说，如果马礼逊想要表达“第二序，或者是第二个”，他应该写“弍序”或者“第弍序”；可马礼逊从来不想也从没说过任何“第一个”序言或“第二个”序言之类的话，他要说的已经用汉语清楚地表达了——“全年当中、每天的早上和晚上、祷告的形式”。

至于克拉普罗斯先生的批评之语，我认为不值得驳斥。可是你——《亚洲学会会刊》的编辑先生并不通晓汉语，不能像你在其他通用语言方面使用良好的语感和正确的判断力，因此不能够替我辩明事实。你说我错了，可是我却能证明自己是正确的。可是这该请谁来裁决呢？公众并不假装自己是汉学家，为什么要用语言学家们的“口水战”惹他们憎恶和反感呢？语言仅是用来达成某种好结果的工具。语言学家们或许很敏锐、很勤奋，他们可能记忆力很好，也很刻苦，可是假如他们不能在物质上或精神上证明自己是有用的，也许他们最好是坐着，睡觉，什么也不说。

至于我的“错误”和疏漏等例子，我前面说过，对一个不尊重事实的人谈这个话题完全是浪费时间。一次我偶然①在公开演讲中谈起中国的佛教徒，但是在那个场合没有提道教。克拉普罗斯立即刊登一篇文章，断言虽然马礼逊几年前还出版过一本谈到这方面的书，但他不知道还有道

① 当时我在巴黎，时间是 1824 年。——原注

教的存在，克拉普罗斯所说的这本书的书名都错了（如果这也能算作是批评）。像克拉普罗斯这样的人为了获取他需要的文献或者达到他蓄谋的目的，能够虚构一个从来无人听说过的伟大国家，也能杜撰出从来没人见过的无名氏的手稿，这样他自己的理论就很安全了。他盛赞《康熙字典》，可是叶尊孝神父持截然不同的看法，于是克拉普罗斯就改口支持后者的看法！“谁不向他的权威低头，谁肯定就会在随后的《亚洲杂志》上受到如潮水般的批评。”

结语：谨此希望“著名”的克拉普罗斯能够写一部或者翻译一部汉语书（他以前从未翻译过），让全世界能够据此判断他的学识。他确实写过三个汉字，你的杂志引用了“自贤征”，今天我把它拿到一个很有学问的中国人面前，让他确认读后的意思。他读完后考虑了一两分钟，很努力地想找出它的意思，他说，“征有许多意思——一个是‘正’，纠正的意思。我猜写这三个字的人想说‘让自己成为一个贤明和正确的人’”。编辑先生，你使用了这三个字，以为它们的意思是“不要自欺欺人”。如果我们博学的朋友克拉普罗斯能够自己有一位中国学者当翻译，再加上他的想象推测，毫无疑问，他定会从这场友好的讨论中取得伟大的成果。

你顺从的

罗伯特·马礼逊

–1832–

致圣经公会的信—致福音小册会的信—私人日记—朱先生受洗入教—《中国丛报》创刊—致汉基先生的信—中国新教传教情况

下面的选文摘自寄送给圣经公会、福音小册公会以及伦敦会司库的今年中国传教进程报告，它们未按时间的先后列出。

致圣经公会的信

广州，1832 年 10 月 29 日

……根据来自马六甲英华书院的最新几份报告，我知道新版的中文

《圣经》基本完成。并且我很高兴告诉你们，我从广州将一箱中文《圣经》及祈祷书和小册送往中国北部、朝鲜和日本。郭实腊最近在曼谷，负责这批书。

多年来我焦急地盼望把生命之言传播到这些地区。我真诚地希望能打通与这些黑暗地区的交往渠道。这儿很多人已经注意到生命之言，并且像往常一样，对生命之言的看法分歧很大。

我很荣幸宣布，美国教会开始了在中国的事业。裨治文先生和雅裨理先生是他们的第一批传教士。一两天前"马礼逊号"(Morrison)又带来一位史蒂文斯先生(Mr. Stevens)，我相信是船主奥利芬先生将此船以我的名字命名。他是一位虔诚的基督徒，一位中国的朋友。他属于长老会；然而开放其在中国的商行，接待公理会传教士。史蒂文斯先生被派来向在中国的海员布道，同时为传教目的学习中文。

美国教会希望美国方面支付他们传教士散发《圣经》的费用，我们当然不反对。裨治文先生和我已经商议过为他的传教对象在中国印刷我们的译本——但仍未确定印数。所以，我亲爱的朋友，主善意地帮助我们增加传教工具，我相信祂将继续帮助我们，帮助我的后来者在这片土地上劳作。

夏天我用石印机印刷了《圣经》传单。我相信并且盼望为了异教徒而印刷的源于神性灵感的《圣经》原文比任何人的作品都要好得多。昨天，梁亚发写出一张传单，内容出自《以赛亚书》第44章，有力而独特地揭示偶像崇拜的虚妄，这一章恰巧是当天日课的内容，我们这个小小的(不为人所见的)中国会众礼拜中读了这部分。

亚发已经向他年迈的异教父亲解释过《圣经》，并且带着可喜的希望说，那位老人的心有所软化。他加入了祷告，借着耶稣基督通向有生命的真神。

在中国有一个基督徒联合会，人数足以构成一个原始基督教会①，依据箴言，三名基督徒聚在一起就可以形成一个教会。这个联合会向马六

① 关于此事见附录第46页。——原注

甲海峡的英华书院索要一些中文《圣经》。中文《新约》和《旧约》合起来是本大部头书。

我今天想到，我们可能单独发送《新约》比较有利，或者可以将福音之一与《使徒行传》及《使徒书》装订在一起。……

真诚信主，对祂充满希望的

马礼逊

致福音小册公会

澳门，1832年2月26日

……我很高兴地接到郭实腊的信，在他靠岸的中国的不同港口，北上直到长城的东端，他发现人们了解马六甲印刷出版的基督教图书和小册。很多这样播下的生命之言的种子，会落在路旁，或落入岩石荆棘中，但我们也希望看到这些种子落在沃土上，带来三十、六十或一百倍的果实。

从美国来的裨治文先生在广州重印米怜博士的一本小册，并且散发1000份。它们确实只是大海的一滴，然而，撒播在山巅的一把种子或许能长成一片森林，像黎巴嫩的松树林一样摇曳。

我的《古圣奉神天启示道家训》和《〈圣经〉日课》印刷版式相同，从历史、教义及现实角度概述我们的神圣宗教。我不知道你们是否愿意把它们当作小册，拨款增加它们的印数。刻版已经做好，只等有更多资金支持就开印。我想寄一份《〈圣经〉日课》给你们。

请把我诚挚的问候转告委员会其他成员，我是一个向来愿意推动你们伟大美好愿望的代理人。

您以前无偿赠我的小册已转送各地。如果能继续提供一批各种语言的小册，我将很感激。

您真诚的

马礼逊

《古圣奉神天启示道家训》扩展为4卷8开本。马礼逊博士自己出资200镑支付印刷费。他的私人慷慨之举丝毫不逊于其公共的慈善活动，无论个人需要还是公共慈善目标，他都大笔捐赠。为他家服务的采办，那些已经离开或者仍然帮佣的人，马礼逊博士除慷慨付薪水外，他还在他们家庭生活如结婚、疾病、生死等事情上给予金钱帮助。前面提过，马礼逊博士非常同情每年到访广州港的水手们的属灵状况，并为了改善这种状况采取一些办法。

他现在满意地看到在黄埔定期举行的礼拜，所有允许参加的人得到一位来自美国的最虔诚敬业的牧师爱德华·斯蒂芬斯先生的指导。但是，水手只能在"准假日"去广州，在其他时间，他们没地方消遣，只会成为中国人的猎物。中国人向他们提供一种当地的烈酒，叫"神水"(Sam Shoo)，使他们成为敲诈的牺牲者，而做出种种无礼的行为。马礼逊博士不认为所有为了水手们的利益做的事都完成了。因此他雇用一位曾为他工作过的值得尊敬的中国人开了家"咖啡店"，印发传单，邀请水手享用便宜、提精神的饮料，提醒他们避免烈酒带来的毒害影响，当地人卖给他们烈酒的目的只是为了钱。回忆录编者至今未听到这个计划进展得有多成功，但是，如果接续其他方式，毫无疑问它将附带有益的结果。

自从美国传教士来后，马礼逊博士推掉礼拜日在广州为水手做的英文礼拜，专心中文礼拜。本季他只有 7 岁的二儿子与他同在广州。他日志中提到几件有趣的事，此处摘录几段。

广州，1832 年 10 月 7 日

主日……我相信我的中国人礼拜会众比裨治文的中国人礼拜会众人多，儒翰和罗伯特去了裨治文那里；我们有 12 人。愿主敞开他们的心，在对福音的爱中接受福音。梁亚发共为 7 人施洗——他今天最为诚恳地祈祷克服人的恐惧——克服基督徒的懦弱。我送了份关于神的存在的石印小册给 M。他表示感谢，说他已经交给林春(Lin-chong 音译)熟读，林是本地出名的聪明人，孔子的追随者，相信死亡就是消亡。M 问我是否有适合他的书，我很高兴送他米怜的优秀作品《灵魂篇》。8 日……当即就赶走奶妈①是非常野蛮的。但是在中国，异教徒没有信仰的心中鲜有仁爱。只有认识主，我们的救世主，才能让我们有别于他们。让我们学习耶稣，

---

① 禁止中国女佣、轿夫在外国人家中帮佣，一经发现立即命令离开。——原注

饶恕我们的敌人，为他们祷告，祈祷他们改变信仰得救。

官府防止自己的百姓获得一份诚实的生计是专制和愚蠢的。

18日。我今天参加一场中国人的婚礼。明茺(Ming-qua音译)，你去年夏天在澳门见过的，一两天前嫁给一个16岁的年轻人。她穿着新娘的衣服，由两位年长的女仆带出来，她们搀着她的手臂在脸前上下摆动，有6位外国人在场。所有的中国朋友和亲戚于是要求见见新娘(Sin-neang)——据说她丈夫16岁。他一直在接受祝贺，喝茶，磕头，直到非常疲倦。

关于一位曾在英华书院任汉语教师的博学的中国人受洗的事，马礼逊写道：

12月15日晚10点。如果我能活到明天，我想给朱先生(Choo-Seen-Sang)举行洗礼。主啊，愿您洗去他的罪恶，在耶稣基督里造就一个新人……

16日……我刚结束中文礼拜，我为大家浓厚的兴趣、虔诚的感情、自由发言而欣喜。今天的主题来自于《约翰福音》第3章：对神的爱，重生和洗礼。《使徒行传》第8章——腓利和被他归化的人——“看哪，这里有水；我受洗有什么妨碍呢?”腓利说：“你若是一心相信，就可以。”那人回答说：“我信耶稣基督是神的儿子。”不需要做长时间准备——没有接着的证明——腓利被主的灵提了去——太监欢欢喜喜地走路。朱先生如今拒绝了他自己原有的信仰，也戒掉(吸食鸦片)恶习——他坚定地回答说他全心相信耶稣基督是神的儿子，及其所蕴含的所有意义。相信祂的教导——遵守祂的诫命，盼望祂所许诺的。当朱先生从英华书院来这里时，几乎遭遇船毁人亡，他起誓，如果能活下来，就皈依主。在这样的情形下，我怎能反抗神的暗示呢?我想拒绝给这样一个人施洗会是一个错误。我凭借神的力量给他劝诫，让他不仅寻求自己的救恩，还要让全家、朋友们及同胞也得到救恩。

要注意的是，朱先生以前在英华书院时就接受过基督教指导，有证据表明他很了解福音的教义。

17日。有一位道士给我讲他的书。他非常彻底地嘲笑佛教、道教、儒教的虚假仪式。他看上去是一个不拘束的异教徒,有很强模仿能力,模仿(佛道儒书中)提到的合起双手、念经祷告、敲钟。愿他醒悟看到自己的罪,奔向罪人的全能救世主寻求保护……

晚上。我今天给那位道士送去一部《圣经》及一份《古圣奉神天启示道家训》。神赐福他们能让他灵魂受益!

关于孟买派出带有信件的英国士兵受到中国官府侮辱一事,马礼逊博士评说道:

……让我诧异的是,从印度最高当局派来的信使竟被如此漫不经心地忽视,如此冷淡和无礼。在我看来,这是完全缺乏公共精神和国家荣誉感……我时常下决心在英国人和中国人争议的问题上保持缄默;但是,我认为他们有反英和鄙夷的情感——我有时听到这些,这刺激我说话。但我仍然紧紧把握住我的决定。国王的海军既不问也不关心在中国的大不列颠的马尼。中国人不尊敬这些战船,对待它们的方式不比对待伶仃洋走私船强。

……现在的广州,中国人的社会状况与1807年我发现的状况完全不同。从那以后,中国的学者,传教学生,英文出版物,中文《圣经》,公开敬拜神,这些都发展起来。我服侍我这一代人,我终将死去——主知道时间。

在马礼逊博士帮助下,裨治文先生创办一份英文月刊,命名为《中国丛报》(*Chinese Repository*),现在仍刊行,收录中国人的通告、宗教消息及目前的各类事情。

下面是马礼逊博士写给伦敦会司库的信,回答他有关在中国群岛传播基督教的最佳方式的询问。

中国,1832年2月10日

亲爱的先生:

您8月1日和11日的来信于1月20日送到这里。从那以后,我把注意力放在这些信件中的主要问题上——在这些地区促进福音传播的方式。附信附着的纲要①,表达了我的愿望。我目前在中国的行动规模之外能够做到多少,我不能形成意见。

我担心您会认为我的愿望太过宽泛,宽泛到不实际,我想,从目前看,

① 对在使用中文的国家传播基督教知识的方式的意见,包括东方海洋亚洲群岛上的中国人居住地,从爪哇到勘察加半岛,从中国沿岸到日本附近的婆罗洲岛。(1832 年 2 月 9 日)

一、中心传教站配备图书、教师、学生、布道者、作者及印刷所。比如说马六甲的英华书院,使用的语言包括官话、福建方言、广州方言在内的中文、马来语、Bugguese、暹罗语、交趾支那语、日语、朝鲜语及琉球语。

二、地方传教站,在槟榔屿、新加坡、爪哇、暹罗的曼谷、广州及其他可以居留的地方。

三、巡游传教师,分发基督教图书的人,在所有上述传教站工作,人数及范围据实际情况定。

四、学校,在有条件的地区设立男校、女校。

五、地方印刷所,印刷各地方言作品,应该出版宗教小册及月刊。

六、宣传基督教的航行者,带着布道者、《圣经》、小册在东部海洋诸岛穿行,沿着大陆国家的海岸走,通过布道、交谈、书籍四处撒播生命之言的种子;不断建立新传教站,每年访问已建立的教会。

在耶和华我们的主——圣父、圣子、圣灵大能的庇护下,去实施上述活动的理想人选包括——

1.富裕的基督徒。可以在任何他们愿意去的传教站驻扎,他们可以提供金钱上的帮助,帮助那些他们认为适合得到帮助的布道者、学校男女教师、贫困的基督徒学者或者可能加入传教事业的当地基督教徒。

2.传教士。由现有的传教会派出并支持的传教士。

3.学校教师,由志愿者组成的协会或会众派出并支持。

4.虔诚的海军军官,或其他以航海为业的基督徒,作为志愿者进行一次或多次航行。

5.船主,或商人,在他们认为合适的时候,进行一次或多次有助于传教目标的贸易航行。

6.航海传道者,在疾病、危险等情况下,可以有一个或多个年轻一些的传教士协助,学习各地口语,去了解、去准备将要进行的工作,或者留在有机会出现的地方,并创建新的传教站。已婚航海传道者的家庭应得到照顾,如果愿意,可由中心传教站或地方传教站照顾。所有参加这些航行的人都是志愿者。

7.本地人的船只,基督教协会有时可以雇用这些船,或者提供金钱报酬,使他们进行传教航行,同时继续它们的贸易,但这个行为是次要的,目的是减少费用。

8.世界各地的地方基督徒协会,可以为他们所赞成的上述航行或个人提供金钱帮助。

怀着最大敬意,将这些意见提交给那些真诚爱我们的主耶稣基督的人进行诚实的考量,而不计这些人属于哪个教会或国家。

罗伯特·马礼逊

在海外传教第 25 个年头

——原注

它们是不切实际，但是我希望增加投入，激发基督教会采取更大行动。

如果能找到合适人选，现在有一个工作我认为非常重要，即通过外国或本地船从爪哇前往勘察加半岛做传教航行。一位皇家海军军官在最近一期《福音杂志》撰文谈到琉球群岛。如果他能够争取到朋友和资金做一次传教航行，你们可以提供传教士。

我通过郭实腊向朝鲜和日本海岸以及琉球群岛送去中文《圣经》，祈祷书，小册及一百份《〈圣经〉日课》，愿神保佑它们……

致同一位收信人

广州，1832年11月9日

……25年——我的半生——我一直在海外为伦敦会及其他慈善机构——如圣经公会、福音小册公会、学校及祈祷书协会效力，不知不觉迈入老年。东印度公司已经拒绝给我退休金，这是他们给公司医生和礼拜堂牧师的待遇。可能他们认为其他团体机构会提供我金钱，资助个人所需。我为之效力这么久的各团体机构应该联合起来提供我一笔退休金①。这应该是合理的要求。请为我认真考虑此事，如果您认为我配当如此，希望您支持我……

郭实腊先生用了大约6个月巡游中国东北沿海，散发了许多小册及部分《圣经》。他也到了朝鲜海岸，给那个国家的国王送了一部《圣经》，但国王拒绝接受。

裨治文先生盼望7名美国传教士来这里。来自任何地方的任何帮手都让我欢欣。我开始看到传教事业繁荣。感激神怜悯我。通过印刷，我们可以更远更广泛地散播知识。我们现在最需要能用中文写作的人。儒家无神论者人数极多，他们相信死亡就是消亡。最近，这里一些信奉孔子思想的商人有我们印刷的圣约书、米怜的《灵魂篇》及其他作品。在澳门，中国官府颁布命令，禁止中国人为外国人服务，特别是奶妈和女佣。他们清楚英国方面要求绝对顺从，所以有意在多方面制造麻烦。

---

① 有必要说明的是，这个建议没有得到同意。——原注

我儿子儒翰准备陪同美国特使埃德蒙·罗伯茨先生(Mr. Edmund Roberts)到交趾支那和暹罗去,罗伯茨先生想要与他们签订贸易协定。我盼望儒翰收集一些信息,特别是交趾支那的信息,这将有助于福音的传播。愿神与他同在并保佑他。他父亲的期望和祷告是他以后能成为一名合格的译者,将英文基督教图书译为中文。确实,一批译者或中国基督教作者对于使用中文的国家的福音化是迫切需要的——愿主保佑很快能有相当多这样的人……

下文是马礼逊博士起草的中国传教25年概略。

敬致欧洲、美国及其他地方基督教会

自从第一位新教徒传教士来到中国,独自在陌生人中——一个朋友极少而敌人很多的环境中,迄今已过去25年。然而,神为他预备了一个安静的住处;在神的帮助下,他坚持至今,现在可以为神带来的结果感到欢欣。中文最初被认为是无法逾越的困难。现在这个困难已经克服了,已经能够掌握这种语言,并且有了各种便利进一步学习这种语言。写作并印刷有各种字典、文法、字汇、译本。国内外以世俗及宗教为目的的中国学者增加了。中国人不可能再被遗弃。在中国出版马礼逊、米怜《圣经》译本及其他宗教小册、祈祷书等;感谢神,现在,来自其他国家的传教士帮助分发和讲解这些出版物。马六甲英华书院的伦敦会的中文印刷所,及爪哇的麦都思先生负责的印刷所送出几百万包含永恒福音真理的印刷品。英华书院为数十名本地青年提供基督教教育。

也有本地中国人宣传基督的福音,挨家串户教导。这就是传教进程的概略。我们不夸耀大作为,仍然虔诚地感谢神,在多起死亡和灾难中,事工没有停止,而是逐年集聚力量。

为传播一般及宗教知识而建立英文印刷所,这首先出现在新教传教事业中。第一家是出版马礼逊博士字典的尊敬的东印度公司的印刷所;提供了关于中国及周边国家的信息。马六甲的《印中拾闻》、广州的各家报纸及《中国丛报》都在我们传教开始之后出现。传教航行已展开,从由欧洲控制下的各地到亚洲群岛、暹罗、琉球岛、朝鲜,顺着中国的海岸直到北京城墙下。皇帝接到过并阅读过新教传教士们写作的小册。但是,现在这些都是微不足道的。收获确实颇丰,但劳作者却很少。需要大量布道者、教师、作者、印刷工人在使用中文的国家传播神和我们的救世主耶稣基督的知识。愿主派出您所祝福的劳作者;让您的手与他们一起工作,直到中国完全放弃哑口的偶像,徒劳的迷信,邪恶的作品,虚妄的希望——"从撒旦归于神!"

目前参与中国传教事业的人有:

1.马礼逊博士,伦敦会,驻中国

2.麦都思,伦敦会,驻爪哇

3.基德,伦敦会,在英国养病

4.汤姆林,伦敦会,在马六甲英华书院

5.戴尔,伦敦会,驻槟榔屿

6.郭实腊,荷兰传教会,在外传教航行

7.裨治文,美部会,在广州

8.雅裨理,美部会,在暹罗

9.梁亚发,伦敦会中国教师,在中国

10.屈亚昂,梁亚发的助手,石印工,在中国

11.李辛(Le-Asin),梁亚发的助手

只有十人受洗,包括上面提到的三人。梁亚发和屈亚昂在英华书院做印刷工时受已故米怜博士宗教影响,另外一位是学生,仍在书院学习。

新教在华事业创立约10年后,英国国教会给英国商馆派来一名礼拜堂牧师,约10年后,美国海员之友协会派来一名服务海员的牧师。1822年,马礼逊博士在中国海域升起第一面海员教堂会旗。雅裨理先生1830年任职。目前拥有这个牧师职位的是来自纽约的史蒂文斯牧师。雅裨理先生是荷兰新教会(Dutch Reformed Church)的一名牧师。裨治文先生和史蒂文斯先生来自公理会。他们在华的赞助人是美国长老会一位非常虔诚的商人。

1831年,英国圣经公会《〈圣经〉日课》在中国出版,它是非常合意的

《圣经》概要。在中国学者帮助下,裨治文牧师和马儒翰先生一道从马礼逊、米怜中文《圣经》中选取摘录;梁亚发和前文提到的第一个助手将其印刷出版,在华基督徒商人提供必要的资金。

本年,梁亚发印刷九种小册,每种约50页,梁亚发自己写作这些小册,并穿插有《圣经》的篇章。马礼逊博士修订这些手稿,由伦敦的福音小册公会资助出版。屈亚昂用石印机印刷《圣经》单张传单等,郭实腊先生把它们带往中国北方散发,裨治文先生指导几位本地少年学习英文及基督真理的首要原则。他也在广州每个安息日进行一次英文礼拜。

参与中国传教的主的仆人,尽管来自不同国家,从属不同教会,但情感极合,以最诚挚的合作联合起来。通过这个简要说明,他们希望全部基督教世界,各教会重视对包括中国及周边国家在内的东部亚洲至少四亿人类同伴和罪人传福音。你们基督教教会没听从救世主最后的命令——"你们往普天下去,传福音给万民听。"

罗伯特·马礼逊

裨治文

广州,中国,1832年9月4日

-1833-

世俗事务—马礼逊博士在澳门印刷的著作—《杂闻篇》—对马礼逊出版物的压制—对委员会来信的意见—论出版自由—评述—致费希尔先生的信—日记—致福音小册公会的信—致美国圣经公会的信—哈洛克牧师的回信—马礼逊的家人离开中国—日记

东印度公司在中国贸易的特许状终结,是本年度所有从事贸易的人最感兴趣的事件,同时也是英国商馆职员最关注的。他们的利益或多或少会受到商馆解散的严重影响。相比其他与商馆有联系的人来说,这一预料之中的变化带给本回忆录主人公最多的是与金钱有关的暗淡面。尽管为公务勤恳工作26年,他说不可能有望像很多同事那样退休后享有以前劳作的果实,也不可能确定是否能因过去的服务得到一笔慷慨的养老金①,也没有希望能得到一笔类似补助家用的临时性“补偿金”——他必须谋求在新政府体系中担任世俗职位,或者依靠他多年来无偿效力的宗教界资助他将来的生活,以期能将余生专注地投入传教责任中。后一选择最符合他的原则和情感,也是他倾心的选择;虽然他清楚如果这样的愿望得以实现,情况显示他不然再也不能继续捐助那些他推动的慈善计划——与他献身并付出一切伟大事业相比,他个人的酬劳或者暂时的便利在他看来无足轻重。然而,唯有神从开始就看到结局,此时祂让祂的仆人的信心经受一次更严峻的考验——他可能还会说,“我们临近暮年,阴云会集聚”;但是他的道路上不允许有阴霾,他的道路就像太阳的道路,会照得越来越亮,直到完美的那天。在他金钱方面的事务还不确定的情况下,又增加了一件更痛苦的事——很快地要与挚爱的家人离别。这件事已经拖延了一年多,原本希望编著者的健康有所好转避免走上这一步,这是只有在类似情况下经历过离别痛苦的人才能体会得到的感觉。然而,无论是家人回英国的费用没有着落,还是为家人将来的生活担忧,(虽然知道在家人到达英国前,他自东印度公司的收入将会停止)都没让他对传播基督教的仁慈行动有片刻迟疑,当一切外界支持都不存在,基督教原则不仅让他保持心智,甚至为他带来许诺永生的希望。或许他从未像自己在地球上停留的最后一年,那么高效地利用印刷推动基督教的传播。

虽然他为广州创立的两份英文刊物《广州志乘》和《中国丛报》大量供稿,但是盼望给在华基督教社群带来比上述刊物传达的更具福音性质的内容,他创立了一份报纸,名为《传福音者与中国杂纂》(*Evangelist and Miscellanea Sinica*),4 开一大张,不定期出版。从其文章标题就可以确定它的性质。第一期的“在祖先墓前的献祭祷文”附有英译,文后加上一些评论,显示儒家理论与仪式的背离。第二期,作为与异教徒悲观观点对比的“基督徒的坟墓”,讲

① 虽然马礼逊博士本人没有提出,但是特选委员会感到应该代他向董事会提出下述请求:“本年一月我们代表马礼逊博士向尊敬的董事会提议,我们相信,长达 20 余年的服务应该考虑给予他一笔退休金的权利,就像分配给商馆的医生和礼拜堂牧师同样的退休金,以便在身体堪忧或其他情况下有所依靠。”董事会对这一段没有明确答复。——原注

述基督死后余生和灵魂不死这样崇高的基督教启示观，引用拉萨路（Lazarus）从坟墓中复活的例子。第三期，论道德责任，就人与人的一般关系与福音的要求进行对比。第四期，坡旅甲（Polycarp）的殉教及《约伯记》的注解，“人以皮代皮，情愿舍去一切所有的，保全性命”。第五期，“中国人的伦理“，配译文，描述“四书”之一的《中庸》（*Golden Medium*）。第六期，美兰克森（Melancthon）、费内伦（Fenelon）、拉蒂默（Latimer）、瓦茨（Watts）的生平简介。这一期以中国当地消息结束。——除了上述这些，马礼逊博士还印发一份训诫词，这是他前不久在黄埔的供善会的船上的布道；欧洲船沿海北上使得向中国人散发基督教书籍更为便利，他热切地利用这种机会以各种形式散播神圣真理的种子，尤其以一面为中文、另一面为英文的圣经小册为主，这都是用他从英国带来的石印机印制的。他还用画装饰宗教小册子，根据中国人的习俗让这些画可以像匾额一样悬挂起来。为了将汉字与英文字母结合印刷，马礼逊博士耗费大量资金制作汉字字模；他还印制小本的祷告叙式供中国基督徒礼拜用。这些印刷品都有样本送到英国，马礼逊本人起草的说明谈到这些印刷品，让英语读者了解它们。

马礼逊英式印刷所（Morrison Albion Press）的中文出版物，1833年的《杂闻篇》，刊载多方面内容的报纸，四页。

第一期，世界人口说明，基督教徒、伊斯兰教徒、偶像崇拜者的人数，及几百万犹太人。指出以神启为基础和以自然理性（natural reason）为基础的宗教的区别；一些与世界的创造者耶和华的伟大相关的《圣经》引文；天主教会传统与以《圣经》为依据的基督教的区别；父母对子女以及子女对父母的责任。

第二期，生为埃及奴隶的摩西，却蒙神恩，带领人们前往迦南地。《出埃及记》中西奈山得十戒。由耶稣得到救恩；律法与福音的区别；信仰者的责任：爱神、爱人。

有一段关于教育聋哑人，这是在西班牙创兴、在法国和英国实行的方法——都柏林的奥彭博士（Dr. Orpen）来信推荐，盼望能够引入中国。

第三期，关于外国文学、活字、期刊及日报。宣告神对罪人的审判，对义人的仁慈。《圣经》引文，呼吁人们悔过及通过耶稣基督获救的《圣经》节选。耶稣基督被派来以公义审判世人。上述三期，每期印刷两万份。

还有一种每份60页的两册合订本，包含祷文、赞美诗、早祷式、梁亚发写的祷文、马礼逊博士及他人的赞美诗等，印数一万册。

此外——本季，在纸片上以中文散文体和诗作印刷《诗篇》第一章及其他《圣经》摘录。这几千份由活字印刷，一面是中文，另一面是英文，为由中国和英国水手光临的店铺设计。

在当下时期，马礼逊博士谨慎地关注各种状况，这样他的行为一直都是高尚的，他的出版物已很风行，但他很吃惊地获知，他近期的出版品已经引起罗马天主教总代牧及其教士的注意，他们对他的布道感到愤怒——引文中的教义与罗马天主教信仰的权威极不相称。但他们不满足于消极的敌意，把事情提交澳门立法会，立法会规定必须立即阻止这样的异端活动；于是他们给特选委员会主席写信，要求他们行使权力阻止马礼逊博士在家中继续使用印刷机。特选委员会欣然接受此要求，并致信马礼逊博士。虽然马礼逊博士被迫服从，但有感于禁令的严苛，他对其中几段做了评论，写下对这种专横行为的反驳，附于致特选委员会的信中。

致马礼逊博士

澳门，1833年6月22日

先生：

特选委员会及主席指示我转交您一封信的复本。此信由澳门总督写给主席，从信的内容可知，总督从本牧区总代牧那里得知，您在自己家中设立印刷所，印刷某些违背罗马天主教①教义的作品，除非事先经过审查②，国王政府禁止在葡萄牙领土③使用印刷机，因此总督阁下要求您按

① 我布道的教义当然不可能与罗马教会的教义一致——但是这些布道没有攻击它，《传福音者》也没有攻击性内容。——原注

② 英国商馆在澳门拥有印刷所，至今有近20年，可以在澳门印刷任何他们想印的材料，而无须事先审查。——原注

③ 一直以来完全可以证明澳门属于中国，而不是葡萄牙国王领土的一部分，因此这种说法是僭权的说法。——原注

照指令停止在本城使用您的印刷机。

依照葡萄牙政府的这些规定,我接到特选委员会和主席的指示,要求您停止继续在澳门家中出版任何出版品①。

您顺从的仆人

秘书林赛(H. H. Lindsay)

这是一个牵涉并动用英国影响力来禁止英国公民传播真理的天赋权利,并且认可错误蔓延的做法。此做法使得马礼逊博士在为《广州志乘》撰写的一篇文章中进一步表达他的观点。该文进一步证明,在其所处的三重专制的特殊境况下,他坚持公民和宗教自由原则的不妥协的态度。

印刷出版

所有法国人都有权印刷出版他们自己的观点;永久废除审查制度②!由于语言能力使人作为理性生物而区别于无理性的不能言语的兽类;智能高的人之间的社会交往提供了一场理性盛宴,智者珍视它,远胜过任何身体慰藉。政府没有权力剥夺人的知识交往,如同它们没有权力剥夺人的身体的慰藉,或人的一部分天然食物。在这个原则下,只能剥夺最危险的罪犯的笔、墨和纸。印刷机只是一种更迅速的写作机器,在神的眷顾下,印刷机使时间和空间上相距最遥远的人交换他们的思想;因此与任何身体慰藉相比,它为理性人类带来更多快乐和进步。所以,没有任何以公正、平等为原则行事的政府能禁止自由使用印刷机。那些在阅读中找不到乐趣的人可以避免阅读;但不能因为他们碰巧有权威,就有权剥夺其他人的乐趣。

中国人允许来自欧洲和美洲各个国家的人居住在他们的沿海;各国人可以遵循他们自己的着装、饮食、舞蹈或其他娱乐的方式。这些外国人

① 特选委员会和主席有什么权力要求我这样做?是把我当作一名普通的英国公民,还是当作公司雇员?依照这些规定,只需要审查,而不是停止。委员会的意思是说公司的印刷所要受审查或停止。两者都不是,因此我抗议整个过程,因为这是听命于一位天主教神父对葡萄牙人和英国人的僭权、专制和压迫。马礼逊——原注

② 新法国宪章。——原注

中任何一方都无权控制其他人的习惯或观点意见。可以取缔一个美国人或英国人的报纸，那么现在也有可能剥夺他必需的食物。如果葡萄牙人没有这个品位，如果他们选择服从他们的神父或总代牧，不管他们读不读书，就让他们去服从；然而，他们没有权力禁止为那些经常来中国（澳门是中华帝国不可分割的一部分）的数量众多的到访者而编写的书籍和报纸。禁止出版是对人的天赋权利的侵害。我们认为取自法国宪章表达天赋权利的题句应该是全人类的宪章——自然法或神的律法，为了祂的创造物的幸福，神赋予他们思想和语言的能力，写作和印刷的权利；所以没有哪部人类法律能使这些权利无效。“听从你们，不听从神，这在神面前合理不合理，你们自己酌量吧！”看看《使徒行传》4:19记录的圣徒彼得在耶路撒冷的大祭司和统治者面前所说的话。显然，必须遵守神的律法，尽管某教会或某国家的人的法律可能违背它。所以我们的结论是，违背那些禁止言语、写作、印刷的法律是问心无愧的。

暴君惩罚的，但神会赞成。

他最喜爱的传播真理的方式暂时停止，尽管这引起马礼逊博士某种程度的烦恼，然而他并未停止使用英国或葡萄牙当局都无法干涉的其他方式——如广泛散播已经备好的印刷品，现在这件事情可由中国基督徒来完成，其中的四人梁亚发、朱先生、屈亚昂及李先生（镌刻版画中那位抄写基督教文献的老先生），在今年的大部分时间里同马礼逊博士待在一起，每天从他那里接受指导，这些教义扩大并使他们坚信神理启示的真实，使他们有资格以这些教义去指导他人。他还带着极大热情和浓厚兴趣坚持写《〈圣经〉释要》，虽然只是为了阐明文本的真义，但他从研究中得到很多乐趣。他一如既往地在安息日进行英文礼拜；为了教导很多外国居住者及访客经常能以他们称之为无害的消遣方式度过安息日夜晚，他在过去及现在的几个季度里，数次尝试通过夜晚演讲引导他们以一种更理性、更有益的方式度过一个小时；因为国教会礼拜堂一天只有一次礼拜，那些不熟悉马礼逊博士习惯，偶尔参加这些祈祷仪式的人惊讶于他似乎能承受精神和身体的疲劳，特别是发现他英文祷告后立即为中国人做祈祷仪式。他的这种耐性可以从唱赞美诗的声音中得知——他特别喜欢唱赞美诗，从不疏略，尽管他时常抱怨没有会众响应。早上他总是诵读国教会的公祷文，把它们修改得更适合听众的特殊情况，在两个礼拜之间，他或者读书，或者听孩子们背诵赞美诗等。背赞美诗通常是孩子们自己提出的；虽然他在主日比平时更加严肃，以抑制他人的轻率，但却毫不苛刻。

闲暇时，他常去住所前一个隐蔽的平台，平台外是荒山环绕的澳门湾（Bay of Macao）——平台被一片漂亮的灌丛遮蔽，边缘是欧洲的植物花草。在这里，通常全家陪着他，年幼的孩子坐在他膝上，或者依亚洲人的习惯，在草地上铺席坐着。

各国的佣人在旁边，有中国人、葡萄牙人、南非人（caffres），还必定有一只纽芬兰犬在其中——可以看出来，本回忆录受人爱戴的主人公的出现给整个群体播撒了欢乐。当他满意地看着这个有趣的场景，他会说这一切带给他的喜悦以及对神的怜悯和赐福的感激之情；然而当想到所有尘世的好事只是短暂的，他常常又补充说，“我高兴但心怀忧虑”。马礼逊博士把身边这些简单的乐趣看成重要的享受，但他从未因此而牺牲更重要的责任。因此，宗教音乐，交谈或者对自然之美的描写只是他紧张研究之余的放松。经常在一天结束时，如前文所述，他必须站着讲五六个钟头，当被问到是否感到特别累，他一般回答，“是的，亲爱的，我的工作很累，但不感到厌倦——我因工作而快乐”。虽然这个季节阴凉处温度常徘徊在 86 至 92 华氏度之间，但令人惊奇的是马礼逊博士长时间演讲后，第二天从未像很多人抱怨的那样疲劳或无精打采。

然而过了一段时间，马礼逊博士开始感到体力有些减退，并伴有前半夜无法安睡的烦恼，黎明时分又感到头顶很沉重，迫使他四点就起床；但是他外表仍表现出健康的状态，白天继续写作、读书，看似无大碍。这些症状可能是由于他持续脑力劳动，缺乏充足体力活动与之相抵所致。直到进入盛夏，炎热加剧，值得警惕的严重问题出现了。他失去了胃口，身体右侧疼痛，非常疲劳，这些都表明极需医生诊疗，在此之前，马礼逊博士拒绝看病。请教过商馆的高级医生郭雷枢先生后，这位先生的技术和经验足以让人相信他基于病人不适所形成的判断，他认为是肝部疾病；他还相信马礼逊博士只是表面的疲乏，而非真正的无力，并且以为第二年夏天没有理由担心复发，这彻底打消了编者的忧虑，因此她才又开始准备拖延已久的回英国旅行，有人满有信心地建议说等家人离别带来的情绪波动消退后，他的注意力可以更多关注传教时，特别是凉爽的秋季将带来有益的气候变化时，他会全面恢复健康。但是他仍然没有康复到可以随商馆去广州；他决意留在澳门，直到家人登上前往英国的船——这样的一件事即将发生——就在家人离开澳门前不到一个月的时候，一艘鸦片船上发生一场纷乱，一名中国人被杀，商馆要求马礼逊博士到广州负责写公函。动身前，他给一位好友写了下面这封信，编者在心里对这位友人格外感激，因为编者亲爱的丈夫最近收到这位友人极安慰人的信，告诉马礼逊，编者及她的家人回到英国后可以住在这位友人家中，而且这样的允诺也完全实现了。

致托马斯·费希尔先生

澳门，1833年10月10日

亲爱的朋友：

您写于3月6日的old saying在10月4日寄达中国，此信可为证。本季度您受欢迎的第十封信那天像雨水般“淋”，或者说“浇”在我们身上，落下很多关于反对奴隶制、禁酒及基督徒小知识。《便士杂志》(*Penny Magazine*)中的图片让孩子们开心，而其中有教导意义的文字让大人小孩都喜悦，太多的感谢给您，非常感谢您挂念我们。

您的有关印度教育的《实录》(*Memoir*)也安全寄达，它受到下议院委员会高度评价。但我的健康在过去四个月里很差，我不能多读多写。然而我不能停下手中的船桨，因为家人的生计还要靠我在海外工作维持。一两个月后，我夫人及孩子们将回英国，而我及马儒翰继续留在中国。在这种情况下，您3月6日信中写道“请放心，如果她航行回到英国，我的家就是她的家”尤其令人感激。我亲爱的朋友，我们真要非常感激您的热情。我夫人考虑和达德曼(Dudman)一道搭乘“英格利斯号”，但还没有确定。我们尽量让全家在12月离开，这样他们就可以(如果神愿意)在4月中旬或月底到英国。她们到达后希望费希尔小姐和您能收留她们。

……我收到两份《绅士杂志》(*Gentleman's Magazine*)，上面刊登了您的有关中国的数据报告，您将此荣誉完全归于我和我儿子。《旅行者》

(*Tourist*)也登载了我给教会的通讯,我猜一定是您寄给那份刊物的。这些事情证明您对我们及救世主的事业的美好祝愿。

即将发生的大变化对我个人将造成伤害,同样对其他商馆职员也造成损失;它会首先导致许多商人破产,但我仍倾向于认为它最终将推动中国的利益,无论是在文明方面还是在宗教方面。福音的推广就是人的最高利益。你知道,亲爱的朋友,"耶和华统领一切"。祂的承诺和目标必将实现。我相信中国必将归主。……

这儿很多人注意到印刷将有助于实现伟大目标。……澳门不允许印刷;然而公司的印刷所仍在继续,没有人提出任何异议。公司印刷所仍在印刷麦都思的《福建话词典》(*Fokien Dictionary*),这个变化会让它停业还是继续,仍有待观望。每个人都翘首以盼最后的决定——明年有还是没有公司的船。现在一切都不确定,扑朔迷离。

我祝愿反奴隶事业取得成功,希望越早视奴隶制为非法越好,虽然会有个人的损失和苦恼,但公共利益很大。中国的奴婢制度是令人发指的暴力和压迫之源。官府管理此事是无用的,管理偷窃、谋杀也是无用的。必须彻底禁除——在某种有益的限制下禁止。

现在是夜晚,我累了。我夫人与我一起问候您和您妹妹。愿神为祂的名永远祝福你们。再见!

您忠实的

罗伯特·马礼逊

广州,11月7日

虽然我身体很差,家人也即将离开,商馆大班叫我来广州翻译有关外洋鸦片船与中国人之间纠纷的文件。这次有一名水手和一名中国人死亡。中国官府要以命偿命,在这件事上不可能。我不知道事件将如何结尾。

我们买好了"英格利斯号"船票——船12月7日起程。儒翰已经去澳门帮家人做出发前的准备。神保佑您。保重!

马礼逊博士在广州,对于即将到来的痛苦离别抒发了他的感受,他像以往那样听从神的安排;同时他深刻意识到在此情况下与家人离别后的所有可能,在下面他与家人的通信中这些都有体现。

广州，11月2日。

……愿我们称颂的神以祂特殊的恩典增强你的意志，让你承担起艰难的重任。我可爱的孩子们！仁慈的救世主，以您的大能保全他们吧！他们温顺可爱的性格让我深感欣慰，我谦卑地相信他们回到基督教社会是一种对他们极有利的方式。这样安排最令人伤悲的就是遥遥无期的两地分离。或许你将找到善良可靠、你也愿意托付孩子们的朋友，然后回到我身边。或许结局比我们担心的要好。我们称颂的主永远不会抛弃我们——我昨晚的信告诉你杀人案的谈判重新开始了，恐怕我要留在这里——这对我是一个折磨。

8日。"英格利斯号"接到命令准备12月10日起航。有一个道士又一次来我这儿，要求受洗。他似乎是真心的，但是他有一整套宗教教义要抛开——一种似是而非的宗教体系，而他的福音知识却很少。他已经停止崇拜偶像，但是仍然根据出生时辰算计命运。他认为那套理论中有一些真理。

10日。我盼望在更晚的时间而不是礼拜二动身。澳门和广州隔得很远——那英国和中国又有多远啊？我几乎动摇了，感觉要说出"不要走"，可是我们已做了决定，我们不能回头。谁又能预测将来？也许这样最好。"神的旨意必将成全"——神啊，我们是你的，别抛弃我们。亲爱的，我在努力领悟基督带来的慰藉，希望过着坚信神的宝贵恩许的生活。我越是坚信，越不会受到那些所谓朋友的背叛的影响。

当他与家人分离时，常常根据每个孩子的年龄和性格相应地改变风格给孩子写信。下面就是一封他写给9岁儿子的信。

我亲爱的儿子：

今天我很高兴，收到你的印刷样品和英式印刷机的画，只是我没有时间立即给你写感谢回条。或许，我亲爱的孩子，等你回英国接受完教育，你还会来中国，印刷大大①的讲章及《圣经》等宗教书，传授中国人最需要的基督教知识。我亲爱的R，我们必须把我们的人生道路交给神：只有祂能让人生道路通畅。告诉你的兄弟姐妹，我爱他们。我盼望再见到你们。我一整天都很忙。今天从早晨到现在，我站着，不停地写中文和英文。我给《基督徒的召唤》(*The Christian Advocate*)写了12页4开大张书评。晚安，亲爱的儿子。

永远爱你的父亲

罗伯特·马礼逊

下面的摘录取自马礼逊博士的公共通信，提供传教状况的信息，及他对很快将要交给他人继续的传教事业的重要提示。

致福音小册公会书记

广州，1833年10月10日

亲爱的先生：

你1833年1月5日的来信于7月14日送到了中国。请代我感谢福音小册公会委员们对出版和散发依据《圣经》写作的中文小册的兴趣。梁亚发、屈亚昂和我去年尽了最大的努力增印小册并四处分发，由郭实腊先生在中国东部沿海地区广为散发。他带的《圣经》和宗教小册是由英华书院提供的。我听到有几位商人，以及郭实腊本人证实基督教书或者福音小册极受欢迎。

去年我自己花钱从英国购买一台性能良好的印刷机供儿子马儒翰用；本季我又花了一大笔钱让人制作小开本福音小册所需的中文活字。我们第一次先印刷了一些包含《圣经》段落的福音小单张，由一位商船高级船员发给到他们船上的中国人。他本想出售福音单张，可是没有中国人愿意花钱买，虽然他们很有礼貌并且感谢收到单张。有些单张一面印着中文，另一面印着英文，让水手和中国人都能看懂，希望这些单张能促使他们交谈基督教。

① “大大(Dada)”是家里年幼孩子对他的称呼。——原注

我们下一步又印了一批小12开本的中文《年中每日早晚祈祷叙式》和《养心神诗》合订本。这本名为《祈祷文赞神诗》的书前面是早晚祷告叙式，然后是亚发的几首祈祷文，最后是几首赞美诗。我还把我在黄埔的美国船“马礼逊号”上给水手布道的英文讲章编成小册出版，还印刷了四期基督教报纸，起名为《传福音者与中国杂纂》，以文摘为主。某人将宣教的讲章和《传福音者与中国杂纂》交给澳门罗马天主教总代牧看，总代牧是一位不能阅读英文的老人。他写信抨击我和印刷品，说它们不合天主教教会的教义。澳门总督给公司特选委员会写信，要他们压制这些出版物，我被迫屈从了。虽然英国商馆的印刷所在过去20年里没有受到葡萄牙人的干涉，但是他们现在却攻击出版这些印刷品的英式印刷所。广州的印刷能否维持也很难预料。没有比马六甲和新加坡更近的、能够自由印刷的地方了。我提这些事是想告诉支持基督教印刷的朋友们，赞助有印刷自由的马六甲海峡地区的印刷所具有重要意义。

我印了20000份包含多方面内容的单张。包含《圣经》经文、《圣经》注解、天主教和新教的区别、聋哑人养育所等内容。我长久克制，在我看来现在似乎有必要告诉中国人罗马天主教会的传统和做法与《圣经》所描述的基督教不同。

梁亚发计划仿照已故米怜博士的非常受欢迎的《张远两友相论》写一部小册，米怜博士的《张远两友相论》写的是一位资深基督徒和一名慕道者的对话。

我们现在有望找到中国人以合适的价格铸造中文活字。戴尔先生在槟榔屿找到了一位会刻字模的中国人，我儿子儒翰也在广州找到了几个人，他们刻得比槟榔屿更便宜。我们需要一位熟练的铸模工。我很乐观，我们所需的便宜的中文活字不久就能完成。这堪比欧洲印刷机的发明，因为中文雕版印刷与日新月异的文献太不相称了。……

我将让亚发给你写信。他最近极为痛苦，和几千中国人一样，他们的家被一场大洪水冲毁了，洪水中还有数千人丧命。

感谢你寄来的一箱英文福音小册，我已经收到了。

昨天亚发给参加科举考试的年轻秀才发了60本《〈圣经〉日课》，80套他的小册。这个举动之大胆就像一位发小册的人到牛津或者剑桥学生面前去一样。美国圣经公会赠给裨治文先生3000镑、美国福音小册公会出资1500镑支持传教事业。……

马礼逊博士给美国传教机构的通信向来受到高度重视。除了这些对中国传教的慷慨之举，美国传教会组织出版的报告中有一份摘录，同时它包含马礼逊博士的一封信，这让美国福音小册公会极为鼓舞。这可能是他致该会最后几封信之一。

马礼逊博士致哈洛克牧师

中国，1833年2月5日

亲爱的先生：

我的朋友和同工裨治文先生给我看了你关于中国宗教小册的来信。还特别问到是否中国说不同方言的人都阅读同一种文字。确实如此。在辽阔中华帝国的不同省份间的众多居民，尽管在某些情况下，他们之间说话会完全听不懂，但读同样的汉字书。而且像我以前所说，不只在中国，在朝鲜、日本、琉球和交趾支那，他们都读同样的汉字书。我自己和已故的弟兄米怜博士都亲自通过试验，可以确认这一事实。

你接下来问到为什么在中国人们说不同的方言却读同样的文字？一句话就可以解答这个问题——为什么欧洲和美洲的所有国家，他们使用英语、法语、西班牙语、意大利语等如此各异的语言，都懂阿拉伯数字？无论数字的发音怎样不同，当进入视线时，数字保留了相同的外形和同样的意义。

你又问到，佛教是否通过印刷品进入中国，事实上，最初有佛教传教士和僧侣，但是他们从不讲道——他们仅翻译并写作佛教书籍。儒家的伦理也以同样的方式传扬。学校和印刷是唯一途径。一直没有公开宣讲或布道的习惯。

我上面列举的使用汉语的五个国家可能包含了超过世界三分之一的人数。他们使用文字的历史悠久，拥有文学，使用印刷术至少有700年了。然而他们的文学或是关于偶像崇拜,或是无神论的,再者就是放荡的。阅读庄重作品的读者,除非宗教或满纸迷信的内容外,一无所获;阅读俗文学的读者读到的只有愚昧或淫秽的内容。要中国重获新生,从力所能及的角度看,首先最需要的是大批基督徒中国学生,他们日后可以成为创作具启发性和宗教性书籍的优秀作者。其次需要的是便宜的中文活字。关于此,裨治文先生可以给你提供详细信息。我不知道贵会为满足上述需求能够提供多少直接帮助,但我衷心希望你们的成员为中国慷慨相助。

愿我们的救世主耶和华把这些方式当作祂的意愿祝福它。愿圣灵为这枯骨遍地的山谷注入气息,使他们获得生命!

你忠实的

罗伯特·马礼逊

哈洛克牧师给马礼逊博士的信

纽约,1833年6月29日

尊敬的、亲爱的先生:

要表达出对您友善地尽您所能为海外宗教小册事业服务的谢意,最好的方式莫过于将印刷好的小册交给您。如您所说(我相信这在您写给英国圣经公会的信中),我们感到参与世界的福音化是美国教会的荣幸;因为当英国人仁慈而又热情地完成各项工作时,如果我们袖手旁观,会立即影响救世主要求的合作——使我们失去福佑,这福佑是赐给您那些用属灵浇灌他人的工具的,沦为可悲的渎职者。我们感谢您,尊敬的、亲爱的先生,感谢您写给我们的每一句鼓励话语;而且会高度重视您将来提供的信息和建议。祈祷神延长您有用的生命,让你能够看到信中所盼望的使用汉语国家的光荣福音化。

尊敬您的弟兄和同工

哈洛克

马礼逊博士在广州被耽误到他家人离开中国前两个礼拜才回到澳门。因为他决意陪伴家人,委员会同意由他儿子接替。他又一次回到家,一个总是兴高采烈地欢迎他回来的家——即使是心怀不满在大门口“以低沉的声音犬吠以示欢迎”的恺撒,也会愿意与孩子们一道分享挚爱的主人的爱抚。定期从广州回来的那天一直充满了不同寻常的愉悦和激动。书和行李都要打开重新放好——分发礼物——看过后摆弄 Kung-tsae(一些玩具);分发礼物的人非常开心。当他指挥安置各种各样的包裹时,可以看到他怀里抱着最小的孩子,手上牵着一个,其他的孩子跟着他满屋子走。

但是这些幸福情景已经不再!家人已经安排好在伶仃登船,那里距澳门18 英里远,是个安全的落锚地,在这个季节大船不宜靠近陆地。广州的查顿先生(William Jardine)①,一位尽人皆知的慷慨商人善意地安排让马礼逊博士和全家在伶仃期间住在他的一条船“武仙号”(Hercules)上,这条船停在伶仃,只要是能够让他们感到舒适和便利的事情,他都尽力提供帮助。对船主查顿先生,还有船长佩里先生(Mr. Parry)以及其他低级船员,编者永远充满感激地回忆那段难忘时期他们给她和她家人的友谊及同情。

“英格利斯号”公布的从黄埔起航的时间为 12 月 10 日,为了不在伶仃耽搁船期,全家在“英格利斯号”到来之前先到伶仃。1833 年 12 月 10 日这天——威廉四世陛下在布莱顿任命律劳卑勋爵为商务总监的同一天——马礼逊博士陪伴他的家人,永远离开了给予他们许多愉快回忆的住所。

一行人在雨中乘一条葡萄牙人的小客船,在倾盆大雨中逆东北风而上,行驶了一天于晚上 9 点到达伶仃,天冷,晕船难受,情绪低落。剧烈颠簸的船让中国仆人早在上午就自顾不暇了,最终到达“武仙号”的时候,马礼逊博士是14 个人中唯一能够照料婴儿的人。前面讲过,在“武仙号”上他们受到无微不至的照顾。可是时间飞逝,考验的时刻来到了。“英格利斯号”近在眼前!那天暴风雨大作,船长可能拒绝停锚,因为风向对船继续航行有利;而从一条船上转移到另一条船上太危险,尤其是在漆黑的夜晚,编者从丈夫那里得到许

① 1802 年毕业于爱丁堡医学院的查顿(1784—1843)加入了东印度公司,担任船医,1817 年离开公司后担任孟买小商行的代理商,1823 年加入麦尼克行,1832 年与马地臣合伙创办怡和洋行(Jardine Matheson)从事鸦片贸易。1840 年,他回到英国后说服英国国会对中国发动战争,为战争制订了详细的计划、战略地图、保障及补给措施等,这个计划被称为查顿计划(Jardine Paper)。——译注

诺，不再陪我去那条停得很远的船上，这一别就再也没能与他在此世相见了。达德曼船长和几名船员来接他的乘客等“英格利斯号”，陪同的还有其他一些善良热心的朋友；她们上船时已经很晚了，船长决定延至次日凌晨再航行。马儒翰和一位好友，及一位中国基督徒在“英格利斯号”上过了一夜，替他们把东西都安置妥当。第二天早晨 12 月 14 日大约 4 点，英格利斯号起航，经过一段很顺利的航行，1834 年 4 月 6 日到达英格兰。

离开澳门前，马礼逊博士计划在送走家人后返回澳门；但是他立即取消了计划，甚至最终决定彻底放弃澳门的住所，因为那时还没有接到任何有关取消东印度公司特许状后英国政府举措的消息，他考虑自己前途未卜时不宜租下一年期的昂贵的住所。澳门的做法是预先支付租金，因此在新的一年开始前必须搬走家具，交出房子。马礼逊博士因此委托他的儿子留在澳门，替他处理房子的事情。这些说明当有助于读者理解他在私人通信中偶尔提到的这件事，编者从信中摘选一部分，记录了他对一些公务私事的感受和观点，这些事发生在他离开所处的特殊而艰苦的环境、去那个“没有忧愁”世界的前几个月。虽然编者没有痛苦地见证他宝贵生命结束的情景，但拥有 7 月 29 日之前（只有几天没有）记录下他的感受和情感的日志——距离他被召离劳作、与灵魂会合完满结束人生只有 3 天。这份日志从编者离开中国开始，直到 1834 年 7 月 15 日结束。

伶仃，“武仙号”上，1833 年 12 月 13 日

一、当我同意与你离别时，我以为船会立即起锚，但它没有。如果我能预见到的话，我就会陪你和我们心爱的孩子在船上。佩里船长和屈亚昂说舱室很舒服，我想也是这样，虽然船舱舒适很重要，我们的心却凝思其他的事。……

二、我很高兴你有舒适的环境。愿神保佑你和我亲爱的孩子们，保佑每一个人。现在很晚了——神保佑你！

上面两封信是在船起航前收到的。

三、礼拜日，15 日。昨天黎明时分，我注视着带着你们的“英格利斯号”驶出了我的视线，泪流满面，全心为你们——为我的爱妻和我亲爱的孩子们向神祷告。儒翰在我去广州之前替我到澳门取些衣服。我把自己关在你睡了几天的舱室。然而,我有一本《圣经》及苏格兰盟约者(Scotch Covenanters)的《受难史》(*History of the Sufferings*),我从书中得到极大安慰。我盼望受称颂的神今天甜蜜地伴随着你。小船从澳门回来了,但是没带来衣服,也没有信件!

儒翰传达了你最后的口信。通过领航员,你说:"船上的人看来都很友善——感谢神。"我谦卑衷心地感谢神,祂在这一考验的场合中夹杂了怜悯,尤其是为我们带来了许多善良的朋友。

我打算把自己完全献给中国人,特别是像以前决定的那样,献身于《圣经》。我想在我们自己的印刷机上印一版《圣经》。愿神让我的劳作繁荣昌盛!

12月17日,礼拜二,11点。我还在"武仙号"上,我们来这里已有8天了。我还没有整理衣服。我满怀希望地等儒翰。

广州,礼拜四上午,19日。礼拜二即17日上午,儒翰、我和一位普鲁士籍医生乘"霍克号"(Hawk)离开"武仙号",航行了一天一夜都没到达虎门。晕船反应很强烈。今天早晨大约6点我们到了,现在我又坐在旧桌子前给你写信,相当健康——感谢神!希望你和亲爱的孩子们现在安全行驶在温和的海域。今天早晨广州既冷又下雨。

21日。感谢神垂怜,我们都还活着,刚刚结束了为你向万能永活的主的祷告,才站起身来。

我的心永远与你在一起,我为我们必须离别而悲哀。我主耶稣基督的恩典永远伴随你。保重!

还没有收到英国的消息,所以我们还不能决定澳门的房子或者印刷所的事。神保佑我们!

27日。据报道某位曾在马六甲海峡任新加坡常任公使(Resident of Singapore)的先生很可能到广州担任英国领事。你知道我不相信人,也不惧怕人,但如果这则报道属实,在中国的宗教情况将会变得更糟。

28日。我收到儒翰的信,说如果我去澳门,恐怕不会坚持推掉房子的计划。确实如此，如果是我回去，被迫在五六天内搬出所有的东西，我可能会感到有些难以承受，但是现在我很坚定。

29日。我们刚结束早晨的礼拜，除了我有8个人参加。道士也在其中。我用了国教会祷告文式和一小本赞美诗。他也跟着应答和唱诗。但愿圣灵照亮他的心。亚发带来了4本64页的小册，是郭实腊写作、由梁亚发印刷的。梁亚发印了2000份。看到神在中国兴起了一批活跃的劳作者真是愉快。我感到现在自己对这里的传教事业不是至为重要了。没有我它将继续前进。梁亚发希望我继续为中国基督教教师写新约注解和参注。但是这需要很长时间才能完成。他说即使我死了，也可以像米怜那样，通过作品来宣讲。

1834年1月11日，广州。"劳瑟号"(Lowther)今天离开。我每天都在用中文写新约的注解。我知道你盼望我继续写下去。希望等英国方面的消息到达，对你的航行的担忧结束后，我的心神能够更安定。

1月12日。礼拜日晨。沉闷的雨天今天好转了一些，我希望儒翰天黑前能到。今天我将要给我的中国会众讲《列王纪下》第18章的内容，这是旧约的教训。它有很多是反对偶像崇拜的。人们会想到由于以色列和犹大城崇拜偶像，所以他们的国家落入了敌人之手，中国可能发生同样的事情，因为中国充满了呆哑的偶像，同时，在宗教性的，换句话说，在非宗教性的文人中有对天的主人的敬拜。同样的罪难道不会带来同样的惩罚吗？

礼拜日晨，1月19日。《出埃及记》23:20："看哪，我差遣使者在你面前，领你到我所预备的地方去。"但愿对以色列子孙后代的许诺在你身上实现。祂又说："他是奉我的名来的，你们当听从他的话，不可惹他。""我就向你的仇敌作仇敌，向你的敌人作敌人。"(出23:21-22)"祂面前的使者"，《以赛亚书》63:9指的应该是神和救世主耶稣，祂的百姓的苦就是祂的苦，祂以慈爱和怜悯赦免我们的罪。

20日。经调查，看来这是真事：广州府把钱给一位在澳门喝醉了的穆斯林东印度水手(Lascar)，让他承认自己是在Ke-ow骚乱中向那名中国人开枪的人。这个人现在广州,但是行商和通事都保密。朱一直在外,他认为这个人的性命不保险。官府想要平息众怒,人们要这个人以命偿命。然而,他们企图把案子定为意外杀人案,这样就可以将穆斯林驱逐出境。我敢说这将是许多人预期的皆大欢喜的判决。这场闹剧让中国人在世人眼中显得多么卑鄙啊!

我们在英国的朋友似乎已经放弃了在中国的向中国人传教的行动。当我在脑海中思考采取何种传教方针的时候,想到假如我因某种原因离开或去世,想到如何采取措施让在华传教事业也就是英国传教站继续下去。我确实感到有些孤寂,但我盼望神不要抛弃我。祂完美自足。《圣经》是怎样的宝库啊!在我将一种思想与另一种思想进行比较时,在我写中文《圣经》注释时感觉尤为强烈。翻动《圣经》,读神对祂子民的教导,是对灵魂的洗礼。

-1834-

致斯当东爵士的信—致汉基先生的信—马治平先生来信—日记—最后的讲章—律劳卑爵士来华—宣读英王委任书—马礼逊博士陪同律劳卑爵士去广州—最后一次生病—马礼逊去世—马儒翰先生写给马礼逊夫人的一封信中的详情—史蒂文斯牧师给马礼逊夫人的信—马礼逊的葬礼—墓志铭—人们对马礼逊博士的纪念与缅怀

这一时期他在给其他人的通信中有较多日常话题,但是在下面的段落中重点谈到了最近特别引人注目的事件。

致斯当东爵士

广州,1834 年 1 月 31 日

亲爱的先生:

两天前抵达的“伊丽莎白号”(Elizabeth)给我带来了你在议会得到修正的报告,让我知道你如此慷慨善意地向委员会提起英华书院。我没指望立即得到他们的资助,但是你经常向我表示的友情及对英华书院一贯的支持让我感激。广州被新体制搅得大乱,希望与恐惧交替。对于为东印度公司服务的我们来说不亚于致命的一击。我不敢预测结果。在我看来他们是大人物,我祈祷他们将不但对英国,对中国也是有益的。因为我不是那种希望以侵犯或伤害他国为手段富强自己国家的爱国者。我想基督徒不会承认这样的爱国主义。在他们所有关于自由贸易等事情的考虑中几乎没有有关中国福祉的内容。中国目前并不繁荣。国库逐年枯竭——支出超过收入达数百万银两,去年四季对整个帝国都不利。物资匮乏和饥荒,连同抢劫和谋杀,在全国蔓延。听到这些报道真让人痛心。上个月气候又湿又冷,几百名穷人夜里死在大街上。我儿子儒翰已经把印刷机搬到了广州,我希望能尽快印出附带一本手册的年历。我盼望我夫人和孩子们已经到了圣赫勒拿附近。请允许我向你推荐本森少校(Major Benson)、威廉姆勋爵的前任秘书,但愿他能安全回到英国。保重!愿一切祝福伴随你。

你忠诚的

罗伯特·马礼逊

我担心在新体制下,我们将失去公司每年对英华书院的资助。英国政府如果能够像公司那样极力推动中文的文字事业,确实是件好事。

给汉基先生的信件摘选。

中国广州,1834年1月31日

……基金里钱的利息确实非常低,像我的小数额几乎没有利息,不足以支付家庭的开支。至于我在中国的处境,在世俗职务方面,普遍的看法是他们仍需要我的服务,但是我近来的健康衰退得很厉害。过去两周我又病得很重,这是阻止我为国王陛下效力的一个原因;给信任官员担任口译和笔译的任务很可能远超过为公司工作的强度。然而,假如接受任命而能为我的国家和中国人效力,这将比仅仅维持生活带给我更多安慰,我以前说过,英国教会应该让我从仅仅维持生存的状态中摆脱出来。

我担心新体制下两国政府直接接触将会导致冗长乏味的通信。至少在没有一个助手的情况下,我应该无法胜任,如果我能做到,那也会占用我所有的时间，除了礼拜日。至于我在这方面的资质，这是为众人所知，也为众人承认的，即使不比其他欧洲人强，也胜过任何一个英国人。有人说，如果他们需要一名译员，他们当然会选择汉语词典的编者而非其他人。在这种情况下，我不愿给商务监督(President of the Board of Control)写信，除非他们自己感到必须选择一名传教士，这是我不能丢弃的身份，不，即使我靠它挣口粮都不会。……

如果新体制把我排除在外，只要生命继续，我当然会不得已为一些传教会效力，并以伦敦会优先。

圣经公会仁慈地给我寄来了他们的译本，每样一份。

愿神赐福您和您全家。

保重！

对于引入新体制可能带来的困难，马礼逊博士的观点是正确的，这可以从新体制完全按照自己的要求第一次同中国人谈判的结果中得到充分证明；他被政府任命从事他以前在东印度公司的工作，这也可以看出他工作的重要性。

下面来自两位敬爱的老朋友的信进一步证实了上述说法，还显示人们多么期待他以知识和经验协助新当局做出决定。

马治平议员的来信

拉姆斯盖特（Ramsgate），1833年7月22日

亲爱的马礼逊：

我知道作为一个朋友和通信人却如此怠慢，我应该受到责备。但是我最近太忙了，不得不在这样身体极差的情况下继续坚持，我担心已经怠慢太多。刚结束一轮近来关于印度法案(India Bill)的会议和辩论，现在又必须离开伦敦，我完全精疲力竭了。你将会看到管理中国事务的法案仅是一个梗概，事实上给政府做任何他们想做的事情的权利——如果他们使用得当——可能胜过用特别法令束缚他们。格兰特(Grant)告诉我，他们极盼望让你为之效力。一天晚上我在议院就中国问题谈了一个小时，大家非常认真地听，听到你的名字时，听众们都喝彩。报纸上刊登的仅是我的讲话大纲。我想我说得太快了，记者没能跟上，而他们说他们没

有听到，这不是真的，因为我发言时声音很大。我本想再讲一次，但是有五六个人站起来——第一个引起演讲者注意的人讲了几个小时——然后就到了凌晨一两点，对已经又困又累的听众，不可能发表给人印象深刻的讲话。这是下议院的不幸之一，是否有机会是不确定的。如果你知道有人在谈到中国问题时堪比约瑟夫·休谟（Joseph Hume）或者查理斯·温（Charles Wynn）①，能够就弹劾驻印富豪官员或者缅甸战争侃侃而谈两三个小时，你可能希望自己能回答他们的问题。导致印度问题乏味的主要原因在于人们坚持那些让人疲倦的细节，而且常常使用没人知道含义的术语。等会期结束我将很高兴，因为我想稍微安静些、冷静些，自从我回到英国后几乎没有过。我真的很感谢你让你一个儿子随我的名字。如果我今后能够帮得上他或他的兄弟姐妹的忙，我都会感到真正的满足。请代我问候马礼逊夫人。

你忠诚的

马治平

乔治·斯当东爵士的来信

布莱顿，1834年1月5日

亲爱的先生：

请允许我凭此信向你引荐我特别的朋友亚历山大·约翰逊爵士（Sir Alexander Johnston）的儿子，他将作为律劳卑爵士的私人秘书随同去中国。

由于你们将会共同执行许多重要的公务，我盼望你们尽快熟悉对方。我相信对这位年轻朋友最重要的帮助莫过于让他得到你善意的协助，让他正确地了解他身处民族的精神和性格。

我有幸两礼拜前与律劳卑爵士关于中国进行长谈，向他指出与他的新职位有关的最令人满意的环境，就是肯定能有你的鼎力相助。我想他不会留任P或D。我无法赞同政府对于中国所采取的措施，但我真诚地

---

① 此处人名有误。发表著名的“Nabobo of Arcot's debts”的讲话的是埃德蒙·伯克（Edmund Burke），伯克在1785年猛烈弹劾东印度公司孟买总督黑斯廷斯（Warren Hastings）。此项提议未被委员会接受。——译注

希望我的担心被证明是毫无根据，新体制能像热切的设计者盼望的那样行之有效。

真诚问候你、祝福你！

你最忠诚的

斯当东

马礼逊日记摘录。

30 日。昨晚另一批包裹到了，我像以往一样收到了费希尔先生和其他人的信，还有小册和报纸。新当局将任命他们中意的人当翻译。H 希望我给格兰特写信，提出我的请求。如果他们需要我协助，他们会聘用我的；如果不需要，我必须让位。然而，我将愉快地投入传教事业，以及为了神赐予我们的可爱孩子劳作。但从另一面看，近来身体欠佳让我很沮丧。考克斯(Cox)昨晚给我开药，说由于血冷而且流速不均匀，流经大脑太快导致了头痛。

31 日。对于最后一条来中国公司的船只返回英国，今天是个好天。接到你的信之前我没有要告诉你的事。所有棘手的事情都必须由你自己决定。“在你一切所行的事上，都要认定祂，祂必指引你的路。”

过去两周我身体很差，就要和 D 及商馆去澳门了。我身体很虚弱，在那里没有家，我感到很不是滋味。然而，我希望一切都会好。

澳门，2 月 4 日。礼拜六晚上大约 10 点，我和 D 登船，船昨晚大约 7 点到。他上岸回家，而我既没有房子也没有家，在船上过了一夜，今天上午住进从前我们隔壁的一所大房子。房子非常败落，窗玻璃很多都破了。我俯览我以前的书房，想起了许多过去的事情。我刚收到乔治爵士的一封信。他说他计划(五月)提出英华书院以引起众议院的关注，他已经做了。

5 日。今天我把儒翰寄存在格兰特先生家的东西搬来了。看到孩子们的椅子等物我很难过。我亲爱的孩子们！我什么时候才能再听到你们的祷告并且亲吻你们的面颊呢！我头痛，头痛！神怜悯我吧！

6 日。我的头不痛了，感谢主。我们还没有把所有家具搬来。从这个阳台我正好看见以前铺在旧房子浴室阳台的垫子。它给我带来了许多回忆，许多欢乐，一些痛苦。一阵冷风穿过没有玻璃的窗户吹着我，因为头不痛了，我享受冷风。我独自唱乔治·伯德补充的第76首赞美诗。我在克罗夫顿(Crofton)的赞美诗中看到的。

“只要人一心赞美我主，

心就会从罪中得释放；

心闪耀着的宝血，

为我而慷慨流淌！

谦卑、恭顺、悔改的心……”

这是适合我的忏悔诗之一。

从这所房子里，我眺望对我们特别的景色。不是大家都熟悉的广场，也不是沙滩——而是高高的西望洋山，在那里我的儿子们放飞风筝，而现在我独自一人，就像老P那样消磨时间。今天风和日丽，展现了中国春天的明媚。暴风雨、乌云、雨、寒冷过去了，现在空气温暖，天上没有乌云，阳光灿烂却并不热。

亚朗(Alǎng)和印刷工亚超(Achaou)在春节的时候给我拜年，代表奶奶表达他们善良虔诚的祝福，说天神会保佑你和孩子们旅途平安回到家的。家在汉语中常常指我们男性祖先生活的地方。我感谢这样的方式和他们的祝福，但是因为唯恐不够诚恳，答复得极差。

8日。告诉你，我从美国的报纸上看到威尔伯福斯(William Wilberforce)去世了！他指示他的葬礼从简。现在那是我一生都不愿触及的话题。我当然没有理由担心一个隆重的葬礼，因此我对它极不在意。但是为什么不把这些事情交给生者呢？有什么用处或者好处把自己的权威继续向生者延伸呢？我猜想如果威尔伯福斯先生提出为他隆重举办葬礼，没有人会责备他或是赞扬他。

27日。今天上午我收到了儒翰和梁亚发的信。亚达(Atak)病得很重，因此他父母认为他活不了了。亚发写下几位医生的名字，向神祈祷指点他选择医生。他选择了卢医生,结果亚达痊愈了。那位年迈固执的异教父亲说,他从此相信耶和华是真神,俯身跪拜耶和华。我觉得亚发模仿了《使徒行传》1:24,使徒祈祷请求神显示祂的选择。我不知道是否该责备这种做法,因为我不敢限制“以色列的圣者”。

3月2日。感到自己对写作力不从心。我很沮丧,我很孤独,因此本想多写中文书,但是我的大脑和体力让我的希望落空了。好吧!我必须让步。在过去的日子中我已经做得足够多,或许也履行了我的使命——所有分配给我的任务。神原谅我曾经的错和罪。

8日。我准备把这封信交给“萨拉号”寄出。昨晚头痛了一夜——我有些担心会死。求神怜悯我,保佑你们每一个!

12日。今天去了一位中国医生家并且开了药方。他把过脉后说我昨晚没有睡觉——确实如此。我找这位福建医生的主要目的是想结识他。

15日。今天晚上我朝主教路(Bishop's Walk)方向散步,但是只走到西望洋山。这条路是你和孩子们过去走的一段路,让我这样伤感,虽然西下的夕阳似乎在微笑,我却压抑不住自己的悲伤。如果我们的神和天父让我活到听说你们平安回到英国,这对我将是极大的安慰,因为我想到了太多航海的危险。澳门对于我来说是一个伤感之地。但是我让自己每天都忙着。因为我不知道你的情况,我只能写自己和这里的事情。

16日。下次布道我准备讲林前9:24“你们也当这样跑”。神帮我们放下了所有的负担,让我们不知疲倦地跑眼前的路,直到我们达到目标就得奖赏,甚至主基督耶稣都永远是我们的产业。

4月2日。我的心思都在想你。或许这时你正在担忧——离英国的陆地近了,却没有家。神与你同在,我的爱妻,祂会扶持你并且在所有大事上保佑你的。与一家之长隔这么远而且分离这么久,这是英国极少有人体会到的痛苦。我在英国的传教士弟兄对我的情况看得太轻了!我不知道换成他们自己会怎样。如果英格兰将成为英伦三岛中的老大,那是怎样的情景啊!自然环境不同,文艺不同,民族不同,凡是人们看到的没有相同的！我亲爱的，你有多少操劳和忧虑啊！神赐你健康和力量，“只要活着就坚强”！

4月6日。今天给费希尔先生写了一封信，摘录如下：

我真诚地希望我的家人平安到达老英格兰的海岸——或许已经登陆了。但我知道人生多变。我盼望听到“他们都好”！希望最终一切都好。保重！

费希尔先生的回信

伯克郡的阅览室，1834年9月27日

我亲爱的朋友：

你4月6日写于澳门的信交给我了。你带着一些消沉不祥的预感，盼望听到全家平安的消息，这是你在那一天——那个特别日子来信的唯一内容。你亲爱的家人已经来到我的住处，因为气候变化她们有些水土不服，这样持续了几天。关于马礼逊夫人，她的身体在炎热气候里变得很虚弱，她会写信告诉你详情。

……

24日。我正在熟悉中国的司法，好让自己为新上任的官员担任中国司法顾问。过去两三个礼拜只研究法律。法律的风格和定义都很好而且很清楚，对于仍然是汉语学习者的我来说，这样的研究是学习语言很好的一课。我收到一封行商的来信需要翻译。卢总督让他们悄悄仔细询问特选委员会，为什么公司“解散”了——借用他们的说法——停止派船、终止贸易——总督说知道茶叶是英国绝对需要的商品。行商们也问新体制有怎样的规定。

28日。今天我给加尔各答的主教丹尼尔·威尔森（Lord Bishop of Calcutta Daneil Wilson）写了一封长信，谈论天主教的虚伪。我脑海中几天来都在想，我们传教士中应该有人说明为什么他们不去加尔各答接受圣公会按立，所以我把自己的所想悉数写了下来。如果你和我在一起，凡事听从他们对于你来说也是一种痛苦。无论他们怎样，我把自己的想法白纸黑字地写下后，我该回去研究我的法律了。

昨天晚上，R 女士和她丈夫想到来拜访我，然而发现我穿着我的和尚袍，腰间系丝带。乔治爵士批评我穿着这种衣服，说穿亚麻的更适合我。R 女士非常同情我，我敢说她是最真诚地希望我好的。

但愿这些商务监督的到来结束这种疑惧状态！

30 日。四月的最后一天了，但是还没听到你到达的消息，也没有任何新当局的消息。

5 月 1 日。本月 28 日是我在老伦敦桥一端在哈德卡斯特先生会计室被接纳为传教士的 30 周年。罗兰·希尔（Rowland Hill）在场，他问我是否能够像天使那样看待异教徒。因为我不知道天使的想法，当然我不能回答说“是的”。

11 日。礼拜日。今天很热，站着讲话、唱诗让我很疲劳。布道的主题是“在痛苦中屈从”。温度计升到了 82 华氏度。这所房子非常热，白墙折射的光似乎比天色还亮。我几乎要被这亮光湮没了。我的身体再也不能像以前那样承受高热，我估计也受不了太冷的天气。我现在极为孤独。

16 日。我收到了麦都思给我们和特选委员会的信，谈他的词典①。他想让公司把活字送给他——或者他想“全都”带到广州，他想让《圣经》更适合异教徒。完全忘记了还有多少名义上的基督徒——我担心所有的基督徒——厌倦《圣经》，他认为凭他改进风格，就可以让《圣经》成为一部吸引人的书！他送来了一部中文四福音书，为了让各部分统一，他改写并且调整了句子。这部福音书有自己的优势，但是已经是与《圣经》译本完全不同的东西了。

21 日。昨天晚上我极不舒服，症状和去年夏天相似，没法继续写日志。昨夜我翻来覆去，一夜无眠。

22 日。温度计高达 84 华氏度了。我感到很闷而且虚弱。如果一切

① 麦都思的福建方言词典 1832 年在澳门的公司印刷所出版。——原注

顺利——没有发生意外,你现在应该在自由和信仰的土地了——对于健康者来说,一个凉爽、健康、充满活力的地区。在这里,健康人也像有病似的。没有患病的人也虚弱。我企盼在神的怜恤下你们都相对健康地活着。因为我不在你身边,从任何方面来说你不会愉快;如果我在,我亲爱的孩子们都会快乐。我多盼望听到你的健康状况啊!明天是你离开我的第160天。近7个月都没有收到英国的消息。这里很热,难以睡熟,我总是感到很疲劳。

25日。礼拜日。我身体很虚弱而且心情相当压抑,与我没能成功将罪人从他们的错误方式中转变过来不无关系。

6月7日。昨晚收到了J船长的深情的信。他和S医生都好,热情地向你和孩子们问好。船长收到了我的讲章,但是不接受始初循道会的附录。对于现在的基督教世界的混乱局面,我在想,怎样让一个好人忠于一种体制,一种由数万名虔诚的基督徒、数千名不属于任何教会的能干的传教士组成的机构。

8日。礼拜日。我又累又虚弱。天气很热,我没有力气。我读了自己写的讲章,没有增加或删减神神圣的话语,或者神启宗教——不是为了表达自己或人类对宗教教规的看法,而是讲神的戒律。中文礼拜我只有8名会众。

9日。昨天下午和整晚,去年夏天痛苦的症状又出现了。但是我将耐心地忍受神的旨意及自然过程。肉体终将归于尘土,归于它们的源起。

12日。英国的报道送到了这里。对律劳卑爵士的任命已核实。

16日。一位衣服非常脏破的人在我们门前晃荡了几天,最后我把他带进家里询问他的事情,很怀疑他是一个骗子。最后我认为他不是。他受过教育,专意以文为生,得过两级功名,三次进京参加更高级别的考试和随后的任职考试。他是北方乡下人,官话说得非常好,但是因为没有有用的技术,在这里既无钱又无朋友,当有人雇他写字时偶尔赚几文钱。外国人偶尔会给他一元钱,他就跪在街上等着磕头向我乞讨——但是经常有中国人经过,他感到羞耻。我认为以他掌握的文化知识看,他自己有问题,否则他可以凭借他的才能谋份差事。他姓丁(Ting),41岁。广州不乏这类如此落魄的北方人。广州人害怕他们,不喜欢他们,因此他们就像生活在外国一样没有朋友。

19日。我刚结束了关于《圣经》话语的布道:“在我父家里有许多住处”。我相信我们都是属于神的家的——因此等朝圣之旅结束和我们的福祉完成就可以倚靠丰富的奖赏和一个家。耶稣会再次降临并把我们带到祂那里——我们将永远与神在一起,在最美好的群体。用这些话安慰你。……

这是马礼逊博士写的最后一篇讲章——在他接受召唤加入天国第一批使徒的教会的队伍40天前。他准备在下一个主日布道,但是高温的天气和他愈加衰弱的身体迫使他辞掉了每个礼拜日在朋友家举行的英文礼拜,因为他那时的房子不够宽敞。大约一个月后,律劳卑爵士要求他在公司教堂主持礼拜,他为此对讲章做了修改,但是高教会派一方表现出迟疑,澳门的礼拜被取消了,这篇讲章也从未宣讲过。他有四个宽慰在痛苦环境中的基督徒的主题:第一个是“信主就像与天父和好,信弥赛亚所许诺的伟大救世主耶稣,他来世上解除世人的罪”;第二个是“回忆被神之家接受的使徒”;第三个是“他们得到了丰富的应许”;第四个是“他们正在走向永恒的家——家的喜乐主要来自那里的群体——各国、各个年龄的神的家庭——由宗教创始人、先知、使徒、殉道者、圣徒,以及许多耶稣的追随者组成的。最好的是,他们可以面对面地见救世主”。

这里对天国生动的描述表明,他的精神正处于期待之中,期待一种他很快就能实现的幸福。

20日。昨天晚上,我叫人把我抬到了西望洋山的山顶,带到你过去常坐的那块石头,发觉那里的空气很清新,景色也很悦目,但是心内交织着伤心的回忆。昨天夜里没有像我希望的那样,因为呼吸新鲜空气和活动能够睡个好觉。我现在没有去年夏天那么严重,虽然也写书,但是比较懒散、不安心。如果我认为自己像别人所说没病,我不会告诉你说我在生病。但是你知道,我从不欺瞒。我的病情不比我说的更糟。如果神怜恤我的生命，我盼望在30多天后听到你平安到达英国的消息。主看在耶稣分上保佑你们平安。

21日。仍然非常乏力，我推掉了明天在R夫人家平房举行的英文礼拜。顶着酷暑出去，然后又站立很久，比我在家主持礼拜需要更大的努力。我有一点力气，在神的帮助下，我将把它全用给中国人。不要为我担心。我在我的救世主手中，当我遇到许多困难时祂与我同在，从不抛弃我。

在这封信中，也是最后一封有他亲笔签名的信，他给孩子们写了下述一段话。

罗伯特，我亲爱的儿子，为了节省邮资，我没有单独给你和你的姐姐、哥哥写信。但是我希望，等律劳卑爵士来到中国之后，我就能在政府信函中给你们免费寄信了，你肯定也知道了，爸爸现在是"国王的公仆"。国王威廉是我的主人。但是，罗伯特，我亲爱的儿子，我还有一位比英国国王更高贵的主人。主基督耶稣，祂是我服侍的主人。祂已经为我、为你、为所有忠于祂的人在天国的父的房子中为我们预备了地方。我希望你收到信的时候，你和克罗夫顿(Crofton)准备去某所学校了。我估计你到英国约有六个礼拜。今天温度是86华氏度。

22日。礼拜日。今天没有英文礼拜，我们11点开始中文礼拜。那名监生也加入我们，学着唱诗。我可以相当自由地谈神的事情。这对于他来说一定显得很新奇。但愿真理将他从罪中解救出来。

7月6日。美国圣经公会为出版中文《圣经》捐了3000镑。某人询问塞兰坡，看他能否在那里以最低廉的价格出版。但是他们不能拿出《圣经》的全译本，所以他被迫去英华书院要马礼逊和米怜的译本。他说了些很需要《圣经》的赞扬话！我的名字也在管理赠款的名单之内，这对我是极大的安慰，现在我不能做什么了，而我以前关于《圣经》的劳动成果数千倍地增长。即使我死了，凭借中文《圣经》，我也还在宣讲。神赐予我的荣耀多大啊，以我为工具把《圣经》译成中文，让它传扬摩西和大卫、神先知和使徒受到神启写的话语。虽然我配不上这恩典，但是我仍谦卑地盼望能够得到更大的荣耀——在天国里有我的名字。愿神在审判那日怜悯我们！

12日。今天雷鸣电闪并且下雨，可是温度计保持在85华氏度，此前有91华氏度。

14日。A来访，告诉我律劳卑爵士乘坐的“安德洛玛刻号”（Andromache）停在卡布瑞塔尖岛（Cabreta Point）。北风阻止他的船驶入澳门。

15日。昨天晚上邮件到了。我感到很轻松，因为神将会为我们提供生活所需。我不情愿向公司董事会或议会求助。

我刚写完一篇关于“教会”一词的用法及滥用的长文——尝试破除专制的教会体系，恐怕是徒劳。

28日。律劳卑爵士的前队乘美国船到了澳门，带来一部分他的家具。

29日。礼拜日。今天温度87华氏度，我比往常更虚弱了，但是没有疼痛。我们今天的中文礼拜有一个小时，只要我能说话、能唱诗就尽量长一些。让我悲哀的是我的劳作收获甚微。愿神乐于“与我一起工作”，让“基督的能力覆庇我”。我相信你和我们亲爱的孩子现在健康地安享英国礼拜的祝福。我亲爱的罗伯特看到伦敦一定无比惊讶。克罗夫顿和汉娜（Hannah）的年龄已经能够欣赏这一奇观了。但我敢说，他们永远不会忘记澳门光秃秃的山，尤其是罗伯特，因为我们童年的记忆并不取决于地方的好坏，也与富有或贫穷的环境无关。无论骑“五杆门”或坐皇家马车，这都是一段美妙的生命历程。我最喜欢的地方（指房子而言）就是父亲的作坊，礼拜六晚上我亲手把它打扫得干干净净，礼拜日在那里祷告和默想。那里还有我的床、我的书房。因此我敢断言，我亲爱的儿子罗伯特（如果他活着），将会记得爸爸和妈妈在澳门的时候，他在父亲的膝上祷告，这都是他最宝贵的童年记忆。或许他还能记得曾和爸爸一起去广州。让我特别满意的是，在往返乘船的时候他的举止就像大人一样。R可以承受神之手的苦难，但却不能承受人类之手的恶或暴力。

7月5日。我的乞丐朋友说，我给他的基督教书为他开启了全新的视野。盼望圣灵启发他的思想。

16日。昨天，律劳卑爵士大约下午三点登岸。当他离开船时护航船鸣枪致敬，上岸时葡萄牙人放了一枪。我去了他上岸的地方——中国海关府衙，把他的一个女儿从船上接到我的坐轿上，让她乘坐去D家。在他上台阶时我向他作了自我介绍。他拉着我的手说很高兴认识我。他穿着海军制服。律劳卑夫人从座位上站起身，朝我走来，微笑着与我握手寒暄，说因为对我的名字如此熟悉，好像早就与我相识了似的。

今天中午，律劳卑爵士召集所有英国商馆的人听他宣读国王委任状。这关系到我和你，以及我们可爱的孩子们，我首先告诉你——我被任命为"中文秘书兼翻译"，年薪1300镑，没有牧师、租房之类的任何津贴。如果取到衣服，我将穿有国王像纽扣的副领事服！政府将取代东印度公司每月给英华书院100元的赠款。律劳卑爵士问我是否愿意接受任命。我立即告诉他我愿意。然后他说他将立即办理我的委任令。某人需要24个小时的考虑时间才能回答。他问作为一名惯于思考和决策的我的想法，我说这完全是兴趣和感情的事，提醒他作为监督，如果出了事情，他将会受到公众谴责。律劳卑催促他们尽快答复，以便他继续工作。为我祈祷吧，愿我在新的职位上忠于当称颂的救世主。这对于一名传教士来说是件不同寻常的事，不是穿牧师服，而是穿副领事制服！人们祝贺我。我相信他们是因为我可以养家糊口了，从那种意义上恭贺我。但是人即使在最高地位，也都是虚空。

17日。我很快要去广州了。律劳卑爵士说所有的事务必须继续。我因此也不能留在澳门，也不再需要澳门的房子，除非我病倒。本季的东风和雨使得这个季节异常寒冷。某人接受了任命(H.M.)。这样所有的职位都满了，据说我们本月21日去广州。

18日。你离开我已将近220天了。如果神怜恤我的生命，再有20多天，我将收到你平安到达英国的消息。

就在他预计的准确时间内，旅途中写的信和宣告家人到达英国的信送到了中国。但是，对信的内容魂牵梦绕的人心脏已经停止了跳动！

19日。现在商馆结束了。虽然还没有发布任何命令，新体制已经开始了。

以前，广州每年有六个月的贸易期；今后，全年都进行贸易。你不在这里也好，不会因为我做这样的工作而痛苦。

我从英国收到的信最近到3月8日。费希尔告诉我他有一所房子接待你们——希望你们旅途平安，以他的威信理事会会为你们安排住所。

20日。礼拜日。今天实在让人烦恼——我会告诉你怎么了。昨天晚上，律劳卑夫人写信邀请我今天早晨在公司教堂布道。当然我同意了，还做了准备。然而，今天早晨某人表示了他的观点。他以“沉默”反对，让律劳卑爵士决定。爵士没有选择把权威凌驾于公司教堂之上，他也不愿在他现在的住所——格兰特家里举行礼拜，担心“教派斗争”。就这样今天早上根本就没有礼拜。有人告诉我他现在给律劳卑爵士写信（下午一点了），说公司教堂交由他使用——这样我可以晚上“做执事”。但是爵士不会接受了。律劳卑夫人似乎热爱宗教，她昨晚给我写信：“请允许我加上一句，想到又可以与基督徒在神的房子里聚会——一项被剥夺了很久的特权，我由衷地高兴。”她在另一张便条里写道：“我想说在家中接待你总让我感到荣幸。我希望我的女儿和我能够有许多机会和你专门谈宗教话题，这是我在这个偏远国度最想引起她们注意的事情。”我很乐意满足她的愿望，但我很快要去广州，恐怕没有机会了。此外，不幸的是，我没有多少“客厅布道”的才能。我的思维对于持续谈话显得太不连贯而且过于说教。

22日。我昨天见到律劳卑爵士，他希望我明天和他乘护航舰到虎门，从那里乘快艇到广州。他不准备和行商交涉，而是直接与政府官员谈判，这样只要有会谈我都必须要在场。爵士说他将与澳门公司教堂脱离干系。牧师也只限于广州。我感到遗憾，在这样的热天我必须乘船到广州，我的身体没法变得强壮。

这里有一个27岁的年轻人，是个神父，他称自己“Le Comte Beiis，意大利人”。有一天他登门拜访，今天早晨大约9点我去你朋友拉斐尔（Raphael）家回访他。在回来的路上，我去了比尔行，A告诉我说一些孟买的报纸提到“英格利斯号”2月20日经过了圣赫勒拿岛①，如果真是这样，他们的旅途是很顺利的。我感谢神，有了勇气。这样你可能在4月10日前到英国。但愿我能尽快听到你平安和健康的消息！隐瞒神父身份的年轻的Comte想去北京钦天监供职。他找不到机会前往。我们的贵族没有一个成为传教士的。

在下一段日志的简要记录中，对于上面提到去广州的旅行，模糊地传递了他所经受的磨难。在虎门离开护航舰后，他整夜待在一条敞篷船上，暴露在高温和暴雨下，此外再加上与广州官府谈判的忧虑和疲劳——这是他到达广州后必须立即承担责任的谈判——无疑加速了让人深切惋惜和普遍哀悼的事件的发生。

读者可能对这种争执的性质有一些了解，从前面的叙述可知，英国人与中国地方官员经常发生争执。在当时情况下，争执首先因为律劳卑爵士在广州出现没有经过最高政府的批准，其次因为律劳卑爵士拒绝以中国行商为中介与政府官员交往。到达广州的次日，马礼逊博士写道：

广州，7月25日

礼拜三早晨我和律劳卑爵士及其他人在澳门登上查德船长(Captain Chads)的“安德洛玛刻号”；今天早晨大约三点坐尼士船长(Captain Neish)的船到达广州。我虚弱的身体、高温天气及进入谈判的头痛，使得这次旅行异常艰苦。今天我情绪很低落。我想我必须放弃国王的差事，我的身体已经完全不堪在广州的辛劳了。神帮助我和我亲爱的妻子。我不会贸然行事。但是当我顶着今天的骄阳走在从这所房子到律劳卑爵士住的商馆路上时，我像要倒在路上，回来后就睡在躺椅上呻吟——现在已经过了晚上8点。我也许很快能接到你快慰人心的消息！晚安，我亲爱的妻子，还有我亲爱的孩子们！神与你们同在。

26日。我忙碌了一天。感谢神，我比昨天更有力气了。10点我参加了行政理事会(Council Board)；此后直到3点，翻译律劳卑爵士给广州总

---

① 在圣赫勒拿岛上寄出的信件不比从英国寄出的信件更早到达中国。——原注

督的信。儒翰帮我修改，亚超抄信。儒翰和阿斯特尔(Astell)等几个人去城门送信。其间我又被律劳卑爵士叫去替他与老浩官做口译。我感到走不动了，就在广州雇了一顶轿子，带我穿过拥挤的街道。

27 日。礼拜日。我刚结束中文礼拜——老少天主教徒中有印刷工和仆人——这样的人群对于当地政府来说是一大群众聚会，并且我们的唱诗在门外都能听到。老李很虚弱，他认为自己很快会死。他说他信仰基督耶稣，提到参加主日礼拜。神恩赐他在那日得怜悯。我感到很虚弱，我亲爱的，忍不住多次拭泪。我盼望神与你和孩子们同在！

儒翰和几个昨晚给律劳卑爵士送信的人，等了很久才回来，没有成功。总督不肯接受，除非由行商送达的信函，而商务监督不肯用行商，因此在最初就为后来的争执①埋下了怨结。中国官员认出儒翰是马礼逊的儿子。我认为这对我们不利。但愿神统领一切，推动福音继续发展。

昨天，我的名字被登出来了，同时还有其他国王的委任官。我的名字在医生、牧师及私人秘书之上。

28 日。晚 8 点。我们在政治争吵中度过了劳累的又一天，我亲爱的，离和解没有更近。我的身体还是老样子。

29 日。

……

接下来的三天日志又继续了——但是由马儒翰代为记录痛苦的细节。

礼拜三，30 日。最痛苦的一夜。一大早就去安德森医生(Mr. Anderson)处，他来了，郭雷枢医生卧病在床。药用了，但是没有缓解病痛。

礼拜四，31 日。安德森医生认为我亲爱的父亲好些了。天啊！这不过是即将熄灭的火焰迸发出瞬间的亮光而已。但是他的灵魂准备接受荣耀。郭雷枢晚上来了，认为必须去澳门。然而我们都不担心——或许神有意安排不让我们知道死亡如此近了。给他拔火罐和洗热水澡，洗完澡后他极度虚弱——几乎完全虚脱了。给他服药止泻。食物全泻空了。约

① 公众已经知道了详情，这里不再详述。——原注

到半夜，他的呼吸如此急促——我才第一次害怕死亡的靠近。医生也叫来了，一直守候到次日早晨。一服镇静剂缓解疼痛并让他沉睡。

礼拜五，8 月 1 日。神怜悯我们。愿你扶持我们、帮助我们！让我们不要后悔，也不要抱怨，而是为我们深爱的受难者摆脱恶，在你那里找到栖息地喜乐！——夜晚还在继续——也是如此痛苦的一夜。他在死亡阴影的黑暗谷底——但是他即将进入难以形容的天国荣耀，出现在神和救世主面前。衰竭的身体现在迅速消亡——那样冰冷苍白的面颊，此前还保持着健康的肤色。——我无法再说——这像一场梦——“这必朽坏的总要变成不朽坏的”（林前 15:53）……

对这一痛苦事件的特别续补在马儒翰护送敬爱的父亲的遗体乘船返回澳门时写的一封信中有记录。

致马礼逊夫人

1834 年 8 月 4 日

亲爱的——我最亲爱的母亲：

我若不是完全相信你信靠万能的主，是祂给你“与他们日子相当的力量”，此刻我就不会给你写信。在我自己需要安慰勉强支撑的时候，我又能给我所爱的——我宝贵的、现在痛苦的母亲什么安慰呢？多希望我能不说我们最爱的人已经平静地离开我们，去了天父的家。他做了指派给他的事情。他一直工作到今日——夜晚来临，他在耶稣里安详地睡去。永恒的臂膀拥抱着他、托着他。他从痛苦、悲伤、罪恶中找到了一条便捷、快乐地进入永远喜乐王国的道路，他在审判那日接到了欢乐的桂冠。无疑他心中的每一个愿望现在都实现了——远远、远远超出他的最高期望。以被钉十字架、被放逐的救世主的力量，他战胜了死亡与悲伤。死亡啊，哪里有你得胜的毒钩！伤痛啊，哪里有你的权势！只看到他平静地微笑着脱离了暴君之手。没有表现出胜利的激动，只有标志他基督徒人生的温顺平静，在他人生即将结束时表现得淋漓尽致——那一幕，对我们——多么痛苦！但是对他，充满快乐和荣耀，超过大的利益。

我亲爱的母亲，我怎么向你描述在我们看来是灾难的一幕！？我亲爱的——现在成圣的父亲，体力迅速衰退。他在做主的工时耗尽了自己。当他仍在澳门时，我为他有希望恢复而高兴；律劳卑爵士的到来在很大程度上让他摆脱了一个最主要的忧虑。我本希望我们亲爱的、遥远家人的来信让他彻底释怀。但是我们全智、全善的天父却看得到我们人看不到的。祂的方式与我们不同，祂的思想也与我们不同。我对祂所做的事思考得越多，祂仁慈地操纵这一切就更明显。我的母亲啊，愿祂，万能的主赐你力量，耐心地接受祂善意让你知道的痛苦叙述。我没有想到，而且我相信我亲爱的父亲也没想到疾病已经赢了他那么多，他不会——没有人会同意他离开澳门的。但这是神的旨意，我现在感谢神的圣名，至少让我父亲在我的怀里收获了灵魂。那件痛苦的事（对我们来说确实很痛苦、很悲哀，但是对他却是幸福）发生在礼拜五，8 月 1 日，大约夜里 10 点。我的母亲，我的母亲，当你承受不了却要承受悲哀时，请允许爱你的儿子提醒你，我们的悲伤不同于没有盼望的悲伤。如果我们侍奉他长期以来衷心服侍的同一位主，我们将被带往同样充满和平和永恒喜乐的地方，也是他现在进入的地方。

礼拜五，7 月 15 日，我很高兴在分别了 5 个月后又一次看见父亲。但是那样的喜悦被他表现出的体能极度衰退扑灭了，不过并未影响他坚强的大脑。27 日是礼拜日，他还召集他的小群中国会众来身边，在力量允许范围内尽量给他们讲道。确实，在这个异教土地，最振奋人心的景象是看到在衰落帝国中最堕落的城市还有超过 12 名中国人，能够在神的正义宝座前和救世主“那日喜乐的冠冕”脚凳前出现。当我们从这临死（我们当时没有这样想）的唇接受永生的话语，这一小群必比平时更加庄重。我们大声地唱，赞美死又复生、永生的羔羊耶稣。愿在我主的荣耀之国这些赞美能够再次从我们的唇中唱响！

在礼拜一、礼拜二，他越来越虚弱，疼痛也逐渐强烈。礼拜一他两次乘轿去律劳卑爵士的住所。第二天轿夫不敢来了。要是他们来，他就不需要出去了。我们仍盼望天气转好就足以让他身体好转。度过一个非常糟糕的夜晚后，礼拜三早晨找来了助理医生安德森先生。他立即赶来了，做了所有能做到的事情。郭雷枢当时也抱病卧床，因此安德森先生单独守护他直到礼拜四的下午，郭雷枢恢复得能陪护他，给他用了拔火罐，洗热水澡。安德森先生当晚守了大半夜，礼拜五他们以为敬爱的病人好转了。但他极度衰弱，痛苦的高烧加身。夜里他的呼吸也一度变得急促，我第一次开始担心神已经召唤他回家。然而，等他挨过了这阵，我们希望还没有到他结束劳作的时候，他也没有预料新房离他很近了。他感到胃痛，因此主要按照胃病对他进行治疗。他们现在被迫增加了退烧药，试图让他呼吸顺畅，但没有效果。医生们替他向广州请了假，连夜安排了一条船，准备好第二天带他去澳门。我们万没有料到这些安排只能搬走他在尘世的躯体，而他的灵魂却回到了给他生命的神那里！但是我现在感谢天父这样的神圣旨意。直到今天，还没有适合在他极度虚弱的状态下运送他的船来到广州；天气还是同样的热，无论在广州还是在小船甚至大船上，如果他还活着，他受的折磨和痛苦将会是最大程度的，甚至那些亲见他整个礼拜五极度疼痛和无法安宁的人也未必赞成送他回澳门。神真是仁慈——祂不仅宽恕祂亲自拣选的人，还把我们从只有祂无所不察的眼睛看得到的未来厄运中解救出来。无论我们怎样哀悼，他的去世是无法弥补的损失，我们不希望他回到如此悲惨的情景。

礼拜五晚上，查顿先生会同其他医生意见一致。我们所爱的苦难者在去世前夜因为使用了镇静剂得到了舒缓，因此他请求使用同样的药。但是他全身高热，因此他们不敢给他用药，除非先给他放一部分血(是否加退烧)。他服从了——非常迟疑地。他们给他放血，可是天啊！太晚了。才刚绑好胳膊，流血停止了，他开始快速衰亡，而且拒绝使用镇静剂。似乎所有的痛苦已经离开了他。然而，他还能够从床上下来活动，只是无法安静下来。我当时在外面快速地给他买药。等我回来后，他的面颊惨白，眼睛熠熠有神，他的脚冰凉。我们用人工方法让他的血液恢复了循环。我们所有的努力，天啊，都是徒劳！有20分钟他停止了说话，也没有挣扎；大约10点，他闭上眼睛长眠了。接下来的一刻，我们不用怀疑，他得释的灵魂穿着基督正义的外衣出现在神面前，在穿救恩衣服的队伍里排队。对他是多么欢喜的一刻啊！我们充满了怎样的痛苦和悲哀啊！但是我们爱他，我们高兴他去了天父那里。我们以盼望安慰自己，盼望在耶稣预备的房间里与他重逢，这是我们信任的耶稣在我们之前先去为我们预备的地方，也是祂为我们失去的所爱的人准备的——我们没有失去他，只是他比我们先走。我知道，这是我亲爱的母亲的希望和信念，但愿这也是我亲爱的妹妹们的盼望。愿那些懂得他们损失的亲爱的弟弟妹妹们，也在这种基督徒的盼望中得到安慰！愿我们都能热切、坚定地踏着他的足迹前行！他侍奉的荣耀的主应许祂将成为寡妇的丈夫，成为失去父亲孩子的父亲。我们多么欣慰啊！

我亲爱的母亲，我不想再用令人悲伤的细节刺痛你的心。礼拜六晚上，我乘船护送宝贵的遗体及遗物去澳门，把他安葬在我生母的墓旁。我亲爱的母亲，只告诉你一点就够了，我们采取了一切措施以防船期延误两三天。我们现在还在路上。罗便臣爵士（Sir G.B.Robinson）、史蒂文斯、威廉姆斯（Williams）陪着我。我感谢神让我得到这些善意关怀，感谢祂对我亲爱的已逝父亲的尊重。啊！愿那些表现出尊敬和同情的人，懂得走父亲所走的公义的道路，也是他经常提醒人们要走的道路。今晚，我们希望到达澳门。明天晚上，他的遗体将放入墓室。践行如此伤心的责任是考验，如同神给与的同生命一样长的勇气。啊！我亲爱的母亲，虽然他的躯体会被蚕食，但是他见神时是以完全的肉身，他将亲眼见到神而非别人，想到这些你的心会再次得到安慰。因亚当的罪人人皆死，即使这样，在基督里都将会再活。所种的是必朽坏的，复活的是不朽坏的；所种的是羞辱的，复活的是荣耀的；所种的是软弱的，复活的是强壮的；所种的是血气的身体，复活的是灵性的身体。血肉之体不能承受神的国，必朽坏的不能承受不朽坏的。死人要复活，成为不朽坏的，我们也要改变。这必朽坏的既变成了不朽坏的，这必死的既变成不死的，那《圣经》上所记"死被得胜吞灭"的话就应验了。死啊，你得胜的权势在哪里？死啊，你的毒钩在哪里？感谢神，使我们借着我们的主耶稣基督得胜。在永生的神的话语之外没有什么要说的了。信祂的话有无穷的喜乐和慰藉，不仅有强烈的

希望，还很确信我们现在拥有祂永生的赐福。“我愿如义人之死而死，我愿如义人之终而终。”(民 23:10)

对于收信人，上面的叙述确实令人感到痛苦，强烈地印证了《圣经》的真理，它说“你要观察那完全人，观看那正直人，因为和平人有好结局”(诗 37:37)。如果“胜利的到来”没有实现，也要记着死亡之敌虽然解除了毒钩，但是仍然会遇到它；还要记得信仰的语言与深切的谦卑精神相结合，这是马礼逊博士所珍爱并视为精神追求的；也当本着庄重，就像他在基督审判宝座前讲述他劳作时表现的那样。但是熟悉他内在思想和情感的人从没有听他说过一句对《圣经》怀疑或恐惧的话。通过救世主的恩德，他总是满怀希望和喜乐；在临近对人最具吸引力的时刻，他的心不只保持着平静，还为天国产业的盼望欢欣。从另一位有幸目睹他堪称楷模的人生、与他一起做地球上最后一次祷告的朋友的信中，对他人生结束的情景有更多细节。

史蒂文斯牧师的来信

广州，1834 年 8 月 20 日

亲爱的马礼逊夫人：

你离开后的几个月，我经常想起你和你可爱的孩子们，最近发生的悲痛事件更让你成为最伤心的哀悼者。在我们知道你多么需要祂的赐福和安慰前，我们过去常常祈祷仁慈的神眷顾你，保佑你和你的孩子们。现在，亲爱的马礼逊博士被解除了苦难，请允许我作为一个朋友向你致以深切的哀痛，与哭泣的人一起哭泣。他是一个被神宠、被好人敬、在世界上蒙神极大恩典的人。夫人，你盼望再次与披着悲伤和苦难外衣的尘世好友相见——人类的考验和弱点。但是神仁慈地让你只盼望一个更幸福的团聚，在那里不再有悲伤的外衣，在那里忠诚的仆人见到了他仁慈的主人——传教士的神。他的著作将会继续跟随他，直到全中国都归于主。

我们的朋友走了，突然从我们眼前消失了。在他去世的那个下午我和他在一起。虽然他很虚弱，但能够走到另一个房间，虚脱地说话，与大家一起祈求神的怜悯。他说他认为自己有生命危险——但我没想到，我想他也没有想到会这么快。我坐在他身边，他背诵了几段一直闪现在他脑海的《圣经》段落。例如“我总不撇下你,也不丢弃你”(来 13:5),“我们必得的不是人所造,在天上永存的房屋”(林后 5:1)等。然后他大声为我们祷告,说假如他将要被神带走,希望“神怜悯艾莉莎和亲爱的孩子们,以祂的力量赐福他们、守卫他们”。他祈祷神保存他的生命,宽恕他现在还不知自己的懦弱。他为中国传教团祈祷——愿恩典与和平归于所有的劳作者。说完这些,他躺下休息。他要一份病假证明,我准备陪他去澳门。但是太快了!当天晚上他就摆脱了疾病和苦难。我们的确与他去了澳门,但去的只是他死亡的躯体,他的灵魂已被神召走了。

我们把他葬在前妻墓旁,愿神爱的人睡在那里直到重生。亲爱的儒翰与我们在一起,他感觉在这些苦难场合他父亲的神对他的帮助。当你第一次听说这则令人震惊的消息,你、他的伴侣和孩子们,一定很难过,然而我相信,同样仁慈的手将会保佑你、安慰你。你们远隔着大海,用心承受沉重的失去之痛,避免亲眼所见的痛苦,对你们来说比起我们倒是一件好事。

他完成了自己的事业,而且做得很好,因此神不再拖延给祂因劳作而消耗完生命的仆人永恒的奖赏。啊!但愿我们最终也能同样平静,同样必得奖赏。我为他高兴,但为你、为我们感到悲伤——因为他对家人来说是一个丈夫和一位父亲,对中国传教事业来说也同样是顶梁柱。亲爱的朋友,我们纪念他,想起他是怎样的人就得到宽慰,知道他的现在就会释怀,怀着你们将在天国相见的盼望就会快乐。……

以他的谦卑个性,马礼逊博士嘱咐说他没有理由享受“盛大的葬礼”,地方环境确实不允许隆重的场面或在街上招摇,而真诚的人在那种深切哀悼亡者的场合不能显示最真诚的敬意。律劳卑爵士、当时在广州的所有欧洲人、美国人、英国籍亚洲雇员等一行人从他的住所护送他的遗体到登船的地方,然后由驻华首席商务监督罗便臣男爵、史蒂文斯牧师及一位美国友人护送至澳门。在澳门,人们表现出真挚的悲哀,跟随灵柩到了墓场——这是上一次出于对他的敬意,所有在华外侨出资购买的。

广州港海员牧师史蒂文斯牧师主持了英国圣公会教堂的葬礼仪式。

安葬他遗体的圣地没有围墙。在本册回忆录首页，收入了钱纳利绘制的墓地素描画，上面的碑文如下：

谨此献给

罗伯特·马礼逊，神学博士

第一位新教传教士抵达

中国

在此他度过了27年，心甘情愿地致力于扩展救世主的王国，其间还编写出版了

汉英词典

在马六甲创办了英华书院，独自花费了几年时间翻译了一部汉语《圣经》

这是在他有生之年能够亲见得以完成并且在中国人中广为传播的——

他甜蜜地栖息在主基督耶稣那里

1782年1月5日他出生在莫珀斯，1807年由伦敦会派往中国，为东印度公司担任中文译员25年

最终于1834年8月1日在广州去世

——

自此，在主里死去的人就有福了

圣灵所说确实如此

他们可以因劳作得安息

他们的劳作成果继续他们的工

下面的墓志铭是由一位朋友撰写的没有公开的碑文。

拉丁文墓志铭

献给

这个极富天赋、最为热情的人

他朝着伟大的成果前进

积累10年完成巨著汉英词典

在米怜博士的协助下

他完成了伟大的《圣经》翻译

在他生命结束之际留给他的支持者以美誉

留给他的祖国以荣耀

他，享年52岁

于1834年8月1日去世

马礼逊博士去世的公告不仅在英国受到了人们的关注，而且世界各地的人们都表达了深切的关注，表明对他品格的高度评价。与他联系最为密切的宗教团体，在他们的会议记录中表达了他们的哀思。尤其是伦敦会，为了怀念他并且表达他们的痛惜之情，举行了一场公开仪式，由斯特普尼（Stepney）的弗莱彻牧师向一群被深深打动的听众做葬礼布道，以此纪念他。编者不会忘记感谢在这一痛苦场合，无数来自英国和其他国家的友人向她表达了他们的敬意和同情，也不会忘记数千名将她托付给施恩宝座前的神的基督徒给她的安慰。

还适合在此一提的是马礼逊博士在华私人朋友献上的一份厚礼，资助由马礼逊博士成立的一所旨在资助由他开创的教育机构，这也是他为之献身的目标的最具代表性的机构——“比大理石或铜牌更久远的纪念，机构名为‘马礼逊教育会’”。它初创阶段筹集了近2000镑的善款，自1835年初开始运行。

虽然编者对任何歌功颂德的言辞不屑一顾，但她为就此结束本回忆录感到遗憾，因为她没能详细地列举她所刻画的主人公的性格在社会和家庭生活方面的众多闪光点，而这些闪光点印证了所有与他接触的人对他的爱戴、信任及尊敬。她只能祈祷，有幸亲自见证他的光辉榜样，以及阅读过这部未能全面记载他美德的回忆录的所有人，愿他们像他效仿基督一样效仿他。

附　录

附录一：恒河域外传道团总章程

（译者　张蓉斌）

传播福音工作中密切合作的迫切性和明确清晰联合的重要性，促成恒河域外传道团的成立。

恒河域外传道团总章程

基本原则

本会的基本原则是一致同意信奉威斯敏斯特神圣宗教会议(Assembly of Divines at Westminster)通过的《信条》(*Confession of Faith*)以及全本或节本《教义》(*The Larger and Shorter Catechisms*)中包含的教义。

一、本会的目标。

1.通过基督徒的美德、学识和天赋的交流培养相互的伙伴关系。2.在疾病、穷困、危险和灾难、责难、迫害中互相提供援助。3.相互指出潜入进教义宣讲或礼拜仪式中的错误。4.致力消除可能发生并有辱真理的丑闻。5.在异教徒或本协会成员之间出现困境时作出决断。6.建立学校，支持教育。收集有关当地教育状况的信息，广泛建立学校，改进教育方案，提供适当的初级教育书籍，为支持以上的计划建立资金，培养教师。7.建立并支持一所神学院以教导优秀的当地人和教育我们自己的孩子。① 8.管理遗孀孤儿基金。管理账目，壮大基金，决定发放补助金的时间和数额。9.印行一本期刊。② 为本刊撰写稿件，使本刊值得读者阅读并有益于其目标，并吸引我们四处散播本刊。10.增进普通知识。11.促进给予我们援助的不同组织，即伦敦传教会、大英圣书公会、英国宗教小册会等虔诚愿望的实现。

二、本会的权限。

不做的事：1.不干预任何纯粹的家务事。2.不干预私人财产事务。3.不干预任何未影响到本会基本原则的个人判断。4.不干预任何一个传教站事务的细节。5.不干预任何有关崇拜礼仪的形式问题。6.不干预伦敦传教会的安排。

做的事：1.提出建议。2.责难。3.取消违背本会规则的会员的资格及其权利。4.取消或提供支持。5.通过公开与联合行动发表本协会观点。

三、本会成立的理由。

1.《圣经》的文字和精神。2.我们与欧洲相距甚远。与英国联系需时太久，书信往来存在诸多不确定性。在战争和其他情形下，供给有时不稳定。3.不利于身体健康的气候状况。频繁的迁移和必要的航行；传教站需要的物资、药品和材料，有时在一个地方比另一个地方要容易取得这些补给。4.通过联合智慧、建议和影响实现我们传道团的目标。单独的努力收获甚微。认为互不联合就能完成大事业是不合逻辑并且荒谬无比的。5.在困境中，通过选派一个传教站的成员支援另一个传教站，来保证我们工作的持续。我们也许会被病痛放倒，有些成员不得不离开一段时间，有些也许放弃这一工作，有些成员也许会生病，有些也许很快就死亡。事情要靠人来推动才能向前发展，表现最佳的传教站也苦于工作时常被中断。没有人来继续工作，得到的成果也会丧失殆尽，伟大的目标也会毁于萌芽状态。6.我们都是由伦敦传教会派出，为同样的目标接受教育，受到同样条件的支持，同样的人群都希望我们成功。7.我们在教义、崇拜和宣传基督教的途径方面几乎怀着同样的感情。

---

① 此目标或许可结合英华书院的目标。——原注

② 《印中拾闻》也许可以满足本协会的所有目标，并成为其面向公众交流的一个媒介。——原注

四、本会的优势。

1.在家庭慰藉方面。可以保持并巩固相互间的友谊，供给更便宜的生活必需品，为了健康可以前往另一个传教站访问休养，我们的孩子也会从中受益。2.在工作成功方面。珍视祈祷的精神和基督徒的爱；通过交流彼此的痛苦、工作和欢乐而互相鼓励；互相建议，保持工作热情；在异教徒中的撒旦王国将会更严密地被围困。3.在皈依者，或向基督表白的候选者方面。这些地区的人民经常流动，新皈依者或处于教导之下的民众可以推荐给其他传教站的弟兄加以照料和教导，否则，因为缺乏持续不断的途径或间隔太久没有教导，人们的印象就会淡化。异教徒可以通过交换的效果认识到基督教的真正性质。4.通过紧密的情感认同和计划统一，并与充分自由的个人判断相一致，我们的体系将会随着时间而获得力量、影响和广泛的实用性。5.印刷所具有印刷传教小册和书籍的优势，所有的传教站都将获得供应。

五、杂感评论。

1.历史上未曾记载过各自单独努力而取得伟大和持久的美善。2.将团结与合作当成是重要的目标时，必定要牺牲一些不重要的意见或是将其搁置在一边；人们的想法不会总是一致的。3.与最佳的个人努力相比，建立在广泛的原则上并由完善计划调控的协会，将会证实是国内教会更为强大的助力。4.初期的传道团可能得不到广泛认可，一些人也许不能像其他人一样充分看到联合协作的益处，等等。5.成立本传道团似乎非常重要，对我们传道团的安宁几乎是必不可少，时间、身体的虚弱和快速降临的死亡，让我们无法对这样一个带来伟大成果的计划犹豫太久。

六、建议。

1.在基督教牧师中结党，应被考虑为失当行为。

2.传播实用的知识和文明的重要性得到认可。

问题如下：

(1)某些地区的生活费用远高于其他地区，是否请伦敦会裁决更为妥善？

(2)如果一名传教士交纳了遗孀、孤儿救助金，加入了传道团，他生病了，他的家属能否享用这笔救助金？

恒河域外传道团规定

七、规则。

1.名称——本会成立后命名为“恒河域外传道团”。2.目标——本会目标是致力于培养成员间相互的伙伴关系,增强并稳固与本会相关的传教站,在恒河以东的异教和伊斯兰教国家推广传播神圣真理。3.成员——由伦敦传教会派往印度以东的所有传教士如果同意本会的原则并希望加入其中,将会被接纳为会员。4.委员会——由主席、司库和秘书三人组成的委员会将管理1819—1820年间本会的事务,这三人分别是主席米怜牧师、司库汤姆生牧师和秘书麦都思牧师。委员会每年选举一次。5.委员会的权力——(就前文清楚说明的本会原则)处理本会一切日常和紧急事务。但是所有涉及全体利益的重要事务和能够被延迟处理的事务,都提交本会全体成员考虑后才作出决定。6.登记注册——秘书将保留一个登记簿,所有的会议记录和往来书信都收录其中。7.季度工作报告——本会每位成员每三个月要向秘书提交一份有关他所属传教站的工作进展和状况的简短报告,内容涉及工作者、学校、书籍、布道、死亡、出生等方面,此项报告将收录到登记簿中。8.委员会的联络——委员会每年四次向每个成员或至少向每个传教站,寄送一份内容能够收录到登记簿中的信函。9.委员会会议——委员会在每月的第二个礼拜一集会处理事务。10.本会全体大会——每年在商定的日期和地点召开全体大会,在大会上由提前指定的人员发表一到两个公开演讲。无法参加全体大会的人,如果可能的话,应派出代表参加。第一次全体大会定于1820年6月的第三个礼拜二召开。被指定的讲道人为马六甲的米怜牧师和槟榔屿的贝顿牧师。11.费用——印刷和散发有关本会事务文件产生的所有费用和参加本会全体大会的旅费等,都由本会支付。12.资金——除本会每个传教站每年交纳会费外,在每年全体大会上的公开集资,用以支付一般会务费用;不足部分请伦敦传教会补足。13.与其他团体的联系——本会成员应努力与其他信仰基督新教基本教义和致力于在东方传播福音的团体培养基督徒之间的伙伴关系。

1819年4月27日由下列人员同意并签署：马礼逊牧师、米怜牧师、汤姆生牧师、麦都思牧师、斯雷特牧师（John Slater）、米尔顿牧师、贝顿牧师、因义士牧师。

附录二：恒河域外传道团关于遗孀、孤儿救助金的规定

（译者　张蓉斌）

1.名称与目标：由传教差会派遣并参加恒河域外传道团的传教士救助金，亡故后的遗孀及孤儿可获得本救助金。

2.来源：每年恒河域外传道团成员需缴纳不少于12西班牙元资费，另外6西班牙元的会费，以及个人慈善捐款——如果从《印中拾闻》中获利，将全部纳入此项资金。

3.管理：这笔款项由恒河域外传道团委员会暂时代为管理，涉及重大问题及变更应由联盟年会决定。

4.资助对象：

① 遗孀

每年50西班牙元。如果遗孀乘船返回她的祖国，额外给她发放一年的救助金；如果遗孀亡故，发放25西班牙元的丧葬费。

② 失去父亲的孩子

从婴幼儿到10岁的，每年15西班牙元；

从10岁到20岁的，每年20西班牙元；

如果有一个孩子死了，支付其丧葬费及一年的救助金。

注：这笔救助金在男孩18岁、女孩20岁时停止发放。

③ 失去双亲的孤儿

按失去父亲的孩子的救助金的1.5倍发放。

从婴幼儿到10岁的,每年22.5西班牙元;

从10岁到20岁的,每年30西班牙元。

注:如果在没有为其子女指定监护人的情况下就双亲亡故的,委员会将成为临时的监护人,直到孤儿得到妥善的安置。

教育:孤儿在教育方面应该与其他传道团成员子女享受同样的权利。

以上确定费用必须按照资金管理规定管理。如果资金充裕,委员会有权增加资助的额度;如果资金匮乏,不足以支付上述规定的金额,必须按固定比率削减。无论何地,都按季度发放。

5.司库　大卫逊行(W.S.Davidson and Co.)

1819年财务状况

1月	现金	653西班牙元
6月	查默斯先生捐款	50西班牙元
	总计	703西班牙元

捐款人名单

马礼逊牧师	贝顿牧师
米怜牧师	因义士牧师
汤姆生牧师	斯金纳(J.Skinner)
麦都思牧师	弗维(W.Fyvie)
斯雷特牧师	

附录三：关于清官府对待东印度公司在华职员行为的思考

（译者　杨慧玲）

对于在中国与英国进行贸易的人，他们的悲哀不是只要提到其中的任何一个人就会立即显示出他们的分量，而是他们必须被当作一个整体来看待。他们来自一个有成熟制约体系的社会，这些体系巧妙地呈现出理性和论辩的表象，不让人类的情感肆意制造事端，而是以江湖骗子的谎言和诡计达到目的。例如，他们不承认一个事实，即贸易是互利互惠的，是让他们打开销售他们商品的市场。不，如果是这样，贸易就会平等，买方和卖方之间都有相互受益的权利。即使贸易不全归功于买主，至少买主也应该有权受到商人和官府的礼遇，买主的理由也应当被听取。他们清楚这些道理，不是虚幻地，而是从政策上将他们置于崇高优秀的顶尖之上，而且据天朝帝国申明的观点"他们完全不在意贸易，宁愿没有；出于同情和仁慈，他们准许贸易；他们是施恩者，因此作为受惠者外国商人，没有权利；没有相互的义务，只有一方的同情和仁慈，因此另一方只能感激和服从"。整个政府从上到下都持这种观点。他们制造出一种虚假或是不符合事实的推理，用粉饰的论证让他们所有的对手目瞪口呆，完全被击败。他们总是要求对方要有理性和常识。他们利用虚假推理的诡计，即用虚假原则或虚假的事实推理，并且他们手中握有权力，因此他们总是获胜。要求公正的呼声变得无言。他们在公正与平等的假象下施行真正的独裁和压迫，因此在英国的人从中国文件中没有找到侵害理性和感知的全部内容，对清官府缓慢、磨人、痛苦的压迫做出了错误判断，无法历数在华英人所遭受的不公正和被恶劣对待的事。中国人在官方文件中对待在华英人、他们的雇主、英国及英王的轻蔑方式很难让人接受，与此同时，这也是遥不可及远在英国的人极难解决的事。当着在华英人的面称他们为"蛮夷""洋鬼子"

"谎言的官方代言人",用强盗的名称侮辱皇家船和船的长官——所有这些,在华英人都必须屈从。在给中国人写官方文书时,在华英人不得对他们的雇主用"尊敬的"这样的词,他们也不被允许把英国国王当作独立的君主。公司职员的中国家仆只是单纯地为在华英人服务就被罚款并遭受惩罚。东印度公司的贸易受到了阻碍,为了毫无意义的借口船队被滞留,或许就为了与英国人没有任何干系的某些中国商人拖欠的费用。

这是一些规律性的日常弊病。一些性质更为严重的不公正行为也经常发生。举例来说,一位公司仆人替特选委员会给清官府送信,被投入监狱;意外杀死了一名中国人的英国水手被吊死;群殴致使一个人死亡而无法辨认元凶时,船队都被扣留;由公司支持和曾经受官府许可的两名试图挽回局面的行商被流放;为此,英国大班受到多项错误指控,他们还试图把大班从现任上赶走,给在华英人造成损失,对大班本人造成伤害;未经慎重考虑就拒绝给英国皇家船提供补给,而让英国敌人的巡航舰进入他们的港口并提供充足的补给;断然拒绝接受委员会公文陈述的事实,中国清朝官府发布有损贸易和英国荣誉的训诫。

这就是一些让在华英人足以感到不满的事情。恐怕不能指望一劳永逸地消除所有的不快。然而,逐渐消除中国人高高在上的托词可能会大量减少这类事情的发生。这好比用斧头砍向罪恶的根本。即使不赋予英国商馆大班地方行政官的权力,或许任命一位驻广州辩护法官也算是良方,让辩护法官的权威高于在华英人,授权其组织所有非贸易争端的对话。一名英国官员就能够在平等的基础上应对清廷官员了。

最后一项请求的实用性通过下述思考进一步被证实。

每年到访中国的大约有两三千名英国人或者是挂英国国旗属于英国人范围的,并且在中国居留六七个月。这么多人与聚集在大海港城市郊区的中国社会中一些最坏的人偶尔接触,完全阻止犯罪是不可能的。可以预料会偶然出现欺骗、暴力、杀人等行为。中国人在他们的法律中不保护外国人。几乎每年都有英国人丧命或是被抢劫,而中国人不进行任何调查;即使中国官方介入,英国人通常也不会胜诉。当他们中国人被杀时,清官府苛刻地要求以命偿命，而不去公正地判断他们要求偿命的人是一名无辜者还是一名杀人犯，因此极不愿将一名英国人交给他们处置。但是英国人有时也犯下理当受到相应惩罚的罪行。然而，把有过错的英国人交给中国官员，不是把他们交给了正义，而是不管罪行轻重都将他们置于死地。为了防止英国人丧于非命，在中国犯罪的英国人会被藏匿起来，他们被带回英国后，也不会因为在另一个国家犯的罪受到指控。清官府不理睬英国人杀死英国人的案子，在印度或英国也不受惩罚。如此一来，几千人在相当一段时间里没有法律的保护。英国人有时会欺骗中国店伙，中国店伙作为报复，他们一般用拦问和暴打骗人者的方法，这样有时中国人会受伤。由于清官府的懈怠，不以法律保护外国人，如此不公正，所以服从肯定会导致毁灭性的后果。难道指派一名辩护法官不是明智之举吗？让他审理所有案件，惩处或保护英国人，同时也担任非商业事务的沟通媒介，甚至在这些事情中，如果大班认为合适，可以请求辩护法官参与。可能中国人也不会反对这种方式，因为他们的做法是把外国罪犯交给其所属国处理，并且要求外国把中国人犯交还给他们。如果任命一位辩护法官存在不可逾越的障碍，就赋予大班地方行政官的权力。惩处罪犯的权力会让在中国人增加对一个人的尊重，没有这样的权力，中国最低级的官员也认为他高于英国贸易代表大班。这种假想的优越感总是存在，是大弊，在谈判进行时尤其如此。依照旧例将会助长弊端，尝试在此提出的建议没有风险，而且可能会从中大受其益。中国人不能接受在京城常驻大使。如果任命一位辩护法官，辩护法官可以每三年一次进京替英国国王祝贺皇帝，通过这样频繁的进京，对广州官府也会有所遏制。为了预防和惩处我们英国人犯罪，设立这种官职的合理性，会很容易说服反对给予不同于其他人的辩护法官居留权的人。中国，像所有其他尘世帝国一样，有相当多的经济困难。他们今年（1814 年）陷入困境，穷于良策。北部的叛乱和歉收给帝国造成了巨大损害，很多地方的商人拖欠巨额官府债款。农夫无力支付农税，更有甚者把官府借给他们播种的种子退还给官府。官府已经要求富裕者捐献，要求高官捐出俸禄，还降低买官的价格吸引更多的买主。我引用这些表明他们远没有从正常赋税渠道征集税收；这并非暗示他们因为失去某项收入来源就会垮掉，也不是说为了欧洲贸易他们会放弃或者危及控制权。不是,不是向他们要求这些。我们所要的是,他们能够行事正义、公平和有法可依。

附录四:伶仃案纪实[①]

(译者　杨慧玲)

本文叙述的是一艘英国军舰“土巴资号”在去黄埔的途中,船上负责购买淡水的船员和澳门上游伶仃岛的中国居民发生的一起冲突事件,其间穿插着1821年至1822年度广州大事记。

这个岛屿名叫“伶仃山”,意思就是在港湾外或海路中孤零零的一座小山,它成为通向广州的天然门户,距离澳门仅有18英里,和虎门的距离相仿。虎门被葡萄牙人称作“Bocca Tigris”,而英国人将其简称为“Bogue”。

直到1814年,益花臣先生担任英国商馆大班,因为中国官府在与他和其他一些英国人谈判期间使得当季的英国商船在伶仃岛附近滞留了相当长的一段时间,而没有准许他们进入虎门并继续前往黄埔——准确地写应为“黄埔落锚处”,那时伶仃几乎无人居住。

那批商船在伶仃停泊了一段时间,给岛上有可交易的蔬菜和禽类的村民提供了很好的市场,自此,岛上人口开始增加。伶仃的居民来自广东省和福建省交界的嘉应州,这里的山区培养出一些贫穷勇猛、粗鲁好斗的人,他们到未开垦、没有人烟的地区定居,自称为客家人。很多客家人迁移到了南部岛屿。一旦英国船需要水手,受雇用的往往是嘉应州的人。

中国人说伶仃岛上的居民约有两千人。为了抵御中国匪徒,他们约定一听到敲响铜锣声,男男女女都拿起他们的武器会聚起来自卫。

---

① 有关伶仃案的奏折详见《鸦片战争档案史料》,中国第一历史档案馆编,天津古籍出版社,1992年,第34~53页。——译注

1821年12月15日,由里查森任舰长的"土巴资号"军舰,当时在广州派出小艇登陆取饮用水,并让船员在山溪里洗衣物。为了防止海员和村民争斗,长官特别留意没有让船员从船上带武器,并且派了长官监督他们的行为。中国人由于有积怨,船员几乎刚上岸他们就敲响了锣——报警的信号,所有的人都用农具武装起来,长竹竿的一端绑着刀当作长矛,有的拿着棒子、石头等攻击海员,显然是要伤害他们或杀死他们。船上的人看到船员有危险,中尉从船上放枪,同时派了一队海军去救他们。但已经晚了:英国人中有14名争斗者受伤,6名受重伤;1名叫作黄亦明的中国人被杀,另有5人受伤,其中有1人因伤势过重死了。

死者的哥哥说海员滋事挑衅惹起了事端,这种说法被记入了中国官府的公文。他说事发前一天,海员们偷挖了一些土豆,还偷了两罐酒逃走了。12月19日,里查森舰长给广州总督阮元写信,讲明了中国人袭击海员的事情,补充说无论中国人受到了怎样的伤害都是由于他们自己的行为不当造成的。

总督派了两名官员到伶仃去调查,但是他们要"土巴资号"把受伤的船员送到岸上查验伤势。里查森舰长不同意这样做,他也不允许中国行商陪同中国官员在英王的船上开设中国式的法庭。

总督听到这个消息后勃然大怒,发布了一道公文,宣称不让中国官员去英军舰上查验伤势有损中国官府的尊严,他谴责英军舰长让船员上岸,这是"外夷厚颜无耻的炫耀",令天朝帝国无法容忍;接着他用明确的语言断定,英军舰长说船员受伤一事绝大部分都是虚构的。

英军舰长起初催促总督直接给他回信,而不是把事情通告给行商;但是总督认为不应助长他们的傲气,不鼓励这种做法,为了遏制英国人的骄傲,他突然间下令停止中英贸易,这在他看来肯定能让唯利是图的外国人屈从他的条件。他现在还宣布东印度公司驻中国的管理委员会负责交出凶手,他立即下令让咸臣爵士和其他委员即莫洛尼爵士、弗雷泽爵士、罗巴兹等人命令、督促或者逼迫里查森舰长交出"凶夷",使用了这个词就已经对他们进行了宣判,要他们偿命。如果他们不照办,他威胁说要"长期停止对英国的贸易"。

广东省的总督也管辖临近的广西省,正如字面意思,东部的省和西部的省,因此中国人称他两广总督。但是英语却将他错误地称为“大总督”(Viceroy),这个词让人误会了他的权力。人们对中国的总督有时过分地担心,有时却又期望过高。没有皇帝的批准,他不能起草任何一项新法律或规定,他必须按照前例及现有法律行事。他没有自治的权力,但是法律规定在某些情况下,他可以和被称为“巡抚”的副手(相当于副总督)立即执行死刑。

现任总督姓阮①,大约60岁,他在许多省担任了多年的官员。他是一个喜好享乐和颇有文采的人,喜爱诗词和编写书籍。根据满汉省府的构成,几位官员相互间监督制衡。但是新皇帝道光由于管理疏漏,让阮一个人身兼这个省的三个最高职位,即总督、副总督和粤海关部,他的有些文书上盖着本来属于几位官员的三种官印。

阮总督有一个亲信叫费丙章(Fei),他最近刚被提拔到署臬司职位上。费丙章是大约30岁的年轻人,有傲气并且鲁莽,有了总督的庇护更敢采取强硬的措施。本季度就是这个人锁起门来对德兰诺瓦用刑审讯,那名被指控为导致中国船妇死亡的美国海员②。

总督和署臬司这两人决意要让英国人偿命,因此不肯听其他官员的建议,尽管掌管省财务和盐政的布政司建议因为伶仃案在相距甚远的海岸发生,应该在当地解决,而不应牵连广州的贸易。然而,阮元和费丙章表明了他们的想法,如果外国人胆敢冒犯,他们将严厉对待外国人,取消他们的盈利,打击外国人。总督在呈交给皇帝的关于德兰诺瓦案子的奏折中说外国人受益最大的是贸易,因此他说美国人迟迟不肯交出罪犯,找各种借口推托,不肯服从权威、理性、正义的声音,不愿交出外国杀人犯,而终止了与他们的贸易之后,美国人立即把他交出来了。

至于总督要求东印度公司特选委员会命令并且迫使海军舰长交出“凶夷”,他们回复说英国皇家战船的舰长不受他们控制,因此总督大人要求他们做的事情是绝不可能做到的。他们建议中国官员直接和英军舰长交涉,双方

---

① 阮元自1812年(嘉庆二十二年)由湖督改任两广总督,1826年改任云督。——译注

② “两广总督阮元奏报审办伤毙民妇之美船水手情形折”见《鸦片战争档案史料》,中国第一历史档案馆编,天津古籍出版社,1992年,第28~32页。——译注

友好协商解决，而不应该牵连贸易。这一提议虽然很有道理，但是不合乎总督的命令，他对此充耳不闻，一次又一次重申他的立场，负责商业的委员会必须对战船的行为负责，因为战船是护送或者保护贸易的，显然他就直接把这种责任扩展到了任何可以充当担保的人身上了。

军舰碰巧有事离开去了澳门海域，第二天返回。总督的密探警觉起来，立即报告了军舰离开的消息，总督立即发布了一纸侮辱性的公告，说舰长畏罪潜逃了。如果他不交出外国凶手而逃，商馆的英国大班和他的同僚将对他们的行为负全责，承担两条人命的损失。

总督没有派任何官员去英国军舰上查验受伤的海员，没有对双方进行盘问，只采纳村民的证言并且听从他们的控诉。费丙章被派到伶仃，把腐烂的尸体装在棺材里运到了广州。

英国人也看到舰长如果不交出海员，最终也只能选择逃跑，如果这样他们将要面临困境，因此开始将财物放在“滑铁卢号”上，做好航海的准备。中国官府理解转移财物的意义，对此不屑一顾，所以让他们去做。他认为正如中国人所说，贸易就是贪财好利，毋庸置疑，这是一条将外国人拴在广州的锁链。确实，基督教世界的居民受到贸易和利润的驱使，而且有些英国人的朋友向中国人灌输了这种观念，说英国人没有中国的茶叶贸易就不能活。在这种观念下，中国人企图以终止贸易来实现他们的每一个愿望。

里查森舰长第二次给总督写信，但是总督拒绝打开信（表明他不肯接受），而是让行商亲自把信退还委员会，行商只能当着他们的面开启信件，将信件内容盖上公司的印章后再交给他。这样做的用意是让委员会用行动说出他们不肯在语言上答应，即中国官府不允许直接打开由信差送来的舰长的信，所以委员会的人可以替舰长送信。最后是英国人在场，由行商打开了信件，但是行商读不懂信，最后说既然总督不肯打开信，也不愿当他的面打开信，所以就把信退还了舰长。总督现在愤怒极了，说他再也不接受任何外国人的信，除非行商把它翻译成中文，因为他们谁也不懂外文。行商翻译的方法是先通过口头交流信件上的内容，然后他们再写成中文。这种方法对于外国人追讨欠款或者做一些简单的事情颇为有效，但是对于需要理性解决的问题就很有限了，特别是需要做到忠实于原文的风格、态度、事实的时候就显得很不够了。在汉语里，可以以居高临下、卑躬屈膝或者平等友好的方式表达想法，他们把外国人的话都翻译成一种卑躬屈膝、需要帮助的风格，不仅满足他们的虚荣心，而且他们也是这样对待外国人的。因此政府让外国人以外文书写公文，这样他们就可以让中国译者全权负责公文的风格和精神了。与政府通信的最佳方式就是送去一封中文信及外文原件，但这样行商和官府就会说"这个中文翻译不好，我们让人翻译出一份更好的……"，就是说让我们更满意的。1814年益花臣先生劝说广州官府同意了公司送给官府密封的中文文件。但是阮总督现在明确下令说只有行商被准许翻译外文的文件。

驻广州的中国官府企图不让外国人掌握中国的语言、文学和法律，还禁止外国人进入中国的法庭，还规定说如果有中国人为外国人提供法律的信息，或者协助他们写请愿书或者诉状，就是叛国者，一旦证实就是砍头的罪。借助这种让外国人愚昧、无助的方式，地方官府在和外国人交往的时候，养成了把他们不喜欢或者认为不便利的东西称为非法的习惯，而且地方官府丝毫不尊重真理，有几次通过增加或减少几例事实，使得文件证据和记录总能证明他们行动的公正性。

在涉及外国人死亡的案件中，他们恶意地把文件写得每一项都对被告不利，而且所有减轻罪名或可以免罪的内容都不见了。

在刚开始处理伶仃案的时候，阮总督似乎原以为他可以对公司舰长施加影响，迫使委员会和海军舰长交出凶犯予以处决。他这样想所以在给船长的公文末尾增加了几句话，让通事把公文送到各条船上去，详细地给他们解释其中的内容。公文赞扬了舰长遵守纪律的行为，但又很遗憾地说海军舰长的错误行为把他们牵连了进去。舰长给行商的信中答复说他们没有权利与总督谈论这件事。

随后，他们必须要离开广州的意图开始明显时，他们给总督写信，请求允许他们带走他们的私人货物。总督拒绝了，告诉他们去求大班和海军舰长解决困难，还说禁止他们再请愿惹恼他。让他恼怒的是，他们又一次向他请愿，说人人都有权期待统治者给予公平；既然总督允许英国商馆搬走他们的财物，允许公司的三条船离港,舰长希望总督也能允许他们带走由他们购买并付款的货物,此外还应该命令行商偿还他们所有的债务,允许他们运走他们的家具和家用物品。

总督回答时说他让三条船离开已经是够宽容、仁慈的了,他接着说:"现在这些外国商人非但不感恩,反而以此变本加厉地提出不恰当的请求。除非这件杀人案能够依照法律程序解决,否则我不允许装载或卸载任何货物,也不允许他们把家具搬上船。"

但是,就在这封公文送达的当晚,船员们已把家具和家用物品运走了。英国商馆也撤离了广州,聚集在黄埔的船上,做好了最坏的打算,准备着撤离中国,把这个难题留给英国和印度的政府去解决。

1822 年 1 月 11 日拂晓时分,广州的船队准备好了接待英国商馆的大班们,东印度公司英国商馆的主席咸臣不愿让中国人现身这么重要的场合,在几位船长的陪同下,亲手降下了英国国旗。同一天下午,黄埔的"滑铁卢号"的甲板上升起了商馆的旗帜。

第二天 1 月 12 日,黄埔十艘公司船沿河而下,停泊在一个被中国人称为濠墩(Haou-tun)①的地方,欧洲人叫它第二关闸。

在英国商馆撤离广州前,行商开始相信公司委员会确实要撤离中国了,因此有些人极力督促官府采取绥靖政策,同时也让外国人抱着这件事很快就能了结的希望。11 日,当行商手持总督的命令说总督不允许他们带走"一缕丝或一片落叶"时,他们劝说舰长不要带走任何东西,因为很快就会允许他们搬走所有的东西。10 日,一位老先生(他也是行商)许诺,他说通过他的努力,三四天就能安排好。但是这是所有经历过类似事件的人都知道的事实,在牵涉到英国人的杀人案中,中国人使用了太多的谎言和诡计,所以即使中国人偶尔讲了实话,他们也不会相信;在和外国人打交道的时候,他们特别留意在语言中保持自己的清白无辜,而且从信息的源头上让官府也无从得到信息,因此非常容易骗人。

---

① 据马礼逊汉英词典得知此确切的中文名。——译注

那些认为凡事就像在欧洲国家服从当地法律一样在中国也应服从中国的法令的人似乎忽略了一点:中国并不像其他欧洲国家给予外国人获得平等待遇的机会。例如,在英国的外国人在语言上可以得到任何想要的帮助,可以自由进入各个法庭,可以雇用英国最干练的律师替他辩护,让他免于处罚或得到公正的结果。在中国,所有的情况都与英国相反。如果一位中国人帮助外国人写诉状,官府就会称他"叛国",这都是精心策划的。有一起记录在案的例子,一位中国人帮外国人给官府写了一份请愿书,被错误地指控为"叛国罪"而被处斩了。受这种环境的影响,外国人自然担心受欺骗或被人背叛,本来可以照办的事情也拒绝去做了。例如,"交出一个人"说是让他"接受审讯",没有什么比这更合理的了,尤其是行商保证这起案子事出有因,不必担心有人为此偿命,真是这样吗?凭借这个借口,这些行商在和中国人畅饮言谈间说起过1784年行商就愚弄过外国商馆,当时把一名无辜的炮手带去审问,几个小时后就宣布审讯结束了。怎么结束的?把无辜的受害者绞死了。

因此,1821年美国海员德兰诺瓦案中,根据当时对他最严厉的指控,控告他犯下了杀人罪或事出有因的误杀人罪。中国人宣布说这个案件当然不致让他送命。假如要判处死刑,必须先由皇帝对案件进行裁决。

对美国的贸易停止了。德兰诺瓦被那些本该保护他的人抛弃了。行商安慰他们说德兰诺瓦可能被无罪释放。中国官方记载说他是"被送交的"。由三到四名中国官员组成了审讯团,不允许欧洲人在场,审判官头天晚上就主意已定。第二天拂晓,在没有通知他本人也没有告诉任何有关人员的情况下,他们有意这样地,将他绞死了。

在中国,绞刑被看作是最轻的、最体面的一种死刑,因为这种方法保留了全尸。受害者被吊在一根直立的十字架上,胳膊被绑在横杆上。

当天早上三点他们就把德兰诺瓦叫醒,然后让他吃早饭,说可能一整天都没饭吃。德兰诺瓦微笑着说吃饭太早了,但是被一再督促,最后吃了。他被带着走过将对他行刑的绞架,因为他是天主教徒,他做了一个基督徒经过十字架常做的动作。他被匆忙带到一个大堂,总督在场,又被带走去执行他未曾预料到的死刑。据说好几百名士兵包围着刑场,直到行刑者把手放在他身上,他才开始怀疑他们的意图,然后挣扎,向天父求告,好像他们的人会来救他似的。但是他被抛弃了,非常无助,死亡的绞索套上了他的脖子,随即他的眼珠迸出了眼窝。

当这一幕上演时,总督正在准备告示,以自诩的天朝大国浮夸的语言宣布德兰诺瓦被处死以及贸易重新开始的消息。皇帝同时也接到了总督的奏折,称德兰诺瓦在“公开审讯”时清楚地认罪,总督“召集外国人目睹了行刑”。

1月12日。当晚,行商到了东印度公司大班和委员会所在的“滑铁卢号”上,询问英国军舰到澳门的事情。中国人很担心军舰离开,这样广州官府将呈报北京,说英军舰长畏罪潜逃。然而,军舰又去了伶仃,所以无须向北京汇报。

1月13日。总督发布了一纸公文,他在公文中说他已经知道他的想法可能错了。他原以为委员会和舰长是沆瀣一气的,现在看到委员会宁肯承担巨大的损失也不包庇舰长,看来他们确实不能控制海军舰长。总督心肠软、慈悲为怀,不愿让无法服从他命令的人遭受这么重大的损失,因此他宣布重开贸易,允许进行一些小贸易,粤海关部逐渐收取关税。除非委员会向他指明怎样才能缉拿到外国凶犯,并将凶犯送交审讯、接受惩罚,否则贸易还会被禁止。他还说委员会无须怀疑,也无须担忧,尽可返回商馆。“但是,我事先说过,要记住,除非你们确保送交外国凶犯,否则你们的贸易仍将被禁止。”

据说委员会答复说:“阁下要求的条件我们无法做到。既然贸易仍有可能被禁,我们返回英国商馆也没有用。”他们还简短地辩解了自卫的权利,以及把偶然杀死了一名袭击者的人被定为谋杀罪的致命后果。这种观点是建立在自然法则基础上的,而不是各个国家的武断的法律之上。既然中国人不允许熟谙中国法律的人为外国人提供帮助,中国的武断的法令对外国人就不再适用,外国人无法执行想要利用这些法令的人的命令。当总督或地方官不核查法律的规定,不怕自相矛盾,让官方的笔录与他思想中的偏见相吻合时,中国人的法令对欧洲人来说就是一个死的条文。

在中国居住多年、从前有机会了解中国法庭对外国人的审判程序的人都知道许多人收买下级官员,在文字证据中否认恶性事实,拒不承认事实,然后审判就在他们将证据当作事实的基础上进行。

广州人普遍憎恶外国人,无论是官府中的人还是其外的人,如果有人为外国人主持公道,就会遭到同胞的鄙视。

1月16日。委员会收到了总督的一封公文,说他没有拆看委员会送来的最后一封信,而让行商打开,是想知道信中是否明确地谈到如何抓获外国凶犯(对“土巴资号”的海员的称呼)归案。因为信中没有写明,所以这件事不能不了了之。

总督又一次派遣行商,也是最后一次通过委员会向海军舰长宣布,如何交出凶犯以及总督打算怎样处置凶犯。

行商被允许代表总督打开委员会交给他们的任何信件。如果信中包含任何有关交出凶犯的事,就把信给总督看。如果令人满意,立即重开贸易。如果信函中没有这样的句子,他命令行商把信退还,不再就此事与他们商谈或交涉。总督还说,既然他们让公司的船离开,不发给他们离港执照,假如他们选择撤离中国,炮台不会用武力扣留他们。

委员会询问行商怎样的言论才能令总督满意,也能与海军舰长的简单声明一致。海军舰长此前称伶仃案涉及人命,非常重要,应该递交英王,按照法律对涉案双方进行审讯;否则,中国人可能严格地“按照中国法律调查并处理”。英国海军部或其他相关的职权部门会指定成立一个咨询法庭,受理此案,调查舰长及船员在伶仃的行为。

18日。委员会派人到广州送去了一封写给行商的信,信中阐述了上面的想法。

“行”在汉语中的意思是一座大商馆或大的商业建筑。内地普遍用的行商的意思与“批发商人”的意思相仿,以便与“商人”相区别,用苏格兰人的说法就是只经营店铺的人。但是此文中所说的行商都是特许经营的批发商人,被中国官府授权专门与欧洲、美国以及其他亚洲港口来广州的外国人进行贸易的,或者与广州海域以外的外国人贸易,因此也被恰如其分地称为“洋行商”,即海上的批发商人。

近年来这一群体由10人到12人组成——有几个富人和许多穷人。虽然他们垄断如此庞大的贸易,但是因他们缺乏做大买卖的人才或其他原因,所以并不赢利。他们的垄断权让他们成为唯一合法与外国人进行贸易的人,但是他们的资本并不放在一起,各个行商以自己的资本经营。如果某个行商倒闭,他欠外国人的债务(有限额的)必须由所有行商平均分摊支付。每一条进入广州港的外国船在取得交易许可之前,必须由一位行商替这条船向官府担保,因此这些行商有时又被称为"保商"。几年前,很多行商都穷困潦倒,官府怀疑他们受了外国人的不良影响,官府挑选了两三位富有、经验老到的行商组成行商商会,对全体行商进行控制和指导。

地方官府不让官员直接与外国人打交道,总是以行商为中介发号施令,通常地方官的正式法令都是通过他们传达给外国人。它有两重目的:其一,让能与外国人交流的人去沟通,那些人也不需要外国人向他们行叩头礼之类的礼节,他们也发觉外国人不太接受这类礼节;其二,让行商对发生的事情负责,这意味着他们可以更容易强迫或者控制在中国人看来粗鲁傲慢的外国人。

这些半官半商的行商,两三代之前的祖上主要来自福建,随着厦门港的贸易迁移到了广州随之而来。除了福建人,绝大部分都是广东人,只有一个是从北边长江那里来的,其他商人因此叫他"江外人"。中国像其他国家一样,需要很长时间——好几代人才能消除出身低微的耻辱。即使现在最富有、最年迈的行商,也常有人说"他祖父曾经在澳门大街上兜售橘子",或另外一个人"他父亲开一家旧锁铺"。一些年轻的行商,有人曾做过店铺伙计或通事(官方任命的为贸易船担任翻译的人)。据说有一个人曾经是卑贱的奴仆,也有一个人有些家世,他自己曾在官府任职,但是这个中国绅士却是一个极差的商人,很快就耗尽了资产,现在已经破产了。

其中有些人在祖父辈富裕起来之后,开始读书,受过中国的人文教育,有机会与官员交往或与本县的富人来往。但是在他们开始经商之后,作为官府对付外国人的执行代理人,此外还有自己的各种生意要打理,他们经常要去衙门听命,还要管很多事,没有时间再增长自己的学问。另外一些被中国人称为"拼搏出一条路"的行商在经济方面改善了他们的环境,但是几乎不会写字。

这些行商的生活通常很乏味,一部分原因在于中国官府的懒散和独断,他们必须谨慎地避免被指责为"洋鬼子的奴仆";另一部分原因来自他们是担保人,不仅要对受过教育、有原则的外国商人负责,还要为粗暴、不守规矩、酗酒的海员和非法商贩承担责任。因此无论他们多么富有,他们都很憎恶行商的生活。但是他们又不能辞掉它,因为皇帝说他们作为行商为自己谋取了利益,富裕之后也必须为大家谋利。

在这种情况下,行商总是努力在官府与外国人的较量中通过欺骗双方来保护自己。他们对官府说:"这些外国人很野蛮、很粗鲁,就像鬼一样。他们不可理喻。"他们对外国人总是夸大困难,让他们软下来,迫使他们接受官员的命令。

1月20日,行商告诉总督委员会信中所说英国的司法部肯定会调查的,但是总督授意他们谎称不敢让总督知道信的内容,除非信是写给总督的。为了平息这件事,委员会又写了一封与18日想法相同的公文,交给通事,让他送到广州去。

广州的通事是由官府任命的,有四五个人,不领官府的薪水。他们通常很无知,除了能够说广州中国人讲的洋泾浜英语、做翻译,一无所长。他们不能阅读英语,也不认识汉字。这些通事手下却雇用了一大批人,有人记录运出货物清单等,有人在外面的商馆里传话,当装满货物的船等待涨潮离开时替他们当翻译。所有重要的事情必须要主要负责人在场。

虽然官府希望这些通事担任口译和笔译,但是不鼓励他们学习外语,认为学习外语和外国人交流有媚外倾向,因此不屑于让他们学习外语。他们也以同样的态度对待中国妇女,不鼓励她们识字,因为识字会让她们要阴谋诡计。

1月22日。道光元年农历的最后一天,委员会接到了行商的一封信,说他们把委员会最近的来信呈交给了总督。但是临近年尾,总督不能正式答复,等新年过后行商再去问讯,并转告结果。

上面提到的这封信让官府发文降了行商的品级,剥夺了他的品位。

读者可能知道清政府将臣民划分为十等,普通百姓没有品级,其他九等有品级。

清政府命令中国人剃去发顶、留长辫,还改变了人们的服装;尤其是帽子,与以前中国人戴的帽子完全不同了。夏帽和冬帽不同,但是都是圆锥形,顶部有一个圆扣,圆扣的材质和颜色显示着戴帽人的品级。

其一:一、二品是红宝石或红珊瑚的圆扣。

其二:三、四品是蓝色圆扣。

其三:五品是水晶圆扣。

其四:六、七品是凝白或乳白色的圆扣。

其五:八、九品是黄金或镏金圆扣,最低品本来是银色的,但是没有人戴过。

这五种颜色或材质用来区分九等,如果要在同一颜色中区别开来,一品就用纯红色珊瑚,二品用雕刻过的红珊瑚;三品用深蓝色的,四品就用浅蓝色的;等等。

这种品级用于文人、官府文武官员。内阁大臣、总督、军队将军都是一品。

中国官府不仅给那些成功的文人及军官颁发品级,而且还向那些付得起费用的人兜售品级,把这当作收入的来源之一。出售的品衔只是名义上的,在礼节上享有极少的权力,中国民众并不反对。但是在中国人看来,统治者如果真的出售官位,这会让他们蒙羞;因为卖官鬻爵有违政府的原则,只有具备了某些文学素质的人才能担任官职。行商都有一个或几个荣誉顶子。高级行商有一个是红色顶戴,这是他在财富增加后逐步买来的。他最后一次得到的顶戴不是买来的,而是受嘉奖得到的,因为他在国家危急关头捐了一大笔钱,已故的皇帝特意褒奖他的。据说现在皇帝摘去了他的红顶子,只有他达到某些条件,才会为他恢复原来的品级。

高级行商所受的处罚是因为行商应负担保责任,上面解释过了。一位低级行商自愿为一艘船担任保商,虽然他并未参与,也不关心这事,但是官府选择了高级行商为非法走私货物承担责任。

虽然明令禁止鸦片,但是地方官员默许了澳门、黄埔的鸦片走私,有些人看着鸦片一箱箱地运进中国,从中收取一笔费用;另一些人离鸦片走私现场较远,他们每年都会收到一笔贿赂,让他们不要执行皇帝禁止鸦片走私的命令。

1821 年 9 月,一位住在澳门的中国人,以前替葡萄牙人贿赂中国官员的人,因为雇用了一帮歹徒袭击他的对手,歹徒设法找到了这个人,向他的双耳灌水银,伤害他的大脑却不杀死他,还把他的头发剃下来,混在茶里逼迫他喝下去,官府后来抓住了这名教唆的中国人。

策划这么残忍的计划并雇人行凶的恶棍长期以来是当地一害,人人都怕他。他是个讼棍,给官员送了许多好处,官员觉得他很有用,总是暗中庇护他。最终,有一名仇视他的人站出来以夸张的语言向总督揭发了他的恶劣行径、他在当地拥有的恶势力及他的淫威,断言没有捕快敢抓捕他,他只要一吹口哨,几百人就会来保护他,总督听了警觉起来,非常愤慨,下令派了一支军队去捉拿他,把他投入了刑部大牢。这个讼棍立即供出了对他官员朋友不利的事情,当即就承认他以贿赂为生,附近所有的官员从每箱走私的鸦片中获得了很多好处,或者每年因为隐瞒鸦片走私而获利(有具体的数字)。不仅官府的下级侍从拿了贿赂,上级官员也受贿,其中有蓝顶的军官,甚至还有红顶的将军。

总督从来不敢懈怠任何与鸦片有关的事情,他手下许多官员、书记员、军官等普遍吸食鸦片,眼前的事情比以前发生过的事情更严重,危及他的个人安全——他在广州任职这么多年,竟然对这样严重违法的事情都一无所知,朝廷不可能接受这样的借口,不能保证他不会受到别人的弹劾,或许会被贬官。他立即惩办了他手下的官员,从某种程度上说,他只向朝廷承担手下官员良好表现的责任。

他没有惩处直接参与违法的人,而是决定追究高级行商的责任。高级行商是一个胆小富有的人①,被中国人戏称为"羞涩年轻的女人",很容易对付。总督指责他失职,没有承担起所担保船只的责任,没有告诉官府每条外国船上都装载着鸦片。高级行商辩解说他从未经营过鸦片,更不能控制那些大胆地保护鸦片走私的官员。总督决意要那名行商承担责任,在初次谈话中就告诉行商,他已经向皇帝呈报,提议三年内降行商的品级,届时,如果行商管理得当,能够禁止鸦片输入中国,他将会请求皇帝恢复他的品级。

顶扣立即从他的帽子上被取下来。但是据说他花了一大笔钱之后,被允许临时戴着,直到皇帝同意为止。今天早晨据说皇帝很满意,认可了阮总督的

---

① 伍敦元。"著将徇私隐夹带鸦片之洋商伍敦元摘去所得顶戴事上谕",《鸦片战争档案史料》,中国第一历史档案馆编,天津古籍出版社,1992年,第32页。——译注

行动。

总督降了那位行商的级后，随后发布了几道公文，将鸦片走私的恶名嫁祸于葡萄牙、英国、美国等外国人头上，而不说中国的吸食鸦片者、中国走私贩及腐败的官府（官府当然应该承担一部分责任）。因为英国东印度公司禁止公司的船携带鸦片到中国，总督没有指责英国人（一些水手除外），说所有的鸦片商都厚颜无耻、贪得无厌，这是一种令人鄙夷的牟利方式。他说，从天朝大国运走的茶叶可以提神醒脑，大黄可以治愈无数的西方疾病，而他们却反报之以毒药。他在一份公文中针对外国人宗教原则中的希望与恐惧说：对于正义的商人，神灵会穿越海洋保佑他的安全；而那些违法走私害人的毒药的人，总会担心遭到地球上恶恶相报的因果循环报应，害怕阴间的鬼魂报复。总督说美国舰长胆敢向中国走私鸦片是因为美国没有国王的统治。

虽然总督没有直接对参与鸦片走私的下属采取行动，但是人们认为他应该会找其他借口惩治几个。广州官府经常用这种手段。因为不便将犯罪的事实公布于众，因此官府极力找出其他罪名惩治违法者，掩护自己。

总督派了一名高级官员当耳目去查看那些让财库蒙受损失的人。这名官员看到了他们的走私现场，想要抓住他们，遭到了反抗，有一两个人被杀。总督对他的官府感到很羞耻，但他压下了实情，下令当作一起普通杀人案进行了审判。

在本季打击鸦片走私船的行动中，总督特别赞扬了英国船和公司的船队。因此当伶仃案刚发生时，虽然他在官方文件中宣布“停止广州的英国贸易”，但是他仍然像平时一样允许公司的船和他们的代理商购买所需的物品。

25日，礼拜五，行商带着总督的公文到了第二关闸处，文中拒绝了里查森舰长提出的将伶仃案交由英国政府处理的提议，重申了他的要求和命令，让他立即交出外国凶犯。这一答复打消了此前行商们燃起的一线希望，当时他们唆使里查森舰长写了最新的文件。接到此消息后，委员会立即命令公司船起锚，从虎门离开。

通常在这一段河道里都雇用当地人引水，但是广州总督威胁他们说如果他们胆敢帮助这些船通过虎门，就处死他们。然而，凭借着北风顺风，在性能优良的罗斯船长的“宪章号”的指引下,船队没有引水员就安全地通过了。虽然这不是一件愉快的事情,但是这些公司船排成一列,场面蔚为壮观,其中包括:

“击溃号”[①](Repulse) 佩特森船长(Captain John Paterson),总指挥

“滑铁卢号”(Waterloo) 奥萨格船长(Richard Alsager)

“哈里斯将军号”(General Harris) 韦尔斯特德船长(George Welstead)

“桥水号”(Bridgewater) 米切尔船长(William Mitchell)

“劳瑟炮台号”(Lowther Castle) 莫特洛克船长(Charles Mortlocke)

“阿特拉斯号”(Atlas) 梅恩船长(Charles Otway Mayne)

“肯特号”(Kent) 科布船长(Henry Cobb)

“凯利炮台号”(Kellie Castle) 林赛船长(Alexander Lindsay)

“格兰特号”(Charles Grant) 斯科特船长(Hugh Scott)

“基德将军号”(General Kyd) 奈恩船长(Alexander Nairne)

“卡姆登侯爵号”(Marquis Camden) 拉金斯船长(Thomas Larkins)

“斯科比炮台号”(Scaleby Castle) 纽沃尔船长(Captain D.R.Newall),后来加入穿鼻的船队

“温莎号”(Windsor) 哈维塞德船长(Captain Thomas Haviside)[②]

“法考尔森号”(Farquharson) 克鲁克尚克斯船长(William Cruickshanks)

英王“土巴资号”有 36 门炮,里查森任舰长,停泊在穿鼻,公司船队也驶往穿鼻落锚。

总督原来许诺说炮台不会开火,但是却靠不住,当公司的船驶至炮台时他们的炮瞄准船点燃了导火索。当公司的船在炮台上方躲闪,在炮台下方的“土巴资号”立即开过来还击,帮助他们。

大约四点,船队停靠在穿鼻,就像字面意思所说“穿过鼻孔”的意思,因为到这个停泊处要穿越一块像鼻孔似的石头。

在以前,例如 1814 年时,将船撤到虎门以外就结束了,意味着结束所有的

---

① 船名及船长名与中国海关史研究中心组译马士的《东印度公司对华贸易编年史》一致。——译注

② 后两条船是准备返回英国的船,被滞留在穿鼻。——原注

谈判。因此,他们现在也没有理由指望中国方面会采取任何进一步的行动。

25日晚,从英国到来的公司船“斯科比炮台号”给“滑铁卢号”带来了许多信件和公共消息,吸引了船上的人在26日以及随后的几天的注意力和兴趣。对于他们来说,女王去世、新英王盛大隆重的加冕典礼更激动人心。

1月28日,他们收到了行商的一封来信,说他们听说公司的船通过了虎门,有一条船装满了其他半满船只的货物。他们又说:“我们有重要的话要告诉你们,因此我们请你们不要再搬运货物,而且不要走远,等我们去。”

29日,行商们到了“滑铁卢号”,由一位老先生陪着,他就是人称“江外人”的那位。他们要来传达的重要的话是关于一个计划,可以让地方官府平息案件的计划——委员会应该给官府写信,声明里查森舰长确认某人和某人从舰队失踪了。在此基础上制造伪证(在中国,书面声明而非口誓当作证据),他们以此编造合法的借口,证明这两名失踪的人就是凶手。委员会断然拒绝了。接下来的权宜之计就是让军舰尽快离开,几天时间就足以让总督给朝廷写信汇报说英军军舰上载着杀人犯逃跑了。

我们所知委员会写信重申了他们以前的立场,称公司的船与伶仃案无关,而被牵连停止了他们的贸易是不公正的;如果现在和今后,政府能够区别对待公司商船和英王的船,他们愿意重返广州。

通过行商的反复磋商和劝说,上面提到的老先生——年轻时曾是一位讼师——似乎发现里查森舰长给总督早先说过伶仃居民袭击以及他们反击对方都是在一天中发生的;而地方官却称伶仃村民在农历11月20日那天追赶逃跑的水手时发现了一些偷走的土豆和酒,因此在21日水手上岸的那天武装起来报复他们。老先生说:“你们的证言在法律上改变了案件,在袭击现场进行反击和前后两天内发生的事情是完全不同的事情。”接着,行商建议里查森舰长给总督写信,说明案件的真相。虽然里查森舰长早已向中国官府申明了事实,但是他没有拒绝再次向中国官府说明情况,他写了一封信,由马礼逊博士译成汉语。为了不让别人修改译文,遗漏重要的事实和理据,他送信时没有送去英文原稿。舰长在信中还暗示他将很快离开中国,为了防止他们劝阻,他没有事先走漏消息就离开了。

1月31日，委员会收到了澳门葡萄牙总督的一封来信，表达了他对英国的友谊，表示愿意替公司分忧，如果他们愿意，他可以替他们与中国人调解。随信还寄来了一份澳门附近地方官送给葡萄牙人的一封信的译文，这名官员被葡萄牙人称为军民寨官员（Casa Branca Mandarin）。他以小官员惯用的夸张的笔调写信，甚至比他们本来已经够玄虚的上司还浮夸。

他面临的难题是既然有两名天朝帝国的子民被杀，就必须有两名英国人偿命，否则贸易就会永远停止。至于公司的大班及其他人员和他们的家属，他们格外开恩允许他们暂时居住在澳门。现在贸易停止了，家属也都上船了，他们将永不得返回澳门，除非交出两名英国人偿命。

我们确信委员会谢绝让澳门总督作调解人；因为委员会与广东总督保持着通信联系，就不必要再让他的下属官员介入，也未采纳军民寨官员的提议。

葡萄牙驻澳门政府所依据的原则就是一种苦难——考虑到他们每年向广州府缴纳的年金。中国人只要愿意，就可以向葡萄牙政府下令，让中国人进入葡萄牙人的驻地。澳门有中国官府、中国海关和葡萄牙政府与葡萄牙海关。

英国商馆的人居住在澳门，并不是因为葡萄牙人愿意，而是中国当局命令葡萄牙人这样做。当荷兰在法国的控制下与葡萄牙人作战时，澳门的葡萄牙政府命令荷兰商馆的人离开澳门。但是荷兰商馆的主管却设法让中国官府否决了他们的决定，撤销了澳门葡萄牙人的命令，荷兰商馆的人仍然住在澳门。凡是从广州来的人和欧洲商人带上一份中国官府让澳门葡萄牙政府给予关照的许可证，就可以乘一种“官船”到澳门居住。但是如果澳门的葡萄牙人很反感来者，他们可以禁止葡萄牙人出租房屋给来者，而中国人不能逼迫他们出租房屋，欧洲人被禁止住中国人的房子。然而，中国的这种情况仅针对个别人，即那些不受欧洲国家欢迎的人。这里有成文的法令，葡萄牙宫廷给澳门官府下令让他们为欧洲的商馆人员提供住房。

2月1日。委员会收到了行商的一封信，说官府派了一位官员2月1日离开了广州，乘船到伶仃去调查伶仃案的真相。行商也陪同前往，同去的还有上面说到的老行商。

3日，这些人来到了穿鼻。4日，中国官员登上了军舰，和里查森舰长面谈。他允许“土巴资号”的头等中尉、医生与马礼逊博士进入谈话的舱室，由马礼逊博士担任英方的翻译。中国行商没能上船，虽然老先生此前都被当作朋友看待，这次也被排除在外。

受伤人员的名单由军医写出，由他和里查森舰长签名后交给中国人，马礼逊博士口译、中国人记录。他们说发生冲突的起因是一位军官打坏了伶仃居民埋在沙子里的两坛酒，这本来是他们打算卖给中国水手的。而偷土豆的指控可能是源于一位养了两只宠物羊的英国人把土豆苗的叶子摘下来喂羊。中国官员没有权力当场裁决，说他们要把情况汇报给总督，以此结束了会谈。他们还去看了看一位伤势仍未痊愈的伤员，查看了其他伤愈者的伤口。

里查森舰长隆重地接待了中国官员，有军乐队伴奏，全体列队欢迎；当中国官员离开船时，他们还放了三响礼炮。

咸臣作为商馆主席，由奥萨格船长陪同在军舰上为到访的中国官员举行了宴会。里查森舰长去中国官员的船上进行了回访。当里查森舰长和咸臣离开船时，中国人也放了三响礼炮。

船上有两门葡萄牙人造的铜炮，其中一门造于1630年。当他们告诉其中的一位中国官员后，他对历史悠久的造炮传统感到钦佩。

中国官员所乘船的船长戴水晶顶，看上去是一位朴实和蔼的人。他陪同军舰的客人，表达了与里查森友好往来的愿望。

那一天行商仍然希望通过作伪证打一起假官司，例如说有两个人从船上跳下海失踪了，这样官府就能说这两个人是凶手。行商仍认为官府不可能接受为了自卫的缘由而将案子定为正当自卫杀人案。虽然他们拿走了伤者名单，到案发地取证，但是并不能让他们编造出一个可以摆在皇帝面前的奏章。

中国官员来访并没有提出任何可以妥协的方案，只是笼统地暗示他们的上级不会调查外国人所述的事实，因此这些官员来访并没有达成协议，而是试图在中国官府认定的原则基础上找一种办法结束这个案子。他们所认定的原则就是英舰上的人杀死了两名中国人，或者两名英国人为此偿命，或者谎称他们逃跑时淹死了，或者说他们乘船逃跑了。

由于广州新来了一位副总督①，以前由阮总督掌握的几枚权章现在由新来的副总督保管，阮总督的权力被大大削弱了。

新巡抚是一位满族人，在这个问题上与总督观点不同，他的观点对外国人更有利。阮总督是汉族人，他站在敌视外国人的立场。

2月8日礼拜五。英舰"土巴资号"起航了。公司船队队长韦尔斯特德船长向军舰鸣炮致敬，军舰还礼；接着是"滑铁卢号"鸣礼炮，对"土巴资号"前夜向咸臣致敬回应。

礼拜五中午，委员会给行商写信，通知他们里查森舰长自上个礼拜日中国官员到访后等不到中国官府的回复，因此离开中国了。

礼拜日，2月10日，行商捎信说收到了委员会的信，答应一旦收到官府发表的任何有关文告或政令都将立即抄送委员会。

商馆牧师亨利·哈丁牧师在"滑铁卢号"上举行了主日礼拜。前部甲板上就这样不慌不忙地建起了神的教堂，参加礼拜的水手表现也很得体，奥萨格船长做记录员。

行商所答应的关于英舰起航的正式公文没有送来，而是在1月31日带着他们拟好的底稿来到了穿鼻，让委员会照着抄写。底稿中称里查森舰长临走前说因为找不出凶手，只好把他们都带回英国，在那里惩罚他们。行商还让委员会说将会向公司董事会汇报，让董事会呈报英王，以惩治罪犯。在信的末尾请求总督像以前一样发布政令，允许英国商馆返回广州，重开贸易，外国人对此将感激不尽。

委员会没有接受这封信，重申他们最初的立场，即他们没有权力控制军舰，现在军舰离开了，更不能讨论了，只有英国海军部能够处理。只要中国官府将英王军舰与东印度公司商船区别对待，允许恢复正常贸易，英国商馆愿意回去。行商很愉快地离开黄埔，返回了广州。

"江外人"在这件事中有三四次用很强烈的语言说完全可以尽快解决，但是在最后一次商谈时没有露面。被戏称为"羞涩年轻的女人" 的行商不得不

① 即广东巡抚嵩孚。——译注

艰难地辩解说并不是因为他有何成见,没有让事情发生转机而拖延了下来。

2月14日圣瓦伦丁节那天,一群人乘“罗斯宪章号”去了龙穴岛。然而,岛上没看到任何洞穴,一位当地人证实说是朝南的港湾被称为“穴”。岛上东部的一棵树下,有一个祭坛,一块石头成为人们膜拜的对象。祭坛两边的对联表示人们祈求风调雨顺,似乎祭拜者主要是一群以航海为生的人。岛的西端有一二十位男性居民,看上去非常穷。唯一一座砖木的建筑是一所“三圣庙”。三位圣人姓周、李、罗。

人们在穿鼻发现了一个装着人骨的罐子。据说是一位英国医生为了造福解剖学带走了头骨。

礼拜日,2月17日,行商带着给总督的信件来访,口头承诺如果委员会同意,就正式给总督、副总督、粤海关部写信,事情就会了结。这份底稿中声明它是根据委员会给行商的最近一封信起草的,只是对态度和风格进行了修改,降为一种奴仆式的口吻。代词“我们”被换成了汉字“夷”——外国人的中文译名,但这个字有“不属于中国的、卑微的”意思,就像古希腊人用的“野蛮”这个词一样。为此,英国人以前在翻译给中国官府的公文中从来不使用这个字。底稿信中还让委员会说他们将会汇报董事会,将此事呈报英王,英王或许会惩治舰船上的人。信中还感谢官府能够明察,将英王的军舰与公司商船分开,请求重开贸易,他们对此千恩万谢。

委员会没有采用这一说法,而是把他们给行商的信重新写了一遍,增加了几句话。答应把最新情况呈报董事会,这封信是写给官府的三位主管大臣的。

2月18日,法国军舰“克莱帕拉号”来到了澳门海域,准备到交趾支那去执行任务。几乎同时,葡萄牙人也在澳门公布了新宪章。新宪章削弱了大法官的权力,交由议会掌握。

公司的帆船今天从澳门带来了一张中国文告,是召集中国居民评议大法官在过去20年执政期间打击海盗、抵御英军入侵、维护和平方面的政绩,中国居民希望保留大法官旧职,阻拦新宪章和要成立的新的政府形式,召集会议者还请求中国地方官府对此表态。据说大法官欠中国债主40万元的债务,只有债权人才在意他留任或离职。在上述文告中,中国人明确宣布澳门是中国人的。

马六甲海峡传来消息，暹罗人攻击 Kidda 王，槟榔屿政府下令悬赏 Kidda 王的首级。这件事与缅甸人和暹罗人的敌对状态有关。

克劳福德先生作为商务特使离开了孟买总督，在前往暹罗的途中。这起事变将会改变英国政府建立的印度与马六甲半岛的关系。

礼拜五，2 月 22 日，官府通事带着总督的公文来到了穿鼻，公文简洁含糊地说一些关心这件事的人很同情他们，要完全重开自由贸易。但是仍然宣布说军舰载着凶手逃跑了，因此他们不可能交出凶手，虽说委员会对此没有责任，仍正式公布（在最新的一封信中）说他们将给英国写信，相信他会汇报这件事的原委，让英国调查并处理此事。总督又说他在这件事中对异邦远客已是格外开恩照顾了。

中国官府恢复了贸易，虽然他们说这是恩典，而在英国人看来却理当如此——他们没有理由拒绝贸易，因此委员会决定返回广州。

行商送来了正式的通知函和政府公文，请求英国商馆回去。“江外人”曾经多次燃起了已经非常失望的委员会的希望，他只提过去的事情而不谈将来，恭贺委员会被邀请返回广州，像过去一样从事贸易，肯定地说军舰的事情不会牵连公司。行商来信也这么说。

中国官府始终认为他们一方从事贸易纯属一种恩赐，广州人也都说如果公司的船自行通过了虎门炮台——他们就是这样做的——就再也不会被准许回来了。就地方官府而言，这些威胁和恐吓都将在其他更重要的考虑面前让步，地方官府开始在热情与傲慢之间挣扎，最后的结果一定让总督和署臬司受到了打击。总督也许对结局不满意，因此，无论英国人为躲过了伶仃案带来的劫难而多么欢喜庆幸，现在庆祝胜利还为时过早。①

1822 年 2 月 23 日于穿鼻“滑铁卢号”

① 咸臣因为他在伶仃事件中的出色表现被英王乔治四世册封为爵士。——原注

附录五：1822年广州火灾纪实

（译者　杨慧玲）

1822年11月1日(道光二年农历九月十八日)礼拜五晚上，大约9点钟广州的郊外着火了，从欧洲商馆处可以看到。起火处在商馆的北边，有约15到20分钟的路程，比较远，如果按直线距离大约有1英里远。和平时一样，听到火警后，属于英国商馆和行商的救火器械都被带到了现场。但是因为广州街道很窄，而且也没有受过训练的灭火员，政府也没有及时有效地配合，救火设备流水不畅，对快速蔓延的火势不起一点作用。中国人转移了他们的财物，一般还有一个人拿着剑或者刀子保护着，大声地叫喊着让满街的人让道。几个商馆的人和公司船队的长官投身去灭火、拆掉房子，可是没有中国人帮忙，火越烧越旺。

英国商馆有一个阳台，焦急的欧洲人在那里观察火势，预计烧到商馆的可能性，但是大家看法不一。槟榔屿来的厄斯金先生(Mr. Erskine)早在礼拜五晚上11点就预计火势不可避免地会蔓延过来，大约12点或1点的时候，咸臣让史密斯船长向黄埔发令，每条船上都预备一条小船并配备人手，以备不时之需。

广州的大部分欧洲人半夜开始准备搬走重要的文件，通过河上的小船运走。需要的船很多，因此船价涨到了平时的10倍至30倍，最终还有人没能雇到小船。

公司的"摄政王号"还没有到，因为本季的毛织品还没有卖给行商，仍然堆在公司的仓库里。苦力(或搬运工)早早地就被雇来搬运这些毛织品和其他货物了；可是火势蔓延之后，所有的人，无论是公是私都受到了影响，就很难再找到劳力了。

礼拜六早晨5点,危险似乎随时会来。咸臣以英国商馆和其他欧洲商馆的名义写的两封中文信送给了火灾现场唯一能够找到的一位官员,信中请求总督和其他高级官员派遣军队或警力联合拆掉大火周围的房子,这是唯一阻绝大火、保存未被大火殃及的外国人和中国人房子的办法。

这封信的语言非常诚恳急切。丹尼尔(Daniell)和维格姆(Wigram)带着其中一封送给了一位官员,他看后却似乎对内容很不满意。斯雷德先生(Mr. Slade)带着另一封去找其他的官员,信送到了,可是却无人愿意理睬它或读它。

咸臣以同样的语言给总督本人写了一封更加急切的信,封好口后派胡迪顿(Hudleston)、罗宾逊(Robinson)、马礼逊和斯雷德送到城门口。当他们到了城门,守卫的官兵像平时一样愚蠢地大喊大叫,阻拦这些外国人,把城门关上了。但是他们把信塞到了一位低级官员的手里,他匆忙地看了信的地址,然后一句话不说就朝总督府跑去。

但是,官府却没有做出任何拆房的举动,街上挤满了人,未经授权私自拆房,无论是拆外国人还是中国人的房子都会导致多人死亡。固执而又优柔寡断的总督事后把信又退还了,因为信封上是咸臣的私章,而非公司的公章,公章被放在一个安全的地方,当时拿不到。通事又一次把信送给总督,但是他有没有拆开看就不知道了。官府什么也没做,大约8点火烧到商馆了。

整个礼拜六都在徒劳地阻止火势蔓延。风是从东北方向吹来的,太阳还没有落,但是保留任何一所外国商馆的希望都落空了。火烧过了郊区,沿河岸向西蔓延约有一里半。

礼拜日早晨破晓时分,看到的只有欧洲商馆的废墟,仅有美国领事威尔库克先生(Mr. Wilcock)、贝利先生(Mr. Berry)和一部分麦格尼亚克行的保存了下来。英国商馆的库房完全被烧毁了,仅余9套房子。

发官(Fatqua)、章官、潘启官、茂官(Mowqua)的商行全被烧掉了。① 上千

---

① 如果咸臣给总督和其他官员的信能够被他们重视并立即采取行动——拆掉火区旁边的房子,就没有可烧的东西,火势就不会蔓延了。欧洲人的商馆和很多中国人的房子很可能被保存下来。——原注

所房屋和商铺被烧掉。有一个地方当一个抢匪割开了一个人的背包,里面的钱掉在了地上,为了拾钱有27人被踩踏致死。

广州协副将李将军告诉我大火导致5万人无家可归。在人们的记忆中从未发生过这样的大火。他说这是“天意”。总督在城门跪拜、向天祈祷,但是没有用。礼拜日早晨他看到了废墟,痛哭流涕。

礼拜一,4日清早,公司把他们的钱大约有70万元搬上了一条帆船上,由英国水手护送,按事先的安排运往总商浩官的金库。当卸下一部分后,浩官开始紧张起来,他改变了主意,建议他们把钱送到黄埔放在船上,因为他想到有许多流离失所、饥寒交迫的人也许和土匪一起抢劫他。他甚至建议欧洲人都到黄埔的船上去,到安全的地方。钱财送到了黄埔的四条公司船上,但是商馆的人没有接受他离开广州的建议。可担心的原因很多,因为他和其他中国行商为了达到自己的目的常常夸大事实或者说谎。浩官希望他们搬走财物(不是没有理由的),同时也是为了避免他们麻烦他或者喧闹,因此他首先夸大了抢匪的危险。

中国人派了一支军队和捕快驱散围观者、防止盗窃。晚上有400人,白天有40名士兵和30名捕快。一位低级军官和捕快要求我们公司每天给他们一些额外的费用,我们勉强同意了;然后军官向上级汇报,上级不同意他们收钱,他们把第一天收的钱又退回了。捕快的纪律性较差,他们继续天天收钱。

4日晚,一些中国官兵因为偷了英国商馆守卫军官的剑和戒指而让他们蒙羞。偷东西的人逃跑了,但是英国军官扣住了他们一伙的人,第二天把案子交给了李将军。

事情据说是这样的,看守英国商馆的英国军官请中国人去他的房间,也许是中国人自己去的,英国人给他们看了自己的剑和戒指,还给了他们一些喝的东西。当这些新朋友离开握手的时候,一个中国人捋下了他的戒指,另一个人拿走了他的剑,第三个人被英国军官扣留了。

李将军说,事情属实,这些官兵不应该在值勤时间互访并且一起饮酒,他们都犯了法,如果我鞭罚我的官兵,你会不会也同样处理你的人?

英国商馆的人回答说抢劫是很耻辱的一项罪,而朋友交往则不是。李将军承认这很丢人,但是坚持认为看朋友和饮酒同样是错误的。英国商馆告诉李将军,应该让最高民事长官总督知道这事;但是将军下属的恶行不影响将军,因此将这个人交给将军处置,由他惩治抢劫的人,追讨丢失的财物。将军说这些东西也许被扔掉了,找不回来了,但是他记下了劫犯的名单,将会严厉惩罚他们。他感谢英国大班宽宏的做法缓解了事态。

也有人认为我们英国人护卫自己有错,是他说有话要告诉中国人,无论是欺骗还是武力,都是他自己不够警惕造成的。此外,最近的火灾让许多人穷困潦倒,当局也为此花费了极大的精力,没有精力再处理私人争端,显然涉事双方中的一方有疏漏,而另一方则别有用心。

中国当局按照战时法律管理这些人。几个贫穷的中国人从废墟中拾铁器和钉子被抓住了,被带到军官面前,立即就被压在地上鞭打屁股,有时候用鞭子打,有时候用扁竹竿打。一位英国水手攻击了不是他所属船的长官,被绑到行鞭刑的地方,挨了 20 下鞭子。

在大多数商馆被烧毁后的第二天夜里,有一些中国人企图进入商馆的金库。有的没能打开,有的打开后发现是空的,他们在奥利芬先生的金库里找到了钱。当奥利芬先生和带来的人赶来把他们驱散后,除了被他们带走的几千元,金库其余的钱保住了。

礼拜三,6 日,总督宣布大家将毁坏的房屋、财物、人命等数目报到官府,他准备把这一悲惨的消息报告皇帝。

英国人当天就给官府送去了一张纸,说他们的损失估计约有 400 万元。他们说相信这是上帝的旨意,但同时也提出所有的人都应该尽力扭转逆境,并对他们 2 日早晨提出的请求未能被采纳感到遗憾,如果当时采取行动的话,可能近一半的损失是可以避免的。他们提出因为中国人的房屋(用了大量的木材)靠着欧洲商馆的墙搭建,因此请官府帮助这片地方的人布局,如果要重建房屋,在中国人房屋和外国人商馆之间留一片空地。

礼拜三早晨,两名中国人被指控纵火和趁火打劫被斩首;礼拜四早晨又有两人被证实犯了同样的罪被斩首。

这一天有两名穷人正在废墟里捡铁片,有一堵墙突然倒塌了,把他们和一个路人砸死了。

有人说在火灾中丧生的有一百多人，而且多数是青年男子。抢劫的人杀死了带着财物的人，可能还有人为了防卫杀死了劫匪。

南海县的左堂和地方官因为管理失误而被免职，将接受皇帝对他们的惩罚。总督本人根据法律也要受牵连。据说失火的当天夜里，他一怒之下将自己的衣服脱下——除了他的官帽和靴子，都投入了火中，他以此表明自己没能扑灭大火、宁肯被免职的意愿。

礼拜二，有两名中国人受到了一种叫作“耳箭”的刑罚，可能礼拜三早晨被砍头就是这两个人。这种刑罚是让一支箭从两边穿过耳朵呈垂直状，然后在顶部有一面飘扬的旗子，上面写着犯人所犯下的罪名。他们被细链子拴着，被人牵着快步从围打他们的人群中走过。

礼拜五早晨，8 日，又有两名纵火犯被斩首。当天晚上，有一个男人穿着女人的衣服，假装成女人的声音请求夜里住宿，被识破后被发现也是纵火犯。总督亲自三次到城门察看，从他的态度看，他非常担心公众稳定。

英国人今天接到了总督关于将中国房屋与外国商馆隔开方式的答复，他们在 6 日的信中提出了这样的请求。总督命令行商察看土地，看行商能否提交一份详细的报告，可以让官府照此执行。

总督说他没有收到 2 日早晨送给他的请愿信，即使他收到了信，中国人也不可能同意为了保护外国商馆，事先把他们的房屋拆掉。他说强烈的北风和迅猛蔓延的火势超出了所有人的意料，让一切灭火措施都无济于事。

本月 1 日澳门的一个被称为沙里(Sha-le 音译)的中国人村庄起火，有一对母子被烧死。就在同一天晚上，发生了广州火灾。

虽然英国人有 9 套房子留了下来，但是到处都是废墟和垃圾，此外其他的断墙随时可能倒下来砸到他们和路过的人，到处都有危险，他们也不能住。接连好几天夜里，每个人都在他们能找到的地方睡觉。但是礼拜四，8 日，商馆大多数人都搬到了一间过去很富有、现在已经破产的丽泉行的库房。大班和委员会就住在库房里，在这里办公处理公司的交易。同一天，茶叶检验和载运开始了。

中国人害怕危险，不敢接受拆掉烧毁商馆的厚重墙壁的任务，于是，船队的长官和船员在总指挥官史密斯先生（Commodore Smith）的指挥下，被派去承担这一又脏又危险的任务，同时他们雇了中国劳力从商馆搬走砖头和垃圾。

1666 年 9 月 2 日即礼拜日早晨爆发的伦敦大火，据记载称它的破坏程度在世界上是最大的。火势所及的地方呈长方形，有一英里长、半英里宽。根据这一记录，这次广州大火的凶猛程度超过了伦敦火灾。

阮总督、李将军和许多中国人都说这是一场大灾难，发生火灾是“天意”，这是“天灾”，就是上天降下的灾祸，上帝以此来惩罚这座富有、尔虞我诈、奢靡堕落的城市。

如果因为大洪水时代前的邪恶致使世界被淹没，如果所多玛城的罪恶让天降大火毁灭了这座平原城市，如果大城市尼尼微的罪恶摆在了上帝面前，因此才受到惩罚，如果巴比伦、埃及、耶路撒冷因为他们的罪恶才被毁灭，那么这一次又怎能够再有人怀疑世界的道德统领者为了责罚或惩罚而降下了这一起起痛苦的灾祸。“上帝说，我必在埃及中使火着起，向埃及施行审判”①——“刑罚是为亵慢人预备的”。②

物质只需稍微地失去控制就会如此快速地吞噬最富有者的财富；一个小时内就足以毁灭人们半个世纪所聚敛的金钱或不义之财；在火灾、战争、饥荒、虫灾中，上帝有意让相对清白无辜的人也受到罪者的牵连，但祂仍是公正的，当前的神意并不是终结性的，最终看到的是“审判全地的主行公义”。

顺从是对上帝的公义谦卑地认可。不要太依赖财富，不要太贪婪地追求会毁灭的财富，敬畏上帝，相信上帝会保佑，为了恒久的面包而劳作，在天国积累财富，把心放在天国的事务上来，这就是从大灾祸中应得的教训。或者像塞克大主教（Archibishop Secker）所说“上帝的每一次审判都是教训人们不要自以为自己是世界上的道德、是宗教的实践者”（《以赛亚书》26:9 的注解）。上帝为了受害者才惩罚他们；或者让别人听到就恐惧，不再作恶。“因为你在世上行审判的时候，地上的居民就学习公义。”（赛 26:9）

---

① 《以西结书》30:16,19。——原注

② 《箴言》19:29。——原注

中国人的性格是在中国的异教思想和专制主义思想下形成的，在这次火灾中就体现出了与仁慈和无私对立的一面。官府没有为那些遭灾的中国人提供任何帮助，那些逃离了火灾的人也没有自愿为那些受灾的人捐款。在火灾中，由于自私没能让人们联合起来，从人性来说，个人的牺牲本来是可以减轻伤害的。

行商认识欧洲人都有一二十年了，每天都和欧洲人打交道，在很多事情上与欧洲人结下了友谊。但是当欧洲人商馆被烧毁、变得无家可归时，没有一个逃离了火灾、房子仓库完好无损的行商主动让欧洲人借宿一晚，或者为这些无家可归、饥寒交迫的“番鬼”送一顿饭，而必须由这些外国人提出要求。

上述指责不包括中国仆人，他们都为雇主担忧，忠诚地帮助雇主抢救财富。只有一两个人例外。有一个是来广州访客的仆人，在他考虑到无论他的雇主是好意还是恶意都无法为他带来财运时，据说他带着主人的 100 元逃走了。

附录六：对海员的演讲

（译者　杨慧玲）

英国海员！在基督教国土出生的人们！——因为你们现在离开了自己的祖国和亲友，在这个骄傲的异教国家境内停留一段时间，我以一个同胞和一个朋友的身份向你们演讲。我盼望能让你们理解并产生共鸣。我盼望提高你们对自己的责任感，增强对国家的荣誉感，促进对今生以及对上帝救世主许诺的身体死后将要到来永恒的幸福快乐感。毫无疑问，你们现在的处境和在祖国的亲友相比非常不同。你们当中有一些人的父母亲还健在，他们在为自己的儿子担忧，担心航海中的危险，担心骄阳的炙烤，担心受不良朋友唆使而不敬神、酗酒或堕落；有一些人失去了父亲或母亲，而且也没有朋友；还有些人可能是家中年迈母亲、姐妹、妻子或家庭的唯一依靠。我向懂得作为儿子、父亲、丈夫和朋友的感情的人演讲，我希望在你们看到这篇演讲稿后，珍惜对祖国和亲友的最亲切的记忆，更严肃地思考让你们更接近自己的思想和内心。

海员们！你们知道勇敢的尼尔森(Nelson)在谈到英国的敌人(包括美国人)豪气十足地说："英国期待着每个英国人都尽自己的责任。"这是在战争时代的言论，在和平时代也同样可取。我再增加一句：英国期待着，天国期待着，每个人都应尽自己的责任。现在每个人对自己、对亲友和国家、对上帝和救世主都有一定的责任。人是什么？人是由躯体和灵魂构成的生物。从躯体(有肌肉、血液、骨头)来看，人和动物很相似；但是从灵魂(soul)来看，一种精神思考的能力，他却和天使相仿。当躯体死亡了，灵魂并不死亡，而是进入到另一种看不见的、永恒的状态。人是承载着思想、语言和对万能的上帝负责的行为能力的，而上帝是创造与维持包含着太阳、月亮、星星的宇宙、海洋以及所有宇宙间的物种的创造者和保护者。因此每个人每天都要记得不能够随心所欲地做事，而是应该按照理性、良知和上帝所要求的去做。当万能的上帝造出第一个人时，祂让人完全知晓祂的愿望，直到今天，所有的国家、异教中国和其他异教国家都保留了一部分这些知识，任何一个人研究上帝的作品和上帝的安排时，都能从中推知相当程度的上帝的意愿。但是上帝的意愿在摩西、犹太先知、耶稣的使徒和其他门徒的书中更加明显，出于对人类的怜悯以及为了人类，万能的神告诉了这些人祂的意愿、祂对人的要求，以及祂对人施恩的计划。现在，你们必须以理性、良知和《圣经》为你们指引的方向，去思考去阅读，也应该听取智者的忠告，智者有更多的时间去思考，比你们读的书更多。出于这样的考虑，我自愿向你们提出我的建议。

每个人对自己负责就意味着对你的躯体和灵魂都要同时负责。你必须工作以获取足够的衣食，如果可能，还可以将盈余部分帮助年迈、生病或者无助的亲友。如果一个人只是吃吃喝喝、工作睡觉，从来不考虑他的家人，或者不提高自己的思想和促进自己的道德精神，他让自己属灵的、高贵天使般的本性沦为躯体的奴隶，那么他与动物并无两样。在很多情况下，他甚至比动物都糟糕；或者像过去的一位作家所说，这样的人"一半是野兽，一半是魔鬼"。一个好人会用他的理智和宗教信仰去控制他的肉欲,因为上帝禁止过度及反常规,无节制的贪婪和欲望对人的健康不利,浪费了财物,而这些财物本来可以让他帮助亲友或者那些病弱者、绝望者;而且贪欲和反常规停止帮助别人,或者因其产生的恶果,对别人通常也会造成伤害。

你们中曾多次航海来中国的人都清楚地知道,每年有很多船队的人死在黄埔:有一些是上帝安排的自然死亡,与他们自身没有关系,因此对这些人无可指责,但是有时是因为酗酒过度而病死的。

……

在中国,英国海员常常错误地利用了礼拜日的休闲时间,在自由的日子里沉溺于世俗的、无节制的肉欲享乐,甚至在广州值勤时,有时也会去“猪巷”(Hog-lane)饮酒,这样做不仅有损自己的身体,而且也让他本人、他的国家和信仰成为异教中国人耻笑的对象。在每一个不正义、贪婪、纵欲、说谎、醉酒、堕落的欧洲人中,像他这样的人很常见,但在异教徒国家,他使我们救世主上帝在异教徒中蒙羞。这样的人,无论他在何处,无论穿什么衣服,不仅忽略了自己得救赎,还阻碍了别人得救赎。这些负面看法不仅只针对在中国的海员。

悔改吧——英国海员们!上帝赋予了每个人勇气和善心,只要你们的指挥官一声令下,你们就会勇猛地战斗,为了救一个溺水者甘愿冒着生命危险跳入水中。即便这样,战争与危险仍是恶魔,你们不希望永远在冲突和飓风中生活。你们的内心能够平静吗?我来告诉你们:英国议院谴责你们,英国的报纸和绅士言谈间责备你们不知足、狂暴、不受约束,经常酗酒、吵架、斗殴,甚至有时会致使中国人死亡。这样的行为在中国尤其会为你的雇主带来巨大的经济损失,你个人的错误行为会迫使雇主为了不让你因为意外伤人受到折磨或者被不公正地绞死,而与中国官府进行谈判。中国的法律不谅解当一个人受到另一个人的袭击或用语言和眼神进行的侮辱就在争斗中杀死对方的行为。英国法律不允许因为一些小借口杀人;而中国法律比英国法律更严厉。因此如果你醉酒后,在冲动之下与人发生争执时杀死了一名中国人,如果确实如此,没有人会袒护一名杀人犯,不仅你的同胞会谴责你,甚至你还会搭上自己的性命。其他国家的海员在人们看来比英国海员更加理性,行为更守规矩,中国人与你们相比也更守纪律,头脑更清醒。作为一个人,一个在基督教国家成长的人,来往中国船只的每一名海员都应该反思这些指控,看是否也适用于自己。如果他的行为符合这些指控,让他下定决心改变自己的行为。让他想想自己的家、亲友、国家、救世主,不要再因为自己的错误行为给其他人带来伤害。再让他想想对自己的责任,他需要拯救自己的灵魂,需要养活自己,有吃有穿。让他决定对他的女朋友保持忠诚,在上帝的帮助下,让常到中国来的英国水手的行为和性格都发生变化,在休息的日子可耻地酗酒也要停止。

我给海员们讲他们对印度人、中国人、马来人等各国人的责任和道理——举止公正、友善、和平,所有的人(如主祷词所说)都是上帝创造的,是上帝的孩子,因此有句话说“我们的父在天国”。确实,每个国家的人性格不同,不像一个家庭中的儿子那样脾气和举止都很相似。有的儿子守规矩,有的不守规矩;有的聪明伶俐,有的呆头呆脑。但是作为一家人,他们彼此都友善相待。这个人类大家庭中的成员,人们有时候称其为“无赖”的中国人是很精明的人。我很遗憾地说,他们常常利用英国海员的直爽,卖给他有毒的烈酒或白酒,假装是他的朋友直到把他灌醉,然后抢走他的钱。要躲开并且防备这样的人。不是所有的中国人都这么坏。中国人中也有好有坏,但是即使是最粗鲁的中国人你也不值得和他争斗。英国海员的勇气已是众人皆知了,不需要再和中国人打架来证实。但是他应该保持清醒的头脑,尽可能注意在这些人面前保持良好的举止。不应该再让自己被烈酒的香气所吸引,而那些心存歹意的中国人却啜着茶,为了让自己头脑清醒地抢劫可怜的海员的钱包。每个人都责备海员太单纯,让那些爱慕英国海员的人常常为他们缺乏思考,为他们的愚蠢而叹息。

先生们、女士们,希望你们身体健康、诸事都好,在主内平安。我由衷地盼望通过悔过并信仰救世主的恩德,你们会学会在任何地方都“过一种属灵的、公义的、清醒的生活”。

你们忠诚的朋友

中国,1822 年 9 月 22 日

附录七:改善在华外国海员的道德状况的倡议书

(译者　杨慧玲)

1822 年 12 月 1 日广州

下面的倡议书已经得到了阅读手稿的人的支持,现在特将其出版以便让更多的人了解这个计划,探讨它的优点和不足、可行及不可行之处。马礼逊博士非常欢迎那些居住在中国或者经常来中国的先生就这个计划提出书面的观点及建议,委员会收到这些建议后将进行考虑并随即列入报告。

1822 年 9 月 25 日广州

黄埔停泊着从欧洲经常来到中国的船只,每年有大约 15~20 艘行驶于英国及印度的大商船,大约 20~40 条从美国来的小商船。这些船只的船员人数达两三千,所有的人都说英语,因此,出于慷慨的基督教情感驱使,旨在帮助在华的外国海员的仁慈行动,包括以上国家的人。

在中国的海员很多人需要医疗方面的帮助;从他们对道德和宗教的责任来看,所有的人都需要教导。医疗救助已经提供给所有大商船和部分美国船,因此在这方面只需要对能否再改进提供医疗救助的方式进行调查,以便让病者或者健康人的条件变得更好,也减轻医务者的过度劳累——能够将病人从他们自己的船上运送到黄埔的流动医院船上,让病者远离卸货时的嘈杂和繁忙的环境,而且不影响其他事情的进行。最重要的是,以往有这方面的抱怨(抱怨日益增加,估计是因为某一条船的条件),于是将医院转移到河面上更有利健康的地方。对于传染性的疾病,流动医院将把病者与健康人分隔开。

此外,有一些经常来中国的船(包括美国船)和一些偶尔到访的船上没有医生,甚至有时在黄埔都没有医生,在此情况下,人们会愉快地想到流动医院上的常驻医生,可以让他们宽心,而且人性地讲,也可以拯救许多人的生命。

当有人死亡时,流动医院的一些人可以更体面地为死者举行葬礼,比在船上忙碌更好。

虽然现在很重视海员的健康和身体上的舒适,但是对提高他的思想做得太少或什么也没做。的确,有些船上读祈祷文,到目前都做得很好,但是这些祈祷文并不是教导无知者的,是受过启蒙的人敬献上帝的语言,因此这些祷告,很少改变听者。如果不探讨这个问题,现状就是每年间在黄埔停留时间不等的数千名海员中,许多人从未祷告过,也没有接受过任何宗教教导就死了;①因此礼拜日只是让他们有时间去酗酒,和中国人争吵。一所流动教堂每天布道两次,可以提供一种理性的休息方式,为选择来到教堂的海员提供宗教和道德教导。如果有虔诚热情的传道人给他们宣讲,毫无疑问有很多人乐意参加。这样的机构不仅可以让个别海员提升自己的思想,让他们从中受益,很可能还会让海员变得更加道德,行为更守规矩,所有在中国做贸易的人的利益得以保全,外国人在中国人眼里也会提高受尊重程度。

流动医院和流动教堂与中国人没有联系,海员们无须上岸就可以到访医院或教堂,预计不会遭到中国官府的反对,也不会让出于好奇或是闲散的人干扰神圣的仪式。

此项计划唯一的阻力就是雇用船及必要的执行人员的经费。

伦敦泰晤士河的利物浦和雷斯(Leith)以及其他地方都设立了流动医院,而且发现它满足了海员的需要,对他们非常有用。伦敦设立了流动医院,得到了英王政府及许多名流的赞赏和支持。

流动医院的费用主要是雇用船只,因为属于各个船队的医生可以安排轮流到医院值班,这样可以比每个人照顾自己船上的病人更空闲。这样医药费用也不会比以前更多,那些没有配备医生的货船也不会反对付一些钱,他们现在请其他船上的医生也要花钱。

流动教堂当然需要全然不同的费用来源,为了让在中国的海员接受道德和宗教教导,它不仅只用于英国人或美国人。有一些以前经常来中国的欧陆

---

① 参考本倡议书结尾的注。——原注

国家在船上配备了教师和牧师。

中国的领牌照的船只能否适合用以实现倡议书的目标，是否满足有助于实现总目标的具体细节，由委员会决定。

除了船上的正式海员（crews），海员被禁止进入广州，因此广州的东印度公司教堂对海员没有用处。也许是出于这不是为他们而是为绅士们设立教堂的想法，即使有人礼拜日到广州，也不去教堂参加礼拜。

供讨论的问题

1.这里提出的目标是否可取？说出赞同或反对的理由。

2.如果可取，应该以何种方式实现这些目标？

3.有哪些困难和阻力？怎样排除这些困难和克服阻力？

除非作者事先声明他不愿将其观点公开，所有的书面意见都将公开讨论。

注：I.东印度公司的 W 船长认为英国海员每年在黄埔的死亡人数约为 100 人；有人认为每年有 100~200 人死亡。1820 年至 1821 年贸易季，仅一条公司船上就有 30 人死亡。

II.在没有指定某一条船作为教堂时，任何停泊在黄埔的船都可能在礼拜日早晨被临时借用为教堂，如果一天有两场礼拜，下午就在其他地方的另一条船上举行礼拜。这样安排是设想有一些船长至少会尝试提高海员的道德水平，总是完全愿意接受这项安排带来的小小的不便。

III.英国伦敦会促进海员宗教会（The Port of London Soceity for Promoting Religion among Seamen）成立于 1818 年。东印度公司捐赠了 100 英镑。1820 年利奥波德王子（Prince Leopold）参加了 5 月份举行的第二届年庆——见《海默论慈善机构》（Highmore's View of Charitable Institutions）。

1822 年 12 月 8 日，黄埔升起了海员教堂的会旗，由马礼逊博士为海员们布道。

附录八：对“教会”一词的解释

（译者　杨慧玲）

作为为来自各国、属于不同差会的海员所写的讲章的附录，于黄埔，1833年12月。

马礼逊博士

“教会”（church）在《圣经·新约》中有两层意义，也只有两层意义。它有时指基督的所有门徒，或者全体受人尊敬的、各个时代、天国和地球上的门徒，因此从《使徒书信》到《希伯来书》，我们读到“有名录在天上诸长子之会所共聚的总会”（来 12:23）。在《使徒行传》中写着：“主将得救的人天天加给他们（徒 2:47）。”“教会”这个词的另一个含义就是指一个信仰基督耶稣的会众在一个地方聚集起来做宗教礼拜，并且遵守基督的规定，例如耶路撒冷、安提阿（Antioch）、以弗所、哥林多、腓立比和许多地方的教会。除此之外，当有超过一个的会众时，教会这个词不用单数，而用复数（churches）。

因此在《圣经》的篇章中，在前面的讲章中提到小亚细亚并不大，只有七个教会；而在罗马帝国各处都分布着许多其他的教会。因此我们读到“那时，犹太、加利利、撒玛利亚各处的教会都得平安，被建立”（徒 9:31）。但是我们从来没看到使徒想要将教会置于一个权威之下。我们的救世主在给七教会的劝示和告诫中也没有讲过在同一个地区和同样的政府下，一个教会要在另一个教会的控制之下。

坎贝尔博士（Dr. Campbell）在《教会历史讲座》（Lectures on Eccl.Hist.）中说：“从沟通个别差会与全体基督教徒的意义来讲，没有一例符合《圣经》中的‘教会’一词。我们现在所说的法国天主教会（Gallicon church）、希腊教会（Greek church）、英国教会（church of England）、苏格兰教会（church of Scotland)等作为独立自主的差会——是经过几个世纪才形成的。但是这样的词语在使徒时代并没有出现。他们不说亚洲教会或马其顿教会(church of Macedonia)、亚该亚教会(church of Achaia),而是说上帝在亚洲的众教会,上帝在马其顿的众教会,在亚该亚的众教会。当说起各个教会时,除非是说所有信奉基督的群体,否则从来都使用复数。不仅是书写《圣经》的人用这样的方式,在最初两个世纪撰写教会史的作者也经常使用复数。"

无独有偶,在《圣经·新约》中记录的救世主的训诫以及所赞同的最初教会的做法也都显示一个教会的意思是一个群体。我主在《马太福音》18:15-17中说:"倘若你的弟兄得罪你,你就去趁着只有他和你在一处的时候,指出他的错来。他若听你的,你便得了你的弟兄;他若不听,你就另外带一二个人同去,要凭两三个人的口作见证,句句都可定准。若是不听教会,就告诉教会;若是不听教会,就看他像外邦人和税吏一样。"①即是说这个人就脱离了基督教群体。现在人们不能据此臆测个别人的争吵就是国家的事情,假如可能,可以将其轻松地交给一群基督教徒裁决,这表明,我们的救世主所说的"教会"一词的意义是指各基督教教派所属的差会。

基督徒最重要的事务例如选择管理者、接受新人、开除行为不符合基督徒的人、留观有悔改表现的人等,这些都被视为在任何地方的全体教会的职责,教会的这种安排显示一个教会是为一个差会设置的。

另一个与最初教会相关的资料细节就是每个教会都有独自向外发号施令的权力。它足以胜任管理自己的事情,就像在救世主道成肉身时的教导或者在福音书中所载,以及使徒所接受的训导和《使徒书信》中所写那样,所有的教会必须服从救世主,但是一个教会不需要服从另一个教会。默谢姆(Mosheim)在他的《教会历史》(*Church History*)中写道:"早期的教会是完全独立的,没有一个教会需要听从任何外国教会的管辖;每个都受他们自己的规则和自己的律令管理。"又说:"第一个世纪的所有教会,虽然被信仰和爱紧紧地联系在一起,而且总是最乐意对彼此尽到自己的义务,但是却从未有过管辖别

① 马礼逊原文与译者使用的英文新标准修订版略有不同。在此使用了新版中英《圣经》译文。——译注

人的权力,他们不必在外国人的帮助下或者任何外部权威的影响下就能管理自己的事务。无论是在《圣经》还是其他记录中,都找不到人们所理解的有一些教会要依赖其他更强盛、更著名教会的命令和意愿,相反,再明显不过的却是所有的教会都有同等的权威,彼此完全相似、完全平等。”

吉朋(Gibbon)说:“基督教徒的团体——教会——设立在罗马帝国的各个城市里,只靠信仰与慈爱的纽带联结到一起。”

最初几世纪的教会是为了宗教目的联结起来的一个基督徒团体,他们从群体中推选管理者,实现集体确定的目标。一个基督教团体或教会与现代的文学和科学团体并无本质上的区别,只是目标不同。教会的目标就是遵守神圣的主的规章,互相帮助共同研究神的教义,遵守神的戒律,扩充神的门徒的数量。这些小团体或教会的聚会通常在个人家中进行,然后迅速增多遍及罗马帝国各地。那些先成立的帮助人们建立新的团体,新团体有批准或驱逐其成员的权力。信奉基督教是成为团体成员的首要条件。就像不识字的人成为文学社的成员一样不和谐,非基督徒也不能成为这些基督教会的成员。

最初几世纪显示,这些基督教会或团体从未想过让政府把他们联合起来,或者给予他们某种特殊身份或者颁布某种特权。他们所盼望的只是不受暴力侵害,允许他们自由地传播宗教,宗教有利于提高道德和维持社会秩序。

然而,这种简单的、使徒式的方式最后导致相互分离,先是给一些更富强的教会和他们的管理者的野心带来了分裂,然后是康斯坦丁大帝宣布加入基督教带来的后果。从那时起到现在就在尝试与最初教会完全相反、与使徒式的制度不同的体系。新的教会体系企图迫使各国家的人都服从一个教会的管理,或者让他们加入同一个宗教团体,而且也试图迫使世界上所有的基督教团体都服从一个权威。这种做法导致血流成河,也一无所获,直到现在他们离目标还很远,从上面对最初教会的回顾来看,这些做法既不符合使徒的做法,也没有得到救世主的授权。

大约两百年前,英国开始回归最初的教会体系,此后迅速蔓延到其他国家。假如一个教会的纯粹性不仅是严格遵守福音书的教义和条律,而且也在于教会成员的宗教和道德品质,那么在最初教会的设计中有许多促进实现这一目标的规定，比国家教会更为优越，人们也承认国家教会中的基督教原则不能实现。

最初教会的组织形式对在世界各国传播基督教来说极为有利，例如特别是像中国这样敌视基督教的国家。最初教会的设计比世界上任何一种组织形式都更为松散，因此可以避免引起中国人的担忧。

下面是对英国和美国教会原则的概述。它们都有如下特点：

1.把《圣经》当作信仰和实践的准则，《圣经》具有自足独一的权威。

2.基督教会是属灵的或者又叫宗教团体，是由信仰基督的人为了彼此促进并且传扬福音而自愿组织到一起的。

3.从它们的性质和设计来看，它们既不愿意结成联盟，也不愿意在宗教事务方面受到政府的控制。

4.管理教会的人是主教（bishops），也被人称作长老（presbyters）、牧师（deacons）或执事（pastors）。主教并不管理许多牧师和教堂，每个教会由自己的牧师管理，执事主要是帮助照管教会的临时事务。

5.教会的管理者由全体成员选举产生，并由现在的主教或长老按立授职。

6.牧师或主教由教会成员自愿奉献供养。

7.教会的管理和基本原则都是根据《圣经·新约》的原则而定，只在教会内部使用。

8.批准新成员或者驱逐成员都必须由同会牧师、执事与全体成员共同决定，而不是由管理者擅作决定。

9.由主耶稣规定的所有的教会都必须遵守的公共宗教仪式有洗礼、主日、圣餐礼和戒律，诸如加强弱者的信心，引导犯错者悔改，消除动摇者的疑虑，谴责背道而驰者，开除邪恶者，挽回悔改者，分担彼此的负担，以此实现基督的律法。

10. 基督教会成员的责任是努力提高自己心中的信仰和美德，在自己家庭中，在自己的国家里，在世界各地，珍惜弟兄间的爱，彼此友善相待，对所有的人都显示爱心。

耶路撒冷的大祭司曾经对救世主耶稣问起这些教会："你仗着什么权柄

做这些事？给你权柄的是谁？”当耶稣说话时就说出了上帝的回答：“约翰的洗礼是从哪里来的？从天上来还是从人那儿来？”他们已说是神圣的安排，盼望服从耶稣，具备传授基督教的能力，能成功地将罪人从他们的错误中拯救出来，这些福佑是教会和教会的管理者所得的赏赐——这些是从天上来的还是从人那里来的呢？——回答我们，我们就告诉你我们有什么样的权柄。

事实上他们相信是救世主将他的圣灵注入了虔诚的门徒，他们研究福音，以此作为自己的盼望和生命的准则基础，愿意遵守祂的诫命和所有的教导，只有祂，没有别人，也不会背叛祂——这些人形成了一个教会，得到祂的认可，虽然此前世界各国早有大祭司存在，但是祂不承认这些大祭司。

当彼得让外邦人入教受到了犹太人的指责，他们之间发生了争辩。彼得认为他们都是“俗和不洁净的”，但是天国的声音回答他“神所洁净的，你不可当作俗物”（徒 10:15）。圣灵的恩赐同样给予了外邦人信徒和犹太人。“神既然给他们恩赐，像在我们信主耶稣基督的时候给了我们一样，我是谁，怎能阻拦神呢？”（徒 11:17）

救世主“那降下的，就是远升诸天之上要充满万有的。他所赐的使徒，有先知，有传福音的，有牧师和教师。为要成全圣徒，各尽其职，建立基督的身体”（弗 4:10-12）。基督的身体就是所有的教会。如果地球上有什么人拥有使徒所有的神奇的力量，宣讲同样的教义，过着使徒那样圣洁的生活，各个教会都会乐于承认在耶稣之下使徒在所有的教会中的权威，但是教会未曾认识像这样的人。随着第一批使徒之后就结束了，主耶稣在地球上再没有代表，祂也不需要。祂自己就是祂的教会的唯一首领。那些相信祂服从祂的就得了祂的权威。但是有人对祂所传授的添枝加叶或擅自删减。有人“宣讲别的福音”，所规定的仪式与祂规定的不同，虽然他们自称“天国的使者”，虽然他们以自己的博学或者财富、盛典、权力装扮成他们自己所说的那样，但是却因为他们的所为而失去了祂的权威。

只要是上帝耶稣的门徒到过的地方，他们为了互相帮助、互相教导以及散播基督教准则就形成了一个基督教团体或教会。虽然他们人数极少，也没有合适的场所聚会，但是都不能阻拦他们。他们与 2 世纪的拉丁教父、迦太基教会的长老德尔图良(Tertullian)的观点相同,认为“三人即成教会”。只要有三名基督徒在一起就可以组建教会,虽然他们之外都是俗人,但他们仍然有较高的权威,耶稣这样说:“无论在哪里,有两三个人奉我的名聚会,那里就有我在他们中间。”(太 18:20)他们就有使徒般的权力召集基督徒在私人家里聚会,形成教会。圣徒保罗说:“请问宁法并她家里的教会安。”(西 4:15)《使徒书信》中所载的基督徒在给犹太人的告诫信中,劝告他们不要遗忘为了宗教目标而聚会。《玛拉基书》中有一段上帝鼓励他们的话:“那时,敬畏耶和华的彼此谈论,耶和华侧耳而听,且有纪念册在他面前,记录那敬畏耶和华、思念他的人。万军之耶和华说:‘在我所定的日子,他们必属我,特特归我。我必怜恤他们,如同人怜恤、服侍自己的儿子。’”(玛 3:16,17)

附录九:马礼逊的文字工作述评

英国学院大学中国语言文学教授　基德(Samuel Kidd)著

(译者　顾　钧　梁跃天)

人们普遍认为,那些试图改善人类的人们,不仅需要智慧,而且需要与他们所关心的对象的社会情势相应的才能。任何一个人如果熟稔在各种变化的情况下的人的智力和道德现象,就不会怀疑,为了确保一项慈善事业的成功,特别是它的目的是纯粹宗教性的,对于最初的创业者来说,他的思想状态和特殊愿望的实现程度必须和实现它的手段的适当性结合在一起。在野蛮部落中的传教工作,需要将文明生活的艺术和用法传入,作为对这种生活的效用和优越的见证,这些给现在的生活带来舒适的优越性的凭证,会在异教徒的心目中产生有助于福音传播的印象。但是在文明开化的东方世界,必须用思想和学术的准备替代那种在太平洋岛屿或非洲大陆所需要的体力和手工的劳作。没有欧洲机械士和农业士的帮助,当地人同样拥有足够的工艺知识来获得生活的必需品及很多乐趣,因此要克服他们的偏见,只有通过文学和普遍的科学,通过获得对他们来说构成学术训练的东西，以及作为回报，通过传达欧洲科学的一些精华。这两种情况都具有同样的原则——适应人类大家庭中的不同分支的精神和身体的需要。效用的观念与我们普遍的情感是相适应的，在此立场上的主张得到大众的普遍赞同和支持。但这一非凡的事实说明许多基督教徒在这个问题上的观点是多么不完整，通过利用他们的文明，给予那些未开化的种族大量的帮助以便将基督教传给他们。但是，要唤起人们为已经文明化的异教徒而努力是非常困难的，这种努力应该是同样慷慨的，虽然是不同性质的。除了根深蒂固的偏见和无法辩解的无知，还有什么会让我们对那些思想天赋和道德情况几乎没有什么共同性的国家采取同样的改良方法？世界的东半部是古人所知的所有哲学和文学的发源地，也是神迹的显现地，显著的有家长式的、摩西式的和先知式的天命，虽然这一地区的道德和政治情况非常堕落，但还是使这里的民众在数量、风俗习惯、文学、精神追求、身体习惯以及总的文明程度上远远高于那些早期移出者的后代，后者现在居住在遥远的内陆和偏僻的海岛。而且，既然世界历史的时间并不长，在东方的国家之间，一定存在着近似的道德特征，这就使得一项真理对其中的一个王国产生良好效果时，就会为它传到另一个国家提供各种条件，最后周围所有的国家都被这一真理所征服。基督教由其神圣的创造者揭示出来是为了整个世界的福祉，也是适应了他的整体设计，同时也保护人的现实的幸福。因为，只要基督教在任何地方不被修订、阻止、限制地顺利传播开来，即使没能感动一个地方的人心，它也通过在各种重要的问题上提供新的信息来源提高人们的理解力，提升道德品质，这是用别的方法不可能获得的。启示所带来的和谐和崇高的情感，与人类自己发明的体系所宣扬的卑下的概念是对立的，这种情感只会更新接触到启示的人类的思想和道德，并且极大地有助于他们物质条件的提升。但是，既然它用最可怕的惩罚来护卫自己特别的优势，并且谴责除它自己之外的其他各种充满了无尽毁灭的救赎的方法，那么，像中国这样一个为自己长期坚持的迷信而骄傲的国家，很可能坚决抵制这种启示。而且既然人性不可能去颠覆自己最高贵的原则的教义，所以必须通过展示人世的利益来消除偏见，消解抵抗，这种从基督教中产生的人世的利益是从属于基督教的提升作用，也是和它的精神完全吻合的。神圣真理的最初传播者具有神奇的力量去照顾人们的世俗需要，以此证明他们完全慈善的目的，他们也不缺少高超的智力和文学的禀赋，以使他们具有完善的传播手段，但是当时用超自然的方法获得的东西，现在就其需要而言，必须通过普通的手段来传播。第一个到异教国家的传教士必须考察他周围人所具有的不同的人性，区分民众的、社会的、政治的、迷信的或文学的差异，以便更好地达到他的最终目的。在工作开始的时候，前景不明，所知也甚少，在细节上会出现错误，这只有依靠经验才能纠正，但有些原则是在每项工作中都适用的，应该采用作为总的指导原则。

马礼逊博士在中国使命的完成少不了精确和广博的中文知识，当时中文还没有什么人学，而且很少人认为能在短时间内学会。它和其他语言的不同使当地中国人的帮助成为学习汉语必不可少的条件，而中国政府的限制又使获得这种帮助很困难。中国人不愿意与外国人交往，他们的骄傲、迷信和不变通也都是大大阻碍马博士早年掌握这门语言的原因。一个更大的困难则是自古以来中国人对他们圣人之外的其他教义的反感，他们认为这些教义很可能会败坏人心，疏离他们与政府之间的关系。因为中国的道德规范建立在政府的法令之上，所以中国的统治者总是带着非常猜忌的眼光看待传播一种新道德标准或一种不同的宗教的努力，认为它们完全是出于政治目的。我们不须考虑这些不利条件和困难以及占用大量时间的世俗性工作，否则无法正确评估马礼逊博士的劳作。问题不在于30年的工作经验所能取得的成就有多大，而是第一个新教传教士在拥有这样习性的中国人当中做了些什么。

探讨这一问题最好的办法可能是用以下的顺序来排列马礼逊博士的著作。第一，他的词典。第二，他的《圣经》翻译。第三，他关于文学、语言学、宗教学的其他出版物。

一、汉语词典

编写任何一种语言的词典，声音和意义都是关注的重点，而字词的安排则依各种不同语言的特性而定。如果是字母文字，那么按照字母顺序是一致认为最方便的模式。但如果是像中文这样的符号语言，那么就需要一种与它的原则和结构一致的分类方法。由于中国人的文学品位，以及他们对自己文字的赞赏,早在马礼逊博士开始他的工作以前,由具有一流才能的中国人编写的一些字典和有关语言的论著就已经出版了,并尝试了编排字符、追寻字源的最佳模式。在较早的字典如《六书》《说文》《玉篇》中,字词的意义是关注的重点,但是这样的编排不便于查找个别的字,所以康熙皇帝想出一个办法,把便于查找和尽可能地吸收古代的编写体系结合起来。这部《康熙字典》是马礼逊博士工作的基础,不可否认它有缺点,却是中国人编写的最好的字典。这是根据最高统治者的要求编写的,在皇帝的指导下30个人花费了5年的时间编写这部以皇帝的名字命名的字典,皇帝要求编写者"不能有任何一个字符没有被解释,有任何一个声音被忽略"。

马礼逊博士在他的词典的前言中说:"《康熙字典》构成了这一部分的基础,汉字的排列和数量是根据《康熙字典》来的,定义和例句主要来自《康熙字典》,来自本人关于这些汉字用法的知识,来自天主教的手稿词典,来自当地学者的指教,以及为编写本词典而阅读的其他著作。"①

由中国学者编写的汉语著作中,汉字的排列或者按照它们的意义和结构,或者把同韵的字归到一起。《康熙字典》的长处在于它使查找汉字更为方便,意义的解释也更加全面。此前的字典,基本以解释意思为主,由于没有分解汉字为字根的确定模式,所有汉字归属于其下的类目是从下面几个来源获得:一、一条线,指示着解释宇宙起源的系统;二、天上的物体或者现象,像天、气、太阳、月亮、星星、雨、雷;三、地上的物体和产品,像土、植物、水、金、山、河;四、人,拥有智力和体力的人,包括理解力的运用、心中的友爱,它们相关的影响,以及人体的官能;五、动物,包括中国人所知的一些主要动物种类;六、直的东西,像树木、药草、植物;七、人工的产品,以及最后一类,无法归到任何类中或者尚待明确分类的汉字。《六书》中这些字根的数量是479,在《玉篇》中是542,但在马礼逊博士所采用的《康熙字典》中,汉字的基本单位减少到214,并按照笔画多少的顺序排列,从一画到十七画,在这些基本单位之下,汉字按照同样的方式排列。在中国人的语文学和形而上学的体系中,数字构成了顺序

---

① 第一卷,第一部分。——原注

的排列，因此确定一个汉字的字根，并且准确地数出字根之外的笔画，就是了解它的声音和意思的最初一步。

马礼逊的词典中给出解释的汉字大约是 4 万个。整部词典分为三个部分：第一部分是按照偏旁部首排列的汉英词典，第二部分是按照英语字母发音、按照字母顺序排列的汉英词典，第三部分是英汉词典。

第一部分三卷，2722 页（4 开本）。作者仅在这一卷中采用了《康熙字典》的排列原则。对于中文不熟悉的读者会发现，编者用英语对有些偏旁部首的解释较为详细。像“心”这个部首，不仅指人心中各种感情，也指人的智力、身体和道德特性。因为“心”最初被写成与人的这一器官相似的样子，它含有思想和心灵在智力、病理和道德方面的意义，只要是在生理学上与它有关的部分，在任何一个意义上，好些从心衍生的汉字都有很多的例句。“手”也是一个重要的部首，它构成的汉字指示手工的、机械的劳动，各种手工艺，灵巧、美术、权力、权威及各种努力。其他意义不那么宽泛的部首会从与它们组成的汉字中获得重要性。如“宀”（“收集”的意思）是“宇”（华盖，古代对于宇宙的称谓）、“守”（保护）、“安”（休息、和平）、“宋”（一个著名朝代的名字）、“官”（政府官员）、“家”（家庭）、“富”（财富）等字的部首，这样的字很多，这里不能一一列举。因为“宀”才是第 40 个部首，但却以此结束了第一卷（930 页）——第一部分的三分之一，所以第一卷中对于这 40 个部首衍生的许多汉字的解释要比第二、三卷中对剩余的 174 个部首构成的汉字的解释更详尽。造成这一现象部分是因为部首重要性的不同，部分可能是因为怕使这部字典部头过大，部分也是因为在外国的环境下从事这样的工作而使作者的体力有所下降。虽然其他两卷中的几个重要的汉字没有得到充分的解释，但与第一卷中的汉字相比，它们与中国人道德、政治、哲学的观点，或者与中国人的宗教、迷信、仪式的关系也没有那么紧密。为了让一般的读者知道作者投入了多少心血和劳力，我将简要地分析它的内容。它提供了常用词的解释，以及许多不再使用的汉字字形，这些字都是从那 40 个部首而来的，部首开始于一画的“一”，结束于三画的“宀”。“一”意味着一，唯一，完整、个体性、部分、优先、不可分的本质、第一个数字、物质的来源，关于这些意思引用了许多最好的作家的例句来阐释，同时还有对从形而上的、神话的、道德的理论中得出的重要观念的阐发，下面一段话摘录自《道德经》（在“一”字下面），说明了道家[1]对宇宙起源的看法。“他们（中国人）有时以此来表示第一物质原因，如‘以太牢祀三’，他们是这样解释的：‘天一，地一，泰一’，这最后一个被认为是‘天地未分元气也’；‘道生一，一生二，二生三，三生万物’，如果问什么是‘道’，他们回答，‘静极乃道也’；当说到‘三’的外在表现时，他们称之为‘天之秀气，地之生气，感和风之清气’，至于‘三’的内在性质，他们称之为‘气之清，神之灵，精之洁，静里分阴阳，精气神同化于虚无’。”

在整个这一卷的一些适当的汉字下，穿插着关于中国人的风俗、仪式和习惯的或长或短的说明。关于“冠”（帽子）和“姓”（姓氏）的解释将部分地说明这一点。前一个汉字是由表示“盖头的东西”的部分和“一寸”的部分构成的，表示帽子是根据标准制作的。“古人住在荒野的山洞里，用野兽皮盖在他们的头上，但此后的圣人们发现鸟有冠和短发，动物有角和胡须，于是产生了帽子、王冠以及将它们用带子系在下巴的想法。”因此给男孩子加冠的仪式也就应运而生，由父亲根据一定的仪式将帽子戴在他儿子的头上，以前是在男子20岁的时候，现在则是在他结婚时。从这一风俗得出一个道德教训：“在加冠礼上去除孩子气。”相应的女孩的仪式是用簪子将头发挽起来，所用的簪子根据各家的富裕程度可以是用木头、铜、银、金做的。在这些问题上细节的精确是非常重要的，因为要描述一个古老而遥远的帝国的风俗，需要提供关于礼节的各个方面的信息。由于东方人非常在意形式和仪式，礼节对于他们来说非常重要。确实，许多在中国常见的说话方式就是源自这些仪式，比如“升冠”就被马礼逊博士解释为：“‘举起帽子’，即脱帽的礼貌性说法，中国人为了礼貌讲究将头遮盖起来，但这在很热的天气里是不舒服的，访客因此会被请求将帽子脱下。但是有球状突起的帽子是一种地位的象征，要求一个人将这一象征脱下听起来很刺耳，所以他们说：‘升冠’，意味着他们绝对不是想让对方将他的荣誉的象征拿掉或者丢掉，而是希望他能获得一个更高的。帽子是整体

① 这一流派的创立者活跃于公元前500年，与孔子同时代。——原注

装束的一部分。对于政府官员来说，这也是职位的标识，因此当他们犯了错误，感觉有愧职守的时候，他们有时跪在上司的面前将他们的帽子扯下来，表示认错谢罪，好像是在说：‘我不称职，配不上这帽子所代表的职位。’”《圣经》的读者应会想起希伯来风俗中也有类似的表示失职悔悟的方式，他们是以撕裂外衣表示后悔犯罪，或者是其他原因引起的极度悲痛。

在“姓”这个字下面，编者提供了中国所有的关于姓氏的信息：它们的来源，主要是用来讲姓氏的书籍，姓氏使用年代的久远（与在英国相比），禁止同姓结婚的法律，每个人名字的数量，影响一个人或者他的朋友选择名字的原因。我将引用编者关于最后两点所说的一段话：“如果一个国家没有名字是野蛮的表示（像普林尼提到的阿特拉斯山的野蛮状态），而文明的程度又与名字的多少成正比，那么中国就是地球上最文明的国家。一开始每个人只有一个名字，像亚当、罗慕路、亨吉斯特等。罗马人有三个名字：名、姓、第二个姓。而中国人一般有四个，有时是六个名字。(1)姓，家族的名字（相当于罗马人的姓）。(2)名，相当于罗马人的名，或者是欧洲人的教名，中国人有三个这样的名字：乳名，将孩子抱在怀里吃奶时给他取的名字；书名，孩子上学时给他取的名字；官名，有功名的人、商业公司（行商）成员，以及其他与政府有关的人员提交给政府的名字。还有“子”①，男人在结婚时取的名字，以及“号”，50岁的时候使用。父母和朋友起的名号，以及本人起的名号，都是出于好的意愿，希望这一句拉丁谚语是真的：“好名字，好兆头。”

关于“字”②有5页的解释。它的意思是“产品、种子、后裔、子女、人民、孩子、儿子和继承者、圣人、杰出人物、贵族的第四等，有时也指女性；它也是表示时辰的一个字”。编者引用了很多文献来说明上述和其他的意义，包括诗人、道德哲学家、政治经济学家以及医学家的著作。谚语、形而上学理论、孝道、长子继承权的法律、妻妾遵守的礼节、历史和编年史上的事件也偶尔包括在对这个字的解释中。同时，还出现了一些植物的名字，并且说明了它们的药用性质，这是从中国人写的药物和植物书籍上摘录来的。有时也得到了编者的两

① 应为“字”。——译注

② 应为“子”。——译注

位研究科学的朋友,李文斯东和里夫斯先生的帮助,对于他们在这一问题以及其他问题上的帮助,马礼逊在词典的不同地方表示了感谢。但对这个字的主要解释还是来源于古代在文体和思想上杰出的作家关于物质、道德、政治的著作,编者罗列这些作家的主要思想和时代。这些说明不仅传达了宝贵的信息,而且向中国研究者介绍了可供阅读的中文书目。"子"这个字可能会让人感到惊异,它的原意是"儿子",却包含了那么多的意义,但这只是为众多汉字含义广泛的性质提供了一个例证,也展示了象形文字与生俱来的一种特性。

传记资料在这一册中也经常出现在代表尊贵人物的名字的汉字之下,例如,"孔"不仅是"圣人"孔子名字的一部分,也是孔明名字的一部分,孔明是一个著名的大臣,他在魏、蜀、吴三国争霸的内战中作用显著。他所归属的蜀国在他死后获得了霸权①。中国历史上的这一重要时段催生了一部才华横溢和生动有趣的历史小说,长 20 卷,名为《三国演义》,它对各种计策和将军们的武功及军师有全面的描述。马礼逊博士说:"《三国演义》赋予孔明一种可以获得神灵帮助的能力,将他描写成总是一手拿着扇子、一手拿着手绢上战场的人物,正史上没有记载这样的情形,他的部分书信,各类主题的文章、对部队的命令等都保留了下来,这些被认为大大增加了他的名声。它们一共是 24 篇作品,140112 个汉字。""中国人像希伯来人一样,把他们尊重的著作的字数数出来。他在战争的谋略方面超群出众,谋略在当时是非常被人看重的,也是此后令人非常钦佩的。他是个星象学家,熟谙八卦的原理。他发明了一种合乎这一原理的排兵布阵的方法,叫作八阵图。在 54 岁时他根据自己身体的不舒适以及星象的预兆知道自己要死了。""但是为了汉室"("汉"为著名王朝的名字),现在指称整个帝国——'他仍然希望活下去,因此他用祈禳的方式来挽回他的生命'——也就是延长他的生命。他向上天及群星祈祷,与此配合,他点起了一定数目的灯,按照一定的顺序放在他的帐篷里,然后伏地祈祷如下②:'亮生于乱世,甘老林泉……'祷告完毕后,他一直俯卧在地直到早晨,这时一阵吐血,他为此死在 54 岁的年纪上。尽管孔明没有能够成功地通过祈祷

① 获得霸权的是魏国。——译注

② 中国人经常用他们的名字而不是用直接称呼的代词来称呼自己。——原注

来延长寿命,尽管中国人普遍相信生命的年头是个定数,但现在的中国人仍然在像孔明那样根据星象来布置灯火,并像他那样念诵符咒。”

在简单地介绍了孔子的生平之后,马礼逊博士说:“孔子一生涉足政治,他的道德规范主要是强调具有政治性质的社会责任。他认为家庭是国家或者帝国的原型,他的理论基础不是不存在的空想的独立和平等的理念,而是依赖和顺从的原则,如孩子依赖和顺从父母,年轻的依赖和顺从年长的,等等。这些原则在孔子的著作中被反复灌输,并且体现在严肃的仪式中,也体现在细小的礼节中。可能就是因为孔子道德规范的这个特征使它受到过去很多世纪以及现在的政府的珍视。这些原则和仪式很早地灌输给年轻人,并形成他们的道德良心,阐发和实施这些原则是想要成为官员或政治家的学子的本分,也是想要获得国家虚衔的有钱人的本分,而且在很大程度上可能是由于这些原则的力量使中国能够维系世界上最多的人口。在帝国中每个县都有一座孔庙。皇帝、藩王、贵族及知识分子都向他敬拜——一种无神论者的礼拜,因为这一思想派别不相信来世,也不相信神、天使、精灵,他们的礼拜很难被称为宗教礼拜。”

孔子的生活中没有什么惊人的事件,他的理论就是欧洲人所谓的平常的真理,公正、仁爱、社会秩序,这三个术语几乎包含了他教导的所有内容。它们包含了一位天才的西方作家所灌输的三种责任中的两种:“公正行事,心怀慈悲,谦逊地与神同行。”孔子有时用一种口吻说话以显示出他本人感到,上天赋予他一种教育大众的特别使命。尽管他的学生对他非常尊重,但在两个场合,他的学生也怀疑他有不道德的行为,对此他诅咒说如果他有罪过,就任由上天报复。

以下从中国的一部百科全书中翻译的文字必须结束我们对“孔”这个汉字的解释了:——“孔水洞是太房山上一个浪漫的景点,在山的东北面有个一千多尺高的悬崖,悬崖底部的岩石中有个宽 20 尺的盆,一眼泉水从中喷出。这眼泉水深不可测。关于龙从这眼泉水中出现并且立刻变化成鱼的传说很多,人们还能听到其中发出美妙的音乐。在唐朝的时候(745 年),人们乘船点灯,试图爬上巨洞顶端,但在尝试了五六天后,还是失败了。在干旱的时节,朝廷派遣钦差将石头做的龙和笏扔到巨洞中，作为一种献祭，这样做完以后人们确信，极其美丽的桃花会从中流出来。”

在“孟”字下面，有关于孟子的性格和思想的长篇描述，孟子作为一个哲学家和政治家，地位仅次于孔子。编者从多位作者的著作中引用了关于他的教育、他与当时的多位诸侯的会晤，以及他在重要的政治经济问题上给予的建议。对其他在中国历史上有一席之地的姓孟的政治家、贵族及著名人物也有简要的介绍。

编者对“孤”这个字也通过引用权威著作来解释它的各种意思。关于赵氏的历史也作了简单的勾勒，一部受欢迎的戏剧《赵氏孤儿》就是据此创作的。它第一次是由杜赫德(Du Halde)根据马若瑟(Premare)从原文翻译的法文本翻译成英文，最近由德庇时(J.F.Davis)先生从中文翻译成英文。编者在文章结束的时候说，中国作者将戏剧划分为十二种类别，在第七种中被驱逐的大臣和孤儿是剧情的主角，它们主要是悲剧性的，第十种似乎也属于此，因为它表现“同情、叹息、离别和见面”。

我们准备看一下的最后一个在“子”这个字根下的汉字是“学”，它宽广的用途值得做长篇的解释，对此马礼逊博士明智地介绍了以下几个方面：第一，引用中国权威学者关于这个字的定义；第二，列举这些作者的定义中所包含的道德和哲学体系；第三，列举论述教育问题的著名作家的名字，以及他们的著作，还有他们一些广为人知的观点和格言。因为“学”是表示学校或大学的术语中的主要汉字，所以马礼逊博士对中国人的教育方法及管理学校的模式给予了清晰的介绍。他说：“中国没有欧洲那种提供给中产阶级的有名望的学校或者学院。有钱的中国人给他们的孩子和其他亲属聘请家庭教师，国家为已经取得秀才身份的人开设的地区性学校管理松散，没有人上课，只是在科举考试快来的时候才上课。教师有时将他们的教席租让给别的人。私塾主要是穷人的孩子上的学校，孩子们在第一次见到老师时要送见面礼，老师期待获得礼物但不明确要求，礼物的多少根据学生们的情况而不同，从200文到1元不等。在5月和8月有两个假期，这时学生们也要像付入学费用一样地付一小笔钱，在那两天学生们不用上学可以玩耍，在新年的时候，有1个月或6周的假期。还有义学，不是最高政府当局要求开设的，而是由各地官员为成年的学生开设的；对于贫穷的孩子来说，没有为他们开设的公立学校，也没有私人的慈善学校，但在大的城镇里有夜学，白天需要工作的人晚上可以利用这些学校。中国的孩子一般一上学就是一年，不是3个月，也不是1个月。一旦他入了学，就必须付一年的钱，不管他是否上那么长的时间。一年的费用从2元到6元不等；3元是平均一年的学费。”

从中国人写的一本名为《家宝全集》的书中，马礼逊博士摘取并翻译了一百条有关学校的规则，这里不能一一转录，只能转录几条作为例子，看看作者对这一问题的论述及翻译者的风格。第二条是：“进馆先揖孔圣人次揖先生。”第九、十条的规定是：“每晚放学时或歌诗一章，放学时，揖孔圣人与先生，一如清晨，虽极长学生亦不可免。”有些规定涉及学生们在家里的行为，非常琐细。第十二条规定：“到家先揖家神祖先次揖父母。”而根据第十四条的规定，晚上他们必须在家里挑灯读书，夏天很热的月份可以不用读书，但在秋天天气变凉爽后必须继续以前的夜读生活。第二十条要求读书必须记住，要“三到”——眼到、心到、口到，而且必须要仔细地避免嘴里念念有词而脑子里却想着别的事情。根据第二十六条的规定，如果有很多的学生，他们必须抽签来决定背诵的顺序，而不是所有的人一齐围着老师。第四十条要求学生们用老师讲解的内容来检查自己的行为，用警告和好的榜样来规范自己的行为，作为对身心都有好处的一种练习。对学生的责任表述如下：“学生自己要知行合一，这句话与你相干不相干？这章书你能学不能学？仍将可法可戒的故事嘉言说与两条令其省惕。”将所学运用到自己身上对于上一门道德教训课的任何学生来说都是非常重要的。这项建议是放之四海而皆准的，只要所教授的学说与自然宗教或启示宗教的伟大原则和谐一致。通过早期培养这种对于圣人、老师、祖先、父母、家神的尊敬，年轻人心中留下了强烈和牢固的印象。但是在这件事情上，像他们制定的其他法律一样，中国人有一种无法将他们宝贵的原则付诸实施的危险，因为这些原则过于精致、细碎。现在我们必须结束对这些原则的摘抄。另外还有27段，是同一作者给予上家塾学生的劝告，但这里必须略过了。

下一个话题是科举考试，这在中国人的谈话和书本中经常提到，成为中国教育制度中非常重要的组成部分。马礼逊从一本18卷的中文书籍《科场条例》中翻译了部分内容，放在他的《字典》中，长达24页。以下是其中一些条目下面的信息。“第一，乡试和会试（三年一次），一个安排在三月，一个在八月；第二，正科和加科（恩科）；第三，宗室人员乡会试；第四，岁考。”以下是通过考试的人获得的四种级别的学位（说这些或许不是无关紧要的）——第四级别：秀才；第三级别：举人；第二级别：进士；第一级别：翰林（也是国家学术机构的名字）。广东省的秀才人数大约是12000人，从这个数字大致可以推算整个帝国参加科举考试的人数：第五部分是有关通过举人考试的人数：在比较大的省份大约80人；在中等大小的省份，包括广东，60人；在比较小的省份，50人。他们作为从第四级中挑选出来的候选人而被送往朝廷去参加第三①级别的考试。秀才可以通过购买也可以通过奖赏获得。政府对于所谓中国的文化层级——不管通过什么办法而获得功名的特权阶级——具有独一无二的控制权。抚院——一个省的副省长——一向是考试部门的头目，盖上章的考试卷子由布政司发出。一个知识分子不仅比他的同胞高出一等，而且有责任引导君主和整个国家的思想和良知。第6、7、8、9段是关于贡监科举，这类乡试的候选人已经通过不规则的购买方式获得秀才的学位，例、恩、优是获得监生资格的方法。杂项人员，如武英殿校录，俱准应顺天乡试。下面的段落，直到第88段，包括对以下方面的详细规定：考生的行为举止、分类、乡试、检测学生能力的方法、政府给予他们来首都参加考试的旅行补贴、阻止主考官员偏袒以及考生作弊（在作文时给予和接受帮助、编造理由不参加考试、秘密地将事先写好的作文带入考场）的方法。为确保作文是原创的，没有得到任何的外来帮助，完全是考生脑力的结果，官员们被指派去检查考场围墙外的情况，检查学生的身体，“阻止他们交头接耳，互换卷子，搞乱号码，以及类似的不法行为”。根据23部分的一个段落，在顺德府举行的考试需要90~100名对读、1000名誊录、32名刻字匠、24名刷印匠（他们在大院的门关闭后印刷分发给考生的试

① 应为“二”。——译注

卷)、4名弥封匠、2名裱糊匠、2名铁匠、1名锡匠、6名泥水匠、4名鼓手等。在广州举行的省级考试,在考场内聚集了多达1万人,包括考生、服务人员、官员、技术工人。考试这件事比其他任何事情都能促进人们从事买卖和全省人们的热情。文举之后紧接着是武举。选中的文章是三类:文、诗、策论。第一种是用优雅的词语表达正确的情感,被认为是最重要的。从中国的圣书——"四书"或"五经"——中抽出的一句话构成了这类文章的主题,用最为吸引人的文体包括异端新说与用糟糕的文字表达正统观点的做法,都将被拒绝。一小册分析这类文章如何写作的书籍《初学明镜》,对一篇文章的每一部分进行分析,目的主要是通过例子教给考生写作的门道。从另一本20卷的书中,马礼逊博士进行了大量的摘抄,展示了在一个给定的题目下作文的原则,这些虽然对中国学生非常有用,但可能对于一般的读者来说也许没有知道这些作文的题目有意思。有9类不同的题目,第一,只包含一个命题,如"臣事君以忠",这样的题目非常难作,作者说:"写这样的题目必须如溪壑之水入江淮,渐入河海,其中潋滟滔腾叠见叠出始称奇观,若突然起蹶然涸便不佳矣。"第二,两扇题,就像是两扇门。"扇"这个词似乎意味着,句子的成分包含着一个明确的命题,如"天地位焉万物育焉"(《中庸》)。用这个例子来说明"两扇题"。第三,包含三个命题的题目(三扇题)。第四,包含四个命题的题目(四扇题)。第五,"长题",包含整个段落或部分,这类题目常常来自《孟子》。第六,一句分两截题。第七,前后照应题。第八,串题,即两句作一句,这可以看作与第一类相同。第九,反题,题目表达的是一个反过来的命题。从另外一部关于写作的书中,马博士摘抄了11节,这里我们不必转录了。我们相信,我们已经列举了足够多的证据来说明写这类书的人的勤劳和能力。但我们还是引用一下最后结束的段落:"上文所描述的数量众多的此类短文构成了中国文学的很大部分,它们有的是用韵文写成的,有的是大臣和学者写给历代帝王的奏章等等(这类受人尊敬的文章有数千卷之多)。在下面列出名字的著作的前言告诉我们,文章著作备于'六经',秦、汉以下作者代兴,文体递变。梁昭明太子始撰《文选》一书。昭明太子生活在大约公元543年,是早熟的典型范例。3岁受《孝经》《论语》,5岁遍读'五经'悉能背诵。他的著作还保存着,并且经常被重印。”

在这卷中，我们唯一还要看的另一篇文章是在“官”字下面。它有30页，主要是关于中国的政府，摘抄自部头很大的中文书《渊鉴类函》。马礼逊对古今的官职，以及它们的设立、历史都以汉字描述，列出朝廷官员（他们也是北京六部的官员）所担任的文武官职，以及各部门的低级官职，还引用了中国政治家和哲学家的言论，这些言论是关于政府管理的理论和实践，以及提升帝国稳定性的最佳方法。对中国的贵族（通过封爵建立起来）、不同等级的贵族的特权和荣耀、继承的法律等，也有一般的描述。有资格成为贵族的人包括皇亲国戚、功臣、王室子孙、功臣后代、德行超群者。编者解释五种来自不同品德的常见的称谓如下：第一是“公”，来自对于公共利益的关注，这是最高的道德，对立于自私。第二是“侯”——等候，意味着他们因为德行而被放逐，要等待更好的时机，并且在困难和流放中坚持自己的原则。第三是“伯”——聪明的人，长者，拥有高度的智慧。第四是“子”，能够培养和训练别人成为有德行的人。第五是“男”，能够勇敢地承担重要的工作和繁重的负担，让别人得到休息。从《渊鉴类函》的“政术部”的文章中也摘抄了一点，这篇文章论述了君道、臣术、官班、择官、勤官、守官、摄官，以及对于官员的节约使用，即“省官”。关于政府管理的模式，根据《礼记》中的古老格言，对于统治者来说五件事最重要，治亲、报功、举贤、使能、存爱，谦恭和礼貌也被认为是非常重要的。另外还摘抄了中国人其他关于政府管理的格言，这些都见证了一种关于道德情感（中国的统治者必须被这种情感激发）的公正印象。马礼逊这篇文章对于中国官方术语的解释、对于那些中国文献的口译者及笔译者非常有价值，这些引语说明了中国人在重要问题上的观点和理论，同时也证明了他在编写这部分字典时的勤奋和能力。

如果篇幅允许的话，我们还可以从这一卷中选择其他主题的很多内容，也一定会引起一般读者的兴趣，如与世界本源有关的形而上学理论、自然物产、药品、各种书籍、解剖用语、神话，在“天”和“大”字下面的皇帝和朝代的名称，在“人”字下的人的创造和人性，以及在结婚和下葬时的礼节，这些对于中国人来说都是最重要的仪式，在代表这些观点的字的下面有详细的描述。

第一部分[1]的其他两卷我们不需要特别的关注,因为它们的内容不像第一卷那么广博,它们的用处主要是收集了大量的各种汉字,而不是对于任何一个主题的广泛阐述。如果一些重要的汉字能有更全面的解释,将使学习汉语的人更为满意,但是那样会使这部著作更具有百科全书而不是词典的特色。第二部分在很大程度上提供了掌握汉语所需要的信息,而这一点在第一部分相对缺乏,所以我们没有什么理由为这一部分后两卷中没有大段的解释性文字而感到遗憾了。

词典的第二部分[2]包括两卷,第一卷用英语字母拼写汉语发音并按照字母顺序排列,包括 12680 个汉字,它们被归在 411 个单音节下面,从 A 开始,到 Yung 结束。如果我们不考虑汉语四个声调造成的区别,那么表达汉语 4 万汉字的就是这 411 个音节,所以,平均下来,大约 1 个音节下面有 100 个不同形状和意义的汉字,在这样简化的排列中,Le 这个音就有 80 个意义,每一个意义都有一个不同的字符。如果记住了一个汉字的声音,但意义没有记住,或没有中国人告诉你意义,就必须到字典的这个部分来查找。但是对于只有书本可以依据的学习者来说,词典中收有部首的部分也是不可或缺的。在这一卷中有其他卷没有的很多信息,因为它结合了第一卷的精华及第二卷和第三卷关于众多汉字的更为完整的解释。因此,必须在与前面的部分的比较中才能判断《五车韵府》的价值。

在前言中马礼逊博士说:“本词典是在一部中国韵书字典《五车韵府》的基础上编写出来的,《五车韵府》是由陈先生[3]编写的,他花了一生的时间收集这部字典中包含的字,在出版以前就去世了。他把自己的手稿交给他的学生胡含一,胡游历了整个帝国,为的是确认韵书字典的准确性并有所增补。陈的学生中有一些当了大官,其中一个向康熙皇帝说起了老师的字典,康熙当时正在策划自己的字典。经过多方查找字典被找到了,但是还没有出版,还在胡的手里。在《康熙字典》编撰中它似乎发挥了很大的用处,因为字的定义两者常

---

① 马礼逊汉英词典的第一部分名为《字典》,共有三卷。——译注

② 即《五车韵府》。——译注

③ 即陈荩谟。——译注

常丝毫不差。在原书中，字的排列是根据韵部和声调，但是韵部相同只是重音不同的就被排在不同的卷中，并且划分过细，细到令那些我所见到的使用这部韵书字典的中国人都困惑的程度。在1812年我将这本韵书字典拆开，并把所有的字排列到现在大家看到的音节下面。它包括约4万个汉字，我最终将其缩减到我认为合适的现在这个部分中所包含的汉字数目。在编写这一部分的过程中，我将它与《康熙字典》(它通常更加丰富)、一部名为《分韵》的中国字典、罗马天主教传教士的字母顺序的一些词典进行了比勘。"

至于在这一部分采取的计划，作者说："多数语言的原则是从一个具有一定意义的短的词语，通过增加字母或者音节生成各种各样的新的词语，就像一株植物从根长出并分杈一样，在中文中也存在类似的情况，研究者们会发现，《五车韵府》的编排关注了这一情况。以下是作者在安排汉字上为自己定下的规矩，但这些规矩没有始终得到遵守：第一，在每个音节下的基本的汉字或字根，应该按照笔画顺序排列。第二，字根应当按照中文偏旁部首的顺序与其他部分联合。第三，在每个音节下先列出按照规则构成的汉字，然后插入不规则的字或杂字。"

整个序言都值得转录下来，但是会占据太多的空间。下面关于这部词典的性质，以及中国文献在欧洲的情况的一段话，值得注意："研究者不要指望从这部词典中获得准确的汉字以用于翻译，而是一个汉字的众多意义，这将为他们选择合适的词语提供一个线索。也不要指望本词典能够准确地给出一个字所蕴含的词义，或全部的喻义，或所有的典故。这些需要更多的协作，更多不同才能的人参加，这些都超出了目前欧洲人在汉语方面的投入，也很不可能在不远的将来如此投入。这不是因为中文比欧洲知识分子所从事的其他课题更不值得关注，而是因为这种投入不是在风气、兴趣和国际交往的需求下进行的。英国、荷兰、葡萄牙、美国目前与中国有最多的交往，但经济利益是最大的关注点。实际上荷兰政府在爪哇控制着大面积的中国人聚居区，对于这些国家的政府来说，每年花几百英镑投入到培训与他们有广泛交往的人民的语言上，难道是过分的期待吗？在他们的公立学校里，给予一个拥有成千上万卷原创文献的语言一个存在的地位，难道是过分的要求吗？学院和大学不能拨点经费，或者鼓励那些无事可干的人来从事这个事业吗？只有当一些具有正确观点和感情，并且以文学或科学为唯一专业的人，在他们各自的政府或学术团体的支持下学习和教授汉语，汉语的性质才可能被正确地了解，欧洲的科学也才能输入进来。人的思想只能是有限的。商人和传教士除语言、文学、科学以外还有其他的事情要做。所以我们不应该不假思索地责备他们，说他们没有做人们希望他们做的所有事情。"

这段重要和有趣的话说明，马礼逊博士在将汉语介绍到英国之前，就已经热烈地希望中文能够在欧洲得到更广泛的培植。任何一个希望通过个人的努力在中国人当中传播基督教和科学知识的人，都必须熟练地掌握汉语，为此需要相当熟悉古代的事情、举止、习惯、思维的习性和中国的风俗。因此在词典和其他语文著作中详细地阐明这些主题是必要的。

这一卷包括汉字的声音、形式和声调，也包括对汉字的解释。《五车韵府》和其他部分，马礼逊博士所用的拼音法是着眼于表达中国官话[①]的发音，但是，在每一个条目的开始处，也有罗马天主教徒手稿词典的拼音法，以及广东方言的发音，在这一册的开头，有一张表，将这两种发音与官话的发音并列，以帮助使用者在这一部分通过广东方言或者欧洲大陆对于官话的拼音法找到想找的汉字。有时也给出北京方言。确实，《五车韵府》对于无论在哪个省逗留的外国人来说都是非常有用的，因为它包含了足够多数量可供使用的字，这些字在其他方言中的发音可以在每一页页眉上写出来。"当我居住在马六甲的福建移民当中时，我用这个方法学会了福建方言。我从一个福建人的嘴里听到发音，就用自己的拼音法把它记录下来，以及和官话不同的声调。"

在这一卷的末尾汇集了中国人关于星宿的名称，这是里夫斯先生在马礼逊博士的要求下编成的，马礼逊则加注了以下的说明："我还要感谢里夫斯先生为本部分词典提供了植物以及其他自然产品的名字。里夫斯先生在中国勤奋钻研，并且乐意将他努力的成果转给别人，这一贯地显示出他对科学技术的友善，我非常高兴地公开承认我对他的感激。"这位绅士还对罗马天主教徒用

① 马礼逊在《通用汉言之法》序中说中国官话是基于南京官话的。——译注

中文书写的欧洲科学的著作给予恰当的赞美,特别是《律历渊源》,它有100卷,"其中一小部分说明了音乐原理,用的是欧洲的记谱方式。其他部分包括数学、球面几何学的原理,日蚀、月蚀的计算方法,表示太阳、月亮的平均运动、节点、不规则的表格,所需的方程式的表格,主要数字、组合数字、自然正弦、对数、对数正弦、正切等的表格"。这本阐述详细的书中还包括星座表、巴丁(Bardin)的18英尺地球仪、博德(Bode)的地图以及耶稣会士南怀仁制作的两张平面天球图,里夫斯先生从中汲取他人成果来制作他的星星和星座的表格,按照字母的顺序排列,他还从上述书中抄录了92颗星星的正确的升降、大小等,并制成表格。马礼逊博士在一个注释中说:"这些地图和上文描述的书都很难得也很昂贵,这些表格是从我收藏的书中摘抄制成的,此外我没见过有别的本子。"

要说明属于这一部分的另外一卷,我们只要将放在这一卷起首的目录转录下来就可以了。这两卷构成了整部词典的节略本,收录了12000个汉字的声音、形式、意义和各种用法的极具价值的解释,用不着认识这么多字就可以阅读中国主要的形而上学、哲学、历史、商业、科学和工艺学著作。第一点值得注意的是偏旁部首或者字根(名称不同而已)的表格,偏旁部首共有214个以及它们的名称和意义。接下来是在前几卷中出现的汉字的索引,按照它们在各自的字根下的衍生方式排列,通过计算一个汉字除字根之外的笔画数,就可以获得该字的发音,同时也指示出在什么地方可以找到它的意义的解释。另外还有第三个表格——分类汉字,按照每个字的笔画数(包括字根),在复杂的汉字中字根也被指示出来,这些字都是从《康熙字典》中取来的,从右往左排列(按照中国人的习惯),其中很多字只能在字典的第一部分中找到。在表格的第一页和第二页给出了复合形式,如"凡从'亻'者属于'人'部"。接下来是排在一画下面的汉字,其中最前面的六个本身也是字根,后面紧接着的两个归在"丿"的下面,其余的也是如此。对于那些无人告诉他们确切的字根是什么或者汉字的定义是什么的学生来说,这一部分是非常有价值的。第四个表格是辨字表,目的是区分相似的字,从两个开始,到三个、四个、五个,这些字虽然相似,但实际上不同,因为一个字常常有好几个形式,同时也有好几个字很相似,但却是完全不同意义的字。这个表格也是从《康熙字典》中抄录的,解释是用中文,学生们在学习一段时间中文后能够看懂。第五个表格是按照字母顺序排列的英语发音,通过数字指示出现在前卷中的汉字。作者说:“希望这对已经在汉语学习上取得一定进步的学生有用,当他们讲中文或用中文写作时这一部分能给他们提示汉字。”第六个表格“同文”汇集了同一个汉字的不同写法,从行书到篆字,与在正文中一样,也给出字的定义。马礼逊博士说:“通过复习和抄写这里所收集的汉字,学生们会对草书有所认知,具有这样的知识是非常实用的,因为中国人的书信和其他文件常常是用这种字体书写的。希望用这种字体书写的欧洲学生,在这张表格中会比在正文中更容易地找到汉字。”这一卷有 300 多页,从上面的评论可以看出,这部分内容对于孤独无助的中文学生来说非常有价值,可以帮助他们认出汉字的简写形式,这些形式会出现在通俗读物、政府的公文草稿、私人通信中,在比较正式的情况下则会出现在关于礼仪的著作和古代的遗物上,官员的徽章上,军队的旗帜、花瓶、盾牌、权杖等上,一般刻有古代的篆体文字(现在一般用来作为法律文件和各类盟约的证明文字)。我们在结束对本卷的介绍之前,描述一下书写汉字的不同方式,应该不是不合适的。第一种称为楷书,一般在官方文件和印刷的文字中使用,是由公元 3 世纪晋代的王次仲发明的。第二种是行书,处于正楷和草书之间。第三种是草书,一个字常常有两三种写法,也是一种手写体,据说是由史游发明的,为了处理公务时能节省时间,但在官方的正式文件中却不能使用。第四种是隶书,它得名于政府的低级官员,据说是他们根据秦始皇的命令制作出来的,因为当时的篆字使用起来非常不方便,但是也有人认为是程邈在监狱里发明的。它非常像楷书,几乎没有保留多少古代的形式。第五种是小篆,上文已经提到。第六种是古文,现在已经不再使用。

词典的第三部分,是英汉词典,500 页(4 开本),不仅包括英语单词、词语和翻译成的对应的中文,还有很多中英对照的中国人的观点和格言,同时还有关于实际问题的有用的信息。尽管这一部分很有用,但比起其他两部分来很可能会让学习汉语的英语世界的学生失望,因为前两部分确实可以说为掌握广博和准确的汉语知识以及汉语文献提供了丰富的材料,它们的目的是将中文的意义逐字翻译成英文,古典的和口头用语则经过明智的选择和良好的翻译,而最后这一部分的目的是帮助英国人用汉语短语来表达自己的思想,而要成功地做到这一点,更好的方法是将中文惯用语中使用的汉字放在对应的英文词语的条目下。这一部分的设计不是很完美,原因可能在于将中文书的段落译成英文的做法虽然对于传达汉语的内容和习惯用语的知识非常有价值,但是可能不像前两部分那样能够为英国学生提供一种用汉语表达他们思想和感想的现成模式。对此作者本人也意识到了,他在前言中说:“这里所收集的词语和短语对于学习这一语言将提供重要的帮助,但不能使对汉语一无所知的人仅仅通过查找这里的英文单词就可以用中文表达自己的思想。”他对这一卷编写历史的描述是很有意思的:“作者开始为词典的这一部分收集汉字是在 13 年前,其后在这 13 年间不断慢慢地增加,但是要做到完备是不实际的,由词和短语衍生出来的东西太多,收集与英文完全对应的中文字词短语对于一个人来说,即使是花一生的时间也是过于浩大的工作。”下面这些话很重要:“这部词典其他部分的索引可以弥补这里存在的一些缺陷,如果研究者从列在这部分的汉字查找它们在第一、二部分的定义,他会发现关于这些字的用法的更多信息,并且通过比较这几部分,偶尔会发现一些错误并且纠正它们。”下面的引文说明了这部分的工作是如何进行的。在“天”这个字下面,马礼逊除引用了中国人普遍接受的意思之外,还引用了多部汉语著作中的段落,这些段落是耶稣会士在关于如何翻译 God 这个词时进行的广泛争论中曾加以引用的。马礼逊博士说:“以上的许多引文,都是从中国的古籍中来的,如果这些文字让一个犹太人或者基督徒看到,将唤起他们对于上帝的更加合理的看法,要比中国后代的注释家对于上帝的看法合理得多。口语中‘天老爷’这个词给予天一种人格,但不管它在中国北方的用法怎样,在南方并不使用,他们常见的词语是‘天地’,它们连在一起,让人迷惑,没有给人最高存在的概念。”在“神”这个字下,马礼逊列举了孔子、佛教徒、道家、伊斯兰教徒及基督徒用来指示至上权力的术语(以及它们的中文意思)。作者不仅给予表示形而上学和道德哲学的词语以解释,这可能与他本人的爱好和研究契合,他也给予了那些与工艺有关的词语以解释,比如,在“瓷”这个字下面,作者从一本名为

《景德镇陶录》的4卷的中文书中摘抄了关于制造陶器的内容，该书是记录景德镇——中国最古老也是最著名的陶瓷中心——的瓷器制作。景德镇得名自景德皇帝，他在公元1000年支持这项工艺。乾隆皇帝派了宫廷画师去将工艺流程画了20张图，每一幅在《龙威秘书》中的第35卷中都被提及并作了注释。马礼逊博士用英文描述与此相关的问题，在此之前他说明了技术工人使用的材料的汉语名称，以及制作过程中的各个步骤。我们在这里只能转录他的引文的最后一部分，即“祀神酬愿”——向神献祭并表示感激。聚集在景德镇的人很多，人们非常重视这个仪式。那儿有两百至三百座窑子，以及好几十万工匠，他们“候火如候晴雨”，在一次这样的祭祀中，一个小男孩自愿投入炉火中作为献祭，以此获得极大的祝福，这是有记录可查的。在这篇文章中还有对其他窑的解释，第一个是在江西省的南昌，在公元630年被作为贡品献给了武德皇帝，那些在广州和在高丽（特别是后者）的窑现在处于高产时期①。在“道德规范”这个词下面，马礼逊博士说：“一个非常好的例证是在下面这本书中，该书真正的作者并不清楚，但被出于善意的欺骗而被归为关夫子（一个3世纪被神化了的武将）的著作，取名为《关圣帝君觉世真经》，文章分为30段，每段2行，只有第11段有3行。”它是这样开始的：“敬天地，礼神明，奉祖先，孝双亲，守王法，重师尊，爱兄弟，信友朋。”第五段是：“创修庙宇，印造经文，舍药施茶，戒杀放生。”第10和11段是：“一切善事，信心奉行，人虽不见，神已早闻，加福增寿，添子得孙，灾消病减，祸患不侵，人物咸宁，吉星照临。”我们就从这篇文章中转录这些。后面的段落主要是列举人们犯的各种罪，以及可能得到的各种惩罚。这些段落和其他段落的翻译，特别是这些汉字的声音都用罗马字母表示出来，对于学生掌握中文以及使他们能够用中文准确地表达自己的思想非常有帮助。用中文写作的作者常常感到找不着合适的字句来表达道德和宗教的真理。困难在于保留中文的习惯用语而不以基督教的观点让位给异教的观点为牺牲，汉语表达后者毫无问题，而表达前者则不习惯。但是，如果我们在一个英语词语下面找不到一个词或者短语适应我们的需要，我们可能

---

① 该句在马礼逊词典中的原文是“那些在广州和在高丽（特别是后者）的窑出产与景德镇几乎一样好的瓷器”。——译注

在同一类的词语下面找到可用的词或短语,尽管不是完全的同义词。不像英语那样,在汉语中不同的意义不是总有不同的表达形式。在具有总括性意义的词语下面,作者引用句子来说明表达一个特定意思的方式,同时还说明中国人在各种重要问题上的处理方式、信仰、迷信及习惯,从这些说明可以得到写作上的帮助。"通书"这个词可以作为例子,在这个词下面有这样的话:"有多种由私人印制的通书,几乎所有的中国人在日常事务中都参考它。通书除了列出一个月的每一天,还包括吉日和凶日、神的生日、皇帝和皇后的忌辰等。下面是中国通书的一个样板,是现在的皇帝道光登基的第一年,开始于1821年2月3日,第一个月是小月,只有29天,第一天叫初一,或元旦,是天腊之辰诞,是弥勒佛圣诞,并且是车大元帅的生日,它是商人崇拜的偶像。如果一家商店生意兴隆,有时人们会偷走这尊神送给朋友,这样这位朋友也能发财。'喜神在东南',在新年的第一天起床后,应该立即朝喜神的位置走去。"财神的位置是正南,希望致富的人应该朝那个方向迎接他。恶作剧的神在东北方向,应该避开。吉期和凶期也提到了,并且有躲避厄运的符咒。"在5月的第一天,人们应该在家里的祭坛进行祭祀,拿一种菖蒲或是艾,前者代表剑,后者代表摇摆的旗帜。这句话构成了仪式的一部分:蒲剑斩千邪,艾旗招百福。人们认为这个月的初五非常吉利,在这一天的中午将以下的符咒写在纸上,并贴在屋子的不同地方——

五月五日午时书,
官非口舌尽消除,
蛇虫鼠蚁逃潜去,
百病千灾一切驱。

除此之外,还要加上《易经》上的四个幸运字'元亮①利贞',这四个字根据中国注释者的解释是代表'伟大、无所不在的影响、适当、正确'的意思。这一天被称为三重死日。如果家中有人死亡,另外两人一定会接连而死。为了避免这个灾祸,死去的人在那天不能入殓,一群道士会被召来做道场,并放一只家

① 应为"亨"。——译注

禽、一个鸡蛋和一片猪肉在门上,所有这些他们走的时候都带走。这个程序被认为可以转移可怕的灾祸。”

在“死”这个词下面,作者引用了多段文字,它们表达了不同的流派对这一问题的看法以及用来指示这件事的术语:佛教徒用“归西”(他们说天堂是在西方);“超生”,对此他们宣称具有先知先觉;“仙游”“上宾”或“辞世”。其他人使用“寂灭”“魄散”或“归地府”。下面一段是马礼逊博士翻译的,包含了关于死亡的原理:“人之死也,魂飞于天,魄落于泉,水火分散,各归本源。”下面一段话来自一个佛教徒:“凤官道,要死起来,自然是拉他不住的,但这口气儿还没断,也要尽人力,今儿我去娘娘庙点个香儿,通通诚,倘或神灵感应,赏他好了,也是拿不定的事。”作者给出不同级别的人死亡时所用的不同词语,一般的人用“死”,“薨”用于贵族和王侯,“崩”用于帝王,意思是“像山一样轰然倒下”,关于这一问题我们最后要转录,展示了在特定的人物去世时中国人常见的一种习惯——“去世的人生前使用过的衣服、椅子、船等被烧掉以跟随他进入那看不见的世界,这些被称作冥器。‘烧过河衣’,用纸做的轿夫、船夫、阴宅等也要烧掉。今年(1821年)一个有钱人在广州去世时,他的一架价值千元的衣橱被烧掉了。”

在“重量”这个词的下面,有下面这段话,中国人的度量衡是用四个字——律度量衡来表示。他们认为古代的黄钟是所有度量衡的基础,这个管乐器,有一定的长度和直径,根据它能装谷物的多少来作为度量衡的标准。在长度方面,问题在于谷物是纵过来还是横过来放,100粒横黍就是一古尺(相当于10英寸,每寸被分为10个部分),100粒纵黍就构成了现代的一尺,它(这是引自经典著作)相当于12.5英寸。广州政府的标准是14.625英寸。在管乐器中,1200粒谷物构成了最低的单位,在长度方面,最小的单位是一英寸的十分之一。上述的说法是得到目前的肯定的,古代其他的权威人物在这问题上的说法不一,有人说十马尾为一分,或是一英寸的十分之一。另外的人说蚕吐出的一根丝是一忽,十忽是一丝,十丝是一毫,十毫是一厘,十厘是一分。丈量土地的基础是这样解释的:“抬起脚来,也就是走一跬,两跬就是一步。”古人采取的还有其他方法,马礼逊博士叙述了其中的一部分,他说:“在不同的时代，在中国的不同王国里，表面积的计量单位，体积的计量单位，重量的计量单位，都各有各的名称，它们无法比较也无法统一。于是政府用'丈'作为计量长度的单位，大的单位和小的单位必须匹配，'石'作为体积的计量单位，'两'作为重量的计量单位。" 作者给出了 23 个丈量单位，从丈或者 10 尺，以下按照十进制直到清净，它是虚空的十分之一，也是最小的单位。在体积的丈量中也用十进制，从石到粟，包括 8 个单位。在重量方面，从两到忽(第 7 个单位)，接着像长度单位一样一直往下。数量的计量符号也给出了，从第一个单位往上，十进制到达第 21 个单位，无量数，用欧洲的符号来表示是 321 987654 321987 654321，这是一个非常好的例子，说明象形文字的方式具有的优越的表达能力，因为用三个汉字表示的数字在字母语言中要用那么多字来表达。表示"亿"的百万和十亿的"兆"也能说明这一点。马礼逊博士说："除像上面所展示的十进制的符号外，有些是以万进制的，有些是通过乘自身来进制的。"在"植物学"这个词下面，有一个从《本草》的索引(由里夫斯做的)中摘抄的一段，《本草》是马礼逊博士认为的中国最好的一本药物和植物学著作，作者将对象分为部—类—种。有五部——草部、谷部(可作食物)、菜部、果部、木部。在每一部下面都有所包括的各个部分的简单描述。在"花"字下面，有 143① 种中国植物，它们在广州一年 12 个月的不同时期开花结果，它们的学名则是由里夫斯提供的。我们无法对这一卷的内容再多说什么了。我们的目的是两方面的：第一，利用丰富的例证来展示作者完成这一艰巨工作的方式。第二，选择一般读者可能有兴趣的话题。本字典所传递的信息的价值以及从中文原文中翻译的段落的忠实性必然已向学习中文的学生显示了这是一本最有助于掌握中文的重要字典，我们无须仔细地考察作者的英文写作风格就可以确定地说，就他大量地引用中国作者的著作来看，他已经令人赞叹地将严格忠实于原文和可理解而地道的英语翻译结合了起来，这一点或许可以说是他作为一个翻译家的最主要的长处。

① 马礼逊原文中是 148。——译注

二、关于《圣经》的翻译①

要想有效地进行《圣经》翻译这样精细的任务，要求译者虔诚、博学、智慧，对《圣经》精神有正确理解。在反复判断中能忠实地选择各种术语和短语，正确表达原文的意思。神性启示的权威是要广布全世界的，译者所要传达的神圣主题会鼓舞他超脱偏见和个人偏好。在与众多人类沟通的工作中，无知或疏忽是不可原谅的，心中的信念和神的特征是永恒的。避免由于疏忽而错误地再现《圣经》精神的前提是，彻底理解并怀有一颗正直的心。个人对各种表达方式的选择，基本风格和组织写作是能足够证明的。应该仔细思考，准确而深入了解各种术语的意义，因为它们是传达重要神学思想的符号。或者换句话说，再现出来让人知道神的完美、真理和作为。

中文表现了其独特的难点：与其他语言相比，它有象征性特征，一个汉字通常有很多意义，古典文本和日常用语间存在区别。为了说明马礼逊《圣经》中文译本的重要特征，要注意以下几点：首先，再现重要对象和教义的字词，如神（God）、基督（Christ）、圣灵（the Holy Spirit）、天堂（Heaven）、地狱（Hell）、称义（Justification）、赎罪（the Atonement）、重生（Regeneration）、成圣（Sanctification）等；其次，转换专属名称的方法；再次，不同风格类型的翻译，如历史体、诗体、预言体、训导体和叙述体如何在中文中再现；最后，对该译作的基本特征的简要陈述。第一点中我先从 God 的译词开始。上帝（Supreme Ruler）、天堂（Heaven）、神主（Divine Lord）、主（Lord）和神（God）这些词要经过慎重考虑，选择一个能意指《圣经》中的 God。罗马天主教原本选择上帝这个词，一些中国学者也认为这个术语是最适合《圣经》传道的；《印中拾闻》②中的一位作者列举以下原因表示支持："第一，其古老性使它受到尊敬；第二，它代表了一位独一的存在，没有二重性、多重性，没有阴性的同伴；第三，某些方面凌驾于其他神（deities）之上，在不乏其他神的特征的情况下，它又和这些神同时受到敬拜；第四，在中国所有主要教派中有至上地位；第五，使用这个术语会激发心中的敬意；第六，它的全能凌驾于其他神之上。"我没有直接引用作者的措辞，但

① 本部分由梁跃天译出。——译注

② 《印中拾闻》月刊，以前由米怜负责在马尼拉出版。——原注

表达了他对这个词的感情。但我有不同观点，说两点：一是把它作为 God 的普通名称的合适性；二是他的观点中的这个字会给中国人带来的某些想法。如果使用上帝这个词，每次礼拜行为都是献给它的，在中国人的心里会认同它为一个特殊的神、一个管理众神的神，这是他们从远古以来就有的迷信；这样本用于移除他们的偶像观念的词，却助长了他们的偶像联系。我想，任何熟悉中国作家的人都确信上帝和天都用来指第一因（the First Cause）。如果这个术语可以指代非人格化的存在，它应该是合适的。下面的片段取自中国现存最早的诗歌集《诗经》，其证实了这个观点："商朝的子孙达十万众，上帝命令他们从属于周，因为天命不可违——它不会一直眷爱一个王朝或家族。"这里的"上帝"和"天"可互换，指命令的发出者，它控制生灵的命运，特别是地上的高等生灵。从它拥有的完美性和特权来看，有点与西方古代的至高无上的朱比特（Jupiter Optimus Maximus）相同。但是它是否是全能的（omnipotent），无所不在的（omnipresent），有无限智慧的（infinitely wise），或聪明的（intelligent），只取决于中国王朝的决定。

依据此词的意义，上帝拥有的特权局限在统治世界这个单一的行为中。但上帝如同天，天与理同义，而中国哲学家把理看成是太极（the highest point）或无极（no point）的另一个名称，即原始物质的抽象本质或内在原则，它生成宇宙并弥漫其中使这个物质世界生生不息——柏拉图学派的世界灵魂（anima mundi），人类的心智活动不能超出理的范围。这样任何事物都处在平等位置：由于上帝与天同义，天通过理得到诠释，上帝必同于理。一些国外中国学学者认为这样的称呼是对真神的描述，但按照中国人自己的解释，只不过是理或太极这些不可见的原则的人格化，可以在任何地方发现它，但现实中又不存在于任何地方。中国哲学家的著作中有大量的证明，除了通过一种术数形式（a kind of numerical fate）来决定人的命运的权力，没有任何其他权威立于上帝名下，但人的定数可以通过其行为和影响力推翻上帝的命定。给予这样一个想象中的超自然权威或代理的特性，是源于现世中的最高权威和政府。但根本不能看出耶和华所具有的无限的智慧、全能、永恒、不变、自在和其他至善至美的特性。皇帝对上帝的敬意并不比对他们逝去的祖先和父母的灵魂（the spirits)的敬意多。祖先和父母被神化了。献给他们的是人类所能见到的用以表达敬意最丰富的外在形式。比如,一位皇帝在登基前夜的仪式中,他要向上帝、天、地和祖宗灵魂报告各项活动安排。这种仪式活动可以称为中国的国家宗教。皇帝是主祭师,向天地、上帝、祖宗、各种各样天上地上的神仙(gods of all description)献祭。而且,上帝除了充当最高统治权威,也是地方神仙(local deities)。马礼逊博士说:"这个名号(epithet),尽管看起来表达了基督教神的概念,但却适用于各种具有神性的人物身上。"皇天上帝(the somber heaven's supreme ruler)指的是北半球的一位神,另外一个常提到的神的名字是玉皇大帝(the diamond imperial supreme ruler),而太上(the great supreme)既指皇帝去世的父亲,又是道教的创立者。罗马天主教在中国一开始采用上帝一词指代God,后来又认为不适合而放弃,选择天作为代替,最终也放弃,也许是因为进一步熟悉这种语言后发现,这两个术语间存在互指性。多明我会和耶稣会在这个问题上长久而激烈地争论后,选择"天主"作为最合适的术语,加上教字后的天主教指的就是中国现在的天主教。符合克莱芒十一世(Pope Clement XI)的宗座指示。为了避免把圣经教义认同为天主教会体系,新教传教士有充分的理由不使用同一个名称。因为异教徒没有关于全在和无限(infinity)的正确观念,他们认为最值得尊重的神是处于物质限制之内,分布在宇宙的不同地域。这样的一个术语会完全把神的特权限制为只拥有天的地方性存在。

说到天(heaven)这个词,它不会是个适合表达《圣经》中God的名称,因为heaven有复数形式,如这些片段中基督据称"已经升上几重天""使徒保罗在第三重天""所罗门对耶和华说天上的天尚且不足你居住的"(the heaven of heavens cannot contain three)。诚然,中国人不反对偶尔使用天(从他居住的地方转喻过来)来指代耶和华,也不反对运用一个相似的短语"诸天掌权"(the heavens do rule),但这是与把它作为含括整个宇宙的名称完全不同的。中国人对这个字有三种理解:"物质的天""拥有权力的最高者""逝者灵魂的寓所"。孔子把天视作最高敬意的对象。它给予祝福,施加审判,引导人们,阻碍或帮助人们完成计划,这都完全取决于它权威的愿望,但后世哲学家的定义则赋予它非创造性的物质主义性质,弥散在整个宇宙中,作为一个不可见的原则,没有作为一个有控制权的神所需的智慧,如同已经解释过的“理”。孔子的一个弟子说:“不合适去指责缺乏智慧的性质,把他的心智运作与人类的心智运作视为同一也不正确。”这位圣人自己也承认,他已经长久向天祷告,但一个冒犯这一权威的行为,会让冒犯者的祷告失效。从形而上角度来看天,天所传达的观念与作为苍天所传达的观念非常不同。很难准确理解中国作者是如何运用这个术语的,因为他们常在表示普遍意义的文本中表达特殊的含义。天作为覆盖大地之上的苍穹被祭拜,这可能是天具有普遍影响,并享有最高尊严和无法比拟的统治权的原因。那么这个词如同上帝一样有了人们想象中的权力。但在理解上,作者们不但互相抵触,他们自己也很矛盾。有时天是掌握人的命运的绝对权威,有时除非人们承认,它是毫无权力的。后一种观念体现在一句流行的语录中:“人们听到看到的就是天听到看到的。”(Heaven hears and sees as the people hear and see.)对此,一位注释家说道:这种情况很可能因为天是没有形的。前一种观念体现在当朝圣皇乾隆皇帝的诗句中。立于伊犁的石碑上的这句诗是为了歌颂其对一个鞑靼部落的战争:

天之所培者,人虽倾之,不可殛也

天之所覆者,人虽栽之,不可殖也

天这个术语太复杂,在表达 God 的简单含义时,不可能不带来混乱,特别是它指物质性的多重天,符合托勒密体系。天分十层,第三层是爱的女神居住,第九层是宗动天(primum mobile),它承载其他八层,第十层是最高统治者居住,所有的神和圣人(saints)都安静,不动。朱夫子称它“硬壳天”,它掌握下层的天,控制宇宙。确实,天有时代表智慧、公平、正义、仁慈,但缺乏神性特征和个人完美。

神主这个词如果能够去除其与偶像的联系,就可能是 Jehovah 的名称。但很多术语,在字面含义无异议的情况下,要求先考察它们习惯用法上的意义,然后再联系宗教上的运用。这个词表示:在奢华的丧礼中,祖先牌位要带到死者的坟墓,然后放置在祖先庙中或带回生前的家中,作为家人的保护神,它像个符咒有效地左右中国人的心。在《圣经》中使用这个词,会有助长偶像联系的危险。但是摈弃所有异教徒的词和短语,就只有引入外文词或把已有符号重新组合。但很难在中文中使用这两种方法。在《圣经》中 Jehovah 和 Lord God 出现时，马礼逊博士在有的地方用主神，但一般为神主。这可理解为 God the Lord 或 Divine Lord；这更适合中文用语，而不是倒换一下位置以适合原文的顺序。神天（divine heaven）不是一个中文词，常为传教士使用在宣教手册中和谈话中指 God，但由于中文中大量的多神教概念，除非用《圣经》来解释，否则只会在他们的头脑中形成这样一个认识：那只是新添加的一个神。

主（Lord），是伊斯兰称神的术语，《圣经》翻译者不愿意这样使用，但它正确表达了《新约》中Κυριος，所以马礼逊也运用此词。但由于这么多的词都被认为不适合作 God 的名称，中文词汇还有什么词能引起较少争议？这个问题非常重要，因为用最好的方式把神性真理传递给异教徒需要一个完整而慎重的答案。人类家庭中最低等落后的人也有一些关于最高存在的观念。尽管是想象，他们认为这些最高存在掌控人类的命运，不但高于人类而且值得享有最高尊敬。天启的使徒有必要在传道 Jehovah 的至上至美的正确观念时，在一种神性真理还没有进行神圣化的语言中，找到能够描述这样一种存在的术语。对于这一点，两个问题值得思考：首先，说到一个神时，人们的主要想法是什么？其次，希腊文希伯来文《圣经》中指称 God 的词包含着什么感情色彩？对于前一个问题，人们在希望和恐惧中时常敬拜的 God 这位至高存在时所怀有的普遍情感，难道不是繁荣兴盛的源泉、困苦灾难的原因吗？他的意志尽管绝对，却是以人们的行为来行事的。下面是一部中文著作中对未来世界的赏罚的描述："幸福和悲惨没有门——没有入口——但是人的或善或恶的行为，一定会如影随形地报以相应的幸福和痛苦。"这样的观点说明，人们对一位不为人所知的至高权威或原则，报以崇敬和感激之心，并借着日常祈祷这样有意识的义务活动表现出来。人们与一位不可见的唯一（One）有无止尽的灵交，在困难时可以请求他帮助，在得到慰藉的日子里要献上感恩祭品；他是人类命运的最终裁判者，他凭自己的意愿把灵魂送往不可预知的地方，他依照人们的行为给予公正的回报。那么拥有这样观念的民族，他们的语言中对 God 的称呼应该是一个特殊的名称（a special appellative）——如至上统治者（Supreme Ruler）、天的主（Lord of Heaven）、神性的主（Divine Lord）——或是一个类名（a generic one),与英文中的 God 相同,God 的一般意义指人类情感和愿望的第一所归。中文中所有这些长久以来配享敬意的,又看不见的存在的所用的名称是神。马礼逊博士使用的就是这个词。中国人如此耽于多神信仰,在他们的脑袋里不存在 God 作为宇宙创造者和道德监督者的正确观念。基于这样的理由,用神来指代具有无限性的耶和华就不会引起争议了。因为神不但指我们现在讨论中的各种神性物(topical deities)(就是我们也用 God 这个词所指的),也指我们所有情感中最至上的存在。它已经上升并在宇宙秩序中占据自己的位置,他们把它当神性的人来礼拜。要表达这样一个存在,即使最低等的民族可能也有相应的术语。虽然存在极端无知和迷信,每个人都承认自己与某个高高在上的权威之间存在联系。不管是一种情感意识感觉还是习惯,这种心知肚明的想法都交织于他的思维活动中,尽管有必要按照他那被束缚的道德和才智的未开化程度,在运作中加以修正。除了神这个字,其他提到的术语都不适合表达这种观念的原型(the archetype of this idea)。《圣经》告诉人们一位无所不在的全能的存在,他作为宇宙的统治者行使自己的特权。这是一个与低级的神观念直接对立的教义。低级的神观念认为各个神适合不同的地方。人们认为,他们的权力是用来从所有异教徒苦苦呻吟的令人悚然的悲惨境遇中夺取部分幸福。所以不应使用一个仅管理一个地域的神的名称,即便它是最高神。难道不应该使用含有类名含义的术语?这样的话,带有神性特征和完美特征的形容词,会习惯性地附着在这种类名术语上。这些形容词会大大超出所有异教徒赋予它们的繁多的想象物的任何杰出品质,即使是被赋予了想象中的特权与它们出现的紧急性(emergencies of their origin)相等。这个术语不是一个能够接近的权威的名称,不是一种不可想象到的东西,只允许皇帝一人在时间间隔很长的重大节日时才能献祭以表遵从的。这个术语应该是能描述一个熟悉的事实上的神(practical deity),为了享有快乐和保护,祈祷者有必要时常与他交流:不是 Supreme Ruler, Heaven and Earth, Heaven's Lord, Lord of Spirits 或 Great Supreme 这样的术语,因为认同为一位高级的神(God),就认可了各种从属的神(subordinate divinities),这个术语应该只指代 Jehovah,这样可以防止祭拜其他偶像信仰想象出来的神(deities)。常识带着本能的厌恶退缩到一旁。神(The Godhead)内在的统一原则,反对盛行的多神教观念,将最有效得到提升,通过把这个简单词重新恢复到它原本独一的用法上去但是没有神性启示,这个教义永远不会得到完全承认,即便心智在自然神学中经过足够训诫,能承认第一因(the first cause)。尽管神(the Eternal Power and Godhead)能够被祂的造物所认识,人们承认各种神(deities)是不可见的,没有肉体形态的,但事实上只给予这些神一些本能(power of instinct),通过这些能力,某些场所和行为就具有某种性质。所以本能的感情似乎引发了对各式各样男神和女神(gods and goddesses)强烈的情感。这就使得他的知性和道德历史变形了。但理智的特权(prerogative of reason)是,即便在最黑暗的道德环境中,也会散发出几丝光亮,思考有关一位全能者和永恒存在的问题,有关这个存在的性质和完美,只有《圣经》正确记述了。我认为现在这个表达了本能的和理智的观念的词可以被允许作为最适合表达 God 的术语,这个词也就是马礼逊在其译本中使用的"神"。

考虑第二点有助于我们思考这个问题,即《圣经》中所使用的指代 God 的希腊词,希伯来词内含有什么样的情感?明显的事实是,Elohim 尽管用于偶像物体,但它的复数形式是指代 Jehovah 的。有人认为异教徒语言中一个已经充当偶像名称的词可能会有损 God 的尊荣。应该避免这种因为有了这种使用方式而持反对意见。因为与《圣经》原作者的惯例相呼应的方法,毫无疑问,可能未经责难就被翻译者采纳了。第一个思考点可能表明一些宏大的非同寻常的能与 God 相匹配的形容词,依照对高阶层的人所应有的规则来遵守。但如果仔细考量,指代神(deity)的概括性术语给人的印象是更多的与神性启示(divine revelation)的单一性一致。确实,就前一个原则,偶像崇拜的不当行为(包括设立和敬拜假神)会少得多。神圣存在(Divine Being)的特点和对他的敬拜的观念源于启示,转移到了人们所造的毫无权威、毫无生气的物品上,或最好也不过是 God 的造物。现在,正好相反,用献给了异教信仰的术语来描述 God 成了我们的困难。我理解我们不得不接受并不适合指代 Jehovah 的神这个字。《圣经》作者们得放弃 Elohim,因为意志薄弱的人用它指偶像。我们同《圣经》作者一样不得已。《圣经》中几处原文的一致用法要求用指代假神的术语来翻译真实的God。例如:Their sorrows shall be multiplied that hasten after another god—who is a God like onto thee? 只有一个God,除了祂没有别的。Who is so great a god as our God.这些部分除了译成神外,没有其他合适的选择。在下面的短语中用到上帝、天及类似术语会是可笑的:God of Abraham, Isaac and Jacob;God and Father of our Lord Jesus Christ。他得采用神,结果是在翻译中用不同的互相矛盾的术语来指代原文中的同一个词,使徒们在不损害他们事业的情况下采用Θεος指代Jehovah。尽管这个词被偶像信仰玷污了。我们难道不能大胆地以他们为先例吗?一个对字词很小心的学生不会产生有关God性质的错误观念,特别是这个字充满着其所揭示出来的权威、完美和特质。通过各种方式和暗示,它感动着一直在人内心激荡着的悔罪的心。最高的敬意应该献给某位居于首席的神(presiding deity),但它以这样的事实为基础,有关他的存在性质和作为,可接受的敬拜仪式,及得到未来福祉的许诺,信息必须从外部得到传递。我们的目标是使异教徒相信,如在Holy Ghost引导下的记载中的那样,在他的属性和作为的荣耀下,他们有义务承认,礼拜一个God。通过把一个已存的类名术语调适为指代God,他们就可以承认应该礼拜的对象。这样再大的困难也能移除,剩下的只是让他们确信尽管他们的神(deities)中没有God,但有这样一位全能永恒的存在,他已经给予他们最深刻的道德和属灵教训,所以使用神是更加简便又得到更多满意的揭示神性存在的方式。相比较,不考虑到在信仰一位统治神时带给人类精神上的感动,而采用其他的只能带来神秘的玄学含义的词语,则会引来更多麻烦。——因为争议会是排除其他所有的神,不管Jehovah是或不是God,启示信仰使徒和异教偶像崇拜者之间,这确实是长久以来争议的焦点。

对整个问题作一个仔细的回顾,我认为得承认马礼逊在选择神这个字眼上作了一番慎重考虑,尽管不是完美得无可挑剔,但确是这种语言中所能提供的最好的概括性术语。马礼逊博士自己说过,在学习中文18年后,在这个问题上的争议是——“我们的意见是,问题双方都有一定合理性,最好的办法是继续使用这些字词,直到它们获得基督教认可的确定含义,如希腊文Θεος、拉丁文 Deus 及撒克逊人的 Woden 都成了基督教术语”①。

说到 Jehovah 这个词,它与原文中的 Elohim 之间的区别,在翻译中也有相应的区别,用神主来指代希伯来文 יהוה。马礼逊博士这样翻译成英文并没有损失其悦耳的感觉②,也没有把它仅仅视作一个名称的危险。如果只作为一个名称则缺少这个词理应享有的崇敬的含义。这个词的翻译没有任何困难,是最适合提升其原有含义的办法,因为中国人用最重要的、最意味深长的词来给他们的神(deities)命名。不仅仅是宗教行为,也是这种语言的奇妙所在。由于中文字的象征性质,它的读音不太适合一种字母语言。确实,中国佛教作品中包含有很多用中文字拼成的各种神的印度名字,如阿弥陀佛等,但是这个教派的作品中倾向于把这些名称固定化——它们是一堆毫无意义的只有自己教派才能看得懂的东西——这可不是《圣经》翻译所需要的。与没有生命的众神相比,诸如 self-Existant,the Living One 这样的概念得强制用中文表示,依照 Jehovah 第一次介绍进来那样处理。

救世主的圣名如 Jesus,Messiah,Christ 已经转换成中文,挑选的汉字尽量传达原文的读音,但像这样的词,如 Son of Man-Saviour-Redeemer-Mediator 等有相应的术语翻译。如同 Christ 这个词的翻译,λoγoς的翻译有些困难,它出现在《约翰福音》第一章“In the beginning was the word”,马礼逊把它翻译成“言”,意思是:语言、言语、对话(word ,speech,conversation)而没有任何教义含义附着在它上面。但是,道这个象征倒在很多情况下呼应了《圣经》中的λoγoς,它指语言、教义、理性、美德、道路、手段(word,doctrine,reason,virtue,way,means)及其他意思,根据这个教派的不同教义而有不同意思。佛教语言中它指一种特殊的与人类和畜类轮回(metempsychosis)有关的存在状态。它也是道教这个哲学性教派的目标。其创始人老子(Laou-keun-tsze)是孔子同时代人(前 500 年),被认为是理智的恢复者。他在人间生活之前在七个不同的时代道成肉身,最后一次是在 6 世纪。这个教派的道,在几点上与希腊人的λoγoς 接近,如柏拉图学派解释的那样。它不但先天地生,也是物质的源泉,

---

① Chinese Miscellany,45 页。——原注

② 博士把原意引入文本中,首先出现在《创世纪》,翻译在了空白处。——原注

它给予生物以活力。孔子及其弟子是博学者的教派，把道描述为永恒的不变的、富有创造力的、无所不在的，如此广大充满整个宇宙，如此精微而含于一切之中，它比天地都高，自然中的变化源于它。尽管它是富于创造力的力量，也有可能犯错，打破其权威。中国人的现世体系中，道升华为一个神，天、地、人及一切自然物都源于它，但却没有被赋予人的品质。这个汉字也表示道路或路径，既是字面上的也是比喻用法，带有手段的方法和接近的方法的意思。合起来成为所谓的特权，是一些有生命无生命事物的源泉，生命的中心——自身就是生命力——与字词的意义或交流的媒介一起，表达的特质令人称奇的与救世主称自己的言语巧合。这话或许是他灵感一动的仆人描述他的——“I am the way, the truth, and the life.”这个字还被孔子门派的理学派使用，理学派是一个讲形而上学原则和道德训诫的体系“理”指的是理智处在深奥难解而抽象的状态中，指隐含在行动和作为中的原则，是理解力有目的的作为的结果，所以它是适合表达基督教中教义或真理的术语。

当用言或道来作为λογος的翻译指代 Christ 这个人时，一个有关言与道的合适性的问题很可能会出现。我认为谁明白了“道”这个字的不同含义，就会承认马礼逊博士选择“言”，是最不会带来歧义的做法。在《印中拾闻》①关于这个问题的一封信中，马礼逊先引述了 A Clarke 先生的意见：λογος应该被看作是一个专属名字，留下不译。马礼逊对此评论说：“不经翻译的术语在任何语言里都是笨拙的，在中文这种特殊语言中就更是不相容的。运用很早以前进入的外来词汇也有困难，因为使用它们会通过联系而复活与之相关的异教徒成了体系的错误。”“言”看来适合《新约》中的 ρημα，“道”适合λογος。但是任何熟悉中国人思维方式的人都会承认，一个中国人在见到“最初有道，道与 God 同在，道即 God”时，其感受与原文中要表达的意思相差甚远。选择专属名字仍是个很大的问题，是否《使徒行传》中的λογος有等同于希腊异教徒的错误观念的倾向呢？北京的一部中文福音书中，翻译者把拉丁文《圣经》中的 verbum 用中国文字读音相近的字组合成 Wourhpung，可是没有传达任何意思。

---

① 第八期，第 83 页，1819 年 4 月。——原注

翻译者在中文中找到翻译《圣经》中 Holy Spirit 的词是“圣风”，指“神圣的风或气息”。风有不同的含义：自然的气息；风；运动着的空气；风俗；用法；灵；脾气；感觉；分散或散布，如为风吹散；散播或受到影响；等等。其中几个同 רוח 和 πνευμα 一样。这两个词都源于动词，表示“流动，呼吸”，在抽象情况下有相应的意思。一些中国学者认为神（它也有 spirit 的意思）比风更适合，但是如果我们前面的分析证明神是指代 Godhead 的名称，那么它作为一个通用词用来指 Holy Spirit 的不合适就马上表现出来。风恰好与《圣经》原文中的 a priori（先验的，瞬间的）意义相似。Spirit of God 这个短语用中文表达就是神之风，字面上看，英文就是 God's Spirit，但是在《以弗所书》中的 God's Holy Spirit，如果翻译成神之圣神，指代 God 和 Spirit 是同一个字。在其他几处，尽管原术语相同，马礼逊博士还是用神代替了风。在《以赛亚书》中，灵通常指人类灵魂，作为 רוח 的翻译出现了两次，而不是选用风；在马礼逊博士的翻译中，神风是 the Holy Spirit 的最常用的名称。

说到《圣经》中的 heaven 和 hell，前面提到过“天”有一个意思，即离开身体后，配享乐土的 spirits 将来居住的地方，地狱“地中监狱”指代 hell。狱由三部分组成：言和两边的犬。但这种组合的来源是不得而知的，也不能判定是否含有冥王（Pluto）的管辖地的暗喻，地与狱的结合给中国人的印象是地下恶魔居住的冥府，所以在相信这个教义的诸教派作品中，这个词意指将来惩罚之地。基于这点，无论天主教还是基督教都采用它表示 hell。但是如果不认为中文比其他异教语言更困难，除非中国人熟悉《圣经》的精神和语言，就不能期望这种术语是有益于选择它们的目的的。描述抽象的教义和基督教仪式的词就更要求仔细选择。因为他们所用的物品和传达的真理完全不同于异教体制和象征仪式。很难发现一个词就可满意表达所要表达的内容，这样得靠婉转曲折的方式才能接近要表达的意思。令人喜悦的是，中文的特殊性使这种语言适合思考，且通过声音达到理想的交流模式。称义的教义在如下的篇章中得到传达（《罗马书》4:5“but to him that worketh not, but believeth on him that justifieth the ungodly, his faith is counted for righteousness”，中文进行逐字翻译是“不做功的，但相信他能使罪人获得义，他的信心算是义”。“功”（工作）指可称赞的工作或服务,“义”有不同的含义,如 good, right, proper, benevolent, faithful, disinterested, charitable, just 与为获得而服侍是相区别的。“算”(to esteem, to reckon, to account, to impute)是一个合适的词。关于 atonement(赎罪), regeneration(重生), sanctification(成圣)这些教义,由于是 God 的语言所特有的,难得在一个借助异教语言传道过程中不引起误解,而且中国人的伦理、形而上学、宗教教义也给翻译者提供不少术语,其中一些经过革新,灵性上的组合和道德上的改造,变得特别富有表现力。例如,佛教的轮回说提供了再生、复生(again born)、感化(renovating influences)和新生(new birth)。前两个词引入救世主与尼可氏母(Nicodemus)的对话中(《若翰书》第三章第四、五、六节)。中文翻译的字面意思是:“耶稣答谓之曰,余确确语尔知人若弗再生必不见神国也。尼可氏母谓之曰,人既老何得再生,其可再入厥母之腹(字面义同 κοιλια)以再得生乎。耶稣答曰,我确确语尔知,人若弗以水并以神风复生,则必不能入神国矣。”赎罪(atonement)、替罪受难(vicarious sacrifice)或代替无辜的人获罪的观念,对于中国人来说不是闻所未闻的,他们的法律中常允许罪犯找到替代惩罚的方式,或用钱避免肉体惩罚,中文中也有词汇可以清楚表达赎罪的意思。为了确定《圣经》中这个教义的短语是否能让中国人明白,我向一个中国人假设了一个例子,一个奴隶因一件事让主人不悦,主人决定惩罚他,但主人的儿子,出于怜悯之心,决定替他受罪。我就问这个中国人什么词可以说明这种行为。他马上回答“seok”,这是“赎”字的福建方言发音。马礼逊博士用此字指 atonement, vicarious sacrifice。这个中国人尽管是富有的商人,但不识字。既然他能明白这个词的意思,那么所有识字的人就更无疑义了。“赎”在使徒彼得这句话里是非常适合的:“For as ye know ye were not redeemed with corruptible things, as silver and gold.”其中的 substitution 用“代”“为”或“替”表示,如“Christ die for our sins, scarcely for a righteous man will one die”,从字面顺序看,前一句是“基督为我们的罪死”,后一句是“为义人代死”。一个人为另一个人而受罪的观念对中国人不奇怪,他们从远古时就熟悉牺牲,他们发誓①的方式是这样的：在庙中对着偶像跪下祈祷，砍下一只公鸡的头，以物代己，诅咒说如果不能践约就让自己得到这样的下场。“赎”也用在《可林多辈第一书》第一章三十节：“and of him and ye in Christ Jesus, who of God is made unto us wisdom, righteousness, sanctification, and redemption”。圣“holiness”“being made holy”或“consecrated to a particular service”用来指 sanctification。中文中的永远指 eternity，“ever flowing, perpetual, always, for ever”，世世无尽“ages of ages without and, or inexhaustible”在他们的语言中是最强烈的表达，与《圣经》中的 עולם 和 αιων 相呼应。

“洗”为马礼逊用来指 Βαπτιζω 及其同性质的词，这被一些反幼儿洗礼论者(Antipaedobaptists)指责为不忠实的翻译。特别是纽约的柯恩牧师(Spencer H. Cone)。他在该城的浸信会圣经公会(Baptist Bible Society)发表的演讲中表达了这个观点。伦敦的辛顿牧师(J. H. Hinton)在致贝克斯利勋爵(Lord Bexley)的信中也认为有必要对此多作考量。下文摘自前者刊登在《英国浸信会杂志》(*English Baptist Magazine*)1838 年 8 月号上：“允许我给大家看一册中文《新约》，由伦敦会麦都思牧师负责在巴达维亚石版印刷。在其封面，我们的一位传教士这样写道，在这个版本中 Βαπτιζω 及其相关词用‘洗礼’(washing ceremony)来指代。罗马传教士在中国一直使用这个词表示 baptism。马礼逊和其他浸信会成员也是这么做的。这里还有一部由郭实腊先生等翻译，并由美国幼儿洗礼会(American Paedobaptist Board)的崔司牧师(Mr.Tracey)负责木版印刷于新加坡。在这个版本中，也用‘洗礼’翻译 baptism。据此说来，救世主应该用圣灵(Holy Spirit)和火来进行洗的仪式。看看《路加书》第三章十六节，从这部中文《新约》中逐字译为‘时若翰答众曰，我固以水洗尔，惟有能过我即来者，厥鞋皮带我不堪解，其将以圣风并火洗尔焉’。用火来行洗一样的仪式！我们能够忍住不与神诗作者一同大呼‘这是耶和华降罚的时候，因人废了你的律法’。印刷并传布这些错误的版本，英国圣经公会(British and Foreign Bible Society)已经拨出几千英镑，而美国圣经公会(American Bible

---

① 发誓不是在法庭由长官监督进行的，但在私人买卖中非常普遍。——原注

Society)也提供了几千美元。与此同时,我们的弟兄耶茨(Yates)的孟加拉语和缅甸语的忠实翻译本,不能得到宽容的公会团体的鼓励。我的弟兄们,在向一个占人类家庭三分之一的民族传播在原始记录中保存的最接近神的思想的生命之言的行动中,浸信会能无所作为吗?是的,我们在圣经事业中的卓越行动,如同我们卓越的言(the Word)的圣职者,是不会在促进中国灵修工作中失败的。在天朝帝国向数百万人更好地传上主的道是我们的崇高使命。在这样的事业中,哪一个浸信会成员不愿意为主奉献?"

读了上文,思绪万千,萦绕心头,很难化解。完全曲解的批评,最严苛的责难落到几个牧师及几个不同宗派的基督教联合团体身上。他们曲解了baptism的译词。由于英国圣经公会热忱地印刷并传布马礼逊的译本,而没有认可浸信会教士的《圣经》中文译本,使得这个版本遭受无可容忍的责难,说它放弃了普世原则。我们不可避免地审查所有支持这样严重指责的证据,以得到没有争议余地的确证,或者证明它们是建立在未知的凭据上,要么是对中文一知半解,要么是产生了不可饶恕的误解。例如,没有学者会把"礼"和"洗"联系起来,除非为了表达 baptism 这个抽象术语,可是这位先生却断定 Βαπτιζω 及其同类词的各种语态、条件、屈折形态,无论具体义抑或抽象义,总是以这个短语表达。对这样一个公正、聪明、诚实的控告人,一个不偏不倚的读者会形成什么样的意见,如果他知道了马礼逊版本中超过 60 段文字出现 Βαπτιζω 及其变形词的译词,但"礼"只出现一次(《马窦书》第三章第十一节)。其出现的原因很可能是经过判断,在《新约》的开篇处,有必要把"洗"所表达的行为与"仪式"(ordinance)相类似的词联系起来。因为没有其他字比"礼"更适合了。就是这样一个错误的指责,以这样的证据为支撑,一位美国基督教牧师在公众集会上向耶和华庄重诉求,阻止这个"错误的版本"在 3.6 亿人中流传。一位英国宗教期刊①的主编,没有更可靠的凭据就发布声明,大声赞美浸信派牧师(immersionists)②的中国版《圣经》是完全忠实的,谴责那些认为撒水(sprinkling)或倒水(pouring)就是《圣经》洗礼模式的人的版本,把它们嗤为错误。

---

① 见 1838 年 8 月号《浸信会杂志》(*Baptist Magazine*)。——原注

② 指认同把全身浸入水中进行洗礼的浸信会教士。——译注

可以注意到,在基督教基本真理的译文中不能发现错误。所以不论控告人是否赞成这种翻译模式——是否意识到没有能力去讨论它们的优点——抑或认为与洗礼相比,对其他问题的关注是完全微不足道的。仅就“浸礼”(immersion)问题向神(the Deity)狂热地诉求来看,这只是“对大茴香、小茴香和薄荷课十一税,但忽略了法律中更重要的问题”的另外一种表达形式。

辛顿先生致贝克斯利勋爵的信中说到在 Βαπτιζω 的翻译上,《圣经》公会委员会(Committee of the Bible Society)应为没批准浸信派版本,而支持马礼逊的版本而受到责难。辛顿先生说,在马礼逊的版本中 Βαπτιζω 被译为一个含有水洗(washing)的术语。不必说得太深入,我都不得不批评辛顿对马礼逊的非难。他的非难是极不公正的。马士曼版本是部分或全部由《圣经》协会出资印刷的。在这个版本中用了“蘸”字。这更应该有理由受到责难。它不但是狂热的宗派观念的果子,而且与任何一个宗教团体的洗礼仪式的观念都完全不一致。在《康熙字典》中,“蘸”的解释是“以物投水”(取自《说文》)。与笔连用为蘸笔,意为把笔头在水里点一下,但从未用于人身上。根据“蘸”的意思,把人放在水里点一下,依照中国人的判断,这个念头荒唐可笑,就说是荒谬至极也不妨。在马士曼的翻译中,如“若翰乃点一下水之人”“行点一下水之人”“传点一下水”“于约旦河让若翰点了一下水”。前面那段受到柯恩先生严厉责难的经文(《路加书》第三章第十六节)在浸信会弟兄手里成了“时若翰答众曰,我固以水蘸尔,惟有能过我即来者,厥鞋皮带我不堪解,其将以圣风并火蘸尔焉”。“以”(with)同“蘸”连用,不适当且不寻常。本处应该连用的是“入”(into)或“于”(in),如希腊文 εν 的概念。马士曼和马礼逊的译文在此段惊人地相似,除“蘸”和“洗”的区别,及一两个字无关紧要的位置互换之外,一位公允的观察者真可以怀疑一人从另一人那里逐字抄袭来。特别是在《新约》中如此频繁出现雷同,差不多可以排除这是个意外。

因为马礼逊的《新约》是个较早的版本,其中“以”与“洗”的连用是很符合习惯用法的。但马士曼博士却把“蘸”与“以”连用。这种违反文法的错误一定起因于他一时一刻也不情愿舍去其先行者的指导,除非是为 baptism 选择译词。除一两个代词或连词的不同,或改变一些无足轻重的动词之外,很多例子可以证明这两个版本表述上的一致性。那么,浸信会教士们自夸的卓越之处在哪里呢?依着柯恩先生的意思,只有他们热心去明白上帝的思想,并把它从希腊文翻译过来。他们作为中文译者的卓越之处似乎就在于:首先,挪用他人的版本而又不承认;其次,诽谤其中的翻译是不忠实的,甚至是"错误百出的"。因为翻译 Βαπτιζω 的字的确指把水施用于人和物上,但不拘何种方式;没有哪位中国学者能从马士曼博士的"蘸"字的搭配用法中得到合乎情理或一致的理解。这就是他们有能力"更完美地教导上主的路"的证明吗?马士曼博士翻译 Βαπτιζω 的字恐怕除叮叮当当、点点染染之外,没有表达出原文任何意义,没有引喻、象征或字面义,那么他是否最接近上帝的思想呢?马礼逊博士的版本连反对者都无从指责,只不过因为他对 baptism 持不同的看法,他就必须作为犯有错误的译者而受到抨击吗?这件事的奇怪之处在于,尽管辛顿先生名其宗派为浸信派(immersionists),"蘸"却不是指"浸没"(immerse),而是"点一下"(dip)。马礼逊在《圣经》中遇到 immerse 这个词时,他没有使用"蘸"字,可能是认为它太过口语化了。更要注意的是,马士曼在其《新约》译本中确实将马礼逊所用的术语调换为"蘸"。如下面四个例子,尽管出现的是不同的中文字,这两个版本还是完全一致的。

第一个例子是《马窦书》(第二十六章第二十三节)"He that dippeth his hand with me in the dish, the same shall betray me"。两个版本中的 dippeth 都译为"入"(to enter)或"使入"(cause to enter),这一节中其他用字也相同,除了一个语调小词,马礼逊没用,马士曼把它插在节尾。第二个例子是《马耳可书》(第十四章第二十节)中相对应的一段。马礼逊译为"投手入"(dip the hand into),而马士曼改"投"为"放"(to put)——这是一个不太恰当的词,也是全句中唯一不同之处。第三个例子在《路加书》(第十六章第二十四节),除了替换一些不太重要的同义词——将"dip the tip of his finger"换成了"take his finger and dip it in water",本质上是一致的。关于这个问题我要引用的第四个例子在《若翰书》(第十三章第二十六节),"dippeth the sop"在两个版本中都译为"沾湿"。设想两位译者相互独立地从事自己的工作,这样的一致表现出下面奇异的现象:首先,这两人,在相距遥远的两个地方,相互间不知道对方如何选择译词，竟然在很多地方表达同一概念时，不约而同地使用不同的中文字；其次，他们决定这些字在两个版本中居完全相同的位置，而其他同等适当的字却可能已经被替换了。

（为了避免芜杂）例证是不可或缺的。我再就“蘸”和“洗”二字在语源学和接受者方面提出些看法。前面说过“蘸”是“点一下”的意思，尽管我们认为那只是它的第二义和口语用法，因为根据中国人的用法，同一个汉字，有着不同读音时，就成了具有不同概念的字符。那么“蘸”在问句中也念 tseaou，意为“喝酒到酩酊大醉”，这很可能是它的原义，因为其主要组成部分是“酒，翅膀和火”，组合而成“醮”字，读音为 tseaou，表示“焚香献祭”“倾酒献神”。进一步表示设立祭坛、祈祷，由和尚或道士为死者举行的仪式典礼。与“席”（mat）或“安”（rest）连用，意为一种款待活动，主要在墓地举行以纪念死者。因此“打三天平安醮”可以译为“进行一种为期三天为死者做的弥撒”（to perform a sort of requiem for three days）。这样的一个字，只在上面加个草字头（“艹”）（这是“蘸”与“醮”的唯一区别）就可以表示“点一下”。只能设想是方言的读音或意义才能解释。这现象很普遍。一个字符就这样调整了。如很多通俗用字那样，通过这种方法使它获得了一个不受经籍认可的意义。但即使把 baptism 的方式严格限于浸没（immersion），基于类似或语源学原则，特别是中国语言的哲学性，我对选择这样一个字的原因都感到十分困惑。

马礼逊用的“洗”字，由两部分组成，“水”和“先”（to precede，to ascend first，before，elder）。它有字面义和比喻义，或者说是与身体和道德相关的意义。一般可以指一个人或物品与水接触；它的意思也可以是洗手、洗脚、洗脸，及不管采用什么方式或用多少水把自己清洁干净；此字最自然表达出的概念是把五行之一的水施到人（subject）身上，而非把人施到水中去。我到访过东方不同的地方，看见中国人常见的洗澡方式是在井边、蓄水池边或河边把水淋在头上。但根据马礼逊博士的介绍，在他们自己国家，中国人在浴盆里或河里洗浴。但无论是浸没还是淋水的方式都未曾出现过。“盆”（一种洗浴容器），也指缸、带把的水壶、面盆、洗手盆及一种古代陶制器皿，如果能从这个字得出点什么意见，我从盆的大小推断淋水是更为常见的方式，但也不否认浸没这种做法的存在。不管采用哪种方式,这个行为可以用同样的词"洗身"来表达。也可以使用其他的字,其中一些与"洗"连用,如洗凉、洗浴、洗澡、洗沐。它们的意思都是 bathe。尽管"浸没"(immersion)不是这些词贴切的或必然暗含的意思,但它们中任一个词传达的意思都比"蘸"好得多。"洗"正确地表达了《路加书》(第十一章第三十八节)中 Βαπτιζω 的意思。在该节经文中,法利西(Pharisee)因不见"耶稣未曾食用洗(ἐβαπτίσθη)"而见怪。同样的希腊字用于《次经》(Apocrypha)中指把水弄到身上。如《犹滴传》(*Judith*)(第十二章第七节)"καί ἐβαπτίξετο ἔυ τῃ παρεμζολῃ ἐπὶ τῆς πηγῆς τοῦ ὕδατος""她在井边洗了自己,在帐篷中"——不是把自己浸没于水井中,而是取水淋在头上,这是最合理的设想,因为在东方惯常的斋戒沐浴的方式是把水洒(如果可以这样说)或淋在头上、手上或脚上。伊斯兰教徒(Mahometans)的仪式类似古代法利西人,很明显地表现出犹太律法的一部分,即绝不浸没身体。但他们在"各式各样的洗"(divers washings)(διαφόροις βαπτισμοῖς)的仪式中表现出来的感受,就如同救世主给彼多罗(Peter)的感觉"其成洗独身须厥脚,余身乃净"(he that is washed needeth not save to wash his feet, but is clean every whit),既不是说用多少水,也没说采用何种方式,而是表达献身于所昭示的事情,这是作为使徒要具备的。

值得注意的是,上面提到的所有词语,都同时具有与道德和身体有关的意义。"洗"意味着净化精神,也意味着清洁身体,所以有一篇流传甚广的中文散文,题名《洗心辑要》(*Important Selections for Cleansing The Heart*),是以伦理为主题的。相同的道德含义出现在下面的句子中:"汤洗濯其心以去恶,如沐浴其身以去垢"(the Emperor Tang washed his heart from wickedness, as he bathed his body to cleanse it)。"澡"是使洁净,洗浴的意思;"沐"是深受宠爱的意思,如一位信徒常往庙中以表感恩之心,他称自己是"沐恩弟子"(a disciple imbued with blessings),这不是浸没在里面,因为沐的原意是洗头发,并用露珠或昂贵的油膏抹头发。确实很难找到一个中文字只限于表达"浸"(immersion),而同时又不含"没入"(drown)的意思。所以,出于明显的原因,马士曼博士避免使用如此清楚定义的字,不选择"洗"是因为它可能含有其他的洗礼(baptism)方式。他采用的这个字，依照惯常的用法，是不可能把洗礼仪式再现给中国人的。

“洗”的另外一个形象用法相当于רָחַץ，英文译者把它译为“wash”。在《神诗书传》第五十八篇第十节中有“他要叫我在恶人的血中洗脚”，如同一部中文法医学著作书名中的“洗冤”二字表现的那样。该书指导政府相关官员，如验尸官、地方长官、外科医生及其他人员探查暴亡的原因，并将杀人犯绳之以法。书中的“洗”与“雪”可以互换，即为死者报冤，以命偿命，让血案的凶手在血中洗去罪恶，让死者亲人满意，并恢复法律尊严。把这个字运用于遭受痛苦的概念上，《圣经》中“洗礼”也有同样的用法，这样就不会让中国人感到有什么不适当。在我看来，“以血而洗”(baptised with blood)最能清楚表达“借着洗礼归入死”(baptism into death)的意思。所以，尽管在此处不是合适的翻译，但把 baptism 翻译为“洗”没有什么不合适。中国人自己也把“洗”与“火”连用。因此，如已经提到过的柯恩先生尝试讥笑的那部分(《路加书》第三章第十六节)，即使是从字面上来理解这些词，中国人也会感到很自然：“我固以水洗尔，其将以圣风并火洗尔焉。”不可能期望一个基督教仪式能完全令人满意地用一种异教徒语言精确地表达出来；也不可能保留原来的术语，这是不符合中文的特质的。设若可以选择“拜体子”(pa-tae-sze)这样由三个单音节组合而成的词来再现洗礼仪式(Βαπτιζω)，但中国字符只为着传达意义，这突兀地采用不带任何意义的名称，只会引起反感。在这个形象思维的语言里，没有前缀、后缀，或其他不规则性(accident)可判断一个词是动词还是名词，是具体词还是抽象词。他们不可能乐意接受一个来自外国读音和字母的组合。浸信会教士探究的方向要转为中国人赋予“洗”这个字的基本含义。毫无疑问，它是指用水清洗身子或身体的某个部位。同样重要的是询问一下 Βαπτιζω——在其没有神圣化之前——在若翰和基督的使徒们没有把它作为入会仪式的名称之前的意思。水在《圣经》中指净化力、感化力，一种泉涌般的神恩。毫无疑问，Βαπτιζω 指“洗、清洁、洁净”(to wash, to cleanse, to purify)，它用在洗礼中表示净化，这种仪式具有外在象征意义。同样可以确定，若翰被同时代人认为是把水施用到人身上的施行者。要不然洗礼就不会是他的行为，而是人们的行为。当双方对所要表述的模式存有不同的想法,要期待在翻译上达成一致是徒劳的,而且对仪式的象征意义都有不同意见。英文中的 baptism 借用自希腊文,不运用在日常生活中,而是在宗教中。这样就表明不管双方采用什么方式,它都应该是个专属名词。“洗”字是个一般意义上的字,加之其与原文同具比喻义,与“礼”(ordinance)相连用后,能够再现 baptism 的任何模式。

在这个争议中还有一个非常重要的地方不能疏忽。如果他想把这个术语严格定义的话,马礼逊本可以用“洒”(to sprinkle)或“斟”(to pour)。但这就不符合他全盘的观点了。他之所以选择“洗”,是因为它比较古雅,一般人都明白,而且具有极好的道德含义。其字面意义适用于各种方式、模式、环境,而不为任何迷信意味所累。不像“弗”字,佛教徒用它指三月初三进行的“一种宗教仪式,一种异教徒的洗礼”,为的是洗去或驱除任何不幸、不吉利的东西。

已经说了这么多,我认为这个主题可以放心地留待读者做公正的考虑。如果他认为原字不应音译,那么我不怀疑他会认为“洗”是最适合的翻译。特别是罗马天主教徒中许多人是值得称道的中国学学者。他们中大多数对“洗”这个字没有异议。马礼逊有时单独使用它表示 to baptize,有时与“付”连用成“付洗”(这是天主教常用的),意思是 to impart baptism,有时与“施”连用成“施洗”,意思是 to administrate baptism。被动含义则用“受洗”(to receive baptism)。

我们注意到专属名词的转换方法。其他语言的词只能由中文字符表示出来。它们表示任意的音,又缺乏 B、D、R 或 Z 字母开头的字,而且没有同字母类似的最初级形式。这样就不可能完全表现希伯来或希腊的姓名。《旧约》中的一些希伯来文姓名不但难以找到相近的中文字,而且在中国人听来野蛮荒唐。这种情况源于两种语言完全不同的发音规则,这是译者不能掌控的,他不能为了语调和谐而一贯地偏离原文。《新约》中出现的一些姓名不难转换,转换了也不太刺耳,如 Jesus 耶稣,Matthew 马窦,Mark 马耳可,Luke 路加,John 若翰,Paul 保罗。这些词不但听来顺耳,而且看起来不扎眼。但是对一个人口如此之多且轻视任何外语的国家,这确实是一件难以得到满意结果的事。有时为了解释文中的一个类名,得在空白处加注,如 Behemoth“最大之兽”,Leviathan“最大之有鳞族”。有时用意义取代这个词,当给出一个特殊的原因以解释这种选择,如用“主所喜悦的”代替 Hephzibah,用“有夫之妇”代替 Beulah(《以赛亚传》第六十二章第四节)。有时又采用相反的做法,如马下拿翁(Mahanaim)出现在文中,空白处做解“本言意军也”。从以上可以推想,载有家谱的篇章不怎么会受到中国读者的欢迎,他不会习惯在中文作品中有如此多的字符组合而成极不协调的专属名词,这些专属名词又是《圣经》所要求的。部族和它们首领的名称出于同样原因而显得古怪笨拙、极不自然。但是,中国人还是在某种程度上对外来音有所接受——这源于他们300年来与满洲鞑靼的熟识(满语是与汉语区别很大的音节语言)——900年来与穆斯林的交往(中国人天文学知识最初的改进受益于他们)——18个世纪对佛教作品的熟悉(其中包含大量源自印度的姓名和词)——与欧洲人三四百年商业、政治来往,特别是从远古时代开始存续至今的中国腹地与临近王国及东方爱琴海诸岛的交通,因此一些中国人变得精通他国语言,这些都间接地为接受如《圣经》这样的外文书做好了准备,而不太会对外来专属名词,或违反中文习惯的汉字而感到突兀了。一些中国人放下偏见,也许能期望他们有益于消除那些有欠友好的国人的傲慢心理。很多省的方言间差异甚大,与这个国家的通用语也相差很大。尽管它们给神性真理的传播造成的阻碍不是不可克服的,但也确实给制定一个统一专属名词的读音体系造成实际的困难。但这种情况其实同中国最有名的人的姓名情况是一样的。拿中国皇帝的名字来说,官话称道光为 Taou-kwang,福建话是 To-kong,广东话是 Two-kwong。再说孔子和孟子,前者在官话中是 Kung-foo-tsze,福建话是 Kong-hoo-tsoo,后者的官话是 Mang-tsze,福建话是 Beeng-tsoo。如前所说,耶稣的圣名在官话中是Yay-soo,福建话是 Ya-saw。Yay 和 father 中的 a 发音相同,Ya 和 saw 中的 a 发音相同。

无论说话还是写作,给中国人一个专属名词的全称,那么当这个名词再次出现时,通常都简缩这个名词。如果这也同样适用《圣经》中的姓名的话,它们马上就会让读者感到熟悉,他们的耳朵可能很能适应“彼使徒”(Pe-sze-too)而不是“彼得使徒”(Pe-tolo-sze-too)。如同朱子,“朱夫子”是中国人用来称呼朱熹夫子(这是一个中国经典的著名注家的全名和称号)。所有阐释中文《圣经》的人都会经历一个大问题，即引述古代虔诚和信心的例子时会遇到的，他们那些冗长的或是不为人知的姓名，但一位忠实的译者不会削足适履以迎合中国人的口味，所以理想的做法是，由四五个汉字组成的姓名应该压缩为一到两个字，并作为《圣经》的附录出版。这样一个体系也可以设计一个详细的专属名词索引。马礼逊博士后来为促进作为《圣经》传道人和解经者的工作而转移了关注点。另一个关注点是不同的文体，如史传体、诗体、预言体、训导体和叙述体，在中文中再现的方式。《圣经》不是围绕一个统一的主题，由一个人或一班人马写作而成，虽然其主要原则表现出意图上的统一，但是它是才能禀赋各异的人的作品，这些人处在不同的时代，且时间跨度很大，所处环境迥异，他们的文学造诣千差万别，而他们的写作方式因着所讨论的主题的独特性而表现奇妙。但无论心智如何不同——自然的、道德的或是学成的，也无论是如何运用的——事实简单记录，追根究底的探索，悲哀的诉求，有气势的陈述，生动的描述，详细的教义辨微，大胆的人格化——一位全能的神引导、监管、控制着全部作品，并赋予它们活力，各个篇章，无论是戏剧性的、虔诚性的、预见性的还是追忆性的都各得其所，相得益彰。将这样一种内容丰富、形式多样的作品翻译成一种语言，而持这种语言的人又难得与其神圣情感产生交感。在这种情况下，译本难道不能要求那些批评者秉持最公正坦率的批评精神吗？除或多或少适合各种版本的妙处之外，主要取决于第一次用作传达神的圣言的语言的文学特征，及这种语言给译者带来的各种困难。所以在考察译者的工作前，首先稽考中国主要的经典的特性，应该是能让人满意的。

因为对著名人物的民族志录是最重要的，他们在灿烂的起源、远古的辉煌、不间断和繁荣的历史中寻求国家的声望，所以一部记录人类创生史，并概括了最早期阶段的人类的行为和历史发展过程的书，在任何有足够先进文明的异教国家和王国都会遇到与它相似的记载，这书也为着保留自己社会特征和政治变迁的书写记忆。中国历史和摩西的叙述很相似，不但详细记录与人类其他同胞相分离，在很不同的制度下生活的单一民族的系谱承传、户籍、习惯风俗，他们对世界的奇思妙想，而且记录天地从最简单的富于创造力的元素产生并发展为最终的完整结构。如果说是通过一些共同媒介——如埃及——

来获得《圣经》知识来解释这种相似性，那么不能忘了，中国人不承认这种直接或中介的信息来源，而较愿意声称自己是绝对独立于其他人类的，断言他们自己的帝国与宇宙同生，他们认为这发生在摩西时代前几千年。多少有些奇特的是，如此惊人的一致出现在中国文学中某些篇章和犹太作品中的某些篇章，即使是借着传统的帮助绝对的溯源也不能找到同一源头。《圣经》翻译成中文的艰苦工作，开始于令人沮丧的感觉。他们的古代经典中的一部分包含有他们很看重的宇宙创成理论，这是只有受到启示真理才能有的；另外一部分叙述了一个可能发生于中国父系时代的大洪水灾难的简要记录也与《创世纪》中详述的某些早期事件在大致特征上相似；第三个部分包含一个古老仪式及习俗的复杂体系，这个体系适用于一个人的血亲和政治关系，但特别适合在一个人出生、结婚、死亡这三个人生最重要的时刻进行——这种政治的同时也是宗教的仪式，据说带有原初特点的确定印记，这可以与《摩西的戒律》(*institutes of Moses*)相参照；另外，《诗经》(*Classic of Odes*)的名称与《圣经》中诗歌作品类似，但在其他方面要低劣，更别说大卫甜蜜诗歌中包含的情感，或以赛亚庄重的气质，《诗经》非常缺乏力量，因为它的构思本身缺乏力量，诗句结尾缺乏和谐；还有，大卫和所罗门的《列王书传》也许可以在孔子的历史作品中发现相应部分，这是孔子仅有的作品；同时，《圣经》中所有训导和伦理内容与孔子及另一位著名圣人的言语有着去指导人类相类似的尝试，孔子及那位圣人的弟子们收集他们的言语在“四书”中传给后人。提到这些著作，不是因为它们为《圣经》翻译者们提供了合适的风格模式，也不是为了与它们一比高低，而是为了表明有必要经常注意，不要因为采用异教现有的措辞用语而将神的言语与异教思想视为同一。然而，同时，译者不得不痛苦地认识到，紧紧地接近《圣经》原文，他的风格会被斥为不典雅，人们会认为他想要传达的内容简直就是异教思想或传奇，也许会分不清它们。

《圣经》中的历史记述部分，是旧约的基础，由于其简洁的风格及在建构各个时期时自然的方式，很容易译为任何语言，特别是中文。中文的特点在于非常适合连续性的叙述，可以举《创世纪》第一章前几节来说明：“神当始创造天地也，时地无模且虚，又暗在深之面上，而神之风摇动于水面也。神曰，由得光而即有光者也。且神视光者为好也，神乃分别光暗也，光者神名之为日，暗者其名之为夜，且夕旦为首日子也。神曰，在水之中由得天空致分别水于水，且神成天空而分别水在天空者之上于水在天空之下而即有之，其空神名之为天，且夕旦为次日也。又神曰，由天下之水得集一处，且干土发现而即有之，干土者神名之为地，集水者其名为洋，而神视之为好也。”

我想任何熟悉中文的人都能像一个在自己的语言中有相应学识的英国读者理解钦定本中相应段落那样好地理解这段中文译文，同时会带有异教教育带来的习惯，这样的意见也适用于《圣经》中所有类似的部分。一个纯粹的英语读者会立即注意到一个特别的用法，而希伯来学者会从本质上认识到原文的意义。此种风格类型的接下来的另一类型来自米怜博士翻译的历史书的一部分。179 本评述的局限使得我不能增加举例，希望介绍米怜博士译文的一段来结束这部分的内容，选择示巴女王觐见所罗门（《历代志》下第九章）。“夫示巴之后既闻及所罗门之名声，其则将一大群人物，又骆驼，带香料，及金甚多，及宝石，而来至耶路撒冷，欲以各问难而试所罗门。既到所罗门处时，其以厥心内诸意而说于王知，而所罗门乃答后之诸问，未有一件隐着于王，其以一总告知后也。示巴之后既见所罗门之智，及其已所建之屋，厥席之食，厥诸仆之列坐，厥诸臣之侍立，与伊等之衣裳，及厥诸司酒者，与伊等之衣裳，及其所挨而登至神主屋之阶级等，则不再有灵在后内也。其遂谓王曰，我在本国而所闻论及尔各兴作，与尔智慧之言，果实也（我听到论你的事，等——一个非常特别的中文短语，因此，这个字放在句末，全句视它而定）。然我未信其言，待至我来此而亲眼看见，才知尔智之峻大之一半也，却未有告于我知，盖而胜于我所闻之名声也。福哉尔之人也，福哉尔此诸仆，为常侍立于尔前，听尔之智者也。祝谢归神主尔神，为有喜于尔，致置尔于厥位上而为王，代神主尔之神者矣，因尔神爱以色耳，欲立伊等为稳固至永久，所以其立尔为伊等之王，以行审且义也。其后送王以金一百有二十呔啉呔，及香料甚多，及宝石等，且从来未有如示巴后所送与王所罗门之香料也。”

较多使用名词而不是代词，这在《创世记》中很明显，相应的中文中多用成形短语。允许反复使用同义字，是为了语言更加明晰。在英文中应该出现连词的地方却没有运用,而是放在我们认为是多余的地方。概念表达的顺序,表达的方式同样是奇特的,所以,如“所有这些你的仆人”(all these thy servants)换成了“你的这些所有仆人”(thy these all servants),逆序用的短语表达同样的情感。Mat 指 table,保留下来以纪念现在已经废弃了的古代习惯,用于在地上准备酒宴及日常膳食。指 attendants 的中文字指“两手垂放两边站立,是一种侍候君王表尊敬的姿势”。一些反对的声音可能会针对用词太多,有的观点会认为应该采用更为简洁的风格,而句子以不同方式组合会显得更自然,而又不损害翻译的忠实性。然而,不可否认的是,原文中的意思以中国作家常见的方式传达出来,易于理解。

《圣经》诗歌性内容中,若《百书传》的一部分也由米怜博士翻译,应该首先引起我们的注意。这部分可能是《圣经》中最古老的。因为我的目标是拿出一些表达方式的不同类型,它们对翻译有影响,所以选取的例子必须非常简要,只附加对中文译文的评价,不附带精通原文之士的批评。我选取第十四章前几节文字:“人为由妇而生者之诸日为少,而满以患难也。其萌如花,而被绝焉;其飞如影,而不停住焉。而尔亦开尔眼观如此之辈,又引我同尔人于审乎,谁能由污物而取出净者乎,无有能者也。人之诸日,既限定,而其各月之数偕尔,又尔曾以其不能踰之疆而限之,则转离之。致其可安息,待至其如雇工而满其之日矣。盖树也,若被斫下,亦望以其复萌,而其之嫩芽将不息,其之根虽渐老于地,而其干死于土,然而臭①水其犹将萌而发芽如栽焉。惟人也,死,而衰去也,人出魂,而其安在哉,如水自海废去,而洪被干而涸。照此样,人偃下而弗起也,待至诸天尽而完,伊等将弗醒,弗被起出伊等之眠也。”

接下来的部分取自《诗篇》。这是马礼逊博士翻译的,也可以证明中文表达虔诚和诗意的情感的能力。中国人把呼语总放在被呼名后面,所以“神欤!”(God! Oh!)就成了第五十一篇的开头:“神欤,慈怜我照尔宠爱,照尔众

① “臭”一字,尽管它的意思一般指“恶臭”(effluvia),“气味或味道”(smell or flavour),但更适合与“水”连用,意为“臭的”(fetid)。我理解为:它作形容词时,总是含有不好的意思;作实词用时,可表示好的或坏的气味,根据其前的字来判断。也许“因水气”(through water's effluvia)作为原文מֵרֵיחַמַיִם的翻译比“因臭水”要好。——原注

慈恤而抹去我诸罪,涤尽我恶愆,及净除我罪。盖我自认我过,我罪常在我面前,我果已犯获罪尔,独获罪尔,且在尔面前行过此恶,致尔言时则现自义,并审时,则自现清也。我于恶而被造,及于罪我母受孕我,夫在肠内汝要诚,且在心隐处尔将使我知智也,涤我以唏,而我则为净,洗我而我则为白于雪也。使我听喜,及乐,致尔所折之骨可欢喜也,遮尔面不看我罪,又抹去我诸恶也。神欤,于我内造以净心,且于我内新作以正灵心也,勿逐我离尔面前去,勿从我取去尔圣神也。”

也可以选取第一百三十九篇第七行开始对无所不在的神的赞美:“我至何处可逃脱尔灵神乎,我至何处可逃离尔面前乎,我倘升至天,尔在彼处,我倘自铺床在地狱,夫尔亦在彼也,我倘插早之翼,而住于海之末处,在彼尔手尚将引我,尔右手将守我,我倘云,暗黑自然必遮我,则其夜将周我为光也,然也,其暗黑非遮致尔不见,乃夜光如日焉,暗黑与光明两者与尔为一也。”

表达“慈”“爱”“悲”“悯”等情感的汉字中,“心”是一个很醒目的部首,或是主要组成字符,因此通过眼睛作为中介给心中留下印象,这点比字母语言的词留下的印象深刻(字母语言主要是通过活跃的声音起作用)。比如说,在《圣经》课内——手中拿着《圣经》,因为眼睛能影响心。值得赞叹的是,中文是非常适合个人冥思,详细解说神的言语各个相关联部分,建立一个相互指导的体系这些目标的。为了抓住注意力,可以重复两次、三次甚至四次读出汉字,这样激发起来的对主题的兴趣比那即席的布道效果好得多。一个翻译越是接近作品的口语风格,越易把《圣经》的信息留在记忆中。

中文字“腹”。我译为 belly——指代 טְהוֹת,从 טוח衍生出来,在目前看来,是符合希伯来文字根的。原义为“包围,围绕着,很重要的东西”,也指心和情感的居所,珍贵及宝贵的东西,故“心腹知己”(a heart and belly's man)就是“一个非常亲密亲爱的朋友”,与巴克斯托夫(Buxtorf)希伯来文翻译 praecordia 相比,这个含义表明很恰当,且表明许多中文和希伯来文的术语之间存在亲近关系。

再选择《以赛亚书》第四十四章第八节开始的片段:“尔勿惧,并勿着惊,我岂非从初先而示尔等知之然也?我预先示知之,且尔等为我之证也。我之外有何神乎？固然也，无有别个安护者也。我未识何者也。凡制雕刻的神像，皆然虚空也，且伊之绝巧功夫，皆然无益也，然也。伊之各工，自为证以伊看不见，亦不能晓悟也。致凡制神像，或铸雕刻的像，无益之物，概然可羞耻也。且夫他的各伙伴，概见羞，即匠人，亦将含耻也。伊皆将集会，而自立着，则吃惊，而同被羞耻也。其铁匠已割断一片铁，他以炭而制之。及以斧头而模之，他用臂力而打之。且饿时他力则倦，并未饮水时，他则困也。其木匠伸出他的尺寸，他以红丹而画模之，他以利刀而斫之，他以规打画之。及造成依个人像，照人类之美模，致可存之设在家里也。他为自用而斫下柏香树。他取其松树，同橡树，且多积林之各树也。他栽其槐树，而雨下养之，致供人用为柴料，且他以之自取暖，他以之使热其炉，而炕饼。他亦以之作个神，而拜之；他以之制个雕刻的像，而跪下向之也。他用一分烧于火内，他用一分煮肉，而食之。他熬肉而自饿得饱，他亦自取暖，而云，好呀，我已得暖，我已享之火也。且他用其余木，而自造各神，即他的雕刻的像也，他则向之跪下，且崇拜之，且告祷之，且云，救援我也。盖尔乃我神矣，且伊等弗知，并非晓悟，固然伊之目已闭，致不能见，及伊之心已塞，致不能正悟也。又伊弗心内思想，他并非有识，或智。致云，我经将其一分而火内烧之，我经在其炭上，而炕饼，我经用之熬肉，而食之，且我岂可用其余木，而制个恶物乎？我岂跪下而拜个树之身乎？夫他所食乃灰也，心迷惑引他谬降，致他无能自救己灵或自云，在我右手岂非有个谎乎？”

多么形象的偶像再现，中国人照字面的翻译都能明白，特别是当写作风格很大程度上是中国人的模式，它可以作为例子之一证明《圣经》的东方特征有助译者的工作。出于同样的理由，如果我们有空间把余下的部分转写也会是令人满意的。包含有先知向天、地呼语的段落，尽管有一点不合中国人的方式，但其庄重的情感能有力地影响读者的心，我不必再说，神性真理中的这样一段通过马礼逊博士用合适的语言和风格表现出来。

选择《但依理书》的第十一章和《以赛亚书》的第五十五章，来说明预言体的风格。“又说，当玛代王大利乌元年，我曾起来扶助米迦勒，使他坚强。现在我将真事指示你，波斯还有三王兴起，第四王必富足远胜诸王。他因富足成为强盛，就必激动大众攻击希腊国。必有一个勇敢的王兴起，执掌大权，随意而行。他兴起的时候,他的国必破裂,向天的四方分开,却不归他的后裔,治国的权势也都不及他。因为他的国必被拔出,归与他后裔之外的人。南方的王必强盛,他将帅中必有一个比他更强盛,执掌权柄,他的权柄甚大。

“过些年后,他们必互相联合,南方王的女儿必就了北方王来立约。但这女子帮助之力存立不住,王和他所依靠之力也不能存立。这女子和引导她来的,并生她的,以及当时扶助她的,都必交于死地。(由于中文缺乏性这一属性,为了表述明晰,要求重复该名词,而在其他语言中,代词就足够了,如“女子”一词在前一句及接下来的一句。)但这女子的本根必另生一支继续王位,他必率领军队进入北方王的保障,攻击他们,而且得胜。并将他们的神像和铸成的偶像,与金银的宝器掠到埃及去。数年之内,他不去攻击北方的王。北方的王必入南方王的国,却要仍回本地。”

相对前面几篇,这一段中有许多措辞倒置,结构也较复杂,原因是句子长得多,很多表将来的句子,并且中文惯用短语正好与希伯来文相反,如“南方国王的女儿”(South's king's daughter)是指 the king's daughter of the south。“存立不住她帮助之力”(shall not obtain to preserve her arm's power)是指 shall not retain the power of the arm。这些段落是 God 言语中最难翻译的一部分。特别是博学的希伯来人和批评家对翻译一些特殊篇章的恰当方式也有不同意见。这里的例子说明,马礼逊处理有争议的部分通常以英文本所传达的意思为准。接下来的选文是《以赛亚书》第五十五章第一到九节:“你们一切干渴的都当就近水来。没有银钱的也可以来。你们都来,买了吃。不用银钱,不用价值,也来买酒和奶。你们为何花钱买那不足为食物的,用劳碌得来的买那不使人饱足的呢?你们要留意听我的话,就能吃那美物,得享肥甘,心中喜乐。你们当就近我来。侧耳而听,就必得活。我必与你们立永约,就是应许大卫那可靠的恩典。我已立他作万民的见证,为万民的君王和司令。你素不认识的国民,你也必召来。素不认识你的国民,也必向你奔跑,都因耶和华你的神以色列的圣者。因为他已经荣耀你。当趁耶和华可寻找的时候寻找他,相近的时候求告他。恶人当离弃自己的道路。不义的人当除掉自己的意念,归向耶和华,耶和华就必怜恤他,当归向我们的神,因为神必广行赦免。耶和华说,我的意念，非同你们的意念，我的道路，非同你们的道路。天怎样高过地，照样我的道路，高过你们的道路，我的意念，高过你们的意念。”

这段选文主要不是为了表现出预言诗的风格，因为《但依理书》第三十四章更适合这个目的。这段诗告诉基督教读者，它所包含的福音真理是如何通过中文再现的。我们会立即发现一个习惯短语与英语完全不同，如“恶人宜离弃自己的道路”(those who are wicked, it is incumbent on them to forsake their wicked ways)指的是 let the wicked forsake the wicked ways。需要作出解释，动词没有词形变化或词尾变化，而语态、时态又需要表达出来，这就需要增添一些适当的中文字词。能够找出很多足以针对所有实际目的的字词，尽管远少于一位希腊或拉丁学者可能希望的那么多。如此处命令语气用“宜”字来表示，传达的是“必须”(obligation, necessity)的意思。中文中还有“由得”可以翻译 let，但它表示“允许”(permission)而不是“指令”(injunction)，所以在此处显得不合适。此处翻译增加不少词，只说明了译者的忠实，而不是中文风格的一般要求。如果试图接近原文的意义，不考虑精确翻译，那么就可以同时获得较大限度的自由和精练；但困难在于体现出每位作者作文的特点，又无损于中文规则。

训导体与预言体的区别，可以从《箴言》和《马太福音》中得到充分的答案，从这两篇中选取的片段反映了训导体的特点。首先看《箴言》第四章：“尔众孩儿，即听父者之训。且慎闻为得知晓悟矣，盖我以善教给尔，则勿舍离我之律也。盖我乃本父之子，且在我母之眼前被宠爱也。且他当下教我，而谓我曰，尔心宜存我各言，且守我各诫，而则得生活也。尔宜得智也，得晓悟也，勿忘记之，并不要离我口之各言也。勿舍离智，则他必致保尔，且爱他，则他将存尔矣。智为最重要者，故宜得智。且尔所凡所得诸物之间宜得晓悟也，举智也。而他则将使尔得前程，且尔抱他时节，他必使尔得荣也。他将给尔首得之美饰，且他将以荣之冕付与尔也。”

我不必解释就可看出，与长长的绕来绕去的句子相比，这些分离的中文句子说得多么明白。用来表示理解、道德、命令和教训的术语对于学习伦理著作的中国学生来说也是熟悉的。下一篇取自《马太福音》第六章：“尔慎勿行济在人之前欲得伊看见，不然，尔则无得尔父在天之何报也。故尔周济时勿吹号筒面前如伪善者在公所并市街，致伊得人之荣。我确语汝知伊等业已受伊之赏矣。惟汝周济时勿使左手知右手所作，致尔周济为隐，且尔父见隐事者自明赏尔也。又尔所祈祷时勿似伪善者，盖伊等欢喜在公所并市街之隅尔祈祷，致得人视伊等。我确语汝知，伊等已受伊之赏也。乃尔祈祷时入尔小房里，而闭门后祈祷向尔父在隐者。如此尔父见于隐者必明赏尔也。又尔所祈祷时勿用虚反覆之言如诸国，盖伊等想因多言尔获听准也。”

上述引文足以证明这是一篇选词精心、文体运用准确、忠实原文的好译文。

最后要注意的文体是叙述文了，这在《圣经》中到处可见。《旧约》中就有很多例文，但不必全部引证。对《列王纪》中几位显赫的人物的叙述非常像中文风格。这种中文风格有很多对话体，以希伯来人的方式让人物介绍自己的故事。为了更好适合本文目的，我选取《新约》中救世主出现的几个片段，这是马窦记述的，见《马太福音》十八章：“且六日之后，耶稣带彼多罗，者米士及若翰同厥昆而引伊等密登高山又在伊登之面前其被变过致厥面光如日并厥衣白如光也。而却摩西与以来者现同耶稣讲时彼多罗谓耶稣曰，主我等在此为好也，若汝肯我们即设三帐，一为尔，一为摩西，一为以来者。其讲之间却又明云遮伊等，又有声从云出云，此乃我爱之子，我所忻喜者，尔听之矣。门徒此时即俯伏而大惧。且耶稣来摩之曰，尔起勿惧也。伊等起目时，即除耶稣之外不见何人。伊等下山之间耶稣令伊等曰，勿告诉何人以尔所见，待人之子从死者中复活也。”中国人不知《圣经》，不知神的大能，复活的教义也是必然不为中国人所知的；但值得赞叹的是，这里的叙述适合传达躯体进入坟墓后来世的观念。我不知道在任何语言中还有什么词能比“死者复活”(the dead again live)更好地解释这个教义。总之，要注意的是，福音书作者的风格与圣经中其他任何部分相比较，更接近口语化的表达，原因是它们是所说所做的记录，是人与人之间的会谈对话。

我已经详细讨论了中文译文问题，因为这样的作品关乎数亿人的命运。被另外一部以不同原则为基础的译作所取代的问题最近讨论得很激烈。有关译作的优缺点的讨论影响甚大，有必要引入一些称职的中国学者的意见。他们的道德、心理、习惯能够让他们提供推定的证据以形成公正的判断。对于那些没有机会接受中国博学之士语言学习指导，或者不熟悉公认的《圣经》批评原则，或者自封为权威并仅因他的观点与其他人的观点在神职品阶和原则上不一致就非难译者的人，我们不可能从他们那里得到什么公正的判断。麦都思先生最近在英国逗留期间，向圣经公会提出建议，重新进行《圣经》的中文翻译工作。该建议报告附有马礼逊版本和麦都思版本的对照表，内容选自《路加福音》和《歌罗西书》第一章，逐字翻译成了英文以平行对比的两栏列出。委员会要求他说明两个作比较的内容的优点，并就相关问题提出其他建议。他的意见及建议书印刷后在圣经公会及伦敦会理事间私下传阅。两会理事经过深思熟虑，决定不采用新版本。如果不是麦都思先生在其《中国：现状与未来》(*China*, *its State and Prospects*)中引用我的小册子中关于马礼逊译文缺点的评述内容时，却不提及对理解我那段文字绝对必需的上下文背景，我是不会在此理会上述过程的。我在"评麦都思先生建议书"(Remarks on the Memorial)一文中包括建议书中主要观点，以指出它们是不正确的：(1)翻译原则；(2)马礼逊版本中所谓的缺点及新版本所谓的高人一筹；(3)原译者的不足；(4)新版本诸位作者的资格问题；①(5)由于中文的特质及其与希伯来文习语假定的对立性所引起的翻译的困难；(6)对方方面面评论的总结。特别从第(4)点，麦都思先生引用了我抱怨的那段文字，在说完一两点需要解释的事实后，关于"建议书"作者继续说："如果附录中的选文及穿插于'建议书'中的语言学上的分析是公正地再现全部作品的话，我的观点是这个新版本无论作为文学作品还是翻译都完全失败。附录中所指出来的矛盾大量存在，(马礼逊的)老版本中受到责难的表述方式，在完全相似的情况下，出现在(麦都思的)新版本的不同地方。这不是神的言语的翻译，在很多方面也不是好的中文表述。中国人阅读后，会从其中得出意思，但不是《圣经》所要教导的意思。作为《圣经》的再现，它远逊于老版本。"因为它晚出若干年，占了很大优

① 在中国的郭实腊牧师及其他人与麦都思先生联合翻译《圣经》。——原注

势,它的优点远不及其自命不凡。(接着是麦都思先生所引的篇章)“但是老版本中没有瑕疵吗?如果要我评断,我会很惊讶。由于是一种难度大的语言中的第一个版本,它是需要极大改进的。其主要的瑕疵,也许(麦都思先生省略了也许二字)是过于逐字翻译,完全依照原文的词句顺序,如果更注重中文特有的字词排序,可能会获得同样的忠实度,另外,在安排对比性字词和短语(antithetic words and phrases)时,不注意细节,而这是中国人认为很重要的。有时省略,有时增添一两个字词。在不损害原文的情况下可以让句子更顺口悦耳。”我认为还是有必要把引文的最后部分录出来——“应该减少专属名字的直接音译。据我对中文《圣经》的观察,大多数的措辞都相当好;选词也很到位,我们在马六甲时,每天都在书院中朗读,特别是详细解读有关安息日的篇章,我要提到的有《诗篇》、《罗马书》、福音书和《使徒行传》;另外除了很少的偶然原因,我全程监督了老版本的最近一次全部印刷工作。我不是为着寻找它的优缺点而细读全书,而是为着其他目的,我间接地具有判断的能力。明智运用正确的《圣经》批评,对中文和希腊文,正确理解希伯来文毫无疑问是可以在某种程度上改进译文的,特别是《旧约》部分;但我很遗憾看到新版本中所采用的原则,这一原则甚至运用到修订工作中。”

如果麦都思先生认为引述我的观点是明智的话,他不应该破坏引文与原文的联系,他更不应该把这些句子孤立起来去服务于作者本人原本未持的观点。对于马礼逊博士译本的缺点不管做出多大让步,我无意否定其缺点,另一方面,我也希望我对其优点所说的话,及认为新版本相对低劣的意见能得到认可。

麦都思先生在其著作中介绍了三位中国人针对马礼逊博士译本的意见。梁亚发,最早的信徒之一,他的写作风格绝对不优雅精致;尽管是位好心人,但其《圣经》批评学养的不足,使他在译本批评中不能有什么权威意见。Leu Tse-chuen,我同他没有私交,也没见过他的文章。朱德郎(Choo-tih-lang)是个誊抄员,他随麦先生到英国,帮助抄写新版本交付出版社。他们联合证明认为——马礼逊译本中有过多的虚词、倒置结构、不符合习惯的短语和同义反复,这都使得意义晦涩难懂。对于他们的意见,做如下大致评论就足够了——

“词藻过多和同义反复”是一位忠实译者不可避免的。很明显他们要求《圣经》应该同他们自己奉为典范的经典作品相一致,如若有任何不合这些作品的教义和风格,他们都会失望。朱德郎的意见非常可笑。“应该知道,”他说,“中文中的短语有一定顺序,汉字有确定的用法而不能偏离。举例说明违反短语的用法,中国人习惯说‘你与我一道’(you with me come along),而英文说‘你来一道与我’(you come along with me)”。这真是多么有价值的见解呀!一个中国人是多么自负无知,这会引导他去中伤马礼逊博士。麦都思先生如同其在前述引文中那样做了,一定没有认真考虑马礼逊博士不会不知道如何正确地用中文表述“you and I go together”。很奇怪的是,众所周知很多情况可以让中国人有各种想法,麦都思先生居然把重点放在这种证明上。

我现在得离开这个话题。希望我对马礼逊博士的译本给出一个公正的判断。它是目前最适宜通用的。我的建议是让译作自己说话,让不熟悉中文的读者认识它的短语和特殊性。

三、次要著作

我在第三部分将要讨论马礼逊博士的一些部头比较小的著作。这些著作建立在作者以往经验证明有效的原则的基础上。作者以往的经验证明,对于中国这样一个人口众多、唯我独尊、大部分人都能读书(汉语口语多变化但文字固定)的民族来说,阐明《圣经》原理和建立在其基础上的道德原则的书籍对于最早一批来华传教士是非常有用的,天主教和基督教的历史也证明了这一点。

马礼逊其他关于中国语文的部头比较小的著作都是非常有用的。按照时间顺序第一部著作是一本汉语语法,它包括很多非常有用的短语,但是它们过于拘泥于英文的表达而在所有的情况下都无法严格地遵守中文的习惯,对于一个刚开始学中文的人来说,试图将中文适应于自己的母语是再自然不过的事情,利用说明两种语言不同性质的著作找出表达行为发生时间的不同方式以及表达抽象和具体事件的不同方式的做法,也是再自然不过的。在该书中作者准确地说明了欧洲古典语言中出现的情况,聪明和有经验的读者可以从这种语境中发现东方语言中存在的同样情况。在汉语中要做出这种性质的区别，无论是什么样的，都必须用单独增加的短语来指示，既然简短的措辞是特别让人推崇的，这样的情况只有在不增加字词意思就不清楚、不完整的时候才被允许。马礼逊的《通用汉言之法》，不仅是作者的第一部著作，也是英语世界第一部关于汉语语文学的著作，其实用性是非常显著的，也实现了作者最初的设计，就是对汉语的论述不是停留在泛泛而论上，或者理论推演上，而是要大大有助于克服学习汉语的困难。该书4开，长达280页，按照以下的内容排列：汉语的特性、汉语发音、汉语的西文字母拼写法、音节列表、声调、练习发音的系统、书写汉字的方法、汉字的不同形式、汉字部首、中国人编写的字典、标点符号、名词、数字列表、名词后缀“者”、数、格、性、形容词、原级、比较级、最高级、数量词、代词（人称代词、物主代词、疑问代词、指示代词、关系代词、相互代词、不定代词）、动词、副词、介词、连词、感叹词、将汉语与欧洲语言的结构进行鉴别比较。此后好几页是关于广州方言的发音以及关于汉语的句法和作诗法。

本书提供了关于汉语的性质和构成的大量知识，同时通过许多短语也提供了将汉语译成英文以及将英文翻译成汉语的建议，但是这部著作的后一部分不是根据中国人的著作或实践，而是以欧洲语言的语法规范来编写的，关于这一点中国人是不知道的。汉语在语法结构方面非常简单，熟悉了在第28页的偏旁部首以后，汉语的学习者就能立刻开始阅读一本容易的书籍，在字典的帮助下，他很快就能明白这本书的内容，这比记住一篇论述语言的基本性质的文章（学古代语言时常常要这么做）然后去从事翻译要容易得多。尽管如此，本书也提供了许多关于口语的特殊结构和习惯用语的有用知识，这对于一个学习者来说在某段时间是不可或缺的。作者在该书结尾的部分说：“前面的短语，除从书本上摘抄下来的几个以外，都是一个好心的中国人教给我的，准确性无可置疑，这个中国人向他的同胞教授汉语已经有20年了。”四种不同韵文——诗、赋、词、曲——的例子也给出了，都是从原文中翻译过来的。对此，博学的作者说道：“没有关于中国古代历史、风俗习惯的广博知识，就很难理解他们的诗歌创作。一篇作品的关键点和美妙之处常常在于某个细微的典故，对此外国人往往无法察觉。除此之外，中国诗歌风格特别简练，并用一些特别的词汇。” 这是很正确的。仔细地阅读这篇文章会有助于记住汉语的诗句，这对那些力图很好掌握这门语言的学习者来说是非常有用的。这篇文章写于1811年，并被送交给孟加拉政府，在后者的资助下由塞兰坡的浸礼会传教士于1815年印刷出版，该书的中文题目直译过来就是“使用汉语的总原则”。

马礼逊博士的下一部著作的名字是《中国一览》(*A View of China*)，它被划分为以下的内容：历代年表、地理、政府、节令、节日、宗教。这些内容前面有“作者的话”，其中说明了这些知识（在词典及论述中国语言的著作中是没有的）的重要性。另外还有对于中国60年作为一个周期（中国人在编年史中使用）的解释，这是用天干中的一个汉字与地支中的一个汉字配合起来来指示年份，因此“己亥”指示的是第75个周期的第36年（现在这一年）。这是由黄帝发明的。天干、地支的第一个字甲子代表第一年，在60当中有6个10或5个12，天干、地支的最后两个字癸、亥代表第60年。① 原则是将两个字按照顺序连接起来，从1到60，在每一种情况下两个字的结合都是不一样的。马礼逊博士关于编年史的计划是从现在这个时期开始上溯，因为他觉得这样是得到正确日期的最好的方法，据此他提供给读者的第一个表格是当今这个朝代的皇帝的名单，从1816年嘉庆皇帝开始。然后是历代皇帝的名字和他们登基时使用的国号，以及他们死后安放在陵墓里的牌位上的谥号，这些都不包括他们的姓。年代表是从下列历史著作中互相比较后摘抄来的——首先是“四书”的著名注释者朱子的100卷的著作，其次是282卷的“二十一史”，然后是凤洲的一部34卷的著作，最后是由皇家印刷的一份名为《三元甲子》的年代表。马礼逊博士说他最主要的参考则是一个叫做《历代纪年便览》的年代表。在按照时间顺序梳理大事的同时，历史知识、重要的事件、惊人的观点也被放了进来，为了使这些记录引起年轻人的兴趣，其他国家历史上的重要事件和同时发生在中国的事件并置。

根据马礼逊博士的计划，当今的这个满族王朝是他关注的第一要点，现在

---

① 前者十个，名称是甲、乙、丙、丁、戊、己、庚、辛、壬、癸；后者十二个，子、丑、寅、卯、辰、巳、午、未、申、酉、戌、亥。——原注

发生的事情优先于古代的事情。当这部著作印刷时嘉庆是当朝皇帝(1818年)。现在我们只能稍微勾勒一下这本书的提纲,否则我们可以引用许多有趣和有益的段落来展示中国人的政治观点、道德格言、信仰仪式和传说故事。在这个朝代之下作者列举了“七大恨,为了雪恨满族人征服了中华帝国”。同时作者还叙述了一个传说,依据这个传说,爱新觉罗氏的宗谱被往前延续了好几代。这个家族此后的荣耀,按最初的超自然暗示,得自长白山。长白山高60英里,在它上面有一个方圆20英里的湖,从湖中流出三条河流,正是在这里一个超人的声音宣布:“这片土地将生圣人统一诸国。”

在明代(上一个汉族王朝)的时候,葡萄牙人到达了澳门,关于这件事马礼逊博士从一本汉语著作中翻译了以下的说明:“嘉靖三十二年番船趋濠镜者,言舟触风涛水渍湿贡物,愿暂借濠镜海地晾晒,海道副使汪柏许之,时仅草舍数十间,后商人谋利者,渐运砖瓦木石为屋,佛郎机遂得混入,番人入居澳自汪柏始。”

在往上追溯中国历代王朝的过程中,作者简要地介绍了一些中国历史上的重要事件以及历代皇帝开始和结束他们统治的时间。从汉语著作中引用的文字都保留了汉字,这对于使用这本书的中国人来说非常有帮助。从明到汉时间跨度为1850年,也就是从公元1644年到公元前206年,朝代为:明、元、宋、五代(后周、后汉、后晋、后唐、后梁)、唐、隋、南北朝、晋、三国(魏、吴、蜀)、东汉、西汉。作者介绍了公元30年汉朝的墓碑——“志铭埋坟中”,它们叙述或者赞扬了死者的德行。在西汉文帝、景帝统治时期,救世主出现在巴勒斯坦。汉以前是秦朝,它战胜了与它争霸的其他六国。秦再往前是周朝,马礼逊博士说,周朝的皇帝被认为比其他朝代的皇帝更纯洁和正直,并且经常被用这样的词语——“王道”——来指称。据说,向祖先和父母的坟墓献祭就大约开始于这个朝代,但具体的时期不确定。商朝和夏朝是有记录的最早的王朝。此前是五帝的时代,是一个记录非常模糊的父权制的时期。中国历史所能追溯的最远的时代是三皇或是神话的时代。

下一个大的部分是“地理”,作者介绍了现在满族人统治的省份和区域以及它们的地貌、税收、人口等。另外还介绍了被礼部记录在案的向中国进贡的外国的情况，其中包括荷兰人，他们被描写成居住在“自古荒服之地不通中国”的地方的人。马礼逊博士介绍的这些国家按照顺序是朝鲜、安南、琉球、荷兰、暹罗、西洋[这是利玛窦访问中国时(1580年)用的名字]、苏禄、南掌、鄂罗斯、日本(它第一次向中国进贡是在3世纪)、吕宋、合猫里、美洛居、婆罗、榜葛剌、古里、锡兰、苏门答腊、占城、爪哇等。这部分虽然只是一个概要和一些漫谈，但是对汉语学习者确认这些国家的中文名字是非常有帮助的，因为它们的中文名字与在欧洲语言中的名字不同，而且在汉语中，专有名词与普通名词经常区分不开，这也增加了辨认它们的困难。

在介绍第三部分“政府官员的名称和功能”时，马礼逊博士说：“下面的以及上面的概述目的不在政治方面，而在语文方面。可能每个汉语学习者都会因为缺乏一本简要的参考书而感到困难，这本参考书可以帮助自己在阅读的时候大致想起所说的事件的时代，一个地方的相关情况，一个官员的级别和责任。学习者身边如果有一个中国助手，一般都能从他那里得到关于这些问题的足够的信息以使自己的阅读能够继续，但是对于那些在欧洲而没有中国助手的学习者来说，不熟悉本书所准备提供的信息(虽然只是部分的信息)将造成无法克服的困难。在欧洲还没有人哪怕是在一定程度上掌握了这门语言。”下面是对中央政府的不同官员的介绍，一共33人，包括皇帝(一切权力的来源)、内阁大学士、翰林院[在唐朝建立(630年)的兼有文化性和政治性的机构，孔子和孟子的后代是世袭的成员]、詹事府、六部(吏、户、礼、刑、工、兵)、都察院(他们监督王公、官员和老百姓，在以书面形式向皇帝提供信息和建议方面有优先权，只要他们想这么做)。此外还有其他许多人被委任去管理皇家的学校和学院。关于“省政府”，广东可以作为一个例子，它的主要官员是总督、巡抚、提督学政、布政使、按察使、盐运使、粮道。省被分成三个主要的级别——府、州、县——每个级别都被委任有主要的和次要的官员，他们的头衔也和他们的职位相应。在广州有一个由皇帝任命的司舶使，管理外贸。关于政府这一部分的介绍以各个级别的军事官员的列表结束。作者解释了军事官员的九种级别——正职和副职——和区分他们的徽章，以及他们与文职官员对应的排列顺序。所有这些级别的官职都可以用钱从政府买到，但是买官的人的名誉会因此而大大降低。

在“节令”这一部分,作者按照顺序给出了中国 28 个星宿的名称;在中国一年被划分成 24 个节气,15 天一个,据说它比中国人的月份更规则,其中有些已经成为节日。作者将它们列成一个表,与月份的英语名字相互对应。24 小时被分成每两小时一个单位,用地支来表示。

在“节日”这一部分,作者介绍了一年中的所有节日,而在“宗教和神话”部分则介绍了中国三大思想流派——儒家、佛家、道家。

此外,还有关于宗教仪式、结婚、葬礼、八卦图(算命、占卜的人以此迷惑他们的同胞)的介绍。在该书结束的部分作者给那些没有中国助手的汉语学习者提供了一些指导性的意见。作者说他写这本书目的是“帮助汉语学习者,不是娱乐一般的学者”。结尾部分作者关于汉字的总体论述一定会特别引起研究中国的学者的兴趣。该书包括索引共 4 开,141 页。

《中国杂撰》是马礼逊博士在英国出版的一部著作。关于这本书,我们没有必要再去详细地解释它的性质,只要说,它和其他著作一样,也是同样全面和有用的,传达了可靠准确的关于汉语的基本信息以及欧洲人从很早的时期开始就企图了解这个非凡民族的努力。

下面一部重要的作品是《广东省土话字汇》,分为三部分。第一部分是英汉词典,按照字母顺序排列;第二部分是汉英词典,按照汉字的英文字母拼写排列;第三部分是附录,按照中国人自己的顺序排列的汉字和短语。马礼逊博士简短的“前言”能够立刻解释这本书的缘起和设计:“这个单词表制作出来是希望在不需要汉字的情况下将汉语传达给欧洲人,但我发现,没有汉字使这样的传达方式非常不完备,除非学习者有一个已经知道罗马字母和中文的人一直在他身边帮助他。不用汉字来传达一种口语不是不可行的,但却是困难的,对于学习者来说也是尴尬的,而如果汉字被呈现在一个中国人面前,事情就会变得很简单。所以作者舍弃了自己的预想,没有按照原定的计划制作他的词语表。在广州的零售商和批发商在书写外国商品的名字时非常不规范。商品的名字有时完全用外文,有时是将外文名字翻译成中文,有时是一半中文一半外文。丝绸、皮革的区别只有它们的制造商和经销商才知道,询问他们并确定它们的名字是作者完全无法胜任的。作者寻求欧洲经销商的帮助,得到一些信息,但这些信息不够并且也是有缺陷的。”

这本词典被东印度公司广州商馆特选委员会接受的情况,以及它对于欧洲人的意义和价值,从以下广州商馆特选委员会与伦敦董事会的官方通信的摘录中可以看出,这为它的优点提供了最好的证明:

“第12部分。马礼逊博士为促进广东方言的掌握而编写的《广东省土话字汇》一共40本寄给尊敬的董事会成员。这部著作被分为三个部分,我们认为等整部著作完成后再寄往英格兰是合适的。

“第16部分。这部著作的第一部分证明非常有用,现在这个季节已经开始在船上分发,目的是为和岸边的中国人(他们当中很少有人懂英文)更友好地沟通提供一个媒介。第二、三部分是专门为已经在汉语上取得一些进步的人士准备的,但是整部著作是为了给欧洲人学习汉语提供方便,它为促进这个美好目标的实现而应当得到大大的表彰。虽然准确地掌握这个帝国的语言对于外国人来说一直是一项艰巨的任务,但为了许多实用的目的充分地熟悉这门语言对于学习者来说也不完全是一个让人沮丧和无法逾越的障碍。这是一个值得鼓励的目标,我们要明白这样的原则:语言的掌握在国际交往中是权力,而软弱则是无知的自然结果。我们希望,通过马礼逊博士在几年中为实现这一目标而付出的有价值的努力,这样一个时代会出现,即外国人用中文与这个国家的人交往,而不是用现在这种让人无法理解的行话(顶着英语的名字),这种行话不太可能将概念解释清楚。

“第17部分。我们已经在这个季节的通信里向尊敬的董事们提到过这部著作的编写,并且已经非常荣幸地得到了你们允许使用公司的印刷机来印刷它的指示。我们在这里只想说,在写上述几段话时马礼逊博士给了我们另外一个动力来评价他的工作的价值。”

马礼逊博士的正式工作是广州商馆的翻译,这一工作延续了他的一生,是非常重要的,所以在这篇考察他文字工作的文章里不能不提及,但是又没有必要详细讨论,因为《马礼逊回忆录》已经为他辛苦的工作及巨大的成功提供了周详的说明。但是,下面这篇文件的译文(由马礼逊博士在危急时刻经广州商馆授权用中文所写)能够更进一步地展示他所做的工作及英国人的声明所经常采取的模式,马礼逊博士曾将原件寄给笔者作为这类交流的一个范例。

声　明

暂住广州的尊敬的英国商务总监马治平(Marjoribanks)先生以及其他先生宣布,英方已经准备了一份请愿书提交给巡抚大人和知府大人,但是行商不愿意将它递交上去。军队的指挥官同样收到了这份请愿书,他在看完以后,同样拒绝将它转交给当局。

英国人来中国是怀着贸易和与中国人建立友善关系的目的。但是当英国人安静地居住在澳门的时候,他们在广州的商馆被破门而入,他们的财产被捣毁,而那些负责照看商馆的仆人以他们"通英"为借口被抓进监狱。再者,中方采用了一些新的具有激烈性质的规定,这影响了贸易,而这些规定是我们不能遵守的。为此英方让那些与中方进行贸易的英国国民以及英国殖民地上的居民知道,如果他们的申诉得不到解决的话,那么中国与英国之间的商业往来必须尽早地彻底结束。我们英国人除了培养与中国人的友好感情别无其他打算,但我们决不向残暴的政权妥协。

马礼逊博士在英国的时候,一封给董事会的正式函件阐明了他作为商馆中文秘书和翻译的重要性。这里我们也予以引用来更进一步地说明他的复杂和繁难工作,以及他在文字上的修养如何使他非常成功地完成了这些工作。

致尊敬的董事会的备忘录

尊敬的先生们:

你们将我回到广州商馆后的工作期限限制在3年,这似乎意味着你们想在3年结束时将我解雇,如果这是时间限制的意思,我恭敬地请求允许我根据以下原因提出抗议:

在广州商馆你们的下属的请求下我加入了贵公司,在中国长达15年的时间里我非常投入地服务于贵公司,并因此经常遇到困难和危险,我在理解中国人以及确保贸易平稳进行方面取得了很好的成绩,对此整个公司以及在广州进行贸易的人们都可以给予证明。

你们的特选委员会在1809年邀请我加入商馆,发挥他们不具备的一种能力,这种能力的缺乏常常使他们(正如他们深深感叹的那样)被当地商人的错误表达所愚弄。后来历届委员会发现并且能证明我在这些工作中的能力。另外,我慷慨地培训你们的下属具有这样的能力,他们希望具备这样的能力,以便能够体面和巧妙地与中国商人和官员进行对他们来说重要的贸易活动。

由于我能快速地手写中文信件给相关的官员,你们的下属省却了许多贸易方面的麻烦。我能够在不需要当地中国人帮助的情况下进行翻译和书写。这种当地中国人的帮助本来就是非常难以获得的,因为专制的地方官员以严厉的惩罚来禁止这种帮助,而如果能够得到这样的帮助,有时也会因为施助者缺乏诚实而变得难以依靠。

在上次那场大火之后,正是由于我的努力而向广州知府做出的迅速声明(这是行商们不敢做出的),我们很大一部分责任被免除了。

我在两件因为不幸的杀人事件而造成的困难事件上起了重要作用,我迅速而且成功地解决了这些困难。在前一个事件上,杀人事件阻止了整个船队好几个月的航行,并造成了巨大的经济损失。

我做的这些工作在很长一段时间里被给予很少的报酬,比你们在中国和其他地方的下属所得的报酬要少得多,这使许多知道这一情况的人觉得,我也许可以正当地要求尊敬的董事会给予我更多的酬劳。但是我没有提出任何要求。我将我的情况提交给慷慨、尊敬的董事会来决定。

我在工作了15年以后休假来到这里,这是由你们在中国的机构建议的,他们认为我应该得到你们特别的恩惠。而我现在回赠给你们的东西看上去有点令人不快,如果是这样的话,对我本人来说这恩惠就是完全的无功受禄,因此我恭谨而且谦卑地恳求你们取消它。

你们谦卑的仆人

马礼逊于哈克尼格罗谷(Grove Hackney)5号

1825年11月19日

这将结束我们对于马礼逊博士语文学著作的评论,在得出最后的结论

(那是回顾前面所有的内容能够自然展示给我们的)之前,我也许可以被允许来谈一下与英译中有关的一两件事情。我很遗憾我不能得到一册《古圣奉神天启示道家训》,因为简要地说明一下它的性质和内容就可以展示(笔者从其他来源知道得很清楚)马礼逊博士是如何成功地将合理实用的神学灌输进中国文字的。笔者面前有一册《英国教会的礼拜仪式》,被马礼逊博士翻译成了中文,对于它的一个简要的介绍在这里可能是被允许的。它总的标题是《汉译英国国教祈祷词》,加在早祷和晚祷上的特别标题是《一年中每天早祷(或晚祷)的形式》,或者用地道的英语来说就是《一年中早祷与晚祷的形式》①。它的翻译是忠实的,文字是极好的,印刷也是一流的。篇幅所限,不能再多说了。我相信马礼逊博士(他不是国教徒)曾将他的翻译送给他尊敬的朋友斯当东爵士修改过。他的其他著作在前面的《回忆录》中已经有说明,笔者此处不作仔细的分析。

笔者只是想请读者注意几个重要的结论,它们得自马礼逊博士的地位、成就和影响:

第一,他作为一个热情洋溢的学者、热心的牧师、坚定的爱国者所取得的一切成就都归功于他的宗教性格。

第二,尽管世俗的有文化修养的人经常指责传教士的无知和无能,指责传道团体的误入歧途的狂热,但是马礼逊博士的巨大辛劳和罕见的成就还是完全来自传教士的热情,这种热情得到了创建伦敦会的可尊敬的人们的支持和珍惜。

第三,马礼逊博士在中国从事的语文研究和《圣经》翻译工作不仅大大影响了英国、美国以及欧洲大陆的许多热心人士,而且大大影响了许多文化、科学、商业和宗教机构。

第四,马礼逊博士的成就对于中文文献的收集产生了间接但却是非常有力的影响。除他本人的著作外,他还帮助出版了其他许多有价值的著作,比如《汉语札记》就是在英华书院用已故的金斯伯罗勋爵的资金印刷的,《汉语札

① 马礼逊中译标题为《年中每日早晚祈祷叙式》。——译注

记》是用拉丁文写的关于汉语口语和书面语的非常有价值的著作，在这本书中，所有关于汉语的原则、结构和优美性质的必要知识都被作者用大量从优秀著作中选取的例子给予了说明，这是一部具有极高价值的著作，4 开，虽然长达 262 页，但还是一部未完之作。英华书院的建立，其图书馆被给予的种种便利条件，以及他定期撰写的文章（在中国和马六甲出版），都证明了他的汉语知识的价值和范围。但是这些事情已经在前面的《马礼逊回忆录》中充分展示了。我在结束本文前不能不提一下他的一个了不起的尝试，即多年来他广泛地收集各种高品位的图书，使中文资料得以永久保存，现在这批资料已经放置在大学学院，无论什么样的研究者都可以查阅。如果说研究作为字母语言的印度语，以与西方语言进行互证，并以此说明地球上几种原始语言之间的联系这件事是重要的话，那么研究汉语这一最古老的符号语言也是同样重要的。懂这种语言的有四亿人，而中国周边国家的语言可能只是它的一种方言，或者至少是在它的基础上进行修正后的语言，比如日本、交趾支那、朝鲜、柬埔寨、老挝等国家的语言。但是即使不从汉语在区域的影响来看它的价值，它的特性也是显著的，声音的重要性相对比较小，它是通过眼睛直接作用于头脑，所以，如果汉语被排除在一般的语文学研究的课程之外，语言哲学必然是不完整的。完全相反的效果来自它独特的符号和结构。中国人知道它与其他语言的不同，不假思索地宣布它是来自天上的，而对于没有研究过它的外国人来说，它也被普遍地认为是无法说明和无用的。确实，我们有很多理由认为汉语与古埃及文字有联系，这可能是唯一能解释它为什么从那时以来一直是晦涩的象形文字的语言，汉语也适合扩大我们对思想和道德哲学的了解，现在是对这样一个交流工具采取更加理性观点的时候了，虽然对比较语法有丰富知识的人不能够完全搞清楚汉语，但是它毕竟被三分之一的人理解。